CRISTO LOGIA

Dados Internacionais de Catalogação na Publicação (CIP)
(Câmara Brasileira do Livro, SP, Brasil)

Cardedal, Olegario González de
   Cristologia / Olegario González de Cardedal ; tradução de Francisco Morás. – Petrópolis, RJ : Vozes, 2022.

   Título original: Cristología
   ISBN 978-65-5713-439-9

   1. Cristologia 2. Jesus Cristo 3. Jesus Cristo – Biografia 4. Teologia cristã I. Título.

21-92562   CDD-232

Índices para catálogo sistemático:
1. Cristologia : Teologia cristã   232

Aline Graziele Benitez – Bibliotecária – CRB-1/3129

OLEGARIO GONZÁLEZ DE CARDEDAL

CRISTO LOGIA

Tradução de Francisco Morás

EDITORA VOZES

Petrópolis

© Olegario González de Cardedal
© Biblioteca de Autores Cristianos, 2017
Añastro, 1. 28033 Madri
www.bac-editorial.com

Tradução realizada a partir do original em espanhol intitulado *Cristología*

Direitos de publicação em língua portuguesa – Brasil:
2022, Editora Vozes Ltda.
Rua Frei Luís, 100
25689-900 Petrópolis, RJ
www.vozes.com.br
Brasil

Todos os direitos reservados. Nenhuma parte desta obra poderá ser reproduzida ou transmitida por qualquer forma e/ou quaisquer meios (eletrônico ou mecânico, incluindo fotocópia e gravação) ou arquivada em qualquer sistema ou banco de dados sem permissão escrita da editora.

CONSELHO EDITORIAL

Diretor
Gilberto Gonçalves Garcia

Editores
Aline dos Santos Carneiro
Edrian Josué Pasini
Marilac Loraine Oleniki
Welder Lancieri Marchini

Conselheiros
Francisco Morás
Ludovico Garmus
Teobaldo Heidemann
Volney J. Berkenbrock

Secretário executivo
Leonardo A.R.T. dos Santos

Editoração: Maria da Conceição B. de Sousa
Diagramação: Raquel Nascimento
Revisão gráfica: Nilton Braz da Rocha / Fernando Sergio Olivetti da Rocha
Capa: Érico Lebedenco
Ilustração de capa: "Cabeça de Cristo", Emmanuel Tzanès.

ISBN 978-65-5713-439-9 (Brasil)
ISBN 978-84-220-1592-5 (Espanha)

Este livro foi composto e impresso pela Editora Vozes Ltda.

SUMÁRIO

Prefácio, 19
Prólogo à primeira edição, 23
Bibliografia geral, 31
Siglas e abreviações, 37
Introdução – O tratado de cristologia, 41
    I – O ponto de partida, 43
    II – O objeto, 45
    III – O lugar, 47
    IV – O sujeito, 51
    V – O método, 56
    VI – A divisão da matéria, 61
    VII – As tarefas primordiais, 63
    VIII – As dificuldades atuais, 67
    IX – As abordagens e os destinatários privilegiados, 70
    X – Definição, 72

Primeira parte
História e destino de Cristo
Cristologia bíblica

Introdução – A norma da origem: fatos, textos, testemunho vivo, 77
Capítulo I – Ação, 81

I – O anúncio do Reino, 82

   1 João, o Batista, 82
   2 O batismo de Jesus, 83
   3 A novidade de Jesus, 84
   4 Acontecimento crítico, 85
   5 As promessas e esperanças do AT, 86
   6 *Basileia*: realeza, reino e reinado de Deus, 87
   7 Reino chegado, chegando e por chegar, 88
   8 O conteúdo teológico, escatológico e soteriológico do Reino, 90
   9 Os destinatários, 95
   10. A bela aventura de Jesus e as bem-aventuranças, 95
   11 Conclusão: Jesus, imagem pessoal do Reino, 96

II – Os milagres, 98

   1 Curas e exorcismos, 98
   2 Prodígios, potências, sinais, 99
   3 Contexto dos milagres nos evangelhos, 99
   4 As questões de fundo: possibilidade e existência dos milagres, 101
   5 Múltipla significação dos milagres no NT, 104
   6 Conclusão: Jesus, médico humilde e taumaturgo poderoso, 106

III – Pretensão de autoridade e títulos de identidade, 108

   1 A cristologia implícita como terceira via entre positivismo e ceticismo históricos, 108
   2 A cristologia explícita: identificação perante os apóstolos e títulos de majestade, 115
   3 Conclusão: Jesus, equivalente dinâmico da autoridade de Deus, 122

Capítulo II – Paixão, 123

   I – Autoconsciência de Jesus às vésperas de sua morte, 123

     1 Crise da Galileia, 123
     2 Entrada no templo, 125

3 Confronto com o povo, 127
   4 Última ceia, 129
  II – A morte de Jesus, 138
   1 Contexto do problema, 138
   2 As fontes, 141
   3 Conexão entre a vida e a morte, 143
   4 O fato da morte, 149
   5 A forma de sua morte por crucificação, 153
   6 A responsabilidade da condenação e da morte, 153
   7 O sentido de seu morrer, 157
   8 Leituras teológicas da morte de Cristo no NT, 162
   9 Outras leituras da morte de Cristo, 168

Capítulo III – Glorificação, 171
  A – Os fatos da origem, 172
   I – As fontes: fatos e sinais, 173
    1 As aparições do Ressuscitado: 1Cor 15, 174
    2 O túmulo vazio, 179
   II – A ressurreição: história, apologética, teologia, 180
  B – Contexto, linguagem e conteúdo da ressurreição, 184
   I – O contexto: escatologia e apocalíptica, 185
   II – A linguagem: constelações simbólicas, 186
   III – O conteúdo, 190
    1 Conteúdo teológico, 190
    2 Conteúdo cristológico, 192
    3 Conteúdo apostólico, 196
    4 Conteúdo soteriológico, 197
    5 Conteúdo escatológico, 199
    6 Conteúdo eclesiológico, 199
  C – O acesso atual ao Cristo ressuscitado, 200
   I – A partir da Igreja, 200

    1 A Eucaristia, 200

    2 O seguimento, 202

    3 Os existenciais cristãos: fé, esperança, amor, 203

  II – A partir das experiências humanas fundamentais, 203

  III – A ressurreição: realidade e mistério de Deus para além da ideia e desejo humano, 207

D – O Ressuscitado: doador do Espírito, revelador do Pai e suscitador da Igreja, 208

  I – O Espírito, o Messias, o Filho, 208

  II – Jesus impulsionado, transformado e emissor do Espírito, 210

  III – Da Páscoa à Trindade, 213

E – Caráter escatológico e universalidade salvífica da morte-ressurreição de Cristo, 218

  I – Termo escatológico e universalidade salvífica, 220

  II – Explicitação topográfica e cronológica dessa universalidade: subida ao céu, descida aos infernos, consumação final da história em glória e julgamento, 222

Segunda parte
Presença e interpretação de Cristo na Igreja
Cristologia histórica

Capítulo IV – A época patrística: os concílios cristológicos, 227

  I – A compreensão de Cristo na história, 228

    1 A transmissão viva da origem, 229

    2 A sucessão apostólica e a mediação eclesial, 229

    3 O tríplice corpo e presença de Cristo no mundo, 231

    4 As quatro formas de transmissão crística, 233

    5 Fatores do desenvolvimento no conhecimento de Cristo, 236

    6 A presença de Cristo na Igreja e outras formas de sua presença no mundo, 237

II – Do NT ao século II, 239

   1 Os primeiros contextos culturais da cristologia, 239

   2 As duas cristologias básicas no NT, 242

   3 Os problemas radicais: *Theologia* (Trindade) e *Oikonomia* (Encarnação), 242

   4 As primeiras respostas insuficientes: adocionismo, modalismo, subordinacionismo, 244

   5 O judeu-cristianismo e a tríplice cristologia: profética, angélica e pneumática, 246

   6 Santo Inácio de Antioquia: Bíblia, martírio e mística, 249

   7 São Justino: o *Logos* em pessoa e os *logói* dos homens, 252

   8 Melitão de Sardes: uma teologia pascal de caráter hínico e parenético, 255

III – Três modelos de cristologia deficiente e três grandes teólogos, 256

   1 Cristo, simples homem em continuidade com o AT (ebionismo), 256

   2 Cristo, a alternativa ao Deus do AT (marcionismo), 259

   3 Cristo, aparência-aparição de Deus no mundo (docetismo--gnosticismo), 260

   4 Irineu: Cristo ou a unidade de Deus, o valor da história e a salvação da carne, 263

   5 Tertuliano: as duas naturezas, a união do homem e Deus em Cristo, 268

   6 Orígenes: a contemplação do *Logos*, a alma preexistente e a mística de Jesus, 273

IV – Teologia, cristologia e pneumatologia no século IV, 278

   1 Da Igreja dos mártires à Igreja de Constantino, 278

   2 Ario: sua teologia e cristologia; relação de Cristo com Deus, 279

   3 A cristologia de Niceia: Cristo ὁμοούσιος τῷ πατρί, 282

   4 Significação perene de Niceia: hermenêutica e teologia, 285

   5 O arianismo e a linguagem da teologia, 290

    6 Apolinário e o problema da alma de Cristo, 292

    7 Santo Atanásio e seu tratado *Sobre a encarnação*, 294

    8 Os Padres Capadócios, o Concílio de Constantinopla e seu símbolo, 296

    9 A cristologia à luz do mistério trinitário e da pneumatologia, 300

V – A cristologia de Éfeso e Calcedônia, 302

    1 A passagem ao século V, 302

    2 A escola de Antioquia; Teodoro de Mopsuéstia, 303

    3 Nestório: Θεοτόκος; a conexão entre mariologia e cristologia, 308

    4 São Cirilo de Alexandria e o Concílio de Éfeso, 310

    5 Os *anatematismos* ou os limites da cristologia de Cirilo, 314

    6 Eutiques e a cristologia de Calcedônia; Cristo: ὁμοούσιος τῷ πατρί e ὁμοούσιος ἡμῖυ, 316

    7 As três tradições teológicas que convergem em Calcedônia, 318

    8 A definição conciliar: gênesis, estrutura e conteúdo, 320

    9 Significado desta definição, 323

    10 Intenção, valor e limites do texto, 327

VI – De Calcedônia ao final da Patrística, 329

    1 O Concílio II de Constantinopla (553), 330

    2 O Concílio III de Constantinopla (680-681), 334

    3 O Concílio II de Niceia (787), 342

    4 O adocionismo hispânico, 344

    5 Uma síntese escolar da Patrística: São João Damasceno, 345

Capítulo V – A época medieval: a escolástica e o século da Reforma, 348

  I – A transmissão ao Ocidente da cristologia patrística, 349

  II – Santo Anselmo: a releitura soteriológica da cristologia, 351

  III – A escolástica incipiente: as *Summas* e Pedro Lombardo, 358

  IV – O século dos gênios: *Summa halensis*, São Boaventura, Santo Tomás de Aquino, 359

  V – A escolástica tardia: Escoto, Ockam, Eckhart, Nicolau de Cusa, Ramón Llull [Raimundo Lúlio], 366

VI – O século dos reformadores e de Trento, 369

VII – Os místicos espanhóis: Santo Inácio, Santa Teresa, São João da Cruz, 373

VIII – A "mística de Cristo" e suas formas, 375

Capítulo VI – A cristologia na época moderna e contemporânea, 377

I – As três etapas da cristologia, 378

II – A cisão moderna entre escolástica e mística, 379

III – A cristologia dos filósofos, 381

IV – Descartes e Pascal, 383

V – Spinoza e Leibniz, 385

VI – Kant, 386

VII – Lessing e Rousseau, 388

VIII – O idealismo: Fichte, Schelling, Hegel, 390

IX – Kierkegaard, 391

X – Schleiermacher, 393

XI – A cristologia dos historiadores, 394

XII – A cristologia dos poetas, 396

XIII – A cristologia no século XX, 397

XIV – Do Concílio Vaticano II ao fim do século XX, 403

Terceira parte

A pessoa e a missão de Cristo

Cristologia sistemática

Capítulo VII – A origem: o Filho de Deus, 411

I – A lógica do reconhecimento e identificação do Ressuscitado, 414

1 O encontro com o Ressuscitado e os sinais de sua presença, 414

2 Os lugares e o tempo da cristologia inicial, 415

3 O Ressuscitado à luz do Espírito, 417

4 O processo de re-cordação, re-cuperação e retro-interpretação do princípio a partir do final, 418

    5 A unidade de Cristo e as diversas explicações cristológicas, 421

    6 Os múltiplos nomes do único Cristo, 422

II – A filiação divina, 424

    1 A categoria "filho" no AT e as religiões helenistas, 424

    2 A tradição sinótica, 425

    3 São Paulo, 426

    4 São João, 427

    5 Outros escritos do NT, 428

    6 O título "Filho" na boca de Jesus, 429

    7 A filiação, categoria cristológica suprema, 431

III – A preexistência, 434

    1 As realidades prévias e fundantes da ideia, 434

    2 O ponto de partida: Cristo, revelador escatológico, 435

    3 O sentido soteriológico do binômio: preexistência-envio, 436

    4 A preexistência em São João, 438

    5 Os modelos prévios da tradição judaica, 439

    6 A preexistência em sentido pessoal, 441

    7 A preexistência criadora de Cristo, 441

    8 A preexistência pessoal e outras formas de preexistência, 443

IV – A encarnação, 444

    1 Os textos bíblicos, 444

    2 A palavra e a ideia, 445

    3 Autodivinização do homem ou auto-humanização de Deus, 447

    4 A encarnação como consumação da criação, 448

    5 A encarnação como "mutação", "paixão" e "identificação" de Deus imutável e impassível com o homem mortal e sofredor, 450

    6 A encanação de Deus: catástrofe ou plenificação do homem?, 451

    7 A encarnação: instante e duração, ato e estado, 453

V – A *quenose*, 454

    1 Do nascimento à cruz, 454

    2 *Quenose* histórica de Jesus e *quenose* intratrinitária do Filho?, 456

    3 Os três polos da existência de Cristo e a soteriologia resultante, 457

    4 Motivo, finalidade e consequências da encarnação redentora e quenótica, 458

VI – A divindade, 459

    1 Da filiação à divindade, 459

    2 Presença e ausência dos termos na boca de Jesus, 460

    3 Textos do NT que nomeiam Jesus como Deus, 461

    4 Sentido do termo Θεός aplicado a Jesus, 462

    5 Do NT a Niceia: compreensão funcional ou metafísica da filiação e divindade de Jesus, 464

    6 A afirmação de Niceia, necessária transposição do Evangelho, 466

    7 Da filiação de Jesus à Trindade: monoteísmo de comunhão, 467

VII – Deus-homem, 468

    1 A palavra nova: θεάνθρωπος; *Deus et homo,* Deus-homem, 469

    2 A encarnação, fato particular ou mito universal, 471

    3 O Deus encarnado, garantia da verdade concreta de Deus e do homem, 472

    4 A encarnação como mistério, 473

Capítulo VIII – A constituição: o homem Jesus, 475

Introdução – *Vere Deus et vere homo*, 477

A – A origem, 478

    I – Estados e fases no itinerário de Cristo, 478

    II – Gl 4,4: Nascido de mulher e sob a lei, 480

    III – Mateus-Lucas: concebido por obra do Espírito Santo de Maria Virgem, 482

        1 O fato da concepção virginal, 483

        2 O sentido, 484

        3 Normatividade entre a ação do Espírito e a do Filho na encarnação, 487

    4 Relação entre ação do Espírito e ação do Filho na encarnação, 489

B – A figura, 491

    I – Fl 2,5-8: "Forma de Deus"; "Forma de escravo", 491

    II – Universalidade, particularidade, singularidade de Jesus, 492

    III – Jesus: judeu, galileu, nazareno, 494

    IV – Figura particular de sua judeidade, 498

    V – A peculiar "grandeza" de sua humanidade, 499

C – A pessoa, 501

    I – A pergunta fundamental: Quem é Jesus?, 501

    II – A constituição metafísica (Ser), 503

        1 Os termos novos: *ousía, phýsis, hypóstasis, prósôpon = esentia, natura, persona*, 503

        2 Conceito de pessoa e de união hipostática no Oriente e no Ocidente, 505

        3 Conteúdos e sua aplicação a Cristo, 508

        4 Interpretação moderna da união hipostática (Rahner, Zubiri, Ratzinger), 510

        5 Compreensão ontológica e dinâmica diante da compreensão ôntica e estática, 516

    III – A constituição psicológica de Cristo (consciência), 518

        1 Possibilidade de uma psicologia de Jesus, 519

        2 O problema na história vivida de Jesus, 521

        3 Patrística e Idade Média: as três ciências (de visão, infusa, adquirida), 522

        4 Época moderna: a autoconsciência. O "Eu" de Cristo, 524

        5 Proposta de Rahner, 527

        6 A Comissão Teológica Internacional, 529

        7 Conclusões fundamentais, 530

    IV – A constituição moral de Cristo (liberdade), 533

        1 Vontade e liberdade na perfeita humanidade, 533

    2 Liberdade e filiação no NT, 536

    3 Liberdade, filiação e missão, 538

    4 A impecabilidade de Jesus, 538

    5 A santidade de Jesus, 540

    6 A tríplice graça de Cristo (de união, singular, capital), 541

D – A biografia, 543

  I – O Filho de Deus no tempo ou a encarnação concreta, 543

  II – Realização biográfica da pessoa, 544

  III – Etapas de vida, atitudes e mistérios de Cristo, 545

  IV – Jesus ressuscitado, protótipo do futuro: último Adão e nova humanidade, 549

  V – A perduração eterna da humanidade de Cristo, 550

  VI – O Cristo glorioso, lugar pessoal de nosso encontro com Deus, 552

Conclusão – A humanidade de Deus e a divindade do homem, 552

Capítulo IX – A missão: o mediador da salvação, 555

Introdução – A pessoa de Cristo (cristologia) e sua obra (soteriologia), 557

  I – A salvação e os mediadores da salvação, 558

    1 A palavra e o conceito de salvação, 558

    2 Salvação metafísica, histórica, escatológica, 560

    3 Pré-compreensão antropológica da salvação, 561

    4 Cristo Salvador, 563

    5 Mediação e mediadores, 565

    6 O Mediador da aliança nova e eterna, 566

    7 Da mediação descendente à mediação ascendente, 568

  II – A salvação de Deus outorgada em Cristo, 570

    1 *A Deo per Christum in Spiritu/Per Christum in Spiritu ad Patrem*, 570

    2 Do Cristo mediador na história à mediação metafísica e revolucionária (Ilustração/Hegel/Marx), 571

    3 O plano divino de salvação: Ef 1,3-14, 573

    4 Conteúdo e realização trinitária da salvação, 574

5 A salvação em relação ao poder do pecado, 578

   6 A dupla função de Cristo: a partir de Deus perante os homens e a partir dos homens perante Deus, 580

   7 A inversão da perspectiva soteriológica na consciência moderna, 583

   8 Originalidade e singeleza da experiência cristã de salvação, 585

III – Teorias soteriológicas: fundamento e formas, 587

   1 A correlação entre Adão e Cristo, 587

   2 A categoria "solidariedade-representação vicária-substituição" (*Stellvertretung*) e a inclusão da humanidade em Cristo, 588

   3 A existência salvadora de Cristo em todas as fases de sua vida, 592

   4 Três soteriologias (escatológica, estaurológica [cruz], pneumatológica) e os três "ofícios" de Cristo (profeta, sacerdote, rei), 594

   5 Diferentes categorias soteriológicas na história da Igreja, 595

   6 Categorias colocadas hoje sob suspeita: substituição, satisfação, expiação, sacrifício, 599

   7 Mistério, dogma, teorias, 608

   8 Axiomas clássicos da soteriologia, 609

IV – Universalização e personalização da salvação, 612

   1 A universalidade do pecado e a redenção de Cristo, 612

   2 Características da mediação salvadora de Cristo, 614

   3 O Espírito e o apóstolo, atualizadores da salvação em Cristo, 618

   4 Salvação cristã e salvação secular, 623

   5 A unicidade salvífica de Cristo e o pluralismo soteriológico, 627

   6 Pedagogia da proposta missionária de Cristo, 631

Conclusão – Cristofania, cristoterapia, cristologia, 633

   I – Cristofania: Cristo, o Caminho, 637

   II – Cristofania: Cristo, a Vida, 641

   III – Cristofania: Cristo, a Verdade, 649

   IV – Final, 652

Apêndices

Apêndice I – Legado do século XX e tarefas do século XXI, 657

    I – Do século XIX ao século XX, 657

        1 Datas, pessoas e instituições decisivas, 657

        2 Quando começa o século XXI?, 659

        3 A possível ou impossível programação do futuro, 660

    II – A cristologia do século XX e sua recepção, 661

        1 Superações da situação anterior, 661

        2 Conquistas definitivas, 662

        3 Limites das novas cristologias, 667

    III – A cristologia no século XXI, 671

    Reflexão final, 683

Apêndice II – Bibliografia mínima: decênio 2001-2012, 684

        1 Fé e história; Jesus em seu contexto histórico, 686

        2 O nascimento do cristianismo, 687

        3 A figura de Jesus: mensagem, pessoa, destino, 687

        4 Cristologias bíblicas, 688

        5 Cristologia patrística, 689

        6 Cristo na história da humanidade, 689

        7 Soteriologia e relação de Cristo com outras religiões salvíficas, 690

        8 Manuais, 690

        9 Monografias, 691

        10 A dimensão cristológica da teologia, 693

Índice onomástico, 695

PREFÁCIO

A primeira edição desta obra apareceu em 2001, foi impressa várias vezes e também traduzida. Hoje surge esta nova edição minuciosamente revista e aumentada com um *Apêndice*. Na primeira parte do apêndice tentei enumerar os avanços maiores da reflexão cristológica no século XX e, ao mesmo tempo, formular algumas das tarefas e possibilidades abertas no século XXI. Sob o título *Bibliografia mínima* ofereço em dez pontos alguns títulos significativos, que podem nos ajudar a conhecer as novas perspectivas, abertas neste decênio.

O texto permanece fundamentalmente idêntico. Pareceu-me que nos últimos anos não surgiram aportes essenciais nos campos a partir dos quais surge a cristologia (exegese, história do dogma, reflexão filosófica, ecumenismo, experiência histórica nova, vida da Igreja), que exigiriam mudanças nas linhas mestras do tratado. Uma exposição mais ampla e analítica da cristologia em seus fundamentos bíblicos, história dos dogmas e abordagens contemporâneas, que excede o caráter e a extensão de um manual como este, o leitor pode encontrá-la em minha obra *Fundamentos de cristología.* I: *El Camino* (Madri 2005); *II Meta y Misterio* (Madri 2006).

As questões recentes e novamente aventadas (p. ex.: messianismo de Jesus, relação entre monoteísmo judaico e cristologia; surgimento da devoção a Jesus no sentido de culto e adoração; fundamentação da cristologia no Antigo Testamento considerada como profecia, tipologia, versão para o futuro, incipiente "encarnação" de Deus; liberdade representativa e antecipada de Jesus como causa eficiente de nossa redenção; relação entre cristologia fundamental e cristologia dogmática; cristologia filosófica; compreensão não cristã de Cristo; formas de libertação tanto em termos sociais quanto psicológicos; razão-coração-práxis com caminhos que levam ao conhecimento de Jesus...) podemos encontrá-las analisadas nas monografias que cito no *Apêndice,* pensado primordialmente para os professores.

Com o volume *El rostro de Cristo* (Madri 2012) prolonguei o tipo de reflexão que havia iniciado em *Cuatro poetas desde la outra ladera. Prolegómenos para una cristología* (Madri 1996). O que havia feito com os poetas o faço agora com os pintores. Juntamente com o texto para reflexão este livro oferece imagens para a contemplação. O cristianismo é religião de criação, de revelação e de encarnação de Deus; é religião de audição, contemplação e ação do homem; afeta os olhos, os ouvidos e as mãos; engloba, por isso, o escutar para ouvir, o contemplar para entender, o trabalhar para amar. A melhor tradição teológica e espiritual falou dos sentidos espirituais e corporais. Assim, por exemplo, falou dos olhos do rosto, dos olhos do coração e dos olhos da fé.

Os leitores deste livro valorizaram especialmente a reflexão sistemática. É cada vez mais evidente que não basta um mero positivismo bíblico, histórico, magisterial ou pastoral. A fé implica adesão livre e convicção fundamentada, consciência de liberdade e busca da verdade. Tampouco resolve os problemas o simples remeter-se a testemunhas de vivências subjetivas e a fatos particulares. Nesta matéria não podemos ficar nas questões prévias de pura informação histórica, exegética, cultural. É preciso pensar para poder definir com rigor e para decidir com fundamento objetivo, universalizável. Questões essenciais como a relação entre fé e história (o assim chamado Jesus histórico), o pluralismo de cristologias no Novo Testamento, a hermenêutica dos enunciados dogmáticos, não é suficiente tratá-las somente com informação positiva, mas urge situá-las no horizonte total da fé, da história da Igreja e da consciência de fé. Não há mais Cristo sem cristianismo como não há cristianismo sem Cristo.

O fundamento definitivo para crer em Cristo se descobre: a) à luz de sua história, mensagem e destino dentro daquilo que foi seu entorno histórico; b) à luz de sua repercussão sobre toda a história ulterior; c) mas ele é conhecido, sobretudo, a partir de dentro, onde ele permanece vivo e vivificador: na Igreja e no coração do mundo. Assim como para o conhecimento da pessoa, também para Cristo vale o seguinte princípio: "As portas do Mistério só se abrem de dentro para fora". Nós podemos chegar até o postigo de sua morada, mas para entrar alguém que já está lá dentro e que tem a chave deve abrir a porta. O Novo Testamento nos mostra a necessidade de conhecermos a história de Jesus (Lc 1,1-4), mas também nos testemunha que seu conhecimento como Filho e Senhor é resultado do dom (Jo 6,65) e atração do Pai (6,45), da iluminação e força interior do Espírito Santo (1Cor 12,3). Falando dos acessos a Cristo a partir da história, da filologia e da filosofia críticas, D. Bonhoeffer escreve: "Se estes caminhos, para conhecê-lo, nos estão fechados, então só nos resta dirigir-nos àquele lugar onde a pessoa se revela a si mesma em seu ser próprio, sem que seja forçada por ninguém. Este é o lugar da oração a Cristo. Somente através de uma revelação livre se abre e se desvela a pessoa de Cristo e com ela sua obra".

Este é o horizonte em que se situa esta nova obra. Concluo expressando meu agradecimento cordial a todos os professores, alunos, leitores e autores de recensões, que colaboraram com o aprimoramento e a consolidação desta obra.

Olegario González de Cardedal

PRÓLOGO À PRIMEIRA EDIÇÃO

I

Este livro é um manual de cristologia. Deveria, portanto, oferecer os saberes fundamentais que a reflexão teológica, feita a partir da fé com a ajuda das distintas ciências auxiliares (exegese, história, filosofia, ciências sociais...), alcançou sobre Cristo: sua existência, pessoa, missão, interpretação na Igreja ao longo dos séculos, presença atual na consciência dos homens, repercussão sobre a história posterior (pensamento, moral, cultura, ação humana...) e, finalmente, sua permanente capacidade de engendrar esperança e salvação.

A cristologia sistemática ou dogmática supõe a fé, como dom de Deus, que é luz para a inteligência e potência para a vontade. Ela é acompanhada de outras três formas de cristologia: a histórica, a fundamental e a filosófica. Cada uma tem seu objetivo, método e gênero literário próprios. São diferentes entre si, mas não separáveis. A *cristologia histórica* estuda os fatos da vida de Jesus em seu ambiente geográfico, cultural, religioso e social, à luz dos documentos, monumentos e tradições existentes, relacionando-as com outros ambientes humanos contemporâneos. A *cristologia fundamental* indaga os sinais que acompanham a existência de Jesus e que nos permitem reconhecê-lo como revelação de Deus, tornando-o crível e, através dele, tornando o próprio Deus crível. A *cristologia filosófica* mostra quais dimensões do ser, do homem e da história se esclarecem à luz da singularidade indissolúvel de Jesus, enquanto universal concreto. Na ideia, imagem, relato e drama de Cristo, os filósofos viram inscrita a chave do ser. Nada estranho, se lembrarmos que todas as coisas foram criadas *em*, *por* e *através* de Cristo (ἐυ αὐτῷ, δι'αὐτοῦ, εἰς αὐτόυ [Cl 1,16]). Sua presença sela e colmata, guia e convoca o universo inteiro.

Diante delas, a *cristologia dogmática* pressupõe a revelação como gesta positiva de Deus na história de Israel com seu ponto culminante na pessoa de Cristo, ao mesmo tempo que a fé como princípio de conhecimento, conforme uma e outra (revelação e fé) são vividas, transmitidas e interpretadas na Igreja concreta. Onde não existem estes pressupostos (revelação de Deus e fé do homem) não há teologia. A história das religiões, a filologia bíblica, a antropologia cultural... são ramos do saber que o teólogo deve conhecer, mas a inteligência específica da realidade cristológica que este saber oferece tem fundamentos próprios. Ele conta com os princípios da revelação divina (Sagrada Escritura), com os órgãos da transmissão eclesial (liturgia, sentido da fé nos fiéis, tradição conciliar, autoridade episcopal, magistério teológico), com os princípios objetivos da existência cristã (o Espírito Santo, os sucessores dos apóstolos) e com os princípios subjetivos (os carismas comunitários e os dons teologais próprios de cada fiel). O teólogo sistemático oferece assim inteligência interna e razão externa da própria fé, já que o fundamento para crer não se descobre a partir de fora da realidade crida, mas adentrando nela, assim como não se conhece a pessoa desconfiando ou suspeitando contra sua própria interpretação, mas outorgando confiança ao seu testemunho e dando crédito à sua própria autocompreensão que, seguramente, terá que ponderar criticamente, mas em atitude de discernimento objetivo e não por mera suspeita ou empoderamento dominador.

II

Um manual deve levar o leitor ao centro das questões tratadas, apresentando de maneira clara e fundamentada os saberes atestados pela comunidade teológica. Questões menores e opiniões próprias têm outro endereço. As questões centrais da cristologia são as seguintes: quem foi, como viveu e morreu Jesus (história, ação, destino); qual foi o segredo de sua pessoa, o conteúdo de sua doutrina, as experiências que os homens fizeram com Ele, bem como os sinais que Deus fez em seu favor, desde os milagres até a ressurreição (relação com Deus, identidade pessoal, ser); qual foi até agora a sua função e qual continua sendo hoje sua significação para a humanidade (missão). Estas três questões primordiais orientaram a organização da matéria em três partes: *História* (quem foi), *Pessoa* (quem é), *Missão* (o que Ele oferece aos homens).

A estrutura sistemática que Santo Tomás de Aquino deu à cristologia na parte III de sua *Suma Teológica* (1274) perdurou quase intacta até meados do século passado (1951). A nova consciência histórica, a exegese crítica, o diálogo com as filosofias, as rupturas históricas e sociais, o Concílio Vaticano II, as duas guerras mundiais, o pluralismo ideológico e religioso atual... criaram uma situação nova que nos obriga a repensar os problemas a partir de sua origem e raiz. No entanto, ainda não conseguimos uma integração que decante e coordene essas perspectivas novas numa sistematização comumente aceite. A todos os elementos acima acrescente-se a extensão do cristianismo a novos continentes e o encontro da Igreja com suas culturas e religiões, a partir das quais surgem novas perguntas e são necessárias novas respostas. Sobre esse fundo histórico, a proposta atual se contenta com uma apresentação do essencial cristológico, da forma como ele se oferece no Símbolo da fé, sem pretender alcançar uma visão sistemática que dê conta de toda a realidade. Se é certo que a verdade demanda o sistema, a fé, no entanto, não se fundamenta em nenhum sistema. Cristo, que é Caminho, Verdade e Vida, é anterior e superior a todo sistema humano de acesso, apropriação e dominação da realidade, e, seguramente, também superior a todo sistema teológico.

III

O século XX agitou de maneira radical quase todas as questões filosóficas, morais, sociais e religiosas. Esta reflexão repercutiu sobre a teologia criando horizontes novos para os seus próprios problemas. Muitos nomes provocaram a partir de fora a cristologia, dentre eles Kant, Hegel, Marx, Nietzsche. Com eles abordou-se de uma nova forma a relação entre os seguintes polos: revelação divina e razão humana, cristianismo e história, salvação de Deus e libertação messiânica dos homens, bem-aventuranças evangélicas de Cristo e felicidade do homem. A cristologia pensou em Cristo com a ajuda destes autores, em parte contra eles e, em todo caso, querendo ir além deles. A Igreja pensou a fé em Cristo, a missão e a vida cristã numa necessária fidelidade à origem, mas ao mesmo tempo numa necessária relação dialógica com o mundo. A verdade, que lhe foi dada uma vez por todas por Cristo, a vai escandindo o Espírito, ao ritmo do crescimento do homem e da penetração da própria Igreja nas realidades que a fundam. Desta forma o Espírito dá plenitude à verdade de Jesus no tempo e com ela plenifica o homem (Jo 16,13).

Apresentamos os grandes momentos e autores da cristologia: da patrística aos nossos dias. *O cristianismo é história, tradição e tempo; e por isso requer memória, experiência e esperança.* Só quem se familiarizou com os três mil anos que vão desde a vocação de Abraão até os nossos dias tem a capacidade de perceber inteiramente a plenitude, a beleza e a verdade de Cristo. Por isso citamos, entre outros, Santo Ireneu e Orígenes, Santo Agostinho e Teodoro de Mopsuéstia, Santo Anselmo e Santo Tomás de Aquino, o Cartuxo e Santa Teresa, Santo Inácio de Loyola e Lutero, Bérulle e Pascal, Newman e Möhler, Blondel e Lagrange, Rahner e Balthasar... Estes aparecem nestas páginas como testemunhas do que Cristo significou para o pensamento, para a vida e para a ação humanas em diversas culturas, geografias e horizontes de experiência humana.

A teologia do século XX cresceu em diálogo com os gigantes do pensamento e da ação. Poderíamos distinguir dez momentos diferentes, cada qual com sua glória e seus limites, mas nos quais hoje devemos pousar o olhar para refletir sobre Cristo de acordo com os tempos. São o liberalismo teológico ou protestantismo cultural (Harnack, Troeltsch), a teologia dialética (Barth, Brunner, Gogarten), o existencialismo teológico (Bultmann), a teologia transcendental (Rahner), a inversão das perspectivas clássicas à luz dos transcendentais do ser (teoestética, teodramática e teológica de Balthasar), a hermenêutica (Heidegger, Gadamer, Ricoeur), filologia, sociologia, estruturalismos (métodos histórico-críticos da exegese), movimentos libertadores (descolonizações múltiplas, teologia da libertação, feminismos), reação contra o pensamento da totalidade (Lévinas), encontro do cristianismo com as grandes culturas e religiões do mundo (inculturação e teoria pluralista das religiões), reação frente aos ideais, relatos e projetos da Modernidade na mesma época da crise da Ilustração, da mundialização da consciência e do comércio (Pós-modernidade), novos movimentos e experiências de Igreja. Sobre este fundo tem que se refletir sobre Cristo como revelador de Deus e salvador absoluto da vida humana. No entanto, num manual não se pode fazer outra coisa senão anunciar fatos e tarefas. Não seria pouco tomar consciência da magnitude das tarefas.

IV

Todo livro é elaborado a partir de algumas intuições fundamentais, que lhe servem de marco para interpretar os dados objetivos. Nos guiaram, como convicções básicas, as seguintes palavras:

• *História*. Cristo e o cristianismo são um fato, não somente uma ideia, um programa ou uma promessa especulativa. Os fatos históricos estão na base da fé, ainda quando por si sós não bastem para engendrá-la nem justificá-la. Contra toda fantasia, ideologia ou poder, a fé em Cristo sempre remeteu e renasceu a partir daquela história constituinte. *A fé "supõe" (= tem debaixo de si como seu fundamento) a verdade e a verificação dos fatos.*

• *Sinais*. Existem fatos históricos, fatos eternos e fatos absolutos. Os fatos-sinais têm uma intencionalidade específica, ao oferecer-se como revelação de Deus e convite à fé. Eles pedem atenção e decisão do homem; o põem diante do convite de um ser pessoal, que dá testemunho de si e espera uma resposta. O cristianismo não nasce de fatos positivos nem de silogismos perfeitos, que suplantam nossa razão. É preciso pensar, entrar no jogo, optar, ariscar a vida. A fé em Cristo, como as questões da verdade, da justiça e do futuro, se esclarece vivendo, com razão e coração, por predileção. *A fé supõe o testemunho pessoal de fatos e a interpretação de seu sentido.*

• *Encontro*. O cristianismo tem início no diálogo pessoal de Jesus chamando seus discípulos e se consolida no encontro do Ressuscitado com os que voltavam para Emaús, com Paulo que se dirigia a Damasco e com todos os que ao longo da história se reconheceram ao ouvir sua palavra e ao partir o pão da Eucaristia. Sem este pressuposto (ser encontrados/encontrá-lo) nem a fé nem a cristologia são possíveis. Cristo, como qualquer pessoa, não é compreendido como uma ideia, não é "manipulado" como se manipula um objeto, não é demonstrado como um postulado, mas é reconhecido como sujeito, aceito como graça e correspondido no amor. Nele se dá e se manifesta ao mundo o próprio Deus. *A fé supõe decisão perante Alguém; é consentimento ao Mistério.*

• *Comunidade*. Cristo nunca existiu sozinho, nem em sua mais profunda interioridade aberta ao Pai e ao Espírito, nem em sua história aberta à exterioridade, já que sempre teve seguidores e amigos, confessores e mártires. A fé não é uma ideia que se anuncia nem uma iniciativa que se propõe, mas uma realidade que nos foi dada e se testemunha, convidando a acolhê-la e a corresponder diante do próprio Deus sua origem e conteúdo. Toda ideia pode ser contradita por outra ideia, mas uma pessoa não pode ser contradita por nenhuma ideia. Cristo foi acreditado e continuamente credenciado por comunidades de fé nos últimos vinte séculos e proclamado Vivo e Vivificador de suas experiências. A Igreja, comunidade de fé e celebração, de pensamento e vida, torna possível o nascimento permanente tanto da fé em Cristo quanto da cristologia. Ela é sua fonte, testemunho e garantia. Diante de toda teoria deve-se perguntar: Quem a garante? Quem está no centro dela? Quais são suas credenciais? *A fé supõe integração na Igreja, e a Igreja se propõe como suporte da fé.*

• *Existência*. Ao invés de uma teoria, Cristo apresentou uma práxis: da oração, da confiança e da obediência ao Pai, da misericórdia e da solidariedade com os homens, mediante a pregação de uma mensagem e ação coerentes com ela, dando o belo testemunho em seu favor diante de Pilatos. O cristianismo é uma comunidade de confessores e adoradores de Jesus, já que o reconhecem como Messias, Senhor e Filho de Deus, mas com igual verdade o cristianismo é uma comunidade de seguidores das pegadas de Cristo e imitadores de sua forma de vida. Seguindo suas veredas, estando com Ele e sendo como Ele, os cristãos sabem quem são. Num sentido, a ação é o lugar derradeiro da verdade; inversamente, em outro sentido, é a origem e a condição da verdade. A verdade faz-se real no amor (ἀληθεύοντς ἐν ἀγαπη [Ef 4,15]). *A fé supõe amor e realização na vida.*

A resposta do homem é prevista e suscitada pela revelação de Deus, que se dá a conhecer em obras e palavras, por sinais e profetas. Toda busca de Deus pelo homem é precedida pelo encontro e visitação do homem por Deus. Cristo como Fato, Palavra e Pessoa é o lugar concreto do encontro de Deus com o homem. Por isso, é o lugar necessário para o encontro definitivo do homem consigo mesmo.

Estas convicções guiam e sustentam nossa reflexão; estamos convencidos de que são as que desde sempre fundaram pessoalmente a fé em Cristo e legitimado racionalmente a cristologia. Elas sustentam a verdade e a fecundidade criadora da existência cristã, ao mesmo tempo que a defendem tanto do idealismo e do positivismo vulgar quanto do dogmatismo e extrinsecismo esterilizante.

V

Este livro surge no contexto da história ocidental dos últimos cinquenta anos. Nela ele enraíza suas preocupações, sobre ela quer projetar luz e por ela está limitado. Outras vozes conhecedoras de outras culturas e continentes tomaram nele a palavra para falar de Cristo com a verdade objetiva, que exige um conhecimento rigoroso, tanto do objeto quanto do sujeito ouvinte, assim com a incardinação em sua forma de existência. De resto, minha preocupação é ajudar a:

- compreender as origens cristológicas numa correlação crítica com o passado e o presente (*história e dogma*);
- discernir os complexos elementos teóricos e práticos atuais que algumas vezes facilitam e outras dificultam a fé em Cristo (*experiência humana e vida cristã*);
- mostrar que a fé em Cristo é um fermento de humanização e uma potência de salvação (*teoria e práxis*).

Num manual, não é fácil saber o que se deve incluir ou omitir do interminável acervo de saberes acessíveis. Por outro lado, nos centros teológicos a Cristologia está próxima a outras disciplinas que estudam a mesma matéria: Teologia Fundamental, Introdução aos Evangelhos, Patrística, Tratado da Espiritualidade, Antropologia Teológica... O que deveríamos tratar aqui como próprio e indispensável, ou o que deveríamos reservar a essas outras disciplinas? Dificuldade semelhante oferece a interminável bibliografia. Qualquer leitor informado provavelmente se queixará da falta de temas, livros, autores que considera essenciais. São os limites impostos a um manual; e conformar-nos-íamos se não tivermos omitido o essencial! Por isso solicitamos e agradecemos de antemão todas as sugestões críticas que leitores e colegas queiram fazer.

Esta obra foi precedida por outras do mesmo autor, que a partir de diferentes perspectivas se ocupam destas e de outras questões: *Jesús de Nazaret. Aproximación a la cristología* (Madri ³1993); *Cuatro poetas desde la otra lade-*

ra. Prolegómenos para una cristología (Madri 1996); *La entraña del cristianismo* (Salamanca ⁴2011). Em seguida veio *Fundamentos de cristología,* 2 vols. (Madri 2001). Suas coordenadas objetivas são as de toda obra de teologia; as vitais para o autor são o Concílio Vaticano II e o fim do século. Daquele Concílio permaneceu em mim uma convicção profunda: desde quando Deus se encarnou em Jesus Cristo, um de nós se tornou Filho de Deus e um da Trindade morreu pelos homens – Deus, Cristo e o homem se uniram e são inseparáveis, tanto em sua realidade quanto em nossa intelecção sobre eles. Este é o triângulo hermenêutico sem o qual todo o resto resulta ininteligível.

Este é um livro para ler e refletir, antes que estudar e aprender. Depois de tudo o que a consciência moderna significou para o cristianismo, e após todas as transformações vividas na Igreja durante o último meio século, não é possível repetir mimeticamente nem fazer uma proposta meramente bíblica, narrativa, positivista ou dogmática da fé. Deve-se oferecer uma proposta ao mesmo tempo reflexiva e fundamentada. A demonstração da validez da fé em Cristo não é algo exterior ou anterior a ela, mas simultânea: a verdade e o sentido do conteúdo proposto são em si mesmos sua verdadeira fundamentação. Por isso tentei unir o dado positivo e a reflexão teórica, a tradição secular e a compreensão atual, o rigor acadêmico e a penetração espiritual.

Escrever um livro como este é uma tarefa de vida. Ela me foi propiciada por alunos, leitores, amigos, companheiros professores, bibliotecários e pessoas próximas: homens e mulheres. Não é possível nomeá-los todos nesta obra, tampouco publicá-la sem mencionar suas generosas colaborações, que pessoalmente cada um conhece perfeitamente bem. A Deus, a eles e elas devolvo esta obra agradecido, e aos leitores a entrego cheio de otimismo.

Salamanca, 2 de outubro de 2000.

BIBLIOGRAFIA GERAL

I – Repertórios bibliográficos

1 Artigos de dicionários e bibliografias

BUENO, E. "Cristología". In: *Burgense* 34/1 (1993), p. 131-166.

Catholicisme. DBS, DCTh; DThC; HWPh; LTK[2-3]; RGG[3-4]; SM; TER.

HULTGREN, A.G. *New Testament Christology* – A Critical Assesment and annotated Bibliography (Westport: Greenwood 1988).

MÜLLER, G.L. "Chistologie". In: *Glaubenszugänge – Lehrbuch der katholischen Dogmatik*, II (Paderborn 1995), p. 283-297 (Literaturverzeichnis).

SAGRADO CORAZÓN, E. "La cristología en los últimos años (1955-1961)". In: *Salm 10* (1963), p. 383-470.

XIBERTA, B.M. "Conspectus Bibliographicus". In: *Tractatus de Verbo Incarnato – Pars II: Soteriologia* (Madri 1954), p. 671-739.

2 Periódicos bibliográficos e recensões

Biblica (Roma).

Ephemerides Theolocae Lovanienses (Lovaina).

Gregorianum (Roma).

Nouvelle Revue Théologique (Namur/Bruxelas).

Recherches de Science Religieuse (Paris).

Revue des Sciences Philosophiques et Théologiques (Paris).

Salanticensis (Salamanca).

Theologische Literaturzeitung (Berlim).

Theologische Revue (Munique).

II – Textos-fonte

ALBERIGO, J.; JOANNOU, P.; LEONARDI, C. & PRODI, P. *Conciliorum Oecumenicorum Decreta* (Friburgo 1964).

BELLINI, E. (ed.). *Su Cristo*: il grande dibattito nel quarto secolo (Milão 1977).

DENZINGER, H. & HÜNERMANN, P. *Enchiridion Symbolorum, definitionum et declarationum de rebus fidei et morum* (Barcelona ^{36}1976).

FESTUGIÈRE, A.J. *Ephèse et Chalcédoine* – Actes des Conciles (Paris 1982).

GRANADO, G. *Los mil nombres de Cristo* – Textos espirituales de los primeiros siglos (Madri 1988).

HEILMANN, A. & KRAFT, H. (eds.). *Texte der Kirchenväter nach Themen geordnet*, II (Munique 1963), p. 59-266.

LEONARDI, C. *Il Cristo* – Testi teologici e spirituali in lingua latina da San Vittore a Caterina da Siena (Roma 1992).

_____. *Il Cristo* – Testi teologici e spirituali in lingua latina da Abelardo a San Bernardo (Roma 1991).

_____. *Il Cristo* – Testi teologici e spirituali in lingua latina da Agostino a Anselmo di Canterbury (Roma 1989).

NORRIS, R.A. (ed.). *The Christological Controversy* (Filadélfia 1980).

OHLIG, K.H. *Christologie* – I: Von den Anfängen bis zur Spätabtuje (Graz 1989).

_____. *Christologie* – II: Von Mittelalter is zur gegenwart (Graz 1989).

ORBE, A. & SIMONETTI, M. *Il Cristo* – Testi teologici e spirituali dal I al IV secolo (Roma 1990).

PETAVII, D. *Theologica Dogmata* – V/2: De Incarnatione (Paris 1866).

PONS, G. (ed.). *Jesucristo en los Padres de la Iglesia* (Madri 1997).

SCHWARTZ, E. (ed.). *Acta Conciliorum Oecomenicorum* (Estrasburgo/Berlim/Leipzig 1914ss.).

SIMONETTI, M. *Il Cristo* – Testi teologici e spirituali in lingua greca al IV al VII secolo (Roma 1990).

TANNER, N.P. (ed.). *Decrees of the ecumenical Councils*. I-II (Londres 1990).

TRISOGLIO, F. *Cristo en los Padres de la Iglesia* (Barcelona 1986).

XIBERTA, B.M. *Enchiridion de Verbo Incarnato* (Madri 1957).

III - Obras fundamentais

1 Católicas

ADAM, K. *El Cristo de nuestra fe* (Barcelona 1972).

AMATO, A. *Jesús el Señor* – Ensayo de Cristología (Madri 1998).

ARIAS REYERO, M. *Jesús el Cristo* (Madri 1982).

AUER, J. *Jesucristo Salvador del mundo / María en el plan salvífico de Dios* (Barcelona 1992).

_____. *Jesucristo Hijo de Dios e Hijo de María* (Barcelona 1990).

BALTHASAR, H.U. *Teológica* – 2: La verdad de Dios (Madri 1997).

_____. *Teodramática* – 4: La acción (Madri 1995).

_____. *Teodramática* – 3: Las personas del drama; el hombre en Cristo (Madri 1993).

_____. "El misterio Pascual". In: *Mysterium Salutis,* III/1 (Madri 1980).

BORDONI, M. *Gesù di Nazaret* – Presenza, memoria, attesa (Bréscia 1988).

_____. *Gesù di Nazaret Signore e Cristo* – Saggio di cristologia sistematica, I-III (Roma 1982-1986).

BOUYER, L. *Le fils éternel*: Théologie de la Parole de Dieu et Christologie (Paris 1974).

COLLINGS, G.O. *Christology* – A Biblical, Historical and Systematic Study of Jesus Christ (Oxford/Nova York 1995).

DUQUOC, C. *Cristología* – Ensayo dogmático sobre Jesús de Nazaret (Salamanca ⁵1985).

ESPEZEL, A. *Jesucristo* – Vida y Pascua del Salvador (Buenos Aires 1998).

FEINER, J. & LÖHRER, M. (eds.). *Mysterium salutis* – Manual de teología como historia de la salvación, III/1-2 (Madri 1983).

FORTE, B. *Jesús de Nazaret: historia de Dios, Dios de la historia* – Ensayo de una cristología como historia (Madri 1983).

GIRONÉS GUILLÉN, G. *Cristología* (València 1993).

GONZÁLEZ DE CARDEDAL, O. *La entraña del cristianismo* (Salamanca ⁴2011).

_____. *Jesús de Nazaret* – Aproximación a la cristología (Madri ³1993).

_____. "Puntos de partida y criterios para la elaboración de una cristología sistemática". In: *Salm* 23/1 (1986), p. 5-53.

_____. "Problemas de fondo y problemas de método en la cristología a partir del Vaticano II". In: *Salm* 22/3 (1985), p. 363-400.

GONZÁLEZ FAUS, J.I. *La humanidad nueva* – Ensayo de cristología (Santander 1994).

GONZÁLEZ GIL, M. *Cristo el misterio de Dios* – Cristología y soteriología, I-II (Madri 1976).

HÜNERMANN, P. *Cristología* (Barcelona 1997).

KASPER, W. *Jesús el Cristo* (Salamanca [10]1999).

KESSLER, H. "Cristología". In: SCHNEIDER, T. (ed.). *Manual de Teologia Dogmática*, I (Barcelona 1996).

MOIOLI, G.L. *Cristologia* – I: Momento storico: letture dele fonti; II. Proposta sistemattica (Milão 1989).

MÜLLER, G.L. "Cristología/Soteriología". In: *Dogmática* – Teoría y práctica de la teología (Barcelona 1998), p. 255-387.

_____. "Christologie – Die Lehre von Jesus dem Christus". In: BEINERT, W. (dir.). *Glaubenszugänge* – Lehrbuch der katolischen Dogmatik. (Paderborn 1995), p. 3-300.

OCARIZ, F.; MATEO SECO, F. & RIESTRA, J.A. *El minterio de Jesucristo* – Lecciones de cristología y soteriología (Pamplona 1993).

RAHNER, K. *Schriften zur Theologie* VIII-XVI (Einsiedeln, 1967-1984).

_____. *Escritos de teología* I-VII (Madri 1961-2000).

RAHNER, K. & THÜSING, W. *Cristología* – Estudio teológico y exegético (Madri 1975).

SCHIERSE, F.J. *Cristología* (Barcelona 1983).

SCHILLEBEECKX, E. *Cristo y los cristianos...* Gracia y liberación (Madri 1983).

_____. *Jesús* – La historia de un viviente (Madri 1981).

SCHMITT, J.; DORÉ, J. & LAURET, B. "Cristología". In: LAURET, B. (ed.). *Iniciación a la práctica de la teología*, II – *Dogmática*, 1 (Madri 1984), p. 137-416.

SERENTHÀ, M. *Gesù Cristo ieri, oggi e sempre* – Saggio di cristologia (Turim 1986).

SESBOÜÉ, B. *Jésus-Christ dans la tradition de l'Église* (Paris 1993).

_____. *Jesucristo el único mediador,* I-II (Salamanca 1990).

SOBRINO, J. *La fe en Jesucristo* – Ensayo desde las víctimas (Madri 1999).

_____. *Jesucristo Liberador* – Lectura histórico-teológica de Jesús de Nazaret (Madri 1991).

SOLANO, J. "De Verbo incarnato". In: *Sacrae Theologiae Summa*, III (Madri 1956), p. 13-332.

WIEDERKEHR, W. "Esbozo de cristología sistemática". In: *Mysterium Salutis*, III/1 (Madri 1980), p. 382-459.

XIBERTA, B. *Tractatus de Verbo incarnato*, I-II (Madri 1954).

2 Ortodoxas

BOULGAKOV, S.E. *Du Verbe Incarné (Agnus Dei)* (Paris 1943).

PAVLOU, T. *Saggio di cristologia neo-ortodossa* (Roma 1995).

STANILOAË, F. *Orthodoxe Dogmatik*, II (Zurique 1990).

TREMBELAS, P.N. *Dogmatique de l'Église Orthodoxe Catholique*, II (Bruge 1967), p. 16-236.

3 Protestantes

ALTHAUS, P. *Die christliche Wahrheit* (Berlim 1958).

BAILLIE, D.M. *God was in Christo* – An Essay on Incarnation and Atonement (Londres 1986).

BARTH, K. *Kirchliche Dogmatik* – IV: Die Lehre von der Versöhnung, 1-3 (Zurique 1953-1956).

BLOCHER, H. *La doctrine du péché et de la rédemption* I-II (Vaux-sur-Seine 1997).

_____. *Christologie*, I-II (Vaux-sur-Seine 1986).

BONHOEFFER, D. *¿Quién es y quién fue Jesucristo?* – Su historia y su misterio (Barcelona 1971).

BRUNNER, E. "Die christliche Lehre von der Schöpfung und Erlösung". In: *Dogmatik*, III (Zurique 1972).

EBELING, E. *Dogmatik des christlicher Glaubens* – II: Der Glaube an Gott den Versöhner der Welt (Tubinga 1979).

GOGARTEN, F. *Christologie* – De Umkehrung des Menchen zur Menschlichkeit (Gütersloh 1999).

JÜNGEL, E. *Dios, misterio del mundo* (Salamanca 1984).

MOLTMANN, J. *El camino de Jesucristo* – Cristología en dimensiones mesiánicas (Salamanca 1993).

_____. *El Dios crucificado* (Salamanca 1977).

PANNENBERG, W. *Teología sistemática*, II (Madri 1996), p. 301-499.

_____. *Fundamentos de cristología* (Salamanca 1974).

PRENTER, R. "Schöpfung und Erlösung". In: *Dogmatik* II (Gotinga 1960).

SCHLINK, E. *Ökumenische Dogmatik* – Grundizüge (Gotinga 1983), p. 211-415.

TILLICH, P. *Teología sistemática* – II: Jesús y la existencia (Salamanca ³1982).

SIGLAS E ABREVIAÇÕES

I – Livros, dicionários, revistas e coleções

Aproximación – GONZÁLEZ DE CARDEDAL, O. *Jesús de Nazaret* – Aproximación a la cristología (Madri ³1993).

BAC – *Biblioteca de Autores Cristianos* (Madri).

Bib – *Biblica* (Roma).

BiLi – *Bibel und Liturgie* (Viena).

CFT – FRIES, H. (ed.). *Conceptos fundamentales de teología*, I-II (Madri ²1979).

CDF – *Congregación para la Doctrina de la fe* – Documentos 1966-2007 (BAC, Madri 2008).

Com IKZ – *Communio* – Internationale Katholische Zeitschrift (Paderborn).

Com RCI – *Communio* – Revista Católica Internacional (Madri).

Com RCInt – *Communio* – Revue Catholique Internationale (Paris).

Conc – *Concilium* (Madri).

CTI – *Comisión Teológica Internacional* – Documentos (1969-1996) (Madri 1998).

DBS – *Dictionnaire de la Bible* – Supplément (Paris 1928ss.).

DC – *La Documentation Catholique* (Paris).

DCTh – *Dictionnaire Critique de la Théologie* (Paris).

DENT – BALZ, H. & SCHNEIDER, G. *Diccionario Exegético del Nuevo Testamento*, I-II (Salamanca 1996-1998).

DJG – *Dictionary of Jesus and the Gospels* (Illinois 1992).

DPAC – *Diccionario Patrístico y de la Antigüedad Cristiana*, I-II (Salamanca 1991-1992).

DS – DENZINGER, H. & SCHÖNMETZER, A. *Enchiridion symbolorum definitionum et declarationum de rebus fidei et morum* (Barcelona/Friburgo/Roma 1965ss.).

DSp – *Dictionnaire de Spiritualité,* I-XVII (Paris 1937-1995).

DTD – BEINERT, W. (ed.). *Diccionario de Teología Dogmática* (Barcelona 1990).

DThC – *Dictionnaire de Thélogie Catholique* (Paris 1930ss.).

EB – *Estudios Bíblicos* (Madri).

EE – *Estudios Eclesiásticos* (Madri).

EsTr – *Estudios Trinitarios* (Salamanca).

ET – RAHNER, K. *Escritos de teología,* I-VII (Madri 1961-1968).

ETL – *Ephemerides Theologicae Lovanienses* (Lovaina).

FZThPh – *Freiburger Zeitschrift für Theologie und Philosophie* (Friburgo 1954ss.).

G – *Gregorianum* (Roma).

HDG – *Handbuch der Dogmengeschichte* (Friburgo/Basileia/Viena 1951ss.).

HWPh – RITTER, J. & GRÜNDER, K. (dirs.). *Historisches Wörterbuch der Philosophie,* I-VIII (Basileia 1971-1992).

KD – BARTH, K. *Die Kirchliche Dogmatik,* I-IV (Zurique 1986-1993).

La entraña – GONZÁLEZ DE CARDEDAL, O. *La entraña del cristianismo* (Salamanca [4]2011).

LM – *Lexikon des Mittelalters* (Darmstadt).

LTK[2] – *Lexikon für Theologie und Kirche,* I-IX (Friburgo 1957-1965).

LTK[3] – *Lexikon für Theologie und Kirche* (Friburgo 1993).

LTNT – SPICQ, C. *Lexique théologique du Nouveau Testament* (Friburgo/Paris 1991).

MANSI – MANSI, J.D. *Sacrorum conciliorum...* Nova ed., MARTIN, J.B. & PETIT, L. (Florença/Veneza 1911-1927). Reimp., Graz 1960-1961.

MS – *Mysterium Salutis,* I-IV (Madri 1969-1984).

MThZ – *Münchener theologische Zeitschrift* (Munique).

NRT – *Nouvelle Revue Théologique* (Tournai/Lovaina/Paris).

P – PASCAL, B. *Pensées* (Paris 1960).

PG – MIGNE, J.-P. *Patrologiae cursus completus* – Series graeca (Paris 1857-1866).

PL – MIGNE, J.-P. *Patrologiae cursus completus* – Series latina (Paris 1878-1990).

RB – *Revue Biblique* (Paris).

RET – *Revista Española de Teología* (Madri).

RGG[3] – *Die Religion in Geschichte und Gegenwart* – Handwörterbuch für Theologie un Religionswissenschaft, I-IV (Tubinga 1957-1962). Artigos: KARRER,

M. et al. "Cristologie", II, p. 273-322. • ROLOF, J. et al. "Jesus Christus", IV, p. 463-502.

RSPT – *Revue des Sciences Philosophiques et Théologiques* (Paris).

RSR – *Recherches de Science Relgieuse* (Paris).

RT – *Revue Thomiste* (Paris).

RTL – *Revue Théologique de Louvain* (Lovaina).

Salm – *Salmanticensis* (Salamanca).

SC – *Sources Chrétiennes* (Paris 1941s.).

SM – RAHNER, K. *Sacramentum mundi* – Enciclopedia teológica (Paris 1941s.).

STh – SANTO TOMÁS DE AQUINO. *Summa theologicae* (Madri 1952). Ed. bilíngue, 16 vols. (Madri 1955-1960; reimp. 2010).

SzTh – RAHNER, K. *Schriften zur Theologie,* VIII-XVI (Einsiedeln 1967-1984).

TD – VON BALTHASAR, H.U. *Teidranpatuca,* I-V (Madri 1990-1996).

ThQ – *Theologische Quartalschrift* (Tubinga).

TER – *Theologische Realenzyklopädie,* I-XXXI (Berlim/Nova York 1977-1999).

TS – PANNENBERG, W. *Teología sistemática,* I-II (Madri 1992-1996).

TWNT – KITTEL, G. *Theologisches Wörterbuh zum Neuen Testament,* I-IX (Stuttgart 1933-1973). Register Band, X/1-2 1978-1979.

WA – LUTHER, M. *Werke* – Kritische Gesamtausgabe (Weimar 1983).

ZKTH – *Zeitschrift für katolische Theologie* (Innsbruck).

II – Outras

AG – Concílio Vaticano II. Decreto *Ad gentes*, sobre a atividade missionária da Igreja.

AT – Antigo Testamento.

DV – Constituição Dogmática *Dei Verbum*, sobre a divina revelação.

GS – Constituição Pastoral *Gaudium et Spes*, sobre a Igreja no mundo atual.

LG – Constituição Dogmática *Lumen Gentium*, sobre a Igreja.

NA – Declaração *Nostra aetate*, sobre as relações da Igreja com as religiões não cristãs.

NT – Novo Testamento.

OT – Decreto *Optatam Totius*, sobre a formação sacerdotal.

TOB – *La Bible* – Traduction oecuménique (Paris ³1989).

UR – Decreto *Unitatis redintegratio*, sobre o ecumenismo.

INTRODUÇÃO
O TRATADO DE CRISTOLOGIA

Bibliografia

BALTHASAR, H.U. "Approches christologiques". In: *Didaskalia* 12 (Lisboa 1982), p. 3-11. • CONGAR, Y. "Cristo en la economia de la salvación y en nuestros tratados teológicos". In: *Conc* 11 (1966), p. 5-28. • DEMBOWSKI, H. *Einführung in die Christologie* – Mit einem Beitrag von W. Breuning (Darmstadt 1976). • DUPUIS, J. *Introducción a la cristología* (Estella 1994). • FISICHELLA, R.; TILLIETTE, X.; GALOT, J. & AMATO, A. "Cristología". In: LATOURELLE, R.; FISICHELLA, R. & PIÉ-NINOT, S. *Diccionario de la Teología Fundamental* (Madri 1990), p. 226-271. • GNILKA, J. & SCHILSON, A. "Cristologie". In: LTK³ 2, p. 1.164-1.174. • GONZÁLEZ DE CARDEDAL, O. "Puntos de partida y critérios para la elaboración de una cristología sistemática". In: *Salm* 1 (1986), p. 5-52. • GRILLMEIER, A. "Christologie". In: LTK² 2, p. 1.156-1.166. • GRILLMEIER, A. "Cristología". In: SM 2, p. 239-276. • GRILLMEIER, A. *Mit Ihm und in Ihm* – Christologische Forschungen und Perspectiven (Friburgo 1975), p. 586-636, 637-679. • HAIGHT, R. "The Situation of Christology today". In: ETL 69 (1993), p. 313-335. • HÜNERMANN, P. *Offenbarung Gottes in der Zeit* – Prolegomena zur Christologie (Munique 1989). • KERN, W.; POTTMEYER, H.J. & SECKLER, M. *Handbuch der Fundamentaltheologie* – II: Traktat Offenbarung (Friburgo 1985); III: *Theologische Erkenntnislehre* (Friburgo 1988). • KÜNG, H. "Christozentrik". In: LTK² 2, p. 1.169-1.174. • LAFLAMME, R. & GERVAIS, M. (eds.). *Le Christ hier, aujourd'hui et demain* (Quebec 1976). • MERSCH, E. *La théologie du corps mystique*, I-II (Bruxelas 1944). • MERSCH, E. *Le corps mystique de Christ* – Études de théologie historique, I-II (Paris/Bruxelas 1936). • MOINGT, J. (ed.). *Visages du Christ* – Les tâches presentes de la christologie (Paris 1977), corresponde aos n. 1-2 de *RSR* 65 (1977). • MÜLLER, G.L. "Cristología-cristocentrismo". In: BEINER, W. *DTD*, p. 163-169. • MÜLLER G.L. "Das Problem des dogmatischen Ansatzpunktes in der Christologie". In: *MkThZ* 44 (1993), p. 49-78. • MÜLLER, G.L. "Epistemología teológica". In: *Dogmática* – Teoría y práctica de la teología (Friburgo 1998), p. 3-93. • RAHNER, K. "Problemas actuales de la cristología". In: ET I, p. 169-222. • RATZINGER, J. *Doctrina de los princípios teológicos* (Barcelona 1985). • SCHWITZER, E.; WILLIAMS, R.; MÜHLEN, K.H.; MACQUARRIE, J.; SCHROER, H.; EHRLICH, E.L.; GERLITZ, P.F.; SIMSON, O. "Jesus Christus". In: TRE 16 (1987), p. 670-772; 17 (1988), p. 1-84. • SEVENSTER, G.; PANNENBERG, W. & ALTHAUS, P. "Christologie". In: RGG³ I (1957), p. 1.745-1.789. • REINHARDT, K. *Der dogmatische Schriftgebrauch in der katholischen und protestantischen Christologie von der Aufklärung bis zur Gegenwart* (Munique-Paderborn 1970).

A cristologia é o tratado teológico que dá conta e razão da confissão de fé: "Jesus é o Cristo, o Filho de Deus" (Mt 16,16; Jo 20,31; 1Jo 2,22; At 9,22), mediante a narração dos fatos de sua vida particular (*facta*) e a proposição de sua verdade universal (λόγος)[1]. Com estas três palavras indica-se o seu objeto próprio: a realidade histórica a que se remete o nome próprio (Jesus); sua função como Salvador dos homens na história da parte de Deus (Messias, Cristo); a relação específica que o une com Deus (Filho). Cristo é, ao mesmo tempo, o fundamento e o conteúdo da fé do crente. No entanto, ele não é apenas a origem histórica, o protótipo de uma nova relação do homem com Deus, mas é o objeto a quem a fé do cristão se dirige, como a do israelita se dirigia a YHWH [Javé]. Não somente cremos *a partir de Cristo*, apoiados em Cristo, *à maneira de Cristo*, mas *cremos nele*. Esta é a diferença que separa o cristianismo do judaísmo. Cristo se situa em continuidade e ruptura com o AT; realiza tal forma de profetismo e de sabedoria, vivendo diante de Deus em atitude de confiança e obediência, intimidade e alegria próprias dos orantes e pobres de YHWH, que neste sentido se pode falar de uma "fé de Jesus"[2]. No entanto, sua relação com Deus foi nova e única; sabia e via, por isso não afirmamos dele a fé no sentido de adesão ao que não se vê e que aceitamos pela autoridade de quem no-lo disse. A ruptura de Jesus a respei-

---

1. A palavra "cristologia" aparece pela primeira vez como título de livro em MEISSNER, B. *Christologiae Sacrae Disputationes* (Wittenbergae 1624).

2. Cf. BALTHASAR, H.U. "Fides Christi". In: *Ensayos teológicos* – II: *Sponsa Verbi* (Madri 1964), p. 57-96. • GONZÁLEZ DE CARDEDAL, O. "Funciones de Cristo en nuestro encuentro con Dios". In: *Aproximación,* p. 437-450 (testemunha da fé, fundamento da fé, objeto da fé). • MALEVEZ, L. "Le Christ et la foi". In: *Pour une théologie de la foi* (Paris 1969), p. 159-216. • GUILLET, J. *La foi de Jésus-Christ* (Paris 1980). • THÜSING, W. "Jesús como el creyente". In: RAHNER, K. & W. THÜSING. *Cristología – Estudio teológico y exegético* (Madri 1975), p. 211-226. • WILLIAMS, S.K. "Again 'πιστς χριστοῦ'". In: *CBQ* 49 (1987), p. 431-447.

to de seu ambiente religioso de procedência e a rejeição da sua pessoa por parte de seu povo tem seu fundamento nesta identificação dinâmica e pessoal de Cristo com Deus, que a consciência cristã explicitará depois como filiação e consubstancialidade. A essa realidade filial e divina de Cristo o cristão corresponde com a fé[3].

I – O ponto de partida

O ponto de partida e de referência permanente da cristologia é a história pessoal de Cristo. Ela abarca a *mensagem*, as *ações* e o *destino* daquele que viveu em relação obediente com a vontade de Deus, e simultaneamente aceitou a decisão dos homens sobre Ele. Falamos do "destino de Jesus", mas não entendemos a palavra em sentido pré-cristão de uma predeterminação cega e inexorável sobre o homem, que fixa de antemão seu próprio fim (μοίρα, *fatum, hado*) e que Ele não pode evitar. Todo homem é resultado de natureza e de liberdade, mas ele só existe na conjugação dos fatores próprios e alheios, que são dados, e que precisa integrar. Deus não impõe de fora, mas de dentro, fundando existência, possibilitando liberdade e convidando a enfrentar a história. Neste sentido Deus destina o homem; este se encontra, pois, em estado de acolhida e de resposta a esse "envio", ou "mandato" do Pai. Não obstante isso, todo homem existe em relação e abertura, em estado de desafio e resposta. Tudo o que vem de fora determina o ser interior, proporcional à resposta que oferecemos. Cristo realiza no mundo a missão do Pai dentro de uma situação configurada pelos homens. Ambas, realidade eterna e circunstância temporal, moldam sua missão. Cristo assumiu a circunstância humana como seu destino enquanto cercada de graça e pecado, possibilidade e limite. O conteúdo da cristologia é o ser e o tempo, o realizar e o sofrer, a vida e a morte de Cristo, o que Deus e os homens fizeram com Ele e o que Ele fez diante de Deus e para os homens. Por isso, *destino, doutrina, morte e ressurreição, são os primeiros conteúdos da cristologia*[4].

---

3. Os sinóticos acentuam a atividade orante e obediente de Jesus diante de Deus (crente), ao passo que São João acentua sua consciência de autoridade, igualdade e filiação eterna. Ele vê nesta pretensão o fundamento real para o escândalo e a acusação dos judeus: "Chamava a Deus de seu próprio Pai, fazendo-se igual a Deus" (Jo 5,18).

4. A palavra espanhola *destino* corresponde, neste caso, à palavra alemã *Geschick*, interpretada etimologicamente como "o enviado", "o dado como carga e encargo". Na cristologia foi introduzida por Pannenberg e Kasper. É algo mais do que missão e mandato de Deus (Jo 10,18). Abarca tudo

A história pessoal tem um rosto exterior e outro interior. Para conhecermos bem este precisamos conhecer aquele, e vice-versa. Os fatos visíveis nos servem de sinal para chegar à consciência. Esta pode expressar-se a si mesma indiretamente por suas obras, já que o homem diz quem é com a forma com que realiza a vida. No entanto, a última chave para compreender a pessoa, não enquanto realizadora de coisas mas em si mesma, é sua própria manifestação. Da mesma forma que um é o conhecimento que o homem pode ter de Deus enquanto causa (origem e fim do homem) e outro é o conhecimento que resulta quando Ele nos revela sua intimidade pessoal (revelação sobrenatural)[5], assim existem duas formas de conhecimento de Cristo. Uma que o vê a partir de fora, como um judeu que está na origem do cristianismo, e outra que o vê a partir de dentro de sua própria revelação como Filho de Deus, acolhida pela fé. Na verdade este é o único caminho para o conhecimento definitivo da pessoa, tanto a humana como a divina.

A cristologia se propõe a compreender a pessoa de Cristo que, como a de todo homem, é história e transcende a história. Todos vivemos o tempo e o lugar de nossa história, mas estamos abertos ao Eterno, ao ordenamento e ao exercício de uma dimensão transcendente (inteligência e liberdade) diante do Absoluto. Urge passar da história de Cristo à consciência de Cristo. Saberemos quem Ele é quando tivermos analisado suas ações, a mensagem que pregou, o destino que acolheu e padeceu, sua repercussão na história, mas, sobretudo, saberemos tudo se compartilharmos a revelação de sua própria identidade. Podemos conhecer a Cristo analisando seu contexto de surgimento e sua capacidade de criação histórica posterior. No entanto, só saberemos quem Ele é se pudermos conhecer e chagarmos a compartilhar sua autoconsciência. História e consciência, portanto, são objeto da cristologia. *O objetivo último da cristologia é conhecer e compartilhar a própria consciência de Cristo.* Só então saberemos de verdade quem ele é[6].

---

o que acompanha, como apoio ou obstáculo, um homem em sua missão, tanto o positivo recebido de Deus como o positivo e o negativo recebido dos homens.
5. Cf. VATICANO I (DS 3004-3007).
6. Cf. MERSCH, E. "La conscience humaine du Christ et la conscience des chrétiens". In: *Le Christ, l'homme et l'univers* (Bruxelas 1962), p. 105-127.

II – O objeto

A cristologia expõe a realidade de Cristo na medida em que nele estão implicados Deus, o homem e o mundo. A confissão cristológica coloca Cristo em relação com Deus, como Filho eterno. A realidade trinitária funda a possibilidade da criação e o sentido da encarnação. O Filho que se encarna revela o Pai e o Espírito e os arrasta consigo para a história humana. Desta forma a realidade trinitária, constitutiva de Cristo, funda sua história e o conteúdo do plano de salvação para os homens. A Patrística grega utiliza dois termos para descrever a matéria da cristologia: θεολογία (relação eterna de Cristo com Deus: Trindade) e οἰκονομία (ação de Cristo no tempo para a salvação dos homens: encarnação). Conhecer a Cristo supõe conhecer sua origem e sua relação com Deus, e simultaneamente conhecer o desígnio de salvação dos homens que Deus confiou ao seu destino. O ser de Deus e a história do homem aparecem desde o princípio constituindo o ser e o destino de Cristo. Este destino, essencial para compreender o ser de Deus e seus desígnios para conosco (*dispensatio salutis*), também é a chave para compreender nosso destino de homens. Eusébio começa assim sua *História eclesiástica*: "Ao pôr-me à obra não tomarei outro ponto de partida senão os princípios da economia de Cristo mesmo. [...] E começarei minha exposição pela economia e teologia de Cristo, que em elevação e grandeza excedem ao intelecto humano"[7].

A Igreja primeva situou Cristo no horizonte da vida trinitária e entendeu sua história como "história de Deus" a partir do Pai e do Espírito. A encarnação é o dom do Pai realizado pelo Espírito, que prepara e acompanha a inserção temporal de Cristo no mundo. A história de Cristo é, portanto, a atuação salvífica do Deus trinitário, de forma que na ação de Cristo está operando Deus da forma como sempre é, como Pai e simultaneamente com o Espírito. A cristologia tem que ser exposta como conjugação em Cristo do ser de Deus (θεολογία) e do tempo do homem (οἰκονομία). Se isso não acontece, Cristo fica reduzido a mera facticidade judaica ou a mito universal.

---

7. EUSÉBIO DE CESAREIA. *Hist. Eccles.* I, 1,2.7. Ed. de A. Velasco (BAC 349, 5 e 7 e nota 14). São Gregório de Nissa (*Orat.* 38,8) e Severiano de Gabalda (*De sigillis* 5-6) contrapõem os sinóticos, centrados na *oikonomia*, e a São João, centrado na *theologia*. Cf. SIEVEN, H.J. *Voces. Eine Bibliographie zu Worten und Begriffen aus der Patristik* (Berlim 1980), p. 100-101, 150-151.

A confissão da fé da Igreja une a pessoa e a obra de Cristo de forma indissolúvel. Em sentido estrito chamamos cristologia o estudo de sua pessoa; soteriologia o estudo de sua obra (ofício ou ministério, *Amt* na terminologia protestante). As duas são diferenciáveis, mas não separáveis. Ao longo da história da Igreja houve uma separação de dois aspectos: do ser de Cristo a respeito da sua história como salvífica, e da pessoa do Salvador a respeito dos efeitos de sua obra para conosco. Isto teve nefastas consequências. Por um lado, a questão da pessoa de Cristo acabou sendo reduzida ao puro problema metafísico de como explicar a união de duas naturezas, a divina e a humana, para formar uma só pessoa (união hipostática). Por outro, a salvação que Cristo oferece aos homens acabou sendo compreendida como um produto ou coisa pensável e adquirível à margem da relação com sua pessoa. Com isso cedeu-se, por um lado, a um pensamento puramente conceitual e abstrato, sem referência à vida pessoal, e, por outro, a uma compreensão funcional, utilitarista e "coisista" da salvação. No fim não se via nem como nem por que a salvação devia ser realizada por uma pessoa, e menos ainda por uma pessoa divina.

A pessoa de Cristo é constituída a partir de sua relação eterna com o Pai e o Espírito, de sua missão salvífica para os homens e de sua situação terrena no tempo e no espaço[8]. Estas três realidades são inseparáveis: o em si de Cristo, o Cristo para mim, e o Cristo ali e então. Não há outro Cristo senão o que é Verbo encarnado para uma missão salvífica, realizada em seu lugar próprio e destinada a todos os homens. Cristo traz aos homens em sua história o que Ele é: seu ser de Filho, universalizado e interiorizado pelo Espírito, para integrar-nos na vida trinitária. Este é seu "ser em si", que ao mesmo tempo é seu "ser para mim". Não podemos, portanto, objetivar a realidade de Cristo à margem de sua significação para nós, nem pensar sua função para conosco à margem de sua condição de Filho Unigênito do Pai e de Primogênito dos homens. Diante do desvio e concentração metafísica da cristologia no final da Idade Média, o protestantismo recuperou o *pro me*, o

---

[8]. Por isso uma cristologia meramente narrativa ou positivista é insuficiente. Assim como na metafísica se deve chegar ao *lumen entis* e não ficar no cálculo dos entes, em cristologia se deve chegar à *lumen fidei* (à luz reveladora de Deus mesmo, que se acende e ilumina em Cristo) e não deter-se no cálculo dos atos de Jesus. "Uma coisa é contar histórias dos *entes* e outra é aprisionar o *ser* dos entes" (HEIDEGGER, M. *Ser y tiempo* (1927), § 8 (México 1991), p. 49). Uma coisa é contar fatos ou recordar palavras de Jesus e outra é iluminar seu ser de Cristo, Filho e Senhor. Aqui começa a verdadeira tarefa da cristologia; o resto é uma questão prévia das ciências positivas.

fato que Jesus, antes que um enigma metafísico, é uma alegre notícia para o homem. É "meu Jesus", "meu Salvador", "minha Justiça"; o que é seu é meu, num feliz intercâmbio. Diante da preocupação de explicar as naturezas e pessoa de Cristo prevaleceu o interesse em reconhecer e viver de seus "benefícios"[9]. A pessoa do Filho encarnado funda a possibilidade salvífica, já que salvação para o homem é Deus mesmo revelado e acolhido como amor, reconciliador ao mesmo tempo divinizador, pois a história do homem é também uma história de pecado. Deus é a salvação e a salvação é Deus, já que somente Ele pode aperfeiçoar um homem cuja estrutura de desejo é desproporcional à sua capacidade de conquista e sua necessidade receptiva é desproporcional à sua potência ativa. Cristo, em sua humanidade criada e concreta, é a antecipação do que Deus quer para todos nós e o protótipo causante da nova humanidade. Ele é o último Adão, Espírito vivificante, primícias da humanidade ressuscitada (1Cor 15,45-49). A partir da cristologia vai-se à soteriologia. No entanto, da soteriologia também vai-se à cristologia. O ser de Cristo funda a nossa salvação, e a partir de nossa existência salva podemos conhecer aquele que a funda e no-la outorga. Neste sentido, cristologia e soteriologia formam o anverso e o reverso de uma mesma realidade[10].

III – O lugar

Onde encontramos Cristo e onde se dão as condições objetivas para conhecê-lo? Afirmamos o *lugar temporal* (história no mundo) e o *lugar eterno* de Cristo (Deus e seu plano de salvação). Porém, além desses lugares remotos e distantes de nossa percepção, qual é o *lugar próximo*, onde Ele se mostra acessível e a partir de onde é conhecível? Hoje um homem encontra Cristo em textos *escritos* e em *monumentos* que lembram sua existência, mas, sobretudo, o encontra nas *pessoas* que acreditam nele, o confessam vivo e o oferecem aos demais como salvador (a Igreja). A fé não perdurou na história somente pela lembrança de fatos passados nem pela mera exposição de

---

9. Cf. LUTERO. "Sobre la liberdad de un cristiano". In: *WA* 7,25-26. Cf. tb. LUTERO. *Obras* (Salamanca 1977), p. 160-161. • BEER, T. *Der fröhliche Wechsel und Streit* – Grundzüge der Theologie Martin Luthers (Einsiedeln 1980). A palavra "benefício de Cristo", chave na formulação de Melanchton, converteu-se em santo e sinal da Reforma, contrapondo o benefício de Cristo aos próprios benefícios.

10. Cf. PANNENBERG, W. "Cristología y soteriología". In: *Fundamentos de cristología* (Salamanca 1974), p. 49-64.

sua figura, pela significação de sua doutrina ou pela exemplaridade de sua vida, mas pela fé dos cristãos nele como alguém vivo. A fé foi se propagando séculos afora a partir do testemunho e da vida de pessoas crentes que, qual velas se acendendo umas nas outras, iluminaram o mundo. Não se transmite quantitativa, doutrinal ou exemplarmente, mas se acende inteira de pessoa para pessoa, sempre remetendo a Cristo. Isto significa que que os cristãos (indivíduos e comunidades) são mediação necessária para que Cristo comece a existir em mim, a partir de mim e para mim. Por isso, o cristianismo não sucede a si mesmo, mas nasce em cada geração com cada novo fiel. A fé e o batismo são fundação de nova realidade por Deus no homem. Cada batizado é o fim de uma história de fé; mas, por sua vez, converte-se em princípio de uma nova história. Cristo o transforma em homem novo, operando nele e a partir dele. O cristão se sabe herdeiro de todos os cristãos anteriores, mas ao mesmo tempo se sabe um iniciador absoluto, como absoluta e única é cada pessoa diante de Deus.

A Igreja, antes de lugar de testemunho externo, é o âmbito da presença pessoal e da realização comunitária de Cristo. Nela se dá não somente a transmissão da notícia sobre Ele, mas a atualização de sua pessoa e a visibilização de sua obra. Não se trata, antes de tudo, da lembrança psicológica de cada indivíduo, mas da memória comunitária e sacramental, instituída pelo mesmo Cristo, que constituiu o apóstolo e o Espírito agentes interiorizadores, atualizadores e universalizadores de sua pessoa no mundo. A Eucaristia tem sido o lugar permanente de nascimento tanto da palavra evangélica na origem – relato necessário para a celebração do rito – como da existência cristã e da Igreja ao longo dos séculos[11]. Na Eucaristia a Igreja transborda a si mesma: na direção dos sinais, palavras e gestos que Cristo realizou na noite em que foi traído, como ponto alto de sua entrega em liberdade; na direção de sua pessoa presente, reconhecendo-o como cabeça de todo o corpo dos fiéis; na direção do apóstolo que estabelece a vontade soberana de Cristo, geração após geração; na direção do Espírito, que ilumina o coração e conaturaliza as potências intelectiva e volitiva do homem; na direção dos homens todos, por quem Cristo morreu; na direção do futuro que consumará a redenção da inteira criação. A liturgia atualiza as realidades constitutivas do cristianismo, das quais a Bíblia é com um alto-falante. A Bíblia sem a liturgia

---

11. Cf. PERROT, C. "El pan, la palabra y la historia". In: *Jesús y la historia* (Madri 1982), p. 231-256.

estaria vazia, sem realidade viva e vivificadora, ao passo que a liturgia sem a Bíblia ficaria cega, sem interpretação e sem inteligibilidade[12].

A Igreja é o legítimo e necessário lugar onde surge, se vive e se pensa a fé em Cristo, mas não é objeto de fé como o é Cristo. Ela é ponto de partida e critério imediato para estabelecer a conexão com a realidade de Cristo, mas o conteúdo e o critério último da fé é Cristo mesmo. Deste modo temos o duplo critério: *mediação da Igreja e imediatez com Cristo.* A mediação da Igreja é heurística (é o lugar em que encontramos o Cristo vivo) e hermenêutica (nos oferece as condições para uma interpretação objetiva). Por conseguinte, não há que sair da história e da Igreja presentes para transportar-se ao Jesus terrestre daquele tempo, como se desta forma nos libertássemos de condicionamentos e pudéssemos cada um por própria conta conhecer a Cristo como imediatez. Aquele tempo e aquele Cristo só nos são acessíveis pelo testemunho dos apóstolos no presente da comunidade[13]. Um "Jesus histórico", tal como é construído pela crítica à margem da fé por cada autor, está condicionado por seus pressupostos, vale o que valem suas razões e tem os limites que essa pessoa carrega. Desse Jesus ninguém presta contas, já que acaba sendo construído e reconstruído autor após autor, geração após geração. Do Cristo da Igreja responde uma comunidade ininterrupta desde a origem, que sempre se remeteu ao próprio testemunho de Cristo transmitido pelos apóstolos e seus sucessores, se soube religada e vinculada pela norma comum da fé e celebrou os sinais atualizadores de sua morte, vigentes desde o primeiro instante. De Cristo e da Igreja responde a comunidade de fé: toda aquela comunidade que viveu e creu até agora (diacronia), toda aquela dispersa pelo mundo e que vive e crê hoje (sincronia).

A Igreja, como lugar real da fé, também é fonte noética da fé em Cristo; porém, não se funda em si mesma, nem é soberana da fé. Esta é dom de Deus e depósito recebido como cânon de sua vida, que ela precisa custodiar e transmitir fielmente. Neste sentido a Igreja afirma a si mesma como lugar da pre-

---

12. Cf. GONZÁLEZ DE CARDEDAL, O. *La entraña*, p. 742-749, 726-728.
13. "Tanto do ponto de vista da teologia fundamental como do ponto de vista humano é perfeitamente legítimo para uma cristologia partir de nossa relação com Jesus Cristo. Consideramos esta relação tal como é compreendida e vivida de fato nas Igrejas cristãs. Neste contexto não é relevante *certa* imprecisão de contornos na reflexão sobre *esta* relação diante de uma relação meramente histórica ou 'humana' com Jesus Cristo" (RAHNER, K. & THÜSING, W. *Cristología*. Op. cit., p. 21). Cf. KASPER, W. *Jesús el Cristo* (Salamanca [10]1999), p. 30.

sença real de Cristo, mas, ao mesmo tempo, transcende-se para além de si mesma: não é senhora da fé objetiva, mas sua servidora; não é soberana de seus membros, mas cooperadora de sua verdade e alegria (fé subjetiva: 2Cor 1,24; 3Jo 8). É esposa do Verbo e servidora dos que o seguem, obrigada tanto à fidelidade amorosa como ao humilde serviço. Ela se remete ao que Cristo quis para ela e dela, que o encontra no evangelho como potência de salvação e promessa de Deus para o mundo. Cristo constituiu testemunhas autorizadas e qualificadas para continuar sua missão, para anunciar seu evangelho e para converter todos os homens em discípulos seus (Mt 28,18-20). Eles os qualificou com a convivência e a docência durante sua vida; os confirmou internamente pelo dom do Espírito Santo e os autorizou externamente com o envio à missão. Este evangelho é transmitido à história posterior pela vida de toda a Igreja que crê, celebra, pensa, vive e evangeliza. Esta é a tradição viva, que num momento da comunidade apostólica fixa o texto por escrito. Surgem então os fragmentos que, unidos depois, formaram o NT. Seus autores não tiveram a consciência de representar toda a Igreja, de conter toda a revelação nem de substituir a vida eclesial. Por conseguinte, a tradição apostólica assume duas formas: a *viva vox evangelii* e os *libri apostolorum*[14]. *A regra da fé* pela qual se orienta essa comunidade que serve como critério para integrar-se nela (batismo) ou para excluir dela (excomunhão), e *o cânon do NT* são posteriormente as duas fontes de conhecimento e de interpretação de Cristo. Elas são eficazes somente na medida em que são voz expressiva do Cristo vivo, a quem servem a inspiração iluminadora do Espírito, a palavra normativa do apóstolo e a experiência pessoal de cada fiel. Essa fé da comunidade, desta forma estruturada logo nos primeiros concílios ecumênicos, provinciais e locais, encontrará ulteriores expressões normativas. Os bispos, tendo à sua frente o de Roma, irão concretizando seus conteúdos de verdade e suas exigências de vida. O sentido da fé dos fiéis será comunicado ao mundo ao mesmo tempo que diferenciando-a de outras propostas religiosas e salvíficas. A história da fé em Cristo está associada à história de sua confissão, celebração e reflexão. A cristologia é um momento posterior em relação à fé, sem o qual esta não permaneceria viva nem teria consciên-

---

14. "Non enim per alios dispositionem nostrae salutis cognovimus quam per eos, per quos Euangelium pervenit ad nos: quod quidem tunc praeconaverunt, postea vero per Dei voluntatem in Scripturis nobis tradiderunt, fundamentum et columnam fidei nostrae futurum" (S. IRINEO. *Adv. Naer.* III, 1,1 (SC 211,20)).

cia tanto de sua origem quanto de sua responsabilidade. A fé não se sustenta nem alcança sua última fecundidade sem a cristologia, e esta não é "realizável" sem a fé[15]. A Igreja, enquanto totalidade, é fonte tanto da fé (existir em Cristo) como da cristologia (pensar em Cristo). Dentro dela, a Sagrada Escritura, os concílios, os sínodos, os bispos, os teólogos, os espirituais, os santos e o povo fiel, cada qual em seu grau, são as fontes particulares que nos dizem quem é Cristo, sua pessoa e sua salvação. *A Igreja, portanto, são pessoas, ações e textos. Estas três realidades conjugadas são o lugar concreto e a fonte próxima da cristologia.*

IV - O sujeito

Quem é o *sujeito da cristologia* e quando ela reúne as condições necessárias para levar a cabo sua missão de explicitar o fundamento e o conteúdo da confissão de fé? O sujeito da Cristologia, como ciência, é o mesmo que o sujeito da fé: a Igreja, enquanto corpo de Cristo, animada por seu Espírito, encarregada de sua missão e fortalecida com as graças pessoais e os carismas de edificação comunitária de cada um de seus membros. A Igreja é o sujeito primordial e englobante dentro do qual cada um recebe a fé e é conformado por ela, respondendo aos seus dinamismos intelectivos e volitivos. Assim como o indivíduo não cresce sozinho, mas nasce e cresce como membro de uma sociedade e de uma Igreja, assim também o teólogo individual faz teologia pessoalmente, mas como membro, dentro de uma comunidade de fé, na qual recebe a realidade crida como princípio de vida e na qual chega à totalidade da tradição percebida e interpretada de Cristo. A unidade e a pluralidade da cristologia ao longo dos séculos funda-se no próprio mistério de Cristo, que ao expressar a plenitude de Deus e ao recapitular, reconciliando a universalidade da realidade, excede as possibilidades de compreensão de cada homem e explicação de cada época. Somente a fé total da Igreja é capaz de perceber a realidade total de Cristo[16].

---

15. "É necessário que não neguemos ao pensamento seu alimento próprio: a luz, a explicação, a síntese. Crer é pensar; a anemia do pensamento não pode deixar de arrastar a anemia da fé" (MERSCH, R. *Le Christ, l'homme et l'univers,* p. 132). "Buscando compreendê-la, a inteligência oferece à verdade a única homenagem [...] de que é capaz enquanto inteligência" (MERSCH, R. In: *NRT* (1934), p. 450).

16. "A Igreja é o sujeito englobante no qual se dá a unidade das teologias neotestamentárias, como também a unidade da fé e o pluralismo teológico" (1972) tese 6. In: *Documentos*, 44. Cf. comentário de J. Ratzinger. In: CTI. *El pluralismo teológico* (1972) (Madri 1976), p. 35-41.

A unidade da Igreja suscitou o cânon das Sagradas Escrituras e tornou possível a convergência dos dogmas, de forma que foi acontecendo um crescimento na compreensão de Cristo, que integra a unidade do mistério descoberto concomitantemente à diversidade das perspectivas a partir das quais os homens interrogam este mistério e o explicam. O teólogo realiza sua missão a partir da comunhão na Igreja, bem como no exercício de seu próprio ministério. Na comunhão existem os carismas do apostolado, do magistério, das curas, da assistência, das línguas. Todos procedem do mesmo Cristo e são outorgados para a edificação de seu corpo (Ef 4,10-12; Rm 12,6-8; 1Cor 12,28).

A Igreja e a fé (objetiva) não são condições externas, impostas ao teólogo, mas condições objetivas de possibilidade, já que elas são o lugar externo e o fundamento interno para que surjam, cresçam e deem frutos, primeiro a fé (subjetiva) e depois sua inteligência. Na ordem das realidades pessoais são necessárias a proximidade física, a confiança e a conaturalidade para que se dê o conhecimento. Quando se tratam de realidades físicas, quantitativas ou históricas, é necessária a objetivação a distância para melhor fixar os contornos e os conteúdos do objeto que se quer estudar. Em contrapartida, quando se tratam de realidades espirituais e pessoais, primeiro é necessário que elas se manifestem a nós, para que possamos acolhê-las e entendê-las em sua própria realidade. A objetividade, neste caso, consiste em deixar o outro *ser* em nós, e *sermos* segundo ele o deseja, sem impor-lhe nossas categorias nem reduzir sua realidade à nossa; mas, ao contrário, deixar que suas categorias se "colem" ao nosso ânimo e dilatem nossas dimensões. Igreja, fé, ciência e técnica são as quatro condições objetivas que criam a proximidade real do sujeito, que faz cristologia, ao objeto sobre o qual versa sua reflexão: o Cristo vivo da confissão. Estas quatro realidades criam a presença real de Cristo, de forma que o homem pode falar dele não como um conceito, uma coisa ou uma fórmula, mas como sujeito pessoal que estabelece a mediação reconciliadora entre Deus e o homem.

1) *A Igreja* – "O sujeito da ciência só pode ser aquele que mantém, com o objeto e a atividade considerada, relações de presença e confiança. Quando falamos que o sujeito desta ciência é a Igreja, não lhe impomos a dogmática, enquanto ciência, uma redução incômoda e/ou limitadora. A Igreja é o

lugar, a comunidade a quem são confiados o objeto e a atividade própria da dogmática; isto é, a pregação do Evangelho. Ao dizer da Igreja que ela é o sujeito da dogmática, entendemos com isso que a partir do momento que alguém se ocupa com ela, tanto para conhecê-la quanto para ensiná-la, se encontra no âmbito da Igreja. Quem pretende fazer dogmática colocando-se conscientemente fora da Igreja deve se render à ideia de que o objeto da dogmática lhe permanecerá alheio e não deve estranhar se sentir perdido desde os primeiros passos, ou se sentir exercendo o papel de destruidor. *Em dogmática, como em outros campos, deve haver familiaridade do sujeito da ciência com o objeto que ele estuda,* e este conhecimento íntimo tem aqui por objeto a vida da Igreja"[17].

2) *A fé* é a condição interior necessária ao sujeito que faz cristologia. Não é uma imposição jurídica, no sentido da necessária pertença formal à comunidade ou de uma delegação oficial da comunidade para realizar esse estudo, mas a conformação objetiva que o batismo realiza de cada homem com Cristo, outorgando-lhe sua *noûs* (= inteligência) (1Cor 2,16; Rm 11,34) e seu *Pneûma* (= Espírito) (Jo 14,15-17.25-26; 15,26-27; 16,13), com a necessária afiliação à Igreja. Estamos pressupondo a compreensão bíblica e católica da fé: como iluminação da inteligência, robustecimento da vontade e purificação do coração. Ela é o princípio da justificação como vida nova e antecipação da eterna[18]. A tese da escolástica tardia, renovada em algum setor contemporâneo, de que é possível fazer teologia sem fé, afirma implicitamente que é possível conhecer a realidade pessoal sem sua manifestação prévia e sem outorga de confiança; que é possível conhecer a Deus sem acolher sua revelação, saber dele; portanto, sem confiar-se nele – isto é, sem crer nele. Isto significa reduzir Deus a um objeto impessoal. Na medida em que a teologia pressupõe um conjunto de saberes objetivos (históricos, exegéticos, hermenêuticos, lógicos, jurídicos, sociológicos), é possível elaborá-la sem fé; mas todos estes são apenas instrumentos técnicos prévios para a real teologia que surge somente como resultado do encontro e conhecimento pessoal de Deus na fé, no amor e na esperança. Uma cristologia elaborada sem fé conseguirá oferecer uma construção conceitual, que mostra a coerên-

---

17. BARTH, K. *Esquisse d'une dogmatique* (Neuchâtel 1968), p. 6-7.
18. Cf. CONCÍLIO DE TRENTO. "Decreto sobre la justificación", 8 (DS 1532).

cia lógica de uma série de fatos, ideias, exigências e instituições relacionadas com Cristo. No entanto, não passará de uma teologia do "quiçá", e do "como se..." A pergunta do leitor, então, é esta: Existe realidade viva debaixo dessas palavras e conceitos? Isto a que se está aludindo, é potência de vida, abertura a uma ordem na qual atua um princípio sagrado de existência, regenerador e sanificador de "minha" vida? É a fé, que cria uma nova impressão à realidade e outorga a obtenção de uma nova vida objetiva. O pensar é então um momento segundo, que advém do contato, do "tato" e do "sabor" da realidade divina. Santo Tomás definiu a fé como uma *praelibatio*, uma pré-degustação das realidades que possuiremos plenamente na vida eterna[19]. A pergunta objetiva *quem é Cristo*, ou *quem és Tu, Cristo*, nos é devolvida por Ele em chave subjetiva: *Quem sou para ti, quem dizes que eu sou?* (Mt 16,15; Jo 21,15-19).

3) *A oração* é explicação e realização da fé: sua realidade convertida em palavra e diálogo de amor. A oração é a condição próxima da teologia. Se a raiz da vida de Cristo foi sua comunicação com o Pai e seu centro foi a oração na qual o reconhecia como tal e acolhia seus planos, de forma análoga a participação na consciência e na oração de Cristo é a condição para o nosso conhecimento e compreensão de Cristo. A oração cristã tem duas expressões fundamentais: a celebração da liturgia oficial e a oração pessoal do indivíduo. Ambas são essenciais e inseparáveis. A Eucaristia, centro sacramental da vida da Igreja, torna Cristo presente como supremo dom de Deus e fonte de toda graça para o homem. "Os mistérios da salvação estão sempre presentes e operantes nas ações litúrgicas e em toda a vida da Igreja"[20]. Assim como os discípulos de Emaús, as gerações cristãs sucessivas conheceram Cristo ao partir o pão (Lc 24,30-31). No entanto, essa celebração comunitária e essa memória objetiva de Cristo têm que encontrar seu prolongamento e assimilação pessoal em cada vida. Isto é o que realiza a oração pessoal. Os grandes teólogos desde Orígenes, Santo Agostinho, Santo Anselmo e Santo Tomás até de Lubac, Congar, Rahner, Balthasar, Bonhoeffer, Rat-

---

19. "Fides praelibatio quaedam est illius cognitionis quae nos in futuro beatos facit, quasi iam in nobis sperandas res, id est futuram beatitudinem, per modum cuiusdam inchoationis subsistere faciens" (SANTO TOMÁS. Compendium Theologiae, I, 2. In: *Opuscula Theologica* – I: De re dogmatica et morali (Roma 1975).

20. OT 16; 14.

zinger, Cullmann, remeteram à liturgia e à oração a fonte de sua teologia. "Eu devo à liturgia a metade de teologia que sei" (Y. Congar)[21]. Em outro contexto São Leão Magno proclamava: "O que então era visível em Cristo, o encontro agora na celebração de seus mistérios"[22].

4) A cristologia exige alma, mas também *técnica*. A pertença à Igreja, a fé e a oração dão fundamento a essa alma. A técnica é o conjunto de saberes necessários para elaborar racionalmente o objeto de nosso estudo, mostrando que a facticidade, a universalidade, a potência soteriológica e a condição divina de Cristo são realidades pensáveis, encerram sentido e são significativas para a vida humana. *Eclesialidade, racionalidade e contemporaneidade constituem alguém em verdadeiro teólogo*. A racionalidade implica a exercitação da inteligência de acordo com os métodos que os homens descobriram para aceder à verdade. O método é ordenado ao conhecimento de um objeto, mas ao mesmo tempo é determinado por ele. Cada realidade exige um caminho próprio para chegar a ela. A realidade ética exige um, a estética outro, a religiosa outro. O estudo científico da biologia não é o mesmo que o da poética. Por isso é possível obter um rigoroso conhecimento científico de Cristo, com um método próprio, adequado ao objeto. A racionalidade carrega consigo a capacidade e a destreza necessárias para expressar a realidade cristológica à altura da consciência humana, no nível de percepção em que cada geração se encontra. Ortega y Gasset falou em estar "à altura do tempo". Também o cristão e a Igreja têm em cada época uma determinada consciência de seu tempo, e o teólogo não pode ser extemporâneo, mas falar com a linguagem, o tom e a perspicácia que tornem audível sua palavra como proposta de uma verdade, em sintonia com os problemas fundamentais da condição humana, que sempre está historicamente situada[23]. A isto denominamos contemporaneidade, que não tem nada a ver com o dobrar-se às

---

21. Para os textos destes autores, cf. o capítulo "Cristología y liturgia". In: GONZÁLES DE CARDEDAL, O. *Fundamentos de cristología* (Madri 2001).

22. "Uma grande parte do que a Igreja crê o foi descobrindo na prática sagrada de sua fé, de sua esperança e de seu amor. Assim mesmo a liturgia é o lugar privilegiado da Tradição, não somente sob seu aspecto de conservação, mas sob seu aspecto de progresso [...]. A liturgia é o lugar em que os cristãos não se separam jamais de cristo" (CONGAR, Y. *La tradición y las tradiciones,* II (San Sebastián 1964), p. 342-346).

23. Cf. OT 14; GS 1-3.

trivialidades cotidianas ou às expectativas de soluções imediatistas, mas com aquela sintonia e empatias históricas, das quais nasce a palavra verdadeira.

V - O método

O método da cristologia pode ser diverso. Cada autor pode começar por uma dimensão da história e mistério de Cristo, mas deve justificar cada dimensão, bem como explicar a conexão interna entre elas. Cada geração e cada escola teológica se inclinarão a sublinhar sua procedência de Deus ou sua conaturalidade com os homens, sua condição de Filho encarnado por nosso amor ou sua condição solidária com nosso ser e destino sob o pecado, sua potencialidade para transformar o presente ou sua abertura ao futuro ao mostrar-nos um Deus reconciliador e ressuscitador do homem, sua personalidade judia ou sua centralidade em relação à Igreja. É possível começar falando de Cristo partindo do que aconteceu nos idos de João Batista até ter sido assumido ao céu (At 1,22), e chegar até a análise do que Cristo significa hoje na Igreja e na humanidade. Mas também é possível seguir o caminho inverso: a partir do encontro pessoal que a fé permite hoje, voltar à história de Cristo em busca da origem e fundamento.

A cristologia posterior seguiu os caminhos já oferecidos pelo NT: um ascendente e outro descendente. Nesta ordem a exegese e a dogmática correm paralelas[24]. O Evangelho de Marcos começa com a aparição pública de Jesus e narra sua trajetória de pregador do Reino, taumaturgo e Filho de Deus, até concluir na ressurreição. Com aproximações diferentes tanto na cronologia quanto na relação com o AT e nos títulos outorgados, os outros sinóticos seguem a mesma leitura: acompanham Jesus em sua subida a Jerusalém, em sua ralação com Deus, em seu desvelamento primeiro como Messias pelos milagres e em seguida como Senhor pela ressurreição. A ação de Deus sobre Cristo tem três momentos constitutivos: concepção, batismo, ressurreição. Os três podem ser descritos pelo NT à luz do Salmo: "Tu és meu filho, eu

---

24. PERROT, C. "Christologie ascendante ou descendante?" In: *Jésus, Christ et Seigneur des premiers chrétiens* (Paris 1997), p. 31-32. • KASPER, W. "Christologie von unten? – Kritik und Neuansatz gegenwärtiger Christologie?" In: SCHEFFCZYK, L. (ed.). *Grundfragen der Christologie heute* (Friburgo 1975), p. 141-169, 170-178 (resposta de H. Küng), 179-183 (resposta a H. Küng). • KRAEGE, J.D. "La question du Jésus historique et la tâche d'une christologie dogmatique". In: *RHPT* 73 (1993), p. 281-298. • ZUBIRI, X. *El problema teologal del hombre*: cristianismo (Madri 1997), p. 238-246.

hoje te gerei" (Sl 2,7; cf. At 13,33; Hb 1,5; 5,5; Lc 3,22; Rm 1,4). A eles os outros sinóticos acrescentam a história de seu nascimento, de sua missão pública, de sua consciência e de sua afirmação por Deus.

Se tivéssemos somente estes textos poderíamos pensar que Cristo foi um homem agraciado e adotado por Deus, um ser divinizado por uma ação de Deus que transmutou seu ser de homem judeu. No NT, no entanto, encontramos outro acesso a Cristo, que o vê estando desde sempre no seio de Deus, como *Logos* que se fez carne e fixou morada entre nós (Jo 1,1-14); como o Filho enviado pelo Pai para experimentar a morte daqueles que estavam submetidos ao pecado e assim destruí-lo (Rm 8,3-4); como aquele que existindo na condição de Deus assumiu a condição de escravo (Fl 2,6-11); como aquele que, nas sendas dos profetas, que falaram de Deus, no-lo revelou definitivamente enquanto Filho, "como resplendor de sua glória e imagem de seu ser" (Hb 1,1-4). Estes textos não são posteriores aos dos evangelhos. *A Carta aos Filipenses e a Carta aos Romanos têm uma cronologia descendente, na linha do Deus que se encarna, que é anterior em vários decênios aos relatos evangélicos.* No centro destas narrativas está o paradoxo do Filho eterno que se encarnou na história, que existindo na condição divina partilhou o destino dos escravos crucificados, e que não obstante sendo imagem de Deus se fez semelhante aos homens. Se só tivéssemos estes textos, fascinados pela glória do Filho no mundo, poderíamos sofrer a tentação de inclinar-nos a um monofisismo ou docetismo: Cristo seria um ser eterno que, sem abandonar sua natureza divina, surgiu no tempo e brilhou em uma natureza humana, que só teria a consistência de uma roupagem, de um templo ou de um instrumento usados para uma ação ou aparição, sem consistência própria, e que, uma vez cumprida sua missão, seriam descartados. O Eterno, no entanto, é o mesmo que o Crucificado, e o Filho de Deus é o mesmo que o Jesus em carne e osso de nossa história.

A unidade do NT força a estabelecer a conexão entre essas duas perspectivas cristológicas. A acentuação pedagógica contemporânea tende a seguir o método ascendente, genético e progressivo, que começa indagando pela primeira expressão teórica da fé em Cristo, pelas comunidades nas quais ele surgiu e pelas categorias utilizadas. Tenderíamos, pois, a reviver o caminho da fé que fizeram os primeiros discípulos e a Igreja primitiva. Este método coloca seu ponto de partida na história de Jesus. No entanto, uma coisa é a história real de Cristo e outra a história da fé nele. A fé começa na ressurreição, ao passo que a história de Jesus tem início trinta anos antes. Este método, por sua vez, tende a uma compreensão progressiva para alguns e evolutiva para outros. A *progressiva* afirma que desde as origens existem afirmações bíblicas e experienciais eclesiais (*'Abba, Kyrios,* culto...) que contêm em germe a realidade explicitada com maior clareza conceitual nas posteriores afirmações cristológicas. A concepção *evolutiva*, em contrapartida (Baur, Bousset, Escola da história das religiões...), afirma que houve uma criação de realidade: do Jesus Messias em sentido judaico criou-se, por contato com as religiões mistéricas do helenismo, uma figura divina, a quem se prestou culto e na qual se acreditou, outorgando-lhe títulos que encontramos aplicados a outras divindades e no culto oficial aos soberanos. Estes seriam os *dois sentidos de uma cristologia ascendente*: uma legítima, que leva a sério a historicidade de Jesus, partindo dos fatos de sua vida ou da experiência vivida pelos apóstolos na ressurreição; e outra, cristãmente inaceitável, que considera a fé na pessoa de Cristo, tal como a vive a Igreja, como uma criação da religiosidade helenística, em descontinuidade com a consciência tanto do próprio Jesus como da comunidade primeva.

A cristologia descendente, em contrapartida, parte do mistério trinitário, com a encarnação como ponto de partida tal como ela aparece ao final da história de Cristo e o que este nos revelou sobre sua origem, sua missão redentora, sua relação com o Pai e com o Espírito que prepara sua humanidade desde o seio de Maria, e que em seguida completa sua obra universalizando-a e interiorizando-a. Da cristologia alexandrina, (Santo Atanásio, São Cirilo), Santo Tomás, Barth e Balthasar são os máximos expoentes desta cristologia descendente, ao passo que da escola antioquena (Teodoro de Mopsuéstia, Teodoreto de Ciro, São João Crisóstomo), e em nossos dias Pannenberg e Rahner, dentre muitos outros, são os máximos partidários desta cristologia ascendente.

Aqui nos deparamos com um problema prévio: Onde encontramos a verdade de Cristo, em suas próprias palavras e nas formulações primeiras da Igreja, como gemidos da fé em louvor e súplica, antes que a inteligência dos fiéis posteriores a interprete mal, ou ao final do processo de compreensão eclesial, quando já temos todos os elementos fundamentais? Trata-se, por um lado, *do mito da origem temporal* e, por outro, *da metafísica do princípio constituinte*. Certa cristologia ascendente acredita poder dar plena razão de Cristo descobrindo sua gênese à luz do contexto familiar, social e cultural, ou busca conhecer seus primeiros balbucios, categorias ou títulos com os quais a comunidade o designou no instante em que se ascendeu a chama da fé. Aqui se reclama como normativo somente o originário a partir de uma suspeita de que todo o posterior provém de uma falsificação operada nas culturas afastadas do espaço bíblico e alheias à mensagem de Jesus. A tese protestante da decadência da Igreja a respeito de sua origem primeva e a de Harnack sobre a helenização do cristianismo trabalham com este pressuposto. No entanto, se a origem é sagrada, a plenitude é mais claramente vista a partir do fim, já que a partir dela se comprova os frutos produzidos pela potência que já operava no princípio. A criança ainda não nos permite saber como será o homem maduro. Este, ao contrário, nos permite conhecer melhor a criança.

A perspectiva descendente, pelo contrário, afirma que só se conhecemos o início cronológico e, também, o princípio eterno viabilizador (*archê*), é possível conhecer a verdadeira identidade de Cristo. Se a partir do final da revelação bíblica sabemos que Ele é o Filho, que estava junto do Pai criando o mundo, cuja vinda foi preparada ao longo dos séculos, primeiro no povo eleito e depois no seio de Maria pelo Espírito, então compreenderemos melhor sua história. Essa revelação final nos obriga a perguntar-nos qual é a relação do ser de Cristo com Deus antes de todos os tempos, qual a perduração de sua humanidade, uma vez consumada a encarnação pela morte e pela ressurreição, e, finalmente, qual é sua relação com o Pai e o Espírito. Nesta perspectiva as duas missões, encarnação do Verbo e envio do Espírito, aparecem religadas e coordenadas num projeto, cuja origem é o Pai e cuja meta é a deificação dos homens. *Cristo é inteligível somente se descobrirmos o fundamento, o fim e o conteúdo da encarnação, juntamente com o lugar que ocupam nela o Pai e o Espírito. A Trindade, como forma eterna de existência de Deus, é o pressuposto para compreender a encarnação em continuidade com a criação e a revelação do AT, ao mesmo tempo que sua diferença a respeito de todo profetismo e sabedoria anteriores.* Cristo pertence ao ser de Deus e com Cristo o ser de Deus pertence ao mundo. Só assim é possível falar de autor-revelação e autodoação de Deus e de Cristo como salvador escatológico. Só assim o mistério de Cristo (Trindade imanente) e a ação de Cristo por nós (Trindade econômica) coincidem. A história de Cristo é lida a partir de sua origem (procedência e pertença constituinte ao ser eterno de Deus), e à luz de seu fim (recapitulação reconciliadora do cosmos e permanência eterna de sua humanidade em Deus). A relação com o Pai e o Espírito é a estrutura e o conteúdo permanente da consciência de Cristo. Ele é o fim da história como Filho eterno, porque está em seu início; e ela, a história, por ter sido pensada para Ele e consumada por Ele, tem uma constituição ontocrística.

À luz desta opção prévia diferentes são o ponto de partida e a realidade cristológica postos no centro por cada um destes modelos de cristologia (*princípio cristológico fundamental*). Face a uma cristologia ascendente de tipo positivista e a outra descendente de tipo dogmático, deve-se recordar que o ponto de partida do NT está alhures: na ressurreição como constituição de Jesus em Messias, Senhor e Filho, seguida da transformação dos discípulos em testemunhas. O núcleo das cristologias primitivas é a recapitulação da morte e da ressurreição. A identidade do morto e do ressuscitado, do rechaçado pelos homens e do acreditado por Deus, é o conteúdo das primeiras confissões cristológicas. Esse Jesus nos foi dado como Messias e Senhor: quem o confessa com sua boca e acredita nele em seu coração, esse será salvo (At 2,36; Rm 10,9). O mistério pascal, que consuma a história anterior de Jesus e antecipa a ulterior experiência do Espírito na Igreja, é o permanente ponto de partida e de verificação de toda cristologia. Esse é seu centro de realidade e seu critério de inteligibilidade. Todo o restante é fundamento metafísico (Trindade, encarnação), preparação histórica (história de Israel, ministério público do próprio Jesus), consequência salvífica (perdão dos pecados, divinização, vida da Igreja).

Frente a esta cristologia, centrada no mistério pascal, as outras duas se situam nos extremos: uma põe o princípio e o fim de inteligibilidade da cristologia na história de Jesus; a outra o coloca na Trindade. A primeira cristologia ascendente comporta o perigo de fazer apenas uma jesulogia; a segunda, em contrapartida, corre o risco de fixar-se na ordem transcendente, sem levar absolutamente a sério a judeidade de Jesus, que é constitutiva de sua pessoa, e sua vida humana com todas as suas determinações familiares, sociais e psicológicas. Estas são as duas categorias a partir das quais se elaboram a cristologia ascendente e descendente. A primeira parte do judeu Jesus, que com seu anúncio do Reino realizou uma ação libertadora, se confrontou com a situação social e religiosa, incendiou os ideais de fraternidade humana, oferecendo saúde e perdão, integração e esperança. Tudo o que veio depois é a confirmação desta mensagem teórica e da ação histórica subsequente. A morte foi a denegação humana desta pretensão e a ressurreição sua confirmação divina. Esta cristologia acentua menos o conteúdo salvífico e a ruptura inovadora, tanto da morte quanto da ressurreição.

A teologia descendente parte da realidade trinitária de Deus e compreende Cristo à luz da encarnação. Em Cristo nos encontramos com Deus feito homem, ancorado neste mundo, e com Ele somos afirmados em nossa finitude e reconciliados do pecado já que Ele, fazendo sua a morte, nos resgatou de seu poder. A encarnação é divinizadora e ao mesmo tempo redentora, já que, para que o homem conseguisse o fim para o qual Deus o havia criado (participar de sua vida divina) foi necessário refazer a criação afetada pelo pecado. Esta cristologia tende a ver concentrado e quase consumado o sentido de Cristo no momento da encarnação, como união de Deus com o mundo; tentada a ver a morte exclusivamente sob a categoria de satisfação do pecado e quase sem capacidade para outorgar à ressurreição o componente salvífico. Mais preocupada com a interpretação ontológica da encarnação – como é possível que Deus seja homem, que o homem seja Deus, que existam *em um*, sem confundir-se Criador e criatura? –, tem menos sensibilidade para a história. No entanto, vale lembrar que a elaboração sistemática mais coerente de uma cristologia descendente, a *III Pars* de Santo Tomás de Aquino, inclui com igual extensão um tratado completo sobre os mistérios da vida de Cristo, como ações e paixões por nossa salvação[25].

VI – A divisão da matéria

Em função do método faz-se a *divisão da matéria*. Existem divisões remanescentes da história anterior, como a que estabelece dois tratados claramente separáveis: um sobre a pessoa de Cristo e outro sobre sua obra, ou cristologia em sentido estrito e soteriologia. Ainda que sem estes termos, de fato esta divisão ainda opera naqueles tratamentos de Cristo que: ou só se preocupam em analisar o problema metafísico de que Deus seja homem com a consequente atenção às fórmulas conciliares que a expressam, ou, ao con-

---

25. III q.27-59. Cf. TORREL, J.P. *Le Christ en ses mystères* – La vie et l'oeuvre de Jésus selon Saint Thomas d'Aquin, I-II (Paris 1999). • TORREL, J.P. *Saint Thomas d'Aquin, maître spirituel* (Paris 1996), p. 173-184.

trário, só se interessam por aquilo que Cristo significa para nós ou aporta ao mundo, oferecendo algo novo ou diferente a respeito da cultura, da moral, das filosofias e das religiões. A primeira tende a uma versão intelectualista e a segunda a uma versão funcional da cristologia. Entretanto, uma relação puramente funcional com Deus ou com Cristo, ao reduzi-los a objeto, a serviço do homem e de suas causas, desnaturaliza a atividade religiosa e a fé cristã, que são sempre de natureza pessoal e gratuita, estando determinadas pela majestade de Deus e por sua revelação livre. Ambas esquecem o núcleo originário: a unidade de Deus e do homem em Cristo, que na morte e na ressurreição realiza o admirável intercâmbio que nos salva. A partir do centro – mistério pascal – se pode ir aos extremos (judeidade e Trindade/ problemas metafísicos e eficácia soteriológica), mas dificilmente se chega ao centro partindo dos extremos.

As cristologias mais recentes costumam dividir a matéria da seguinte forma: depois de uma introdução que fixa o lugar e o contexto dos problemas cristológicos, numa primeira parte se estuda a história e o destino de Cristo e, numa segunda, o mistério de Cristo. Assim o faz W. Kasper. Uma variante nesta linha é a que a divide em três partes: história, pessoa, missão. Esta, na verdade, reassume a velha divisão (*Deo Verbo incarnato* e *De Christo redemptore*), mas acrescentando-lhe a história como constitutiva da realidade pessoal de Cristo. O Filho eterno o reconhecemos à luz de sua experiência filial em relação a Deus e a salvação é a participação nesta filiação natural de Cristo, iluminada e conaturalizada por seu Espírito[26].

Finalmente, a divisão mais simples é a sugerida pelo Vaticano II, na linha da *historia salutis*: proposição do testemunho bíblico, interpretação normativa dos concílios e explicação dos teólogos ao longo da história, reflexão sistemática com aprofundamento da conexão dos diversos mistérios entre si e sua relação com o fim último do homem (DS 3016), mostrando sua capacidade de iluminar as questões fundamentais da vida humana. Na presente obra seguimos este último método, ressaltando os três centros que explicitam a pessoa de Cristo: sua história, sua pessoa, sua missão (cf. OT 14).

---

26. A divinização, acentuada pela Patrística grega, deriva da encarnação do Filho e do envio do Espírito e leva consigo a conformação a Cristo, a participação em sua herança, a integração em seu corpo e a ordem de conformar a própria vida com a sua no seguimento. Cf. SOMME, L.T. *Saint Thomas: la divinisation dans le Christ* – Textes traduits et commentés (Genebra 1998).

VII - As tarefas primordiais

Quais são as *tarefas primordiais da cristologia* ou os problemas fundamentais que ela precisa esclarecer? Existem tarefas essenciais permanentes, de cujo esclarecimento nasce a luz que ilumina todo o resto, e existem tarefas nascidas da peculiar sensibilidade de cada geração, de cada horizonte cultural e de cada contexto histórico. Tanto o mistério de Deus como o de Cristo sempre são percebidos a partir de uma perspectiva, já que o homem não acessa à totalidade de maneira plena em cada instante. Os principais problemas que a cristologia precisa clarificar hoje, e com os quais nos ocuparemos nas páginas que seguem, são:

1) *A relação singular de Jesus com Deus como seu Pai.* O ponto de partida de toda cristologia é justamente essa relação filial do homem Jesus com Deus. A oração, a obediência e o serviço à missão recebida dele, vividas numa reciprocidade de conhecimento, amor, autoridade e discernimento, são o ponto de entroncamento do dogma com a história. As posteriores afirmações conciliares devem fazer a conexão com a realidade vivida por Jesus, e a consciência da Igreja tem que demonstrar sua continuidade com a consciência histórica de seu Senhor. A partir daí urge mostrar a novidade, a originalidade e o caráter absoluto de Cristo, com sabedoria e profetismo, e simultaneamente mostrar que a fé cristã não é uma negação do monoteísmo, mas sua radicalização personalizadora. Cristo realizou em sua humanidade a presença absoluta de Deus e afirmou sua relação fundante com Ele enquanto Pai[27]. A partir daqui faz-se necessário iluminar os temas clássicos da divindade, da substancialidade e da preexistência.

2) *A unidade com o Pai no Espírito Santo.* A história de Jesus começa com sua significação messiânica a partir do batismo, no qual é ungido por Deus com o Espírito Santo, que qualifica sua humanidade para poder cumprir o anúncio do Reino, dando-lhe também a força necessária para fazer

---

27. "La conscience du Christ devait, pour exprimer le Christ, exprimer tout le christianisme qui a son résumé, sa totalité et sommet dans le Christ [...]. L'humanité du Christ, en son être même, l'est dans l'ordre de l'être; elle l'est dans l'ordre du connaître. La lumière éternelle éclate, ou plutôt, car rien n'est aussi suave ni aussi tendre, elle éclate, dans ce qui est l'éclosion de l'homm en l'homme" (MERSCH, E. *Le Christ, l'homme et l'univers*, p. 118-119).

milagres e prodígios, como os realizados por Moisés em outro tempo, e desta forma ser reconhecido como profeta. No Espírito Jesus faz os milagres, se oferece ao Pai na cruz e consuma seu destino. A partir daqui faz-se necessário esclarecer a conexão entre a morte de Jesus, a ação do Espírito e a implicação do Pai na morte do Filho. Em nossos dias tentou-se, a partir de uma teologia quenótica (Hegel, Moltmann, Jüngel, Evdokimov, Balthasar, Durrwell...), estabelecer uma conexão entre a realização trinitária de Deus e a morte de Cristo. O Espírito Santo exerceria um papel central. Desta forma o Deus imutável padeceria. Alguns chegam a afirmar que o Deus trinitário se constituiria na morte de Cristo e a história faria parte do ser de Deus. Aqui aparece o real problema; mas certa reflexão atual ronda a gnose. Há aqui uma dialética, cristãmente inaceitável à luz da criação e da aliança, já que não existe no NT nenhuma afirmação explícita que coloque em relação constituinte o mistério trinitário, e especialmente o Espírito Santo, com a morte de Cristo. A reclamada *pneumatologia crucis* ainda está por ser fundada[28].

3) *A relação de Cristo com todos os homens.* A afirmação relativa à salvação de todos os homens em Cristo supõe que seu destino nos determina previamente a todos, e independentemente de nossa decisão. Qual é a natureza dessa implicação de todos no destino de Cristo, de modo que algo que afeta o cerne da liberdade do homem possa ser decidido previamente por ela? Até agora utilizou-se a categoria "personalidade corporativa" e substituição. Esta última, em seu sentido estritamente forense, é inaceitável, e a categoria moral de solidariedade por si só é insuficiente. Qual é a relação que faz a intermediação entre um homem e os outros, e qual é a conexão peculiar de destino que faz a intermediação entre Cristo e cada um de nós para que o valor de sua vida possa ser o nosso, sem que isso emerja como mera imputação externa, que colide com a convicção mais profunda do homem moderno sobre sua condição insubstituível, e menos na ordem moral da culpa e da graça? Kant afirmou que o homem nunca pode ser considerado um meio, mas sempre fim, e que não é substituível por ninguém. Heidegger acrescentará: "Ninguém morre por outro". Como explicar, diante dessa compreensão an-

---

28. Cf. KOCKEROLS, J. *L'Esprit à la croix* – La dernière onction de Jésus (Bruxelas 1999), e as recensões críticas de G. Emery sobre esse tipo de obras em *RThom* 98 (1998), p. 471-473 e 99 (1999), 553-556, 558-561.

tropológica centrada e fascinada pela autonomia do sujeito, a significação redentora universal de Cristo? À vertente antropológica, que vai de Kant a Rahner, seguiu-se outra centrada na ideia de alteridade, de representação e de responsabilidade para com o outro, e a noção constitutiva do ser homem como sujeito de relações e *responsável* por seu próximo. Cristo revelou e realizou plenamente o que em Gn 4,9 se define como qualidade constitutiva de todo ser humano: ser responsável pelo irmão, seu guardião e não seu senhor, existindo como portador responsável de seu destino. O outro deve ser compreendido como nosso próximo real e não como possível inimigo, e a relação com ele, consequentemente, deve ser em favor da vida e não contra ela (*de proesistencia y non de contraesistencia*). Com sua morte por nós Cristo revelou um homem novo que não procede do egoísmo nem da angústia por sua própria afirmação ou autonomia, mas que se despoja de si, se ocupa do próximo e, perdendo sua vida, a ganha (Mc 8,35-36). Jacobi, Dostoiévski, Buber, Lévinas, Schürmann, Stuhlmacher, Balthasar... abriram esta nova linha de compreensão do homem. Ele reflete melhor o destino de Cristo. A cristologia tornou possível uma nova antropologia e esta, por sua vez, abre uma nova compreensão mais significativa de Cristo. A última parte deste livro trata pormenorizadamente desta questão[29].

4) *Cristo e o sentido da realidade*. A cristologia tem que se enraizar na história, e neste sentido seu centro é a figura concreta de Jesus, aproximada pelo relato e decifrada por uma cristologia narrativa e hermenêutica. Estas, porém, por si sós, são insuficientes. Cristo não pode ser compreendido e aceito como salvação real e total do ser humano se sua significação não aparece em todas as sucessões de relacionamentos nos quais o ser humano se realiza: Deus, cosmos, humanidade, próximo, futuro, ser. Daí a necessidade de explicitar o lugar de Cristo na criação, sua presença na formação do ser humano, seu envolvimento com Deus e o envolvimento de Deus com Ele. *Para ser válida hoje e dar resposta às questões últimas, a cristologia precisa*

---

29. Cf. RATZINGER, J. "Sustitución-Representación (*Stellvertretung*)". In: CFT II (1979), p. 726-735. • MENKE, K.H. *Stellvertretung* – Schlüsslbegriff christlichen Lebens und Grundkathegorie (Einsiedeln 1991). • BIELER, M. *Befreiung der Freiheit* – Zur Theologie der stellvertretenden (Friburgo 1996). • VON BALTHASAR, H.U. TD 4. In: *La acción* (Madri 1995), p. 209-292. • AZNAR, E. *Sustitución y solidaridad en la soteriología francesa 1870 a 1962* (Salamanca 1998).

envolver a teologia, a antropologia e a metafísica[30]. A partir de Cristo deve emergir: a) que o amor está na origem do ser; b) que a realidade oferece confiança; c) que o futuro é uma promessa de reconciliação e de realização, não um imenso abismo de incerteza ameaçadora; d) que a entranha do homem é constituída cristicamente: fundada nele, conformada a Ele e destinada a encontrar sua plenitude nele (*creati in Christo Jesu*: Cl 1,16).

5) *Cristo e o mal*. Deve-se esclarece antes de tudo qual foi sua relação histórica com os males físicos e sociais com que se deparou. Seus gestos de cura e de misericórdia devem ser situados diante destes problemas de fundo: do mal no mundo, do mal radical, da alienação pessoal, do poder violento, da exclusão social, da solidão derradeira. Sobre este fundo se deve compreender sua morte. Nela Cristo, como todo homem aceita sua condição de criatura, deixa que Deus seja soberano sobre seu próprio ser, exerce diante da morte sua liberdade em grau máximo porque ela é o desafio maior, realiza sua filiação e oferenda de vida, entregando-a em súplica intercessora e em solidariedade fraterna com toda a humanidade pecadora. O pecado não é apenas o ato moral, que pode ser corrigido e superado, mas um poder que afeta a realidade mesma dominando-a e desnaturalizando-a em relação à sua origem e destino. Urge vencê-lo como se vence uma força violenta ou um inimigo cruel. Vence o pecado e a morte quem revela o Amor como poder supremo, fazendo-nos confiar alegre e absolutamente nele. Cristo realiza essa vitória com a gesta exterior de sua liberdade entregue à morte e com o dom interior de seu Espírito. Eles é que nos tornam livres[31]. Da mesma forma que se faz com o lado negativo da existência (o mal), é necessário confrontar Cristo com o lado positivo: a felicidade. Seu evangelho oferece uma boa notícia, suas bem-aventuranças uma bela aventura; quem acredita

---

30. Está para ser elaborada uma "ontocristologia", que de modo algum seja invalidada de antemão pela crítica de Heidegger à ontoteologia. Esta crítica, por sua vez, não afeta as grandes sínteses de Santo Agostinho e Santo Tomás de Aquino.

31. "A teologia tem que elaborar uma concepção da revelação que possa dar conta criticamente da função que a Palavra de Deus tem na práxis cristã. Isto somente poderá ser feito se se mostra em que consiste a estrutura última do pecado humano e de que modo concreto essa estrutura profunda adquire formas concretas tanto individuais quanto sociais e históricas. Naturalmente a radicalidade do pecado só se mostrará completamente visível à luz da salvação que teve lugar em Cristo. E isto supõe que a teologia precisa explicar a razão pela qual a mensagem da cruz desempenha uma função libertadora em relação à práxis humana, atormentada pelo pecado" (GONZÁLEZ, A. *Teología de la praxis evangélica* – Ensayo de una teología fundamental (Santander 1999), p. 15).

nele vai entrar na vida. Isto supõe que Cristo não deve ser visto apenas em relação ao mal, ao pecado e às nossas carências, mas, sobretudo, em relação à plenitude oferecida por Deus e esperada pelo homem. *A primeira coisa na vida de Cristo é a chegada do Reino de Deus; e com ele a felicidade do homem.* O descobrimento do mal e a vitória sobre o pecado são suas consequências e sua exigência. Deus é maior que o mal, o pecado, satanás e a morte. A ressurreição, como definitiva vitória sobre o mal, sobre o pecado e sobre a morte, é a primeira palavra sobre Cristo[32].

VIII – As dificuldades atuais

A cristologia encontra hoje tarefas e *dificuldades* especiais:

1) A primeira, mais característica da Modernidade, Lessing a formula desta forma: "As verdades históricas, como contingentes que são, não podem servir de prova das verdades racionais como necessárias que são [...]. Este é o repugnante foço (que contém o cristianismo) que não posso, por mais a sério que eu tente, saltá-lo"[33]. Passo dos fatos à fé, de Jesus a Cristo e Filho de Deus; da história ao dogma: essa é a grande dificuldade. Ela, no entanto, não é nova; foi *a* dificuldade de sempre: passar de um homem a Deus e de um judeu ao Eterno. Só mostrando a constituição do homem como abertura simultânea, no caso de o Absoluto querer mostrar-se, simultaneamente mostrando a capacidade que por ser criação de Deus a realidade tem de significar Deus em distintas intensidades, é que podemos encontrar sinais da revelação e presença de Deus no mundo[34]. Não concluímos da história a fé, mas lemos a revelação de Deus nos sinais que de si mesmo Ele nos oferece dentro dela.

---

32. "O cristianismo se dirige primariamente ao ser inteiro do homem e não à sua queda no pecado, e menos ainda às falhas da vida. O cristianismo não é uma argamassa que remenda as fissuras da vida [...]. O ponto de coincidência entre o homem atual e o cristianismo não é a *indigência* da vida, mas sua *plenitude*" (ZUBIRI, X. *El problema teologal del hombre*. Op. cit., p. 18-19). Cf. GRESHAKE, G. *Gottes Heil, Glück des Menschen* (Friburgo 1983). • RUIZ DE LA PEÑA, J.L. "Fe cristiana – Pensamiento secular y felicidad". In: *Una fe que crea cultura* (Madri 1997), p. 55-70.
33. LESSING, G.E. *Escritos filosóficos y teológicos* (Madri 1982), p. 447-449.
34. Aqui reside a importância da obra de Rahner, que mostrou a necessária correlação entre transcendência e história no cristianismo: *Oyente de la palabra* (Barcelona 1990). • RAHNER, K. *Curso fundamental sobre la fe* (Barcelona ⁴1989), p. 42-116.

2) Um segundo nível do mesmo problema é a continuidade das definições cristológicas dos primeiros concílios com os testemunhos primitivos da fé (evangelhos, querigmas, *homologiai*), que enunciam a salvação como acontecimento e descrevem Cristo em sua função soteriológica, sem fazer afirmações sobre seu ser, sobre o ser do homem ou sobre o ser de Deus. A lógica da inteligência, trabalhando sobre os conteúdos da fé, exige passar da descrição à definição, do acontecimento ao ser, da narrativa à demonstração. A Igreja levou a cabo essa tarefa de transição de categorias ou de transferência da mensagem, nascida numa cultura da memória, do relato e da parábola, a outra cultura da física e da metafísica. Mostrar a continuidade entre os dois tipos de categorias (funcionais e narrativas por um lado, metafísicas e conceituais por outro) e apresentar as razões que legitimam esse passo, para manter a verdade do evangelho em seu novo contexto, é tarefa árdua e sagrada. A homogeneidade entre relatos bíblicos e definições conciliares não é demonstrável no plano conceitual, e somente perceberá sua identidade profunda quem na fé reconhece a realidade pessoal de Cristo, a mesma e única que com distintas categorias os evangelhos e os concílios apresentam.

3) O terceiro problema é a constituição pessoal e comunitária da fé, bem como a constituição sacramental e institucional da Igreja[35]. Não há fé cristã sem Igreja, nem há Igreja cristã sem autoridade apostólica vinculante. A Igreja, no entanto, não é um sistema fechado, mas uma comunidade aberta, nascida da vocação divina e da liberdade humana. É necessário conjugar o lugar necessário e os limites do indivíduo na Igreja com a autoridade dos sucessores dos apóstolos. O homem de hoje tem atrás de si séculos de esforço para conquistar suas liberdades e pensa que o último baluarte a recuperar perante Deus é a liberdade na Igreja, liberdade que Cristo nos trouxe, em face de toda lei. Significaria esta liberdade que temos em Cristo a capacidade de construir, à nossa medida, o conteúdo do evangelho e decidir sobre suas exigências? São Paulo se encontrou com uma alternava falsa: um lega-

---

35. "A Igreja, considerada instituição apostólica, é essencialmente sacramental; i. é, uma testemunha que encerra em si a presença divina da qual dá testemunho, sinal que contém a realidade significada" (ORTIGUES, E. "Écritures et traditions apostoliques au Concile de Trente". In: *RSR* 36 (1949), p. 290. Cf. LG 1 (*sacramentum salutis in Christo* = sinal e causa da presença salvadora de Cristo no mundo).

lismo judaico ou um espiritualismo anárquico (Gl 3,1-5; 5,1-6). Alternativa falsa porque existe uma "lei em Cristo" e um "Espírito de Cristo". Cristo é para o homem, mas é o *Kyrios*, o Mestre, o Juiz; sua mensagem e pessoa não estão à mercê da decisão do homem: "O Senhor é para o corpo, mas o corpo é para o Senhor" (1Cor 6,13). Não é possível construir uma cristologia *à la carte*, selecionando textos ou autores bíblicos, privilegiando alguns concílios, absolutizando um título cristológico e recusando outros. Isto significa inverter a realidade: converter o homem em *Kyrios*, soberano sobre Deus e Cristo, colocando-os a seu serviço. A fé em Cristo vem pelo ouvido, deriva da pregação e do envio que, por sua vez, vem da autoridade de Cristo (Rm 10,14-17). A fé é fruto do testemunho de homens enviados e da graça de Deus, dada em Cristo e no Espírito. A decisão e ações de Deus em tempo e lugar concretos, com palavras e exigências concretas, são um limite absoluto à liberdade humana. A conservação dessa verdade concreta e particular, inclusive em suas fórmulas, é sinal de uma *salvação diante de nós* e *extra nós*, que não construímos por nossa própria conta, mas que é dom de Deus, transmitida pelo apóstolo de Cristo na Igreja a que pertencemos, mas que tem Cristo como cabeça, cuja autoridade e interpretação os apóstolos e seus sucessores visibilizam e interpretam. Cristo é dom e luz de Deus; enquanto tal é discernimento e julgamento (κρίσις) sobre os homens e sobre sua atitude perante a verdade (Jo 8,12; 9,5; 12,46; 9,36; 3,19; 5,22-30; 8,16; 12,31).

4) Variantes deste problema são as relações entre *unidade* de fé em Cristo e *pluralismo* de cristologias, ou as formas de expor o fundamento e o conteúdo da fé nele, a começar pelo NT e passando pela história da Igreja. Estamos diante de uma situação dialética, já que temos o único evangelho de Cristo no formato tetramorfo dos evangelistas e o cânon do NT formado por 27 escritos. Todos eles falam do único Cristo e Cristo funda a unidade do NT[36]. Unidade e pluralidade formam dois polos em tensão. Prefiro falar de pluralidade para indicar que o *diferente* está sempre referido e só é compreensível à luz do *uno*, ao passo que pluralismo parece indicar a compatibilidade de afirmações contrapostas ou realidades irredutíveis a uma unidade que conforma a diversidade. *Existem diversas maneiras de acessar a Cristo e "modelos" ou paradigmas para pensar Cristo, mas só existe um Cristo.* Existe a

---

36. Cf. ALETTI, J.-N. *Jesucristo, ¿fator de unidad del Nuevo Testamento?* (Salamanca 2000).

liberdade dos filhos de Deus, mas não se pode fazer dela o pretexto para o egoísmo ou para a desobediência e sim para melhor corresponder ao evangelho recebido (Gl 5,13-26) e para servir aos irmãos.

5) Dentro deste problema aparece a questão da *unidade* e *trindade* de Deus, de sua manifestação múltipla no mundo e sua autorrevelação escatológica em Cristo, ou a relação de Cristo com as religiões do mundo. Três foram as respostas:

- *exclusivismo* representado por Barth, Kraemer e o protestantismo radical (só há salvação em Cristo);
- *inclusivismo* representado com matizes diferentes por Rahner, de Lubac e a maioria dos teólogos católicos (existe salvação para todo homem que vive na verdade e ama a justiça, mas toda salvação é crística, só há plenitude em Cristo, só é discernida a partir de Cristo, já que por Ele, nele e para Ele são todas as coisas);
- *pluralismo salvífico* representado por Hick, Knitter e a chamada teoria pluralista das religiões (cada religião é salvífica em seu lugar e em seu tempo; Jesus é uma expressão de um Cristo universal que tem nomes próprios em cada religião, todos eles sagrados e legítimos).

Não é possível ver como esta última postura possa conciliar-se com os textos do NT, nos quais jamais se concebe um Cristo sem relação com Jesus e uma ação do *Logos* não encarnado ou do Espírito Santo à margem do *Logos* encarnado. O prólogo de São João formulou e excluiu esta hipótese[37].

IX – As abordagens e os destinatários privilegiados

A cristologia terá acentos distintos segundo os lugares em que é elaborada e em função dos destinatários privilegiados aos quais se dirige. Os lugares fundamentais da prática da Igreja são: o templo, a praça pública, a univer-

---

[37]. Cf. LG 16; GS 22 (possibilidade de salvação para quem não pertence visivelmente à Igreja). "Nem uma limitação da vontade salvadora de Deus, nem a admissão de mediações paralelas à de Jesus, nem uma atribuição desta mediação universal ao *Logos* eterno não identificado com Jesus são compatíveis com a mensagem neotestamentária" (CTI. "El cristianismo y las religiones" (1996), n. 39. In: *Documentos*, 571). Cf. capítulo final.

sidade[38]. Em cada um deles surgirá uma cristologia com acentos próprios. Em *âmbitos interiores* da Igreja tenderá a aprofundar a realidade pessoal de Cristo enquanto princípio de vida, de conversão, de exigência e de felicidade para o fiel. Em *âmbitos públicos* da sociedade mostrará a potencialidade teórica e prática do evangelho de Cristo para engendrar liberdade, comunidade, solidariedade e esperança, ao mesmo tempo que exercerá uma função crítica perante os poderes do mal, da mentira e da injustiça. Em *âmbitos acadêmicos* exporá o fundamento histórico, a pretensão de verdade e a realidade de Cristo como oferta de sentido para a vida humana, em diálogo argumentado e crítico com as diversas ciências. Desta forma teremos uma cristologia mais intraeclesial, centrada ao redor da liturgia, da oração e da experiência; uma cristologia mais social ou política que relaciona o evangelho às esperanças sociais e às ideologias, que algumas vezes se apresentam como alternativa e outras em complementariedade salvífica em relação ao evangelho; uma cristologia acadêmica, que outorga primazia à reflexão teórica e confronta a razoabilidade da fé com a pretensão da razão científica ou filosófica, quando estas pretendem estabelecer por si e somente a partir de si os limites e a amplitude da razão humana. Com isto aparecem os três polos determinantes de uma reflexão católica sobre Cristo hoje: cristologia e experiência humana, cristologia e práxis social, cristologia e razão científica. Daí resultam também as distintas abordagens ou acessos a partir dos quais se pode chegar a Cristo:

• *abordagem mistagógica* (para incrementar o conhecimento pessoal, aprofundar a fé e alimentar o amor a Cristo);

• *abordagem histórica*, em sua tríplice forma: *abordagem pedagógica* (busca dos melhores métodos para expor a fé), *abordagem missionária* (linguagem e forma de vida aptas para dar a conhecer a Cristo aos que ainda não o conhecem) e *abordagem social e política* (articulação de um discurso teórico e de uma práxis histórica que mostrem a fecundidade libertadora do evangelho);

• *abordagem teórica*, que busca primordialmente compreender a realidade e a verdade de Cristo em total gratuidade, mostrando a fecundidade objetiva da fé, sem ordená-la a nada, mas para além dela mesma, sabendo que a inteligência é anterior e posterior à razão técnica ou crítica,

---

38. Cf. GONZÁLEZ DE CARDEDAL, O. *El lugar de la teología* (Madri 1986). • GONZÁLEZ DE CARDEDAL, O. *El quehacer de la teología* – Génesis, estrutura, misión (Salamanca 2008).

porque é a que, para além dos problemas e situações particulares, remete o homem à verdade primeira e o abre para o seu fim último.

X - Definição

Concluímos esta introdução com uma *definição*. A cristologia é a reflexão sistemática que, a partir de dentro da comunidade, os fiéis fazem sobre Jesus Cristo, com racionalidade histórica e método científico, referindo-a à situação de redenção ou de não redenção, vivida pela humanidade no meio da qual Ele é anunciado como evangelho de salvação, surgindo numa história particular e sendo simultaneamente *logos* de verdade universal (Ef 1,13; Rm 1,16).

Estas são as três tarefas essenciais da reflexão sistemática:

• *Exposição* da história originária e da perduração de Cristo, seu conteúdo e realidade como fato, ideia, experiência e promessa.

• *Fundamentação* de sua pretensão de verdade universal e de salvação pessoal, mostrando a partir de dentro – isto é, a partir da explicação vivida de seus conteúdos – como aparecem em Cristo a realidade de Deus, do mundo e do homem, e como, pensado a partir de sua condição de Deus-homem, Deus aparece mais divino justamente porque realizou sua transcendência em aproximação absoluta com o ser finito e seu poder como misericórdia, ao mesmo tempo em que o homem aparece mais humano, com uma humanidade cujo cânon é Deus mesmo, dado à medida de sua natureza humana e tempo.

• *Historicização* como interpretação, tradução ou conjugação do sentido, do dinamismo e do valor do evangelho de Cristo com a consciência determinante de cada época; numa relação de anúncio e diálogo, de desafio e resposta, de crítica e de acolhimento. A cristologia cumpre essa tarefa, consciente de seus limites.

Estas são as fronteiras da razão com o mistério de Deus, que sempre nos ultrapassa, mesmo depois de revelado e encarnado; diante da história particular que nunca é redutível à ciência e à evidência, que só pode ser entendida, portanto, primeiro em sua facticidade quantitativa e em seguida como sinal de uma consciência que se manifesta nela e de uma transcendência que convoca a partir dela; diante da liberdade do homem e também diante da liberdade de Jesus. A cristologia conjuga estes três horizontes que nos ultrapassam e nos desafiam (mistério de Deus, fatos históricos particulares, liberdade do homem) com a história vivida por Cristo e vivida pelos homens em Cristo e a partir de Cristo; com o dinamismo transcendental do homem aberto verticalmente ao Absoluto e horizontalmente ao Futuro; com as experiências vividas por cada pessoa em sua solidão e esperança[39] e simultaneamente com as pulsões de sua inteligência e vontade[40].

---

[39]. O homem é um abismo que clama por outro abismo maior ("abyssus Abyssum invocat", Sal 41,8 Vulgata), e sua abertura ao absoluto funda uma tensão e solidão que não cessam enquanto não encontrar Deus, único fim e destino suficientes ao homem: "Gignit enim sibi ipsa mentis intentio solitudinem" (SANTO AGOSTINHO. *Cuestiones diversas a Simpliciano* 2,4 (BAC 79, 152-153)). Cf. *Conf.* I, 1,1 (BAC 10,73).

[40]. Cf. BLONDEL, M. "El acabamiento de la acción – El término del destino humano". In: *La Acción (1893)* (Madri 1996), p. 437-519.

PRIMEIRA PARTE

HISTÓRIA E DESTINO DE CRISTO
CRISTOLOGIA BÍBLICA

INTRODUÇÃO
A NORMA DA ORIGEM: FATOS, TEXTOS, TESTEMUNHO VIVO

Conhecer uma pessoa é conhecer suas obras, suas palavras e, sobretudo, compartilhar o próprio conhecimento que tem de si mesma, seu projeto de vida e seus ideais últimos. Os que não foram seus contemporâneos são remetidos ao testemunho dos que a conheceram, que compartilharam seu destino e transmitiram suas lembranças (1Jo 1,1-4). Cristo viveu num determinado lugar geográfico e num momento datado da história. Muitos homens e mulheres o conheceram, o seguiram e o amaram, recolhendo sua mensagem e outorgando-lhe uma confiança pessoal, que manifestaram no *seguimento de sua forma de vida, na adesão à sua mensagem e na fé em sua pessoa*. Eles já são a fonte para conhecê-lo. No entanto, eles não o conheceram, seguiram e testemunharam isoladamente, mas desde o início formaram comunidade. A Igreja é essa comunidade de seguimento, de memória, de testemunho, de celebração, de missão e de esperança que se reconhece ligada a Ele como seu fundamento, sujeita a Ele como sua origem permanente, enviada por Ele para continuar sua salvação no mundo e almejada por Ele como seu futuro. Ela sabe que é devedora e agraciada com a novidade divina, que é Cristo. Sustentada por Ele, a Igreja cumpre a missão de torná-lo conhecido enquanto Salvador dos homens e em pessoa, cuja história ela narra e celebra.

A Igreja, por seus apóstolos, sacramentos e Espírito, prolonga o testemunho que o próprio Cristo deu de si mesmo. Isto se realiza através da *tradição viva* de pessoas e dos *textos* escritos relativos à origem. Eles compõem o NT, que se remete ao AT como chave para conhecer a Cristo enquanto messias, bem como a Igreja como lugar onde a realidade que descrevem é perceptível e visível. O NT é o livro da Igreja que o acolhe como Palavra de Deus no Espírito, dada para conhecer as obras e gestas salvíficas acontecidas na história de Jesus. Nos fatos relativos a Jesus (At 18,25), enviado pelo Pai na plenitude dos tempos, entregue por nossos pecados e ressuscitado para nossa justificação (Gl 4,4; Rm 4,25), realizam-se conjuntamente a revelação divina e a salvação humana. O NT, lido à luz do AT e da vida da Igreja, nos dá a conhecer de maneira completa a Cristo. Deus nos dá esta narrativa, inspirada por seu Espírito (*Palavra escrita*), para que conheçamos o Filho enviado, nascido de Maria pela ação do mesmo Espírito (*Palavra encarnada*). Essa palavra que antes Deus havia proferido por seus profetas se encarnou: como voz e pessoa foi ouvida outrora na Galileia, é atualizada hoje na celebração litúrgica, concretizada na existência, ouvida e acolhida no coração. É o Filho, em quem Deus se nos revela plenamente e se nos dá definitivamente. Trata-se da autocomunicação e da autodoação escatológica de Deus.

O NT não é um livro científico nem uma biografia de Cristo em sentido moderno, mas um conjunto de memórias e de testemunhos. Os evangelhos, que são a única biografia possível de Cristo (J.M. Lagrange), relatam sua história recordando e simultaneamente interpretando a partir do final sua existência pública e sua ação salvífica, que se estende do "batismo de João até o dia em que foi elevado do meio de nós" (At 1,22; 10,37). O relato se completa para trás integrando os fatos da infância, e para frente narrando o dom do Espírito em Pentecostes, que funda a Igreja e suscita a missão. *A história de Jesus, assim recordada pelos que nele acreditaram, oferece os fatos e a interpretação, ambos sendo igualmente sagrados.* Foi escrita porque, ao considerá-la o centro da ação salvífica de Deus em favor dos homens, recebia um valor infinito. A adesão da testemunha ao testemunhado mostra o valor e a eficácia que este teve para ela. Os primeiros fiéis e escritores colocaram a vida em jogo pela verdade do testemunhado. Apóstolos, escritores, confessores e mártires constituíram e constituem até hoje a Igreja, que continua se remetendo às primeiras testemunhas, convicta de que nelas encontra as mesmas palavras, ações e autoconsciência de Jesus, não em sua sonoridade material, mas em sua verdade real. A Igreja dá crédito a essas testemunhas das origens, que receberam essa verdade de Cristo, não se baseando em realidades mortas (livros, pedras), mas porque essa mensagem outorgou a essas pessoas a necessária confiança em suas vidas para manter viva a fé em Cristo. A repercussão transformadora da mensagem sobre as primeiras testemunhas e o sentido que elas descobriram nos fatos fazem parte da fecundidade dos fatos originários[1]. A fé em Cristo se converteu em razão suprema do interesse por seus feitos e da salvaguarda das memórias fundadoras. Sem os fatos não teria surgido a fé, mas sem a fé não se teria recordado os fatos.

O NT oferece *o relato dos fatos históricos bem como a interpretação de seu sentido teológico* (são revelação de Deus) *e soteriológico* (oferecem salvação ao homem). Os evangelhos identificam a história e a pessoa de Jesus orientando em direção ao final (morte) e a partir do final (ressurreição). Ambas são a chave. O fato pessoal (a ressurreição de um crucificado) não é uma ideia ou uma convicção que emerge na Igreja, mas a experiência a partir da qual a Igreja, a fé e o NT surgem. É o "dado", no duplo sentido de dom e fato, que funda o cristianismo: Deus ressuscita e "doa", devolvendo-o como Cristo e Senhor, para que reúna os discípulos dispersos, perdoe os traidores e, tornando-os homens novos, os transforme em mensageiros do evangelho. *Os evangelhos são livros de memória e de amor*. Porque tudo é memória no amor e tudo é diligência na fé verdadeira, os discípulos reconstroem os fatos e os feitos de Jesus com a ajuda das próprias testemunhas oculares e servidores da palavra (Lc 1,2). Eles recolhem suas sentenças, ordenam sua mensagem e repensam sua pessoa. Tudo é visto a partir da luz que o final projeta sobre o princípio: a partir da ressurreição se ilumina a morte, e a partir desta a mensagem do Reino. Os evangelhos são escritos a partir do Ressuscitado e do Espírito[2]. Ressurreição, morte e Reino são os três eixos da história de Jesus. Lê-se a vida de Jesus de trás para frente e de frente para trás. A glória do Ressuscitado já reluz na pregação do Reino; o Reino passa pelos abismos supremos do mal na morte e se manifesta vitorioso na pessoa do Ressuscitado.

---

1. "Para o verdadeiro historiador (diferente do simples cronista) o interesse e o sentido que um acontecimento teve para aqueles que receberam o impacto faz parte do próprio acontecimento" (DODD, C.H. *El fundador del cristianismo*. Op. cit., p. 39).

2. "Assim como os outros evangelistas (Mc 14,72; Mt 26,75; Lc 22,60; 24,6.8), João considera que muitas palavras e feitos de Jesus não foram compreendidos ao longo de sua vida terrestre. A ressurreição do Senhor é que permitirá recuperar esses feitos e penetrar em sua verdadeira significação com a ajuda das Escrituras. Essa lembrança joanina se opera sob a moção do Espírito Santo" (TOB: Jo 12,16 (cf. Jo 2,22; 14,26; 16,12-15)).

A *história* e o *destino* revelam a *pessoa*: os três são inseparáveis. Os fatos são de um sujeito consciente e livre (história); o que lhe acontece a partir de fora acaba sendo aquilo que ele fizer com isto em termos de integração ou de rejeição (destino); o sujeito não vive no vácuo do tempo, mas sempre em atitude de resposta e relação (pessoa). É por isso que, para a fé em Cristo, é essencial o conhecimento de sua história: ela nos revela sua identidade pessoal. A Igreja viva e o NT, com sua dupla vertente, narrativa (evangelhos) e confessional (cartas), oferecem a informação necessária e suficiente para conhecer a Cristo respondendo às *perguntas essenciais*: o que Ele disse; o que fez; quem foi; como se apresentou; o que fizeram com Ele e por que os homens quiseram livrar-se dele; como se portou diante de Deus; por que e por quem devemos tê-lo; quem é e o que Ele significa para os homens; o que podemos esperar dele; que porvir tem; onde Ele está presente, reconhecível e acessível hoje.

CAPÍTULO I
AÇÃO

Bibliografia

BECKER, J. *Jesus von Nazaret* (Berlim 1996). • BLÁZQUEZ, R. *Jesús el evangelio de Dios* (Madri 1985). • BORNKAMM, G. *Jesús de Nazaret* (Salamanca ⁵1996). • CHILDS, B.S. *Teología bíblica del Antiguo y del Nuevo Testamento* (Salamanca 2001). • DODD, C.H. *El fundador del cristianismo* (Barcelona 1984). • GNILKA, J. *Jesús de Nazaret* – Mensaje e historia (Barcelona 1993). • GOPPELT, L. *Theologie des NT* – I: Jesu Wirken in seiner theologischen Bedeutung (Gotinga 1975). • JEREMIAS, J. *Teología del NT* – La predicación de Jesús (Salamanca ²1974). • KARRER, M. "Der Sohn und sein irdisches Wirken". In: *Jesus Christus in NT* (Gotinga 1998), p. 174-332. • KÜMMEL, W.G. *Die Theologie des NT nach seinen Hauptzeugen*: Jesus, Paulus, Johannes (Gotinga 1969), p. 20-84. • MATERA, F.J. *New Testament Christology* (Louisville 1999). • MEIER, J.P. *Un judío marginal* – II/1: Juan y Jesús – El Reino de Dios (Estella 1999). • SANDERS, E.P. *La figura histórica de Jesús* (Estella 2000). • STUHLMACHER, P. *Biblische Theologie des NT* – I: Grundlegung: Von Jesus zu Paulus (Gotinga 1992), p. 40-160. • THEISSEN, G. & MERZ, A. *El Jesús histórico* – Manual (Salamanca 1999). • THÜSING, W. *Die neutestamentlichen Theologien und Jesus Christus Grundlegung einer Theologie der NT* – III: Einzigkeit Gottes und Jesus-Christus-Ereignis (Münster 1998).

I – O anúncio do Reino[3]

1 João, o Batista

Jesus emerge na luz da história dentro do ambiente de *João, o Batista*, que havia iniciado um movimento de conversão para preparar o juízo iminente. "Assim veio João, batizando no deserto e pregando um batismo de conversão, para o perdão dos pecados" (Mc 1,4). Os ritos de abluções eram usuais nas religiões e na vida religiosa de Israel. Existia o batismo dos prosélitos como forma de integração ao povo da eleição divina, com sentido, portanto, simultaneamente religioso e nacional[4]. Os essênios haviam incrementado os banhos de purificação em função de seu radicalismo e distância em relação à religião praticada no templo. Ora, o rito da água, tal como o exerce João, tem uma novidade: é a passagem do ritualismo moral para a conversão do coração. Seu batismo é algo novo, vinculado ao perdão e à salvação de Deus. Jesus se une ao movimento de João e se faz batizar. Isto supõe que Ele partilhe as preocupações e propostas de João diante de um acontecimento que vai ser decisivo para o povo: o julgamento iminente de Deus. Não sabemos exatamente qual foi a relação pessoal entre ambos, para além do ato pontual do batismo: existe *conexão* inegável e inegável *diferença*. Os dois partilham o gesto do batismo (batizar, ser batizado), a convicção de estar diante de uma hora decisiva para a história (sentido escatológico), a vontade de congregar Israel para esse momento supremo, o chamado à conversão interior, o distanciamento do templo, a proximidade com o povo da terra, a exigência de justiça, a religião do coração. Uma originária dimensão profética está nos primórdios de Jesus[5], ao mesmo tempo que uma ruptura e uma novidade em relação a João.

---

3. Cf. MANSON, T.W. *The Teaching of Jesus* (Cambridge 1943). • MERKLEIN, H. *Jesu Botschaft von der Gottesherrschaft* – Eine Skizze (Stuttgart 1983). • PERRIN, N. *The Kingdom of God in the Teaching of Jesus* (Londres 1963). • PERRIN, N. *Jesus and the Language of the Kingdom* (Filadélfia 1976). • SCHNACKENBURG, R. *Reino y reinado de Dios* (Madri 1967). • LUZ, U. "βασιλεία". In: *DENT* I, 600-614, com bibliografia completa. • SCHMIDT, K.L. "βασιλεία". In: *TWNT* I, p. 562-595.

4. Cf. DOCKERY, D.S. "Baptism". In: *DJG* 55-58. • PERROT, C. "Jean le Baptiste et Jésus". In: *Jésus* (Paris 1998), p. 38-51.

5. Cf. MEIER, J.P. *Un judío marginal...*, p. 47-292. • MERKLEIN, H. *Jesu Botschaft von der Gottesherrschaft*. Op. cit., p. 27-36. • PERROT, C. Ibid., p. 38-51.

2 O batismo de Jesus

O Batista decide o destino de Jesus: ativamente, com o *batismo* que lhe confere, e, passivamente, enquanto sua eliminação violenta foi considerada por Jesus um sinal que Deus lhe dera para começar sua própria missão. O batismo de Jesus por João é um ato constituinte em sua existência. Como todos os acontecimentos em que se dá a comunicação de Deus com o homem, inserindo-se a graça na natureza e sendo outorgada de maneira explícita e acolhida uma missão divina, o batismo é descrito com termos que lembram as teofanias do AT, que põem em cena símbolos e introduzem vozes que devem ser interpretadas como indicativas de um acontecimento salvífico. Os relatos dos sinóticos acentuam o aspecto pessoal (Jesus é ator e destinatário da voz divina) ou o aspecto público (Jesus é apresentado diante dos outros e reconhecido com palavras do AT que remetem tanto à ideia messiânica do Rei entronizado quanto à imagem do Servo e do Filho amado [Mc 1,9-11; Mt 3,13-17; Lc 3,21-22; cf. Sl 2,7; Gn 22,2; Is 42,1]). O Espírito realiza a conformação interior de Jesus, ao passo que a voz do céu é sua comprovação exterior diante da multidão[6].

O batismo com a unção pelo Espírito inicia a progressiva constituição e qualificação messiânica do homem Jesus (At 10,37-38). Assim como no relato da infância se diz que o Espírito gesta sua humanidade no seio de Maria (Lc 1,35), aqui esse mesmo Espírito, criador na origem (Gn 1,2), qualifica sua humanidade para a missão que deve cumprir. A unção pelo Espírito foi um tema-chave da cristologia patrística e somente abandonado a partir do século IV, quando se temia o perigo de uma compreensão adocionista de Jesus. A ideia de uma "cristologia pneumática", segundo a qual Jesus seria somente homem, que, qualificado pelo Espírito, teria sido assumido por Deus para cumprir uma missão, mais na linha do profetismo veterotestamentária do que na linha de filiação única, fez com que o batismo perdesse relevo na compreensão de Jesus[7]. Apesar disso, a importância objetiva sempre foi

---

6. Perante a opinião de J. Jeremias (*Teología del NT*. Op. cit., p. 67-74), a maioria dos exegetas afirma que, segundo este relato, Jesus não tem a "experiência de uma vocação" como algo que lhe advém de novo, mas a percepção de que deve começar a cumprir o que já é e conhece.
7. Cf. ORBE, A. *La unción del Verbo* – Estudios valentinianos, III (Roma 1961). • PANNENBERG, W. *Fundamentos de cristología* (Salamanca 1974), p. 144-151 (presença do Espírito em Cristo). Voltaremos a esta questão na parte sistemática, ao falar do batismo e da encarnação como momentos constituintes de Jesus.

grande. Dizer que Jesus é "ungido" pelo Espírito Santo significa que a ação deste modela sua humanidade, ilumina sua consciência, robustece sua vontade e lhe confere autoridade para realizar a missão que recebeu. O dom do Espírito a Jesus não é meramente ocasional, mas permanente e constituinte. Sobre Ele pousa e permanece (Jo 1,33), e quando sua humanidade estiver consumada e assumida plenamente na vida em Deus pela morte e ressurreição, ela se converterá em fonte do Espírito para todos os outros (Jo 7,39).

Enquanto os sinóticos acentuam a primeira perspectiva (o Espírito forja o mais íntimo de Jesus e o acompanha em sua missão), São João afirma a permanência e a ação do Espírito a partir do início e acentua sobretudo a efusão do Espírito por Jesus glorificado (19,30; 20,22). *Cristo é fruto do Espírito num sentido e Senhor do Espírito em outro* (2Cor 3,17). A primeira perspectiva mostra a historicidade, a real condição humana e a realização sucessiva de Jesus no mundo sob a ação do Espírito. A segunda mostra a centralidade de Cristo glorificado sobre o resto dos humanos, que recebem a plenitude da graça e vida divinas pelo Espírito Santo que Ele lhes envia (Jo 1,16; 3,34). Neste sentido é válida a formulação: Cristo é o homem do Espírito. Aparece na história, "ungido", "movido", "conduzido" pelo Espírito e sai da história dando-nos "seu" espírito (Jo 19,30) e enviando-nos o Espírito Santo (Jo 20,22).

3 A novidade de Jesus

A novidade de Jesus e o tema central de sua pregação são o seu anúncio do Reino de Deus que chega à história humana: "Jesus veio para a Galileia pregando o evangelho de Deus dizendo: 'Completou-se o tempo, e o Reino de Deus está próximo. Convertei-vos e crede na Boa-nova'" (Mc 1,15)[8]. O conteúdo central de sua pregação e o sentido da existência de Jesus são a realidade e a realização da soberania real de Deus, como salvação para o homem. Esta ideia do Reino de Deus, "Deus Rei", arraigada nas camadas mais baixas do AT (Sl 145,13; Dn 2,44; 4,31), centraliza toda a pregação de Jesus e instaura a conexão entre a proclamação inicial e as ações posteriores,

---

8. Cf. JEREMIAS, J. *Teología del NT.* Op. cit., p. 119. • BECKER, J. *Jesus von Nazaret.* Op. cit., p. 122-124. • KASPER, W. *Jesús, el Cristo* (Salamanca [10]1999), p. 86-89. "Dentre todos os judeus da antiguidade que conhecemos, Jesus é o único que pregou não só que o fim dos tempos estava próximo, mas também que já havia começado a nova época de salvação" (FLUSSER, D. *Jesús en sus palabras y en su tiempo* (Madri 1975), p. 107).

as parábolas e as bem-aventuranças, a vocação de Israel e as exigências do discipulado, os milagres, a última ceia e a morte na cruz.

Com a morte do Batista terminava uma fase da história salvífica e começava outra. Até aquele momento tinham vigência a Lei e os Profetas, ao passo que então começa o Reino de Deus (Lc 16,16). À ordem antiga da exigência e do julgamento sucede agora uma ordem nova de graça e de perdão. Este conteúdo salvífico permite ser denominado boa-nova, "evangelho", e se falará em evangelho do Reino (Mt 4,23; 9,35; 24,14).

4 Acontecimento crítico

A primeira característica desse anúncio é sua condição de *evento crítico*. É um ponto culminante de um plano de Deus, que chegando ao seu termo, coloca os ouvintes diante de uma situação decisiva: diante dela tem que decidir-se, pois o momento é crítico[9]. Tempo de graça, mas ao mesmo tempo de risco. É algo que os profetas quiseram ver e não puderam. Assistir sua implementação e afirmação no mundo é uma felicidade enorme: "Felizes os olhos que veem o que estais vendo, porque eu vos digo: muitos profetas e reis quiseram ver o que vós estais vendo e não viram, ouvir o que vós estais ouvindo e não ouviram" (Lc 10,23-24). A história de Israel chega ao seu auge porque o que acontece em Jesus é o ponto culminante de um plano de Deus e o cumprimento de suas promessas. Deus é fiel e chega ao seu povo para realizar o que os profetas haviam anunciado e esperado. Por isso, a dupla exigência do Jesus: "Alegrai-vos e convertei-vos". Toda possibilidade de conquista e graça de receber algo oferecido comporta o risco de não ser reconhecido nem acolhido. Por isso, a máxima oferta e a máxima "crise". O Reino de Deus carrega consigo o julgamento sobre os homens[10].

Para entender o eco real desse anúncio de Jesus é necessário reviver os anúncios proféticos sobre o Senhor, que vem como Rei para salvar o seu povo[11].

> Por isso meu povo saberá qual é meu nome, por isso saberá naquele dia que sou eu que digo: "Eis-me aqui". Quão formosos sobre os

---

9. Cf. DODD, C.H. *El fundador del cristianismo*. Op. cit., p. 70-73.
10. Cf. GNILKA, J. "El reinado de Dios y el juicio". In: *Jesús de Nazaret*. Op. cit., p. 190-202.
11. Cf. MANSON, T.W. "God as King". In: Op. cit., p. 116-236. • COPPENS, J. "Le règne de Dieu et l'attente de sa venue". In: *Le messianisme et sa relève prophétique* (Lovaina 1989), p. 7-30.

montes os pés do mensageiro da boa-nova, do arauto do bem-estar, do mensageiro da ventura, do arauto da salvação que diz a Sião: "Teu Deus reina" (Is 52,6-7)[12].

5 As promessas e esperanças do AT

Sobre esse pano de fundo da esperança judaica, alimentada com a leitura dos profetas, o Jesus mensageiro do Reino está evocando as grandes gestas libertadoras vividas por seu povo. Situações negativas (escravidão do Egito, exílio da Babilônia, pecado insuperável) às quais Deus respondeu com três ações positivas (libertação do Egito, retorno dos dispersados à pátria, abertura a Deus que é a pátria definitiva do homem). A Palavra de Jesus evocava tudo isso em seus ouvintes: uma nova gesta libertadora, sem diferenciar exatamente a sucessão das coisas (perda da independência política, tensões sociais, eterna inquietação do homem diante de Deus por sua pobreza, solidão e pecado). Esperava-se que o próprio Deus viesse em pessoa ("Eu mesmo irei..."), ou que enviasse alguém para salvar seu povo; as duas formas de messianismo ou atuação salvadora de Deus existem nos textos. Os diferentes grupos (fariseus, saduceus, essênios, apocalípticos...) acentuavam um aspecto ou outro dessa vinda: vitória de Deus sobre os infiéis, reconstrução exterior e interior de Israel, justiça, luz. Todas estas ideias e metáforas correspondentes estão associadas à ideia do "Reino". São Mateus interpreta a primeira proclamação de Jesus: "Desde então Jesus começou a pregar e a dizer: 'Convertei-vos, pois está próximo o Reino dos Céus'" (Mt 4,17) à luz de Is 9,1-2 como profecia cumprida: "O povo que estava nas trevas viu uma grande luz e para os que moravam na região tenebrosa da morte, levantou-se uma luz" (Mt 4,16).

A boa-nova dos profetas, relativa ao reinado progressivo e escatológico de Deus, expressa-se com as grandes metáforas que aludem às máximas necessidades e esperanças da vida humana. De Deus se espera o essencial e definitivo para o povo, que é o sujeito da aliança; dentro dele o é o indivíduo. O que no AT se expressa como promessa para o futuro, o NT o afirma como presente com a chegada de Jesus.

---

12. Cf. Is 40,3; 45,8; Zc 14,9; Mq 2,12-14; 4,6-8; Sf 3,14-20. Jesus mostra uma predileção por dois livros do AT: o Dêutero-Isaías (Is 40–56) e Daniel, justamente porque os dois atribuem uma importância fundamental ao anúncio do Reino de Deus. À luz dele Jesus compreende sua missão e a explica às pessoas. Cf. HOOKER, M.D. *Jesus and the Servant* (Londres 1959). • LÉON-DUFOUR, L. *Les Évangiles et l'histoire de Jésus* (Paris 1963), p. 438 (atmosfera isaiana).

- Aparecerá a *glória de YHWH* (Is 40,1-5; Mt 3,3; Lc 3,4).
- Amanhecerá a *salvação* (Is 52,1-12; Lc 2,30-31).
- Chegará *o Reino* (Is 40,9-10; Ml 3,1; Mc 1,14-15).
- Derramará *seu Espírito* sobre o Ungido e sobre toda carne (Is 58,6; 61,1; Lc 4,16-21; At 2,16-18; Jl 3,1-5).

Todos estes aspectos são maneiras de descobrir o indescritível: o que é Deus quando se dá ao homem como Deus. Assim, enquanto Marcos e Mateus centram a mensagem de Jesus em torno da chegada do Reino, Lucas o centra ao redor do dom do Espírito que repousa sobre Jesus. João, posteriormente, o chamará vida nova e eterna. O discurso programático na sinagoga de Nazaré parte do texto de Is 61,1, que declara realizado:

> O Espírito do Senhor está sobre mim, porque Ele me ungiu para evangelizar os pobres; enviou-me para anunciar aos aprisionados a libertação, aos cegos a recuperação da vista, para pôr em liberdade os oprimidos, e para anunciar um ano de graça do Senhor. [...] E começou a dizer-lhes: "Hoje se cumpriu a Escritura que acabais de ouvir" (Lc 4,18-19.21).

6 *Basileia*: realeza, reino e reinado de Deus

O termo βασιλεία τοῦ Θεοῦ (*melek Yahvé, malkuta Yahvé*) remete a experiências comuns sobre o que o rei é nas religiões do Oriente, ou seja, como lugar-tenente de Deus, que é o verdadeiro rei do mundo; e, sobretudo, reenvia a experiências específicas com YHWH como o Deus que instaurou a aliança com o seu povo, que o constituiu num "reino de sacerdotes e numa nação santa" (Ex 19,6). Em última análise, a expressão remete a uma experiência universal: a dependência do homem de um poder que o ultrapassa, ao qual deve confiar-se e do qual espera a reconstrução de sua vida despedaçada e o perdão de suas culpas, e que satisfaça seu desejo de justiça, que responda ao desejo de plenitude e paz, que com sua própria revelação Deus mesmo suscitou. A palavra *basileia* permite várias traduções: soberania, condição real ou *realeza* de Deus; exercício dela sobre seus súditos ou *reinado*; âmbito onde se exerce o *reino*[13]. Os dois sentidos, dinâmico e local, estão presentes na pregação de Jesus e implicados nas parábolas[14]. Dos três significados

---

13. Cf. BLÁZQUEZ, R. *Jesús el evangelio de Dios*. Op. cit., p. 49.
14. Cf. JEREMIAS, J. *Las parábolas de Jesús* (Estella 1986). • DODD, C.H. *Las parábolas del Reino* (Madri 1974). • HARNISCH, W. *Las parábolas de Jesús* (Salamanca 1989). • LINNEMAN,

possíveis (dignidade real, exercício de seu poder, âmbito de sua soberania), o segundo é o fundamental. Jesus anuncia que Deus vem efetivamente para exercer sobre os homens sua condição de rei. A pergunta-chave se refere ao conteúdo desse exercício: seria exigência, beneficência, dominação, paz e perdão, julgamento e condenação? Diferentemente da mensagem do Batista, a de Jesus é uma oferta incondicional de graça da parte de Deus. Ela determina o destino do homem que, por sua vez, é convidado à audição fiel, ao acolhimento, à conversão e à fé. Por isso, o Reino, que é simultaneamente oferta de Deus e descobrimento do homem, requer aceitação, ser vivido como superabundância de graça ou fortuna, mas precisa ser conquistado, ou seja, é também fruto do esforço.

7 Reino chegado, chegando e por chegar

As formulações evangélicas oscilam na hora de fixar com exatidão a relação do Reino com o tempo. Existem dois verbos-chave: ἤγγικεν (Mc 1,15; Mt 3,2; 4,17; 10,7: aproximou-se, está próximo) e ἔφθασεν (Mt 12,28; Lc 11,20: chegou nos surpreendendo; apresentou-se; fez-se presente). Um indica proximidade ou iminência, outro chegada surpreendente. Seria um acontecimento já realizado e, portanto, uma presença que está dentro da história (*Soteriologia realizada:* Dodd)? Seria um projeto aberto do qual Jesus faz parte, que vai mais além dele, porque inclui sua comunidade futura e se estenderá a todo o cosmos (*escatologia em realização*: Jeremias e Kümmel)? Seria um convite pessoal, concentrado na palavra que provoca a aceitação, que exige uma decisão e coloca o indivíduo diante da fé ou da rejeição (*escatologia existencial*: Bultmann)? Seria o anúncio do fim do mundo, que está por vir, com o qual teria contado Jesus, mas que culminou num grande fracasso (*escatologia consequente*: J. Weiss, A. Schweitzer, M. Werner)? Jesus falava do Reino e realizava seus sinais, mas tinha consciência de que sua realidade plena só seria percebida depois, e que, como plenitude da história anterior, apontava para uma plenitude futura. Por isso Fuller fala de *escatologia proléptica*, G. Florovsky e A.M. Hunter de uma *escatologia inaugurada*, e Caragounis de uma *escatologia potencial*[15].

E. *Gleichnisse Jesus* (Gotinga 1978). • HÄUFE, G. "παραβολή". In: *DENT* II, p. 712-716, com bibliografia.

15. Cf. CARAGOUNIS, C.C. "Kingdom of God". In: *DJG*, p. 417-430.

Todas estas designações mostram que no ministério de Jesus já estava em ação uma realidade decisiva, mas ainda não definitivamente manifesta, que orientava para o futuro, esperando dele sua certificação e consumação. Os evangelistas, escrevendo a partir do final, comprovam que o Reino de Deus, vindo no Jesus ressuscitado, antecipou-se nos milagres como um lampejo. Todo homem é convidado a acolher já em sua vida a mensagem do Reino que virá, que chegará à sua plenitude quando a criação inteira partilhar da glória dos filhos de Deus e quando Cristo entregar toda a criação e a humanidade redimida ao Pai (Rm 8,18-25; 1Cor 15,24-28)[16].

> Se expulso os demônios pelo dedo de Deus, é que chegou certamente o Reino de Deus até vós (Mt 12,28; Lc 11,20).

A diversidade de afirmações nas sentenças que os evangelhos colocam na boca de Jesus a respeito da condição presente ou futura desse Reino pode ser explicada à luz do próprio processo de seu crescimento e de seu descobrimento, dentro das condições concretas da própria missão e à luz da resposta que os homens vão dando a ela. De acordo com a afirmação lucana, segundo a qual Jesus ia crescendo em idade, sabedoria e graça (Lc 2,40; 2,52; 1,80 [João Batista]), também podemos pensar que Jesus começou seu anúncio da vinda do Reino como ato de Deus já se realizando no mundo com sua presença e com seus milagres, mas ao comprovar que o desenvolvimento dependia do acolhimento ou da rejeição de Israel, Jesus foi matizando essas afirmações sobre o Reino e abrindo-o para o futuro. Ele se sabe enviado para levar o Reino aos judeus, cujo destino é serem "filhos do Reino", herdando-o (Mt 8,12), mas que, se não o acolherem, será dado a outros. Assim como Israel, ao rejeitar este Reino, ele passa para os gentios, assim também existe uma abertura do Reino presente na perspectiva futura. A própria identificação de Jesus – que não somente realiza o destino real de Messias, mas inclui a condição sofredora do Servo de YHWH, sendo simultaneamente o Filho do Homem – exigiu tempo e se realizou à luz da própria maturação e da reação dos outros diante dele. Este processo pessoal de Jesus explicaria também os acentos diferentes de suas afirmações sobre a condição presente e simultaneamente futura do Reino. *A reação dos homens*

---

16. Cf. MEIER, J.P. "Jesús proclama un reino futuro". In: Op. cit., p. 353-472. • "El Reino ya presente". In: Ibid., p. 473-538.

condiciona a história com a explicação da consciência de Jesus, e esta condiciona a forma de apresentar o Reino como chegado, chegando e por chegar.

8 O conteúdo teológico, escatológico e soteriológico do Reino

Qual é o conteúdo real do Reino? Jesus nunca o define, mas o atualiza com sua pregação e milagres, com suas relações e amizade. Reino é o que acontece em Jesus, com Jesus e o que Deus realiza através de Jesus. É possível distinguir um tríplice conteúdo: teológico, escatológico e soteriológico[17]. No entanto, não devemos compreendê-lo à luz de definições, mas à luz das metáforas que o expressam em termos de um processo dinâmico, que chega até a vida concreta dos homens e os inclui. Tampouco devemos compreendê-lo como um mero espaço, como uma doutrina ou um fato objetivável aqui ou acolá. Vale lembrar acima de tudo que a metáfora "Reino de Deus" tem acentos diferentes em cada evangelista. Se em Mateus ele é a ideia central, em Marcos, em contrapartida, é a própria pessoa do Filho, ao passo que em Lucas prevalece a ideia do Espírito como a novidade maior perante a qual nos encontramos com Jesus. O melhor é compreendê-lo à luz das parábolas que, geralmente abrindo-se com a expressão "O Reino de Deus" ou "o Reino dos Céus é semelhante a...", nos introduzem num acontecimento, nos dizem o que acontece com os personagens envolvidos com a chegada deste Reino e mostram as possibilidades e exigências que daí decorrem. Através de todas elas aparece o que J. Becker denominou "cristologização" da ideia do Reino já presente nos sinóticos[18], e que João explicitará. O Reino aparece:

• *Como sujeito de um processo*: chegar, aproximar-se, abrir caminho (Mt 11,12).

• *Como centro de um acontecimento transformador*: para o homem, é como se tivesse encontrado um tesouro ou uma pérola (Mt 13,44-46).

• *Como dom de Deus* a Israel a quem é destinado, mas que pode ser negado: "Por isso vos digo: será tirado de vós o Reino de Deus e entregue a um povo que produza os devidos frutos" (Mt 21,43).

---

17. Cf. KASPER, W. *Jesús, el Cristo.* Op. cit., p. 89-107.
18. Cf. BECKER, J. *Jesus von Nazaret.* Op. cit., p. 73.

- *Como processo de afirmação e crescimento, que por si mesmo avança na história*: o Reino dos Céus é semelhante à semente, ao fermento, ao grão de mostarda (Mt 13).
- *Como dom e simultaneamente como exigência de produção dos devidos frutos* (Mt 13,44-45; 21,43).
- *Como dinamismo que já está transformando a história*: os milagres o mostram ativo (Mt 12,28).
- *Como realidade que virá no final com o Filho do Homem* (Mt 13,47-50).

À luz destas expressões podemos concluir dizendo que o Reino tem por origem e conteúdo o próprio Deus, e por sujeito que introduz o Reino na história Jesus Cristo, que afeta decisivamente o tempo e situa o homem diante de novas possibilidades, exigências e ameaças. O central é a inovação teológica (demonstração de Deus), seguida pela inovação escatológica (sentido da história), acompanhada da transformação do coração do homem (moral) e da exigência de configurar a vida em consonância com a forma com que Deus se manifestou (projeto social). Uma compreensão do Reino de Deus que separe estes elementos ou absolutize um deles, seja religiosa (pietismo), moral (Iluminismo) ou social (movimentos revolucionários), degrada a mensagem de Jesus.

O Reino não é um fato resultante da natureza nem fruto da cultura. Não é o reino da paz universal, nem dos fins, nem da sociedade alternativa, nem da utopia realizada. Os ideais do Iluminismo, de Kant, de Marx, do socialismo, do capitalismo de Bloch nasceram das entranhas da humanidade, afetada pela bondade e pelo pecado do mundo. Como expressões do reino do homem eles têm a glória e os limites próprios do homem. O Reino de Deus pregado por Jesus é um processo espiritual resultante de um desígnio divino, e não de uma mera maturação da consciência humana. Não é uma realidade concluída, mas uma realização iniciada, que não caminha cegamente rumo à sua consumação, mas que integra a liberdade do homem. Por isso, o Reino abarca o presente e o futuro, o homem e Deus, o coração e a sociedade. O Reino é recebido de Deus e é o próprio Deus. Daí porque pedimos: "Venha a nós o vosso Reino". Seus conteúdos convergem, mas não se identificam com os do reino dos homens (cf. GS 39).

Jesus não fundamentou sua teologia e sua doutrina moral numa compreensão do mundo ou na convicção de uma iminente chegada do Reino.

Não é a compreensão escatológica que determina sua concepção de Deus, mas o inverso. Porque Deus se revela e se oferece definitivamente – razão pela qual a história chega à sua plenitude (escatologia) –, o dom da graça ao homem (antropologia) e a exigência são máximas (moral). Os exegetas discutiram a questão de como se relaciona a teologia com a escatologia na pregação de Jesus. Para alguns, o central é a nova experiência que Jesus tem de Deus, a quem invoca como *'Abba*, da qual emana sua oferta de salvação à história, em termos de misericórdia e perdão. Para outros, em contrapartida, é a convicção da ação escatológica iminente de Deus que suscitou em Jesus a nova experiência e a evocação de Deus. Schürmann, Jeremias, Schillebeeckx pendem para a primeira tese. Merklein, Trilling, Schlösser a matizam mostrando a inseparabilidade de uma ou de outra perspectiva. Ali onde Deus revela a si mesmo em sua forma derradeira e manifesta de maneira irreversível seus planos salvíficos aos homens, ali a história chega ao seu fim derradeiro. O conceito de *basileia* revela esse saber último de Jesus sobre Deus como Pai e o mostra real e verdadeiro a todos os homens. Deus, Reino e Cristo se autoimplicam: não são idênticos, mas inseparáveis[19].

Assim aparece a conexão entre teologia, escatologia e soteriologia: quando Deus se revela como Deus em plenitude, ali a história chegou à sua meta, e o homem descobre o sentido de sua existência e a possibilidade de salvação. Tudo isto resulta do fato que Deus se mostrou como Pai em Jesus, que este identificou os homens como filhos e os convidou a participar de sua consciência exclamando *'Abba*. Jesus invocou a Deus com esta fórmula de absoluta confiança e em seguida a outorgou aos homens como seu dom supremo. Tornar-nos como crianças significa participar do *'Abba* de Jesus; participação em sua filiação e entrar no Reino dos Céus é o mesmo[20].

Que lugar ocupa o próprio Jesus no acontecimento do Reino? Ele é o mensageiro de seu advento, o Revelador de seu conteúdo e exigências, a Figura expressiva e o Lugar onde o Reino é acessível para todo homem. O Reino de

---

19. Cf. SCHÜRMANN, H. "Das hermeneutische Hauptproblem der Verkündigung Jesu – Eschatologie und Theologie im gegenseitigen Verhältinis". In: *Traditiongeschichliche Untersuchungen zu den synoptischen Evangelien* (Düsseldorf 1968), p. 13-35. • SCHÜRMANN, H. *El destino de Jesús: su vida y su muerte* (Salamanca 2003), p. 21-129. • SCHILLEBEECKX, E. *Jesús* – La historia de un viviente (Madri 1981). • SCHLOSSER, J. *Le Règne de Dieu dans les dits de Jésus* (Paris 1980).
20. Cf. JEREMIAS, J. *Teología del NT.* Op. cit., p. 87, 265-266. • SCHENKER, A. "Gott als Vater--Söhne Gottes – Ein vernachlässigter Aspekt einer biblischen Metapher". In: *FZThPh* 25 (1978), p. 3-55.

Deus não aparece pela primeira vez com Jesus, nem se esgota com Ele, uma vez que o povo eleito já havia feito a experiência inicial de ter a Deus como Rei, vivendo da adoção, da glória e das alianças (Rm 9,4-5). A realidade do Reino assume sentido, se oferece e se personaliza em Jesus, mas não se esgota nele; vai além dele; pode existir em formas deficientes ou fragmentadas, que não se identificam explicitamente com Jesus. Ele existiria, portanto, no mundo, e, dentro dele, a pedido do próprio Jesus, a Igreja é o representante do Reino[21].

A realidade que surge a partir de Jesus, como, por exemplo, os milagres, a vitória sobre satanás, o perdão dos pecados, a comunidade de discípulos, a esperança do povo, a capacidade crítica perante as situações negativas, a rejeição de tudo aquilo que torna Deus legalista e, por consequência, os homens, devolvendo-lhes um rosto pessoal e conferindo-lhes um valor infinito para que espelhem o próprio Deus como filhos: *tudo isto constitui a realização do Reino*. O Reino, portanto, não se deixa identificar com nada exterior a Jesus ou alheio à relação pessoal com Ele. Já não existe mais lugar, tempo ou conceito do Reino à margem de Jesus. Ele é seu símbolo real. Deus, por um lado, fica assim religado à consciência e à liberdade de Jesus e, por outro, à consciência e à liberdade do homem que fez a experiência de Jesus. Desta forma entendemos melhor a razão pela qual Jesus não define o Reino, nem estabelece sua chegada, mas simplesmente convoca os homens a segui-lo, a fim de fazê-los partícipes de sua própria experiência de Deus, de sua oração e de sua filiação. O Reino só chega a ser real para aquele que vive na esfera de Jesus e como Jesus. Só fazendo as obras que Ele fez com os homens e sendo filho como Ele o foi diante do Pai, saberemos como é o reinado de Deus e o que significa ser transferido para o seu Reino:

> Foi Ele quem nos livrou do poder das trevas e nos transportou ao Reino do seu Filho amado, no qual temos a redenção e a remissão dos pecados (Cl 1,13-14).

Por isso o Reino permanece desconhecido aos que são de fora e, permanecendo mistério, é dado a conhecer aos que são de dentro. Esta revelação não acontece como um ensinamento doutrinal; é o resultado de estar com Jesus, de acreditar em Jesus e de partilhar de sua condição filial: "A vós foi

---

21. MERKLEIN, H. *Jesu Botschaft von der Gottesherrschaft* (Sttutgart 1983), p. 169.

confiado o mistério do Reino de Deus, mas aos que são de fora tudo se lhes propõe em parábolas" (Mc 4,11).

> O Reino é, em um sentido, Jesus mesmo, e Ele o sabe: Jesus fala do Reino como uma realidade à qual só Ele tem acesso; é o único que pode falar desta realidade. E, no entanto, entre o Reino e Ele existe uma distância: distância no tempo, porque Jesus já está presente, ao passo que o Reino não está senão no umbral da porta; distância interior porque Jesus fala de uma realidade distinta dele. A ação do Reino e a sua não se identificam: Jesus fala, desloca-se por entre as grandes aglomerações da Galileia, cura os enfermos, come com os pecadores, realiza gestos visíveis, trabalha, semeia. Durante esse tempo, o grão semeado na terra germina e cresce; a plantação amadurece. Por isso, poderíamos considerar o Reino como a força interior em relação à qual a ação de Jesus é sua manifestação exterior [...]"[22]. "Se o Reino continua sendo um mistério inclusive quando está no umbral, isto revela que não pode deixar nem dar-se a conhecer para além da existência e da ação de Jesus. [...] Deste Reino sempre próximo e jamais chegado totalmente, a existência de Jesus, a partir de sua chegada na Galileia, é imagem expressiva[23].

A realidade do Reino inclui – dentro de uma radical diferença – Jesus com seu destino pessoal e a Igreja com sua ação histórica. Ele e ela são instrumentos ou mediações pessoais a serviço de Deus, que chega à vida humana como graça e misericórdia, como responsabilidade e exigência, como perdão e acusação, como dom e missão. Jesus é aquele que em comunhão de oração, ação e paixão com Deus o mostra real, e suscita uma comunidade de discípulos que perceberam como a realidade do Reino de Deus não é outra coisa senão Deus mesmo chegando com Jesus, consumando assim a suprema esperança humana e antecipando em fragmentos a salvação. Não é um acontecimento temporal iminente; nem uma forma de existência social ou politicamente concreta. Por isso, podemos falar de uma chegada de Deus que na humanidade (vida, destino, morte) de Jesus foi plena e vitoriosa, ao passo que, começando a se realizar em nós, ainda depende do futuro, já que enquanto a história permanece aberta e existe a injustiça no mundo não podemos dizer que o Reino de Deus chegou definitivamente. Por fim, o Reino de Deus

---

22. GUILLET, J. *Jésus devant sa vie et sa mort* (Paris 1971), p. 64-65.
23. Ibid., p. 66-67.

só chegará quando a injustiça tiver desaparecido e Deus for tudo em todos (1Cor 15,28).

9 Os destinatários

Reino de Deus é uma metáfora para nomear o Deus anunciado por Jesus, como Pai de amor no acolhimento dos pobres e marginalizados, dos enfermos e pecadores. Estes foram os destinatários privilegiados de sua ação e mensagem. Os pobres, neste sentido amplo e complexo, são evangelizados (Mt 11,5). A eles se dirige preferencialmente Jesus, pois são os que mais necessitam e porque só quem tem uma alma de pobre não se escandalizará com Ele (Mt 11,6). Sua capacidade extensiva em direção a uma riqueza infinita e seu anseio por uma plenitude que nos excede com o reconhecimento da própria debilidade, culpabilidade e indigência, permite-lhes reconhecer a aurora da salvação na palavra e na pessoa de Cristo. O Reino de Deus é descrito por Jesus em parábolas como um tesouro ou uma pérola que se encontra; como um mistério ao qual a pessoa precisa ser iniciada como a luz da aurora que faz pressentir o raiar do sol (Mt 13,44; Mc 4,11); como um espaço que se conquista pelo esforço; como um banquete ao qual se é convidado; como um prêmio do qual a pessoa se considera digna e, no entanto, sempre é um dom recebido com assombro e agradecimento. O Reino de Deus chega à vida do homem quando Deus chega a ser definitivamente real para ele, pelo acolhimento da Palavra de Jesus e pelo consentimento ao amor oferecido. O Reino é o que acontece a um homem que se integra a Cristo, que se deixa animar por seu dinamismo, que responde a suas exigências e vive diante de Deus como Ele; isto é, porta-se como "filho de Deus" participando na oração e da filiação de Jesus. Só sendo assim, como crianças, se "entra", se "possui" o Reino dos Céus (Mt 18,3)[24].

10. A bela aventura de Jesus e as bem-aventuranças

A quem lhe sobreveio o Reino de Deus, sem dúvida encontrou uma enorme felicidade. É felicidade e aventura, bem-aventurada ventura ou bem-aventurança. As bem-aventuranças são a carta do Reino, como o "Pai--nosso" é a oração do Reino e a Eucaristia o banquete do Reino. Todas são

---

24. JEREMIAS, J. "Quiénes son los pobres?" In: *Teología del NT*. Op. cit., p. 133-138.

fórmulas que indicam a realidade pessoal de Cristo, percebido a partir do fim como o reino realizado em pessoa: *Autobasileia, Ipse regnum, Ipse evangelium* (Orígenes, gnósticos, Tertuliano). As bem-aventuranças têm a mesma complexidade que a metáfora do Reino e a própria pessoa de Jesus. Em primeiro lugar, são um enunciado do que Deus faz e fará, um retrato de Cristo, uma afirmação sobre formas humanas de existência. Só num segundo momento são um programa moral.

- São *proclamação* de uma realidade que Deus outorga agora e do que realizará no futuro com quem vive determinadas atitudes (*conteúdo teológico*).

- São *experiências* de graça e de bela aventura por parte de quem seguiu a Jesus, que foi quem mais acertadamente se aventurou, entregando sua vida como serviço e sacrifício (Mc 10,45), e foi reconhecido na ressurreição como bem-aventurado (*conteúdo soteriológico*).

- São uma *exortação* imperativa a viver algumas atitudes que dão acesso à realidade do Reino já entrando nele (*conteúdo moral*).

- São a *definição retrospectiva* do destino de Jesus, que se aventurou acertadamente (*conteúdo cristológico*).

- São a *proposição paradoxal e revolucionária* que a partir da definição de Deus subverte as categorias de ação deste mundo e seus poderes (*conteúdo social-revolucionário*)[25].

11 Conclusão: Jesus, imagem pessoal do Reino

Já podemos dar uma primeira resposta à pergunta central da cristologia: Quem é Jesus? *Jesus é o mensageiro do advento de Deus na história como graça, cura e acolhimento incondicional do homem.* Deus, que é eterno e está sempre presente na história como Criador, por Jesus se torna manifesto e operante no mundo[26]. Esse advento de Deus como providência amorosa,

---

25. Cf. DUPONT, J. *Les Béatitudes,* I-II (Paris ²1969); III (Paris ²1973). • DUPONT, J. *El mensaje de las Bienaventuranzas* (Estella 1980). • STRECKER, G. "μακάριος". In: *DENT* II, p. 126-135.

26. "Existem momentos particulares na vida dos homens e na história da humanidade, quando o que é permanentemente verdade (embora em grande parte não reconhecida) vem a ser verdade manifesta e operante. Tal momento da história está refletido nos evangelhos. A presença de Deus entre os homens, que é uma verdade de todos os tempos e lugares, veio a ser uma verdade operante" (DODD, C.H. *El fundador del cristianismo.* Op. cit., p. 74).

acolhimento dos desvalidos e pobres, defensor de excluídos e marginalizados, perdão dos pecadores, defensor da justiça, explicita-se e se faz transparente na pessoa e nas ações de Jesus. O Reino é uma metáfora para apresentar Deus em ação e em relação, cuja chave interpretativa é a pessoa de Cristo. Jesus situa sua mensagem na linha das promessas e esperanças proféticas do AT, declarando-as cumpridas. Sua vida é uma parábola em ação. Ele, em pessoa, é a parábola de Deus[27]. As correspondentes situações históricas de pobreza, desesperança e pecado devem ser descobertas e interpretadas por seus mensageiros, e a partir delas deve ser anunciado Cristo, como mensageiro do Reino, de forma que os homens possam reconhecer nele o Salvador e Redentor. Jesus torna Deus real em cada vida humana ao fazê-la partícipe de sua filiação, de sua liberdade e de sua responsabilidade para com o mundo. Quem descobriu o tesouro escondido e a pérola, ordena e relativiza todo o resto a partir dessa descoberta, primeiro para poder possuí-los e depois para não perdê-los. Jesus viveu em Deus e o compreendeu como Criador soberano, Senhor universal e Pai providente[28].

O encontro com Ele é graça e drama. Diante dele se descobre o pecado assim como a luz ilumina as trevas e estas, vendo-se descobertas e ameaçadas, têm que escolher: deixar-se converter em luz ou obscurecer-se. Esta é a leitura que faz o Evangelho de São João depois de definir Cristo como luz vinda ao mundo (Jo 12,46). Ele, que é luz, é crise-julgamento do mundo (Jo 12,31). Veio não para julgar, mas para salvar o mundo. Sua palavra acolhida transfere o homem para a plenitude paterna de Deus; rejeitada é julgamento, pois desta forma o homem permanece na infinita solidão de sua condição de criatura, pensada por Deus como capacidade de infinito e orientada a participar de seu amor. Neste sentido o evangelho é condenação, como o reverso da bem-aventurança e da felicidade que oferece. "Eu não vim para condenar o mundo, mas para salvar o mundo. Quem me rejeita e não recebe minhas palavras, já tem quem o julgue: a palavra, que falei. É essa que o julgará no último dia" (Jo 12,47-48). Jesus, uma vez ressuscitado, converte-se em lugar e chave do Reino, enquanto antecipação de uma consumação que

---

27. Assim o designam: JÜNGEL, E. *Paulus und Jesus* (Tubinga 1967), p. 174-215. • SCHWEIZER, E. *Jesus das Gleichnis Gottes* – Was wissen wir von Jesus? (Gotinga 1995).
28. Cf. GRELOT, P. *Dieu le Père de Jésus Christ* (Paris 1994). • DUPONT, J. "Le Dieu de Jésus". In: *NRT* 109 (1987), p. 321-334. • KURT, E. *Das Bild Gottes in den synoptischen Gleichnissen* (Stuttgart 1988). • SCHLOSSER, J. *El Dios de Jesús* (Salamanca 1995).

está por vir e que deve afetar a todos os homens. Neste sentido, a chegada do Reino e o fim da história coincidem. "O conceito de *Reino de Deus* é paralelo ao conceito joânico de *Vida eterna* e ao conceito paulino de *Salvação*. Assim como é lícito dizer que os que creem na obra reconciliadora de Cristo possuem a vida eterna, estão em Cristo ou estão salvos, não obstante a vida eterna e a salvação serem essencialmente conceito escatológicos, da mesma forma os crentes podem dizer que já entraram no Reino de Deus, não obstante o Reino de Deus, a vida eterna e a salvação só possam ser propriamente experimentados no final dos tempos"[29]. *A metáfora do Reino, como a realidade de Deus da qual é espelho, abarca assim as três dimensões em que a vida humana se realiza: o passado (apareceu em Jesus), o presente (o possuímos como penhor ao ouvir sua palavra e participar de seus sacramentos) e a esperança no futuro (como plenitude prometida que consumará o mundo).*

II - Os milagres

1 Curas e exorcismos

A atividade pública de Jesus se concentra em duas atividades principais: "fazer e ensinar" (At 1,1), ou seja, pregar o Reino de Deus e operar milagres[30].

> Jesus percorria toda a Galileia, ensinando nas sinagogas, pregando o Reino de Deus e curando o povo de toda enfermidade (νόσος) e de toda doença (μαλακία) (Mt 4,23; 9,35).

Essa mesma atividade é recomendada aos apóstolos (Mt 10,1), e posteriormente a Igreja a assumirá como missão específica. As ações de Jesus são designadas com três termos diferentes: δυνάμεις, τέρατα, δημεῖα, os três geralmente traduzidos para o latim com a única palavra *miraculum*, e para as línguas europeias: *milagro, Wunder, wonder*... o que suscita ou é sinal de admiração ou de assombro, pois rompe o curso ordinário das coisas, ao mesmo tempo que estimula a perguntar pela identidade de quem o realiza e pela causa a que servem. O NT distingue claramente três dimensões: a) Fato percebido como maravilhoso, *prodígio*, coisa extraordinária. b) Expressão

---

29. CARAGOUNIS, C.C. "Kingdom of God". Art. cit., p. 425.
30. Cf. LÉON-DUFOUR, X. *Los milagros de Jesús según el NT* (Madri 1979). • LATOURELLE, R. *Milagros de Jesús y teología del milagro* (Salamanca 1988). • MUSSNER, F. *Los milagros de Jesús* – Una iniciación (Estella 1983).

de uma *potência*, que alguém possui para realizar dita ação, que rompe o curso da vida corriqueira. c) *Sinal* que leva a refletir, que remete para quem realiza tais ações, que convida a olhar numa direção e a assumir a existência de forma nova. Estas três perspectivas, que aparecem na atividade de Cristo, são referidas a Deus, sobretudo por aquele que, através delas, acredita em seu autor como mensageiro divino:

> Jesus de Nazaré, homem de quem Deus deu testemunho diante de vós com prodígios (τέρατα), potências (δυνάμεις) e sinais (δημεῖα) (At 2,22).

2 Prodígios, potências, sinais

Os relatos de milagres são posteriores à morte e ressurreição de Jesus e recebem delas uma luz que permite aos evangelistas interpretá-los como antecipações da potência com que Deus atuou definitivamente na ressurreição, como sinais reveladores da identidade de Jesus e expressões do Reino que com Ele chega. Cada evangelista acentua uma dessas três dimensões: Marcos descreve, sobretudo, os prodígios que Jesus realiza e o confirmam como Filho de Deus; Mateus acentua a condição magisterial; Lucas, a ternura compassiva de Jesus. João, em contrapartida, utiliza quase sempre o termo δημεῖον (sinais). Para ele os milagres são sinais eficazes que têm por finalidade revelar a glória de Jesus e possibilitar que os discípulos, reconhecendo-o como Messias e Filho de Deus, creiam nele.

> Este foi o primeiro sinal que fez Jesus em Caná da Galileia, manifestando a sua glória, e os discípulos creram nele (Jo 2,11).

> Estes sinais foram escritos para que creias que Jesus é o Cristo, o Filho de Deus, e para que, crendo, tenhais a vida em seu nome (Jo 20,31).

3 Contexto dos milagres nos evangelhos

O contexto vital em que os evangelhos nos relatam os milagres é a vida da Igreja primitiva, que vê a totalidade dos feitos de Jesus com expressão da presença e do poder de Deus. O mesmo que acompanhou o povo eleito com prodígios, acompanhou depois Jesus e acompanha agora a Igreja. Todos eles juntos mostravam que na vida de Jesus já havia agido de maneira arrebatadora o poder de Deus, o mesmo poder que se havia manifestado depois na ressurreição. Os evangelhos apresentam os milagres como um todo e neste sentido os estilizam, universalizam e resumem. Não interessa um milagre ilhado nem os detalhes particulares, mas a totalidade dos feitos, palavras e destino de Jesus, que são mutuamente interpretados e atestados. Mas, qual é o contexto vital e o sentido que Jesus mesmo atribuiu a suas curas e exorcismos?[31]

São a expressão inegável de que o Reino de Deus chegou aos homens e de que Ele, como o mais forte, expulsa o forte que mantém subjugado o mundo[32]. "Mas, se eu expulso os demônios pelo Espírito de Deus (dedo de Deus [Lc 11,20]), então é que chegou até vós o Reino de Deus" (Mt 12,28). Reino e milagres são inseparáveis. Os milagres mostram a potência inerente ao Reino como realidade já operante, e não apenas como palavra e promessa. Nos últimos séculos, os milagres foram pensados, acima de tudo, em relação ao conhecimento e comprovação de Jesus como profeta e revelador de Deus. Neste sentido o Vaticano I os enumerou, junto com as profecias e a Igreja, como sinais da credibilidade do cristianismo[33]. O momento comprobatório é um momento segundo em relação a outro que é o primeiro: seu caráter dinâmico e atualizador do Reino e a outorga aos homens de sua realidade salvífica (saúde, perdão, libertação de poderes maléficos, alimento e vida diante da morte). *Os milagres são motivos de credibilidade porque previamente são realidade salvífica em ato.* Como consequência são provas para crer em Cristo. Nossa fé é, então, o ato pelo qual respondemos à presença divina que age diante de nós. Desta forma, os milagres são atualização do Reino de Deus que vem com Jesus e comprovação de Jesus como seu mensageiro; identificam Jesus e Jesus se identifica a si mesmo por eles como o que há de vir (Mt 11,3), remetendo aos discípulos de João, que perguntam por sua identidade, às obras que faz:

> Ide anunciar a João o que ouvis e vedes: os cegos veem e os coxos andam, os leprosos ficam limpos e os surdos ouvem, os mortos ressuscitam e os pobres são evangelizados. Feliz daquele que não se escandalizar de mim (Mt 11,4-6).

---

31. Cf. COUSIN, H. *Relatos de milagros en los textos judíos y paganos* (Estella 1989). • GEORGE, A. "Paroles de Jésus sur ses miracles". In: DUPONT, J. (ed.). *Jésus aux origines de la christologie* (Gembloux 1975), p. 283-301. • THEISSEN, G. *Urchristliche Wundergeschichten* (Gütersloh 1974).
32. Cf. JEREMIAS, J. "La victoria sobre el poderío de satanás". In: *Teología del NT*. Op. cit., p. 107-119.
33. DS 3016; 3033-3334.

"O que há de vir" é um título messiânico (Mt 3,11; Jo 1,27). A resposta de Jesus remete aos textos proféticos em que se anuncia a salvação de Deus e os sinais que a acompanham. A vinda do Reino, a messianidade de Jesus e os sinais que trazem a salvação de Deus constituem uma mesma realidade (Is 26,19; 29,18; 35,5-6; 42,18; 61,1; Ml 3,1-5).

4 As questões de fundo: possibilidade e existência dos milagres

Duas são as questões modernas diante dos milagres: 1) Existiram? 2) São possíveis? À primeira pergunta a resposta é dupla: 1) Os relatos atuais não são atas notariais feitas por testemunhas presenciais, mas sumários redigidos na Igreja, fazendo memória de Jesus e sob a ação do Espírito, que por meio dos apóstolos continuou fazendo tais milagres. Memória do passado e experiência do presente se somam para dar uma imagem global de Jesus, sem preocupações por matizes e diferenças, confirmando-o como alguém que age com o poder de Deus (taumaturgo, exorcista, médico). 2) Não é possível recuperar algumas fontes que não contenham tais fatos, de modo que, à luz das fontes atuais, nunca existiu um Jesus sem milagres.

> Mesmo aplicando normas rigorosamente críticas à história dos milagres, vemos que sempre sobra um núcleo que pode ser historicamente captável. Jesus realizou curas que foram surpreendentes para os seus contemporâneos[34].
>
> Se o historiador pode fazer uma afirmação, a seguinte não parece arbitrária: ao apresentar Jesus com características de um exorcista e de um curandeiro, a Igreja primitiva, longe de inventar, se limitou a conservar a memória de um dos aspectos de seu fundador[35].

Afirmada a existência irrecusável de milagres, menos fácil é enumerar quantos foram e tipificá-los. Em primeiro plano sempre aparecem dois tipos: expulsar demônios e curar enfermidades (Lc 13,32)[36]. A captura do homem pelo poder do mal e pela enfermidade são as duas expressões supremas da perda de liberdade e de dignidade. Ao libertar os enfermos e possuídos, Jesus lhes devolve a alegria de viver e a soberania sobre a própria pessoa. Com

---
34. JEREMIAS, J. *Teología del NT*. Op. cit., p. 115.
35. LÉGASSE, S. "El historiador en busca del hecho". In: LÉON-DUFOUR, X. (ed.). *Los milagros...* Op. cit., p. 128.
36. Cf. REMUS, H. *Jesus as Healer* (Cambridge 1997), com bibliografia completa.

isso recuperam a dignidade de filhos de Deus. Cristo cura e liberta, movido pelo mais íntimo de seu ser misericordioso, a fim de devolver aos filhos de Deus o que este lhes havia outorgado e que o mal, o pecado, a violência, a sociedade, a pobreza ou a enfermidade lhes haviam subtraído (Lc 13,16). No NT podemos distingui-los consoante ao sujeito que os realiza: milagres que Deus faz com Jesus (concepção virginal, transfiguração, ressurreição); milagres que Deus faz através de Jesus (35 curas de doentes; 3 exorcismos; 3 reavivamentos de mortos; 19 superações de elementos ou milagres da natureza); milagres feitos pelos apóstolos e pelos membros da Igreja em continuidade e obediência a Jesus[37].

Os milagres de Jesus devem ser situados em continuidade com as gestas ou proezas (*geburot*) que Deus fez por seu povo no AT e simultaneamente em continuidade com as que fez na vida da Igreja. Os relatos atuais recordam que Jesus transformou a vida física, psíquica e espiritual de quem estava ao seu lado e acreditou nele; e que isso é inclusive possível para quem acredita nele dentro da Igreja. Os destinatários do Evangelho podem esperar do Jesus ressuscitado o mesmo que os contemporâneos receberam do Jesus histórico. A Igreja não fez uma teoria do milagre, assim como Jesus não fez uma teoria do mal, da enfermidade ou da possessão diabólica. Mais do que uma atitude teórica explicativa, Jesus tomou uma atitude misericordiosa e terapêutica. *A capacidade curativa de Jesus deriva de seu poder pessoal.* À luz da Medicina moderna não tem muito sentido fazer um diagnóstico das enfermidades e possessões diabólicas que Jesus operou. Jesus anunciou o Reino, convidou os homens a associar-se a Ele, foi revelação e dom de Deus para as pessoas que pensavam e reagiam aos sinais válidos de seu tempo.

Os milagres não são o enunciado de uma possibilidade universal, mas a superação de um mal particular e o remédio de uma necessidade própria de uma pessoa, em tempo e lugar concretos. Portanto, não podem ser interpretados reduzindo-os às nossas categorias atuais nem são diretamente transferíveis daquele mundo para o nosso. No entanto, o que é comum à história de Jesus, à história da Igreja e à nossa história é a permanente capacidade transformadora que a pessoa de Jesus continua tendo na ordem física (saú-

---

37. Para a enumeração ou tipificação dos milagres, cf.: LÉON-DUFOUR, X. *Diccionario del NT* (Madri 1977), p. 305-307. • LÉON-DUFOUR, X. (ed.). *Los milagros...* Op. cit., p. 207-276. • THEISSEN, G. & MERZ, A. "Jesús, Salvador: los milagros de Jesús". In: *El Jesús histórico...*, p. 317-354.

de), psíquica (curas) e religiosa (salvação). E isto é o decisivo e significativo em Cristo: por Ele todo homem, o de outrora e o de hoje, tem poder para assumir-se, levantar-se, superar sua história anterior e vencer os poderes do mal. Jesus restaura as pessoas até sua possibilidade suprema: ser livres para ser filhos de Deus e próximos de seus irmãos. Ele o faz porque é o Filho e porque em sua encarnação se fez próximo absoluto de cada ser humano[38].

A possibilidade fundamental de que existam milagres depende de nossa compreensão da realidade, do homem e de Deus. Os milagres não são uma violação ou uma suspensão das leis da natureza, mas sua extensão significativa e dinâmica, realizada por Deus para significar sua vontade e comunicar sua graça ao homem. O mundo, que é criação de Deus para o homem, pode ser elevado por Deus num momento concreto a sinal de revelação e meio de graça para o próprio homem. Por isso *o milagre deriva da potência criadora de Deus, da potência obediencial da criatura, da capacidade receptiva desta e da confiança que o homem outorga a seu Criador*[39]. É uma inovação de realidade divina; não é fruto da natureza enquanto tal, mas da soberania de Deus, que se dá de maneira nova ao homem na história. Se, por um lado, num sentido geral se afirma que tudo é milagre por ser fruto da livre e gratuita ação criadora de Deus, por outro, a natureza, a beleza, o ser humano, a surpresa da vida, o amor não são milagre em sentido preciso, ou seja, um fato que rompendo o curso normal da vida humana ou da natureza se converte numa surpresa e é percebido pelo homem como graça e chamado de Deus. O natural fixo e universal é o suporte necessário para reconhecer um sinal particular, "sobrenatural". Para que o milagre seja reconhecido como tal, deve haver algumas condições especiais de forma que essa doação seja diferenciável do curso da natureza e das obras da cultura humana. *O milagre, para reivindicar um reconhecimento público, tem, portanto, que ser um prodígio de ordem física observável, ter um caráter pontual, acontecer num âmbito religioso, mostrar uma dimensão de gratuidade, orientar para Deus a fim de instaurar uma relação nova com Ele ou perceber uma nova missão que Ele confia.* Distinguimos também os milagres fundantes da origem, com caráter universal e sig-

---

38. Cf. RAHNER, K. "Los milagros en la vida de Jesús y su valor teológico". In: *Curso Fundamental sobre la Fe* (Barcelona ⁴1989), p. 300-311.

39. "Hic si ratio quaeritur, non erit mirabile; si exemplum poscitur, non erit singulare. Demus Deum aliquid posse, quod nos fateamur investigare non posse. In talibus rebus tota ratio facti est potencia facientis" (SAN AGUSTÍN. *Epist.* 137, 2,8 (BAC 99, 108)).

nificação permanente (os de Jesus e da era apostólica), de outros possíveis milagres posteriores. Os milagres na vida privada podem ser evidentes para quem os recebe e não perdem sua verdade e exigência para ele, ainda que esse indivíduo não possa demonstrar a realidade dos milagres perante os outros e estes não os reconheçam como tais. Os milagres e revelações privadas são um dom particular para quem os recebe, mas os outros não têm obrigação de reconhecê-los.

5 Múltipla significação dos milagres no NT

À luz do exposto anteriormente emergem as propriedades que os milagres têm na vida de Cristo e o horizonte a partir do qual se deve entendê-los dentro do cristianismo. O milagre é:

a) *Obra de Deus*. O NT atribui a Deus a autoria dos milagres. Deus, que cria do nada, que é Pai amoroso dos homens e do mundo, é sua origem; Ele outorga aos milagres o seu sentido específico e eles apontam para Deus. Alguns fatos que não revelassem a transcendência e simultaneamente a imanência, a santidade e a bondade de Deus para com o homem, por mais singulares que pareçam, carecem de caráter religioso e não podem ser considerados milagres; isto é, *obras de Deus*.

b) *Realização de Cristo*. Ele é o Mediador da ação divina. Os milagres passam por sua consciência e por sua liberdade. São obras de sua pessoa, revelam seu coração, transmitem sua forma de compreender o mundo e de se haver com o homem, além de mostrar seu jeito misericordioso de ser. Se Deus é a origem última dos milagres, Jesus é o realizador próximo, e podemos conhecer a realidade daquele através do modo como este os realiza. Realizados por Jesus, este é reconhecido por eles como portador da revelação e da salvação divinas. Os milagres do evangelho não são pensáveis sem a pessoa de Jesus; e este, por sua vez, é impensável sem os milagres.

c) *Sinais para o homem*. O objetivo primordial do milagre não é assombrar ou assustar o homem, mas chamá-lo, convidá-lo, introduzi-lo no diálogo com Deus, através do qual se oferece uma comunicação da consciência divina ao homem. Portanto, os milagres integram o destinatário num processo cujo conteúdo e desfecho final dependerá de sua decisão. Por serem destinados a alguns homens concretos, os milagres são próprios à cada época e proporcionados por ela.

d) *Superação da ordem normal da criação (signa recreationis)*. Neste sentido são suscitadores da admiração do homem. Trata-se de uma nova irrupção da potência divina junto ao ser criado, pela qual este pode criar outros efeitos, já que participa de uma forma mais intensa da vida divina. Não se trata, no entanto, de uma negação ou de uma derrogação de suas leis, mas de um incremento de realidade divina, que aproxima mais de Deus. Assim a natureza cumpre da melhor maneira sua missão essencial: servir ao homem para que este alcance a Deus. A natureza, enquanto criação, está a serviço do destino de graça próprio do homem. O milagre, libertando a natureza dos poderes do mal, a cura e a plenifica.

e) *Antecipação do destino escatológico da humanidade.* Este consiste na comunicação com Deus e na plenitude da vida humana que deriva daquela. Essa vida futura, que será definitiva, se antecipa nesta. Os milagres são assim lampejos que nos deixam suspeitar como será a vida do homem quando Deus estiver totalmente nele e este totalmente redimido (*signa proleptica consummationis*). O milagre, em um sentido, atesta, confirma e realiza inicialmente essa autocomunicação divina. Desta forma, enquanto resultado de uma intervenção histórica nova de Deus, enquanto sinal da graça e da glória, ele é também sobrenatural.

f) *Significado para a cristologia*. Os milagres são os sinais do Reino que virá. Eles confirmam Jesus como Messias e, após o reconhecimento de tal função, comprometem os homens convidando-os a acreditar nele. Eles também simbolizam a atividade criadora de Deus na história humana em função de seus filhos. São um sinal que mostra a eficácia das palavras de Jesus, alegando possuir uma autoridade dada pelo Pai a fim de levar a bom termo sua obra no mundo.

O milagre abarca os seguintes níveis de realidade e sentido: *teológico* (autotestemunho e autocomunicação de Deus ao homem); *cristológico* (confirmação de Jesus, que sempre se remete a Deus e se doa aos homens); *an-*

tropológico (convite ao homem a que estabeleça um diálogo de cura e salvação com Deus em Cristo); *soteriológico* (outorga do poder de Deus mediante a relação com Cristo como cura, libertação e santificação da pessoa); *cosmológico* (alteração da ordem habitual do mundo mediante a qual o sujeito é alertado, a realidade é curada e posta a serviço do homem); *escatológico* (antecipação da vida divina prometida, abrindo assim este mundo para uma realidade mais plena daquela que agora deixa suspeitar em seu curso de experiência imediata).

O milagre não vem substituir o trabalho, o esforço e a criatividade dos homens nem mudar os critérios pelos quais se desenvolve e se transforma este mundo. Os milagres não são o substituto cristão das necessárias ações e revoluções da humanidade. Tampouco são um produto direto do mundo ou do homem, mas dom de Deus, lampejos antecipadores do mundo que virá; prolepse da nova criação e da nova humanidade que esperamos e que se nos manifesta radicalmente vencedora na ressurreição de Jesus. Esta é a outra chave de leitura para entender os milagres, visto que nela se manifesta de maneira absolutamente plena a ação de Deus como cura definitiva do que é mortalidade, enfermidade e limitação da existência humana não remida. É a antecipação vitoriosa do derradeiro e, assim, o Ressuscitado se converte em protótipo da humanidade futura.

O milagre não tem a ver com estranhos enigmas, mas com o mistério de Deus, que não é entregue aos homens como potência a ser usada à margem dele ou contra ele, mas como graça para sustentar nossa debilidade no tempo, como promessa que nos sustenta diante do futuro e como auxílio na transformação do mundo, transformação da qual Deus não nos poupa, mas que nos exige. O milagre é a vitória de Jesus sobre o mal, sobre seus senhores e sobre seus servidores.

6 Conclusão: Jesus, médico humilde e taumaturgo poderoso

À luz dos milagres podemos responder à pergunta: *Quem foi e quem é Cristo? É médico humilde e taumaturgo poderoso.* Alguém com poder (taumaturgo) e com misericórdia (curandeiro). Ele revelou e mostrou que o Poder supremo (Deus) é a suprema compaixão (Deus solidário e encarnado), transmitindo-o ao mundo com seus próprios atos e comportamentos. Ele revela o que Deus é, e faz o que Deus quer que faça; por isso afirma-se que é Deus mesmo que cura através de Jesus. As curas e os milagres de Cristo, enquanto vitória sobre o forte deste mundo, satanás (Lc 11,19-21), não substituem os necessários métodos da medicina nem as instituições de saúde, mas restauram no homem suas potencialidades, sua dignidade e liberdade pessoal a fim de que ele restaure o mundo à imagem da bondade e da misericórdia de Deus. Cristo cura as enfermidades (νόσοι) na ordem física e as doenças (μαλακίαι) na ordem espiritual. Não se trata de um poder que substitui especificamente alguma coisa, mas de um poder em todos os sentidos. Ele curou com os mesmos remédios que continuou curando ao longo da história: com sua convivência, com sua amizade, exemplo, doutrina, Espírito Santo, pelo contato de sua carne nos sacramentos e, de maneira suprema, pela Eucaristia. Ele, em pessoa, é cura e salvação; esta não é separável, como se fosse um remédio extra, à margem da relação com Ele. Os milagres, em um sentido, pressupõem a fé e, em outro, a tornam possível. *Uma "cristoterapia" sem fé em Cristo e sem cristologia é pura magia, indigna e contamina o homem.* Os milagres estimularam o homem a acolher Jesus Cristo e a acreditar nele. Fé e milagres são recíprocos: onde há sinais para crer nasce a fé, e onde há abertura confiante é possível perceber os sinais de Deus. Esta lei vale para os tempos de Jesus na Galileia e para o tempo de Jesus na Igreja. Aquele que, olhando para além de si mesmo, confia que Deus pode sair ao encontro de sua vida (fé), esse pode reconhecer seu chamado e sua ação no mundo (milagre). Ao mesmo tempo, quem se depara com estes sinais de Deus e não absoluta a si mesmo, poderá reconhecer neles a presença, o amor e o convite de Deus. O milagre, no entanto, nunca é um absoluto que aprisiona o homem, mas algo que o abre à realidade divina; é a ponte para o encontro com Deus, a mediação para descobrir e entregar-se à pessoa de Cristo. Este encontro é o que outorga aquela certeza que funda definitivamente a fé[40].

A pessoa de Jesus torna presente o poder e o amor do Pai com seus filhos, integrando-os à sua filiação e à sua oração. Ele remete ao único que é salvação: Deus, fazendo-o transparente como misericórdia vencedora do mal e presente em suas próprias ações. Em relação aos curandeiros do ambiente helenístico, Jesus foi denominado médico: *solus medicus, medicus et*

---

[40]. "O milagre se experimenta como ação de Deus só na fé. Portanto, não força a fé. O milagre, na verdade, a pede e a confirma" (KASPER, W. *Jesús, el Cristo*. Op. cit., p. 117).

medicamentum, spiritualis Hipocrates, medicus humilis. Tertuliano descreve Cristo como *predicator et medicator.* Uma inscrição encontrada em Timgad (norte da África) invoca Cristo assim: "Rogo te, Domine, subveni Christe, Tu solus medicus, sanctis et poenitentibus"[41].

III – Pretensão de autoridade e títulos de identidade

1 A cristologia implícita como terceira via entre positivismo e ceticismo históricos

A tarefa da cristologia é saber o que fez e o que disse Jesus, mas, sobretudo, descobrir a consciência que Ele tinha de si mesmo. Como Jesus compreendeu sua pessoa e sua missão? Houve duas posturas extremas. O *positivismo histórico* pensa que a identidade de Jesus se manifesta nas fórmulas e títulos que os outros lhe dão e que Ele dá a si mesmo nos evangelhos, de forma que entre a mensagem de Jesus, em que Ele é o pregador, e a cristologia da Igreja, na qual Ele é objeto da pregação, haveria uma identidade total. O *ceticismo histórico*, em contrapartida, pensa que os evangelhos são textos elaborados pela Igreja depois da Páscoa e que a cristologia que a Igreja propõe está em descontinuidade com a pregação de Jesus. O sujeito pregado pela Igreja não seria o mesmo sujeito que pregou o Reino. Diante desta alternativa, nos últimos decênios explorou-se uma terceira via para encontrar a continuidade entre a consciência que Jesus tinha de si mesmo e o que a Igreja pensa sobre Ele. Trata-se da "cristologia implícita", "em ato", "em realização" (Bultmann, Conzelmann, Marxen)[42].

---

41. Cf. DUMEIGE, G. "Le Christ médecin". In: *DSp* X (1978), p. 1.049-1.053. • GUILLET, J. "Jésus médecin". In: *Jésus Christ dans le monde* (Paris 1974), p. 59-64. • GESTEIRA, M. "'Christus medicus' – Jesús ante el problema del mal". In: *RET* 51/2-3 (1991), p. 253-300. • GESCHÉ, A. *Dios para pensar – I: El mal-El hombre* (Salamanca 1995). A expressão "cristoterapia", portanto, pode ter um sentido legítimo (a fé em Cristo é fonte de vida radical que repercute na cura física, princípio de esperança e capacidade para a ação) e outro ilegítimo (utilização dos símbolos ou sacramentos de Cristo sem fé pessoal nele, da mesma forma que se utilizam de outros remédios ou práticas terapêuticas).

42. "O chamado de Jesus exigindo uma decisão diante dele implica uma cristologia" (BULTMANN, R. *Teología del NT* (Salamanca 1981), p. 88). Cf. CONZELMANN, H. *Grundriss der Theologie des NT* (Munique 1967). • GONZÁLEZ DE CARDEDAL, O. "Cristología histórico-positiva". In: *Aproximación*, p. 122-132. • GONZÁLEZ DE CARDEDAL, O. "Cristología implícita o indirecta". In: ibid., p. 132-155. GONZÁLEZ DE CARDEDAL, O. "Cristología explícita". In: ibid., p. 155-173. • MARXEN, W. *Anfangsprobleme der Christologie* (Gütersloh 1965).

Para o homem, existir implica pensar e projetar, recordar e antecipar. Não é possível uma vida humana sem uma certa autocompreensão da existência e um certo projeto de futuro. Na forma de viver e comportar-nos manifestamos o que somos e o que queremos ser, quem nos julgamos ser e a que aspiramos. Embora sem elaborar um tratado de antropologia sobre nós mesmos, sempre deixamos perceber qual é a consciência que temos de nossa identidade. Neste sentido reconhecemos que Jesus não fez afirmações solenes sobre si mesmo; Ele não fez diretamente antropologia e menos ainda cristologia. Diante de Deus Ele viveu para os homens e levou a termo uma missão coerente e fiel desde o início da pregação do Reino até sua morte de cruz. Em sua pregação, em seu relacionar-se, rezar, fazer amizades, considerar seu próximo ou encarar o futuro, Jesus vai manifestando implicitamente uma compreensão de sua pessoa e de sua missão. A Igreja, à luz da ressurreição e do Espírito, explicitará com nomes e títulos que dá o NT, com as afirmações primeiramente pelo símbolo e posteriormente pelas definições dogmáticas, essa autoconsciência de Jesus, tornando-a explícita. Encontramos tal cristologia implícita: 1) Em sua pretensão de autoridade; 2) Em seus comportamentos perante as instituições sagradas do judaísmo; 3) Em seu chamado imperativo ao seguimento; 4) Em suas relações com os homens e, sobretudo, em sua relação com Deus na oração.

a) *Autoridade e liberdade de Jesus*

Os traços mais fundamentais que caracterizam a ação pública de Jesus são a *autoridade* com que propõe sua doutrina e a *liberdade* com que vive diante dos poderes, instituições e situações[43]. Jesus se estabelece no meio de seus contemporâneos como quem tem em si mesmo o centro de sua legitimidade, o apoio para a sua ação e o critério de seu comportamento. Três são as características de sua doutrina: novidade, autoridade e credibilidade:

> Ficaram todos tão admirados que perguntavam uns aos outros: "O que é isso? Eis uma doutrina nova com autoridade. Ele manda até nos espíritos impuros e eles lhe obedecem" (Mc 1,27).

---

43. Cf. GNILKA, J. "La autoridad de la misión de Jesús". In: *Jesús de Nazaret*. Op. cit., p. 305-326. • GONZÁLEZ DE CARDEDAL, O. "La autoconciencia de Jesús o su encuentro con Dios". In: *Aproximación*, p. 96-114. • DUQUOC, C. "La libertad de Jesús expresión de su autoconciencia". In: *Jesús, hombre libre* (Salamanca ⁶1990), p. 64-65 (este autor leva ao seu limite o ceticismo ao não reconhecer nenhuma palavra explícita de Jesus sobre si mesmo no evangelho). • BROER, I. "ἐξουσία". In: *DENT* I, 1.446-1.450. • FOERSTER, W. "ἐξουσία". In: *TWNT* II, p. 557-572.

A ἐξουσία de Jesus é a primeira questão que Ele enfrenta com as autoridades de seu povo. Que qualificação profissional e que legitimidade jurídica tem Jesus para agir como age? Qual é a origem dessa autoridade: Deus, satanás, os homens, Ele mesmo? Jesus se negou a dar explicações. A singularidade dessa autoridade podemos descobri-la comparando-a com a de outras figuras: o escriba, o profeta, o sábio, o místico. O escriba se apoia na letra da Escritura ou na tradição dos pais, que interpreta. O profeta se remete à teofania que o transformou e o enviou a proferir uma mensagem ao povo, e que Ele comunica como oráculo de YHWH. O sábio propõe uma verdade universal adquirida pela experiência humana, alheia ou própria. O místico transmite aos outros a experiência que teve com Deus e convida a entrar nos caminhos que levam a ela ou preparam para recebê-la. Cada um deles tem um título próprio e pode responder pela origem de sua autoridade: a Escritura e a tradição no caso do escriba, para cuja função recebeu a ordem rabínica; a vocação e missão divina no caso do profeta; o estudo e viagens no caso do sábio; a peculiar experiência religiosa no caso do místico. Jesus não se identifica nem é comparável com nenhum deles. Ele não faz referência nem a uma experiência de vocação profética, nem a uma qualificação rabínica, nem a uma sabedoria peculiar, nem a uma experiência mística. Dele nos restam palavras proféticas, fórmulas sapienciais, sentenças legais, parábolas, palavras referidas a si mesmo ("Eu vim para..."), palavras de seguimento; mas todas são determinadas por sua autoconsciência e apoiadas somente em sua própria pessoa. Sua pessoa é sua autoridade.

b) *Autolegitimação: "Amém"*

Jesus reivindica a autolegitimação de sua própria doutrina. Não existe dele o menor traço de uma teofania, como a de Isaías; não se diz que Ele estudara aos pés de um mestre, como Paulo com Gamaliel; tampouco se narra uma peculiar experiência transformadora de sua vida. O batismo com o dom do Espírito ocupa um lugar central, mas nunca é interpretado com categorias similares às do envio dos profetas, ainda que Ele se comporte como tal e como tal seja reconhecido pelo povo. Esta autoridade pessoal se manifesta na forma como começa seus discursos: o *Amém*, que coloca no exórdio, como proposição dotada de autoridade, ao passo que no uso litúrgico tradicional o Amém vinha no final como adesão ao que fora lido, proferido ou cantado (2Cor 1,20). "Amém, em verdade, vos digo" (Mc 3,28; 9,1.41; 10,29; 11,23; 12,43; 13,30; 14,9.18.25.30). João replica a fórmula: "Amém, Amém", que nele encontramos 25 vezes, 13 em Marcos, 30 em Mateus, 6 em Lucas. Em João esta fórmula é uma antecipação do eu enfático: "Eu vos digo", "Eu sou", que faz eco à automanifestação e à autoidentificação de YHWH no Êxodo (Ex 3,14)[44]. Por isso, H. Schlier afirmou que nesta palavra e comportamento de Jesus está incluída *in nuce* toda a cristologia posterior[45].

c) *Relação com as instituições sagradas*

A mesma autoridade mostra Jesus em *relação com as instituições sagradas do povo*: a tradição (*halakhah*), os preceitos de pureza, o sábado, o templo e o culto, a lei, as personalidades sagradas. Diante da tradição humana, Jesus restaura a vontade originária de Deus (Mc 7,1-13). Perante os preceitos de pureza exterior, Jesus reclama a pureza do coração e a intenção limpa (Mc 3,1-6). Nas seis disputas com o sábado (Mc 2,23-28; 3,1-6; Lc 13,10-17; 14,1-6; Jo 5; 9) os textos mostram a dupla atitude de Jesus: observância em princípio e superioridade simultânea, para colocá-lo a serviço da cura dos homens. Ele, como Filho do Homem, é Senhor do sábado. A reação dos ouvintes mostra a gravidade desta atitude de Jesus: "Os fariseus, saindo dali, imediatamente puseram-se a conspirar com os herodianos para matá-lo" (Mc 3,6). É a mesma atitude que Ele teve em relação ao culto e ao templo: mesmo levando-os a sério e jamais trivializando-os, os "relativizou" ao referi-los à sua pessoa e à sua missão. João identificou com nitidez o significado profundo de sua ação no templo expulsando os vendilhões: não pretendia apenas purificar ou destruir a velha ordem cultual, mas propor a nova. A velha ordem devia ceder espaço à nova. Seu corpo era proposto como templo da nova humanidade (Jo 2,16-22). "Aqui há alguém maior do que o templo" (Mt 12,6), maior do que Moisés, Jonas e Salomão (Mt 6,29; 12,38-42; Jo 1,17). Todos estes estão do lado da lei dada por Moisés, mas "a graça e a verdade" não vieram por Moisés, mas por Jesus (Jo 1,17). Ele era anterior a Abraão e superior a Jacó (Jo 4,12; 8,58).

---

44. Cf. MANSON, T. *The Teaching of Jesus*. Op. cit., p. 207.
45. Cf. SCHLIER, H. "αμήν". In: *TWNT* I, p. 339-342.

A relação de Jesus com a lei foi matizada em casos concretos, mas categórica no essencial. Jesus realizou uma *confirmação* (quando disse ao escriba: "Não estás longe do Reino de Deus", ao referir-se ao duplo preceito proposto pela lei de amor a Deus e ao próximo [Mc 12,28-34; Mt 22,34-40]); uma *transformação* mediante uma interpretação nova (quando diz que se deve amar ao próximo como a si mesmo, mas faz uma interpretação radical e um alargamento universal do conceito de próximo [Lc 10,25-37]); uma *superação antitética e dialética* (quando propõe maior justiça em face da antiga e contrapõe sua palavra à da lei: "Ouvistes o que foi dito", "eu, porém, vos digo" [Mt 5–7]).

d) *Atitude perante os grupos humanos*

As *relações* que Jesus instaura implicam uma nova consciência de autoridade e a manifestam. São relações com pessoas marginalizadas e consideradas alheias ao ordenamento religioso e legal vigentes, com publicanos, pecadores, estrangeiros, prostitutas[46]. Essa aproximação era explicitamente realizada como outorga do Reino aos mais distantes e aos mais necessitados. A oferta de amizade e a aceitação de comensalidade com eles eram gestos, provocativos para os defensores da religião, da moral e da política estabelecidas, que Jesus fazia não somente como expressão de bondade e generosidade próprias, mas como revelação e oferta do amor de Deus a esses grupos. O que está em jogo é a interpretação de Deus e de sua relação com o homem. Para Jesus, é Deus quem, como Pai, ama a seus filhos perdidos, distantes, pecadores. Por isso Jesus age dessa forma, mantendo comunhão de vida e mesa com eles. Seus comportamentos revelam o ser de Deus, que se torna evidente no agir do Filho.

A Parábola do Pai, acolhendo o Filho Pródigo, é a melhor definição do Deus que se revela em Jesus, e ao qual Ele imita com sua acolhida aos pecadores. Ele a propõe como defesa diante daqueles que o acusam de comer com publicanos e ser amigo de prostitutas. Oferecer amizade, compartilhar a mesa, perdoar os pecados e recuperar a saúde dos doentes caminham juntos. Gestos, milagres de transformação e palavras de autoridade se autoimplicam e se interpretam reciprocamente. Os três mostram a consciência que

---

46. Cf. FRAIJO, M. *Jesús y los marginados* (Madri 1985). • JEREMIAS, J. "La buena nueva para los pobres". In: *Teología del NT*, p. 133-148.

Jesus tem de sua autoridade e de sua pessoa. Com a mesma liberdade e autoridade Jesus aceita um convite para comer em casa de Zaqueu, "chefe dos publicanos e rico", cura um enfermo e perdoa os pecados (Lc 19,1-10; Mc 2,1-12). Esses gestos são de natureza teológica e soteriológica; só em segundo lugar são de natureza social e moral. Jesus não trivializa o pecado, mas confronta o pecador consigo mesmo, ao colocá-lo diante do perdão de Deus e convidá-lo a não pecar mais. Jesus declara inaugurado o ano da graça do Senhor (Lc 4,18; cf. Is 61,1-2). A estes gestos deve-se acrescentar a exigência imperativa de segui-lo ("Vem e segue-me") e fazer depender a relação do homem com Deus e seu destino futuro (salvação-condenação) de sua atitude com Deus. Este chamado imperativo e o perdão dos pecados completam a lista de comportamentos com os homens que revelam a consciência de identidade e de autoridade que Jesus tinha[47].

e) *Relação com Deus: 'Abba*

Jesus viveu em uma relação com Deus caracterizada pela obediência, pela fidelidade e pela oração. Rezou ao longo de toda a sua vida e, de maneira especial, nos momentos em que decidia seu destino ou tomava decisões-chave em sua missão. Rezava sozinho, em lugar deserto, ao longo da noite. São Lucas sublinhou com especial intensidade essa oração de Jesus (5,16; 6,12; 9.28-29; 10,21; 11,1; 22,32.40-46; 23,34.46). A oração é o lugar de seu encontro o Pai (10,21; 22,42; 23,34.46). Os evangelhos recolheram o teor dessa oração em sua forma de dirigir-se a Deus, expressa numa fórmula transmitida em aramaico: *'Abba* (Mc 14,36), inabitual na tradição anterior, e a Igreja a considerou significativa da consciência comunicada a seus discípulos por Jesus (Lc 11,2; Rm 8,15; Gl 4,6). Ela expressa a proximidade, a confiança e a imediatez de Jesus que, invocando desta forma Deus como Pai, estava se afirmando a si mesmo como Filho numa relação única[48]. Em Jesus encontra-

---

[47]. "Jesus não apresentou uma doutrina explícita sobre sua pessoa, mas apresentou o fato de sua pessoa como significativa, e mais do que isso, como decisiva, à medida que Ele queria ser portador da palavra decisiva de Deus na última hora [...]. Tal convite à decisão diante de sua pessoa implica uma cristologia" (BULTMANN, R. "Die Bedeutung des geschichtlichen Jesus für die Theologie des Paulus". In: *Glauben und Verstehen*, I (Tubinga 1964), p. 204). Cf. DUNN, J.D.G. *Jesus Call to Discipleship* (Cambridge 1996). • HENGEL, M. *Seguimiento y carisma* (Salamanca 1981).

[48]. Cf. JEREMIAS, J. "'*Abba*". In: *Abba* – El mensaje central del NT (Salamanca 1993), p. 17-73. • JEREMIAS, J. "'*Abba* como invocación para dirigirse a Dios". In: *Teología del NT*, p. 80-87. • FITZMYER, J.A. "Abba and Jesus Relations to God". In: *À cause de l'Évangile* – F.S.J. Dupont

mos uma soma misteriosa de filiação, obediência e liberdade diante do Pai. O que a posterior cristologia enuncia ao falar do "Filho" tem seu vértice nesta oração e nesta Palavra de Jesus. Por isso se disse que *'Abba* é "o fermento da posterior cristologia, da fé eclesial que confessa Jesus como Filho"[49].

Junto aos textos do *'Abba* temos outro nos sinóticos, que por sua semelhança com as afirmações de Jesus em São João foi designado em termos de "meteorito caído do firmamento joânico"[50], e que explicita a reciprocidade de conhecimento e de autoridade entre Jesus e o Pai: "Tudo me foi entregue pelo Pai. De modo que ninguém conhece o Filho senão o Pai e ninguém conhece o Pai senão o Filho e aquele a quem o Filho quiser revelar" (Mt 11,27; Lc 10,21-22)[51]. Jesus se atribui a função de uma Sabedoria que concentra todo o saber e que outorga todo conhecimento, mas existindo como pessoa concreta no mundo. O mesmo grau de conhecimento que Deus tem de suas criaturas, conhecimento constitutivo e exaustivo, Jesus o obtém de Deus, seu Pai. Afirma-se que ninguém conhece o Pai senão o Filho e este é declarado seu revelador absoluto. Aqui se soma a tradição apocalíptica (revelação dos últimos tempos [Dn 2,22.28-29; 7,10.27]) e a tradição sapiencial (Eclo 24). É uma das três passagens onde, em Mateus, Jesus aparece como "Filho" e Deus como "Pai" (Mt 21,37; 24,36). Temos aqui expresso em terminologia funcional o que Niceia exporá em terminologia metafísica. Para fundamentar a reciprocidade de conhecimento entre Jesus e Deus, e a autoridade absoluta para revelá-lo, o Concílio utilizará categorias da ordem do ser, e não da ordem do fazer. O termo "consubstancial" afirma a igualdade de natureza entre o Pai e o Filho, a fim de poder explicar a reciprocidade de conhecimento, de revelação e de amor existente, segundo os evangelhos, entre Jesus e Deus. *Só pode ser Revelador absoluto de Deus quem com Ele partilha seu ser, sua consciência e sua vontade. Só pode ser Salvador absoluto quem partilha a vida com Deus e for Deus, pois a salvação é Deus e não outra coisa.*

(Paris 1985), p. 15-38. • MARCHEL, W. *Abba, Père!* – La Prière du Christ et des chrétiens (Roma 1963). • SCHELBERT, G. "Abba Vater – Stand der Frange". In: *FZPhTh* 40 (1993), p. 259-281. • SCHLOSSER, J. "Abba". In: *El Dios de Jesús* (Salamanca 1982), p. 23-43. • SCHLOSSER, J. *El destino de Jesús*, p. 21-35. • KITTEL, G. "ἀββά". In: *TWNT* I, 4-6.

49. SCHRENK, G. "πατήρ". In: *TWNT* V, 988.

50. VON HASE, K.A. *Geschichte Jesu* (Leipzig 1891), p. 442.

51. Jo 5,19-20. Cf. JEREMIAS, J. *Teología del NT* e os comentários a Mateus de J. Gnilka (*Das Matthäusevangelium,* I (Friburgo 1986)) e P. Bonnard (*L'évangile selon Saint Matthieu* (Neuchâtel 1970)); e a Lucas, de H. Schürmann, F. Bovon e J.A. Fitzmyer (*El evangelio según Lucas*, II (Madri 1986), p. 244-264, com bibliografia).

Estes comportamentos de Jesus têm um profundo significado teológico, já que o homem bíblico é compreendido mais como relação do que realidade, define-se não com palavras, mas com fatos e, portanto, é possível descobrir sua identidade a partir das relações que instaura, sem que sejam necessárias palavras ou definições. À luz dessas relações descobrimos a autoconsciência de Jesus. Essas relações são precisamente as que suscitam a rejeição de seus contemporâneos e tornam inteligível a morte final. Seu estudo, portanto, tem simultaneamente um interesse teológico e um interesse histórico, já que estes nos mostram ao mesmo tempo como Jesus se compreendia a si mesmo e tornam inteligível a razão pela qual o mataram. São João assim explicita esse duplo conteúdo:

> Os judeus começaram a perseguir Jesus por ter feito tal coisa no sábado. Mas Ele lhes respondeu: "Meu Pai continua trabalhando até agora e eu também trabalho". Por isso os judeus procuravam com mais afinco tirar-lhe a vida. Pois não só violava o sábado como também afirmava que Deus era seu Pai, fazendo-se assim igual a Deus" (Jo 5,15-18; cf. 10,33; 19,7).

2 A cristologia explícita: identificação perante os apóstolos e títulos de majestade

Todos os autores estão de acordo em admitir uma cristologia implícita na ação, na doutrina e nos comportamentos de Jesus. Mas, será que não existiria também uma *cristologia explícita*; isto é, uma declaração expressa de sua identidade, uma aplicação a si mesmo, por Jesus, de títulos de majestade, que revelariam de maneira manifesta sua identidade profética, messiânica e filial, mostrando quem era e em que sentido pensava realizar sua missão? O teólogo católico tende a responder positivamente, partindo do conceito de revelação, pressuposto pelo Vaticano II, quando este exige a união de palavras e fatos para que a revelação seja real. Não bastam palavras sem fatos, tampouco fatos sem palavras.

> A revelação se concretiza através de acontecimentos e palavras intimamente conexos entre si, de forma que as obras realizadas por Deus na história da salvação manifestam e corroboram os ensinamentos e as realidades significadas pelas palavras. Estas, por sua vez, proclamam as obras e elucidam o mistério nelas contido (DV 2. Cf. 4).

a) *A relação de Jesus com os apóstolos*

A não ser que se parta do pressuposto prévio segundo o qual Jesus não teve consciência de sua identidade messiânica filial, é impossível pensar que Ele conviveu com seus discípulos todo o período de sua vida pública, associando-os às suas tribulações (Lc 22,28) e enviando-os a pregar o Reino (Mt 10,1-16), dirigindo-se decididamente a Jerusalém à frente deles como quem vai enfrentar uma hora decisiva (Lc 9,51), sem manifestar-lhes as razões de sua autoridade, o fundamento de sua pretensão e ao mesmo tempo sem revelar-lhes algo de sua missão e de sua própria pessoa. A convivência e o envio a pregar reclamam um conteúdo explícito daquele que os envia e da autoridade com que os faz. Jesus considerou os apóstolos seus colaboradores e amigos, por isso não pôde mantê-los alheios ao próprio mistério. Não existe verdadeira amizade onde apenas se coloca em comum coisas ou ideias, sem deixar transparecer a pessoa com suas intensões e pretensões. Um adágio castelhano reza assim: "Coração que se recata de seu amigo verdadeiro, é inimigo disfarçado". O que mais poderiam significar estas afirmações de Jesus:

> A vós foi confiado o mistério do Reino de Deus (Mc 4,11); [...] A vós foi dado a conhecer os mistérios do Reino de Deus" (Lc 8,10); [...] Eu vos chamo amigos porque vos dei a conhecer tudo o que ouvi do Pai? (Jo 15,15; Lc 12,4).

A verdadeira amizade se forja no compartilhamento do destino, da missão e da pessoa. *Portanto, é necessário postular uma cristologia explícita. Explícita no nível em que o conhecimento humano de Jesus a ia construindo; explícita na medida em que os fatos a iam tornando necessária; explícita na medida em que a compreensão dos apóstolos a conseguiam digerir.* A história da própria consciência e da comunicação aos outros se estende do primeiro ao último instante da vida. O mais essencial de nós mesmos só o conhecemos total e explicitamente no final[52]. Por isso postulamos uma cristologia explicitada e conquistada ao longo do tempo, em função das exigências da missão e de acordo com o próprio itinerário de Jesus e da integração dos apóstolos nele. Para tanto concorreram os fatos que manifestavam a autoconsciência de Jesus e as palavras que a interpretavam. Jesus é, assim, o Revelador com seu fazer e com seu falar. Sem um ou outro destes elementos a revelação não

---

52. Cf. GONZÁLEZ DE CARDEDAL, O. *Aproximación*, p. 161-162.

teria tido crédito ou seria incompleta, já que os fatos sem palavras conservam uma última obscuridade que por si sós não conseguem transpor.

b) *Os títulos de majestade: Messias, Servo de YHWH, Filho do Homem, Filho de Deus*

Em relação aos títulos cristológicos é preciso distinguir: a) a aplicação direta de Jesus a si mesmo; b) a atribuição pelos outros; c) a realização silenciosa de sua existência relendo-os à luz da própria missão. Jesus não os usou nem os aceitou no sentido dado por seus contemporâneos, mas os releu a partir da percepção de sua própria identidade, sem aceitá-los ou rejeitá-los explicitamente. Tal como estavam esboçados no AT, nem o profetismo, nem a sabedoria, nem a messianidade, nem a filiação eram categorias suficientes para expressar sua identidade e a forma de realizar sua missão. Por isso carece de sentido projetar sobre Jesus tanto as categorias anteriores do judaísmo – que não contavam ainda com a novidade de Jesus – como as posteriores da Igreja – que já contavam com a novidade da ressurreição – e perguntar em que medida Jesus se adequou a elas. Jesus compreendeu a si mesmo a partir da releitura do AT, a partir da relação com o Pai na oração, a partir da reação dos homens à sua pregação e a partir da esperança messiânica contemporânea, mas, acima de tudo, a partir daquele saber pessoal, inerente ao próprio ser; neste caso, ao seu ser filial. A partir disso percebia que todos os títulos messiânicos prévios antecipavam dimensões de seu ser, mas nenhum era suficiente e quase todos se prestavam a confusões pela forma concreta com que os entendiam os distintos grupos religiosos e político de então (fariseus, saduceus, herodianos, essênios, apocalípticos...). Jesus fez valer um *segredo messiânico*, um *segredo profético* e um *segredo sapiencial*. Não quis ser a resposta isomórfica às esperanças e demandas projetadas sobre Ele. Por duas razões: em primeiro lugar, porque embora correspondendo profundamente às promessas salvíficas, diferenciava-se delas na forma (não violenta, não política, não nacionalista...) de cumpri-las[53]. E, em segundo lugar, pela própria dificuldade de seus discípulos,

---

53. "Jesus, familiarizado com as Escrituras, nutrido de sua substância, foi o primeiro em relê-las, libertando as esperanças de Israel de seus freios terrestres, nacionais e nacionalistas. Graças a esta releitura Ele concentra em si o retrato do Salvador dos últimos tempos as características do Messias dravídico, os do Servidor de YHWH e os do Filho do Homem. Estes dois personagens se lhes apresentaram como revelados por Deus e ocultos nas Escrituras para corrigir e completar a imagem do Messias real, e para dar-lhe uma dimensão nova e transcendente" (COPPENS, J. *Le*

que somente na ressurreição podiam encontrar provas definitivas para aceitá-lo como Messias e Filho. Isto explica sua atitude livre diante dos títulos que naquele momento podia parecer ambígua[54].

Há autores que negam que Jesus se tenha aplicado qualquer título; outros, em contrapartida, consideram possível a aplicação explícita de alguns deles e afirmam que, para todos os efeitos, Ele viveu pessoalmente de acordo com a significação que eles continham (Cullmann, Manson, Colpe, Hengel, Dodd, Taylor, Stuhlmacher...)[55]. Estes possíveis títulos são Messias, Servo de YHWH, Filho do Homem, Filho[56].

a) Jesus cumpre objetivamente o messianismo, trazendo o Reino e, com ele, a Salvação. Por isso, *in extremis*, não rejeitava esses títulos, pois suporia negar parte de sua identidade e de sua missão. Este é o caso da aceitação da confissão como Messias por Pedro (Mc 8,29-30) e sua resposta a Caifás no processo (Mc 14,62). A renúncia de Jesus em aceitar expressamente o título de Messias está em conexão com o conteúdo doloroso e humilde que Ele ia imprimir-lhe diante do conteúdo nacionalista e político que este título tinha para seus companheiros. Este é o fundamento do assim chamado "se-

---

messianisme et sa relève prophétique (Lovaina 1989) 250). Sob o messianismo em sua forma real, profética e sacerdotal, as variações históricas e aplicação da ideia, não somente de título, a Cristo, cf.: COPPENS, J. *Le messianisme royal* (Paris 1968). • COPPENS, J. *Le messianisme et sa relève prophétique* – Les anticipations vétérotestamentaires: leurs accomplissements en Jésus (Lovaina 1974). COPPENS, J. *La relève apocalyptique* – I. La royauté, le règne, le royaume cadre de la relève apacalyptique (Lovaina 1979). • COPPENS, J. *La relève apocalyptique du messianisme royal* – II: Le fils de l'homme vétéro et intertestamentaire (Lovaina 1983). • COPPENS, J. *La relève apocalyptique du messianisme royal* – III: *Le fils de l'homme néotestamentaire* (Lovaina 1981). • CAZELLES, H. *Le Messie de la Bible* – Christologie de l'Ancient Testament (Paris 1978). • TREVIJANO, R. "Mesianismo y cristología". In: *Orígenes del cristianismo* (Salamanca 1995), p. 325-365.

54. "Chegamos ao resultado: uma cristologia indireta torna verossímil a existência de uma cristologia direta nas afirmações de Jesus. Os títulos messiânicos de soberania, que aparecem nos evangelhos, devem ser novamente julgados à luz do fato dessa autoconsciência messiânica de Jesus. Por isso, ao longo de nossa investigação, podemos estar abertos à possibilidade de que as fontes da cristologia eclesial devam ser buscadas na própria cristologia de Jesus" (MARSHALL, H. *Die Ursprünge der neuetestamentlichen Christologie* (Giessen-Basel 1985), p. 61).

55. Para estes autores, existem fatos que são um equivalente de palavras explícitas. Cf. HENGEL, M. "Christologie und neutestamentliche Chronologie – Zu einer Aporie in der Geschichte des Urchristentums. In: *Neues Testament und Geschichte* – FS O. Cullmann (Zurique/Tubinga 1972), p. 43-68, que cita autores que se situam nesta linha.

56. "Of the only names which Jesus indubitably used of Himself are 'Son of Man', 'Son of God' and 'the Son'; and it will be necessary later to consider the bearing of this usage upon his own conception of His person" (TAYLOR, V. *The names of Jesus* (Londres 1962), p. 66).

gredo messiânico". Como poderia ser reconhecido como Messias alguém que relativizava a lei e se preparava para assumir o destino dos crucificados? A tese de R. Eissler, S.G. Brandon e dos grupos que nos anos 60-70 afirmavam que Jesus havia aderido ao movimento zelote revolucionário carece de fundamento, ainda que alguns de seus discípulos viessem dele e sua mensagem contivesse aspectos que eram comuns a ambos os movimentos: a esperança para o povo em todos os sentidos. Para os zelotes, o essencial e primordial era a soberania de Israel, ao passo que para Jesus o essencial e primordial era o Reino de Deus; relativizando todo o resto, não por carecer de importância, mas por ser secundário[57].

b) Não sabemos se Jesus se aplicou diretamente o título *Servo de YHWH*, mas certamente sentiu-se chamado a viver como a figura desenhada pelo profeta, encarregada de reconciliar e expiar o pecado de muitos, intercedendo pelo povo. Essa identificação aparece naquelas palavras em que sua vida se define como serviço, solidariedade em favor de todos e sacrifício. A expressão "O Filho do Homem não veio para ser servido, mas para servir e dar sua vida pelo resgate de muitos" (Mc 10,45). Mt 8,16-17 faz a vinculação explícita com o quarto canto do Servo de YHWH (52,13-53)[58]. A preposição ὑπερ (por, a favor de, em serviço a, em lugar de) é comum às duas figuras. Por isso podemos transliterar o texto de Marcos com esta outra formulação: "O Filho do Homem veio para cumprir a missão do Servo de YHWH" (Is 53). É possível dizer quem se é com palavras, mas simultaneamente é possível dizer melhor em silêncio e com o poder dos fatos. Na existência de Jesus transparece e se concretiza a figura do Servo. À luz dela Barth e Bonhoeffer definiram Jesus como o "homem para Deus e o homem para os outros ho-

---

57. Cf. CULLMANN, O. *Jesús y los revolucionarios de su tiempo* (Barcelona 1980). • GUEVARA, H. *Ambiente político del Pueblo judío en tiempos de Jesús* (Madri 1985). • HENGEL, M. *Jesús y la violencia revolucionaria* (Salamanca 1973). • THEISSEN, G. & MERZ, A. *El Jesús histórico...* p. 487-521.

58. Cf. WOLFF, W. *Jesaja 53 im Urchristentun* (Giessen 1984). • GRIMM, W. *Die Verkündigung Jesu und Deuterojesaja* (Frankfurt 1981). • STUHLMACHER, P. "Existenzstellvertretung für die Vielen: Mk 10,45 (Mt 20,28)". In: *Versöhnung, Gesetz und Gerechtigkeit* (Gotinga 1981), p. 27-42. • RIESENFELD, H. "ὑπέρ". In: *TWNT* VIII (1969), p. 510-518, com bibliografia ulterior em X/2 (1979), p. 1.287.

mens"[59]. Schürmann cunhou a expressão "pró-existência ativa" como a categoria que expressa primeiro a forma de seu destino e em seguida a raiz de seu ser. Pró-existência que para ser absolutamente salvadora do homem tem que incluir sua "preexistência" e condição divina, pois, do contrário, seria uma solidariedade ineficaz para superar nosso destino de pecado atual e de morte final[60].

c) Os sinóticos colocam na boca de Jesus 82 vezes o título *Filho do Homem*, utilizado sempre por Ele para identificar-se, na terceira pessoa, como forma enfática de seu "eu". Nunca lhe é atribuído por outros. Seu significado exato é complexo. Pode ser uma autodesignação, "o homem que eu sou", e pode remeter à figura de majestade que encontramos no Livro de Daniel (7,13), na qual tem uma dimensão individual e simultaneamente comunitária, com procedência de Deus e função de juiz do mundo. Diz respeito ao *presente*, no qual já está atuando (é Senhor do sábado e perdoa os pecados [Mc 2,10.28]); ao *futuro de sofrimento* (na paixão, na qual será rejeitado, colocará sua vida a serviço e resgate de muitos [Mc 10,45]); ao *futuro de majestade*, já que virá como juiz universal. É surpreendente que os textos somem num mesmo título aspectos de glória e de dor, de majestade que julga e de humilhação que se estende até a morte. O Filho do Homem será o juiz de todos, depois de ter sido companheiro, servo e solidário de todos até a morte. Seu julgamento não se dará como o de alguém que julga e condena a partir de fora, mas a partir do amor e da verdade de alguém que julga a partir de dentro, por ter tido uma história comum com os acusados. *Seu julgamento não pretende justiçar, mas salvar.* O Filho do Homem, assim como o Servo de YHWH, são personalidades corporativas que implicam e levam consigo o povo ou todos os homens diante de Deus. Eles os antecipam, os representam e os sustentam, não para substituí-los em suas responsabilidades, mas para vinculá-los, potencializando-os assim para que, uma vez superado o pecado,

---

59. Cf. BARTH, K. "Jesús el hombre para Dios". In: *KD* III/2, p. 64-81. • "El hombre para los otros hombres". In: Ibid., p. 246-263. • BONHOEFFER, D. *Resistencia y sumisión* – Cartas y notas desde la prisión (1943-1945) (Salamanca 1985).
60. Cf. SCHÜRMANN, H. "El Cristo proexistente, centro de la fe del mañana?" In: *Cómo entendió y vivió Jesús su muerte?* (Salamanca 1982), p. 129-163. • SCHÜRMANN, H. "La 'proexistencia' como concepto cristológico fundamental". In: *El destino de Jesús*, p. 267-301. A conexão necessária entre preexistência foi o aporte crítico feito à primeira proposta de Schürmann por Kasper e Balthasar.

possam por si mesmos realizar o destino de filhos diante de Deus e adoradores livres e partícipes gozosos de sua glória.

Estes sinais de uma consciência implícita de autoridade e os títulos explícitos de messianidade e filiação não demonstram com evidência quem era e como Jesus se compreendia a si mesmo, nem antecipam todo o saber da Igreja posterior sobre Ele. Sua identidade permanece envolta em obscuridade até que a ressurreição e o Espírito a desvelem. Os comportamentos, a mensagem e as palavras de Jesus sobre si mesmo não são nem iguais nem em contradição com a cristologia explícita da Igreja, mas a contêm em germe. Eles tornam possível, mas não necessariamente, a posterior confissão de fé. Eles também têm seu valor e seus limites na demonstração da continuidade histórica entre a consciência do Jesus terrestre e a cristologia da Igreja. Todos estes textos e comportamentos podem ser relidos, no mínimo, encaixando-os no conhecimento já do AT, ou podem ser vistos como lampejos do que em seguida a Igreja explicitará. Sobre todos eles vale o que Dreyfus disse de um desses gestos inovadores de Jesus: a invocação *'Abba*.

> Qual é o conteúdo desta invocação para o tema que nos ocupa, ou seja, o Jesus histórico? Ela expressa, no mínimo, uma relação de amor estreitíssima entre Jesus e seu Pai, uma familiaridade que rompe absolutamente com a atitude judaica própria dos contemporâneos de Jesus na invocação do Pai celeste. E, no máximo, pode-se ver nela, pelo menos insinuada, uma certa igualdade entre o Pai e o Filho. Também aqui, como em situações anteriores, deve-se afirmar que é impossível decidir com evidência entre estas duas interpretações. Convém, portanto, manter desta invocação *'Abba* sua profundidade, sua riqueza também, e principalmente seu mistério[61].

A Igreja, que nos transmitiu os evangelhos, partia de uma evidência: o Jesus que pregou o Reino e o Cristo que ela anuncia ressuscitado é o mesmo, na fase terrestre e na glorificada. A continuidade, portanto, é estabelecida pela ação de Deus e pela experiência do Espírito na Igreja, que ouve como palavras do Ressuscitado para ela as que Jesus em sua existência terrestre dirigiu aos ouvintes da Galileia. O intento de mostrar essa continuidade à luz dos textos nasce para responder à suspeita frente a uma Igreja que teria criado outro Jesus. A suspeita pode ser legítima, mas pode ser superada não por uma exegese de textos isolados, mas pela compreensão relacionada do

---

61. DREYFUS, F. *Jésus savait-il qu'il était Dieu?* (Paris 1984), p. 54.

evangelho como texto total da comunidade e do que significaram a mensagem e a pessoa de Jesus de então, com o que significaram ao longo de toda a história e continuam significando hoje.

3 Conclusão: Jesus, equivalente dinâmico da autoridade de Deus

A doutrina, as ações, os sinais portentosos e os comportamentos revolucionários de Jesus a respeito das instituições, das pessoas e da legislação sagrada de Israel manifestavam uma consciência de autoridade que superava o conhecido na história de Israel. Jesus se antepunha às figuras fundadoras (Moisés), à sabedoria normativa (Salomão), aos lugares sagrados (templo). Sem reclamar explicitamente sua autorização, Jesus de fato agia como se fosse o lugar-tenente do conhecimento, da autoridade e do julgamento de Deus. Jesus se colocava diante de seus ouvintes num lugar que somente Deus podia ocupar perante o homem. Não o substituía – tal blasfêmia está longe das intenções de Jesus! –, exortava que Deus agia nele e por Ele; e que, por conseguinte, suas ações eram a "ação de Deus", como dom, exigência e julgamento.

Existe uma identidade de ação entre Deus e Jesus, que posteriormente a reflexão da Igreja estenderá afirmando uma identidade de natureza. O Livro dos Atos dos Apóstolos o explicita aplicando a Cristo os textos, os títulos e a eficácia salvífica outorgada no AT a YHWH: "Todo aquele que invocar o nome do Senhor será salvo" (Os 3,5; At 2,21; Rm 10,13). São Paulo introduz quase todas as suas cartas referindo-se aos dons messiânicos da graça e da paz tanto a Deus Pai como a Jesus Cristo o Senhor (χάρις ὑμῖν καὶ εἰρήνη ἀπὸ θεοῦ πατρὸς ἡμῶν καὶ κυρίου Ἰησοῦ Χριστοῦ [Rm 1,7; 1Cor 13; 2Cor 1,2; Gl 1,3; Fl 1,2; Fm 3])[62]. A equivalência dinâmica aqui referida à presença salvadora de Deus agindo na morte e ressurreição de Cristo, os evangelistas a veem já antecipadamente em cada um dos gestos salvíficos de sua existência terrena.

---

62. Cf. MAUSER, U. *Gottesbild und Menschwerdung* (Tubinga 1971), p. 122-143 ("Die Identität der Heilstat Gottes mit der Heilstat Christi").

CAPÍTULO II
PAIXÃO

Bibliografia

BASTIN, M. *Jésus devant sa passion* (Paris 1976). • BENOÎT, P. *Pasión y resurrección del Señor* (Madri 1971). • BROWN, R.E. *The Death of the Messiah from Gestsemane to the Grave,* I-II (Nova York 1994). • DELLING, G. *Der Kreuztod in der urchristlichen Verkündigung* (Berlim 1971). • FIEDLER, P. *Jesus und die Sünder* (Berna/ Frankfurt 1976). • FRIEDRICH, G. *Die Verbündigung des Todes Jesu im NT* (Neukirchen 1982). • GOURGES, M. *Jesús ante su pasión y su muerte* (Friburgo 1977). • GUILLET, J. *Jésus devant sa vie et sa mort* (Paris 1971). • KERTELGE, K. (ed.), *Der Tod Jesu* – Deutungen im NT (Friburgo 1976). • LÉON-DUFOUR, X. *Jesús y Pablo ante la muerte* (Madri 1982). • OBERLINNER, L. *Todeserwartung und Todesgewisstheit Jesu* – Zum Problem einer historischen Begründung (Stuttgart 1980). • PESCHE, R. *Das Abendmahl und Jesu Todesverständnis* (Friburgo 1978). • SCHÜRMANN, H. *Cómo entendió y vivió Jesús su muerte?* – Reflexiones exegéticas y panorâmica (Salamanca 1982). • SCHÜRMANN, H. *Gottes Reich-Jesu Geschick* – Jesu ureigener Tod im Licht seiner Basileia Verkündigung (Friburgo 1983). • SCHÜRMANN, H. *El destino de Jesús: su vida y su muerte* (Salamanca 2003), p. 117-129.

I – Autoconsciência de Jesus às vésperas de sua morte

1 Crise da Galileia

A vida de Jesus tem dois polos: a ação na Galileia (pregação do Reino, realização de milagres) e a paixão em Jerusalém (processo e morte por crucificação). Os evangelistas juntaram geografia e teologia. Em meio a ambos os lugares e ambas as dimensões de sua vida – o caminho de subida a Jerusalém – expõem, mediante a soma de discursos e sentenças, a consciência messiânica de Jesus, como percepção intensificada do caráter paciente e finalmente da morte violenta com que consumaria sua missão. "A consciência de sua paixão é descrita como uma viagem"[63]. O período de estadia na Galileia tem dois momentos diferenciados: um de adesão entusiasmada das massas que, estimuladas ou comovidas pelos milagres, aderiram a Ele, e outro de distanciamento desiludido. Nesse sentido falou-se primeiro de uma *primavera* e depois de uma *crise da Galileia*[64]. Os sumários que Marcos oferece em 1–6 explicam essa ação massiva, tanto curativa quanto propiciadora de adesões: toda a cidade, todos os enfermos, muitos gentios, muitos demônios... A ação de Jesus tem pleno eco e as massas estão do seu lado. O milagre da multiplicação dos pães – "um dos relatos mais enigmáticos dos evangelhos"[65] – tem algumas características especiais. Cada evangelista o relata com acentos distintos. Uns veem nele uma antecipação da posterior Eucaristia (Jo 6,1-12); outros um feito memorável de compaixão para com o povo "porque eram como ovelhas sem pastor" (Mc 6,34); outros ainda a tentação que sofre a massa de identificar Jesus como um possível rei que vai liderar um levante popular (Mc 6,52). Jesus foi simultaneamente identificado como "o" profeta e rei. São João conclui o relato com esta afirmação: "E Jesus, percebendo que pretendiam levá-lo para fazê-lo rei, retirou-se outra vez, sozinho, para o monte" (Jo 6,15).

Este momento crítico obriga Jesus a propor explicitamente o sentido de sua messianidade. Em seguida narram-se fatos decisivos para sua trajetória: a confissão de Pedro, a viagem a terras estrangeiras, a abertura aos pagãos, a concentração num grupo seleto. Jesus não renunciou a sua missão, cuja meta era a reconstrução e a integração de Israel como o verdadeiro povo de Deus, mas ao ver-se ameaçado com uma deturpação desta missão por seus compatriotas, se afasta deles. Aqui lhe aparece a necessidade de encontrar-se consigo mesmo e de confrontar-se com o centro da religião de Israel (templo e autoridades em Jerusalém). Os acontecimentos com sua novidade irredutível, o encontro com seu Pai na solidão da oração, e a memória meditativa

---

63. CONZELMANN, H. *El centro del tempo* (Madri 1974), p. 99. Cf. MOLTMANN, J. *El caminho de Jesucristo* – Cristología en dimensiones messiánicas (Salamanca 1993).

64. O conceito foi criado pela *Leben-Jesu-Forschung* e criticado, entre outros, por G. Bornkamm que, no entanto, escreve: "Esta decisão de ir a Jerusalém é sem dúvida o marco decisivo da história de Jesus" (*Jesús de Nazaret* (Salamanca ⁵1996), p. 162). É resumido em MUSSNER, F. "Gab es eine galiläische Krise?" In: HOFFMANN, P. (ed.). *Orientierung an Jesus* – Zur Theologie der Synoptiker: FS J. Schmid (Friburgo 1973), p. 238-252. • DODD, C.H. *El fundador del cristianismo* (Barcelona 1984), p. 161.

65. Cf. DODD, C.H. Ibid., p. 56.

dos textos do AT foram alargando a consciência de Jesus e colaborando no descobrimento da forma, do tempo e do lugar em que devia realizar sua obra messiânica.

Três situações novas aparecem neste momento: a concentração de Jesus no doutrinamento de seus discípulos, o anúncio de sua paixão com a subida a Jerusalém e o relato da transfiguração. As pregações sobre sua morte, redigidas depois da ressurreição, incluem inseparavelmente a memória do que Jesus disse e o testemunho da Igreja a respeito de como foi o fim de sua vida[66]. Esses enunciados com afirmações cortantes, sem sentimento algum e sem integrar os elementos da posterior teologia da morte vicária, têm a garantia de espelhar-nos fatos históricos e neles a consciência de Jesus. A fórmula "é necessário" (δεῖ) não designa nem uma exigência divina nem um destino fatal nem um acidente na vida de Jesus, mas a previsão no plano de Deus. Este plano incluía a entrega incondicional do Filho aos homens, com todas as suas consequências, incluídas a paixão e a morte como resultado do propósito de Deus: ser solidário do homem, aceitando as consequências da liberdade deste. Tal entrega de Deus em Jesus se duplica oferecendo-se como vida quando lhe infligem a morte. Lucas estabelece uma conexão rigorosa entre a confissão de Pedro, à qual Jesus une a pregação de sua paixão (Lc 9,18-22), o convite a assumir a própria cruz para servi-lo (9,23-27) e a *transfiguração* (9,28-36). O sentido da transfiguração, percebida como antecipação da ressurreição glorificadora, é duplo: o primeiro sentido é epifânico, ou relevador da identidade de Jesus por Deus, e o segundo torna Jesus digno de crédito junto aos apóstolos que o acompanham. Moisés e Elias, expoentes supremos do AT, estão com Jesus, dando testemunho a seu favor. Lucas caracteriza o destino de Jesus com as categorias de *êxodo* (9,31) e *assunção*. "Estando para completar-se os dias em que seria arrebatado deste mundo, dirigiu-se Jesus resolutamente para Jerusalém" (9,51). O êxodo libertador e a assunção à glória se realizam na paixão e pela paixão.

2 Entrada no templo

Jerusalém é a cidade onde todo profeta deve tornar crível sua missão (Lc 13,33). Por isso, Jesus se dirige a ela na páscoa e vai ao templo. A entra-

---

66. Cf. GUILLET, J. *Jésus devant sa vie et sa mort*. Op. cit., p. 159-181.

da triunfal em Jerusalém talvez tenha tido contornos de expectativa e apoio nacionalista, já que as datas da páscoa eram propícias para memórias e esperanças militantes do povo (Mt 21,1-10)[67]. Ali Ele realiza uma ação simbólica, parábola em ato, como era usual nos profetas[68]: a expulsão dos vendilhões do templo (Mc 11,15-17; Mt 21,12-13; Lc 19,45-46; Jo 2,13-19). A importância deste fato, situado por João no começo e pelos sinóticos no final de sua vida pública, é que com ele Jesus se enfrenta com a ordem religiosa anterior, cujo símbolo e lugar mais expressivo é o templo. O fato, vivido como um sinal, dizia mais do que muitos discursos. Ecos de tal ação perduram no processo final (Mc 14,58)[69].

Foram dadas quatro explicações de sua ação no templo:

a) *Revolucionária*. Jesus teria querido desencadear uma revolta contra o poder romano. Seria um gesto de purificação religioso-nacionalista do templo esperada pelos judeus desde as profanações de Antíoco Epifânio em 167 (1Mc 1,16-28) e de Pompeu no ano 23 a.C.

b) *Moral-reformista*. Jesus teria decidido devolver à casa de Deus sua santidade, protestando contra o comércio dos vendilhões, exigindo que voltasse a ser casa de oração, não casa de negócios e covil de ladrões.

c) *Universalista*. A pauta significativa seria dada pelas citações bíblicas com sua contraposição: o templo, lugar de intercessão e do perdão (1Rs 8,30-40), teria sido convertido num covil de ladrões (Jr 7,11). De "casa de oração para todos os povos" (Is 56,7), teria passado a ser lugar da diferença e exclusão diante dos judeus. Jesus cumpria a promessa profética: todos os povos viriam ao monte santo e seriam cobertos da glória do Senhor em sua casa. Contra o exclusivismo religioso dos judeus Jesus

---

67. Seguindo DIBELIUS, M. *Jesus* (Berlim 1960), p. 50-51, 80. J.H. Charlesworth (*Jesus within Judaism* (Nova York 1988), p. 138-139) afirma que esta entrada triunfal, junto com o convite aos discípulos para criar o novo Israel e a Parábola dos Vinhateiros Homicidas, obriga-nos a reconhecer que Jesus possuía uma clara compreensão de sua missão, manifestada nos fatos e nas palavras. Esta autocompreensão se explicitava por sua relação com Deus e por seu projeto de salvação para os homens (messianismo).

68. Os 1,3; Is 7,3; 8,1-4; 8,18; 20; Jr 1,11-14 (a vara de amendoeira e a panela); 13,1-11 (o cinto escondido no Eufrates); 18,1-2 (o oleiro); 19 (a bilha); 24 (os figos); 27-28 (a canga); 32 (o campo comprado); 16,1-8 (a própria vida com sua paixão que faz a figura do Servo de YHWH); Ez 4,1-3; 4,9-17; 5; 12,1-20; 24,3-14; 37,15-28. Ações simbólicas no NT: Mt 21,18-19 (a figueira amaldiçoada por Jesus, que aparece logo após do gesto do templo); At 21,10-14 (A profecia de Acab).

69. Cf. TAYLOR, V. *Evangelio según San Marcos* (Madri 1984), p. 552-558. • FITZMYER, J. *The Gospel according to Luke X-XXIV* (Nova York 1985), p. 1.260-1.268.

estava abrindo o templo a todos; não purificava o templo dos gentios, como o povo esperava do Filho de Davi, mas para os gentios.

d) *Escatológica*. Um ato de autoridade declarando abolida a ordem dos sacrifícios. Anulação do antigo e instauração do novo (Mc 14,58). Sua autoridade é maior do que a do templo (Mt 12,6). São João leva ao limite esta interpretação ao afirmar que o novo templo não será de pedras, mas uma humanidade em liberdade e santidade. "Ele fala do templo de seu corpo" (2,21). A humanidade de Jesus é esse templo novo. No futuro o culto a Deus não será mediante sacrifícios mortos, nem mediante o esforço dos homens vivos, mas por adesão ao Espírito e à Verdade, que o próprio Pai nos dá (Jo 4,23). Cada evangelista interpreta o fato à luz de uma citação bíblica (Is 56,7; Sl 69,10; Zc 14,21; Jr 7,11).

Descartada a interpretação revolucionária – não há nenhum dado histórico que mostre a reação das autoridades romanas diante de um gesto tão provocativo em dia e lugar tão especiais –, as outras três são níveis diferenciados de uma mesma realidade: Jesus se confronta com as instituições salvíficas, recordando seu sentido originário, sua destinação universal e a consumação em sua própria pessoa. A purificação, a universalização, a substituição da ordem velha pela nova e a implícita identificação com sua própria pessoa são aspectos diferenciáveis do mesmo fato, mas não separáveis[70].

3 Confronto com o povo

Tais fatos colocavam em primeiro plano a questão da autoridade de Jesus por um lado e sua autoconsciência por outro. Frente à pergunta de seus adversários, Jesus lhes devolve a pergunta: Por que rejeitaram o Batista, cuja autoridade reconheceram, e com quem, em continuidade profética, Jesus se situa? Mas, além disso, Jesus faz uma proposição que "quase soa como uma declaração de guerra"[71]: a Parábola dos Vinhateiros Homicidas[72]. O Pai vai

---

70. DODD, C.H. *El fundador del cristianismo*. Op. cit., p. 174. • CONGAR, Y. *Le mystère du temple ou l'économie de la présence de Dieu à sa créature de la Genèse à l'Apocalypse* (Paris 1963).

71. DODD, C.H. Ibid., p. 174.

72. Cf. HUBAUT, M. *La parabole des vignerons homicides* (Paris 1976). • LÉON-DUFOUR, X. "La parabole des vignerons homicides". In: *Études d'Évangile* (Paris 1965), p. 330-344. • BLANK, J. "Die Sendung des Sohnes – Zur christologischen Bedeutung des Gleichnisses von den bösen Winzern. In: *Neues Testament und Kirche* – FS R. Schnackenburg (Friburgo 1974), p. 11-41. • TAYLOR, V. *Evangelio según San Marcos*. Op. cit., p. 566-574. • PESCH, R. *Das Markusevangelium*, II

enviando sucessivamente servos a fim de recolher os frutos da vinha; por fim envia seu Filho, mas os arrendatários o assassinam para que, uma vez eliminado o herdeiro, pudessem ficar com a vinha. O sentido primeiro da parábola é mostrar a situação crítica em que se encontra Israel: é a última oportunidade de salvação que Deus oferece. Consumam-se, assim, a rejeição, matam o herdeiro e negam o próprio destino como povo, que consistia em preparar e acolher o advento de Deus ou de seu Enviado à história.

A situação é ainda mais grave, pois o enviado é o *último*. A parábola propõe esse último como o *Filho amado*, o *herdeiro*. O destino de Israel e da missão de Jesus estão unidos, e nesse instante as autoridades se encontram inexoravelmente diante da decisão e de sua morte: "Procuravam prender Jesus, mas tinham medo do povo. É que tinham entendido que contara a parábola contra eles" (Mc 12,12). Aqui fica manifestada a autoconsciência de Jesus por um lado, e por outro aparece o fundamento da decisão de eliminá-lo. O dilema era patente: o reconhecimento de Jesus aceitando sua pretensão, ou a rejeição dessa pretensão.

> Como parábola de Jesus, é um documento de máxima importância para conhecer tanto a autoconsciência e a missão de Jesus quanto a meta e a pretensão de sua aparição em Jerusalém; além disso, é o pressuposto da interpretação de sua morte, que nos foi transmitido no texto da última ceia (Mc 14,22-25). A pretensão de autoridade escatológica perceptível na parábola é o pressuposto fundamental da cristologia da Igreja primitiva[73].

Esta parábola é de máxima importância, já que nela aparece a expressão "o Filho", decisiva para o futuro da cristologia. Se for possível demonstrar que é originária de Jesus, temos então estabelecida a conexão entre a autocompreensão de Jesus e a interpretação que a Igreja deu dele. Charlesworth, profundo conhecedor do judaísmo contemporâneo de Jesus, em diálogo com autores como Conzelmann e Kümmel que, baseando-se na tese de que o judaísmo não conheceu o nome messiânico de "Filho de Deus", afirmam

---

(Friburgo/Basileia/Viena), p. 213-224. • FITZMYER, J. *The Gospel according to Luke X-XXIV.* Op. cit., p. 1.276-1.288. • CHALESWORTH, J.H. *Jesus within Judaism.* Op. cit., p. 153-164, que depois de um estudo aprofundado conclui: 1) O núcleo da parábola provém de Jesus. 2) É concebível que Jesus refira a si mesmo como "o Filho" que ia ser morto. 3) A parábola nos confronta não somente com a intenção de Jesus, mas também com sua autoconsciência.
73. PESCH, R. *Das Markusevangelium.* Op. cit., II, p. 22. Cf. TAYLOR, V. *Evangelio según San Marcos.* Op. cit., p. 567.

que todos os textos em que aparece a expressão "o Filho" são criação da comunidade, escreve: "Por anos me inclinei a concordar com Conzelmann; agora, porém, após dois decênios estudando a teologia do judaísmo primitivo e a história da formação da tradição de Jesus dos anos 30 aos anos 70, parece-me que a conclusão de Conzelmann é impossível". E, referindo-se a autores como Moule, Brown, nosso autor, conclui sua obra desta forma: "Estou de acordo com a tese destes investigadores. *A cristologia incipiente começa com Jesus. A teologia do NT começa com Ele. Ele escolheu e definiu muitos dos termos que foram a matriz do pensamento de seus seguidores*"[74].

4 Última ceia

A expulsão dos mercadores do templo é o gesto simbólico de Cristo mediante o qual expressa sua atitude perante o passado, declarando-o caduco. A última ceia, em contrapartida, é o gesto simbólico, também na linha dos profetas do AT[75], mediante o qual institui uma realidade nova que, surgindo de sua vida doada em liberdade, determinará o futuro. À forma anterior da aliança de Deus com o povo de Israel, realizada no templo pelos sacrifícios de animais sacrificados, sucederá uma "aliança nova" realizada no sangue de Cristo como dom de sua vida para o perdão dos pecados de todos os homens. Ambos os sinais constituem a conclusão da atividade pública e da manifestação verbal de Jesus. *A partir de agora o silêncio e a paixão sucedem a palavra e a ação. A partir desse momento, os gestos são mais eloquentes do que as declarações formais.* Eles arrastavam consigo algumas conotações profundas, que remetiam os espectadores e atores de uns e de outros às experiências, às tradições e às realidades fundamentais

---

74. CHALESWORTH, J.H. *Jesus within Judaism*. Op. cit., p. 161, nota 45; p. 164, nota 62. Ele se refere a BROWN, R. *Jesus God and Man*: Modern Biblical Reflections (Milwaukee 1967), p. 91, para quem certa exegese concentrada nos textos concretos não vê o problema de fundo: "Pode ser que aqui a busca de uma prova absolutamente científica leve consigo o fato de que as árvores nos impeçam de ver a floresta. É possível arguir uma convergência de probabilidades segundo a qual Jesus reivindicou ser o Filho único de Deus". Charlesworth se refere também a Bultmann, para quem Jesus não faz parte da teologia do NT como consciência originadora, mas é somente seu pressuposto histórico. Sua *Teología del NT* (1981) inicia-se com estas palavras: "A pregação de Jesus pertence aos pressupostos da teologia do NT e não constitui uma parte desta [...]. A partir do querigma da comunidade primitiva, portanto, começa a reflexão teológica, começa a teologia do NT" (p. 40-41).

75. Cf. VON RAD, G. *Teología del AT,* II (Salamanca ⁶1990), p. 127-130. O gesto de Jesus transcende os do AT porque sua última ceia tem uma pretensão de autoridade escatológica.

da história da salvação. Jesus se confronta com elas, herdando-as em um sentido e substituindo-as em outro. Onde antes estava a autoridade dessa história e dessas instituições, agora estão sua palavra e sua pessoa. Tais sinais se convertem em chave de interpretação da autoconsciência de Jesus, já que reveladores de uma cristologia em realização. Jesus não enuncia uma cristologia teórica: Ele realiza uma cristologia em ato. Não proclama com palavras um programa de salvação, mas realiza essa salvação com sua vida. *A soteriologia está implícita em seus atos*[76].

a) O marco histórico da última ceia de Jesus

O marco histórico da última ceia de Jesus com seus discípulos é a celebração da páscoa, a rememoração da gesta libertadora de Deus com seu povo, a memória da aliança, a esperança do Messias, a antecipação do reino escatológico. O contexto imediato é a traição de Judas. Todo o aparato da última ceia e os relatos subsequentes têm estes dois pressupostos de fundo: o marco pascal e a traição do discípulo; a fidelidade de YHWH a seu povo, não obstante a infidelidade deste, e a ruptura de um dos que haviam acompanhado o grupo de seguidores mais próximos de Jesus. Tanto a tradição paulina quanto a joânica unem estreitamente ambos os elementos: "O Senhor Jesus, na noite em que *foi entregue* [...] *se entregou* (διδόναι)" (1Cor 11,23; Jo 13,1-2). O amor de Jesus se manifesta ao extremo e o consuma numa forma extremada. A Eucaristia é a resposta de Jesus a um fato particular (traição de Judas) e simultaneamente sua resposta antecipada a todas as traições futuras. Seus seguidores poderão traí-lo; a entrega de Jesus, no entanto, é para sempre e por todos[77].

Os sinóticos afirmam claramente que a última ceia de Jesus foi uma ceia pascal (Mc 14,12-16)[78]. Como se celebrava a ceia no 14 *nisan,* Jesus teria sido crucificado no dia 15 de março desse mês; isto é, no dia da páscoa. Uma execução capital em dia tão importante, embora não frequente, podia acontecer em casos gravíssimos. Para São João, em contrapartida, não foi uma

---

76. Cf. SCHÜRMANN, H. "La originalísima comprensión de Jesús de su propria muerte – Observaciones sobre la 'soteriología implícita' de Jesús". In: *El destino de Jesús.* Op. cit., p. 211-240.

77. Para todas as questões históricas e literárias a obra clássica continua sendo: JEREMIAS, J. *La última cena* – Palabras de Jesús (Madri 1980).

78. Cf. ibid., p. 13-92. Contrariamente: LÉON-DUFOUR, X. *La fracción del pan* – Culto y existencia en el NT (Madri 1983), p. 376-378.

ceia pascal. Para ele (18,28; 19,14), Jesus teria sido crucificado no dia 14, dia da preparação da Páscoa. João vê nisto uma grande significação: Jesus, novo cordeiro pascal, é crucificado na mesma hora em que se sacrificavam no templo os cordeiros pascais, que iriam ser consumidos na ceia festiva (Jo 1,29; 19,31-36; Ex 12,46; Nm 9,12; 1Cor 5,7). A maioria dos autores afirma que a atmosfera e as ressonâncias pascais são elementos essenciais para entender a última ceia de Jesus.

b) Os relatos

O que aconteceu e o que Jesus fez nela? Temos quatro relatos dos fatos, em duas famílias textuais[79]. Mt 26,26-29 e Mc 14,22-25, por um lado, parecem corresponder originariamente ao relato da paixão e têm um interesse primordialmente histórico. Por outro lado, 1Cor 11,23-29 e 22,19-20 parecem ter uma origem litúrgica e uma intencionalidade celebrativa, como relato que acompanhava a celebração eucarística da Igreja que explicitava seu sentido (rito-mito, em terminologia de história das religiões)[80]. Não é possível reconstruir o teor literal das palavras de Jesus. A Igreja não confiou sua verdade à recuperação e à repetição verbal das *ipsissima verba Jesu*, mas à sua intenção objetiva, confiando na credibilidade dos testemunhos da origem, na ação do Espírito e na autoridade dos apóstolos[81]. Diante de uma mentalidade mágica, que supõe uma força automática em algumas palavras ou fórmulas, a Igreja faz referência à totalidade do ato realizado por Jesus naquela noite, venerando as suas palavras, mas sem isolá-las dos gestos e do incremento de sentido que adquiriram após a morte e a ressurreição.

Literariamente os relatos da última ceia a apresentam situando-a em continuidade com a páscoa judaica e em antecipação da Eucaristia da Igreja. Essa última refeição de Jesus é a expressão suprema de suas refeições pascais com pecadores, marginalizados e publicanos, prolongadas nas refeições com seus discípulos depois da ressurreição. Sua comunhão de mesa e de destino com os homens, como antecipadora da consumação, estende-se da vida

---

79. Cf. JEREMIAS, J. "El relato de la última cena". In: *La última cena...* Op. cit., p. 93-112.
80. Cf. "Influjo del culto en los textos de la cena". In: Ibid., p. 113-148. • "El texto más antiguo de las palabras de Jesús en la cena". Ibid., p. 149-222.
81. "Podemos concluir com toda segurança que o núcleo comum dos relatos nos conservou a lembrança fundamentalmente fidedigna das palavras de Jesus na última ceia". Ibid., p. 221.

à morte[82]. Será que a amizade, a benevolência e o perdão divinos que Jesus lhes ofereceu em vida continuariam a oferecê-los na morte e simbolizariam a vitória sobre ela? Até o final, e de maneira suprema no final, Jesus faz de sua existência um serviço e um sacrifício entregando-se e intercedendo por eles. O que em vida fez por amigos e próximos, na morte o fará por todos, inclusive por seus inimigos e não próximos.

c) Gestos e palavras

O ato foi emoldurado por gestos, alimentos, taças e pratos estabelecidos pelo ritual judaico para a ceia pascal. Dentro desse contexto, Jesus altera alguns elementos mínimos e insere uma realidade máxima: sua existência pessoal intrínseca ao pão e ao vinho para ser alimento e bebida dos participantes. O revelador desta novidade são tanto as *palavras* quanto os *gestos*. Schürmann e Pesch analisaram o sentido de cada um deles; isto é, o que fez e o que disse sobre a taça e sobre o pão: tomar, abençoar, partir, dar, dizer, estimular a tomar, interpretar, aplicar, mandar repetir. Os aspectos-chave são: o pão partido e o sangue derramado, real símbolo que contém seu corpo e sangue. "Isto é o meu corpo [...]. Este é o meu sangue" (Lc 22,19; Mt 26,28; Mc 14,22; 1Cor 11,24)[83]. Nesse contexto em que Jesus se situa diante de sua morte iminente, antes de ser dispersado e quebrado pelos outros na violência, recolhe em si mesmo em louvor ao Pai e se entrega em serviço a muitos. "Tomai e comei, este é o meu corpo, que é dado por vós" (Lc 22,19); tomai e bebei, este é o meu sangue da nova aliança, que é derramado por vós" (Mc 14,24; Lc 22,20). Partir e derramar remetem ao corpo quebrado na cruz e ao sangue vertido por terra. É outra maneira de apresentar sua morte como sacrifício e aliança. O "passivo divino" deixa perceber que, para além da violência dos homens, é o Pai quem entrega o Filho. À traição dos homens Jesus responde com uma entrega consciente e decidida, até consumar a obra que o Pai lhe encomendou. São João sublinha esta consciência e liberdade

---

82. "A última ceia de Jesus tem seu enraizamento histórico nesta cadeia de comunhões de mesa com Jesus. Como todas elas, é *antecipação da consumação* (Lc 22,16; Mc 14,25) [...]. Sua peculiaridade não consiste no fato que Jesus 'constituíra' um rito completamente novo, mas que, com o rito habitual da oração da mesa – antes e depois da refeição –, associou um anúncio e uma interpretação da paixão" (JEREMIAS, J. *Teología del NT* (Salamanca ²1974), p. 335-336).
83. Cf. SCHÜRMANN, H. "Palabras y acciones de Jesús en la última cena". In: *Conc* 40 (1968), p. 629-640. • PESCH, R. *Das Abendmahl und Jesu Todesverständnis* (Friburgo 1978).

até o gesto final de inclinar sua cabeça[84]. Jesus não é mero receptor passivo de um destino que uns ou outros lhe infligem. Como pai de família que preside a mesa e profere a bênção, Jesus faz partícipes de seu destino quem senta nela com Ele, e lhes concede o perdão dos pecados (Mt 26,28). Para além das diferenças verbais das quatro tradições, todas têm em comum as duas preposições ὑπερπέρι, que, com absoluta simplicidade, dizem o sentido do gesto: o corpo e o sangue – ou seja, a pessoa de Jesus – é "por", entrega-se "em favor" e "no lugar de" muitos (forma semítica para indicar a imensa multidão dos filhos de Deus dispersos pelo mundo)[85].

d) O sentido

O ato de Jesus é um sinal de autoridade e de cumprimento escatológico em um sentido e de antecipação do banquete messiânico do Reino futuro em outro (Mt 26,29; Mc 14,25; Lc 22,18). A experiência eclesial interpreta a ação e a intenção de Jesus com três motivos veterotestamentários de fundo: *o sangue da aliança* (Ex 24,8); *a nova aliança* (Jr 31,31); *os cantos do servo de YHWH* (Is 42,6; 49,8; 59,21; 52,13-53).

• A conexão entre palavras e gestos nos permite descobrir um ato de aliança e de sacrifício[86]. A teologia da aliança e da páscoa andam juntas. Estamos assistindo a conclusão de uma aliança no sangue de Jesus como acontecimento escatológico fundador. O sangue é o poder da vida, que Deus nos dá, para recuperá-la quando a tivermos perdido. "Porque a vida de um ser vivo está no sangue. Eu vos mandei pôr o sangue sobre o altar para expiar por vossas vidas, pois é o sangue que faz expiação pela vida" (Lv 17,11). É Deus que nos dá um meio para expiar (= destruir, superar) nosso pecado,

---

84. Jo 10,18; 19,30. A TOB comenta: "A forma ativa do verbo 'inclinou sua cabeça' sugere a perfeita consciência e domínio (*maîtrisse*) que até o final caracteriza Jesus no cumprimento de sua missão".

85. Como o pai de família interpretava aos filhos os ritos da aliança, Jesus interpreta aos participantes o sentido daquilo que está fazendo. "Ἐκχύνεσθαι é linguagem sacrificial. Com isso, Jesus se designa a si mesmo como sacrifício, e concretamente como cordeiro pascal escatológico (1Cor 5,7), cuja morte põe em vigor a nova aliança prefigurada no Sinai (Ex 24,8) e profetizada para o tempo da salvação (Jr 31,31-34)" (JEREMIAS, J. *Teología del NT*. Op. cit., p. 337). "É muito difícil, sem fazer violência aos textos, suprimir das palavras da instituição as precisões que fazem do gesto de Jesus um sacrifício e uma aliança" (GUILLET, J. *Jésus devant sa vie et sa mort*. Op. cit., p. 212).

86. Cf. COPPENS, J. "L'Eucharistie. Sacrement et sacrifice de la nouvelle alliance". In: *Aux origines de l'Église* (Lovaina 1968), p. 125-158.

outorgando-nos vida divina de novo; não somos nós que expiamos (o sentido vulgar e judicial de pagar, sofrer, aplacar, tornar benévolo a alguém compensando-o com algo depois de tê-lo ofendido)[87]. A partir de agora podemos perceber o sentido exato do termo expiação: Deus nos dá o sangue como poder de vida para superar o poder do pecado e da morte. Ao derramá-lo diante dele, em adesão à sua potência vivificadora e em súplica amorosa, o poder de Deus desaloja, destrói e substitui em nós o poder do pecado. Neste sentido, o sangue de Cristo é o sangue da aliança ou é *a aliança em seu sangue* que introduz o poder de Deus em lugar do pecado e sua vida em lugar de nossa morte (1Cor 11,25)[88]. É necessário desenraizar de uma vez por todas a intepretação extrabíblica pré-cristã ou anticristã da categoria bíblica de aliança, sacrifício e expiação, que implica uma imagem pagã e cruel de Deus, impedindo-nos de compreender os verdadeiros motivos que inspiram os atos de Jesus e os relatos do NT.

R. Pesch deduz deste comportamento de Jesus, entregando sua vida, a compreensão que tinha de si mesmo, de sua missão e de sua morte:

> A compreensão que Jesus tinha da morte, segundo a qual entrega sua vida por muitos e através de sua morte expia o pecado de Israel (levando à morte o último mensageiro de Deus), é a expressão suprema tanto de sua certeza da vontade salvífica de Deus quanto de sua própria compreensão como mensageiro decisivo da salvação de Deus e mediador salvífico escatológico. A morte expiatória de Jesus não é alternativa à sua pregação do Reino, mas sua consequência, consumando-a numa situação histórico-salvífica nova: a instituição da nova aliança[89].

• Como *aliança nova* cumpre as características que lhe são conferidas por Jr 31,31-34: estabelece a aproximação definitiva de Deus ao seu povo, interioriza a lei em seu coração, perdoa os pecados e outorga a justiça a *muitos* (Rm 5,15; 5,18), e não apenas aos judeus ou aos presentes.

---

87. O homem não pode "expiar"; i. é, destruir ou arrancar o poder do pecado operante em sua vida porque lhe excede. Somente Deus é superior ao poder do pecado. Por isso é Deus que o "expia" e Jesus Cristo enquanto seu lugar-tenente e enquanto solidário conosco: "Jesus enquanto expia o pecado está do lado do homem diante de Deus, e, no entanto, esse fazer vem também plenamente de Deus" (GOPPELT, L. *Theologie des NT*, I (Gotinga 1975), p. 247). Cf. GESE, H. "Sühne". In: *Zur biblischen Theologie* – Alttestamentliche Vorträge (Munique 1977), p. 85-106.

88. Cf. ZUBIRI, X. *El problema teologal del hombre*: cristianismo (Madri 1997), p. 325.

89. PESCH, R. *Das Abendmahl und Jesu Todesverständnis*. Op. cit., p. 108-109.

• Se, com suas palavras, Jesus não fez referência explícita ao *Servo de YHWH*, Ele se comportou, entretanto, da forma como o servo é descrito: suportou os sofrimentos, carregou em si as iniquidades de todos e intercedeu pelos pecadores. Jesus realiza o pacto escatológico em seu corpo quebrado e em seu sangue derramado. Este sangue será, assim, a expiação por todos. Na acepção de Is 53, com o olhar posto sobre sua morte iminente e estendida até o Reino de Deus que chega, Jesus instaura a reconciliação de Deus com os homens. Com seu sofrimento, como Servo, "justificará a muitos" (Is 53,11).

Diante dos que negam a continuidade entre os ideais do Reino que Jesus proclamou e o fato de sua morte, ou negam que vivera essa morte conscientemente como parte de sua missão salvífica, Joaquim Jeremias, Pesch, Schürmann, Hengel, Guillet, dentre outros, veem neste ato de Jesus a realização suprema de sua existência pró-existente e, por conseguinte, consideram *a última ceia um dos eixos entre a mensagem do Reino anterior e a morte seguinte, interpretados uma e outra como serviço aos homens*[90]. Quando esse serviço se refere às necessidades naturais, ele se expressará em recuperações e curas; quando se refere à sua relação com Deus, ele se chamará revelação de sua paternidade, perdão de nossos pecados, sacrifício, expiação por eles.

> Jesus, na santa ceia, se vê a si mesmo desempenhando o papel do servo sofredor de Deus, que com seu padecimento e morte leva a Israel a justiça e a paz. Como Servo de Deus e Filho do Homem, que sofre vicariamente, Jesus "faz expiação" e reconcilia os Doze com Deus e lhes concede um novo ser em justiça (cf. Is 53,11-12; Mc 10,45)[91].

A última ceia de Jesus com os seus é o ato com o qual Jesus fecha sua vida, ainda em liberdade. Poucas horas depois já não poderá mais ser protagonista de seu próprio destino. Por isso, agora se antecipa aos fatos, os assume e os interpreta permitindo aos Doze e a todos os crentes posteriores compreender e compartilhar o sentido de tudo o que virá depois como

---

90. SCHÜRMANN, H. "La supervivencia de la causa de Jesús en la comida pascual del Señor". In: *Cómo entendió e vivió Jesús su muerte?* Op. cit., p. 73-104.
91. STUHLMACHER, P. *Jesús de Nazaret-Cristo de la fe* (Salamanca 1996), p. 90. Cf. HENGEL, M. "Der stellvertretende Sühnetod Jesu". In: *Com IKZ* 9 (1980), p. 1-25, 134-147, cit. na p. 146, reassumido HENGEL, M. *La crucifixion dans l'antiquité et la folie du message de la croix* (Paris 1981).
• WILCKENS, U. "Sobre la comprensión de la idea de expiación". In: *La Carta a los Romanos,* I (Salamanca 1986), p. 286-299. CULLMANN, O. *Cristología del NT* (Salamanca 1998), p. 119-120.

um ato de sua lúcida consciência assumida e de sua generosa liberdade entregando-se "por" todos. Seu final não é o resultado de uma falta de sorte, percalço imprevisto, condenação de algum poder divino ou humano, mas fruto da enternecedora misericórdia do Pai que entrega seu Filho para a vida do mundo e fruto da lúcida liberdade do Filho, que reage com amor e sem violência, entregando-se por aqueles que com violência lhe infligem a morte. Jesus, na misteriosa soma de palavras e gestos, com sua simplicidade que nos faz vislumbrar o mistério, reassume seu passado e antecipa seu futuro. A última ceia é realizada como síntese de sua vida e prolepse de sua morte; ambas são frente e verso de sua entrega pessoal, realizada diante de Deus como intercessão pelos homens e criadora de reconciliação para a humanidade. Os seis verbos seguintes explicam o sentido da ação de Jesus. Consciente de sua morte inevitável, Jesus a *antecipa, presencializa* e *interpreta* como oferenda e intercessão por todos; *incorpora* sua eficácia salvífica universal nos sinais do pão e do vinho; *encarrega* os apóstolos a repetir essa sua ação, que é memória e anúncio de sua morte até que volte (1Cor 11,26), conferindo-lhes potência espiritual (δύναμις) e potestade jurídica (ἐξουσία) para realizá-la; assim, Ele *universaliza* sua entrega no tempo e no espaço. Quem fizer isso em sua memória (1Cor 11,24) participa de seu destino e se converte em beneficiário da nova aliança formando o novo povo[92].

    A Eucaristia é o ponto-final de Jesus (cronologia) e finalizador de sua existência (sentido); mas ao mesmo tempo é ponto-inicial (cronologia) e sustentador (sentido) da existência da Igreja. Esta é o povo nascido da nova aliança em seu sangue, do amor oferecido e da reconciliação outorgada. A Eucaristia funda, assim, a Igreja enquanto comunidade nascida da entrega, do sacrifício e da solidariedade vicária de Jesus para com os homens. Por isso, a Igreja se compreende como realidade sacramental e comunidade celebrativa. A Eucaristia é a *fonte* da Igreja, manancial e seu nascedouro[93]. Eucaristia e Igreja se fundam reciprocamente, já que são expressões de um único corpo vivo de Cristo, que se dá como vida e que age como cabeça em

---

92. Cf. GONZÁLEZ DE CARDEDAL, O. "La eucaristia entre Jesús, la Iglesia y el mundo". In: *La entraña*, p. 463-522.
93. Cf. KATTENBUSCH, F. "Der Quellort der Kirche". In: *FS für A. von Harnack zum 70. Geburtstag* (Tubinga 1921), p. 143-172. • RATZINGER, J. *Das Schiksal Jesu und die Kirche* (Bergen/Enkheim 1965) [Ed. francesa: *L'Église aujourdi'hui* (Tournai 1967), p. 31-50].

relação aos membros unidos nela, que são os fiéis[94]. A Eucaristia e o Espírito Santo perenizam e mediatizam o destino salvífico de Jesus a todo homem e ao homem inteiro, em sua intimidade espiritual e em sua corporeidade carnal. Desta forma mostram como o pão que Jesus dá é sua "carne para a vida do mundo" (Jo 6,51).

A Eucaristia é a mediação institucional objetiva que une a história e a pessoa de Jesus à comunidade nascida dele. Na celebração cultual os fiéis continuaram reconhecendo Cristo presente ao longo dos séculos, sentindo-se partícipes dos benefícios de seu corpo entregue por todos e de seu sangue derramado por muitos. A doutrina e inclusive o exemplo de Jesus teriam desaparecido da memória humana se não tivesse havido cotidianamente essa refundação institucional e experiencial da comunidade dos fiéis por meio da celebração da Eucaristia. Por sua vez, ela os fez perceber que a parusia de Jesus não era um fato temporal futuro, mas um acontecimento salvífico perenemente ativo: Jesus glorificado por Deus está vivo e se dá a conhecer "ao partir o pão" (Lc 24,30-31). E porque está vivendo a cada dia, a Igreja o confessa como seu porvir absoluto. A celebração litúrgica, e de maneira especial a Eucaristia, permitiu reconhecer Jesus como vivente e vivificador (*Kyrios*), e desta forma comprovar que a escatologia havia sido realizada nele e tinha que continuar se realizando em nós. A espera da parusia imediata, que não aconteceu, não ruiu os fundamentos da Igreja, já que ela, pelo encontro celebrativo com seu *Kyrios*, descobriu o verdadeiro sentido da *plenitude* e da *consumação*[95].

A Eucaristia, como celebração do Senhor, Salvador presente e por vir, nega e supera toda compreensão meramente social, moral ou cultural tanto de Jesus quanto do cristianismo. Neste sentido têm razão Deismann e Bousset ao afirmarem que o fato mais importante no desenvolvimento da Igreja primitiva foi o surgimento da celebração cultual do Cristo ressuscitado dentro da comunidade[96]. Memória de Cristo, adesão a Cristo, fé em

---

94. Cf. DE LUBAC, H. *Corpus Mysticum* – L'Eucharistie et l'Église au Moyen Âge (Paris 1959).
95. Cf. AUNE, D.E. *The Cultic Setting of Realized Eschatology in Early Christianity* (Leiden 1972).
96. DEISMANN, A. *Paulus* – Eine kultur und religionsgeschichtliche Skizze (Tubinga 1911-1925). • DEISMANN, A. *Licht vom Osten* – Das NT und die neuentdeckten Texte der hellenistisch-römischen Welt (Tubinga 1908-1923). • BOUSSET, W. *Kyrios Christos* – Geschichte des Christusglaubens von den Anfängen des Christentums bis Irenaeus (Gotinga 1913-1965). • CLEMENS, R.E. "The cult was essentially the cradle of theology". In: *JTS* 51 (2000), p. 180.

Cristo e culto de Cristo constituíram o cristianismo, feito possível com a conjugação de três grandes fatores inseparáveis: a existência histórica de Jesus, sua ressurreição por Deus e a experiência do Espírito.

II - A morte de Jesus

A morte de Jesus pode ser estudada sob os seguintes aspectos. Enquanto:

- *Fato histórico*. Como foi possível e como aconteceu?
- *Fato jurídico*. Foi resultado de um processo corretamente realizado do ponto de vista formal? Quem foi responsável? Em que sentido se pode falar de culpáveis e como qualificar a culpabilidade: homicídio, deicídio?
- *Fato teológico*. Qual é a conexão entre a morte de Jesus e Deus, e como o Pai afeta a morte do Filho, a cujo ser pertence desde toda a eternidade? Tem algum sentido legítimo falar de *morte de Deus*?
- *Fato soteriológico*. A fé cristã confessou que a morte de Jesus foi a superação de nossa morte e a redenção de nossos pecados; que nele estamos salvos. Como a morte de um pode ser fonte de vida para outros?
- *Fato eclesial-cultural*. A pregação da cruz de Cristo foi vista com "loucura" e como "sabedoria", como escândalo e fascinação. Seria predicável hoje numa cultura repressora da morte? Como apresentá-la como boa notícia de vida, de perdão, de amor, de alegria e de esperança?

1 Contexto do problema

O fato fundamental da vida de Jesus é sua morte. Como dado histórico é atestado unanimemente pelas fontes cristãs, judaicas e romanas, que concordam com a descrição do modo de morrer, por crucifixão, ainda que divirjam na hora de interpretar as causas e as responsabilidades[97]. Este fato, historicamente inquestionável, deve ser entendido tanto à luz da história anterior de Jesus quanto à luz da história posterior da Igreja. A morte de Jesus na cruz foi o fim de sua vida entregue ao Reino, no sentido de final escatológico e meta teológica. Recuperada por sua ressurreição como sinal

---

[97]. FLAVIO JOSEFO. *Ant. Jud*, XVIII, § 63; 64. • TÁCITO. *Anales*, p. 15,44. • TALMUD DE BABILONIA. *Tratado Sanhedrin*, 43a.

de amor redentor de Deus foi o começo de uma situação nova na história da humanidade e princípio (ἀρχή) do qual nasce a Igreja. Neste sentido a morte de Jesus na cruz é o núcleo resistente e irredutível, escandalizador e fascinador do cristianismo[98]. Poderemos demonstrá-la como fato, mas reconhecer no crucificado o Messias e confessá-lo como Senhor da glória (1Cor 2,8) não é possível sem interpretação e sem fé.

A fé ou a não fé fundam uma ou outra interpretação. A partir de Merleau-Ponty, Polany, Ricoeur e outros filósofos sabemos que não existe o lado único, que é impossível descrever certos fatos sem interpretá-los e interpretá-los sem referir-se às questões últimas: Deus, homem, mundo e a relação existente entre si[99].

Essa morte não foi casual, nem fruto de uma prévia má vontade dos homens, nem um destino cego, tampouco um desígnio de Deus, que a quis por si mesma, à margem da condição dos humanos e de sua situação de pecado. A morte de Jesus é um acontecimento histórico, que deve ser entendido a partir das situações, das instituições e das pessoas no meio das quais Ele viveu, não simplesmente para defender este fato, mas para torná-lo "inteligível". A preguiça mental e um resquício antissemita nos levaram a remetê-la imediatamente à vontade de Deus ou à maldade dos judeus. Essa morte não foi o resultado da ingenuidade de Jesus que, inconsciente das consequências de suas propostas no mundo em que se movia, teria sido encurralado pelos acontecimentos ou identificado como membro de um movimento zelota[100]. Menos ainda foi resultado de uma obsessão ou de uma vontade suicida de Jesus, tampouco considerada desde o princípio como algo inerente à missão que devia realizar no mundo. Jesus se posicionou em favor da vida em todos os sentidos; foi um alegre admirador da natureza como criação de Deus e do homem como amigo e imagem de Deus. Sua morte foi consequência de algumas liberdades e de algumas decisões humanas num processo longamente gestado, que lhe permitiram percebê-la como possível, vislumbrá-la como

---

98. Cf. 1Cor 1–2. • DE KESEL, J. "La croix de Jésus: le noyau irréductible de la foi". In: *Com RCInt* 5/1 (1980), p. 4-12.

99. "The proof of this insight es, again, the raw core of Christology: the cross. Historians can prove that the cross is historical, archaeologist may now be able to show us where he was crucified, but they cannot elicit a confession in a crucified Lord" (CHARLESWORTH, J.H. *Jesus Within Judaism*. Op. cit., p. 156).

100. Cf. GONZÁLEZ DE CARDEDAL, O. *La entraña*, p. 564-568.

inevitável, aceitá-la como condição de sua fidelidade em face das atitudes que os homens iam tomando em relação a Ele e, finalmente, integrá-la como expressão suprema de sua condição de mensageiro do Reino, quando tentou mostrar que este não somente estava chegando, mas ao enfrentar-se com as forças adversas ao Reino: a violência, o pecado dos homens, a própria morte, o afastamento de Deus.

A morte de Jesus tem que ser lida e entendida, portanto, a partir de sua condição de mensageiro do Reino e ao mesmo tempo a partir de sua confirmação e de sua credibilidade como mensageiro de Deus pela ressurreição, para além do descrédito dos homens. *Reino, morte e ressurreição constituem o triângulo hermenêutico no interior do qual se deve compreender o destino e a pessoa de Jesus.* Cada um desses elementos projeta luz sobre os outros dois e somente a partir da iluminação recíproca são inteligíveis.

Os evangelistas partem da experiência do Ressuscitado, olham para o Mensageiro do Reino e a partir de ambos tentam desvelar o enigma do Crucificado. Com razão afirmou-se que este esquema de contraste, juntando as três estações do caminho de Jesus (ação, morte e ressurreição), constitui o "esquema interpretativo mais antigo com cuja ajuda a comunidade pós-pascal buscou penetrar o sentido da morte de Jesus"[101]. As fontes históricas põem sua ancoragem nos fatos da paixão, a ponto de M. Kähler afirmar: "Exagerando um pouco se poderia dizer que os evangelhos são histórias da paixão com uma introdução detalhada"[102]. A razão é que esses relatos nasceram principalmente para servir à celebração eucarística na qual se atualizava o fato e os efeitos da morte redentora de Cristo. Todo o anterior era visto como preparação e antecipação desse ato culminante de sua eficácia salvífica. O pressuposto implícito em todo falar sobre Jesus morto e crucificado é sua ressurreição por Deus em vista da justificação do homem. A mensagem do Reino teria permanecido literariamente ou socialmente insignificante e sua morte como um capítulo a mais entre os milhares de crucificados, se não tivesse havido a ressurreição. Esta não anula o anterior, mas o recolhe, lhe dá credibilidade, lhe confere significação salvífica e o universaliza. Não anu-

---

101. ROLOFF, J. *Neues Testament* (Neukirchen 1977), p. 198. Contraste entre o que os homens fizeram crucificando-o e o que Deus fez ressuscitando-o (At 3,13-15; 4,10; 5,30; 10,39). Cf. SCHENKE, L. *Die Urgemeide* – Geschischtliche und theologische Entwicklung (Stuttgart 1990), p. 24-25.

102. KÄHLER, M. *Der sogennate historische Jesus und der geschichtliche biblische Christus* (Leipzig 1892; Munique ⁴1969).

la os conteúdos históricos anteriores, mas deixa alguns à sombra como insignificantes, ao passo que outros os coloca em plena luz à medida que deixam vislumbrar a "hora" definitiva, o ato supremo de Deus atuando em Jesus e sua glorificação final[103]. Desta forma se explica a razão pela qual as primeiras confissões de fé só incluem a morte e a ressurreição e não recolhem nenhum dado da vida anterior[104].

2 As fontes

Os relatos da paixão têm a mesma estrutura nos sinóticos e em João, ainda que cada um lhes imprima seu selo próprio[105]. Eles abarcam as seguintes secções: prisão no horto das oliveiras; translado até o sumo sacerdote (Anás/Caifás); apresentação ao processo diante do Sinédrio; apresentação e processo diante do governador romano Pôncio Pilatos, que culmina com a sentença de crucificação; ato da crucificação; morte na cruz; sepultura. Quase todos os autores estão de acordo que existiu um relato primordial da paixão, do qual dependem todos os evangelistas. A comunidade viva, crente e celebrante está na origem de todas as nossas fontes sobre Jesus, que nasceram da celebração da fé, e a partir dela se estenderam retroativamente para recuperar a história fundante (vida de Jesus) e proativamente para cumprir a tarefa de Jesus (a missão a todos os povos).

---

103. A esperança judaica estava orientada para "a hora" como momento de intervenção suprema de Deus no fim dos tempos (Dn 8,17-19; 11,35.40.45; Mt 24,36.44.50). É uma categoria central no Evangelho de João. É a meta a que tende Jesus: fixada pelo Pai está sempre em seu horizonte (2,4; 5,25; 7,6.30; 8,20), e uma vez dada por Ele Jesus a acolhe (12,23.27). Essa hora é a glorificação, que se realiza pela obediência perfeita e pelo amor, no seio da humilhação na cruz, ao mesmo tempo que por sua ressurreição: ambas são vistas por João como "exaltação-elevação" na qual Jesus é glorificado e simultaneamente o Pai é glorificado (17,1-2; cf. Mt 19,28; 25,31; Mc 8,38; 13,26; Rm 8,18).

104. As confissões de fé partem da experiência de Jesus ressuscitado, reconhecido como Messias, constituído Senhor e Filho: At 2,26; 8,37; Rm 1,1-4. Seu desenvolvimento é feito explicitando a história do sujeito (Jesus) e o conteúdo dos predicados (Messias, Senhor, Filho de Deus). Cf. CULLMANN, O. "Les premières confessions de foi chrétiennes". In: *La foi et le culte de l'Église primitive* (Neuchâtel 1963), p. 47-88. • NEUFELD, V.H. *The Earliest Christian Confessions* (Leiden 1963). • SCHLIER, H. "Die Anfänge des christologischen Credo". In: WELTE, B. (ed.). *Zur Frühgeschichte der Christologie* (Friburgo 1970), p. 13-58.

105. Cf. LÉON-DUFOUR, X. "Passion". In: *DBS* VI (1960), p. 1.419-1.492. •VANHOYE, A.; DUQUOC, C. & DE LA POTTERIE, I. *La passion de Jésus selon les quatre Évangiles* (Paris 1981). • DE LA POTTERIE, I. *La passion de Jésus selon l'évangile de Jean* (Paris 1986). • DAUER, A. *Die Passionsgeschichte im Johannes evangelium* (Munique 1972).

Quais são as intenções e motivações comuns?

a) *A vontade de identificar Jesus*, acumulando títulos ao longo do processo, testemunhos na hora da morte e fenômenos cósmicos ou sinais de ordem religiosa, de forma que saibamos quem é que morre; assim se explicam a pergunta do tribunal sobre sua messianidade e a resposta de Jesus que mistura outros títulos como se fossem sinônimos (Filho de Deus, Filho do Homem); as palavras do centurião, o véu rasgado no templo, a comoção da terra e do sol, os mortos que ressuscitaram (Mc 14,61; Mt 27,52).

b) *O estilo* não de narração histórica ou descrição psicológica, mas o próprio de um texto litúrgico, que repete as coisas, com traços hínicos e anamnéticos.

c) Estão *elaborados com traços paralelos de textos do AT*, mostrando Jesus como o Justo que morre diante de Deus e aplicando-lhe os Salmos (22; 69; 109), ao mesmo tempo em que guardando reminiscências de Is 52–53, de forma que o Saltério e o profeta Isaías são os livros com cuja ajuda a comunidade interpreta e assimila a paixão de Jesus.

d) A *intenção parenética* que converte os presentes em protagonistas da paixão passada na medida em que se lhes coloca diante dos olhos um espelho de fidelidade confessante ou de negação traidora, para que cada um se identifique como traidor ou amigo fiel na situação de perseguição que vive a comunidade cristã. Todos são estimulados a manter a fidelidade e inclusive a imitar a "Cristo Jesus, que diante de Pilatos testemunhou abertamente a verdade" (1Tm 6,13)[106].

Dentro destes traços comuns, Mateus sublinha a messianidade e a autoridade de Jesus; Marcos a filiação divina unida ao silêncio e a solidão em que morre, como o Servo de YHWH abandonado pelos homens; Lucas a delicadeza e a ternura de Jesus até o fim, concluindo sua vida em oração por seus perseguidores, já que esta ocupa um lugar central em toda a sua existência; João, a majestade do Filho de Deus que sofre, mas que se dirige livre e decididamente à morte, já que ninguém lhe tira a vida, mas a entre-

---

106. Cf. GNILKA, J. "Das Christusbild einer alten Passionsgeschichte". In: *Jesus Christus nach frühen Zeugnissen des Glaubens* (Munique 1970), p. 95-109. • REINBOLD, W. *Der älteste Bericht über den Tod Jesu* – Literarische Analyse und historische Kritik der Passionsdarstellungen der Evangelien (Berlim 1994).

ga, porque a hora da cruz é a hora em que Ele tem que glorificar o Pai pela suma obediência e na qual o Pai glorifica Jesus assumindo-o em sua própria glória, plenificando assim sua humanidade e tornando-a fonte do Espírito para todos os homens (Jo 17,1-5).

3 Conexão entre a vida e a morte

Seria compreensível a morte de Jesus a partir de sua atividade pública, sendo que ela teria emergido em sua consciência como uma possibilidade, talvez como um fato inevitável, finalmente implicada na lógica do Reino, e neste sentido assumível como parte de seu destino, como um ato resultante do pecado dos homens? Bultmann fez algumas afirmações categóricas:

> A maior perplexidade na hora de tentar reconstruir uma imagem psicológica de Jesus é o fato que não podemos saber como Jesus entendeu seu fim, sua morte. [...] A certeza é que foi crucificado pelos romanos, e que, portanto, padeceu a morte de um criminoso político. Dificilmente se pode entender essa execução como a consequência internamente necessária de sua atuação; ela aconteceu, antes, como resultado de um mal-entendido de sua atuação, ao considerá-la de natureza política. Historicamente falando, portanto, o seu teria sido um destino absurdo (*ein sinnloses Schicksal*). Se Jesus encontrou nela um sentido e como o encontrou não podemos sabê-lo. *E ninguém pode ocultar a si mesmo a possibilidade de que morreu desesperado*[107].

Este texto foi revulsivo para a cristologia dos últimos decênios. Bultmann não diferencia as razões externas pelas quais o mataram das razões internas pelas quais Ele morreu, deixando a vida de Jesus à mercê do que os outros fizeram com Ele, enquanto que para todas as fontes cristãs o central é o que Jesus fez pelos outros. Sua missão era orientada para os homens e condicionada por eles, mas eles não eram seu último fundamento nem sua origem primeira. *Origem, fundamento e futuro de Jesus é sempre o Pai: diante dele, sobretudo, Ele vive sua vida e morre sua morte.* Bultmann supõe que historicamente as fontes evangélicas não são fiáveis e elabora uma reconstrução hipotética: que o cristianismo podia alicerçar-se em Cristo independentemente de sua consciência filial e de sua missão messiânica; que a

---

107. BULTMANN, R. *Das Verhältnis der urchristlichen Christusbotschaft zum historischen Jesus* (Heidelberg 1965), p. 11-12.

função redentora é conciliável com um desespero final; que Deus pode fazer portador de uma missão salvífica universal alguém que a ignora, não sendo protagonista consciente e livre dela; que o cristianismo não precisa fazer necessariamente uma conexão da consciência e das afirmações dogmáticas da Igreja com a consciência de Cristo.

A pergunta inevitável diante das afirmações de Bultmann é esta: O cristianismo poderia ter se alicerçado e continuar se apoiando até hoje em alguém que não tinha consciência de si mesmo e de sua missão, que inclusive e possivelmente perdeu a esperança em Deus? Mais uma vez aparece com clareza que a inteligência, a justificação, o sentido de Cristo e do cristianismo são inseparáveis. É impossível dar a explicação de um tornando ininteligível o outro. Seria explicação suficiente afirmar que o cristianismo é o resultado de um grande equívoco dos homens que creram no Messias e Filho de Deus, alguém que sequer soube que o era ou que se funda somente no ato de Deus ressuscitando Jesus, um sujeito que, em última análise, não sabia quem era nem quem era Deus para Ele?

É necessário distinguir a questão histórica da questão teológica. Bultmann reage contra um positivismo protestante que se empenhou em recuperar pela crítica histórica, à margem do testemunho apostólico posterior, a *ipsissima verba*, as *ipsissima facta*, a *ipsissima mors*, a *ipsissima persona Jesu*. Diante de tal pretensão é necessário reafirmar que não existe acesso histórico nem teológico completo a Jesus sem passar primeiro pelo testemunho dos apóstolos, depois pela comunidade de fé e, finalmente, pelos testemunhos vivos. A verdade de Cristo e do cristianismo histórico são diferenciáveis, mas não são dissociáveis. Não existe acesso imediato às suas palavras, aos seus milagres, à sua morte e pessoa sem passar pelas mediações de seus seguidores. Elas são suas credenciais transmissivas, interpretativas e verificadoras. A lógica do protestantismo, que situa toda a ação salvífica em Deus sem dar relevo às mediações humanas de sua graça, fez com que seus exegetas descuidassem da questão da consciência de Jesus e de sua participação ativa na ação salvífica, compreendo-o, mais do que como o sujeito que reconcilia os homens com Deus, como o "lugar" onde somente Deus os reconcilia consigo mesmo[108]. Daí a falta de preocupação

---

108. A. Lindemann afirma que carece de importância que o cristianismo se desenvolvesse "em consonância ou em contradição com Jesus [...]. Nós cristãos cremos em Cristo crucificado e ressus-

com a questão se Jesus tinha consciência do sentido de sua morte, de sua referência vicária a todos os homens e do fim que Deus visava através de tudo isso. Segundo o protestantismo, Deus age para o homem, com ele ou à margem dele, também de Jesus, ao passo que para o catolicismo, Deus sempre age com e a partir do homem; por isso, é incompreensível uma morte de Jesus que não seja "sua" morte, realizada em clara consciência de seu sentido, finalidade e eficácia universais. O contrário suporia violência da parte de Deus e alienação da parte de Jesus.

Dos exegetas católicos, primeiro Schürmann e depois Guillet, interpretaram a morte de Jesus à luz de sua ação e de sua pregação anteriores, mostrando como a lógica profunda de ambas puderam levá-lo a contar com a morte, a encontrar-lhe sentido, a integrá-la em sua missão, a realizá-la como expressão de sua pró-existência mantida até o fim, e como proposição do Reino frente ao poder da morte, para mostrar que também diante dela, diante de quem serve ao mal e de suas vítimas, Jesus é o mais forte. Ele se dirige à morte porque ela é a forma com que o mal expressa sua dominação suprema contra os filhos de Deus, que pelo pecado se entregaram a seu serviço e ao do maligno. Estes dois autores interpretaram o final de Cristo a partir do seguinte círculo hermenêutico: o que dá sentido à vida de Jesus acaba dando um sentido à sua morte, e vice-versa[109].

Estes são os passos seguidos por Schürmann, utilizando as categorias de pró-existência e serviço supremo (sacrifício) como fio condutor da vida de Jesus, do princípio ao fim.

a) *Pôde Jesus prever sua morte*? A reação sucessiva dos dirigentes do povo, que aparece desde o início da atuação de Jesus na Galileia, quando realiza os milagres e afirma-se superior ao sábado, podem tê-lo orientado neste sentido: "Mas os fariseus, saindo dali, imediatamente puseram-se a conspirar com os herodianos para matá-lo" (Mc 3,6).

---

citado. Num sermão eu diria: 'Cremos na ação de Deus sobre Jesus pela qual foi constituído Cristo [...]'. Não se trata de saber se Jesus era o Filho de Deus, mas da confissão de que Ele é o Filho de Deus" (Entrevista: *Der Spiegel* (14/12/1999), p. 130-136.

109. "O que dá um sentido à vida dá um sentido à morte" (SAINT-EXUPÉRY, A. *Terre des hommes* VIII, 3. • FOURASTIÉ, J. *Essais de morale prospective* (Paris 1977), p. 37.

b) *Pôde preparar-se para ela?* Jesus se sabia referido ao Pai e enviado para realizar seu dom incondicional da graça. Por isso, nem a facilidade, nem a dificuldade e nem a lisonja ou a adversidade dos poderes deste mundo (Lc 13,31-33) orientaram seus passos. Para Ele estes critérios nunca contaram. Então é pensável que Jesus começasse a contar com a possibilidade de o Pai pedir-lhe a atitude extrema de passar pela morte para conhecer por si mesmo a última angústia e agonia dos mortais, e com isso tornar eficaz o dom de sua misericórdia aos pecadores de uma forma extremada, que é a morte, limite angustioso, sobretudo quando se vive sob o pecado. E todos somos pecadores, pela culpa privados de sua glória e da confiança divina; filhos, portanto, da ira e escravos do medo (Rm 3,23; 2,3; 1Jo 3,20).

c) *Pôde integrá-la na coerência de sua mensagem?* O Reino não era uma mera palavra, mas uma potência que chegava e que transformou a realidade: enfermidade, morte, indigência, marginalização. Dizer que se aproximava o Reino de Deus era afirmar a chegada vitoriosa de Deus, a quem nenhum poder resiste e diante do qual nenhum poder negativo é soberano. Não é normal que Jesus pensasse que sua mensagem não seria crível se não fosse confrontada com o supremo poder negador da esperança humana e que, portanto, todo o anterior seria provisório e, no fundo, insignificante, se da mesma forma com que afastou para longe o demônio, o forte, não vencesse o que era mais forte de tudo: a morte? Era pensável uma intervenção de Deus no mundo eliminando o fato da morte, mas também era pensável uma vitória direta de Deus passando por ela. Jesus nunca negou a criação divina nem reivindicou outra realidade, mas fez nova a realidade existente. Não negou a morte, mas passou por ela e levou o Reino até ela. Diante do budismo ou do marxismo, o cristianismo não nega a morte, mas, passando por ela como Jesus, o cristão se confia a Deus, que é Deus dos vivos e superior a todo poder de morte.

d) *Pôde assumi-la como forma de realização do Reino?* Em continuidade com a exposição do parágrafo anterior, Jesus teve bastante tempo para assumir a morte, previsível e prevista, em diálogo com o Pai, na oração e mediante a leitura do AT. A partir daí fez-se disponível para que o Pai e os homens decidissem sobre sua vida, não respondendo com a violência a sua ação violenta, e rendendo-se à vontade do Pai, mesmo quando contradizia o natural anseio de vida (Getsêmani: Mc 14,35-36). Antes Ele havia se decidido pelo Reino, agora o Reino decidia sobre Ele. A maneira concreta pouco importava: o decisivo era sua fidelidade à missão que o Pai lhe havia incumbido, fossem quais fossem suas exigências, ou as reações do mundo. As predições da morte aparecem aqui em total credibilidade, ainda que a formulação atual já conte com a experiência da ressurreição.

e) *Pôde interpretá-la, antecipá-la e oferecer essa morte como graça para todos mediante gestos e palavras na última ceia?* Jesus se mantém fiel a esta lógica: inserir-se nas formas de vida preexistentes e transformá-las a partir de dentro. Ele compartilha uma ceia pascal e insere nela gestos e palavras que, conectando com o caráter festivo e criador da consciência de povo e de esperança escatológica, dizem antecipadamente o que vai ser e como vai viver sua morte violenta, a ruptura de seu corpo e o derramamento de seu sangue. Na última ceia Jesus se faz *pro-jeto:* entrega-se de antemão concretizando fielmente *na hora extrema* (Jo 13,1) o amor aos seus, que tinha orientado sua existência. Na última ceia, realizada ainda em liberdade, Jesus conclui a fase de pró-existência ativa (*satis-fação*). Em seguida começa a fase de pró-existência passiva, silenciosa e oblativa (*satis-paixão*). O ser finito não pode consumar-se por si mesmo no fazer, mas tem que ser consumado por outro no amor que, exercido como luz sobre nossas sombras e na dilatação superadora de nossos pecados, é a dor. A Carta aos Hebreus contempla um Jesus consumado pelos padecimentos (2,10; 5,8; 7,28).

f) *Pôde realizá-la como forma suprema dos ideais que para os outros havia apresentado na pregação do Reino?* Na morte Jesus tornou digna de crédito a fidelidade ao Pai que amou com toda a alma, a solidariedade com os marginalizados absolutos que são os mortos, o amor e o perdão aos inimigos que havia formulado no sermão da montanha. Em uma palavra: *a soteriologia implícita, ativa e particular, que manifestara ao longo de toda a sua vida, se faz aqui soteriologia explícita, passiva e universal.* Entregou-se aos homens enquanto vivia, colocando sua vida em risco. Nesta entrega se manteve fiel até as últimas consequências. Ele, que foi servidor, os serviu ao extremo. Seria estranho que encontrasse seu destino antecipado na figura sofredora, substitutiva e reconciliadora do *Servo de YHWH?* Diria, antes, que parece o normal.

A ausência de dados em sentido contrário e a coerência que descobrimos entre o sentido profundo da mensagem do Reino (Deus oferecendo a salvação aos homens por meio de Jesus enquanto este se insere justamente ali onde reinam os poderes do mal) em uma morte realizada em solidariedade já não ativa, mas passiva, depreciativa e sacrificial, da forma como imediatamente depois foi interpretada pela Igreja, nos permite descobrir o tipo de morte peculiar de Jesus. A experiência pascal recupera o Messias crucificado como perdão, reunião dos dispersos, criação de uma nova comunidade e esperança. A partir desta lógica se interpreta a morte como revelação suprema do amor de Deus, mediado pela liberdade, pelo amor e pela dor de Jesus. E isto se formula dizendo: *em sua morte fomos salvos*. Consequentemente, esta interpretação fica, como todo o destino de Jesus, afetada pela luminosidade e obscuridade da ressurreição. A fé nunca foi racionalmente necessária, ainda que sempre tenha sido racionalmente possível; uma possibilidade que tornava mais luminosa a história de Jesus e a própria história. Esse sentido maior é a suprema razão. Jesus nos deu uma razão maior: o mais íntimo de sua misericórdia, experimentada em vida e na morte. "Porque fizeste a razão das tuas entranhas"[110].

Se tivéssemos que escolher dois textos evangélicos nos quais o próprio Jesus interpreta o sentido de sua vida e de sua morte, que por sua vez a Igreja considerou normativos para o comportamento de seus membros, tomaríamos Mc 10,45 e 14,24. Em 10,45 Jesus estabelece a forma como devem se relacionar entre si os membros da comunidade, à luz do destino de Jesus: "O Filho do Homem não veio para ser servido, mas para servir e para dar sua vida em resgate de muitos". Se Ele, a quem Deus enviou como agente de sua salvação, entregou sua vida em serviço e sacrifício, seus seguidores devem se comportar do mesmo modo. Esse texto parece ter um caráter parenético sapiencial, mostrando Cristo como exemplo de conduta, mas o texto sucessivo o mostra como princípio de vida nova: "Jesus lhes disse: 'Este é o meu sangue, que é derramado por vós'" (14,24)[111]. É a aliança de sangue que Deus realiza com eles. Seus discípulos, ao compartilharem a taça do vinho

---

110. DE UNAMUNO, M. *El Cristo de Velázquez*, I, 8,25.
111. Cf. STUHLMACHER, P. "Existenzstellvertretung für die Vielen: Mk 10,45 (Mt 20,28)". In: *Versöhnung, Gesetz und Gerechtigkeit* (Gotinga 1981), p. 27-42. Nesta perspectiva, a doutrina da morte "expiatória" de Cristo (= entregar a vida pelos outros) é evangélica, e não apenas paulina (DS 3438).

e o pão, conscientes de que estes são os sinais da aliança, antecipam a realidade do Reino. A Eucaristia aparece, assim, como a realização inicial do Reino, a vida nova.

4 O fato da morte

A morte de Jesus é um fato patente em seus traços fundamentais. No entanto, muitos detalhes concretos ficam na obscuridade, começando pelo dia e hora exata. Segundo a cronologia de Marcos (15,25), Jesus teria sido crucificado na sexta-feira, dia da páscoa judaica, que caía no dia 15 do mês de *nisan*, à terceira hora do dia dos romanos, que para nós seria às nove horas da manhã. Para a cronologia de João, a crucificação teria tido lugar numa sexta-feira, véspera da páscoa e na hora sexta, que para nós seria ao meio-dia (19,14). Isto permitiu a um historiador falar da "existência de um enigma persistente"[112]. A data da morte, os processos que a precedem, a participação das distintas autoridades, a última responsabilidade jurídica e moral, a vigência da legislação judaica e o respeito às suas regras processuais por aqueles que o julgaram, se os judeus possuíam ou não o *ius gladii* ou a potestade para aplicar penas capitais: tudo isto permanece numa certa penumbra[113]. Os evangelhos voltam o olhar para a intenção teológica e para o significado soteriológico dos fatos, ambos aspectos de significação universal e radical. Os aspectos particulares, temporais, jurídicos e processuais permaneceram fora do horizonte de interesse.

Nesta morte houve *causas remotas* e causas próximas. Sem aquelas não se teria chegado a uma situação final que levou as autoridades religiosas e civis a se livrarem de Jesus. A ação pública deste se situou dentro do horizonte das esperanças legítimas do povo. Um rabino que ensina e que torna crível sua mensagem por referência à escritura, um profeta que declara

---

112. PERROT, C. *Jésus* (Paris 1998), p. 101.
113. Sobre o processo de Jesus, cf. LIETZMANN, H. *Der Prozess Jesu* (Berlim 1931). • BLINZLER, J. *El proceso de Jesús* (Barcelona 1965). • STROBEL, A. *Die Stunde der Wahrheit* (Tubinga 1980). • BETZ, O. "Probleme des Prozess Jesu". In: TEMPORINI, H. & HAASE, W. (dirs.). *Ausftieg und Niederagg der römischen Welt*, II (Berlim 1982), p. 565-647. • KÜMMEL, W.G. "Der Prozess Jesu und der Kreuzestod". In: *Dreissig Jahre Jesusforschung 1950-1980* (Bonn 1985), p. 375-420. • "Spenzieluntersuchungen zum Prozess Jesu". In: Ibid., p. 392-408. • LAPIDE, P. *Wer war schuld an Jesu Tod* (Gütersloh 1967). • WINTER, P. *El proceso a Jesús* (Barcelona 1983). • LÉGASSE, S. *El proceso de Jesús*, I-II (Bilbao 1998). • BROWN, R.E. *La muerte del Messías*, I-II (Estella 2005-2006).

o sentido da história e das exigências de Deus para ela, um messias que realiza sinais com autoridade e por eles dá credibilidade à sua nomeação messiânica por Deus, um carismático que suscita por suas curas o entusiasmo da multidão: tudo isto estava dentro do horizonte de possibilidades legítimas e das reais esperanças do povo. Nenhuma dessas atuações deveria suscitar rejeição das autoridades. A novidade e a autoridade de Jesus são perceptíveis desde o início à luz dos sinais que realiza e que levam os ouvintes a perguntarem por sua origem, por sua identidade e por sua missão (1,27; 4,41). O ponto de ruptura começa com a reivindicação implícita de autoridade, que já analisamos, a respeito de tudo o que se relaciona com a ordem estabelecida, com as instituições e autoridades religiosas, com as personalidades e instituições, culminando numa relação específica com Deus em termos de participação de sua soberania, que foi considerada blasfema. Enquanto os sinóticos enumeram como causas de sua condenação no processo judaico a provocação no templo e a pretensão de ser Messias-Filho de Deus bendito, Filho do Homem (14,58-64), João apresenta apenas uma causa como decisiva: sendo homem, equiparou sua autoridade com Deus (5,18; 10,33; 19,7). Isto foi o essencial.

Cristo, mais com obras do que com palavras, representou um quádruplo desafio: moral, social, salvífico e teológico. Em sua essência, quatro aspectos inaceitáveis para os que tinham a responsabilidade de velar pelo judaísmo. Em outro texto falei de sua reforma religiosa, de sua inovação teológica e de sua proposta escatológica[114].

a) *Desafio moral* ao reconhecer às leis suas intenções mais profundas na linha do profetismo e do monoteísmo éticos, em que a pureza de coração e não a das mãos, a justiça real e não o cumprimento formal eram decisivos, restaurando assim a intenção originária da lei em face das acomodações posteriores.

b) *Desafio social* ao aproximar-se dos grupos humanos e dos indivíduos rejeitados por sua falta de cumprimento da lei, por suas ocupações e por suas procedências, indo além do que uma legislação de pureza ritual permitia, ocupando-se das massas que eram como ovelhas sem pastor, dando-lhes dignidade pessoal diante de Deus e diante dos poderosos.

---

114. Cf. GONZÁLEZ DE CARDEDAL, O. *La entraña*, p. 366-367.

c) *Desafio salvífico* ao atualizar mediante suas ações o amor e o perdão de Deus; ao realizar milagres curando em dia de sábado, mostrando a superioridade do homem sobre a lei, e o amor do Pai para com seus filhos necessitados diante dos preceitos humanos; ao declarar chegado o Reino de Deus e ao mostrar sua vitória sobre os demônios, curando enfermos, devolvendo a vista aos cegos e evangelizando os pobres.

d) *Desafio teológico* porque deslocou Deus do lugar, da função, dos poderes e das categorias em que o judaísmo vigente o colocava; porque mostrou o ser divino transparente em suas ações humanas; porque revelou sua majestade como proximidade, sua justiça como misericórdia, seu poder como compaixão, seu amor como perdão e a eleição de Israel não como privilégio de um povo particular, mas como serviço para todos os que de longe viriam sentar-se no Reino de Abraão. Com tudo isso assumia para si mesmo uma autoridade que somente correspondia a Deus. Neste sentido, o Deus de Jesus era o inverso do Deus de Israel.

Estes quatro desafios, que eram expressão e consequência da autoconsciência de Jesus, foram a causa da rejeição pelos chefes do povo. Assim, chegaram à conclusão de que o Jesus real e o judaísmo real eram alternativos: se prevalecesse Jesus, o judaísmo devia perecer; se perdurasse o judaísmo, Jesus devia morrer.

Além do aspecto religioso estrito, um outro problema é se esse temor dos dirigentes do povo pela sobrevivência do judaísmo e do povo como fato religioso resultava da dimensão e da repercussão políticas do movimento de Jesus. Será que sua figura se teria convertido em um símbolo de esperança nacional, que poderia levar a uma sublevação popular frente aos romanos? Dada a difícil relação entre a Judeia, província submetida, e Roma, é legitimamente pensável que as autoridades judaicas temessem que os representantes do poder romano reagissem limitando ainda mais as liberdades do povo ou inclusive pudessem ameaçá-lo de destruição. Jesus se transformaria então para eles num problema político e, desta forma, seria preferível que um morresse ao invés da ameaça pesar sobre toda a nação (Jo 18,14). Teria sido este último aspecto um perigo real ou, ao contrário, o real pretexto que os judeus apresentaram para eliminá-lo, colocando nas mãos de Pilatos uma forma de rejeição política já decidida de antemão por razões sociorreligiosas? Chegamos aqui à questão do sumaríssimo processo que se seguiu contra Jesus.

Não é historicamente demonstrável se a apresentação diante de Anás, de Caifás e do Sinédrio constitui realmente um processo em sentido jurídico estrito e se isto levou a uma sentença de morte fundada em motivos religiosos. Se tivesse sido assim, e se os judeus tivessem de fato tido em mãos o chamado *ius gladii*, Cristo teria sido morto por apedrejamento. As acusações apresentadas são sua atitude contra o templo, a blasfêmia, a magia, o ter seduzido o povo e desorientado Israel (falso profeta)[115]. Isto o deduzimos dos evangelhos e, sobretudo, da posterior tradição rabínica, na qual se assume plenamente a responsabilidade e se mantém a legitimidade dessa morte. Os evangelhos se preocupam mais em mostrar quem é aquele que foi processado e morto antes que averiguar quem foram seus juízes e as causas da condenação.

> Um tema essencial, para não dizer o tema central da paixão, é a questão de saber quem é Jesus. Ele é o objeto de todos os interrogatórios; é a cantilena de todos os ultrajes e de todos os insultos; é o motivo escrito em três línguas no letreiro afixado na cruz; é a resposta dada pelo oficial romano. É impossível dar um sentido a estes relatos sem considerar este eixo. Para os evangelistas esta é a resposta: Jesus é o Filho de Deus e por ter sustentado esta pretensão foi conduzido à morte[116].

Se a magia, a sedução e o desencaminhamento de Israel eram fundamento suficiente para a acusação perante o tribunal judaico, o motivo da acusação perante o tribunal romano é o de agitação e sublevação política: Jesus pretende ser rei dos judeus. Pois bem, isto é religiosamente ilegítimo (YHWH era o único rei de Israel) e politicamente subversivo (naquele momento não havia outro rei senão César). Por isso, pede-se a pena de morte, e Pilatos a concede. Enquanto Mc 14,53-65; 15,1-15 mantém dois processos com a sentença correspondente, Jo 18,19 não menciona a reunião do Sinédrio – somente a apresentação diante de Anás e Caifás –, e em seguida o julgamento e a condenação por Pilatos. Entretanto, nem por isso desincumbe os judeus de responsabilidade, mas, além disso, a intensifica, já que diante da renúncia de Pilatos de crucificá-lo, por não encontrar crime algum, eles exigem que use o direito romano para resolver-lhes um problema judaico

---

115. Cf. LAMARCHE, P. "La déclaration de Jésus devant le Sanhédrin". In: *Christ vivant* – Essai sur la christologie du NT (Paris 1966), p. 147-164.
116. GUILLET, J. *Jésus devant sa vie e sa mort*. Op. cit., p. 231-232.

interno: "Nós temos uma Lei, e, segundo a Lei, deve morrer porque se fez Filho de Deus" (19,7). Tanto a pretensão religiosa real (ser Filho de Deus) como a pretensão política, simulada pelos dirigentes judeus (ser rei de Israel), ambas, por razões diferentes, ameaçavam o judaísmo e Roma. Por isso foi eliminado.

5 A forma de sua morte por crucificação

Para a compreensão do destino de Jesus e sua interpretação posterior, é essencial não somente o fato, mas a forma como morreu: a crucificação. Esta era a primeira causa dos *summa supplicia;* era o *crudelissimum taeterrimumque supplicium, infames stipes, infelix lignum*, do decreto penal romano, junto com a decapitação (*decollatio*), a condenação à fogueira (*crematio*) e a entrega às feras (*damnatio ad bestias*). Por isso, só era usada nos casos mais graves como a deserção frente ao inimigo, a traição de um segredo de Estado ou a incitação à sublevação. Só se aplicava às classes baixas (*humiliores*), não às superiores (*honestiores*). Era o castigo dos estrangeiros sediciosos e a aplicação típica aos escravos. A crucificação, surgida entre os persas e generalizada entre os gregos e romanos principalmente como castigo político militar, era considerada a suprema degradação e execração de um homem. Para os judeus, "pender do madeiro" era uma maldição divina: teria que enterrar o indivíduo no mesmo dia, para que seu sangue não manchasse a terra, "pois o que foi suspenso é maldição de Deus" (Dt 21,23). *Esta foi a morte sofrida por Jesus: a mais ignominiosa, própria aos mais pobres de seu tempo, os escravos*. A morte de Jesus foi a certificação máxima da solidariedade de destino do criador com sua criatura, do Deus imortal com o homem que morre, sofrendo a morte, e não qualquer uma, mas a que padecem os mais pobres e desgraçados: os escravos. Jesus leva Deus ao extremo ao se colocar como portador do Reino, onde a miséria, o afastamento e a solidão são extremos[117].

6 A responsabilidade da condenação e da morte

Surge a pergunta pela responsabilidade da morte de um homem de quem logo em seguida se dirá ter sido justo, que passou pela vida fazendo o bem

---

117. Cf. HENGEL, M. *La crucifixion dans l'antiquité et la folie du message de la croix* (Paris 1981). • EGGER, P. *Crucifixus sub Pontio Pilato* – Das "crimen" Jesu von Nazareth (Munique 1977).

(At 10,38-39), que só fez o bem. Os evangelhos não permitem atribuir essa responsabilidade exclusivamente aos judeus ou aos romanos. A história foi atribuindo-a a uns ou outros.

> Nenhuma combinação destes materiais conseguiu produzir ainda uma resposta satisfatória da morte de Jesus. [...] Em consequência, não podemos demonstrar que alguns dirigentes judeus de uma Palestina ocupada ou que Pilatos e os romanos foram os únicos responsáveis pela morte de Jesus. No entanto, não há prova alguma que demonstre que seja totalmente falsa a *imagem geral dos relatos da paixão que implicam ambas as partes*[118].

A rejeição da Igreja nascente e a perseguição pelas autoridades judaicas fez Paulo escrever algumas linhas que, tiradas de seu contexto, alimentaram no futuro o antissemitismo: "[Os judeus] não somente mataram o Senhor Jesus e os profetas, mas também nos perseguiram; eles não são do agrado de Deus, e são inimigos de todos os homens" (1Ts 2,15). No entanto, o NT não culpabiliza sempre os judeus; sabe que em Jesus estava em jogo um plano de Deus que ultrapassa a história. A morte, sem deixar de ter responsáveis, era superior a todos os que estavam no meio dela. Tanto Paulo quanto o autor dos Atos dos Apóstolos veem a Deus como primeiro ator e absolvem os judeus porque não sabiam o que estavam fazendo. "Agora, irmãos, sei que agistes por ignorância, como também vossos chefes. Deus, porém, deu cumprimento ao que já anunciara pela boca de todos os profetas: que o seu Cristo devia padecer" (At 3,17-18). "Pois, na verdade, uniram-se nesta cidade contra teu santo servo Jesus, que ungiste, Herodes e Pôncio Pilatos com os pagãos e o povo de Israel, para executarem o que a tua mão e vontade predeterminaram que sucedesse" (At 4,27-28). Se tivessem sabido quem era Jesus não o teriam crucificado: "Se os príncipes deste mundo o tivessem conhecido, nunca teriam crucificado o Senhor da glória" (1Cor 2,8).

O antissemitismo nasce de uma leitura falsa do NT e de um paralogismo. Decênios de anos depois de a Igreja confessar explicitamente a Jesus como Filho de Deus e enquanto tal Deus, uma dedução macabra levará a afirmar: se Jesus é Deus e os judeus o mataram, os judeus mataram o pró-

---

118. FITZMYER, J.A. "Quién fue responsable de la muerte de Jesús?" In: *Catecismo cristológico – Respuestas del NT* (Salamanca 1988), p. 65-70.

prio Deus (deicídio); portanto, são culpáveis pela morte de Deus[119]. Nenhum crime mais horrendo do que este e, para saldá-lo, exigiram a morte de Jesus, não somente os judeus que naquele dia exerceram a autoridade, mas todo o povo e cada membro do povo, os contemporâneos de Jesus e os que vieram depois. Cada judeu individualmente foi visto como culpável pela morte de Cristo. Os ecos desse grande erro teológico e desse crime de lesa-majestade chegam até as câmaras de gás em Auschwitz. A Igreja Católica esclareceu esta doutrina no Vaticano II (cf. NA 4) distinguindo os líderes do povo de então, o povo enquanto tal e cada um de seus membros. Ao mesmo tempo sublinhou que *o decisivo na morte de Jesus não é quem o matou, mas como e porque morreu*. Os verdadeiros protagonistas ativos e passivos dessa morte, para além dos de caráter histórico, são os de caráter teológico: o amor de Deus é um deles e o pecado de todos os homens é outro. Desta forma a cruz é, por um lado, o sinal do pecado dos homens, e, por outro, símbolo do amor e do perdão universal de Deus. Em outra obra expus como a cruz de Jesus é simultaneamente um crime, um símbolo e um mistério[120].

À luz dessa destinação universal da morte de Cristo ("morreu por todos", *etiam pro nobis*), descobrimos a responsabilidade de todos em sua morte. Perante sua inocência, seu silêncio e sua intercessão agonizante, todo homem de boa índole se reconheceu pecador e suplicou seu perdão. Uma vez perdoado, na alegria da reconstrução pelo amor, se deu conta da verdadeira natureza e das consequências do pecado. Diante do Crucificado todos descobrimo-nos pecadores e compreendemos que "Cristo morreu por minha causa (sou um pecador) e morreu a meu favor (para que eu seja justo e filho de Deus)". Entretanto, uma comunidade de discípulos, dispersos, traidores ou pecadores perdoados por Deus, não poderia sair em busca dos culpados pela morte de Jesus. Culpados eram também eles, e o somos todos à medida que fomos e continuamos sendo pecadores por negar a Deus e ao próximo em

---

119. Santo Tomás, referindo-se aos chefes do povo, disse que sua ignorância sobre o fato de que Jesus era Deus não os escusava do crime, porque era uma ignorância de certo modo "afetada": viam sinais evidentes de sua divindade, mas, o ódio e inveja de Cristo os perverteram e não quiseram crer nas palavras nas quais se confessava Filho de Deus. Tal ignorância não isenta da culpa, mas a agrava: mostra que o homem está tão voltado para o pecado que quer permanecer na ignorância, antes que o saber lhe impeça de realizar a má ação. E conclui: "Por isto os judeus pecaram, não só como autores da crucificação do Messias-homem, mas também de Deus (*Et ideo Iudaei peccaverunt non solum hominis Christi, sed tanquam Dei crucifixores*)" (*Sth.* III q.47 a.5 ad 3).

120. Cf. GONZÁLEZ DE CARDEDAL, O. *La entraña*, p. 523-618.

nossa vida real: humilhamos os inocentes, criamos pobres, rejeitamos os profetas, ignoramos os santos. Isto significa que se tivéssemos estado lá, também nós teríamos colaborado na morte de Jesus. Esta morte é o resultado final da ação de alguns por suas injustiças ou más obras, por omissão de outros, por distanciamento e falta de solidariedade para com a pessoa acusada, pelo pecado de todos por não sermos pessoas do bem. Jesus morreu porque atentaram contra Ele e, sobretudo, porque ninguém se arriscou a defendê-lo. A consciência de que fazemos o mal e omitimos o bem, cada qual ao seu tempo, levou a descobrir que todos somos culpados pela morte de Cristo, porque em cada ser humano que julgamos, pelo mal feito ou pelo bem omitido, estamos reproduzindo aquela situação. "Gemei, humanos, todos pusestes nele vossas mãos", diz o poeta A. Lista. Já, A. Machado confessa: "Nós turvamos / a fonte da vida, e o sol primeiro, / com nossos olhos tristes, / com nossa amarga prece, / com nossa mão ociosa, / com nosso pensamento / – Nascemos no pecado, / vivemos na dor. / Deus está longe!" (*Poesía y prosa* [Madri 1989] II, 563).

O morrer de Jesus corresponde à atitude de quem se sabe vítima de uma situação, simultaneamente devedor dela, superior a ela e destinado a todos, também aos que estão para além dela. *Jesus converte um ato de execução violento numa oferta de justiça salvadora*. Os homens não sabem o que fazem contra Ele, mas Ele, sim, sabe o que faz por eles. A oração pelos que o crucificam, a entrega do discípulo à sua mãe e desta ao discípulo, a rendição confiante nas mãos do Pai, ao mesmo tempo em que sofre na agonia o abandono de todos, concluem o destino de Jesus. Os evangelhos não oferecem fotografias nem atas documentais do ato. Cada um põe uns textos na boca no momento de expirar. Jesus reza com os Salmos, como todo judeu reza em vida e na morte, e com o primeiro verso dá por suposto todo o resto. Estas são suas últimas palavras segundo Lucas: "Jesus, dando um grande grito, disse: 'Pai, em tuas mãos entrego meu espírito'. Dizendo isto, expirou" (Lc 23,46; cf. Sl 31,6). Segundo Marcos: "Pelas três horas da tarde Jesus gritou com voz forte: *Eloí, Eloí, lemá sabachthani*. O quer dizer: Meu Deus, meu Deus, por que me abandonaste?" (15,34; Mt 27,46; cf. Sl 22,2). Segundo João: "Tendo provado o vinagre, disse Jesus: 'Tudo está consumado'. E, inclinando a cabeça, entregou o espírito" (19,30).

Os três textos são igualmente normativos para saber se, como afirmou Bultmann, Jesus morreu desesperado, desistindo de Deus, por ter-se sentido abandonado por Ele, ou se, ao contrário, morreu desejando confiar sua vida nas mãos de Deus (Lucas) e agradecido porque lhe havia permitido consumar sua obra (João). Marcos e Mateus, que relatam esse grito final, sabem que Deus ressuscitou a Jesus, e não teriam feito isso se não tivessem confiado nele ou se Jesus tivesse morrido desesperado. Por outro lado, essas palavras que parecem gritar o abandono são as primeiras de um Salmo, com cuja recitação morriam os judeus piedosos. São o relato agradecido de uma situação, na qual Deus salva o justo, pelo que este louva a Deus e convida a comunidade a unir-se à sua ação de graças pela libertação. Citar o primeiro verso do Salmo era para o leitor judeu trazer todo o Salmo que conclui com a ação de graças pela libertação recebida[121]. Jesus sofre a solidão e a agonia de todos os humanos, e ao limite extremo, e nessa obscuridade se dirige a Deus: em oração. O único desespero teriam sido a rejeição e o silêncio[122].

À morte segue o translado do cadáver a um sepulcro de pedra. A sepultura de Jesus aparece nas confissões de fé como uma garantia de sua morte real, como a expressão última de sua verdadeira humanidade, de terra e enterrada (1Cor 15,4).

7 O sentido de seu morrer

A morte de Jesus, executado como malfeitor, constituiu a rejeição de todas as suas pretensões messiânicas. As esperanças postas nele ficaram truncadas, já que nada mais contrário à ideia judaica do Messias do que um crucificado. A morte foi o descrédito total de tudo aquilo que Ele significou. Ele havia religado sua mensagem à sua pessoa: as palavras e as ações recebiam do sujeito sua última verdade e credibilidade. Anulada a pessoa, não sobra um corpo de doutrina nem resultados práticos que possam subsistir sem

---

[121]. Diante da tese radical do desespero de Jesus (R. Bultmann), do abandono por Deus (J. Moltmann) ou da experiência do afastamento absoluto do Pai (Balthasar), mais sensata me parece a opinião de judeus como J. Klausner ou E. Fromm, que veem na morte de Jesus a maneira própria de morrer de todo judeu recitando um Salmo. "Dado o costume judaico de citar os livros, orações ou Salmos por sua primeira frase ou palavra, parece muito mais razoável supor que no relato de Marcos e Mateus Jesus recitara o Sl 22 do que incorrer em especulações que tendem a demonstrar por quais razões Jesus pôde desesperar-se ou que suas palavras são um mistério inexplicável" (FROMM, E. "Apéndice: El salmo 22 y la pasión". In: *Y seréis como dioses* – Una interpretación radical del AT y su tradición (Buenos Aires 1970), p. 199-203.

[122]. "A oração de Jesus não é um grito de desespero, mas uma expressão de confiança, expressão de sua inabalável fé em Deus, proporcional à sua necessidade extrema. Na obscuridade do abandono de Deus Ele se dirige em oração a Deus!" (PESCH, R. *Das Markusevangelium*. Op. cit., II, p. 494-495).

Ele, nem um grupo de seguidores que possam prolongar a ação do mestre. A eliminação do pastor levou consigo o desaparecimento do rebanho. Não perdurava nada capaz de ser prolongado sem a pessoa. Sem Jesus, seu movimento e sua mensagem perderiam a capacidade de subsistir. O julgamento, explícito e jurídico dos romanos, implícito e moral dos judeus, havia condenado Jesus como réu. Este final repercutia negativamente sobre o início.

A ressurreição, em contrapartida, inverte o julgamento histórico dos homens enquanto ação, julgamento e manifestação escatológica de Deus, que afirma o poder de Cristo diante da morte, torna-o partícipe de seu poder e glória, reúne novamente os discípulos, legitima a história anterior e identifica o Filho como protagonista[123]. Se a morte significou a negação da proposta messiânica, a ressurreição significa a negação de sua morte e a devolução de todas as esperanças que Jesus tinha suscitado nos homens, assim como outras que naquele momento eles não podiam perceber. Com a ressurreição tem início o lento e duro esforço de interpretação da morte de Jesus na perspectiva de Deus. Os que acreditaram nele a viram prevista no plano divino de salvação, e compreenderam que os homens foram agentes de algo que excedia seu conhecimento e, sem sabê-lo, executaram esse projeto de salvação. O pecado dos homens ofereceu a Deus a possibilidade suprema de ser Emanuel, o Deus conosco, sendo-o até a morte (At 2,23). A morte de Jesus é interpretada no NT com o verbo διδόναι (entregar), e como resultado de três liberdades em jogo: a de Deus, a de Jesus e a dos homens. As três são diferentes, mas convergentes; nenhuma pode eximir-se de sua responsabilidade nem transferir para as outras o que lhe é próprio.

a) *É resultado da liberdade dos homens*, que o "mataram" (At 2,23), e neste sentido é um crime, consequência de uma rejeição por parte de poderes e pessoas que, vendo-se implicados e questionados por Jesus, se desfizeram dele, eliminando-o. O sistema religioso, o poder político, a história do povo e o presente de todos se sentiram ameaçados e preferiram manter a própria segurança ao se sentirem questionados pela possível verdade de Cristo. A inibição geral, a omissão no exercício da reponsabilidade, a traição

---

123. Cf. MOLTMANN, J. "El proceso histórico de Jesús". In: *El Dios crucificado* – La cruz de Cristo como fundamento y crítica de una teología cristiana (Salamanca ²1977). • "El proceso escatológico de Jesucristo". In: Ibid., p. 220-274.

dos amigos e a covardia dos juízes levaram Jesus à morte. Neste sentido o NT fala de *Christus traditus*, e de uma *entrega* à morte[124].

b) *É resultado da liberdade do próprio Cristo*. Jesus é sujeito ativo de sua morte em dois sentidos: teve consciência dela podendo interpretá-la, foi livre diante dela podendo realizá-la[125]. Neste sentido sua própria consciência é fonte e norma para descobrir seu sentido. Não é aceitável a seguinte afirmação de Moltmann: "Tomada em si mesma a autocompreensão de Jesus não é fonte teológica nem critério das afirmações cristológicas"[126]. Consciência e liberdade são as duas condições necessárias para realizar uma missão com dignidade. À luz do final se deve afirmar que Jesus sabia, de maneira radical e fundamental, qual era o valor salvífico que Deus atribuía à sua morte por todos os homens, e que ela fazia parte de sua adesão ao projeto paterno, de forma que a salvação oferecida não fora somente um dom do Pai aos filhos, mas uma conquista do Primogênito em favor de seus irmãos.

> É internamente impossível que um acontecimento, cuja significação essencial tivesse sido interditada a Jesus, recebesse da parte de Deus uma extensão e uma significação universal[127].

A morte de Jesus é um exercício de sua liberdade humana diante de Deus. Não é somente a notificação de um decreto eterno, de um Deus sempre reconciliado com o homem, como faz pensar Rahner[128]. A novidade do tempo e a liberdade do homem são começos criadores, que re-

---

124. Cf. POPKES, W. *Christus traditus* – Eine Untersuchung zum Begriff der Dahingabe im NT (Zurique 1967). • BLÁZQUEZ, R. "En el cruce de tres libertades: la de Dios, la de Jesús e la de los hombres". In: *Jesús, el evangelio de Dios* (Madri 1985), p. 216-218.

125. Neste sentido, Schürmann fala da "propríssima (*ureigener Tod*) morte de Jesus", já que a interpretou na lógica de sua missão a serviço do Reino e permaneceu fiel e inteiramente nela. O título original em alemão: *Jesu ureigener Tod*, desapareceu na tradução espanhola, que converte em título o primeiro capítulo do livro: *Cómo entendió y vivió Jesús su muerte?* No título alemão se joga com a dupla dimensão da morte: entendê-la e interpretá-la (*verstehen*), assumi-la e sustentá-la como morte personalizada (*bestehen*).

126. MOLTMANN, J. *El caminho de Jesucristo* – Cristología en dimensiones mesiánicas. Op. cit., p. 225. Ele se pergunta: Que morte sofreu Jesus? E responde: A morte do Messias, do Filho de Deus, do judeu, do escravo, do ser vivo (ibid., p. 230-238).

127. VON BALTHASAR, H.U. *TD* 4, p. 218. "Ao morrer Jesus deve ter sabido de modo misterioso, mas real, por quem estava entregando sua vida, pois, de outro modo, não seria Ele quem nos salva, e sua morte não seria para nós mais do que um acontecimento extrínseco" (GUILLET, J. "Jésus avant Pâques". In: *Les quatre fleuves* 4 (Paris 1975), p. 37.

128. Cf. o diálogo de Balthasar com Rahner em *TD* 4, p. 249-259.

percutem sobre Deus enquanto ser pessoal e livre, livremente inserido na história dos homens, e o afetam não em sua ordem do ser, mas na ordem da pessoa. Se para os gregos Deus é imutável, é porque não conheciam a categoria de pessoa, categoria metafísica através da qual fidelidade essencial e sofrimento profundo podem caminhar juntos. Por isso, em Deus, ser sobrenatural, podem caminhar juntas de maneira suprema. Na medida em que sua permanência ôntica é absoluta (ordem do ser), mais profunda é sua possibilidade de comoção, paixão e compaixão (ordem da pessoa e do amor). O absoluto dos gregos é imutável e impassível; o Deus cristão é comovível e compassível[129]. A partir de uma experiência eclesial, forjada pelo Espírito, São João volta seu olhar para a história de Jesus e coloca em sua boca estas palavras: "Ninguém me tira a vida; eu a dou livremente. Tenho o poder para dá-la e para novamente retomá-la. Tal é a ordem que recebi do Pai" (Jo 10,18).

Uma morte de Jesus que fosse apenas a ocasião, o lugar ou o sinal de um perdão que Deus entrega aos homens à margem de sua consciência e liberdade, é uma insensatez absoluta e contradiz a forma com que Deus integra em sua obra cada criatura segundo sua própria natureza, e inclusive ofende a dignidade do homem Jesus ao convertê-lo em agente de algo que Deus faz nele e resulta dele para os outros, independentemente dele. Essa implícita rejeição que o luteranismo faz da real consciência e colaboração de Cristo na gesta redentora é uma consequência do princípio *solus Deus* defendido por ele, e que contradiz a própria lógica da encarnação. Sua última expressão teria sido esta: Deus fez tudo por nós, independentemente de nós, num julgamento eterno por si e perante si; ou seja, sem nos transmitir sua decisão pelos profetas e tampouco se encarnando. Perante esta atitude de fundo deve-se reivindicar a consciência e a liberdade que convertem Cristo em sujeito ativo e responsável de sua morte, em lúcido e generoso doador de sua vida pelos homens.

---

129. A partir daqui é preciso focar a questão do "sofrimento" e da "mutabilidade de Deus", afirmando uma imutabilidade em sentido metafísico (indestrutibilidade, fidelidade), ao mesmo tempo que uma mutabilidade em sentido pessoal como resultado de ter-se submetido Ele à lógica da aliança aceitando a liberdade de sua criatura, à lógica da encarnação (ter um corpo e tempo), à lógica da relação em corporeidade pessoal (ser passível de apelação e vulnerável, ter de aceitar e corresponder). A soberania e a majestade de Deus se medem já pela lógica da aliança e pela encarnação, e estas implicam eficácia e reciprocidade em constante relação. Cf. GONZÁLEZ DE CARDEDAL, O. *La entraña*, 469, nota 10. • GAVRILYUK, P. *El sufrimiento del Dios impasible* (Salamanca 2012).

É impossível que Deus tenha tomado como ocasião para reconciliar consigo o mundo uma morte cujo sentido é desconhecido daquele que morre[130].

Jesus exerce sua liberdade diante de sua morte e com ela realiza humanamente sua pessoa.

• A morte é expressão da coerência de sua vida, que mantém sua entrega ao Reino até o fim, sua confiança em Deus e sua fidelidade aos homens.

• A morte é exercício supremo da solidariedade com os mais desgraçados daquela sociedade (escravos), compartilhando seu destino de execração social, chegando a perder a própria vida.

• A morte de Jesus é oferecimento e intercessão por muitos, por haver-se colocado no lugar dos pecadores e ter padecido as consequências de seus pecados, mas também por destruí-los e eliminar assim suas consequências. Intercedendo por eles diante do Pai e simultaneamente reconhecendo o peso da injustiça do mundo, com sua morte Jesus nega à morte sua condição antidivina e aceita o julgamento de Deus contra todo pecado.

• A morte, finalmente, é a simples e humilde expressão da encarnação de Jesus, já que a condição do homem é conhecer a morte como parte de sua vida, contar com ela e realizá-la como ação e paixão, visto que o homem é incapaz de consumar-se por si mesmo, ou seja, somente Deus, que lhe deu a vida, pode consumá-la. Jesus, livremente, se coloca em nossa condição (na ordem da natureza que inclui o morrer) e aceita as condições em que nossa natureza está historicamente situada (o pecado e a violência, que Ele padece e supera não reagindo violentamente contra elas, o que aumentaria a violência, mas na aceitação e na paixão transformadora e no desmascaramento de suas causas)[131].

---

130. VON BALTHASAR, H.U. *TD* 3, p. 156.

131. Enquanto Jesus, com sua inocência, seu silêncio e sua rejeição da violência rompe a cadeia da violência na história, é correta a tese de GIRARD, R. *El mistério de nuestro tiempo* (Salamanca 1982). • GIRARD, R. *Le bouc émissaire* (Paris 1982). São falsas, em contrapartida, sua interpretação da morte de Jesus na ótica exclusivamente sociológica como linchamento e descarte social, e sua intepretação do sacrifício e do sentido que a Igreja outorga à Eucaristia como sacrifício. A Bíblia e a teologia nunca compreenderam Cristo como "bode expiatório". Cf. GONZÁLEZ DE CARDEDAL, O. *La entraña*, p. 613, nota 169. • GONZÁLEZ DE CARDEDAL, O. "Jesucristo, redentor del hombre – Esbozo de una soteriología crítica". In: *Salm* 20 (1986), p. 313-396. •

c) *A terceira liberdade em jogo é a do Pai.* Se, enquanto obra dos homens, a morte de Jesus é um crime e, enquanto obra do próprio Jesus Cristo é um serviço e um sacrifício por seus irmãos, enquanto obra de Deus a morte é Dom do Pai, que se entrega a si mesmo entregando seu Primogênito a todos os irmãos para que a vida do Filho se converta na vida dos irmãos, para que com sua potência santificante e curadora destrua seus pecados, os integre à filiação e lhes confira o Espírito. *A morte de Cristo não é uma necessidade histórica nem um castigo moral nem uma exigência jurídica.* Antes que a morte de um homem perante Deus, trata-se da morte do Filho na qual Deus se diz e se dá aos homens. Nada ascende dos homens a Deus que previamente não tenha descido de Deus aos homens. Cristo pode ser ação, resposta e dom dos homens a Deus, porque previamente foi o dom, a entrega e a liberdade que Deus ofereceu e na qual se oferece aos homens. Toda compreensão ascendente (ἀνάβασις), tanto da pessoa quanto da obra de Cristo, propõe a prévia descida e dom de Deus aos homens (κατάβασις). Quando isto não é percebido com clareza, o cristianismo se reduz a moralismo, a simples profetismo, a ascese, a cultura ou a revolução humana. No NT, toda a obra de Cristo tem por sujeito Deus: dos milagres à morte, da morte à ressurreição. Deus age através de Cristo em favor dos homens, e Cristo transpõe para ação e dom humanos a ação e dom de Deus. E o pode fazer porque Ele é o dom em pessoa. A partir dessa radical doação do Filho, que é sua própria existência no mundo, deve-se entender todo o resto.

8 Leituras teológicas da morte de Cristo no NT

Uma vez pensada a morte de Jesus a partir de sua ação pública, deve-se pensá-la a partir da ressurreição em um sentido e a partir da encarnação em outro. A morte é a encarnação consumada; a realização do nome definitivo de Deus como Emanuel no limite supremo do viver, que é viver por um projeto; e do nome próprio de Jesus, que tornando assim presente o poder de Deus no mundo "salvará o povo de seus pecados" (Mt 1,21-23). A morte de Jesus permite três leituras: a) É a *morte de um judeu,* situável no interior da história de seu povo, como alguém particular num determinado horizonte histórico. b) É a *morte do Messias,* que realiza seu destino em clara consciência e de-

---

GONZÁLEZ DE CARDEDAL, O. *Cuatro poetas desde la otra ladera* – Prolegómenos para una cristología (Madri 1996), p. 606-614.

cidida liberdade. c) É a *morte do Filho* na qual Deus como Pai está implicado, compartilhando a partir de dentro o destino da criatura, sabendo assim da solidão do pecador, da agonia na existência e do abismo no morrer. Neste sentido é também a morte que Deus morre, a que o tem como sujeito ativo e não somente como objeto passivo; assim, é *morte de Deus*. Enquanto poder aniquilador (*der Tod*), a morte não tem capacidade de ação sobre Deus. Mas Deus tem a capacidade de compartilhar o que é o morrer humano enquanto acontecimento, paixão, degradação e trânsito (*das Sterben*).

Esta é a perspectiva na qual aparece o sentido definitivo da morte de Jesus: Deus morreu conosco e por nós. Por isso, longe de qualquer masoquismo, a seguinte afirmação tem um sentido estritamente lógico: "Deus nasceu homem para morrer". Para ser fiel à aliança com suas criaturas, que se sabem mortais e sofrem a morte; para compartilhar o destino com cada homem e por cada homem. A afirmação de Paulo "morreu por todos" (Rm 8,32) passa do universal abstrato ao particular concreto "morreu por mim" (Gl 2,20). O pecado afastou o homem de Deus, raiz de sua vida, garantia de seu futuro e fundamento de sua felicidade. O pecador ficou sem Deus, foi transferido para a terra da dessemelhança e para a região da morte[132]. Deus chega até onde o homem está para arrancá-lo do poder do pecado que o aprisiona. Deus compartilha sua morte para outorgar-lhe a vida de novo e a nova vida. "É uma afirmação certa e digna de ser recebida por todos que Ele veio ao mundo para salvar os pecadores, dos quais sou o primeiro" (1Tm 1,15).

Tal afirmação se estenderá a todas e a cada uma das gestas salvíficas de Deus em Cristo. Encarnação, paixão e ressurreição são vistas assim como ações de Deus "por mim", "por nós" (Rm 5,8; 2Cor 5,21; Gl 3,13; Ef 5,2; Tt 2,14; 1Jo 3,16), "por cada um" (Hb 2,9), "pelo irmão" (Rm 14,15), "pelos pecadores e injustos" (Rm 5,6; 1Pd 3,18), "para a vida do mundo" (Jo 6,51). Deus participou da paixão do mundo pela consciência e pela humanidade filial de seu Filho, de forma que, em cada morte e noite, condenação e injustiça, todo homem tem Deus como companheiro de destino, podendo saber, assim, que o sofrimento não é a última palavra e que a morte não é soberana sobre o homem. A consumação nos é dada por Deus mediante uma dolorosa

---

132. Cf. SAN AGUSTÍN. *Conf.* VII, p. 10,16; II, p. 10,18 (BAC 11, p. 286-287, 126-127). • PLATÓN. *Político*, p. 273. • PLOTINO. *Enéadas*, 1,8,13. Cf. ÁLVAREZ TURIENZO, S. *Regio media salutis* – Imagen del hombre y su puesto en la creación: San Agustín (Salamanca 1988).

amplitude (paixão, morte, purgatório) que, arrancando-nos daquilo que nos limita e escraviza, nos atrai para o Infinito e para o Santo. Neste sentido, Santo Agostinho e Pascal afirmam que Deus nasceu e passou pela agonia e pela morte em favor de cada ser humano. A vitória-ressurreição de Cristo não anula a vida e a morte, mas as integra e transcende. Conformado a Cristo, o homem pode vivê-las como "trânsito-paixão" para a vida; isto é, pode experimentá-las como páscoa.

> Desperta: por ti Deus se fez homem. Levanta-se, tu que dormes; levanta-te dentre os mortos, e Cristo te iluminará! Por ti, repito, Deus se fez homem[133].

> Eu pensava em ti durante minha agonia; derramei algumas gotas de sangue por ti[134].

Na perspectiva da liberdade de Deus, a paixão e a morte de Jesus aparecem como sua *participação* em nosso destino mortal e pecador; como *revelação* de sua proximidade com nossa existência concreta, na qual o sofrimento não é nem demonizado nem divinizado, mas integrado como uma breve paragem da finitude e da liberdade no caminho rumo à consumação; como *vitória sobre a morte e dom da salvação*, que é inerente à doação de seu próprio Filho, em quem nos deu tudo, porque se nos deu a si mesmo[135]. Por isto os homens viram somadas no Crucificado a presença de Deus e a de Jesus. O corpo do Filho é corpo de Deus. A ele se dirige o autor do soneto mais clássico da literatura castelhana:

> Tu me moves, Senhor; move-me ver-te
> pregado numa cruz e escarnecido;
> move-me ver teu corpo tão ferido;
> move-me tuas ofensas sofrida e tua morte[136].

---

133. SAN AGUSTÍN. *Sermón*, 185, I,1 (BAC 447,7).

134. PASCAL, B. "O mistério de Jesus", p. 553. "No fundo de todas estas alternativas, não há nada mais que um problema, o problema da relação em Cristo do homem e de Deus, e, por conseguinte, também o problema da relação de Cristo com cada um de nós" (BLONDEL, M. "Histoire et dogme". In: *Les premiers écrits* (Paris 1956), p. 224.

135. "A figura de Cristo é revelação. Ela mostra que a obra de Deus não se manifesta somente no êxito. A cruz, sofrimento do homem e de um homem, é sofrimento de Deus. E neste sofrimento Deus mostra que Ele toma a defesa dos oprimidos, dos pobres, dos que estão sem direitos, daqueles cujo êxito nunca lhes chega. Isto não quer dizer que os deixe neste fracasso, e menos ainda que os que têm êxito não tenham necessidade de salvação" (GESCHÉ, A. "Dieu et Société". In: *RTL* 3 (1976), p. 293.

136. ANÔNIMO. *A Cristo crucificado* (século XVI).

A Igreja primitiva levou tempo e percorreu um longo caminho antes de encontrar uma resposta teórica ao impensável: a morte do Messias. À luz da Escritura, de certas palavras do Mestre e dos gestos realizados na última noite, a Igreja foi descobrindo um sentido positivo nesse final trágico. Poderíamos distinguir dentro do NT quatro tentativas ou fases na identificação da paixão de Jesus:

a) *A morte do Justo*. Sem dúvida é a primeira interpretação, presente já no material pré-lucano. Jesus morre como o justo dos Salmos e do Livro da Sabedoria que sofre na mão dos malvados, é marginalizado pelos injustos e rejeitado por uma sociedade fechada em si mesma. Esse justo se torna ao mesmo tempo mártir por sua fé. Seu sangue é intercessão por seus irmãos e sua vida é derramada para destruir (expiar) os pecados de seu povo. Jesus participou de nossos sofrimentos a fim de poder ajudar os que sofrem provação e injustiças. Mas sua morte não foi estéril. A ressurreição revelou sua fecundidade[137].

b) *A morte do Servo*. A semelhança quase total entre o destino final de Jesus e o do servo do Dêutero-Isaías, misterioso, remoto e simultaneamente próximo, inocente, castigado, rejeitado e simultaneamente justificador dos homens, levou a Igreja primitiva a ver nesses textos um retrato antecipado de Jesus, a identificá-lo com Ele, enquanto carregou o fardo de nossos pecados e intercedeu pelos pecadores.

> No estágio mais antigo até onde os documentos nos permitem remontar já se pensa em Jesus como o "Servidor" presente em Is 52,13-35,12, cuja morte em total obediência a Deus ocorre para a redenção da "multidão", e culmina em glória e exaltação. Esta Escritura sugere imediatamente dois momentos na significação da morte de Cristo. 1) O Servidor incorpora em si mesmo todo o povo de Deus; sua morte é, portanto, a morte dele, sua ressurreição é a ressurreição dele. Sua morte tem um valor vicário, ou, mais exatamente, representativo. 2) Como tal, essa morte é uma "oferenda

---

137. Platão criou a imagem de dois homens: do justo em aparência e do verdadeiro justo. "Aqueles que louvam a injustiça acima da justiça dirão que o justo, tal como o temos apresentado, será açoitado, torturado, posto na prisão, lhe queimarão os olhos e, depois de sofrer todo o tipo de castigos, será empalado, e reconhecerá que não se deve querer ser justo, mas parecê-lo" (*República*, 361e-362a). Este texto foi considerado uma profecia "extrabíblica" de Cristo.

pelo pecado". Expia o pecado, indo às últimas consequências. Vale lembrar que o caráter representativo do sacrifício expiatório é intrínseco à própria ideia de um sacrifício desta natureza. No pensamento antigo isto é válido na medida em que existe solidariedade entre a vítima e aquele que a oferece[138].

Estes primeiros esboços e os posteriores desenvolvimentos bíblicos relativos ao sentido do destino de Jesus e à significação de sua morte têm dois pressupostos:

• *O pecado é compreendido em chave metafísica*, não somente legal, moral ou psicológica como um defeito, uma deficiência na realização de uma obra, ou uma ofensa moral, mas como uma inversão da realidade, uma ofensa pessoal a Deus, um transtorno que quebra a natureza do homem deixando-o entregue a um poder que funciona por si mesmo e foge da sua liberdade. O ato de pecar transfere e entrega ao homem esse poder que o domina (o pecado como ἁμαρτία). Não existe uma terra intermediária entre o pecado e Deus. O homem pode escolher a soberania, e de fato a escolhe em cada uma de suas decisões; engana-se, porém, quando pensa estar sozinho em sua própria terra. Toda decisão é opção de soberania e de serviço: ou a Deus ou aos ídolos. Somente Deus pode perdoar o pecado enquanto ofensa pessoal, reconciliar o homem enquanto ruptura de uma amizade ou aliança, destruir o poder do pecado e reconstruir a ordem do ser desfeita pela culpa.

• O segundo pressuposto é *a dimensão coletiva da existência humana*: a solidariedade religa cada ser humano com o destino do grupo humano. O chefe de um povo funciona em duplo sentido: recebe de Deus para os membros do povo e por meio dele eles se incorporam a Deus. Ele representa, atualiza, substitui Deus perante os homens, e os homens perante Deus. Abraão, Moisés enquanto chefes históricos do povo israelita, Adão e Cristo enquanto cabeças da humanidade na ordem da natureza e da graça, são tais "personalidades corporativas" que associam e explicam o destino de todos.

---

138. DODD, C.H. *According to the Scripture* – The Substructure of NT Theology (Londres 1961), p. 123.

c) *A morte do profeta*. Jesus foi considerado em vida como um profeta por seus discípulos (Mc 6,15; 8,27-28; Mt 21,11.46; Lc 7,16,39; 24,19; Jo 6,14; 7,40; 9,17). Ele mesmo comparou seu destino com o dos profetas e se dirigiu a Jerusalém para dar credibilidade à sua missão (Mc 6,16; Lc 13,33). O profeta, em sua paixão por Deus e pelos homens, transpõe a palavra daquele a estes, fala em favor do povo diante de Deus e acusa o povo por suas transgressões. Ele anuncia e denuncia até converter-se num perigo social e político. Além disso, era esperado um profeta escatológico (Dt 18,15-19; At 3,22-23; 7,37). A Jesus foi feita a pergunta se Ele seria profeta, um dos grandes profetas, o profeta igual a Moisés esperado para os últimos tempos, ou "o profeta" (Mt 16,4; Jo 1,25; 6,14). Jesus compartilhou o destino destes profetas, e no momento final exortou o povo a não repetir com Ele o que haviam feito com os outros profetas (Mc 12,1-12; Mt 23,37-38).

d) Depois destas tentativas vem uma reflexão mais profunda, que desloca as anteriores. A morte de Jesus é compreendida como *morte do Messias e morte do Filho*.

> A ideia de um Messias sofredor estava longe de familiarizar-se com os contemporâneos de Jesus. Era também interessante indicar, apesar das dificuldades do intento, que uma escola rabínica como a de Aqiba conhecia a ideia do valor redentor do sofrimento e que o targum de Is 52–53 parece ter conservado a imagem de um Messias que devia passar pela humilhação antes de ser introduzido como juiz das nações e protetor dos eleitos[139].

Os modelos judaicos, dos quais a Igreja primitiva pôde lançar mão para interpretar a *morte de Jesus como transformadora da vida dos outros*, são a morte violenta dos profetas, o justo sofredor dos Salmos, o Servo de YHWH do Dêutero-Isaías, a morte dos mártires macabeus reconciliadora do povo, e o sacrifício de Isaac[140].

À luz destas perspectivas conjugadas se alcança a compreensão definitiva da morte de Jesus. Esta foi uma morte violenta, não natural; foi, no entan-

---

139. BASTIN, M. *Jésus devant sa passion,* p. 171. Cf. COPPENS, J. "Le nouveau Moïse, prophète de l'avenir". In: *Le messianisme et sa relève prophétique* (Lovaina 1989). • "Le Serviteur de Yahvé prophète de l'avenir". In: Ibid., p. 41-51. • SCHMITT, J. "El Cristo de las primeras iglesias palestinenses". In: LAURET, B. & REFOULÉ, F. *Dogmatique*, I (Madri 1984), p. 164-184.
140. Cf. GUBLER, M.L. *Die frühesten Deutungen des Todes Jesu* (Gotinga 1977).

to, uma morte biográfica, pessoalmente realizada em coerência e consequência de sua mensagem sobre o Reino; foi compreendida em perspectiva teológica como "incumbência" do Pai e forma de inserir-se enquanto Deus no coração do mundo, conhecendo-o a partir de dentro e padecendo-o; foi compreendida em perspectiva soteriológica como doação de seu "sangue", enquanto poder de vida, que desaloja o poder da morte, criando assim uma situação nova na humanidade (salvação, aliança). Entre os inumeráveis textos do NT que implicam Deus e os homens na morte de Cristo, cito somente três, que unem a significação teológica e soteriológica. *O amor de Deus está na origem de tudo, chamando para a vida e eliminando a morte quando esta prevalece. O amor que Cristo tem por toda pessoa reflete no tempo o amor do Pai. Sua paixão e morte, cuja fecundidade se desvela na ressurreição, são a vitória do amor do Pai e de seu Filho sobre o pecado, a instauração da justiça em cada ser humano.* Amor de Deus, pecado do homem, morte-ressurreição de Cristo formam "a corda de três fios difícil de romper", que sustenta a compreensão da salvação no NT.

> Deus amou tanto o mundo que entregou o Filho Unigênito para que todo aquele que crer nele não pereça, mas tenha a vida eterna (Jo 3,16).

> O Filho de Deus me amou e se entregou [à morte] por mim (Gl 2,20).

> Também nós [cristãos...] cremos naquele que ressuscitou Nosso Senhor Jesus dos mortos, entregue por nossos pecados e ressuscitado para nossa justificação (Rm 4,24-25).

9 Outras leituras da morte de Cristo

Junto com a interpretação da morte de Jesus, que é a apresentada no NT (*cristológica:* é um ato de sua liberdade pessoal; *teológica:* é um dom de Deus para a vida da humanidade; *soteriológica:* é a potência da vida divina comunicada em seu sangue, desalojando o poder do pecado e transferindo o homem para o âmbito da vida divina), foram oferecidas ao longo da história outras interpretações segundo a diferente compreensão fundamental que se fazia da pessoa de Cristo.

• *A compreensão social-política* de Jesus interpreta sua morte como a de um revolucionário, vítima de seu projeto, eliminado pela sociedade que queria reformar.

• *A compreensão moral-humanista* a explica como resultado da coerência de Jesus entre teoria e práxis, mensagem e ação, permanecendo fiel à sua doutrina até o fim, à semelhança de um Sócrates.

• *A compreensão metafísica* lê toda a história de Cristo e, sobretudo, sua morte, como parábola do ser; fala de possessão, de negação e de recuperação numa Sexta-feira Santa, Sábado Santo e Pentecostes em termos especulativos.

• A *interpretação trinitária* de Moltmann (ecoando o *Riss* [= ruptura] que Hegel afirma existir em Deus mesmo) afirma que a morte de Cristo produz uma ruptura dentro do mistério de Deus, e que da separação entre o Pai e o Filho surge o Espírito Santo. Desta forma a história e a Trindade estariam unidas. É verdade que na morte de Jesus estão implicados o Pai e o Espírito, porque Jesus é sempre o Filho constituído por eles e com quem o Pai e o Espírito são coextensivos. Entretanto, tanto a encarnação quanto a morte não recaem com todas as suas consequências sobre as outras duas pessoas da forma como recaem sobre o Filho. A encarnação como ação é somente obra das três, mas como sujeito e conclusão da ação é somente obra do Filho. Desde Orígenes até Rahner a teologia repetiu que somente o Filho havia assumido pessoalmente a humanidade e que, portanto, a morte só é realizada pelo Filho enquanto encarnado, e não pelas outras pessoas[141]. Jamais o NT faz uma afirmação sobre o Pai e o Espírito como sujeitos da morte na cruz[142].

Embora as categorias temporais sejam insuficientes para falar do ser eterno de Deus, mesmo assim nos servem para afirmar a diferença entre o ser criado e o não criado, entre o modo de existir do ente finito e de Deus. Neste sentido a Trindade é externa, anterior à criação, independente da encarnação e, portanto, da história. Se é pensável que a criação é eterna como

---

141. "Nam et Filius Dei mortuus esse dicitur pro ea scilicet natura, quae mortem utique recipere poterat" (ORÍGENES. *De principiis*, II, 6,3).

142. A dificuldade de grande parte da teologia protestante para explicar a morte de Jesus, tendendo a projetá-la no ser mesmo de Deus (como o caso de J. Moltmann em seus livros *El Dios crucificado*, *Trinidad y Reino de Dios* e *El caminho de Jesús*) é consequência de sua rejeição da teoria das duas naturezas no sentido tradicional. Introduzir a morte no ser de Deus é criar uma revolução no conceito de Deus, inconciliável com o conceito bíblico. Cf. KASPER, W. "Revolution im Gottesverständnis? – Zur Situation des ökumenischen Dialogs nach Moltmanns 'Der gekreuzigte Gott'". In: *ThQ* 1973, p. 8-14. • GALOT, J. "Le Dieu trinitaire et la passion du Christ". In: *NRT* 1 (1982), p. 70-87 (recensão de MOLTMANN, J. *Trinidad y Reino de Dios*).

Deus, porque sendo Deus desde sempre pôde criar, em contrapartida, pela fé sabemos que a criação é temporal (Gn 1; Hb 11,3). A humanidade de Jesus é criada no tempo, finita e mortal[143]. A encarnação e a morte de Cristo aconteceram somente uma vez, e de uma vez por todas (Jo 1,14; Rm 6,10; Hb 7,27; 9,12; 10,10). Gn 1 e Jo 1 se interpretam reciprocamente: o Verbo é eterno, mas a criação e a encarnação são temporais. A Trindade constitui o sentido da morte de Jesus como ato no tempo, porque expressa o dom absoluto do Pai realizado na liberdade do Filho pela potência do Espírito, mas a morte de Jesus não constitui o mistério eterno da Trindade. Neste sentido a "Trindade econômica" não é a "Trindade imanente", e o axioma de Rahner precisa ser matizado.

---

[143]. Não foi aceita a tese de P. Benoît, que atribui ao Verbo encarnado uma existência própria entre o nosso tempo histórico e a pura eternidade de Deus. Cf. BENOÎT, P. "Préexistence et incarnation". In: *RB* 77 (1970), p. 5-29. A humanidade de Jesus começa a existir no tempo, é criada e corruptível como a nossa. Neste sentido Jesus é mortal. Os *aphthartodocetas* defenderam que o corpo de Jesus era incorruptível já antes da ressurreição e que, portanto, não houve uma real morte de Jesus. Cf. GRILLMEIER, A. "Aphthartodoketismus". In: *LTK*³ I, p. 803-804.

CAPÍTULO III
GLORIFICAÇÃO

Bibliografia

BALTHASAR, H.U. VON. "La ida al Padre". In: *MS* III/2, p. 266-366. • CABA, J. *Resucitó Cristo mi esperanza* – Estudio exegético (Madri 1986). • DURRWELL, F.X. *La resurrección de Jesús misterio de salvación* (Barcelona 1967). • GESCHÉ, A. "La résurrection de Jésus dans la théologie dogmatique". In: *RTL* 3 (1971), p. 257-306. • GHIBERTI, G. & DAHNIS, E. (eds.). *Resurrexit* – Actes du Symposium International sur la résurrection (Roma 1974), p. 645-674. • GHIBERTI, G. & DAHNIS, E. In: *Rivista Biblica* 23 (1975), p. 424-440. • KESSLER, H. *La resurrección de Jesús* – Aspecto bíblico, teológico y sistemático (Barcelona 1989). • KOCH, G. *Die Auferstehung Jesu Christi* (Tubinga 1959). • KREMER, J. "Die Auferstehung Jesu Christi". In: *Handbuch der Fundamentaltheologie*, II (Friburgo 1985), p. 175-196. • KREMER. "ἀνάστασις". In: *DENT* I, p. 260-275. • LÉON-DUFOUR, X. *Resurrección de Jesús y mensaje pascual* (Salamanca 1985). • MOULE, C.F. (ed.). *The significance of the message of the resurrection for the faith in Jesus Christ* (Londres 1980). • MUSSNER, F. *La resurrección del Señor* (Santander 1971). • O'COLLINS, G. *Jesús resucitado* – Estudio histórico, fundamental y sistemático (Barcelona 1988). • RIGAUX, B. *Dieu l'a ressuscite* – Exégèse et théologie biblique (Gembloux 1973). • SCHEFFCZYK, L. *Auferstehung* – Prinzip christlichen Glaubens (Einsiedeln 1976). • SCHLIER, H. *La resurrección de Cristo* (Bilbao 1970). • WILCKENS, U. *Die Wirklichkeit der Auferstehung Jesu* (Stuttgart 1996). • WILCKENS, U. *La resurrección de Jesús* – Estudio histórico crítico del testimonio bíblico (Salamanca 1981).

A história de Cristo é em um sentido anulada pela morte e em outro começa nova e inovadora com a ressurreição. Essa morte foi relatada com tanto interesse e detalhe justamente por ser a morte de alguém crucificado pelos homens e ressuscitado por Deus. A convicção de que Deus verdadeiramente ressuscitou Jesus para nossa salvação é o conteúdo e o pressuposto de todo o NT, de forma que não encontramos nele afirmações que falem isoladamente da *ressurreição*, mas ela *é o pressuposto de todos os relatos históricos, de todas as confissões de fé, de todo o anúncio aos pagãos, de todas as discussões com os judeus, de sua releitura do AT, da própria existência da Igreja e de sua ação missionária*. A ressurreição tem poder fundante: faz nascer a Igreja, obrigando a repensar a história anterior de Jesus e a reler o AT em novas perspectivas; ela identifica Jesus como o Messias e, dando por consumada a espera do povo de Israel[144], funda objetivamente o cristianismo. Ela não é tudo, mas põe tudo em movimento, recolhendo o anteriormente vivido na história da salvação e antecipando tudo o que a Igreja desenvolverá posteriormente ao longo dos séculos. A ressurreição de Cristo, como revelação definitiva de Deus e garantia da ressurreição universal dos homens, funda a identidade do cristianismo: "Fiducia christianorum resurrectio mortuorum: illam credentes sumus"[145]. Ela revela Deus como Deus dos vivos e o homem como criatura destinada a compartilhar sua vida eterna.

A – Os fatos da origem

Que fatos ou experiências deram origem à fé na ressurreição de Jesus? Todos os testemunhos afirmam o hiato existente entre o ocaso da vida de Jesus e a aurora da fé no ressuscitado. A vitória sobre seus inimigos pareceu definitiva. Os discípulos figuram após a prisão; somente mulheres assistiram a crucificação e nenhum dos apóstolos esteve presente nela. Nada do anterior fazia pressentir um futuro novo, uma vez que a condenação à morte havia negado toda legitimidade a Jesus. Para o NT não existe uma continuidade intra-histórica entre as duas fases da história de Jesus: a do morto e a do ressuscitado. Esse abismo aberto entre ambas somente o ato salvífico de Deus o supera, ao ressuscitar Jesus da morte. A esperança de Israel não versava sobre a ressurreição de um indivíduo, mas se referia à ressurreição universal em conexão com o fim do mundo, à soberania de YHWH sobre os poderes do mal e à vitória de Israel sobre seus inimigos.

---

144. Cf. ZENGER, E. "Jesus von Nazaret und die messianischen Hoffnungen des alttestamentlichen Israel". In: KASPER, W. (ed.). *Christologische Schwerpunkte* (Düsserldorf 1980), p. 37-78.
145. TERTULIANO. "De resurrectione carnis", 1. In: *PL* 2,795B.

Nem os evangelhos nem qualquer livro do AT descreve a ressurreição, pois não é um acontecimento verificável como os demais eventos da história de nosso mundo. Falam de aparições do Ressuscitado às testemunhas de sua vida anterior, a quem Ele se dá a conhecer em encontros, que num primeiro momento os sobressaltam porque incapazes de identificar a realidade que se apresenta aos seus olhos. Se lhes parece um fantasma, um jardineiro, um peregrino; somente num segundo momento percebem que é o mesmo Jesus que haviam conhecido, mas que agora se apresenta com uma nova roupagem, com uma corporeidade transfigurada. Como resultado dessas aparições, e depois da comprovação do sepulcro vazio, chegam à convicção de que Jesus está vivo, que ressuscitou, que Deus o tornou digno de fé e confirmado outorgando-lhe parte de sua própria vida.

I – As fontes: fatos e sinais

As fontes que nos transmitem a notícia da ressureição são de índole distinta:

- *confissões de fé* (simples [Fl 2,11; Rm 10,9-11]; ampliadas [1Ts 1,9-10; Rm 1,1-4]; completas [1Cor 15,1-11]);
- *querigmas* de Pedro e Paulo nos Atos dos Apóstolos (2,14-36; 3,12-26; 4,8-12; 5,29-32; 10,34-43; 13,16-41);
- *textos narrativos de cristofanias* pessoais (Mt 28,9-10; Lc 24,13-55; Jo 20,11-18.24-29) e apostólicas (Mt 28,16-20; Lc 24,36-43; Jo 20,19-25);
- *hinos* (Fl 2,6-11; Cl 1,15-20; Ef 1,20-22; 1Tm 3,16; 1Pd 3,18-22; Hb 1,3-4)[146].

Há vários tipos de *confissões*.

• Existem as formas brevíssimas que unem o nome de Jesus a um predicado nominal: "Jesus Senhor"; ou verbal: "O Senhor vive", "Deus o ressuscitou".

• Existem também as fórmulas de vários membros, que unem a morte com a significação salvífica (1Ts 4,14; Rm 4,25; 8,34; 2Cor 5,15), com o poder que tem o Crucificado como o Ressuscitado (Rm 1,3; 10,9), junto

---

146. Cf. RIGAUX, B. *Dieu l'a ressuscité*. Op. cit., p. 53-105 (querigmas dos Atos dos Apóstolos); p. 106-146 (as confissões de fé); p. 147-172 (hinos cristológicos); p. 184-222 (visita ao túmulo); p. 223-252 (cristofanias pessoais); p. 253-277 (cristofanias apostólicas).

com o *Maranatha* (1Cor 16,22; Ap 22,20); com a conversão e o batismo (Rm 6,3; Cl 2,12); com a vida presente e futura do batizado (Rm 6,8-11; 1Ts 4,14).

1 As aparições do Ressuscitado: 1Cor 15

A confissão fundamental é a de 1Cor 15,3-8. Esta forma é a mais antiga que temos da ressurreição. Paulo a recolheu da primeira comunidade de Damasco ou Jerusalém, provavelmente entre 3 e 6 anos depois da morte de Cristo. Está tão próxima dos fatos que suas afirmações podem ser confirmadas ou negadas pelas pessoas que nela são citadas. É a confissão de fé de todos os apóstolos e comunidades (1Cor 15,11)[147]. Esta fórmula que São Paulo recebe e transmite (παρέλαβον-παρέδωκα), que não é invenção sua e é normativa na Igreja (1Cor 15,1), contém, por um lado, os três fatos que fundam a fé: Cristo morreu, ressuscitou e apareceu. Por outro lado, junto aos fatos está a interpretação de seu sentido. Os *fatos, percebidos como sinais, são interpretados à luz da palavra interior percebida pelos destinatários das aparições, da memória da vida de Jesus e da releitura dos textos da Escritura*. Os fatos por si sós são insignificantes; eles só recebem seu sentido dentro de uma tradição, de uma instituição e de algumas formas de vida[148]. A isso se referem as *três fórmulas interpretativas*. Cristo morreu e ressuscitou: *"por nossos pecados"*, *"segundo as Escrituras"*, *"ao terceiro dia"*. As aparições são o lugar concreto onde o Ressuscitado se insere na história, dando-se a conhecer aos homens, que por tê-lo conhecido antes podem reconhecê-lo, percebendo a identidade pessoal entre o anterior e o presente (Lc 24,39: ἴδετε... ὅτι ἐγώ εἰμι αὐτός = "Vede... sou eu mesmo").

Os textos distinguem claramente a situação dos primeiros destinatários das aparições e a situação de todos os fiéis que passaram a crer posteriormente. O testemunho daqueles a quem o Senhor se manifestou nos abre o acesso ao Ressuscitado. Eles, por sua vez, distinguem claramente sua experiência da própria realidade do Ressuscitado: as duas coisas não podem identificar-se. *Sua experiência é constituída, não é constituinte*. O verbo grego usado, ὤφθη (15,5-8), permite três traduções:

• Em forma passiva: "Cristo foi visto por Pedro".

---

147. Cf. Ibid., p. 119-146.
148. Cf. GESCHÉ, A. "La résurrection de Jésus... Art. cit., p. 301-303.

- Como um passivo divino: "Ele foi feito visível a Pedro", o que equivale a dizer que Deus tornou possível a Pedro que o visse; Deus lhe deu ou concedeu ver a Cristo.
- Em forma depoente: "Ele se fez ver, se deu a conhecer a Pedro".

Do ponto de vista filológico as três seriam possíveis. A mais improvável é a primeira, porque nunca é atribuída como iniciativa direta da testemunha da ressurreição. A mais verossímil é a terceira, dado que os verbos anteriores (morrer, ressuscitar) também têm Cristo como sujeito. Em seguida o texto afirma que Cristo se deu a ver, apareceu, deixou-se ver por Pedro[149].

Uma das fórmulas mais ricas dos Atos dos Apóstolos (10,40-41) soma ambos os aspectos: a inciativa de Deus e a apresentação de Jesus:

> Mas Deus o ressuscitou ao terceiro dia e permitiu que aparecesse não a todo o povo, mas às testemunhas que Deus havia predestinado, a nós que comemos e bebemos com Ele, depois que ressuscitou dentre os mortos.

Esta fórmula está em continuidade com as fórmulas bíblicas nos LXX que mostram as teofanias de Deus aparecendo a Abraão e a Moisés (Gn 12,7; Ex 4,2). São Paulo expressa o que lhe aconteceu em sua conversão como um "ver", um "dar-se a conhecer", um "revelar", um "ser possuído por Cristo" (1Cor 15,8; 9,1; Gl 1,16; Fl 3,8-12)[150]. A partir daqui podemos explicitar o sentido das aparições aludidas por Paulo em 1Cor 15,5-8 referidas a Cefas, aos Doze, aos quinhentos irmãos, muitos dos quais ainda vivos, a Tiago, a todos os apóstolos, e por último, ao último de todos. Este é o conteúdo e a estrutura das aparições segundo esta confissão fundamental de fé da Igreja, que Paulo recebe e, por sua vez, a transmite, através da qual se mede a si mesmo ou julga os outros. O texto enuncia *fatos* e oferece sua *interpretação*.

a) *O fato: protagonista, destinatários, intenção*

1) *O sujeito* ou o primeiro protagonista é o próprio Jesus: trata-se de uma autorrevelação, de manifestações àqueles que o haviam conhecido anteriormente, e a quem agora aparece ressuscitado.

---

149. Cf. RIGAUX, B. *Dieu l'a ressuscité*. Op. cit., p. 340-346.
150. "Paulo distingue este dar-se-a-ver de Jesus e este ver, de todas as outras 'visões' que ele conhece bem (p. ex., 2Cor 12,1ss.), mas nunca as coloca como base de seu querigma" (SCHLIER, H. *La resurrección de Cristo*. Op. cit., p. 33-34).

2) *O fato* é percebido não como uma criação do sujeito que o vive, mas como resultado de um encontro, portanto, como realidade objetiva que lhe vem de fora, que tem Jesus por conteúdo pessoal, não como objeto cego ou realidade morta, mas como sujeito reconhecido.

3) Jesus se faz presente vivendo da *vida própria de Deus* e realizando ao máximo os encontros de amizade, acolhimento e perdão, que já havia feito com eles em sua ação pública.

4) Os *destinatários* das aparições são pessoas concretas (Pedro, Tiago, Paulo), grupos concretos (os Doze, quinhentos irmãos), alguns dos quais ainda podem avaliar o anúncio apostólico e concretamente o de Paulo, pelo fato de estarem vivos.

5) As aparições têm uma *dimensão comunitária e uma intencionalidade missionária*, já que cada um dos que as recebem se dirige aos outros para comunicá-las e é constituído em apóstolo do Crucificado-Ressuscitado.

b) *A interpretação: "segundo as Escrituras", "por nossos pecados", "ao terceiro dia"*

O fato da morte (a sepultura não aparece com fato salvífico, mas como confirmação dela) é o pressuposto para afirmar a ressurreição. A morte, real e verificada, dá suporte ao anúncio de uma ressurreição real; esta não foi o reavivamento de um sujeito meio-morto. Pelo fato de esta morte e esta ressurreição serem vistas como parte e culminância de um plano de Deus, afirma-se que elas estão de acordo com as Escrituras. Isto não significa que haja textos que literalmente as preanunciem em cada um de seus aspectos materiais, mas que estão na lógica das gestas salvadoras conhecidas, que correspondem ao que Deus se havia proposto ao revelar-se aos homens: afirmar-se e dar-se de modo a compartilhar seu destino com eles; padecê-lo e superá-lo, salvando-os em seu julgamento sobre o pecado. "Pois todos contam como fomos recebidos por vós, virando as costas para os ídolos, vos voltastes para o Deus vivo e verdadeiro e vos pusestes a seu serviço, na espera do seu Filho, Jesus, que Ele ressuscitou dentre os mortos e que virá dos céus para nos arrancar da ira futura" (1Ts 1,9-10; 5,10). A morte de Jesus transcende sua pessoa para nos incluir: "Morreu por nossos pecados" (1Cor 15,3). Ele realiza desta forma o destino universal e vicário do Servo de YHWH, cujos textos adquirem agora toda a sua potencialidade expressiva.

Portanto, dizer que Jesus morreu por nossos pecados segundo as Escrituras e que segundo elas ressuscitou, é situá-lo mais além de sua individualidade, colocando-o a serviço do que Deus havia previsto para o mundo, conforme seu plano de salvação contido nas Escrituras.

Se a ressurreição se fez transparente e compreensível à luz das Escrituras, as Escrituras se fizeram transparentes e compreensíveis à luz da ressurreição. Desta afirma-se que ela aconteceu "no terceiro dia" ou "após três dias"[151]. A fórmula (Mc 8,31; 9,31; 10,34 e par.) pode ter um sentido cronológico, difícil de fixar. Três dias a partir do instante da morte até o momento exato da ressurreição? Três dias a partir do instante em que tiveram início as aparições? Ou três dias a partir da comprovação do túmulo vazio? Esta fórmula, porém, pode ter também um sentido teológico: desta forma indicaria a imediata intervenção salvadora de Deus em favor do justo, quando este se encontra numa situação de perigo. Em nosso caso significaria que Deus veio em socorro de Jesus depois de sua morte. "Após dois dias nos dará a vida, no terceiro dia nos fará ressurgir e em sua presença viveremos" (Os 6,2; cf. Gn 22,4).

A ressurreição é um evento escatológico, que transcende o tempo. Este evento pertence ao mundo que virá, e não pode ser situado dentro das coordenadas de nosso tempo e lugar, como situamos todas as demais coisas deste mundo. Morte e ressurreição de Jesus são um ato duplo, e não dois atos sucessivos. Duplo enquanto o sujeito primeiro e principal da morte é Jesus, ao passo que o sujeito primeiro e principal da ressurreição é Deus. O mesmo ato, visto pelo anverso da obediência e da fidelidade absolutas de Jesus entregando-se a Deus, é a morte, e visto pelo reverso da fidelidade, do acolhimento e da afirmação absolutas que Deus faz de Jesus, é a ressurreição[152]. Todo o seu ser com seus constitutivos transcendentais (corpo, alma, espírito) foram declarados e integrados à vida divina. A morte não foi vencedora, tampouco definitivamente soberana sobre eles. A ressurreição foi corporal e não somente psíquica ou pneumática; neste sentido foi "posterior" à morte. Não se trata apenas da continuação da liberdade de

---

151. Cf. LEHMANN, K. *Auferweck am dritten Tag nach der Schrift* – Exegetische und fundamental-theologische Studien zu 1Cor 15,2-5 (Friburgo 1968).

152. Cf. RAHNER, K. "Cuestiones dogmáticas en torno a la piedad pascual". In: *ET* IV, p. 159-176.
• RAHNER, K. "Unidad de la muerte y de la resurrección". In: *Curso fundamental sobre la fe* (Barcelona ⁴1989), p. 313.

Jesus, de sua imortalidade pessoal, ou do retorno de seu espírito à sua origem divina. Foi uma nova ação recriadora de Deus versando sobre a inteira pessoa de Jesus morto.

Junto a estas fórmulas de confissão temos os relatos de aparições ou as *cristofanias* pascais que os evangelhos nos oferecem: Mt 28,9-10 (mulheres voltando do sepulcro); Lc 24,13-35 (discípulos de Emaús); Jo 20,11-18 (Maria Madalena junto ao sepulcro); Jo 20,24-29 (dúvidas e confissão de Tomé). Nelas, o essencial é comum e coincide (Jesus vivo, manifestação como encontro, identidade e diferença com sua forma de existência anterior), ao passo que o acidental (lugares, horas, palavras) apresenta claras diferenças. Esta variação dentro da unidade é a melhor garantia de veracidade. Esta constelação de relatos, difíceis de harmonizar entre si, apresentam de forma caleidoscópica a realidade de Jesus[153]. Os fatos provocam uma inundação de palavras expressivas, desafiando a redução esquemática. "As revoluções explodem primeiro nas palavras"[154]. Os relatos das aparições constituem o ponto de inserção de Jesus no mundo e a referência à nossa história em clara consciência de que a realidade do Ressuscitado não é descritível nem fixável. Quem recebeu as aparições/autorrevelações de Jesus não tentou demonstrá-las nem revivê-las depois, mas somente testemunhá-las, reconstruindo toda a ocorrência anterior à luz do Ressuscitado, iniciando uma história nova e colocando-se a seu serviço. Essas pessoas se abriram para esse futuro novo e viveram para ele, pois foram iluminadas por aquela experiência e não ficaram presas a ela. Jesus se identificou diante delas e elas, por sua vez, foram identificadas a partir dele, transformadas por Ele e enviadas a falar dele. Há um desdobramento de si mesmos em direção à realidade percebida e em direção à missão recebida com tamanho realismo e verdade que lhes pareceu insensata a pergunta se foram alucinações, visões ou simples sonhos que tiveram. A verdade da vida que levaram posteriormente tornou digna de crédito a experiência que estava na origem do anúncio que fizeram. Os fatos precisam ser analisados em seu campo semântico próprio: como acontecimentos em seu lugar e tempo, com o sentido que têm para a pessoa que os vive, com as consequências que nascem deles na história posterior. Estas três

---

153. Cf. uma análise do gênero literário próprio, dos elementos comuns e divergentes em FITZMYER, J. *The Gospel according to Luke X-XXIV* (Nova York 1985), p. 1.532-1.548, com bibliografia completa. • GRELOT, P. *Jésus de Nazareth Christ et Seigneur,* II (Paris 1998), p. 351-416.

154. PERROT, C. *Jésus* (Paris 1998), p. 117.

ordens dão ou suprimem a razão a alguns fatos. Em nosso caso as aparições foram recebidas, compreendidas e correspondidas como:

• Revelação de Jesus e encontro com Jesus.

• Transformação dos discípulos em homens novos, capazes de compreender o anterior e começar um futuro novo.

• Renascimento do povo da primeira aliança como povo refeito por Jesus seu Messias e como nascimento do povo da aliança nova e eterna.

• Surgimento da Igreja.

• Começo da missão, primeiro aos judeus e depois a todos.

2 O túmulo vazio

Junto com as aparições temos os *relatos do túmulo vazio*. Os evangelhos narram o fato juntamente com as aparições, sem tentar fundar a realidade positiva da ressurreição no fato negativo da ausência do cadáver. A ausência do cadáver é um sinal que, à luz de anteriores e posteriores experiências do encontro com Jesus vivo, recebe um peso próprio. Por isso São João diz: "viu e acreditou" (20,8)[155]. No entanto, um sinal nunca é uma prova automática da realidade para a qual se orienta ou se abre. A ausência de um cadáver não demonstra a existência do vivo em outro lugar. A historicidade do túmulo vazio é geralmente admitida, mesmo quando ela ocupa um lugar secundário nos testemunhos da origem. Num contexto semita marcado por uma antropologia não dualista, que não separa a pessoa em alma e corpo como o fará depois o mundo grego, a mensagem da ressurreição teria sido absolutamente inaceitável se o cadáver tivesse sido encontrado. E não somente para eles, mas também para nós[156]. O homem é corpo, e este é a mediação da pessoa em sua relação expressiva e comunicativa com o mundo e com Deus. A cor-

---

155. "O descobrimento do túmulo vazio deixa de aparecer como uma invenção tardia e suspeita, e torna a ser um fato sólido e antigo, um dado primitivo que com as aparições subsequentes pode justificar e fundar a fé cristã na ressurreição do Senhor" (BENOÎT, P. *Passion et résurrection du Seigneur* (Paris 1966), p. 295. • FITZMYER, J. *Catecismo cristológico* – Respuestas del NT (Salamanca 1988), p. 84. Cf. VON CAMPENHAUSEN, H. *Der Ablauf der Osterereignisse und das leer Grab* (Heidelberg 1966). • O'COLLINS, G. *Jesús resucitado*. Op. cit., p. 183.

156. "A mensagem central implica, portanto, *ipso facto*, considerando a compreensão antropológica daquele momento, o fato do túmulo vazio [...]. Na opinião pública dos cidadãos de Jerusalém a mensagem da ressurreição de Jesus teria ficado no esquecimento de uma vez para sempre se tivesse sido possível mostrar um sepulcro com o cadáver de Jesus em decomposição" (SCHUBERT, K. *Jesus im Lichte der Religionsgeschichte des Judentums* (Munique/Viena 1973), p. 183-184. Cf.

poreidade humana tem uma constituição temporal. Dizer que o homem é afirmado por Deus em sua vida, "ressuscitado" da morte, implica a afirmação dessa história, com a duração de sua inteira biografia e corporeidade sucessivas. A ressurreição de Jesus é a afirmação que Deus faz de tudo o que tem sido e de tudo o que Ele já é, mostrando o que ainda há de ser para o mundo. A ressurreição de Jesus foi uma ressurreição corporal[157].

II - A ressurreição: história, apologética, teologia

Temos fatos e sinais. As experiências com o Ressuscitado foram vividas por seus protagonistas como sinais. Interpretadas como tais a partir da vida de Jesus e da Escritura, essas experiências fundaram a fé de outrora e continuam fundando-a até hoje. Toda a experiência posterior de Cristo se refere a esses fatos e sinais e se mede por eles. As aparições do Ressuscitado foram percebidas como realidade externa e anterior aos sujeitos que as receberam. A afirmação que eles fazem da ressurreição de Jesus não foi apenas o resultado de uma meditação sobre o Jesus terrestre, não foi a intuição de que sua morte é universalmente significativa, nem o descobrimento de uma obrigação de pregar sua mensagem, mas o resultado um convencimento de que Deus fez uma intervenção objetiva no mundo, assumindo inteiramente o ser de Jesus à sua própria vida divina e resgatando-o assim do poder universal que a morte tem sobre os seres finitos[158].

São insuficientes, portanto, as teses de D.F. Strauss, com sua explicação psicológica das aparições; e as outras que consideram fundamento suficiente para explicar a ressurreição, a influência e a memória que os discípulos mantinham do Jesus pré-pascal. Bultmann afirma que Jesus ressuscitou no querigma; Marxen que a ressurreição significa simplesmente que o assunto de Jesus continuava válido e devia perdurar; Schillebeeckx a explica como um processo de conversão vivido como graça e exposto como aparição;

SCHUBERT, K. "Auferstehung Jesu im Lichte der Religionsgeschichte des Judentums". In: *BiLi* 43 (1970), p. 25-37.

157. Sobre a unidade do corpo de Jesus, morto e ressuscitado, em sua nova condição pneumática, cf. as nuanças de Paulo VI em sua audiência geral "Sobre a ressurreição" (05/04/1972).

158. "A ressurreição corporal de Jesus à glória faz parte fundamental da proclamação querigmática do NT e constitui uma afirmação fundamental da fé cristã. Cf. FITZMYER, J. *Catecismo cristológico*. Op. cit., p. 86. Cf. tb. BROWN, R.E. *The Virginal Conception and the Bodily Resurrection of Christ* (Londres 1974), esp. p. 130-134.

R. Pesch considera Jesus terreno fundador da ressurreição[159], e na mesma perspectiva estão I. Broer, K.H. Ohlig, H. Verweyen[160]. No extremo se situa G. Lüdemann com sua negação pura e dura da realidade do Ressuscitado; para ele a fé está e cai com o Jesus da história e não com o Cristo da ressurreição, para quem nem as aparições, nem o túmulo vazio têm importância alguma[161]. Existem duas compreensões falsas da ressurreição:

- Uma, *material biologista*, a vê como simples retorno à vida biológica. Tais foram a ressurreição da filha de Jairo (Mc 5,21-43), do filho da viúva de Naim (7,11-17) e de Lázaro (Jo 11,38-44).

- Outra é a interpretação *idealizadora ou desmitificadora,* que a pensa como continuação da memória e da causa de Jesus no tempo, ou como eternidade da alma sozinha, seu corpo podendo permanecer decomposto no sepulcro.

- Perante as duas existe a *compreensão teológica*, que a pensa como uma ação de Deus, que recai sobre a inteira pessoa de Jesus, subtraindo-o ao poder da morte e fazendo-o partícipe da vida divina, que lhe permite manifestar-se no mundo de uma "forma nova" (Mc 16,12), em comparação à forma com que se apresentava aos seus contemporâneos. A ressureição é pessoal e, portanto, corporal.

O caráter violento e escandaloso, e religiosamente perverso para os judeus, da cruz, os impossibilitava completamente de continuar mantendo a validez da mensagem e a perenidade da pessoa de Jesus. O historicamente primeiro na afirmação que os discípulos fazem do Ressuscitado não foi a reflexão humana, mas a ação de Deus. No entanto, esses fatos enquanto sinais exigem uma interpretação: devem ser pensados e situados numa tradição espiritual e referidos à própria vida. Não se nos impõem com a violência da matéria e a lei da gravidade, mas com apelo à liberdade e como oferta de graça. Trata-se de uma revelação que convida e suscita a fé: seu último sen-

---

159. Sobre a intenção, valor e limites destes intentos, cf. KESSLER, H. "Exposición y crítica de los intentos de explicación histórico-genética". In: *La resurrección de Jesús*. Op. cit., p. 130-169.

160. Esta tese é exposta em VERWEYEN, H. (ed.). *Osterglaube ohne Auferstehung?* – Diskussion mit G. Lüdemann (Friburgo 1995). Frente ao resto dos autores mantém-se a tese clássica em OBERLINNER, L. "Gott hat ihn auferweckt – Der Anspruch eines frühchristlichen Gottesbekenntnisses". In: *Todeserwartung und Todesgewissheit Jesu* – Zum Problem einer historischen Begründung (Stuttgart 1980), p. 65-79.

161. Cf. LÜDEMANN, G. *Die Auferstehung Jesu* (Gotinga 1994), p. 220.

tido e conteúdo somente são percebidos quando os conteúdos e exigências dessa fé se convertem em forma de vida. Existe uma continuidade de fundo entre a mensagem do Reino e a vida de Jesus por um lado, e o fato da ressurreição por outro. Jesus apresentou Deus como o Deus dos vivos, situando-se na tradição do AT, que em suas fases finais conta com a ressurreição dos mortos, afirmada pelos fariseus no tempo de Jesus[162]. E na noite da ceia Ele mesmo fala confiante em sua participação no banquete do Reino (Lc 22,16), o que supõe que conta com a ajuda de Deus arrancando-o da morte iminente. Os anúncios da ressurreição estão em profunda coerência com toda a sua vida obediente a Deus e doada a serviço aos homens.

Sobre este fundo, em continuidade e simultaneamente em descontinuidade com o próprio Jesus, os relatos da ressurreição têm seu próprio peso e credibilidade[163]. Não se trata de textos ingênuos e de afirmações sobre fatos de outro mundo. Os sujeitos das aparições não são alheios à realidade de cada dia, nem tomados por uma ilusão infantil ou indignos de fé. A convergência de todos eles em sua diversidade, as constantes no fundamental, o fato de que haja transformado em personalidades decisivas no futuro pessoas que careciam dos pressupostos para um destino semelhante, é o resultado final e persistente dessas afirmações que permitiram a gerações distantes dos acontecimentos descobrir o Ressuscitado e aderir a Ele: tudo isso obriga a reconhecer o valor objetivo das primeiras testemunhas das aparições, que dão origem à confissão de fé no Ressuscitado. *Sua sobriedade, sua ingenuidade e sua carência de pretensões, não propondo-se como argumentos de evidência ou filosoficamente validáveis, e sua redução à esfera do testemunho, convertem sua fragilidade primeira em sinal de maior fortaleza, remetendo-nos à realidade que testemunham. Sua missão terminou com o testemunho: o resto o deixam à liberdade do homem e à graça de Deus.* Esses testemunhos verbais devem ser situados dentro das instituições, das formas de vida e dos projetos reais da comunidade primitiva. Palavras e pessoas, memórias do Jesus conhecido e experiências com o Jesus reencontrado fundaram naquele tempo e continuam fundando hoje a possibilidade da fé em Jesus de Nazaré como Messias de Deus. A passagem da possibilidade à realização da fé é um mistério que somente cada homem pode

---

162. Dn 12,2; 2Mc 7,9-29; cf. Is 26,19; Ez 37,1-14. Cf. KESSLER, H. "La preparación en el AT y el judaísmo precristiano". In: *La resurrección de Jesús*. Op. cit., p. 29-60.

163. Cf. "El Jesús prepascual". In: Ibid., p. 61-84.

e deve responder por si mesmo diante de Deus. A fé, por sua vez, não é um produto, uma coisa ou um remédio que se toma a partir de fora como exterior à pessoa, mas deve nascer do exercício livre da vida. A fé, como qualquer ato de liberdade e de amor, chega a ser plenamente real no ato de crer e se torna luminosa com o exercício constante de toda uma vida.

A ressurreição quase sempre tem sido estudada a partir do ponto de vista histórico-exegético por um lado, e apologético por outro. Em muitos casos percebe-se que prevaleceu a preocupação por sua materialidade verificável, situando-a no nível dos fatos deste mundo e esquecendo a peculiar natureza com que as fontes a apresentam. Para elas não é nem mero prolongamento nem negação da história anterior, mas o começo de uma história nova. O Ressuscitado é a explosão e o primeiro expoente do mundo futuro; é uma realidade *escatológica* que "toca" este mundo e é verificável em seus efeitos; é *real* e *histórica*, mas não com a historicidade mundana própria de quem experimenta o tempo, o mundo e a mortalidade[164]. Geralmente se leu os textos apenas como história positiva, ao passo que se trata de textos que fazem uma confissão nos quais o dito e quem diz, a realidade enunciada e a pessoa que enuncia, não são separáveis. Neste sentido, não há ressurreição de Jesus sem testemunhas que a anunciem. Não há acesso direto ao Ressuscitado sem passar pela pessoa que testemunha, sem entrar na interpretação que a testemunha dá, sem colocar a vida em sintonia com o que a realidade enunciada exige.

Num segundo momento privilegiou-se o interesse apologético, reduzindo a ressurreição a um milagre como os anteriores milagres de Jesus. Ela seria o máximo milagre que o cristianismo definitivamente experimenta. No entanto, ao invés de um milagre como os outros, ele é "mistério", porque pela ressurreição passamos deste mundo ao outro, da morte do ser finito e pecador à vida do Infinito. Separada da pregação do Reino e da morte por um lado, da efusão do Espírito e da Igreja por outro, a ressurreição permanece um enigma indecifrável. Não é qualquer um que ressuscitou, mas alguém que propôs uma mensagem sobre Deus e morreu de uma morte como serviço e sacrifício em favor dos homens. O Ressuscitado suscitou uma experiência de transformação pneumática e desencadeou uma comunidade mis-

---

[164]. Cf. GRELOT, P. "L'historien devant la résurrection du Christ". In: *Revue d'Histoire de la Spiritualité* 48 (1972), p. 221-250. • GRELOT, P. "La résurrection de Jésus et l'histoire. Historicité et historialité". In: *Les Quatre Fleuves*, 15-16 (1982), p. 145-179.

sionária que até hoje perduram. Esta totalidade se converte num convite a crer. Teórica e historicamente é um fato singular já que somente de Jesus se afirmou em sentido real somático, e não figurado ou espiritual, que ressuscitou[165]. No entanto, a verdadeira potência fundamentadora da fé, própria da ressurreição, só se percebe quando compreendida teologicamente como afirmação sobre Deus, sobre Cristo, sobre o sentido da vida humana, sobre a meta da história, sobre a salvação da realidade e de cada pessoa.

A história da teologia deixou às vezes a ressurreição em segundo plano. A Igreja oriental concentrou sua atenção primeiro na encarnação como ponto salvífico central; depois na questão da divindade e da união hipostática como problemas teóricos primeiros[166]. Em contrapartida, a Igreja ocidental deu primazia às questões de soteriologia (a morte de Jesus como satisfação e expiação: Santo Anselmo, Lutero). Finalmente, a era moderna se centrou na ação e pregação de Jesus Mestre, em sua ação como profeta ou reformador social revolucionário, com especial atenção para as questões apologéticas (Ilustração, Escolástica, métodos histórico-críticos, movimentos de libertação). Em nosso século pudemos, por fim, redescobrir o lugar central que a ressurreição ocupa no cristianismo e seu lugar primordial tanto para a fé como para a cristologia[167].

B – Contexto, linguagem e conteúdo da ressurreição

O processo de compreensão do Ressuscitado não acaba com as aparições como momento explosivo, experiência única e acontecimento fundador. O dia de páscoa e os quarenta dias seguintes (At 1,3) levaram os apóstolos a pensar o sentido desse acontecimento e simultaneamente seus pressupostos e suas consequências. Cessam as aparições, mas não cessa a presença real de Cristo em sua comunidade. Acabou uma forma de manifestação e começou outra que ainda perdura. O NT na origem e a Igreja até hoje são o testemunho unânime dessa presença vivificadora da pessoa e da inteligência

---

165. Cf. RAHNER, K. *Curso fundamental sobre la fe*. Op. cit., p. 322.
166. Cf. GESCHÉ, A. "La résurrection de Jésus..." Art. cit., p. 257-265. • JOSSUA, J.P. *Le salut – Incarnation ou mystère pascal chez les Pères de l'Église de S. Irenée à S. Léon le Grand* (Paris 1968).
167. Pioneiro desta recuperação foi DURRWELL, F.X. *La résurrection de Jésus mystère de salut – Étude biblique* (Le Puy-Lyon 1950). Cf. o volume-homenagem: BENZERATH, M.; SCHMID, A. & GUILLET, J. (eds.). *La Pâque du Christ, Mystère de Salut* – FS F. X. Durrwell (Paris 1982).

crescente da ação de Jesus, que prometeu vir (Jo 14,3.18-19) e permanecer sempre com os seus (Mt 18,20; 28,20).

I – O contexto: escatologia e apocalíptica

Como é o processo de interpretação do Ressuscitado? *A reflexão se elabora em várias direções, partindo sempre da memória do que haviam conhecido, da experiência de sua atuação na Igreja e dos textos do AT.* A soma de todos estes elementos colocou em primeiro plano a coordenada escatológica. A ressurreição é situada e compreendida no contexto da espera do fim do mundo, com a consequente revelação do sentido da história, que os judeus encontravam explicitada na literatura apocalíptica de seu tempo. Por isso repetiu-se que a apocalíptica é inicialmente a matriz da cristologia e posteriormente a mãe de toda a teologia[168]. Este pano de fundo lhe outorga sua inteligibilidade fundamental e a partir dele se descobrem outras dimensões. Falar de compreensão escatológica significa afirmar que a ressurreição é um acontecimento que tem a ver com o fim dos tempos; que na pessoa de Jesus está acontecendo a irrupção desse final como ação reconciliadora de Deus em relação à criação; que a pessoa e a obra de Jesus são a antecipação dos *éschata*; que o processo de salvação está inaugurado; que Jesus é descoberto como Filho do Homem da literatura apocalíptica em sua dimensão individual e coletiva, que ao vir no fim dos tempos decidirá a entrada no Reino de Deus. A ressurreição identifica Jesus como Juiz escatológico. Daí se desprende sua condição de Senhor, que exerce sua soberania salvífica na Igreja, e consequentemente diante dele também se decide o destino dos homens. A ressurreição constitui Jesus em Testemunha escatológica de Deus e Juiz de seu Reino.

---

168. Cf. KÄSEMANN, E. "Die Anfänge christlicher Theologie". In: *Exegetische Versuche und Besinnungen*, II (Tubinga 1964), p. 82-104, cit. p. 100. • "Zum Thema der urchristlicher Apokaliptik". In: Ibid., p. 105-130. • PANNENBERG, W.; RENDTORFF, T. & WILCKENS, U. *Historia como revelación* (Salamanca 1977). • PANNENBERG, W. *Fundamentos de cristología* (Salamanca 1974). • MOLTMANN, J. *Teología de la esperança* (Salamanca 1969). • GONZÁLEZ DE CARDEDAL, O. *Aproximación*, p. 386-399. A Igreja expressou sua mensagem escatológica (chegou o fim porque chegou o Último) com categorias apocalípticas (descrições do fim do mundo, ressurreição geral) e num primeiro momento esperou a parusia de Jesus e o fim da história. Depois percebeu que o fim qualitativo da história (dado pela ressurreição) não significava o final cronológico (parusia de Jesus e fim do mundo). Esta distinção e a comprovação de que as realidades escatológicas (vida nova, perdão dos pecados, dom do Espírito) já estavam operantes dentro dela pela fé e pela celebração lhe permitiram sobreviver e afirmar-se em sua ação missionária, mesmo sem que chegada da esperada parusia.

Embasada neste fundo, a ressurreição aparece como forma antecipada da existência nova, que Deus outorgará a toda a criação quando chegar a consumação. Por isso ela não tem nada a ver com um mero retorno à vida biológica anterior. A ressurreição de Lázaro pertence a esta ordem: recuperou sua vida anterior para tornar a morrer. Jesus, em contrapartida, entrou na vida nova, sem insuficiência por ser eterna, que é a vida de Deus mesmo. "Cristo ressuscitou dentre os mortos e já não morre, pois a morte não tem mais poder sobre Ele" (Rm 6,9). Para falar da ressurreição de Jesus o NT nunca utiliza o termo βίος e seus derivados, mas ζωή. O primeiro termo designa a vida dos mortais em caducidade e temporalidade; o segundo é a vida de Deus em integridade e perenidade. A vida nova de Jesus e dos ressuscitados com Ele não é uma revitalização, mas uma palingenesia (Mt 19,28; Tt 3,5), uma transformação ou metamorfose (Mt 17,2; Rm 12,2; 2Cor 3,18), uma inovação da realidade pelo Espírito (2Cor 5,17; Cl 1,15; Gl 6,15; Ef 2,13; 4,24; Rm 7,6).

II – A linguagem: constelações simbólicas

A ressurreição deve ser entendida à luz da pluralidade da linguagem com que o NT a apresenta e por exploração dos universos simbólicos com que a expressa. A palavra "ressurreição" é uma dentre as muitas outras que descrevem a ruptura introduzida por Deus para dar credibilidade a Jesus, legitimar sua pretensão, devolvê-lo vivo e arrancá-lo do poder da morte, integrando-o à sua soberania sobre o mundo. Aqui a linguagem contém a realidade e a forma desta vem sugerida de algumas formas linguísticas[169]. Poderíamos distinguir três âmbitos simbólicos: a) É uma ação que se exerce sobre um morto. b) É uma transferência ao universo de Deus. c) É a constituição de uma forma de realidade nova em Cristo, com sua consequente ação sobre o mundo, por participação na soberania de Deus.

1) Sem dúvida, uma das expressões mais primitivas é a significada pelos verbos *egeírô*, em sentido ativo e passivo, e *anístêmi*, do qual deriva a palavra

---

169. Cf. DE SURGY, E. (ed.). *La résurrection de Jésus et l'exégèse moderne* (Paris 1969). • GESCHÉ, A. "Le lieu de l'inteligibilité fourni par l'analyse du langage". In: Op. cit., p. 283-296. • LADRIÈRE, J. *L'articulation du sens* – II: Les langages de la foi (Paris 1984).

anástasis, ressurreição[170], expressa com a ideia de um erguer da morte, um despertar alguém de um sono. Sem tentar descobrir a situação pressupõe-se Jesus caído, dormente, morto, aprisionado ou retido na região dos mortos pela morte. Os verbos correspondentes à ação divina são: suscitar, despertar, fazer emergir, subtrair, arrancar, ressuscitar.

2) Outra expressão deriva dos termos *glória* ou *glorificação*, que em São João abarca a cruz e a ressurreição e nos remete ao termo veterotestamentário *kabod*, δόξα, que exprime a condição divina à qual é integrado Jesus. Aqui se acentua a vitória de Cristo sobre a morte e sua participação na vida e poder de Deus, onde toda mortalidade desapareceu.

3) Uma terceira forma de exprimir é apresentada com os termos *exaltar, exaltação, exaltado* à direita do Pai (At 2,33; Fl 2,9). Estas expressões contrastam a ação exaltadora de Deus com a humilhação daquele que na paixão e na morte realizou o destino do servidor paciente e desceu à morte para prová-la por todos. A quem realizou maximamente o abaixamento e a humilhação ao morrer a morte dos escravos (crucificação), Deus o eleva à sua própria glória e lhe outorga o nome máximo, de forma que todos possam tributar-lhe honra e adoração (Fl 2,10-11). A *quenose* ou abaixamento do que existia em forma divina tem sua expressão limite na descida aos infernos. No entanto, seriam a morte e a descida de Cristo aos infernos dois estados sucessivos ou seriam duas maneiras de expressar um único ato pelo qual Jesus compartilhou o destino dos mortos, para depois ser levantado pelo poder de Deus?

4) Outro modelo é o que explica a ressurreição como *vivificação* por acesso de Jesus à vida de Deus. Paulo e Lucas nos apresentam Cristo como aquele que antes estava morto e agora está vivo (Lc 24,3; At 1,3; 25,19; Rm 4,17; 1Cor 15,22-45; 1Pd 3,18). Os exegetas pensaram que talvez ambos quiseram evitar a terminologia da ressurreição, estranha aos ouvintes gregos. Esta terminologia nos lembra de novo que a ressurreição não deve ser interpretada em sentido biológico ou vitalista. O NT nunca usa os termos βίος, ἀναβίος,

---

170. Cf. RODRÍGUEZ CARMONA, A. "Origen de las fórmulas neotestamentarias de resurrección con anistánai y egeírein". In: *EE* 55 (1980), p. 27-58.

que descrevem as formas de vida verificáveis, visto que o que está em jogo não é primordialmente a recuperação do viver humano, mas o acesso ao viver divino. Tal acesso se realiza a partir de nossa existência biológica e histórica concreta, porém, não para repeti-la ou incrementá-la quantitativamente, mas para acessá-la em termos de transmutação qualitativa. Esta transmutação está em continuidade com o anseio mais profundo do homem, que não se resume em sobreviver temporalmente – um tempo indefinido seria o tédio consumado e a condenação antecipada –, mas ser transmutado para outra forma de vida com novidade pessoal, e não uma mera continuidade temporal.

5) Talvez a formulação mais simples, mas que deu credibilidade às primeiríssimas confissões de fé, é a que declara *Jesus Kyrios* outorgando-lhe este nome e a correspondente adoração a partir da ressurreição (Rm 10,9; Fl 2,9-11). A constituição como *Kyrios* pela potência do Espírito Santo remete à sua vitória sobre todos os poderes, incluído o da morte. Este título orientou as testemunhas a confessar sua divindade, pois, se Ele exerce a mesma soberania que Deus sobre o mundo, é pelo fato que compartilhava a mesma autoridade e poder. A partir desta função passou-se então a pensar a sua realidade: aquele que exerce a autoridade e comunica a vida de Deus o faz porque a possui com Ele. Da autoridade e vida divina passou-se a confessar seu ser divino.

6) Uma última expressão dessa ação de Deus sobre Jesus é o estabelecimento ou sua *constituição em Filho de Deus* (Rm 1,4), bem como a *justificação* (1Tm 3,16). Deus, pela força do Espírito, manifestou a verdadeira identidade de Jesus: e por Ele ser o Santo, o Justo e o Filho, Deus não podia deixá-lo sofrer a corrupção (At 2,27; Sl 110,1).

De todas estas constelações expressivas (ressurreição, glorificação, exaltação, vivificação, concessão do nome [= ser] *kyrios*, constituição em Filho, justificação) prevaleceu a *ressurreição*, pois, sem dúvida, ela realçava o contraste com a morte anterior; porque enunciava o morrer prévio como supremo fato negativo da vida humana e a vitória sobre esse morrer; porque associava a ressurreição de Cristo à ressurreição universal esperada para o fim dos tempos, e que se constituía em horizonte escatológico e ponto de partida para pensar a ressurreição. No entanto, vale lembrar que todos os outros campos semânticos são necessários para perceber a complexidade real deste acontecimento, bem como a complexidade de gêneros literários que o cercam. *A linguagem da ressurreição não é uma constatação estéril, enunciando coisas alheias ao sujeito e completas sem ele, mas performática*. Ela diz algo que é real no sujeito e cuja realidade só aparece à medida que determina sua existência e é garantida por essa existência. Somente no "jogo de linguagem" que é a vida total da Igreja estas expressões têm pleno sentido. Em outro jogo de linguagem (científico, técnico, inclusive filosófico, pragmático) todas estas expressões teriam outro sentido. Não que não pudessem ser reais, mas careceriam do nível de ressonância e credibilidade necessária para que inclusive nós pudéssemos descobrir sua verdade. A linguagem da ressurreição, portanto, implica o sujeito que confessa, o ato de confessar e o meio eclesial celebrativo da confissão. Neles, simultaneamente como pressuposto e resultado, a realidade confessada dá-se a conhecer. A linguagem performática fala de uma realidade que constitui o sujeito, que é anterior a Ele e que só nesse falar, mostrando-se como sujeito e confessando essa realidade e conformando-se a partir dela, consegue ser verdade para os outros[171].

Neste sentido a ressurreição funda a fé da Igreja e a fé da Igreja confere credibilidade, sentido e verdade à ressurreição. Cada semente necessita de seu *humus* de inserção e umidade para crescer. Na pedra de granito não nasce semente alguma, assim como em terrenos secos nem plantas germinam nem frutos são possíveis. A ressurreição não é um fato empírico, como o são os da ordem material, social, moral de nosso mundo cotidiano. Ela é absolutamente real e incide sobre este mundo, mas a partir de sua natureza própria. Por isso ela não é demonstrável, mas somente perceptível como fruto de revelação por um lado e de fé por outro[172]. A fé tem

---

171. Cf. EVANS, D.E. *The Logic of Selfinvolvement* (Londres 1963). • LADRIÈRE, J. *L'articulation du sens* – I: Discours scientifique et parole de foi (Paris 1970), p. 91-140.
172. Em alusão implícita à tese de Pannenberg, para quem a ressurreição é cientificamente demonstrável, a Pontifícia Comissão Bíblica escreve: "A história de Jesus deriva de fato da ordem empírica acessível pelo estudo dos documentos, ao passo que a História da Salvação não deriva dessa ordem. Ela inclui a experiência comum, mas supõe uma compreensão dela à qual não se acede tão somente pela inteligência da fé [...]. Esta observação se aplica particularmente à ressurreição de Cristo, que, por sua natureza mesma, foge a uma constatação puramente empírica. Ela introduz Jesus no mundo que vem. Sua realidade pode ser inferida das manifestações de Cristo glorioso às testemunhas privilegiadas, e é corroborada pelo fato do túmulo encontrado aberto e vazio. Mas não se pode simplificar esta questão supondo que todo historiador, com os únicos recursos de sua busca científica, poderia demonstrá-la como um fato acessível a qualquer observador. Aqui tam-

seu fundamento nos fatos-sinais que a suscitam, mas sua gestação é fruto pessoal: é dom da liberdade divina que nos precede e resposta da liberdade humana consequente. Ela vai criando suas expressões indiretas de credibilidade e de verificação à medida que se conecta com as aspirações profundas do sujeito humano, quando elas existem, ou com as que ela mesma suscita, quando previamente não existem. Somente um homem novo pode reconhecer aquele que por definição é o "Homem novo", o "Adão escatológico", o "Futuro antecipado". Somente vivificados por Ele podemos reconhecer o que é Espírito vivificante (1Cor 15,45). Quem não se deixa iniciar e transferir para esse mundo não poderá conhecer nem acolher o Ressuscitado. A fé é fruto de uma inteligência iluminada por Deus a fim de que ela possa desvendar novos horizontes e aderir a eles. Mas nem a luz divina nem os sinais de sua presença que encontramos na história isentam o homem do exercício da liberdade no ato de fé, assim como nenhuma antropologia prévia poupa do risco e da alegria que a aventura de ser integralmente humano carrega consigo.

III – O conteúdo

Analisemos agora o conteúdo intrínseco da ressurreição.

1 Conteúdo teológico

Toda a gesta de Jesus deve ser vista em referência a Deus, que em primeiro lugar age em Jesus mediante os sinais e milagres que lhe dão credibilidade (At 2,22); em seguida, por meio dos judeus e pagãos, Ele realiza seu plano de salvação na morte (At 4,27-28); e, finalmente, confirma e justifica Jesus diante dos homens pela ressurreição (Rm 4,25). O objeto preciso da confissão cristológica é que Deus agiu em Jesus Cristo atraindo-o para a sua vida e invertendo assim a ação dos homens que o entregaram à morte. *Aqui aparece a continuidade entre pregação de Jesus e comunidade pós-pascal: sempre é Deus que atua por Jesus para a salvação do homem.* A ação de Deus é uma ação imanente (procede dele) e transitiva (recai sobre Jesus). Nessa ação Deus revela sua união com Jesus, sua solidariedade com seu destino e

---

bém a decisão de fé, ou melhor, a abertura do coração determina a posição tomada" (COMISSION BIBLIQUE PONTIFICALE. *Bible et christologie* (Paris 1984), p. 55).

pessoa, de forma que a divindade de Deus é definitivamente conhecível à luz da filiação de Jesus, gerada pela ressurreição. Deus é definido a partir de agora como "aquele que ressuscitou a Nosso Senhor Jesus Cristo dentre os mortos" (Rm 4,24; 8,11; 1Cor 6,14; 2Cor 4,14; Gl 1,1; Cl 2,12; At 13,33; 17,31; Hb 13,20).

A ressurreição nos dá, assim, a revelação última de Deus e sua definição, radicalizando o que já havia manifestado de si na anterior história salvífica. O mesmo Deus é o "que chama as coisas não existentes como se fossem existentes" (Rm 4,17), o que cria as coisas do nada, o que suscita um povo numeroso da esterilidade-ancianidade de Abraão e Sara, o que arranca da morte Jesus, o que dará vida aos mortos, o que justifica o ímpio (Rm 4,13-25). Vemos, assim, a continuidade entre as gestas salvíficas de Deus (êxodo do Egito, segundo êxodo da Babilônia, êxodo de Jesus deste mundo à terra dos viventes); entre a pregação de Jesus (Deus dos vivos, superação da enfermidade e da morte pelos milagres, perdão dos pecados) e a pregação paulina (Deus que justifica o pecador). *A fé na ressurreição de Cristo é a fé na consumação da criação do homem para a vida: perante a morte de agora como frente ao nada de então. Na ressurreição se dá credibilidade à definição que Jesus oferece de Deus: "É Deus dos vivos e não dos mortos"* (Mc 12,27). As maneiras de expressar essa ação ressuscitadora são variadas: poder de Deus, magnitude de seu poder, de seu Espírito, de sua glória. Todas elas enunciam o que se inicia com Jesus como pioneiro da nova criação em um sentido e como consumador em outro. Deus age na existência encarnada de Jesus: a relação que Jesus tem com o Pai como Filho eterno é uma correlação de reciprocidade sem subordinação. Não existe ação do Pai sobre o Filho que não possa ser considerada simultaneamente ação própria também do Filho. Por isso não se pode dizer que na ressurreição Ele se comporte de maneira absolutamente passiva, como o pretende Barth[173]. Existem formulações no NT nas quais o sujeito da ressurreição é o próprio Jesus: apareceu, se levantou dentre os mortos (Jo 2,19.21; 10,17-18; Lc 24,34; 1Ts 4,14).

A ressurreição de Jesus é a forma suprema de proximidade de Deus com o mundo porque é a forma suprema de integração de um pedaço do mundo em sua própria vida. O Jesus ressuscitado é a assunção de uma humanidade

---

173. Cf. *KD* IV/1, p. 135.

por Deus, resgatando-a definitivamente do poder da morte, salvando-a em si mesma ao afirmá-la com a própria vida de Deus, e mediante ela salvando a criação. A ressurreição é a irrupção definitiva de Deus no mundo, levando à sua realização máxima a criação (suscitação de seres livres frente a si) e a encarnação (suscitação de um ser livre frente a si com uma liberdade personalizada pelo Filho de Deus). Essa ação é a revelação máxima de Deus, a transformação máxima do homem e, com ele, a mudança do curso do mundo, já orientado de forma positiva e irreversível para a sua meta. O que resta por vir é o acabamento do iniciado.

2 Conteúdo cristológico

Se a ressurreição é acima de tudo uma ação e uma Palavra de Deus, o sujeito sobre o qual essa ação recai é Jesus. O agir divino sobre Ele é constitutivo, comprovativo, hermenêutico e epifânico.

a) Constitutivo

Seu conteúdo é *constitutivo* do ser encarnado de Jesus porque mediante ele Deus leva o Filho à sua definitiva constituição de ser encarnado. Agora Ele já pode ser compreendido como engendrado numa forma de existência na qual sua pessoa eterna se realiza e se expressa humanamente, plenamente conformada pela ação do Espírito e definitivamente determinada pelo ser do Eterno. Jesus, em um sentido, "chega a ser o que não era" ainda na sua condição de Filho encarnado, dirá Oberlinner[174]. E Balthasar explica:

> Toda cristologia deve levar absolutamente a sério que Jesus *chega a ser* o que Ele já é, tanto em sua existência pré-mundana como na terrestre: quem vê nisto uma contradição passará ao largo sem ouvir e entender a proclamação do evangelho[175].

O que era desde sempre Λόγς ἄσαρκος já o é plenamente também enquanto Λόγς ἔνσαρκος. A pessoa é a mesma, mas a pessoa em historicidade

---

174. OBERLINNER, L. "Gott hat ihn auferweckt – Der Anspruch eines frühchristlichen Gottesbekenntnisses". Art. cit., p. 65-79.
175. VON BALTHASAR, H.U. "El misterio pascual". In: *MS* III/2, p. 283. E acrescenta: "Deus é o suficientemente divino para chegar a ser em um sentido verdadeiro e não somente aparente, ao encarnar-se, morrer e ressuscitar, o que como Deus já é desde sempre". Referência a BARTH, K. *KD* IV/1, p. 203.

foi sendo, foi se tornando, foi se consumando nessa existência humana; por isso, dizemos que é temporal. Com razão o NT pode dizer que Jesus, pela ressurreição, foi constituído em *Messias, Senhor* e *Filho* (At 2,36; Rm 1,4).

• Chega a ser *Messias* porque agora a salvação já é realizada em sua própria pessoa, e não somente enunciada em sua palavra, visto que nele se atualizaram as potências vivificadoras do Reino, dentre as quais o primeiro passo é a vitória sobre a morte. A partir do momento em que Jesus é constituído e reconhecido como Messias (Χριστός), este título, que designa sua função salvífica para a humanidade, se une ao nome pessoal e nasce assim um novo nome: Jesus Cristo. Este se adere de tal forma à pessoa, que a palavra que designa essa função acaba substituindo seu nome de origem. Assim, logo em seguida, Jesus será simplesmente denominado Cristo.

• Jesus é constituído *Senhor* porque a partir de agora sua humanidade glorificada está presente na Igreja e no mundo, sendo fonte de vida na Eucaristia. Essa eficiência se exerce também como intercessão perante Deus e a fé nele se converte em vitória sobre o mundo.

• É constituído *Filho* porque o que sempre era o é agora também em sua expressão encarnada, visto que a humanidade chega à sua plenitude no ato supremo de liberdade e de entrega que é a morte, quando ela é definitivamente salva e afirmada por Deus em sua validez perene. *A ressurreição é o auge e a consumação da encarnação.*

O texto-chave para nossa questão é Rm 1,1-4. O sujeito de todas as afirmações deste texto é "seu filho" (1,3a). Dele se fazem dois tipos de afirmações: uma referida à sua condição histórica humilhada (1,3b: existiu nascendo da estirpe de Davi [κατὰ σάρκα]) e outra referida à sua condição glorificada (1,4: foi constituído filho de Deus por espírito de santidade a partir da ressurreição dos mortos [κατὰ πνεῦμα]). Duas leituras são exegeticamente possíveis.

• Uma leitura parte de uma filiação divina prévia de Jesus em relação a Deus, que se transpõe humanamente na história judaica com sua inserção na descendência de Davi, e se consuma como transformação pelo Espírito na ressurreição.

• Outra leitura seria estritamente adocionista: Jesus, um homem como os outros, é "constituído" filho pela primeira vez na ressurreição.

193

Diante desta última intepretação, a Igreja, apoiada na possibilidade interna que este texto permite junto com outros que orientam na mesma linha, compreendeu a ressurreição como realização plena da encarnação da filiação eterna[176]. Nesta perspectiva podemos afirmar que o homem *Jesus, definitivamente constituído Messias, Senhor e Filho na ressurreição pela ação do Espírito (Rm 1,4; At 2,36), é o Reino já em pessoa, a Aliança em pessoa, a Salvação em pessoa*. Nele está lançada a última Palavra de Deus sobre a criação. Por isso Ele é o ἔσχατος, o Último, o Absoluto, o Insuperável, que fala de Deus a todos, que tudo refere a Deus, e a quem consequentemente todos se reportam para descobrir a Plenitude e a possibilidade de participar dessa Plenitude.

b) Comprovativo

A ressurreição é o julgamento pelo qual Deus dá razão a Jesus perante seus juízes. Acolhendo-o em si mesmo, Deus mostrou que Jesus havia falado bem dele, que não foi blasfemo, que não agiu com os poderes demoníacos ou mágicos, mas movido por seu Espírito. Não era o maldito de Deus a que se refere Dn 21,23, por ter sido pregado ao madeiro, mas o abençoado por Ele, e que sua mensagem não era uma sedução para afastar seu povo do Altíssimo, mas a convocação para convertê-lo em povo novo. Deus se identificou assim com sua mensagem, com sua pessoa e com sua ação histórica. Revelou que aquela palavra de homem era Palavra de Deus e que Ele estava nela. A mensagem de Jesus adquire validade divina a partir da ressurreição. A partir dela se inicia a árdua busca e a amorosa ordenação de cada uma de suas sentenças, que agora são relidas e ouvidas como palavras do Ressuscitado. Jesus passa a ser acreditado como Palavra na qual Deus falou, na qual Deus revelou seus desígnios e se revelou a si mesmo ao mundo. *Retroativamente a ressurreição canoniza a pessoa de Jesus como pessoa do Filho e suas palavras como palavras do Mensageiro do Pai.*

c) Hermenêutico

Jesus fundamentou sua mensagem na interpretação do AT como os rabinos, mas se reportou a ele e assumiu posturas diante da tradição que foi

---

[176]. Cf. SCHLIER, H. "Eine christologische Credo-Formel der römischen Gemeinde – Zu Röm 1,3f". In: *Der Geist und die Kirche* (Friburgo 1980), p. 56-69.

aplicando à vida diária. De suas figuras proféticas, messiânicas e sapienciais Jesus foi sem dúvida aprendendo a manifestar sua autocompreensão filial. Ele releu essa mensagem profética e essas esperanças messiânicas à luz de sua própria missão e pessoa. A ressurreição declara que essa exegese do AT, da história anterior, da tradição sapiencial e rabínica – e não sua exegese do próprio Deus –, era verdadeira. Todas as palavras anteriores são lei, as suas, em contrapartida, contêm a graça e a verdade. O AT, portanto, perde sua primazia absoluta e permanece como pedagogo para o Evangelho. Doravante seu sentido último deve ser descoberto a partir de Cristo. "Porque a Lei foi dada através de Moisés, a graça e a verdade vieram por Jesus Cristo. A Deus ninguém nunca viu. O Filho Unigênito que está no seio do Pai foi quem no-lo deu a conhecer (ἐξηγήσατο)" (Jo 1,17-18).

d) Epifânico

A ressurreição, mediante as aparições e a presença permanente de Jesus na Igreja, desvela à consciência dos apóstolos sua identidade. Através da ressurreição Deus não revela novas verdades sobre Jesus, mas manifesta seu ser, trazendo à luz o valor último de sua vida, de sua morte e de sua pessoa, tornando possível aos fiéis "conhecer a Cristo e o poder de sua ressurreição" (Fl 3,10)[177]. Ao período de ocultação e humilhação segue o período de manifestação e glorificação, que o Pai continua fazendo do Filho até hoje. A ressurreição por Deus constitui uma realidade nova para Jesus e desperta uma nova consciência dos apóstolos a seu respeito. Cristo ressuscitado não é conhecível somente pela inteligência humana; a novidade de sua realidade glorificada excede nossa capacidade perceptiva, visto que pertence à ordem escatológica. A fé nos conaturaliza para poder pensar e sentir do mesmo jeito que Jesus. Deus deu a conhecer Jesus aos outros e continua fazendo-o até hoje (Jo 20,29). Existe uma bem-aventurança para os que viram tão somente um homem e reconheceram o Messias (Mt 16,17), e essa mesma bem-aventurança se estende a nós que não o vimos e acreditamos nele. Crer em Cristo é sempre fruto de revelação e graça. A expressão abaixo descreve o essencial de todo conhecimento cristão: "Sem o terdes visto, vós o amais, sem verdes agora, nele tendes fé, o que será para vós fonte de uma alegria inefável e

---

177. Cf. FITZMYER, J.A. "To know him and the power of his resurrection (Phil 3,10)". In: FS B. Rigaux (Gembloux 1970), p. 411-425.

gloriosa, depois de alcançardes a meta de vossa fé, a vossa salvação" (1Pd 1,8-9). "Deus me chamou por sua graça para revelar seu Filho em minha pessoa" (Gl 1,15-16).

3 Conteúdo apostólico

Já vimos como Pesch, Schillebeeckx e Verweyen tentaram mostrar, cada qual com matizes, que deveríamos ter bem presentes a continuidade entre o anterior à morte e o acontecido na ressurreição, por um lado, e esclarecer a repercussão da ressurreição na vida pessoal dos apóstolos, por outro. Nós partimos de At 2,14-36: "Aquele que vós matastes, Deus o ressuscitou" (2,23-24). A ressurreição é um novo ato, criativo e salvífico de Deus, que recai sobre Jesus morto. Há novidade ativa em Deus e há novidade receptiva para o homem Jesus. Se a história de Jesus não é mera aparência, e se sua morte tem todo o realismo incisivo que a finitude, o tempo, a violência e a caducidade implicam para o ser finito, precisamos falar de novidade e de recriação para designar o que aconteceu com Jesus, sublinhando simultaneamente a continuidade e a descontinuidade entre a existência terrestre e a glorificada. *Se a ressurreição não é um real começo, a morte não foi um real fim; e se a morte não foi um ato consumado por Cristo e consumador da história humana, o cristianismo perde seu conteúdo específico e seu real fundamento.*

Neste sentido, o único sujeito ativo da ressurreição é Deus e o passivo é Cristo. Dito isto, porém, deve-se sublinhar com igual intensidade que foi necessário um processo de iluminação, de reorientação e de conformação dos apóstolos por Deus para que eles pudessem reconhecer Jesus e a novidade de sua existência, identificar o Ressuscitado com o que haviam conhecido, diferenciando-o de um fantasma, e acolhê-lo como aquele em quem o Reino estava se realizando. Por isso, a partir de então, já não falarão mais do Reino que Jesus havia pregado, mas anunciarão Jesus como Reino realizado em pessoa. Não se trata, portanto, de um mero descobrimento ou revelação (*disclosure*) em relação ao Jesus anterior à morte, e de conversão ou de sentir-se perdoado por Ele, mas de uma ação recriadora de Deus também sobre eles a fim de que pudessem voltar da debandada, superar a própria culpabilidade, reconhecer e interpretar Jesus ressuscitado, crer nele e "vê-lo" constituir-se em comunidade. Neste sentido Paulo pode dizer que "ressuscitamos com Cristo" (Cl 3,1) e que "temos uma vida nova" (Rm 6,4).

Somente à luz da ressurreição torna-se pensável, aceitável e amável a cruz, e interpretar o Crucificado como Sabedoria e Poder de Deus (1Cor 1,18-24.30). A ressurreição deixa de ser um escândalo para os apóstolos e um fato exterior à história passada, para converter-se em princípio divino de sentido, que também transforma a vida dos apóstolos. Ao testemunho externo das testemunhas das aparições foi necessária a presença de uma palavra e de um poder interiores, com os quais Deus iluminaria o coração dos ouvintes para poder conhecer e amar, anunciar e interpretar o Ressuscitado. À novidade objetiva e escatológica do objeto (Cristo ressuscitado) devia corresponder uma inovação dos sujeitos (apóstolos). Somente nesta conaturalização dos sujeitos com o objeto é que foi possível reconhecer e crer.

4 Conteúdo soteriológico

A ressurreição é percebida e proposta como início da ressurreição universal, pois com ela tem início o fim dos tempos. Jesus é primícias (ἀπαρχή) dos mortos, na esteira do qual ressurgirão todos, "dado que por um homem [entrou no mundo] a morte, também por um homem vem a ressurreição dos mortos" (1Cor 15,20-23; Rm 5,12-18). Cristo é o primogênito da nova criação e da nova humanidade (At 1,6; Cl 1,18; Ap 1,18; Rm 8,29); causa da salvação de todos (Hb 5,9); pioneiro que, adentrado já na terra prometida, arrastará atrás de si toda a caravana humana (Hb 12,2); o segundo homem que vem do céu; o último Adão convertido em espírito que faz viver (1Cor 15,44-49). A partir daqui o destino dos homens e o de Cristo é inseparável, de forma que se alguém afirmar que os mortos não ressuscitam, está afirmando automaticamente que Cristo não ressuscitou (1Cor 15,18). Sem a ressurreição de Cristo e, com Ele, a de todos nós, vã seria a nossa fé; não teríamos sido justificados e permaneceríamos em nossos pecados (1Cor 15,14.17-19).

Em Cristo ressuscitado Deus se revela o Deus da esperança, do consolo e da paz; e deste modo o Deus de nossa justificação (Rm 15,5.13.33; 16,20; 2Cor 13,11; Fl 4,7-9; 1Ts 4,23; 2Ts 3,16). O Ressuscitado é nosso defensor no julgamento de Deus sobre o mundo e seu pecado (= ira de Deus [1Ts 1,10]). Ele é o amém, o sim incondicional que Deus dá ao mundo, e deste modo é sua salvação (2Cor 1,20; Ap 3,14). Aderir a Ele é entrar no domínio da justiça, da santidade e do poder de Deus. Compartilhar sua santidade e filiação é livrar-se dos poderes malignos. *A ideia de solidariedade física na criação, de solidariedade moral no destino e de solidariedade mística na relação com Deus, existente entre Cristo e nós, funda a salvação cristã, como dom realizado definitiva e irrevogavelmente por Ele em nosso favor, como promessa e tarefa que nós temos que levar a cabo.*

Jesus, ressuscitado pelo Pai para a nossa salvação, já é para a humanidade:

- "Primícias dos que morreram, dos que dormem o sono da morte" (1Cor 15,20).
- "Espírito que dá vida" (1Cor 15,45).
- "Primogênito dentre os mortos" (Cl 1,18).
- "O primeiro a ressuscitar dentre os mortos" (Ap 1,5).
- "Causa de salvação eterna para todos os que lhe obedecem" (Hb 5,9).
- "Cumprimento da esperança da ressurreição dos mortos" como sua realização antecipada (At 4,2).

A ressurreição afeta a Jesus como cabeça e primogênito da nova humanidade; por isso ela repercute sobre todos nós. Nele a ressurreição já age como força e promessa para todos os membros do corpo. As cartas paulinas criaram uma terminologia para descrever essa "união-solidariedade-participação" entre Cristo e o cristão num mesmo destino de morte e vida, mediante a preposição σύν = com: morrer com, sofrer com, ser crucificado com, ser sepultado com, ser ressuscitado e vivificado com, viver com Cristo[178]. "Ele nos ressuscitou com Cristo e com Ele nos fez sentar nos céus" (Ef 2,6). A ressurreição nos possibilita "viver com Ele" (Rm 6,8; 2Tm 2,11). A existência cristã é associação ao destino de morte, próprio de Cristo, para participar em seu destino de ressurreição. Deus já realizou tudo por nós em Cristo; sua eficácia depende de nossa vontade de unir-nos a Ele. O Batismo e a Eucaristia são as formas fundamentais de instalação objetiva em Cristo, seguidas pelas virtudes teologais, pela realização ética e pela esperança escatológica.

> Estamos salvos porque este homem que pertence a nós foi salvo por Deus e com isso Deus tornou presente no mundo sua vontade salvífica; tornou-a presente de maneira historicamente real e irrevogável[179].

---

178. Cf. ELLIGER, W. "σύν". In: *DENT* II, p. 1.547-1.551.
179. RAHNER, K. *Curso fundamental sobre la fe*. Op. cit., p. 333.

5 Conteúdo escatológico

Já sugerimos o contexto escatológico e agora explicitaremos o *conteúdo escatológico*. A ressurreição é a consumação da história e a antecipação de seu final; consumação não destruidora, mas reconciliadora do mundo por Deus, e a partir disso descoberta do sentido da criação, que é vista como um processo orientado por Deus desde o princípio até um fim no qual Ele se dá de maneira absoluta e irreversível à sua criatura, que acontece para todos na ressurreição final, da qual a de Jesus é sinal, causa e antecipação. A ressurreição é a prolepse do fim e com isso a chave de intelecção da história universal (W. Pannenberg)[180].

6 Conteúdo eclesiológico

Tem também um *conteúdo eclesiológico* sobre o qual voltaremos depois. A ressureição converte os dispersos e negadores em comunidade afirmativa e missionária, que rememorando o Jesus pregador faz de sua pessoa e mensagem o conteúdo da pregação. A Palavra de Jesus e o querigma da Igreja se fundem para formar em seguida o único evangelho.

A ressurreição foi o princípio genético do cristianismo, da Igreja e do NT, entretanto, raras vezes se converteu em princípio de estruturação da teologia sistemática. Dizer que é um mistério e uma realidade escatológica que não podemos encaixar dentro de nossas categorias de espaço e tempo não significa que não possa converter-se em princípio de sentido para entender o destino de Jesus. É o "átomo invisível" da fé, mas justamente por isso tem energia suficiente para atrair para si e iluminar a partir de si toda a realidade cristã. *Por ser a última relação de Deus ela tem que se converter em primeira palavra da teologia*. Vista nesse horizonte amplo, ela precisa voltar a ser princípio de iluminação da totalidade cristã

> como revelação definitiva da Trindade, como consumação da realidade inicial da criação e do sentido da história, como começo da Igreja e força fundamental na pregação da palavra e da realização dos sacramentos, como revelação do homem novo e como fundamento da esperança na consumação escatológica do indivíduo e do mundo inteiro[181].

---

180. Cf. BLÁZQUEZ, R. *La resurrección en la cristología de W. Pannenberg* (Vitória 1976).
181. ULRICH, L. "Resurrección de Jesús". In: *DTD* 613. • SCHEFFCZYC, L. *Auferstehung...* explicita o significado da ressurreição para cada uma destas ordens da realidade.

C – O acesso atual ao Cristo ressuscitado

As aparições iniciais de Cristo fundaram a fé e a Igreja. Todo conhecimento posterior é referido àquele originário. As primeiras gerações ainda estavam próximas dos fatos e podiam perceber a potência da Palavra de Jesus, o eco de sua morte e o poder de sua ressurreição sobre os que de pobres pescadores se converteram em arautos do evangelho. E nós, que viemos depois, de que forma acessamos a realidade da ressurreição e nos encontramos pessoalmente com o Ressuscitado a fim de que tornem possível, plena e pessoal nossa fé quanto a das primeiras testemunhas? Existiriam hoje fatos próximos ou possíveis experiências humanas a partir das quais poderíamos perceber a ressurreição de Cristo como antropologicamente rica de sentido e religiosamente transformadora de nossa vida?

I – A partir da Igreja

Primeiramente urge exorcizar a imaginação para não situar Cristo num tempo remoto, alheio à nossa história ou longe de nossa realidade. A humanidade de Jesus, por ser um acontecimento escatológico que remonta aos tempos antigos, adentra o próprio ser de Deus. A partir disso faz-se contemporânea a todo homem em seu devido tempo. Hoje Cristo ressuscitado está tão próximo de nós como o esteve dos discípulos na manhã da Páscoa. Tem em relação a cada homem a proximidade ontológica que o próprio Deus tem. Por isso Ele pode deixar-se sentir com a mesma pujança com que Deus se deixa sentir e se dá a conhecer. À luz da notícia evangélica e em referência à palavra apostólica, Jesus foi se dando a conhecer, entregando-se ressuscitado aos homens como Salvador e Senhor. O encontro com Ele tem lugar a partir da vida da Igreja. À luz de certas experiências fundamentais Ele é percebido como revelador de Deus e como resposta às necessidades e paixões humanas radicais.

1 A Eucaristia

Quase todas as cristofanias do NT estão associadas a contextos litúrgicos. A fração do pão é o lugar por antonomásia do encontro com o Ressuscitado. A existência cristã, como memória agradecida à vida histórica de Jesus e identificação com o Ressuscitado, é constituída pelo Batismo e pela Eucaristia.

O *Batismo* insere cada pessoa no destino de morte e ressurreição de Jesus, de tal forma que Deus age nela como agiu com Cristo e, participando em sua morte, ela participa de uma vida nova (Rm 6,4-5). Se o batismo opera uma identificação com o destino de Cristo, a *Eucaristia* nos faz partícipes dos frutos salvíficos de sua obra, ao mesmo tempo que nos insere em seu corpo, a Igreja, tornando possível para nós a revelação e a comunhão com sua pessoa. A aparição de Jesus aos discípulos de Emaús (Lc 24,13-35) relata num primeiro momento o ocorrido nos dias imediatamente posteriores à sua morte o reconhecimento de Cristo por parte de dois discípulos desiludidos. Num segundo momento estabelece as condições e formas com que todos os fiéis posteriores podem reconhecê-lo. A união com outros discípulos (24,13), o caminho da vida pensado a partir de Deus (24,15-24), a explicação das Escrituras (24,25-27) e a comensalidade eucarística (24,30) levam ao reconhecimento da pessoa de Jesus. "Então abriram-se os olhos deles e o reconheceram, mas Ele desapareceu. Disseram então um para o outro: 'Não ardia o coração quando pelo caminho nos falava e explicava as Escrituras?'" (24,31-32). Lucas emprega um vocabulário litúrgico, fala da fração do pão (At 2,42.46; 20,7.11) e afirma, em última análise, que assim como aqueles dois peregrinos "o reconheceram ao partir o pão" (24,35), doravante todos poderão reconhecê-lo na Eucaristia, na qual Ele parte o pão e é pão partido[182].

A Eucaristia tem sido ao longo dos séculos a rememoração atualizadora que os cristãos fizeram da vida e da morte de Jesus, e ao mesmo tempo o lugar de revelação e de transformação dos homens que o Ressuscitado fez. Ela instaurou a relação imediata entre cada um dos participantes e Cristo, que por sua vez presidia a mesa, abençoava, partia o pão e se entregava nele. Em cada Eucaristia Cristo é anfitrião (Lc 24,30) e comensal (At 1,4), compartilha o pão conosco e no-lo entrega. Escutar suas palavras e perceber seus gestos faz arder o coração (Lc 24,32). Receber o pão eucarístico é receber sua vida e conhecê-lo:

---

[182]. Fitzmyer afirma que este episódio está cheio dos motivos teológicos de Lucas: geografia subordinada à teologia, forma paulatina de revelação de Cristo, cumprimento cristológico da profecia do AT, conteúdo eucarístico. "A lição deste relato é que de agora em diante o Cristo ressuscitado estará presente aos seus discípulos reunidos, não visivelmente (depois da ascensão), mas na fração do pão. Desta forma o reconheceram e o reconhecerão, porque assim estará presente no meio deles" (*El evangelio según Lucas*, IV (Madri 2005), p. 578). Cf. WANKE, J. "...Wie sie ihn beim Brotbrechen erkannten – Zur Auslegung der Emmauserzählung Luk 24,13-35". In: *Biblische Zeitschrift* 18 (1974), p. 180-192.

> Estando com eles à mesa, tomou o pão, rezou a bênção, partiu e lhes deu (Lc 24,30). Eis que estou à porta e bato. Se alguém ouvir minha voz e abrir a porta, entrarei em sua casa e cearemos juntos (Ap 3,20).

A aparição em Emaús lembra aos discípulos a vida pregressa de Jesus, os reenvia à comunidade apostólica e com esta ida começa o anúncio aos demais (Lc 24,33-35). *A partir do conhecimento do Ressuscitado surge o seguimento do Crucificado e a obediência ao Mensageiro do Reino.* Os discípulos de Emaús começaram compartilhando com o Ressuscitado o caminho, a palavra e o pão, e desta forma reconheceram que Ele era o Messias. Nós seguimos o mesmo itinerário: acolhemos sua mensagem, seguimos sua forma de vida, nos harmonizamos com seus comportamentos, imitamos criativamente seu exemplo e assim chegamos a saber quem Ele é. Precisamos, pois, reviver a convivência que os apóstolos tiveram com Jesus, aqueles a quem "escolheu para ficarem em sua companhia" (Mc 3,14), preparando-os para a experiência da paixão e da ressurreição. O doutrinamento de Jesus, a convivência e a forma de vida igual à sua, as antecipações da paixão futura, tudo isso torna possível reconhecer na morte de Jesus a realização do desígnio de Deus e em sua ressurreição a expressão da fidelidade do Pai, ao mesmo tempo que a realização da esperança de Jesus: beber de novo esse cálice no Reino (Mc 14,25).

2 O seguimento

Quem vive segundo o evangelho percebe os frutos do conhecimento, da experiência e da ação que o evangelho oferece. "Nosso evangelho não vos foi apresentado como uma simples palavra (λόγος), mas como uma potência (δύναμις) e uma plenitude de frutos (πληροφορία)" (1Ts 1,5). Quem deixa o evangelho frutificar em sua consciência, em sua vontade e em suas obras conhecerá a Jesus Cristo. "E [Jesus] dizia: 'O Reino de Deus é como um homem que joga a semente na terra. Quer ele durma ou vigie, de dia ou de noite, a semente germina e cresce sem que ele saiba como'" (Mc 4,26-27). A partir daí é possível chegar a uma experiência real de Cristo ressuscitado. Essa experiência nada tem a ver com a experimentação científica nem com a vivência psicológica, mas com o poder de uma presença da qual o cristão, como dizia Santo Agostinho de Deus, duvidaria menos do que a própria existência. Nada mais evidente para Paulo do que a presença pessoal de Cristo.

Sua relação lhe havia permitido ser um homem novo, existir com liberdade no mundo, confiar-se jubiloso em Deus.

3 Os existenciais cristãos: fé, esperança, amor

A participação na Eucaristia eclesial e o seguimento como adesão à sua pessoa se completam com uma plena orientação da existência à luz de Cristo. A realidade escatológica de Jesus torna possível e reclama uma atitude escatológica no homem: transcender este mundo tirando-lhe seu caráter absoluto, identificar os ídolos que tentam suplantar o Deus vivo com tudo o que de perdição neles age, abrir-se ao futuro, contar com a esperança que, por sua vez, torna possível superar a fascinação do imediato e santificar-se (1Jo 3,3; 1Pd 1,15; 2Pd 3,11)[183]. Para quem vive dessa maneira, a ressurreição se torna perceptível e desvela todo o seu sentido. A fé, a esperança e o amor são os existenciais da vida cristã: deles partimos como dom de Deus, outorgado pelo batismo, e com eles chegamos ao conhecimento pleno das realidades crísticas: "Na *fé* o cristão se apoiará *sobretudo* no testemunho inaugural e fundador de uma ressurreição que constitui as primícias da sua. Na *caridade* viverá *sobretudo* a ortodoxia de sua fé, porque o Senhor ressuscitado lhe disse que o mundo e seu Juiz o reconhecerão neste sinal. Na *esperança* finalmente ele aguardará *sobretudo* o advento escatológico da ressurreição, prometido por Deus como o estabelecimento dos "novos céus" e da "nova terra"[184].

II – A partir das experiências humanas fundamentais

Contudo, antes da fé existem experiências humanas fundamentais que orientam o homem na linha do que significa e oferece a ressurreição de Cristo. O cristianismo enuncia já realizado em Cristo o que cada homem secretamente anseia como condição para que sua existência não seja malograda. A mensagem da ressurreição de Cristo não é uma proposta qualquer: é a ressurreição de alguém que viveu uma vida determinada, que acreditou

---

183. "A esperança é creditada no NT antes de tudo na santificação da vida. O ser impuro sempre é também um ser desesperado. Por trás de cada impureza está o desespero, que se agarra à aparência e ao instante do prazer" (SCHLIER, H. "Sobre la esperanza". In: *Besinnung auf das NT* (Friburgo 1967), p. 143.
184. GESCHÉ, A. "La résurrection de Jésus..." Art. cit., p. 306. Cf. SCHLIER, H. *Nun aber bleiden diese Drei* (Einsiedeln 1971).

em Deus de uma maneira determinada, que compreendeu a realidade, o homem e a história de uma maneira determinada, que viveu uma morte por algumas causas e com algumas atitudes determinadas. Esse conjunto de fatos, doutrina, forma de vida e pessoa de Cristo vistos com olhos límpidos deciframao homem suas esperanças primordiais. Existe, portanto, um acesso antropológico à ressurreição[185].

1) *Via transcendental: a esperança* enquanto anseio de sentido e de plenitude. Esperar é por definição esperar a partir da vida contra a morte. O homem é um ser necessitado de realização e de sentido e não se conforma com a desordem: ele tende à beleza, necessita de gratuidade, vive da graça e do amor, espera para si um futuro não ameaçador. O absurdo, a feiura e a morte, ao negar essas esperanças ao porvir, ameaçam a vida em sua base. Se a aniquilação fosse a última palavra que poderíamos proferir para dizer o final de nossa existência, então o nada se anteciparia ao nosso cotidiano viver, esvaziando-o de sentido por esvaziá-lo de um sentido absoluto. Consciente de sua própria finitude, o homem anseia que alguém lhe afirme a totalidade de sua corporeidade, biografia e projeto[186]. Estes, por sua vez, precisam ser transcendidos, purificados e consumados, já que o homem não tem a capacidade necessária de realizar seus próprios desejos e responder às suas necessidades. A necessidade de uma transformação da própria existência para outra forma renovada e definitiva, e não um mero prolongamento do estado presente, é uma percepção implícita da ressurreição:

> Cada homem realiza com necessidade transcendental, sob a forma de livre-aceitação ou sob a forma de livre-rejeição, o ato de esperança de sua própria ressurreição. Cada homem quer, com efeito, afirmar-se para o definitivo e experimenta esta exigência na ação de sua liberdade responsável, sendo ou não capaz de tematizar tal

---

185. KESSLER, H. "Acceso antropológico al mensaje de la resurrección". In: *La resurrección de Jesús...*, p. 18-28.
186. Esta conquista implica a afirmação absoluta do homem enquanto "carne". A salvação só pela palavra, pela ideia, pelo conhecimento é insuficiente e todos os gnosticismos caem diante da constitutiva dimensão encarnada da existência humana. O cristianismo é uma alternativa radical a todos os dualismos de sabor gnóstico, platônico, maniqueu, budista. Cf. DARTIGUES, A. *La Révélation*: du sens au salut (Paris 1985).

implicação da realização de sua liberdade, aceitando-a com a fé ou rejeitando-a desesperadamente[187].

2) *Via pessoal: o amor.* O amor pessoal, quando não é mero afeto possessivo que se apropria do outro para saciar suas necessidades afetivas e sexuais, implica sua afirmação incondicional e uma esperança absoluta para ele. Amor e esperança são inseparáveis. A afirmação do outro, não em termos de possessão (*eros*) mas de aceitação de sua individualidade irredutível e sagrada (*agape*), se depara com a morte como sua negação surda e cega. O homem pode compreender sua própria morte, mas não pode compreender nem aceitar a morte do ser amado. Este goza de um caráter imarcescível, ao qual a morte não pode ter acesso. Se a morte fere a pessoa amada, o amor não é eterno; se esvazia de sua última dimensão e garantia. Onde reina a morte não reina o amor, e onde reina o amor não reina a morte. Os poetas explicaram esta potência cognitiva e constitutiva do amor[188]. É clássica a afirmação de G. Marcel: "Amar uma pessoa significa dizer-lhe: 'Tu não morrerás'"[189]. J. Marías se aprofundou nela. Porque termos sidos amados alguma vez, a morte nos aparece como desumana e violenta. Quem não foi amado morre sem saber quem é e o que é a vida; inclusive precisa da morte como redenção do viver, pois é impossível ao ser humano viver sem ser amado, sem merecer a compaixão e a alegria de alguém. O amor é assim uma antecipação reveladora do último destino do homem: a ressurreição. E se o amor é o supremo da vida, em seu auge já se antecipa a existência ressuscitada. Onde Deus age, a última palavra não pertence à morte, mas ao amor. Este é o significado da ressurreição[190].

---

187. RAHNER, K. *Curso fundamental sobre la fe*. Op. cit., p. 315. Cf. RAHNER, K. "Resurrección de Jesús". In: SM 6, 49-53.

188. Na língua espanhola, além dos místicos, temos: UNAMUNO, M. Teresa 15. In: *Obras completas* – VI: Poesía (Madri 1969), p. 587. • VALVERDE, J.M. *Himno para gloriar a mi esposa* – "Creo en la resurrección de la carne". In: *Enseñanzas de la edad* – Poesía 1945-1970 (Barcelona 1971), p. 135-136.

189. "Aimer un être, c'est lui dire: toi, tu ne mourras pas" (MARCEL, G. *Trois pièces* (Paris 1931), p. 161. Cf. MAYO, V. *El conflicto entre el amor y la muerte* – Estudio de la muerte a través de la obra dramática de G. Marcel (Roma 1978).

190. "No mundo só existem três enigmas: o enigma do amor, o enigma da morte e entre os dois e parte de ambos, o enigma de Deus." Início do romance de WILLIAMS, N. *Como en el cielo* (Barcelona 1999), p. 11.

3) *Via histórica: a justiça*. A história humana é uma história de dor e de injustiça. Desde o Eclesiastes até Kant, Bloch, Adorno e Horkheimer constatou-se com horror que o mundo está cheio de inocentes assassinados e de culpáveis que prosperam no desfrute de suas regalias. A justiça plena não habita o mundo. Por isso se torna inexorável a pergunta: Seria esta a última palavra sobre a história? Prevalecerão os criminosos sobre os inocentes e os verdugos sobre as vítimas? Todas as utopias, também a marxista de uma sociedade sem classes, ficam ameaçadas em sua raiz por este fato. A hipotética sociedade sem classes do futuro não dá razão nem redime as vítimas do passado. Cada homem que se salva, pergunta por seu irmão injustiçado ou morto, e sem ele não lhe é válida sua própria justiça nem alegre sua felicidade. A justiça tem que abarcar também os mortos, a todos, aos conhecidos e desconhecidos. A história só pode ser compreendida à luz da redenção, e em se tratando de um homem histórico, que é corporeidade, esta supõe a ressurreição da carne[191].

Metz sublinhou o significado antropológico da *memoria passionis et resurrectionis Christi*. Esta lembrança tem uma grande força crítica frente a todo poder cego ou totalitário. A força, o dinheiro e as ideologias não conseguiram fazer esquecer os inocentes e as vítimas[192]. A afirmação da ressurreição de Cristo antecipou estas intuições ao mostrar como Deus justificou e vivificou quem tinha sido rejeitado por blasfemo e injusto. A memória dele é ao mesmo tempo memória e promessa para todos aqueles que foram retirados da história como inúteis. Deus vela pelo homem e pela justiça mais além da aparência e do poder, da mentira e das ideologias. Desta forma o homem pode encontrar numa experiência antropológica fundamental, conexa com a paixão de justiça absoluta e diante do fato da injustiça real, não uma demonstração, mas um cruzamento com as afirmações cristãs sobre a ressurreição de Cristo.

Dito tudo isso, no entanto, devemos acrescentar que nenhuma reflexão prévia nem nenhuma práxis histórica posterior podem demonstrar a verdade

---

191. Cf. HORKHEIMER, M. "La añoranza de lo totalmente otro". In: MARCUSE, H.; POPPER, K. & HORKHEIMER, M. *A la búsqueda del sentido* (Salamanca 1976), p. 65-124. • ADORNO, T.W. *Minima moralia* (Frankfurt 1970), p. 333. • BLOCH, E. *El principio esperanza* – I (Madri 1977); II (Madri 1979); III (Madri 1980).
192. Cf. METZ, J.B. *La fe en la historia y la sociedad* (Madri 1979). • REYES MATE, M. *La razón de los vencidos* (Barcelona 1991).

da ressurreição de Cristo. A filosofia e a prática histórica da Igreja podem orientar a razão para a fé nela, mas não têm capacidade para produzi-la. A liberdade e o amor, tanto os de Deus como os do homem, são fato real e graça pessoal, mas não são resolvíveis por nenhuma teoria nem reduzíveis a nenhuma práxis.

III – A ressurreição: realidade e mistério de Deus para além da ideia e desejo humano

A ressurreição de Cristo, no entanto, não é somente a resposta a este anseio humano. Não é a projeção ou a sublimação de carências insuperáveis do homem. Não é fabricada com o material de nossos sonhos. Se fosse somente isto, Feuerbach teria razão[193]. No cristianismo a ressurreição nunca foi proposta como resultado de uma reflexão ou necessidade humanas, mas como uma ação nova de Deus num sujeito particular, acontecida à margem de toda esperança e contra toda aparência, em referência ao seu destino anterior, vivido com alguns conteúdos e fins positivos. Os elementos essenciais, portanto, são o poder de Deus, a forma de existência de Cristo e sua originária condição de Filho revelada, sua realidade prototípica em relação à humanidade e seu caráter escatológico, enquanto antecipação da ressurreição universal. A mensagem da ressurreição de Cristo pressupõe, ao mesmo tempo que as explicam, uma metafísica, uma antropologia e uma teologia. Ao mesmo tempo também pressupõe que a morte histórica e particular de Cristo pode ter uma significação decisiva para toda a humanidade, já que Deus a converteu em sinal e causa de salvação para todos. *Todos estes componentes particulares enquadram a ressurreição de Cristo numa história individual e a compreendem a partir de uma tradição interpretativa, tornando impossível reduzi-la à ideia universal ou ao símbolo da comum esperança humana.*

Para que a ressurreição seja pensável e recebível não bastam uma metafísica nem uma história: são necessárias uma forma de existência e uma moral. Somente reconhecerá o Ressuscitado quem assume para si sua forma de existência. O evangelho e as bem-aventuranças purificam, ampliam e consumam os desejos e as realizações humanas. Quem percorre a bela

---

[193]. "A ressurreição de Cristo é a satisfação do desejo humano de uma certeza imediata de sua continuação pessoal depois da morte: a imortalidade pessoal como um fato sensível, indubitável" (FEUERBACH, L. *La esencia del cristianismo* (Madri 1995), p. 181-182).

aventura de ser como Jesus conhece uma humanidade nova dentro da qual a história conserva todo o seu realismo macabro, mas, na debilidade de Cristo, Deus aparece mais potente e, em sua inocência desvalida e não violenta, mais justo do que a justiça deste mundo. A partir dessas memórias históricas de Cristo com seus conteúdos teóricos, suas atitudes pessoais e suas exigências morais, a mensagem da ressurreição e a presença atual de Cristo ressuscitado se tornam acessíveis e significativas. O acolhimento na fé será fruto não apenas de seu caráter racional, que é prévio, mas, sobretudo, da liberdade do homem que opta e da graça de Deus que atrai. De qualquer forma aparecerá como uma proposta criadora e não poderá ser simplesmente descartada como uma projeção de nossos desejos (Feuerbach/Freud), como compensação ambicionada por nossas impotências ou fracassos (Marx/Nietzsche). Perante estes autores que rejeitavam o cristianismo por ser pessimista e desconfiado no homem, e perante Schopenhauer que o acusava exatamente do contrário, Unamuno escreveu: "A esperança da ressurreição final é a mais poderosa mola propulsora da ação humana e Cristo é o maior criador de energias"[194].

D – O Ressuscitado: doador do Espírito, revelador do Pai e suscitador da Igreja

A ressurreição carrega consigo a efusão plena do Espírito de Deus no mundo, primeiro sobre a humanidade de Jesus, depois, a partir dela e por ela, sobre os apóstolos, sobre a Igreja e sobre o cosmos[195].

I – O Espírito, o Messias, o Filho

A relação entre o Espírito e o rei, o futuro herdeiro de Davi, o misterioso Servo, e, finalmente, o Messias, é uma constante no AT[196]. O Messias recebe

---

194. UNAMUNO, M. José Assunción Silva. In: *Ensayos*, II (Madri 1970), p. 1.057.
195. Cf. DURRWELL, F.X. *La resurrección de Jesucristo misterio de salvación* (Barcelona 1979), p. 73-92.
196. Cf. 1Sm 16,13 (por unção o rei recebe de forma estável o *ruah*, assim como seus predecessores os juízes que o recebiam de forma ocasional). • Is 11,1-9 (o Espírito de YHWH tornará possível ao rei estabelecer a paz). • Is 42,1 e referindo-se ao Messias 59,21 ("Meu Espírito está sobre ti"). • 61,1 ("O Espírito de YHWH está sobre mim porque me ungiu"). Cf. CHEVALIER, M.A. "El

a unção do Espírito, e aquele sobre o qual se vê descer o Espírito, esse é o Messias. Esta conexão é especialmente acentuada no NT por Lucas e João. Este último põe na boca do Batista a afirmação de que ele viu descer sobre Jesus o Espírito Santo e pousar sobre Ele, e simultaneamente coloca sob a autoridade Deus a união entre o Espírito, o Messias e o Filho.

> Eu não o conhecia, mas quem me enviou a batizar em água me disse: "Aquele em quem vires descer o Espírito e permanecer, é esse que batiza no Espírito Santo". Eu vi e dou testemunho de que este é o Filho de Deus (Jo 1,33-34; cf. Rm 1,3-4; Mc 14,61 [Messias e Filho]).

O vinho de Caná (Jo 2,1-11) diferencia a nova fase da salvação (NT) da água anterior (AT). O batismo no Espírito diferencia o último dos mensageiros, o Filho de todos os outros, que são apenas precursores e batizam somente em água. Enquanto Marcos e Mateus inauguram a ação pública de Jesus identificando-o como o mensageiro do Reino, Lucas o identifica como o ungido pelo Espírito à luz de Is 61, em clara identificação com a missão do Messias: "O Espírito do Senhor Deus repousa sobre mim, porque Ele me ungiu. Enviou-me para levar uma boa-nova aos pobres, medicar os homens descoroçoados, proclamar aos cativos a libertação e aos prisioneiros a abertura do cárcere, para proclamar o ano da graça do Senhor" (Is 61,1-2). Esta afirmação e os textos do batismo sugerem uma presença permanente do Espírito e não uma vinda ocasional: "um permanecer em", um "atuar a partir de", um "pertencer a". Não se trata de experiências extáticas ou de sinais ocasionais de Jesus para atuar num momento decisivo da história do povo. O Espírito conforma sua realidade pessoal e o converte em agente da ação de Deus no mundo. Os sinais que em seguida realiza serão os sinais que o credenciam como portador do Espírito, dirá Lucas; como Messias e introdutor do Reino, dirão Mateus e Marcos. Lucas fecha a citação de Isaías com esta frase programática: "Hoje se cumpre esta Escritura que acabais de ouvir" (Lc 4,21). E em At 10,38 oferece este sumário da condição e da atividade de Jesus: "[Vós sabeis como] Jesus de Nazaré foi ungido por Deus com o Espírito Santo e com poder. Por toda parte, Ele andou fazendo o bem e curando a todos os que estavam dominados pelo diabo; pois Deus estava

---

Espíritu de Dios en las Escrituras". In: LAURET, B. & REFOULÉ, F. (eds.). *Iniciación a la práctica de la teología*, II/1 (Madri 1984), p. 417-492.

com Ele". Jesus é o *homem do Espírito: primeiro carregado por Ele e, em seguida, seu doador.*

II - Jesus impulsionado, transformado e emissor do Espírito

Com esta expressão tentamos descrever as duas formas com que o NT propõe a relação entre Jesus e o Espírito. Jesus é suscitado pelo Espírito nas entranhas de Maria (Lc 1,35); pelo Espírito é levado ao deserto (4,1), após ter descido sobre Ele no batismo (3,22); por sua força afasta os demônios e com isso mostra que o Reino de Deus está operando no mundo (Mc 1,9-15; Lc 11,20); e animado pelo Espírito eterno se entregou ao Pai como oferenda sem mancha por muitos (Hb 9,14). Se a figura de Jesus pôde ser compreendida como a de um "carismático", que tem capacidade de arrastar as massas, é porque Ele, por sua vez, foi impulsionado pelo Espírito de Deus, em cuja potência realizou esses sinais, profeticamente anunciados, e com os quais deu credibilidade à sua missão quando os discípulos do Batista lhe perguntaram se era Ele o que haveria de vir ou se deviam esperar por outro (Mt 11,1-6). Esta "conformação", "impulso", "potenciação" de Jesus, orientando-o para o fim e qualificando-o para cumprir sua missão, Ele a recebeu do Espírito.

A teologia, uma vez identificada a pessoa de Jesus como a do Filho eterno, terá que conjugar ambas as perspectivas: uma que atribui à pessoa do Verbo a ação que informa sobre sua humanidade, com o perigo de operar uma fusão ou identificação entre natureza divina e natureza humana (linha alexandrina de cristologia) e outra que distancia a pessoa divina da natureza humana, vendo a conaturalização desta com aquela o resultado da ação do Espírito Santo no homem Jesus (linha antioquena). Esta ação do Espírito na relação entre a pessoa divina e a natureza humana de Jesus deve ser vista em analogia com a ação do Espírito entre Pai e Filho na vida trinitária. Teólogos espanhóis (A. Orbe, L. Ladaria, E. Romero Pose...) mostraram, sobretudo a partir de Santo Irineu, a necessidade de articular uma compreensão de Jesus em termos de resultado da ação personalizadora do *Logos* encarnado em sua humanidade conjugada com a ação dinamizadora do Espírito, que harmoniza essa humanidade, criada e histórica, à pessoa do Filho, ao mesmo tempo que abre para a sua missão que vai descobrindo no dia a dia. Desta forma eles integram a legítima preocupação da linha alexandrina pela pessoa eterna do Verbo e a linha atioquena pela história e crescimento do homem Jesus[197].

A ação do Espírito sobre a humanidade de Jesus começa na encarnação (Lc 1,35) e se consuma na ressurreição (Rm 1,4; At 13,33; Hb 1,5; 5,5). Assim como dizemos que Ele se encarnou pelo Espírito Santo, também podemos dizer que Ele ressuscitou pelo Espírito Santo. O Pai ressuscita o Filho por meio do Espírito e por esse mesmo Espírito ressuscitará a todos os fiéis:

> E, se o Espírito daquele que ressuscitou Jesus dos mortos habita em vós, quem ressuscitou Jesus Cristo dos mortos também dará vida a vossos corpos mortais por virtude do Espírito que habita em vós (Rm 8,11).
>
> Pois também Cristo morreu uma vez pelos pecados, o Justo pelos injustos para vos conduzir a Deus. Sofreu a morte em sua carne, mas voltou à vida pelo Espírito (1Pd 3,18).
>
> Grande é o mistério da piedade: "Ele se manifestou na carne, *foi justificado pelo Espírito*, contemplado pelos anjos, pregão às nações, acreditado no mundo, exaltado na glória" (1Tm 3,16; cf. Rm 1,1-4).

Da mesma forma que o Espírito atuou na fase terrestre de Jesus realizando os milagres, atuou agora em sua ressurreição operando a transformação de sua humanidade. O Espírito, no entanto, não é uma possessão do homem Jesus, mas um poder sobre o homem Jesus. Não é adquirido, mas outorgado. Não lhe advém, lhe provém. É constituído de sua origem em Maria, é modelador de sua trajetória messiânica e consumador de sua obra salvífica universal ao final pela ressurreição. Várias categorias foram utilizadas para descrever a ação do Espírito sobre Jesus na ressurreição. Segundo Rm 1,4, pode ter um sentido "instrumental", "medial", "quase formal"[198]. Teremos que esperar que a teologia posterior explicite as relações eternas

---

197. Cf. ORBE, A. *La teología del Espíritu Santo* (Roma 1966). • ORBE, A. *Il Cristo*, I (Roma 1985). • ORBE, A. *Introducción a la teología de los siglos II y III* (Salamanca 1987). • LADARIA, L. "Humanidad de Cristo y don del Espíritu Santo". In: *EE* 51 (1976), p. 321-345. • LADARIA, L. "Cristología del Logos y cristología del Espíritu". In: *G* 61 (1980), p. 353-360. • LADARIA, L. "La unción de Jesús y don del Espíritu". In: *G* 71 (1990), p. 547-571. • ROMERO POSE, E. "Jesucristo resucitado nos comunica el don del Espíritu". In: CEE. *Jesucristo la Buena Notícia* (Madri 1997), p. 201-240.

198. Cf. SCHEFFCZYK, L. *Auferstehung...* Op. cit., p. 204. "O texto especifica que sua origem (como Filho de Deus) foi a ressurreição dos mortos, podendo ter a preposição utilizada &&ëx$ a nuança de tempo, de causa, de instrumento. Talvez por alusão a Ez 37,1-14, em que a ressurreição

entre o Pai e o Espírito para poder aclarar a partir delas suas relações no tempo: relações entre si e com o homem Jesus. Deus se dá no Espírito a Jesus e o Espírito outorga a configuração e o poder divinos ao homem Jesus, de forma que possa tornar manifesta a realidade de Deus no mundo e em sua existência humana ser levado àquela plenitude pessoal e àquela transparência reveladora que permitem descobri-lo como a Imagem, o Messias, o Filho de Deus.

Vista nesta perspectiva, a ressurreição é a efusão definitiva do Espírito sobre Jesus, que leva sua encarnação à sua plenitude, ao consumar o Verbo as possibilidades da natureza divina indo ao extremo do que o homem pode ser e fazer. Ao mesmo tempo é a plenitude da existência humana ao levá-la à máxima participação possível de Deus. Assim, plenitude da encarnação de Deus na humanidade e plenitude da participação da humanidade na vida de Deus mediante a ressurreição pelo Espírito coincidem. A ressurreição aparece assim como o gonzo da salvação, pois nela se dá a conjugação máxima entre Deus e o homem, e ao mesmo tempo a construção definitiva do homem em Deus pela integração de todos os homens na humanidade de Jesus (2Cor 5,14-15). Ele é, assim, a salvação em pessoa: é a *humanidade salva*, no sentido de consumada, aperfeiçoada, presente irreversivelmente em Deus. E, dado que essa humanidade é solidária com todos, é também *humanidade salvadora*.

Esta é a tríplice relação entre o Espírito e Jesus: a) Jesus é carregado pelo Espírito. b) Jesus é transformado pelo Espírito. c) Jesus é, a partir da ressurreição, o doador do Espírito[199]. A vida pública mostra Jesus encorajado e sustentado pelo Espírito; a ressurreição mostra-o transformado definitivamente pelo Espírito ao ser integrado na vida e no poder de Deus; a história da Igreja o mostrará como o manifestado, universalizado pela missão e interiorizado pelo Espírito.

> Lucas acentua diferentes aspectos da função do Espírito segundo as fases da história da salvação. Até a chegada de João Batista, Jesus inspira os profetas e os heróis. Depois, enquanto Messias, é o único depositário do Espírito. Num dado momento Ele derrama

---

do povo é obra do Espírito Santo" (CHEVALIER, M.A. "El Espíritu de Dios en las Escrituras". Art. cit., p. 434.

199. Cf. DURRWELL, F.X. "Cristo resucitado por el Espíritu, transformado por el Espíritu, fuente del Espíritu". In: *La resurrección de Jesucristo misterio de salvación*. Op. cit., p. 74-83.

sobre seus discípulos "a promessa do Pai". E o Espírito anima então a história da Igreja como uma história missionária[200].

Os relatos evangélicos descrevem a vida de Jesus orientada para esse fim – dar o Espírito – e não somente iluminada pela ação do Espírito. João, já em seu primeiro capítulo, vê o Espírito "pousando" sobre Jesus; Ele é que batizará com o Espírito Santo. Repousar sobre Ele o Espírito, batizar no Espírito Santo e ser Filho de Deus são três realidades que João compreende numa visão de conjunto (1,32-34). Ele já sabe que Jesus efundirá a plenitude que recebeu sobre os outros, e dela nós também viveremos (Jo 4,14; 1,16). Isto é o que acontecerá a partir da ressurreição. A efusão do Espírito é explicitada de maneira diferente por Lucas e por João.

• Lucas situa como fases diferenciadas a ressurreição e a ida ao Pai. "O Filho não adquire o Espírito prometido para insuflá-lo sobre a Igreja (At 2,33) antes que não suba ao Pai. [...] Dito especulativamente: a união do Pai e do Filho (em sua natureza humana) é o único princípio (econômico) de 'inspiração'.

• João, em contrapartida, reúne a ressurreição, a ascensão e Pentecostes fazendo com que o Ressuscitado infunda o Espírito à Igreja já na tarde da Páscoa (20,22); mas insiste também que a subida ao Pai tem que preceder a efusão do Espírito"[201].

III – Da Páscoa à Trindade

Com a ressurreição de Jesus, confessado como Cristo, Senhor e Filho, e simultaneamente com a efusão do Espírito, temos consumada a revelação trinitária de Deus. Esta revelação não acontece com palavras, mas, sobretudo, com fatos. A ressurreição credencia e manifesta Jesus como Filho que o Pai não abandona, declara-o justo perante os injustos, livra-o do poder da morte, devolve-o como bênção aos homens e como perdão aos pecadores. "Deus suscitou o seu Servo e o enviou a vós, para vos abençoar na medida em que cada um se afaste de suas más ações" (At 3,26). A ressurreição é, assim, a consumação da revelação de Deus como Criador e origem da vida, da revelação de Cristo como Filho, do Espírito como princípio de união e

---
200. CHEVALIER, A.M. "El Espíritu de Dios en la Escritura". Art. cit., p. 432.
201. VON BALTHASAR, H.U. "El Misterio pascual". In: *MS* III/2, p. 285.

amor em Deus, que se converte em princípio de união e amor para os homens. A ressurreição de Cristo, como sinal e causa da ressurreição universal, é a meta derradeira do projeto criador de Deus. Por isso, a plena comunicação de sua vida ao homem, atraindo-o e integrando-o em seu mistério trinitário, é o fim da criação, à qual se ordenam tanto a revelação pelos profetas quanto a encarnação de Cristo[202].

Nesta perspectiva se explica a reviravolta que aconteceu na teologia dos últimos decênios, que visa explicar a Trindade a partir da Páscoa, na medida em que esta, enquanto "paixão", implica a morte, e, enquanto "passagem" ao Pai, implica a glorificação de Jesus como Filho juntamente com o dom do Espírito[203]. As novas tentativas colocam entre parênteses os esforços especulativos que a partir de Santo Agostinho pensaram a Trindade em estreita analogia com o espírito humano (memória, notícia, amor), enquanto realizações diferentes do único sujeito e, sobretudo, referindo-se a Deus (*memoria Dei, notitia Dei, amor Dei*), mediante a qual mostravam a unidade e a eternidade que constituem o sujeito humano. Estas tentativas deixavam também de lado a analogia com o amor, aplicada por Ricardo de São Víctor à Trindade (amante, amado, amor). Elas preferiram olhar a manifestação de Deus na história consumada no acontecimento pascal, a fim de pensar a partir daí a Trindade imanente, seu eterno ser Pai, Filho e Espírito. Balthasar, em um sentido, e Durrwell, em outro, foram os primeiros a tentar inserir o mistério trinitário no acontecimento pascal, partindo de um princípio teológico evidente: *se Deus se revela na palavra e na ação, sua revelação máxima acontecerá ali onde sua exercitação como Deus em favor do homem é máxima.* Esta teve lugar na cruz e na ressurreição. Assim, Trindade e Páscoa são inseparáveis[204]. Como acontece concretamente essa revelação da Trindade no evento pascal?

---

202. "Se pode dizer que toda a atuação de Deus previu desde sempre a ressurreição do Filho, que a culminação da cristologia pela intervenção do Pai é simultaneamente culminação de sua ação criadora" (Ibid., p. 280).
203. Cf. HUNT, A. *The Trinity and the Pascal Mystery* – A Development in Recent Catholic Theology (Collegeville 1997).
204. Balthasar, na linha da teologia dialética (Hegel, Barth e em seguida Moltmann), parte do princípio seguinte: a realidade e as realizações na vida de Jesus são revelação da realidade e das relações intratrinitárias, que as fundam e se dão a conhecer nelas. A história de Cristo como obediência, distanciamento e submissão ao Pai, reflete sua procedência e dependência eternas. Nesta perspectiva estabelece a tese: "A morte de Jesus é a realização no mundo do mistério do Pai e do Filho em sua relação eterna". Com estes mesmos critérios trabalha Durrwell, mas se

- Já vimos como, para alguns, a morte de Jesus supõe uma ruptura interna em Deus, separando o Pai e o Filho. Dessa cisão (*Riss*) surgirá o Espírito. A Trindade é constituída assim na história, como resultado de atos dos homens crucificando Jesus e do abandono de Jesus por Deus. É a postura dialética que, partindo de Hegel, Moltmann sustentou. Sem chegar a esse limite, Balthasar mostra como Deus é capaz de passividade e paixão absoluta "por nós"[205].

- A outra postura, própria da neoescolástica, não vê como Deus possa ser afetado pela morte de Jesus. Esta somente repercutiria sobre sua natureza humana e a explica como separação da alma em relação ao corpo e de ambas em relação à pessoa divina.

Se não quisermos sucumbir ao panteísmo por um lado e ao extremismo por outro, precisamos repensar a ação do Espírito Santo tanto na morte como na ressurreição de Jesus, referindo-o à forma encarnada de sua pessoa; isto é, à sua expressão enquanto natureza humana. Esta pessoa encarnada tem uma real história de aperfeiçoamento, de plenitude e de consumação. O Espírito é a mediação entre a pessoa do Filho e sua humanidade, assim como é a mediação entre a pessoa do Pai e a do Filho na eternidade. A história do Filho afeta o Pai e é consumada pelo Espírito. Nesse acontecimento de revelar e consumar recíprocos do Filho pelo Pai e do Pai pelo Filho, do Filho e do Pai pelo Espírito, acontece a revelação do mistério trinitário[206].

---

referindo principalmente à ressurreição como realizadora e reveladora da relação existente entre o Espírito por um lado, entre o Pai e o Filho por outro. Seu princípio é este: "A ressurreição de Jesus, realização neste mundo do eterno mistério do Pai e do Filho, revela que é no Espírito que o poder de Deus Pai nele engendra a palavra". Cf. DURRWELL, F.X. *L'Esprit Saint de Dieu* (Paris 1983). • DURRWELL, F.X. *Le Père* – Dieu en son mystère (Paris 1988). • DURRWELL, F.X. *L'Esprit du Père et du Fils* (Paris 1989). • DURRWELL, F.X. "Pour une christologie selon l'Esprit". In: *NRT* 114 (1992), p. 653-677. • REMY, G. "Une théologie pascale de l'Esprit Saint". In: *NRT* 112 (1990), p. 731-741.

205. Enquanto Balthasar aceita um "hiato" entre o Pai e o Filho, que permite acolher e abrigar dentro dele, para superá-las, todas as distâncias e rupturas que os homens criam ou padecem em relação a Deus, integrando desta forma o sofrimento de Deus, Moltmann compreende esta situação em termos metafísicos: uma ruptura no próprio ser de Deus, um abandono ou oposição real entre Pai e Filho. Balthasar leva absolutamente a sério o abandono e o sofrimento de Cristo, mas não sucumbe a uma compreensão filosófica de sua morte, que a explica como expressão da negatividade inerente ao ser mesmo de Deus, com o perigo de situar morte e vida no mesmo plano. Cf. seu estudo sobre esta questão: "La muerte de Dios como fuente de salvación – Revelación y teología". In: *MS* III/2, p. 169-194. Cf. tb. TILLIETTE, X. *La Semaine Sainte des philosophes* (Paris 1992).

206. Cf. IRENEO, S. *Adv. haer.* III, 18,3 (SC 211, 349); IV, 20,6 (SC 100); V, 18,2 (SC 153).

O destino de Jesus é, assim, o lugar da autorrevelação e da autodoação temporais de Deus. É também, em certo sentido, o lugar de uma nova autoconstituição de Deus. A história passa ao ser de Deus e o ser de Deus a ela, não por indigência e necessidade como em Hegel, mas por potência e liberdade. O Espírito Santo, ao plenificar e personalizar a natureza humana de Jesus, integra-a ao ser trinitário de Deus e, por conseguinte, Deus a seguir é Deus se realizando trinitariamente por mediação da humanidade do Filho, que para sempre já constitui sua pessoa. O mistério pascal é o espelho para contemplar o mistério trinitário. O abismo de um se reflete sobre o outro, mas também sua luminosidade. Desta forma, a teologia alcança o objetivo previsto para ela pelo Vaticano I: alcançar a inteligência das realidades divinas por analogia com as coisas que conhecemos naturalmente, pelo nexo que existe entre os diversos mistérios e com o fim último do homem (DS 3016).

A realização plena de Jesus em seu destino histórico, como Verbo encarnado, a revelação plena de Deus como Pai, Filho e Espírito, e a oferta eficaz de salvação ao homem, como participação na própria vida de Deus, manifestada no tempo, caminham juntas. História de Jesus, mistério de Deus, consumação da vida do homem são três lados de uma mesma realidade.

Os esforços recentes mostraram o déficit bíblico e experiencial da anterior especulação trinitária, separada da história da salvação, e nos obrigou a descobrir a real presença ativa das três pessoas no mistério pascal[207]. A *explicação dialética* em sua forma extrema é inaceitável pelas razões que sugerimos anteriormente. A *explicação escolástica* não faz Deus sujeito real de nossa história, nem mostra como pode transformá-la sem padecê-la Ele mesmo. Hegel, superando uma Ilustração filosófica e teológica, ingênua em alguns casos e esquecida do mais essencial em outros, prestou um serviço à teologia mostrando como o cristianismo é a religião do *Deus summe historicus*, como Cristo vive a história a partir de dentro e com Ele a vive Deus. O Absoluto tem que se revelar como tal a partir de dentro da história mesma e, portanto, a partir da própria morte. Ainda não elaboramos uma cristologia sistemática que integre plenamente esta nova perspectiva[208]. Só podemos antecipar

---

207. Cf. HUNT, A. *The Trinity and the Pascal Mystery*. Op. cit., p. 1-11.

208. Cf. RUMPF, L. *Hegel et la théologie contemporaine* (Neuchâtel/Paris 1977). • BRITO, E. "Pour une christologie posthégélienne". In: *La christologie de Hegel* – Verbum crucis (Paris 1983), p. 535-656.

um pressuposto hipotético: Deus, justamente por ser Absoluto pessoal e ser Amor, pode constituir história conosco, vivê-la a partir de dentro, sem sucumbir como nós ao poder de sua caducidade. Justamente por ser o Vivente Ele pode entrar no fato da morte, na medida em que a morte afeta a humanidade na qual o Filho existe encarnado. No entanto, padecendo a morte como todo o realismo que ela carrega consigo, não sucumbe ao poder da morte, que é o contrário dele mesmo, o que o pecado desencadeou separando as criaturas da fonte da vida. Por isso Jesus, que nunca esteve separado de Deus pelo pecado, pôde saborear a morte por todo nós (Hb 2,9), e padecê-la à medida que está unido ao destino de todos os humanos, embora ela não o tenha derrotado. Sua condição filial era inacessível à morte, e neste sentido pode-se dizer que Ele "ressuscitou", "ergueu-se dentre os mortos", ao mesmo tempo que por sua inquebrável relação com o Pai, este não podia deixá-lo abandonado à morte. Nesse sentido, "Deus o ressuscitou". O duelo se realizou entre a morte, soberana do mundo sob o pecado, por um lado, e o Filho encarnado, por outro[209]. Nunca o NT estabelece uma relação entre o Pai e o Filho referidos a uma morte separada de ambos, tampouco mostra o Pai querendo a morte do Filho como fato direto. O pai entrega seu Filho ao mundo "enviando-o em carne semelhante à do pecado" (Rm 8,3), e a partir de dentro dela transmuta a lógica do pecado e da morte. Anulando o poder da morte sobre Ele, o anula sobre todos; e recebendo a plenitude do Espírito na ressurreição o derrama sobre todos, como princípio de existência nova. Em uma e outra Deus se revela Vida, Amor, Relação, pela interação entre o Pai que entrega seu Filho para a vida do mundo, o Filho "que aniquilou a morte e fez resplandecer a vida e a incorrupção" (2Tm 1,10), e o Espírito que nos entrega sua humanidade glorificada como princípio de vida eterna. A partir desta unidade e diferença, reciprocidade e coordenação em ação salvífica, o mistério trinitário deve ser pensado de tal forma que seja a expressão concreta de como Deus é eternamente amor em si e como o é temporalmente para nós.

Os fatos, vistos apenas a partir de fora e puramente filológicos, permitem uma dupla leitura:

---

209. Cf. 1Cor 15,55; Is 25,8; Os 13,14. A liturgia acentua este motivo na Sequência de Ressurreição: *Mors et vita duello / conflixere mirando: / dux vitae mortuus / regnat vivus.*

- Uma leitura pode interpretar o fato pascal em termos meramente proféticos ou sapienciais: Deus tornou crível seu Filho Jesus como seu enviado, e da aceitação de sua entrega emanam um poder, uma grande exemplaridade que poderíamos designar como seu Espírito. É a interpretação adocionista de Jesus e veterotestamentária do Espírito.

- Mas existe outra mais rica. A conjugação de múltiplas experiências eclesiais vividas como fruto do Espírito e os textos que identificam Jesus como o Verbo no seio do Pai enviado por Ele e encarnado por nós, orientaram e continuam orientando para a compreensão trinitária, como foi posteriormente explicitada nos concílios de Niceia (325) e Constantinopla I (381).

E – Caráter escatológico e universalidade salvífica da morte--ressurreição de Cristo

Bibliografia

1) A ascensão ou ida ao Pai: BENOÎT, P. *L'Ascension, Exégèse et Théologie*, I (Paris 1965), p. 363-411. • FITZMYER, J.A. "The Ascension of Christ and Pentecost". In: *Theolgische Studien* 45 (1984), p. 409-440, com bibliografia à p. 410, nota 3. • FITZMYER, J.A. *The Gospel according to Luke X-XXIV* (Nova York 1984), p. 1.586-1.593, com bibliografia completa. • GOURGUES, M. *À la droite de Dieu* – Résurrection de Jésus et actualisation du Psaume 110,1 dans le Nouveau Testament (Paris 1978). • LOHFINK, G. *Die Himmelfahrt Jesu* – Untersuchungen zu den Himmelfahrts und Erhöhungestexten bei Lukas (Munique 1971). • MARCOS, J.R. *Jesús de Nazareth y su glorificación* – Estudio de la exégesis patrística de la fórmula "Sentado a la diestra de Dios" hasta el Concilio de Nicea (Salamanca/Madri 1974). • NÜTZEL, J.M.; KEHL, M. & FRANZ, A. "Himmelfahrt Christi". In: *LTK*[3] V, p. 122-125. • PAUS, A.; SCHMITT, A. & KEHL, M. "Himmel". In: *LTK*[3] V, p. 115-122. • QUESADA GARCÍA, F. "Las apariciones y la ascensión en la economia salvífica". In: *Burgense* 26 (1985), p. 351-377. • SCHLIER, H. "Jesus Himmelfahrt nach den lukanischen Schriften". In: *Besinnung auf das Neuen Testament* (Friburgo 1967), p. 227-241. • SCHMIDT, A. *Entrückung-Aufnahme-Himmelfahrt* – Untersuchung zu einem Vorstellungsbereich im Alten Testament (Sttutgart 1974). • SCHMIDT-LAUBER, H.C. "Himmelfahrt Christi". In: *TRE* 15 (1986), p. 330-344. • SCHMIDT-LAUBER, H.C. La "Ascensión a los cielos". In: *RCI* 1 (1983), núm. monográfico. • SCHMIDT--LAUBER, H.C. "Sentado a la derecha del Padre". In: *RCI* 1 (1984), núm. monográfico, com artigos de: REBIC, A. "Sedet ad dexteram Patris en el Antiguo Testamento", p. 7-10; LAMBRECHT, J. "Está sentado a la derecha del Padre", p. 21-39; KASPER, W. "La ascensión de Cristo – Historia y significación teológica", p. 40-48; PIKAZA, X. *Christus sedens* – Aproximación hermenêutica", p. 49-59.

2) *A descida aos infernos ou a ida aos mortos:* BALTHASAR, H.U. VON. "El Misterio Pascual – IV: La ida al reino de los muertos". In: *MS* III/2, p. 237-265. • DALTON, W.J. *Christ's proclamation to the Spirits* – A Study of 1 Peter 3,18-4,6 (Roma 1965). • DALTON, W.J. "Interpretation and tradition – An example of 1 Peter". In: *G* 49 (1968), p. 11-37. • DANIÉLOU, J. *Théologie du judéochristianisme* (Paris 1991), p. 295-311. • GRILLMEIER, A. "Höllenabstieg, Höllenfahrt Christi". In: *LTK*² V, p. 540-555. • GRILLMEIER, A. "Der Gottessohn im Totenreich. Soteriologische und christologische Uberlieferung". In: *Mit ihm und in ihm* – Christologische Forschungen und Perspektiven (Friburgo 1975), p. 76-174. • HAAS, A. *"Descensus ad inferos* – Bajadas a los infiernos y visiones del más allá en la Edad Media anterior a Dante", p. 81-106. • KOCH, E. "Hölle". In: TRE 15 (1986), p. 455-461. • KREMER, J.; KEHL, M. & PLANK, P. "Höllenabstieg Christi". In: *LTK*³ V, p. 237-240. • MAAS, W. *Gott und die Hölle* – Studien zur descensus Christi (Einsiedeln 1979). • PERROT, C. "La descente du Christ aux enfers". In: *Lumière et Vie* 17 (1968), p. 5-29. • PERROT, C. "La descente du Christ aux enfers et la prédication aux morts". In: ACFEB. *Études sur la première lettre de Pierre* (Paris 1980), p. 231-246. • RAHNER, K. "Descendió a los infiernos". In: *ET* II, p. 160-165. • RAHNER, K. "Descendió a los infiernos". In: *RCI* 1 (1981), núm. monográfico, com artigos de: LAGE, F. "El descendimiento a los infiernos e la exégesis actual", p. 28-39; SÁNCHEZ CARO, J.M. "El Misteiro de una ausência – Ensayo sobre el Sábado Santo", p. 40-68.

3) *A parusía – revelação e juízo de Cristo Senhor do futuro*: BALTHASAR, H.U. VON. TD 4. In: *La acción* (Madri 1995). • BALTHASAR, H.U. VON. TD 5. In: *El último acto* (Madri 1997). • BARTH, K. "Le retour de Jésus-Christ le juge". In: *Esquisse d'une dogmatique* (Neuchâtel 1968), p. 207-220. • MÜLLER-GOLDKUHLE, P. "Desplazamiento del acento escatológico en el desarrollo histórico del pensamiento posbíblico". In: *Conc* 41 (1969), p. 24-42. • PERROT, C. La venue du Seigneur. In: AA.VV. *Le retour du Christ* (Bruxelas 1983), p. 17-50. • RADL, W. & KEHL, M. "Parusie". In: *LTK*³ VII, p. 1.402-1.405. • RAHNER, K. "Volverá". In: *ET* VII, p. 192-195. • RAHNER, K. "Iglesia y Parusia de Cristo". In: *ET* VI (1969), p. 338-357. • RATZINGER, J. *Escatología – La muerte y la vida eterna* (Barcelona 1984). • RUIZ DE LA PEÑA, J.L. *La otra dimensión* – Escatología cristiana (Santander 1986). • SESBOÜÉ, B. "Le retour du Christ dans l'économie de la foi chrétienne". In: AA.VV. *Le retour du Christ*, p. 121-166. • SESBOÜÉ, B. "Juzgará a vivos y muertos". In: *RCI* 1 (1985), núm. monográfico.

A morte e a ressurreição de Cristo constituem o centro do cristianismo. A elas se ordena toda a mensagem prévia de Jesus e delas deriva todo o sentido e conteúdo da pregação da Igreja. Os Credos, tanto orientais como ocidentais, acrescentaram ao núcleo "morte-ressurreição" estes três artigos: "Desceu aos infernos", "Subiu aos céus e está sentado à direita do Pai", "Donde há de vir a julgar os vivos e os mortos". Qual é o sentido último destas afirmações? São novos fatos do itinerário revelador e redentor de Cristo ou são a maneira de explicitar a repercussão universal de sua morte e ressureição?

I - Termo escatológico e universalidade salvífica

O centro da pregação de Jesus era a proximidade histórica do Reino de Deus em sua palavra e em sua pessoa, a chegada de sua potência transformadora nos milagres, a oferta de reconciliação que Deus faz em um novo tempo de graça em que a velha criação é levada a julgamento, não um julgamento de condenação, mas de perdão e recriação. Os enfermos foram curados; os pobres, evangelizados; os marginalizados, integrados; os pecadores, agraciados. Essa mensagem de Jesus se confrontou com as extremas realidades negativas deste mundo, significadas pelo pecado, pela lei e pela morte, como amarras da liberdade, da esperança e da justiça.

O centro da pregação apostólica é justamente que esse Jesus, levado à morte pelos poderes deste mundo, foi ressuscitado pelo poder de Deus, que a morte não foi superior à sua palavra, nem o sepulcro pôde retê-lo. Deus o ressuscitou dos mortos e o constituiu Senhor e Messias. Desta forma se está anunciando que a vitória de Jesus foi total: não sobrou poder ou dominação neste mundo que não tenha sido submetido por Deus a Cristo; não existem amarras que não tenham sido desfeitas, uma vez que foram abertas as portas da morte:

> Nós cremos naquele que ressuscitou Nosso Senhor Jesus dos mortos, que foi entregue por nossos pecados e ressuscitado para nossa justificação (Rm 4,24-25).

Como se conecta este núcleo dos querigmas primitivos, centrados na morte por nossos pecados e na ressurreição para nossa justificação, com os outros artigos posteriores acrescentados ao Credo? *Eles anunciam a significação, a universalidade salvífica e o valor escatológico de Cristo*. Expressar tais realidades é quase impossível em nossa linguagem que pensa com categorias de tempo e espaço, pois o escatológico é justamente o que vem mais além e, transcende o tempo e o espaço, indo além deles. O "escatológico" pertence à nova criação, à ordem da definitiva participação do ser finito na própria vida de Deus; este e o supremo e definitivamente real. Por isso emerge como excessivo aos olhos do mundo. Esta realidade deve ser pensada *para nós*, e não *como nós somos*; com nossas categorias espaçotemporais sim, mas sempre transcendendo-as.

Neste sentido, a morte de Jesus como exercitação suprema de sua liberdade de Filho e irmão, em oferenda e solidariedade, em representação e intercessão por todos, é o *último* possível do homem diante de Deus. A ressurreição, como resposta, afirmação e correspondência da liberdade e do amor do Pai para com o Filho Jesus, e nele como cabeça para toda a humanidade, é o *último* possível de Deus diante do homem. Essa condição escatológica e essa significação universal, tanto da morte quanto da ressurreição de Jesus, é o que querem explicar os artigos do Credo. Não são fatos históricos novos, que devem ser fixados num lugar e num tempo. A liberdade de Jesus foi consumada, aperfeiçoando de uma vez por todas (*ephápax*) os homens (Hb 7,27; 9,12; 10,10; Rm 6,10). Estes artigos explicitam a universalidade, o caráter definitivo, a eficácia e a condição escatológica do evento Cristo. Porque Ele não está sozinho, mas, enquanto cabeça da humanidade e do cosmos, arrasta para si todos nós.

Esta dimensão recapituladora ou pleromática de Cristo (Ef 1,10) aparece explicitada no NT com outras categorias. *Com Jesus todo espaço fica repleto da presença de Deus e todo tempo se aproxima da realidade santificadora de Deus. Jesus é, assim, a consumação do tempo e a plenificação do espaço* (Gl 4,4; Ef 1,10). A ação do Pai ressuscitando Cristo integrou sua humanidade ao próprio mistério divino e desta forma converteu Cristo em espaço criado no qual habita corporalmente a plenitude da divindade (Cl 1,19; 2,9). A Igreja, como prolongamento visível de seu corpo físico e como meio no qual se atualiza sua potência santificadora, também é *plenitude daquele que tudo plenifica* (Ef 1,23).

Tempo, lugar, humanidade, potestades, século presente e futuro, destino do ser e dos espíritos livres encontram em Cristo seu eixo central de sentido e de salvação. Deus, conhecível e amável, agraciador e reconciliador, já não existe à margem de Cristo. Deus entregou a Cristo toda autoridade e toda salvação, e com isso toda verdade e todo julgamento. Não existem enigmas em outros espaços, nem surpresas para o futuro: tudo tem sido iluminado, refeito e submetido a Cristo. Em todo tempo e lugar, Cristo é Senhor para a glória do Pai e para a salvação dos homens. Nada é superior a Cristo, e quem participa da ressurreição de Cristo é soberano no mundo, é livre e tem esperança, está redimido e tem salvação. A salvação é o que acontece ao homem quando se agarra no lugar onde Deus é Deus. Esse lugar humano de Deus é Cristo.

II – Explicitação topográfica e cronológica dessa universalidade: subida ao céu, descida aos infernos, consumação final da história em glória e julgamento

A universalidade e o caráter definitivo da vitória de Cristo é o conteúdo real que os artigos do Credo afirmam. Quando os homens querem designar as ordens da realidade, do superior e do inferior, do divino e do humano, do positivo e do negativo, falam do que está acima e do que está abaixo. Quando querem explicitar a intensidade ou qualidade de uma experiência, de uma verdade ou de uma força, falam do que se esgota no tempo ou do que transcende o tempo. Pois bem, o que transcende o tempo e o espaço, para nós só é real no tempo e no espaço, tendo que nomeá-lo e pensar com categorias temporais e espaciais. Cristo, que ressuscitado transcende tempos e lugares, tem que ser anunciado como aquele que exerce sua soberania em todos os tempos e em todos os lugares. Para Paulo, a soberania de Cristo tem que ser conhecida e "diante de seu nome se dobrem todos os seres do *céu* (partes superiores ao homem), da *terra* (pátria do homem) e do *abismo* (partes inferiores ao homem)" (Fl 2,10). E o mesmo que este texto diz dele como Senhor de todo lugar, a Carta aos Hebreus o diz como Senhor de todo tempo:

> Jesus Cristo ontem e hoje é o mesmo também pelos séculos (Hb 13,8).

Não existe, portanto, novos episódios ou fases no destino de Jesus, Ele que pregou, morreu e ressuscitou. Carece de sentido levantar as questões de tempo e de lugar, perguntando quando Jesus subiu aos céus e quando desceu aos infernos, assim como calculá-los com topografias e cronologias, tanto antigas quanto modernas. Estes artigos do Credo, no entanto, são essenciais. Seria ilógico e herético querer descartá-los. Eles nos falam da eficácia, da concreção e da repercussão do Cristo morto e ressuscitado para nós, que somos mundo e tempo.

Cristo, "morto por nossos pecados e ressuscitado para nossa justificação" (Hb 4,25), abraça com seu amor, com sua dor e com sua vitória pascal todos os homens em todas as fases e necessidades de suas vidas. A forma com que os textos bíblicos e conciliares expõem estes quatro artigos do Credo não nos permite responder a certas questões cronológicas e topográficas que se levantam, por exemplo, a propósito da ida de Cristo aos mortos (descer aos infernos), e sobre o sentido do sábado santo. Pertenceriam estas realidades à fase dolorosa na qual Jesus compartilha a solidão, o silêncio e o distanciamento dos mortos ou já significariam o começo da manifestação de sua vitória? Enquanto a tradição as entendeu como expressão da universalidade cósmica e salvífica da obra de Cristo, autores como Nicolau de Cusa, Lutero e, de maneira extrema em nossos dias, Hans Urs von Balthasar, as entenderam como uma fase dolorosa, compadecida e superadora dessa situação penosa dos mortos[210].

Cristo não é um mônada: não existe só em si e para si; existe para nós e perdura incompleto como cabeça até que a humanidade e o cosmos sejam integrados e recapitulados nele no fim dos séculos. Cristo venceu tudo aquilo que ameaça e que aparece como abismo ou como morte ao homem (*descida aos infernos*); venceu e submeteu todas as potências superiores ao homem ou que parecem estar sobre ele (*ascensão*); estabeleceu os conteúdos e empregará os critérios da verdade de Deus (*juízo*), que serão segundo seu evangelho (*última vinda*). E esse Jesus, que veio e voltará, é o mesmo que preexistia antes da criação do mundo e que, inclusive, criou o mundo. Dessa forma, aparecem integradas a preexistência, a ação criadora, a missão histórica e a função consumadora de Cristo.

O gráfico abaixo mostra como o mistério pascal (morte-ressurreição) de Cristo desdobra sua eficácia e como podemos conhecê-lo e ter parte nele. Cristo aparece aqui como aquele que uniu novamente e definitivamente o homem com Deus (*ascensão*), que visitou os mortos para anunciar e oferecer sua vitória a todos, libertando-os e compartilhando seu estado de morte

---

210. Cf. GRILLMEIER, A. "Höllenabstieg Christi". In: *LTK*² V, p. 450-455.

para vencê-la definitivamente (*desceu aos infernos*). Aí se reconhece em Jesus aquele que pertence ao ser de Deus enquanto Filho eterno, e, por essa razão, Criador com Ele do mundo (*preexistência e constituição cristológica do mundo*) e, consequentemente, aquele que em sua revelação final consumará o mundo pela justiça que oferece e, com ela, o julgamento que realiza (*parusia*).

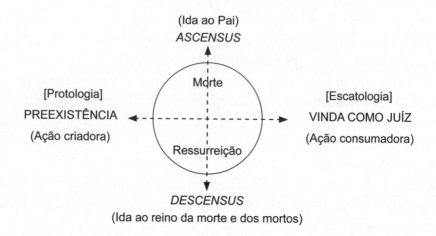

Sob o título "La cristología de los símbolos de fe entre el Nuevo Testamento y los concilios ecuménicos" dedicamos um estudo a estes quatro artigos do Credo em nossa obra: *Fundamentos de cristología*. II (Madri 2006), p. 527-590. Estes são os enunciados:

• A *Ascensão* ou ida ao Pai. Cristo "Senhor das alturas" (Rm 8,39), p. 529-540.

• A *descida aos infernos* ou ida aos mortos. Cristo "Senhor das profundezas" (Rm 8,39), p. 540-553.

• A *parusia*. Vinda e revelação, redenção e julgamento do mundo. Cristo "Senhor do futuro" (Rm 8,38), p. 553-568.

• A eterna *permanência pessoal* de Cristo. "E seu reino não terá fim" (Lc 1,33; DS 150).

SEGUNDA PARTE

PRESENÇA E INTERPRETAÇÃO DE CRISTO NA IGREJA
CRISTOLOGIA HISTÓRICA

CAPÍTULO IV
A ÉPOCA PATRÍSTICA: OS CONCÍLIOS CRISTOLÓGICOS

Bibliografia

ABRAMOVSKY, L. *Drei christologische Untersuchungen* (Berlim/Nova York 1981).
• ADAM, A. *Lehrbuch der Dogmengeschichte* – I: Die Zeit der alten Kirche (Gütersloh 1965); II: *Mittelalter und Reformationszeit* (Gütersloh 1972). • ANDRESEN, C. *Handbuch der Dogmen- und Theologiegeschichte* I-III (Gotinga 1980-1984). • BEYSCHLAG, K. *Grundriss der Dogmengeschichte* – II: Gott und Mensch. Teil 1-2 (Darmstadt 1991-2000). • BIELER, L. *Theios Aner* – Das Bild des "Göttlichen Menschen" in Spätantike und Frühchristentum (Darmstadt 1976). • BÖHM, T. *Die Christologie des Arius* – Dogmengeschichtliche Überlegungen unter besonder Berücksichtigung der Hellenisierungsfrage (St. Ottilien 1991). • BOULARAND, E. *L'hérésie d'Arius et la "foi" de Nicée* – I: L'hérésie d'Arius; II: La "foi" de Nicée (Paris 1972).
• CAMELOT, P.T. *Ephèse et Chalcédoine* (Paris 1962). • CARRIÈRE, J.M. "Le mystère de Jésus-Christ transmis par Chalcédoine". In: *NRT* 101 (1979), p. 338-357.
• DIETEN, H.M. *Les trois chapitres au Concile de Chalcédoine* – Une étude de la christologie d'Anatolie ancienne (Oosthout 1953). • DÖRRIE, H. *"Hipostasis"* – Wort- und Bedeutungsgeschichte (1955). • DÖRRIE, H. *Platonica Minora* (Munique 1976), p. 13-69. • GILG, A. *Weg und Bedeutung der altkirchlichen Christologie* (Munique 1936-1966). • GRILLMEIER, A. *Cristo en la tradición cristiana*, I (Salamanca 1997); II (Friburgo 1986-1990), p. 1-4. • GRILLMEIER, A. & BARTH, H. (eds.). *Das Konzil von Chalkedon, Geschichte und Gegenwart* – I: Der Glaube von Chalkedon; II: Entscheidung um Chalkedon; III: Chalkedon heute (Wurzburgo 1951-1979). • HALLEUX, A. "La définition cristologique à Chalcédoine". In: *RTL* 7 (1976), p. 3-23, 155-170. • HALLEUX, A. *Patrologie et oecuménisme* – Recueil d'études (Leuven 1990). • LÉTHEL, F.M. *Théologie de l'agonie du Christ* – La liberté humaine du Fils de Dieu et son importance sotériologique mises en lumière par saint Maxime le Confesseur (Paris 1979). • LIÉBAERT, J. "L'Incarnation – 1: Des origines au Concile de Chalcédoine". In: *Histoire des dogmes,* III (Paris 1966).
• ORBE, A. *Introducción a la teología de los siglos II y III* (Roma/Salamanca 1988).

• ORLANDIS, J. & RAMOS-LISSON, D. *Die Synoden auf der Iberischen Halbinsel bis zum Einbruch des Islam.* Ed. de W. Brandmüller (Paderbonr/Munique/Viena/Zurique 1981). • ORTIZ DE URBINA, I. *Nicée et Constantinople* (Paris 1963). • OTTO, S. *Person und Subsistenz* – Die philosophische Antropologie des Leontius von Byzanz; Ein Beitrag zur spätantiken Geistesgeschichte (Munique 1968). • SESBOÜÉ, B. *Jésus-Christ dans la tradition de l'Église* (Paris 1993). • SESBOÜÉ, B. "Le procès contemporain de Chalcédoine – Bilan et perspectives". In: *Visage du Christ* – Les tâches presentes de la christologie: RSR (n. esp.) (1977), p. 45-80. • SESBOÜÉ, B. & WOLINSKI, J. El Dios de la salvación. In: *Historia de los dogmas,* I (Salamanca 1995). • SMULDERS, P. "Desarrollo de la cristología en la historia de los dogmas y en el magisterio eclesiástico". In: *MS* III/1. • SOLANO, J. "El Concilio de Calcedonia y la controversia adopcionista del siglo VIII en España". In: GRILLMEIER, A. & BARTH, H. (eds.). *Das Konzil von Chalkedon* – Geschichte und Gegenwart, II (Wurzburgo ⁵1979), p. 841-871. • STUDER, B. *Handbuch der Dogmengeschichte* – III/2: Soteriologie in der Schrift und Patristik (Friburgo 1978); ID. *Dios Salvador en los Padres de la Iglesia* (Salamanca 1993). • STUDER, B. "Das Christusdogma der Alten Kirche und das neutestamentliche Christusbild". In: *MThZ* 44 (1993), p. 13-22. • WENZ, G. *Geschichte der Wersöhnungslehre in der evangelischen Theologie der Neuzeit,* I-II (Munique 1984; 1986). • WILLIAMS, R. "Jesus Christus. II: Alte Kirche". In: *TRE* 16 (1987), p. 736-745.

I – A compreensão de Cristo na história

Existem fatos históricos que se esgotam em seu primeiro acontecer, enquanto outros, em contrapartida, quando pareciam apagados, começam a produzir uma luz nova e a exercer uma influência que perdura ao longo dos séculos. Jesus Cristo não se esgotou nos dias de sua vida mortal, tampouco com a impressão que produziu nos contemporâneos que o conheceram. Sua presença e influência perduraram e sua inteligência cresceu na história até hoje. Em novas formas e por intermédio da Igreja Ele também se fez contemporâneo das gerações seguintes, que creram nele, celebraram sua obra de forma sacramental e quiseram compreendê-lo. Nas páginas anteriores expusemos os traços fundamentais de sua mensagem e de seu destino tal como os compreenderam os primeiros testemunhos e o interpretaram os autores do NT. Nas páginas que seguem tentaremos traçar as grandes linhas da compreensão de Cristo na história posterior da Igreja.

1 A transmissão viva da origem

O fundamento da compreensão sucessiva de Cristo na história posterior é sua tradição viva na Igreja, que abarca a pregação apostólica, a celebração sacramental, a vida comunitária, a experiência do Espírito Santo, o testemunho dos seguidores e a ação missionária. A relação com Cristo tem um duplo simbolismo: é referência aos fatos daquele tempo, considerados fundantes, e ao mesmo tempo é experiência de realidades presentes e santificantes, com as quais o homem pode entrar em contato[1]. Cristo não se esgotou no passado, mas ainda está encrustado num presente eterno após sua glorificação pelo Pai, que lhe permite entrar em relação com cada homem com a mesma intensidade com que instaurou amizade com Pedro, Tiago, João... A realidade crística nos é dada; nos é acessível por informação verbal e por participação sacramental na Igreja. A história daquele tempo e a vida da Igreja neste tempo são os dois polos dinâmicos que tornam possível o conhecimento de Cristo a cada geração[2]. Os documentos ou monumentos nos transmitem a Palavra de Cristo ontem, o que Ele disse e fez "de uma vez por todas". O Apóstolo, o Espírito e os sacramentos nos oferecem sua palavra de hoje, com pretensão de validez e necessidade salvífica para cada pessoa.

2 A sucessão apostólica e a mediação eclesial

Cristo se mede como vida para o mundo através dos apóstolos. A Palavra de Cristo toma corpo na audição, na compreensão e na interpretação da comunidade apostólica. A memória, a aplicação e a interpretação da Palavra de Cristo realizadas pelos apóstolos não foram um ato único, que se esgotou naquele tempo, uma vez concluída a redação do NT, como o propõe Cullmann[3]. A tradição apostólica não pode ser entendida sem a totalidade da história da Igreja e sem sua transmissão normativa, que tem seu ponto de apoio final e sua estrutura garantida na sucessão episcopal, sacramental-

---

1. "De onde tiramos nosso conhecimento de Cristo: do testemunho do passado ou da experiência presente? E mesmo que possamos dizer 'de ambos', então temos ainda que decidir que peso outorgamos a um ou a outro" (MACQUARRIE, J. *Cristology Revisited* (Londres 1998), p. 14.
2. Tudo no cristianismo é história e nada se entende sem referência a ela, começando por Jesus Cristo. As palavras, as ideias, as experiências remetem a origens, trajetos e aberturas ao futuro. Por isso não podemos nos poupar da travessia, que indaga a história de sua gênese e de sua constituição. Cf. WIDMER, T. "Sens ou non-sens des énoncés théologiques". In: *RSPT* 51 (1967), p. 649.
3. Cf. CULLMANN, O. *Estudios de teología bíblica* (Madri 1973), p. 165-204.

mente realizada. *Aos apóstolos não sucedem os livros do NT, mas os bispos, em cada uma das sedes ou comunidades que os apóstolos fundaram.* Deus não só confiou em papiros e códices, matéria morta que não fala nem se explica, nem faz memória ou antecipa, mas acima de tudo em homens vivos, que foram capazes de transmitir sua palavra não como oráculo mágico, válido por sua própria pronunciação e intocável em sua intepretação, mas como λόγος constituído de sentido, como εὐαγγέλιον de salvação, que precisam ser mobilizados à medida da esperança, das perguntas e das necessidades salvíficas dos homens[4]. Não há palavra da origem sem transmissão, e não há transmissão autêntica sem intepretação normativa; em qualquer memória ou descrição existe interpretação[5]. A Igreja se reporta aos fatos vividos por Jesus e à tradição apostólica das origens, tal como são formulados no NT. Essa palavra foi recebida como revelação de Deus e, portanto, considerada fonte e critério de vida. No entanto, ela precisa ser interpretada e atualizada[6]. A Igreja se entende como servidora dessa palavra e, quando a interpreta, tanto na pregação diária quanto nas definições solenes dos concílios ecumênicos, não quer fazer outra coisa senão servir à inteligência dos homens para promover a obediência à fé (Rm 1,5), mas outorgando-lhe uma adesão racional com a aceitação que nasce da vontade iluminada pela inteligência. Este é o verdadeiro culto racional que oferecemos a Deus (cf. Rm 12,1). *A história da cristologia é, em primeiro lugar, a história da interpretação cristológica da Escritura, tanto do Antigo como do Novo Testamento*[7].

---

4. Cf. Ef 1,13; Cl 1,5. Cf. tb. PLATÃO. *Fedro*, p. 274-277 (Palavra viva, memória, escritura).
5. "In all instances of description there is interpretation" (CHARLESWORTH, J.H. *Jesus within Judaism* (Nova York 1988), p. 155, 17-18. "It is impossible even to describe the so called uninterpreted given, the single common observable for unbeliever and believer alike; for any description involves immediate interpretation alike of any kind or another" (McINYRE, J. *The Shape of Christology* (Londres 1966, p. 22).
6. "A Igreja sempre considerou as Sagradas Escrituras, juntamente com a Tradição, como suprema regra de sua fé porque inspiradas por Deus e consignadas por escrito de uma vez para sempre, comunicam imutavelmente a palavra do próprio Deus e fazem ressoar através das palavras dos profetas e apóstolos a voz do Espírito Santo" (DV 21).
7. "O problema lhes aparecerá como *um problema de exegese*" (LIÉBAERT, J. *L'Incarnation* – 1: Des origines au Concile de Chalcédoine (Paris 1966), p. 3. Cf. SESBOÜÉ, B. "Jésus-Christ vérité des Écritures". In: *Jésus-Christ...* Op. cit., p. 58-70. Os Padres da Igreja se compreendem, antes do que teólogos profissionais, como intérpretes da Palavra de Deus, e a ela, lida à luz da regra da fé, acorrem para resolver os problemas trinitários e cristológicos: "Sed primum secundum auctoritatem Scripturarum sanctarum, utrum ita se fides habeat, demonstrandum est" (SAN AGOSTÍN. *De Trinitate*, I, 2,4 (BAC 39, 126)). • "Divinorum librorum et novorum catholici tractatores" (Ibid., I, p. 131).

Nós, que não somos contemporâneos de Cristo e não temos acesso direto a Ele, somos remetidos aos poucos fragmentos materiais que nos sobram de sua existência temporal (a terra, a luz, a paisagem, os costumes da Palestina e do povo de Israel) e aos testemunhos escritos daquela origem, mas principalmente à comunidade de fé, de celebração, de testemunho, de reflexão e de missão que é a Igreja. Cristo, pelo Espírito, suscitou e continua suscitando a Igreja como mediação encarnada, concreta e visível, que lhe permite chegar a cada homem e possibilita conhecê-lo como fato passado e encontrar-se com Ele hoje como pessoa viva. Pela encarnação, no entanto, Cristo se faz conatural ao mundo; pela glorificação, que o integra à vida e ao poder de Deus, Ele se faz contemporâneo a todos os tempos; pelo dom do Espírito, pelo apostolado e pela Eucaristia, faz-se coparticipante de cada homem em sua consciência mais íntima e em sua corporeidade carnal. A questão primordial da cristologia não é a verificação histórica da existência de Jesus, que é inequívoca, nem a identificação do tipo humano e religioso que foi, nem a verificação das causas de sua morte, mas a identificação de sua pessoa (É simplesmente um judeu? É o Messias? Foi constituído *Kyrios* por Deus? É o Filho de Deus?) e a mediação de sua presença até hoje. (Onde é acessível? Onde podemos não apenas saber sobre Ele, mas reconhecê-lo num encontro pessoal, de forma que se converta em revelação e salvação de Deus para cada pessoa?) Cristo já não é identificável sem conhecer o que Ele significou para a história até hoje (*Wirkunsgeschichte* = história de sua repercussão), nem sem a comunidade que continua confessando-o como Messias, Senhor e Filho de Deus. O liberal puro e o protestante puro preferem saltar sobre o tempo a fim de encontrar por conta própria um Cristo anterior a toda interpretação dotada de autoridade, sem dogmas, na limpidez claríssima de sua vida mortal, ou para decifrar sua mensagem existencial na leitura bíblica pessoal ou no anúncio comunitário do querigma. *A Igreja Católica sempre remeteu à Tradição, que, como linha mestra, continua nos remetendo às origens, embora a partir da presença sacramental de Cristo, da autoridade apostólica e da consciência da fé de toda a comunidade que o professa como salvador.*

3 O tríplice corpo e presença de Cristo no mundo

O *corpo físico* de Cristo em sua história já não é mais conhecível nem crível sem seu *corpo eucarístico* e sem seu *corpo eclesial*. Os três formam a única e diferenciada expressão de sua imagem encarnada no mundo. A história da cristologia é a história da intelecção recíproca entre essas três corporeidades de Cristo: o *corpo carnal* que tomou forma humano-judaica em Maria, o *corpo eclesial* que vai assumindo no mundo mediante gerações sucessivas de fiéis, o *corpo eucarístico* no qual diariamente se faz vida para o mundo[8]. Dessa forma une a particularidade de uma humanidade (judeidade), a universalidade dos homens (eclesialidade) e a objetividade do mundo (natureza, no pão e no vinho eucarísticos). Estes são os três lugares máximos e indispensáveis para compreender a Cristo; quem nega um deles, fecha em si mesmo a passagem para sua verdadeira compreensão. *Sem o povo da primeira aliança, sem a Igreja e sem a Eucaristia não existe possibilidade de saber quem foi Cristo, quem é e quem pode chegar a ser para nós.* Nós herdamos nosso conhecimento de Cristo do testemunho do passado e da experiência presente, sem estabelecer uma alternativa entre ambos[9]. O testemunho do passado sem a experiência de Cristo no presente seria infecundo; a experiência de Cristo presente sem a objetividade do passado ficaria cega e à mercê de todos os poderes, magias e ilusões. O testemunho e a experiência não se esgotam em si mesmos, mas se abrem para uma esperança absoluta que *transcende* o tempo. Cristo é o que veio, o que está vivendo e o nosso porvir absoluto. E Ele é o mesmo nas três ordens do tempo porque já pertence à eternidade de Deus, que as acolhe e relhe. "Jesus Cristo ontem e hoje é o mesmo também pelos séculos" (Hb 13,8).

---

8. Cf. DE LUBAC, H. *Corpus mysticum* – L'Eucharistie det l'Église au Moyen Âge (Paris 1959). • CONGAR, Y. *Le mystère du temple ou l'économie de la présence de Dieu à sa créature de la Genèse à l'Apocalypse* (Paris 1963). • ROBINSON, T. *The Body* – A Study in Pauline Theology (Londres 1952). • SCHLIER, H. & RATZINGER, J. "Leib Christi". In: *LTK*² VI, p. 907-912.

9. Quando se dá primazia ao testemunho do passado se costuma acentuar a dimensão moral, o valor magisterial e a função profética de Cristo, ao passo que, quando se acentua a experiência presente, prevalecem sua realidade teológica e sua significação soteriológica. No primeiro caso se coloca o acento no que posteriormente se denominará *natureza humana* de Cristo; no segundo caso *natureza divina* de Cristo, com o correspondente poder de livrar do pecado o homem e de santificá-lo. O resultado é dar ao cristianismo um acento moral no qual prevalecem a exigência de Deus e o esforço do homem ou um acento místico no qual prevalecem o dom de Deus no homem e sua experiência agradecida. Cf. MERSCH, E. *La théologie du corps mystique*, I-II (Bruxelas 1949). • MERSCH, E. *Le corps mystique du Christ* – Études de théologie historique, I-II (Bruxelas 1951).

4 As quatro formas de transmissão crística

Entre a Palavra de Cristo e nossa palavra sobre Cristo está o atestado de origem, a celebração permanente e a esperança da Igreja nele, que perduram até hoje. Não existe um vazio entre o ontem de Cristo e o hoje de cada ser humano. Na Igreja como lugar de Cristo pelo Espírito temos uma transmissão quádrupla das realidades cristãs, que se implicam e interagem:

a) *Transmissão sacramental* da pessoa e da Palavra de Cristo, que funda a existência e a fé da Igreja. A transmissão da realidade crística e pneumática é anterior a toda explicação doutrinal ou sistemática. O mistério de Cristo é celebrado: não se demonstra nem se faz uso. Essa realidade celebrada e acolhida pelo fiel lhe transmite uma vida pessoal com a correspondente penetração intelectual e potência volitiva, que lhe permitem pensar, julgar e agir de uma maneira nova como indivíduo, e ao mesmo tempo como membro orgânico da comunidade eclesial. O Vaticano II sublinhou o conteúdo objetivo e a potência da tradição: "O que foi transmitido pelos apóstolos compreende todas aquelas coisas que contribuem para santamente conduzir a vida e fazer crescer a fé do Povo de Deus, e assim a Igreja, em sua doutrina, vida e culto, perpetua e transmite a todas as gerações tudo o que ele é, tudo o que crê (*omne quod ipsa est, omne quod credit*)" (DV 8).

b) *Transmissão interpretativa* tanto das realidades reveladas como das palavras bíblicas que as expressam e dos testemunhos apostólicos, que em fases sucessivas foram explicando seu sentido. A Igreja cumpre esta função pelo exercício permanente da pregação, da catequese para os fiéis, da missão e da apologia da fé perante os não crentes. Em situações de gravidade especial, quando um problema afetava toda a Igreja e não encontrava solução mediante o exercício da autoridade ordinária e o dinamismo da reflexão teológica, então os concílios ecumênicos fizeram uma determinação da fé (ὅρος = delimitação, definição do sentido de uma palavra) que devia servir como critério para esclarecer a verdade do evangelho (dogmas) e manter a unidade da Igreja (anátemas). Os concílios com suas definições dogmáticas não querem ser outra coisa senão um momento segundo, um ato não de substituição, mas de interpretação dessa realidade divina que nos precede, excede e salva: a plenitude da revelação de Deus que temos em Cristo[10].

c) *Transmissão explicativa*. Esta é a tarefa própria da teologia, com sua tríplice função positiva: profética, apologética e sapiencial. Em nosso caso a *função positiva* em cristologia tem como missão fixar exatamente o que pertence à revelação divina sobre Cristo e as definições normativas da Igreja sobre Ele, diferenciando o que é dom e decisão de Deus do que são adjacências ou acréscimos históricos, embora nunca possamos separar do todo a realidade mediada (conteúdo da revelação divina em Cristo) e as figuras mediadoras (expressões linguísticas, gêneros literários, condicionamentos culturais da Igreja). A *função apologética* se propõe mostrar como a fé em Cristo não é contrária aos dinamismos fundamentais da vida humana, mas acolhe os ideais e as esperanças radicais dos homens, e inclusive lhes abre possibilidades que nunca haviam suspeitado. A *função sapiencial* é a mais específica da teologia e leva à penetração no mistério mesmo, conseguindo alguma intelecção dele por analogia com outras realidades humanas, pela conexão existente entre os diversos mistérios e pela nova luz que eles oferecem sobre o fim último do homem (*intellectus fidei-intellectus Christi*)[11].

d) *Transmissão vivida*. As realidades cristãs foram atualizadas e universalizadas na história, sobretudo pelo ato de fé dos fiéis e pela vida correspondente a elas. A experiência totalmente conformada por elas, os sinais de sua presença, as instituições criadas para seu cultivo, a configuração dos tempos e lugares a partir dos ciclos litúrgicos e de cada um dos mistérios da vida, da paixão, da morte e da glorificação do Senhor conferiram peso de realidade a Cristo, convicção de verdade e potencialidade de vida. As devoções cris-

---

10. "A Igreja (nos concílios) não quis dizer nenhuma coisa nova, mas, mais precisamente, emitir um julgamento de fé sobre a realidade e o sentido do mistério de Cristo. A partir deste ponto de vista, trata-se de uma 'direção nova' do mesmo mistério. É uma espécie de um redobramento reflexivo, de *deuteris*, poderíamos dizer, do que já está na revelação original" (SESBOÜÉ, B. *Jésus-Christ...* Op. cit., p. 77-78).
11. Esta é a função primordial atribuída à teologia pelos grandes mestres: Agostinho, Anselmo, Boaventura, Tomás e o Vaticano I (DS 3016). Cf. BEUMER, J. *Theologie als Glaubensverständnis* (Wurzburgo 1953). • CONGAR, Y. "Théologie". In: *DThC* 15/1 (1946), p. 341-502, completado e atualizado em CONGAR, Y. *La fe y la teología* (Barcelona 1970). • GONZÁLEZ DE CARDEDAL, O. *El quehacer de la teología* (Salamanca 2008).

tológicas e a piedade popular (*Via crucis*, devoções eucarísticas, cruzeiros, "mistérios" e "honorabilidades" representados primeiro nos pórticos das igrejas e depois como representações sacramentais nos teatros, pinturas e esculturas, estampas e orações) foram as que realmente atualizaram a presença de Cristo, muito mais do que o conceito e a teoria. Por isso podemos questionar juntamente com os teólogos a respeito de todas as realidades cristãs, incluindo a dinâmica da maturação dos próprios dogmas na história: "Os teólogos se perguntam se o alento da piedade e certo impulso místico que alcançaria por instinto e por certa capacidade conatural à fé o sentido profundo da verdade revelada, não tiveram maior participação na laboriosa definição dos dogmas do que o raciocínio especulativo que procede da análise metafísica das noções"[12].

A transmissão institucional-sacramental, cujos agentes primordiais foram os apóstolos com suas comunidades; a transmissão magisterial dogmática, cujos agentes primordiais são os bispos como colégio permanente e, sobretudo, reunidos nos concílios ecumênicos; a transmissão teórico-explicativa, cujos agentes são os teólogos e profissionais da história, da literatura e de outras áreas próximas da teologia; a transmissão vivida e encarnada em atos, sinais e instituições e celebrações sagradas, cujo agente primordial é o povo fiel, esperando e amando: eis aí a quarta via, as quatro ordens da única Igreja que, pressupondo-se e interagindo entre si, anunciaram (palavra), atualizaram (sacramento), interpretaram (dogma e sistema), viveram e manifestaram (experiência e sinais) Cristo como verdade de Deus e salvação para o homem.

As definições conciliares e os sistemas cristológicos nos permitem discutir e entender o sentido da pessoa de Cristo, mas não sua realidade última que, por incluir Deus e o homem em unidade pessoal, nos ultrapassa totalmente. É um mistério em sentido estrito, já que não é desvendável antes de ser revelado nem deduzível depois de ser revelado, tampouco explicável unicamente pelas potencialidades da razão humana. Tanto os concílios quanto as teologias definem enquanto fixam e diferenciam, enquadram enquanto explicam, ao mesmo tempo que apontam para a profundidade do mistério com o qual o homem é conatural, justamente por ser imagem de Deus como criatura e por ter um conhecimento dele enquanto seu próprio fim, inteligibilidade que por nós mes-

---

12. DRAGUET, R. *Historia del dogma católico* (Buenos Aires 1949), p. 26.

mos não conseguimos alcançar, mas sem ele não podemos viver, pois se nos é dado como destino supremo de nossa existência[13].

5 Fatores do desenvolvimento no conhecimento de Cristo

O desenvolvimento da tradição apostólica sobre Cristo, sobre sua pessoa (cristologia) e sobre a salvação que Ele oferece à humanidade (soteriologia), é resultado de fatores internos à vida da Igreja e simultaneamente da influência sobre ela de fatores culturais, sociais e políticos externos, bem como da mútua interação entre eles. Os *domínios internos* da vida da Igreja deram um impulso fundamental, tanto para o desenvolvimento das confissões de fé quanto da cristologia, ainda que nesta última outros motivos específicos influenciaram[14]. Esses domínios são o culto (Batismo e Eucaristia), a catequese dos catecúmenos, a missão aos pagãos, a polêmica com os judeus, a exegese da Escritura. A vida interna da Igreja foi por sua vez determinada por experiências primordiais como o martírio, o monaquismo, os movimentos carismáticos, o serviço ao próximo na doença, no analfabetismo ou na escravidão. A partir deste contexto o Espírito Santo suscitou novas perspectivas de Cristo, que foram ampliando vitalmente a experiência de sua pessoa e de sua obra. O fundamental e decisivo foram não somente os concílios ecumênicos, que muitas vezes se concentraram na exposição da compreensão cristã de Cristo, mas também a proposição do querigma apostólico, a celebração litúrgica, a vida do fiel de cada geração, a arte, a experiência espiritual e a reflexão teológica[15]. A estas experiências espirituais devemos acrescentar a paixão verdadeira, a busca de intelecção, a exigência de razões para acreditar e principalmente para amar, que os teólogos foram expressando ao longo dos séculos. Eles o fizeram com a ajuda da exegese dos rabinos primeiro, da

---

13. Cf. DE LUBAC, H. *Le Mystère du surnaturel* (Paris 1965) [Ed. espanhola: *Em misterio de lo sobrenatural* (Madri 1991)].

14. Sobre o *Sitz im Leben* (contexto vital) dos Credos da Igreja, cf. CULLMANN, O. *La foi et le culte de l'Église primitive* (Neuchâtel 1963), p. 47-88. • NEUFELD, K.H. *The Earliest Christian Confessions* (Leiden 1963). • WENGST, K. & RITTER, A.M. "Glaubensbekenntnisse – IV: Alte Kirche". In: *TRE* 13 (1984), p. 392-412.

15. "As grandes controvérsias tendem a monopolizar a atenção. E às resoluções conciliares se atribui uma relevância que não está em conformidade com a situação real. O que nutre a fé da Igreja é o querigma, o anúncio cotidiano da Igreja, sua liturgia e sua vida sacramental. Todos os dogmas proclamados solenemente nos concílios, enquanto cristologia reflexa, servem para aclarar e aprofundar o querigma. Querigma, reflexão e dogma formam precisamente na cristologia uma unidade indissolúvel" (GRILLMEIER, A. *Cristo en la tradición cristiana*. Op. cit., p. 155).

lógica filosófica em seguida, dos pensadores de cada momento histórico que tentaram penetrar no mistério da Trindade, da encarnação e da salvação do homem, buscando a relação entre estes três mistérios que constituem o núcleo central do cristianismo.

Finalmente, outros motivos do desenvolvimento da cristologia na história foram os *fatores externos* ao evangelho: a inserção na cultura helenística (estoicismo, platonismo, aristotelismo), a colaboração da Igreja com o Império Romano, as culturas do Renascimento e do Iluminismo, o idealismo filosófico, os movimentos sociais, a visão positivista e técnica de nossos dias, a abertura ao terceiro mundo com a consequente vontade de inculturação nele, o diálogo entre as confissões cristãs e as grandes religiões. Cada horizonte cultural levou consigo seus *a priori* de intelecção, aportando uma pré-compreensão determinada da imagem de Cristo (*forma mentis, Denkform, paradigma*). As línguas, cada uma com suas peculiares categorias interpretativas e expressivas, foram um fator decisivo na intelecção de Cristo. Outros fatores do crescimento da cristologia são evidentemente os grandes gênios, santos e místicos, que a expressaram, a viveram e a sintetizaram, das origens até hoje: Inácio de Antioquia, Justino, Irineu, Orígenes, Basílio, Gregório, Ambrósio, Agostinho, Anselmo, Boaventura, Tomás de Aquino, Catarina de Siena, Lutero, Inácio de Loyola, Teresa de Jesus, João da Cruz, Schleiermacher, Newman, Möhler, Teresa de Lisieux, Isabel da Trindade, Barth, Rahner, Balthasar...

6 A presença de Cristo na Igreja e outras formas de sua presença no mundo

Uma cristologia histórica rigorosa deveria expor a recepção da história, da doutrina e da pessoa de Cristo não somente na vida dos fiéis e na teologia dos teólogos, mas simultaneamente na cultura dos homens e nas estruturas da sociedade[16]. Mas não é menos verdade que a fé em Cristo se legitima por sua divina realidade própria e não pelas funções que ela possa cumprir em outros âmbitos como a cultura, a arte, a metafísica, a ética, a estética ou a política. Não é sem significação, no entanto, que Cristo tenha aberto horizontes novos também nestes âmbitos. Ao fazer a história da sucessiva compreensão devemos concentrar-nos naquilo que constitui o centro do cristianismo: a

---

16. Cf. PELIKAN, J. *Jesús a través de los siglos* – Su lugar en la historia de la cultura (Barcelona 1989). Cf. tb. a ed. ilustrada (Londres 1997).

constituição ontológica de Cristo enquanto Filho eterno, e com Ele o próprio Deus que como homem existe no mundo, ou a teologia da encarnação. Mas ela não é tudo. O outro polo prioritário de interesse deve ser a explicitação do significado de Cristo para nossa salvação e para a história humana em geral. Como e por que Cristo é o único Salvador, enquanto Mediador entre Deus e os homens, Revelador do Pai e Doador do Espírito? A soteriologia deve estar presente também ao reler a história. Um capítulo ulterior dela é a análise da relação de Cristo com Deus, não somente no tempo de sua vida mortal, mas antes e depois da encarnação. Portanto, a cristologia deve também ser teologia do Verbo em sua preexistência e teologia do Filho em sua pós-existência, ou sua perduração eterna depois do fim do mundo. Junto a estes grandes temas especificamente teológicos deveria aparecer numa história da cristologia a influência de Cristo no âmbito do pensamento: a metafísica, a antropologia, a ética, a escatologia. Não é por acaso que nos últimos decênios voltou a figurar em primeiro plano a *cristologia filosófica*.

A história da cristologia tem três grandes fases fundamentais, mesmo com consideráveis diferenças de acentos. Cada uma corresponde ao horizonte de sentido, de experiência e de esperanças fundamentais que os fiéis de cada época têm com os outros homens:

• Fase de interesse, sobretudo, pela *constituição metafísica e pessoal de Cristo*. A reflexão aqui se concentra nas perguntas pelo ser de Cristo e pelo fundamento de nossa salvação. Esta fase é característica da era patrística e tem sua expressão máxima nos três concílios decisivos para a cristologia: Niceia, Éfeso, Calcedônia.

• Fase de interesse pela *significação ou eficácia de Cristo para nós*, sua relação com a história concreta da humanidade pecadora. A graça e o pecado são os centros de interesse. Santo Anselmo e Lutero são os dois expoentes supremos desta *perspectiva soteriológica* da qual também se ocupa o Concílio de Trento ao falar da justificação do homem e dos méritos de Cristo.

• Fase de interesse pelo *conhecimento histórico de Cristo,* pela legitimidade de sua pretensão messiânica e pela filiação divina, ao mesmo tempo que pela relação entre Cristo e a Igreja, entre Cristo e a vida humana; Cristo, liberdade de cada ser humano e libertação de pobres, escravos e injustiçados. A *perspectiva central é a gnoseológica:* relação entre fé e história, história e dogma, possibilidade fundamental da revelação e eficácia emancipadora da fé em Cristo. Lessing, o Iluminismo, a *Leben-Jesu--Forschung*, Blondel, a exegese deste século e as cristologias críticas são os expoentes maiores desta terceira fase.

• O Concílio Vaticano II falou de Cristo em relação à criação, ao sentido da história e à salvação da vida humana. O século XX tentou uma compreensão da totalidade crística com sua lógica interna.

II - Do NT ao século II
1 Os primeiros contextos culturais da cristologia

Na segunda metade do século I vemos o emergir das primeiras comunidades cristãs em solo tanto judaico quanto helenístico e o surgimento dos escritos que posteriormente formarão o cânon. O cristianismo nascente se encontra com o judaísmo e com o helenismo, as duas grandes culturas que de antemão determinam as atitudes dos ouvintes e a partir das quais os missionários terão que pensar o anúncio de Cristo, se quiserem ter audiência e aceitação. Toda oferta de verdade e de salvação feita aos homens deve encontrar um ponto de inserção, bem como a forma de entremear as esperanças, as instituições e os ideais já vividos previamente de maneira explícita ou implícita. Os Atos dos Apóstolos mostram Paulo pregando primeiro nas sinagogas[17], mas logo em seguida indo à Ágora[18], usando primeiramente as Escrituras do AT para arguir que Jesus é o Messias[19] e em seguida invocando razões universais ou textos de poetas gregos para apoiar sua proposta de um Jesus como Juiz destinado por Deus a julgar o mundo[20]. "Judeus e gregos" é a fórmula que repete o historiador Lucas, mostrando Pedro no caminho dos gentios e Paulo assumindo-os como campo próprio[21]. Com estas duas designações abarca todo o mundo cultural e religioso conhecido. Cristo é anunciado a judeus e gregos e simultaneamente pregado e pensado a partir deles. O judaísmo como cultura do relato, da profecia, da promessa e da esperança

---

17. A prioridade é para os judeus. Paulo enuncia o princípio (At 13,46) e o realiza (13,5; 13,14; 14,1; 16,13; 172.10.17; 18,4.19; 19,8; 28,17.23; 3,6): "Deus, ressuscitando seu Servo, envia-o primeiro".
18. Cf. At 17,16-36.
19. Cf. At 17,3; 18,5.28; 2,36.
20. Cf. At 17,26-31.
21. Cf. At 14,1; 18,4; 19,10.17; 20,21.

por um lado, e o helenismo como cultura do λόγος e do νόμος, da φύσις e da τέχνη, da ἐπιστήμη e da σωφροσύνη por outro, são as duas expressões primordiais do humano nas quais se insere e com cuja ajuda foram pensadas a revelação e a encarnação de Deus no mundo. A cristologia será formulada em seguida a partir da história concreta de Jesus, com o profetismo e a sabedoria judaica como preparação divina para entender sua particularidade, mas, partindo de sua própria gênese será pensada também a partir das categorias filosóficas, religiosas e morais típicas da filosofia grega, que iluminam o fundamento real da condição divina de Jesus e, ao mesmo tempo, a validez universal de sua pessoa e de sua mensagem.

Desde seus primeiros passos a cristologia é pensada com estes dois mundos diante dos olhos. O encontro com eles já se dá no NT. Não existe um tempo virgem onde o anúncio de Jesus é pesado exclusivamente e unicamente a partir de sua palavra e da experiência apostólica da Páscoa. Os que paulatinamente vão formando a Igreja carregam para dentro dela o mundo espiritual em que vivem e refletem sobre Jesus Cristo a partir desse mundo. Neste sentido é essencial o conhecimento da apocalíptica judaica, dos grupos dissidentes, dos essênios, dos fariseus, dos saduceus e batistas, ao mesmo tempo que a influência do judaísmo helenístico em terra palestinense[22]. Essas ideias e grupos existentes nas comunidades judaicas primitivas são a matriz da cristologia originária, tanto em sua forma palestinense quanto em seu perfil helenístico. As comunidades cristãs surgidas diretamente do paganismo são o terceiro domínio espiritual no qual foi pensada a pessoa e a doutrina de Cristo. Judaísmo palestinense, judaísmo helenístico, cultura e religião pagã formam a tríplice matriz diante da qual se explicita a confissão de Cristo e se articulam as primeiras cristologias.

Do encontro da experiência cristã originária com esses três mundos nasce uma cristologia que inclui a narração histórica das origens, a referência aos livros sagrados do povo de Israel, a elaboração com categorias gregas e com uma terminologia filosófica, incipiente já no NT, sobretudo nas cartas

---

22. No momento do nascimento do cristianismo e da cristologia já havia uma intensa penetração da cultura helenística na Palestina. Cf. HENGEL, M. *Judentum und Hellenismus* – Studien zu ihrer Begegnung unter besonderer Berücksichtigung Palestinas bis zur Mitte des 2. Jahr vor Christus (Tubinga 1969). • TREVIJANO, R. *Orígenes del cristianismo* – El trasfondo judío del cristianismo primitivo (Salamanca ²1996). • BETZ, H.D. "Hellenismus". In: *TRE* 15 (1986), p. 19-35. • LILLA, S. "Judeo-helenismo". In: *DPAC* II, p. 1.204-1.207.

de São Paulo, no Evangelho de São João, na Carta aos Hebreus e nas cartas pastorais[23]. O mito, forjado pelo protestantismo liberal, de um evangelho profético purificado por um lado da filosofia e por outro de uma helenização posterior, feita de dogma, sacramentalismo e lei, que o teria corrompido totalmente, deve ser superado e depurado de seus pressupostos, aceitando ao mesmo tempo a influência real da *forma mentis* helenística sobre a teologia cristã. No entanto, *a influência de uma cultura sobre a maneira de compreender a fé não significa a transmutação do conteúdo da fé por aquela*[24]. Quando um homem pensa profundamente, se pergunta pelo fundamento e indaga sobre a racionalidade e a universalidade dos fenômenos, ele está se abrindo para um futuro absoluto e para a possibilidade de aproximação do absoluto de Deus ao homem e do homem a Deus. É exatamente ali que se pratica o *logos* como o fizeram os gregos, é ali que acontece uma legítima "helenização" do cristianismo. E quem não passou por ela pode simplesmente vê-la como uma notícia particular sobre um homem judeu particular, ou como uma notícia exclusiva de uma cultura particular sem elevar-se ao seu verdadeiro sentido universal. Pois bem, o cristianismo apresenta Cristo como salvador universal, como comunicação absoluta de Deus ao mundo e como revelação definitiva do sentido da história por antecipação de seu fim.

---

23. Cf. FULLER, R.H. *Fundamentos de la cristología neotestamentaria* (Madri 1979), p. 258-259. • LIÉBAERT, J. *L'Incarnation*. Op. cit., p. 38. Ambos remetem aos termos filosóficos que já encontramos em Jo 1,14 (devir, carne, *Logos*); Fl 2,7 (forma); Gl 4,4 (pleroma, Filho); Rm 1,3 (nasce, carne); Cl 1,19; 2,9 (habitação da plenitude da divindade); Hb 2,17 (semelhança com os homens); Fl 2,6-7 (antítese entre a forma de Deus e a forma do homem, *quenose*); Rm 1,3-4; 1Tm 3,16 (binômio carne-espírito).

24. As duas afirmações fundamentais de A. von Harnack, criador da tese da "helenização do cristianismo", em seu *Lehrbuch der Dogmengeschiste*, I (Tubinga 1909), são: "O dogma em sua concepção e em seu desenvolvimento é uma obra do espírito grego sobre o chão do evangelho". "Os meios conceituais, através dos quais na era antiga se tentou tornar inteligível o evangelho, se misturaram com seu conteúdo e foram convertidos em dogma" (p. 20). A ideia essencial é que o instrumento de explicação se converteu em conteúdo de fé e que pela instrução deste elemento estranho perverteu o evangelho, submetendo-o ao espírito grego. A. Grillmeier mostrou como justamente os concílios superaram essas tentativas de helenização, implícitas em certos tipos de teologia, como a de Ario, compreendendo as categorias filosóficas a partir da revelação e não inversamente. Cf. GRILLMEIER, A. "Hellenisierung-Judaisierung des Christentums als Deuteprinzipien der Geschichte des cristlichen Dogmas". In: *Mit ihm und in ihm* – Cristologische Forschungen und Perspektiven (Friburgo 1975), p. 423-468. • GRILLMEIER, A. "Jesus von Nazareth-im Schatten des Gottesshnes?" In: VON BALTHASAR, H.U. *Diskussion über Hans Küngs "Christ sein"* (Mainz 1976), p. 60-82. • GRILLMEIER, A. "'Christus licet vobis invitis Deus' – Ein Beitrag zur Diskussion über die Hellenisierung der christlichen Botschaft". In: *Fragmente zur Christologie* – Studien zum altkirchlichen Christusbild (Friburgo 1997), p. 81-111. • DRUMM, J. "Hellenisierung". In: *LRK*[3] 4, p. 1.407-1.409.

Tais afirmações só podem ser feitas a partir de uma reflexão metafísica que, partindo do relato histórico, o leva ao seu fundamento, fecundidade e sentido último. Neste sentido todos somos gregos e todos "helenizamos" ao pensar a verdade, a universalidade e o caráter definitivo de Cristo.

2 As duas cristologias básicas no NT

O NT oferece um conjunto de afirmações e categorias que ultrapassam a perspectiva histórica, já que invertem a leitura puramente cronológica ou genética de Cristo a fim de compreendê-lo a partir de sua origem primordial e a partir do final de sua vida. Cristo é situado na Palestina, mas visto ao mesmo tempo como Criador na origem do ser; é definido como a salvação que vem dos judeus e ao mesmo tempo como salvador do mundo; é posto em relação aos homens como profeta e simultaneamente em relação a Deus como o Filho, o Unigênito. As categorias abaixo pertencem ao NT e orientam a cristologia posterior: humanidade de Jesus, messianidade, filiação divina, senhorio, função criadora na origem do mundo, preexistência em Deus, parusia para julgar o mundo e função recapituladora a fim de que Deus seja tudo um todos, para depois ser Ele mesmo, em pessoa, o pleroma no qual se unem a plenitude de Deus, a realidade do mundo e a vida do homem. *O ponto de articulação da cristologia, o articulus stantis et cadentis christologiae, é a identificação pessoal do Jesus terrestre e do Cristo vivo hoje*[25], *do homem Jesus que os apóstolos conheceram e do Filho eterno de Deus.* Ele é sempre único e o mesmo: o descrito em sua história judaica e o identificado como Cristo depois da ressurreição, o confessado como Verbo e Filho eterno no seio do Pai e, enquanto tal, Deus. A formulação "Jesus é o Cristo, o Senhor, o Verbo feito carne", leva a termo já no NT o sobrepasso repentino de uma visão meramente judaica, histórica e horizontal para outra leitura teológica vertical e escatológica.

3 Os problemas radicais: *Theologia* (Trindade) e *Oikonomia* (encarnação)

A tarefa primordial da cristologia futura consistirá em esclarecer a natureza dessa afirmação: Jesus "é" o Cristo, o Filho de Deus e, enquanto tal,

---

25. A formulação é de W. Thüsing. Cf. RAHNER, K. & THÜSING, W. *Cristología* – Estudio teológico y exegético (Madri 1975).

Deus. Como um homem pode ser Senhor, Filho de Deus em sentido único, Deus? É possível? E se a resposta é positiva, não estaríamos quebrando as categorias fundamentais do monoteísmo e da transcendência absoluta de Deus sobre todo o criado, entrando assim em colisão com a teologia e as antropologias tanto judaicas quanto helenísticas?

Aqui tem início o processo intelectual que deve estabelecer a conexão entre a novidade de Cristo por um lado e o monoteísmo judaico e a transcendência absoluta de Deus por outro, da forma como os gregos pensavam. A compreensão da natureza de Deus (Trindade) e da pessoa de Cristo (encarnação) estão ligadas. Ambas são o objeto central da reflexão teológica durante os primeiros séculos, encontrando sua resposta definitiva no Concílio de Niceia, que define a verdadeira divindade de Cristo, e no Concílio de Constantinopla, que define a igualdade do Espírito Santo com o Pai e o Filho.

A partir da realização histórica do desígnio salvífico de Deus para os homens (οἰκονομία) elucidou-se o ser mesmo de Deus em sua constituição trinitária (θεολογία). *A partir desse instante a cristologia terá duas formas fundamentais: uma, a que vê Jesus a partir do mistério trinitário de Deus, compreendendo-o como o Filho encarnado; outra, a que partindo da vida e da páscoa de Jesus o descobre como Messias e Senhor,* interpretando sua ressurreição como a afirmação que o Pai faz do Filho perante o poder da morte, revelando assim que é seu Filho, que desde sempre pertence a seu ser de Pai. O processo de clarificação da relação existente entre ambos levará séculos. Somente no final do século IV aparecerá com toda clareza a conexão entre os três artigos do Credo: fé no Pai, no Filho e no Espírito Santo, que já está presente no final do Evangelho de Mateus (cf. 28,19). A enumeração das três pessoas divinas na fórmula batismal, remetendo o neófito à unidade das três, pressupõe que as três estão implicadas no acontecimento da salvação. A história salvífica era então compreendida como desígnio do Pai, realizado em um momento histórico pelo Filho, universalizado e interiorizado em cada homem pelo Espírito Santo.

Estes são, portanto, os dois problemas-chave: Qual é a relação de Jesus, confessado Verbo e Filho, com Deus, tal como o monoteísmo sempre o havia compreendido? Qual é a relação do Verbo eterno com a carne, que herdou de uma mulher no tempo? O primeiro é o problema da teologia, o segundo o da cristologia. Trindade e encarnação são em seguida as duas questões capitais do cristianismo, tanto na lógica de uma fé vivida dentro da Igreja como no diálogo com judeus e pagãos. Para o diálogo com os judeus os Padres da Igreja apelam para o AT, mostrando as antecipações e anúncios implícitos das três pessoas divinas presentes nos textos; ou a revelação antecipada do Verbo, preparando os homens para que o reconhecessem encarnado[26]; ou expondo como a revelação trinitária aconteceu em três fases sucessivas: o Pai foi revelado no AT, o Filho no NT e o Espírito Santo na vida da Igreja[27]. O primeiro grande expoente dessa identificação de Jesus como Cristo, partindo do At, é o *Diálogo com Trifão* de São Justino (100-165).

4 As primeiras respostas insuficientes: adocionismo, modalismo, subordinacionismo

A Igreja herda do judaísmo uma rigorosa fé monoteísta. A referência às três pessoas no Credo nunca supôs um triteísmo, mas uma compreensão monoteísta de Deus, que realiza sua divindade não em solidão e silêncio, mas em comunicação e autodoação como Pai, Filho e Espírito. O problema trinitário e o da divindade de Cristo em seguida são unidos. Qual é o sentido e o conteúdo dessa divindade de Cristo: é uma divindade metafórica ou ela o é em sentido próprio? Na hora de estabelecer a relação entre o Pai e Jesus quatro soluções emergem: adocionismo, modalismo, subordinacionismo e a resposta católica[28].

a) O *adocionismo* é associado aos nomes de Teódoto em Roma e Paulo de Samósata no Oriente. Para eles Jesus não é Deus por natureza, mas um homem sobre o qual desceu o Espírito Santo ou o Verbo, e aquele que Deus aceitou/adotou por Filho. Sublinha-se sua personalidade e *exemplaridade*

---

26. Cf. ÉVIEUX, P. "Théologie de l'accoutumance chez Irénée". In: *RSR* 55 (1967), p. 5-54.
27. "O AT pregou claramente o Pai, e também o Filho, mas de forma indecisa; o NT revelou o Filho e deixou entrever a divindade do Espírito Santo; no presente, o Espírito habita em nosso meio e nos esclareceu melhor a revelação [que havia feito] de si mesmo (GREGORIO NACIANCENO. "Oratio theologica", V, 26. In: *PG* 36, 161.
28. Cf. os lugares respectivos em GRILLMEIER, A. *Cristo en la tradición cristiana* (Salamanca 1997). • KELLY, J.N.D. *Iniciation à la doctrine des Pères de l'Église* (Paris 1968), p. 125-128, 149-328. • STUDER, B. *Dios salvador en los Padres de la Iglesia* (Salamanca 1993); termos respectivos in DPAC.

moral recebidas de Deus para fazer milagres e, em razão de sua virtude e padecimentos, Deus o teria premiado elevando-o à categoria divina.

b) O *modalismo* se situa em polo oposto (Práxeas, Noeto de Esmirna, Sabélio). Diante da dualidade que supõe o adocionismo, estes autores acentuam a unidade divina como princípio supremo (μοναρχία); e diante da redução à exemplaridade moral ou ao heroísmo com que os outros explicam a transcendência e a novidade de Cristo, afirmam sua divindade. Só existe um princípio divino e os nomes do Pai, do Filho e do Espírito designam bem os aspectos (modos) sob os quais a realidade divina, radicalmente unitária, se nos apresenta ou os papéis que ela foi assumindo na história. Por isso, dado que Deus, único princípio, que se encarnou no seio de Maria, padeceu e morreu por nós, é possível dizer que sendo Pai sofreu pelos homens. Tal afirmação identificada como "patripassianismo" foi considerada uma heresia porque revelava como a proposta modalista negava de fato a verdadeira realidade e diferença entre Pai, Filho e Espírito. Em outros domínios culturais – por exemplo, no Egito, serão ditos os três aspectos temporais e transitórios da única ação divina. Falar da criação é falar do Pai; falar da encarnação e da redenção é falar do Filho; falar da santificação é falar do Espírito. Três nomes para um mesmo e único sujeito divino. Somente os diferencia a nossa história, não sua divina realidade eterna.

c) O *subordinacionismo* está próximo tanto do adocionismo quanto do modalismo, mas seu ponto de partida e interesse são distintos. Esta teoria nasce em conexão com as afirmações gregas de um demiurgo que serve de realidade intermediária entre o Deus absoluto e o mundo material. Sua função é, portanto, mediadora entre Deus e o mundo: salvar a transcendência de Deus em relação ao cosmos e à história. Entre o adocionismo e o modalismo, os defensores desta interpretação compreendem o Verbo como a primeira criação de Deus, o agente do Pai em uma criação que pode ser pensada como eterna e, portanto, neste sentido, o Verbo seria eterno, mas de qualquer forma diferente de Deus em sua natureza, mesmo considerado infinitamente superior às criaturas. É tido como um Deus de segunda ordem, um segundo Deus, um intermediário entre a realidade criadora e a realidade criada. O arianismo defenderá esta posição.

d) A *resposta católica* foi o Concílio de Niceia. Ela situa o Verbo ao lado de Deus, compreendendo sua origem em termos de geração eterna e não como criação temporal, com natureza igual à do Pai, diferenciada apenas pelo fato de provir dele e estar vinculada a Ele, da mesma forma que um filho procede em semelhança, vive em relação e existe sempre a partir do pai. A consubstancialidade do Filho, definida em Niceia, e a do Espírito, definida de maneira equivalente em Constantinopla, representam o ponto de chegada da compreensão trinitária de Deus, preparada pelos grandes teólogos capadócios (Basílio, Gregório Nazianzeno, Gregório de Nissa), que elaboraram a teoria da unidade de essência ou de natureza e a trindade de pessoas[29].

5 O judeu-cristianismo e a tríplice cristologia: profética, angélica e pneumática

A questão cristológica era: Como se compaginam em Cristo a condição divina com sua realidade humana? Em que consiste sua divindade e qual é sua novidade em relação a outros mensageiros de Deus, como os sábios do helenismo e os profetas de Israel? A primeira tentativa de resposta sobre a identidade e a novidade de Cristo vem de um conjunto de escritos, todos reunidos sob o nome de tradição judeu-cristã, sem que se possa fixar exatamente o ambiente cultural em que nascem, a conexão existente entre si e se em seu conjunto apresentam uma visão coerente. Trata-se de apócrifos de influência cristã (*A ascensão de Isaías*, o *Livro de Enoque*, o *Testamento dos doze patriarcas*); de apócrifos do NT (o *Evangelho de Pedro, de Tiago*, o *Evangelho Segundo os Hebreus*, o *Evangelho Segundo os Egípcios*, a *Epistula Apostolorum* e o *Apocalipse de Pedro*); e dos escritos dos assim chamados Padres Apostólicos (*Carta de Clemente*, que reúne influências judaico-helenísticas, a *Didaqué*, a *Carta de Barnabé*, o *Pastor de Hermas*, sendo que alguns também colocam nesta lista as *Cartas* de Santo Inácio de Antioquia, mesmo sendo evidente que sua visão abarca um horizonte bem mais amplo e muito mais complexo)[30].

---

29. Cf. PRESTIGE, G.L. *Dieu dans la pensée patristique* (Paris 1955). • KELLY, J.N.D. Ibid., p. 119-146, 263-290. Cf. tb. Os artigos de S. Del Cura ("Modalismo", "Monarquía", "Subordinacionismo") e de J.M. Rovira Belloso ("Monoteísmo", "Trinidad", "Personas divinas") em PIKAZA, X. & SILANES, N. (eds.). *Diccionario Teológico del Dios cristiano* (Salamanca 1992).

30. Cf. DANIÉLOU, J. *Teología del judeocristianismo* (Madri 2004). • MOINGT, J. (ed.). *Judéo--christianisme* (Paris 1972). • HENGEL, M. "Zwischen Jesus und Paulus". In: *ZkTh* 72 (1975),

A principal característica desta cristologia é a de situar Cristo em continuidade direta com o judaísmo anterior, sem mostrar a ruptura que isto pressupõe. Cristo aparece como a perfeição da revelação veterotestamentária, abrindo-a a novos conteúdos, mas sem dá-la por concluída. Por isso Cristo é apresentado com atributos que refletem esse caráter consumador do anterior: Ele é a Lei e a Aliança, o novo Êxodo, o Princípio e o Nome, o Anjo, o Espírito... Nessa mesma linha, por fazer nele morada do Espírito, é denominado Filho. Daniélou, Longenecker e, posteriormente, Grillmeier, Studer e outros tipificaram as imagens e motivos cristológicos prioritários, bem como a forma peculiar da messianidade atribuída a Jesus. Nos temas específicos da encarnação eles sublinham o caráter oculto da descendência de Jesus, o significado da estrela dos magos e do batismo de Jesus. Na Soteriologia acentuam a descida aos infernos e a ascensão[31]. Estas medidas tiveram grande importância nos séculos II-III, e algumas passaram a fazer parte dos artigos do Credo, exercendo um papel capital em autores como Santo Irineu e os chamados teólogos asiáticos. A teologia posterior simplesmente as reuniu, uma vez que Niceia e Calcedônia colocaram em primeiro plano os aspectos metafísicos ou estruturais da pessoa de Jesus, deixando em silêncio a história, a temporalidade e a significação constitutiva da ação do Espírito no devir humano de Jesus[32].

Aqui temos uma tentativa de explicação de Cristo assumindo as perspectivas veterotestamentárias e intertestamentárias que compreendem o Messias como o consumador do conhecido. Tudo isto é verdade; são aspectos que ainda hoje temos que recuperar e afirmar de Cristo. Mas, por si sós, eles se revelam insuficientes para explicar sua novidade. Desta forma surgiram três tipos de interpretações deficientes que, absolutizadas depois, se torna-

---

p. 151-206. • WANDER, B. *Trennungsprozesse zwischen frühem Christentum und Judentum in 1. Nach Christus* (Tubinga 1994). • KLIJN, A.F.J. "Judeocristianismo". In: *DPAC* II, p. 1.203-1.204. • WEISER, A. "Judenchristentum". In: *LTK*³ V, p. 1.049-1.051.

31. Cf. DANIÉLOU, J. *Teología del judeocristianismo*. Ibid., p. 229-257 (Os títulos do Filho de Deus); p. 259-290 (A encarnação); p. 291-324 (A teologia da redenção). • LONGENECKER, R.N. *The Christology of Early Jewish Christianity* (Londres 1970). • SIMONETTI, M. "Cristologia giudeocristiana – Caratteri e limiti". In: SIMONETTI, M. (ed.). *Studi sulla cristologia del II e III secolo* (Roma 1993), p. 7-22. • STUDER, B. *Dios salvador...* Op. cit., p. 59-74. • GRILLMEIER, A. *Cristo en la tradición cristiana*. Op. cit., 162-182.

32. Assim, p. ex., o batismo de Jesus perde no futuro a importância que teve ao longo dos séculos II-III. A "descida aos infernos", em contrapartida, passará para o Credo. Cf. ORBE, A. "El bautismo de Jesús". In: *Introducción a la teología de los siglos II y III* (Roma/Salamanca 1988, p. 646-677.

ram heréticas. Por isso, em cristologia *existe um judeu-cristianismo legítimo e outro heterodoxo, à medida que suas afirmações sobre Cristo excluem outras de maior envergadura teológica e soteriológica.* Surgem assim as três respostas cristológicas:

a) *Cristologia profética*. Cristo é o verdadeiro profeta, dotado de carismas especiais, mas no fundo não passa de um simples homem. Esta expressão, "simples homem", que a tradição posterior aditará aos defensores do ebionismo, será o símbolo de uma compreensão de Cristo primeiramente insuficiente e posteriormente herética[33].

b) *Cristologia angélica*. Cristo foi apresentado em conformidade com os arcanjos Gabriel e Miguel, da mesma forma que o Espírito Santo foi identificado com um anjo. Neste sentido Cristo pode ser facilmente definido como um último anjo e supremo mensageiro de Deus, assim como em outro contexto o NT o denomina apóstolo de nossa confissão[34]. Com razão escreve Daniélou: "Na verdade a palavra *anjo* tem um valor essencialmente concreto e designa um ser sobrenatural que se manifesta. No entanto, a natureza deste ser sobrenatural não é determinada pela expressão, mas pelo contexto. O termo representa a forma semítica da designação de Cristo e do Espírito Santo como substâncias espirituais, como 'pessoas'"[35].

c) *Cristologia pneumática (Geistchristologie)*. O termo *pneuma* foi entendido em sentido estoico como substrato, substância que faz parte do Pai,

---

33. É a visão representada nas Pseudo-Clementinas.
34. Cf. Hb 3,1; 1,5-14 (semelhança de função/diferença de ser entre Cristo e os anjos). Cf. BARBEL, J. *Christos Angelos* (Bonn 1941). • LONGENECKER, R.N. "Angelomorphyc Christology". In: *The Christology of Early Jewish Christianity*. Op. cit., p. 26-32. Diante da tese extrema de M. Werner (*Die Entstehung des christilochen Dogma* (Berna 1941), p. 302-349), para quem a apocalíptica judaica afirmou uma messianologia angélica que, transladada para o cristianismo, supôs na primitiva cristologia a compreensão de Cristo simplesmente como um anjo, W. Michaelis (*Zur Engelchristologie im Christentum* (Basel 1942), p. 187) afirma: "O cristianismo primitivo não conheceu cristologia angélica alguma". Cf. GIESCHEN, A. *Angelomorphic Christology* – Antecedents and Early Evidence (Leiden 1998). • HANNAH, D.D. *Michael and Christ*: Michael Traditions and Angel Christology in Early Christianity (Tubinga 1999), expõe quatro formas diferentes de cristologia que usam categorias angélicas.
35. DANIÉLOU, J. *Teología del judeocristianismo*. Op. cit., p. 204-205.

do Filho e do Espírito Santo, mas às vezes também como fundamento da divindade do Filho, e outras vezes simplesmente identificou-se o Filho e o Espírito (*Pastor de Hermas*). A cristologia pneumática era em muitos casos uma forma de adocionismo, já que significava explicar a transcendência de Cristo como resultado de uma ação ou inabitação peculiar do Espírito, mas em analogia aos demais homens ou profetas[36].

Cada uma destas três cristologias apontava algo real e permanente em Cristo: sua humanidade, sua função reveladora e sua conformação pelo Espírito (concepção, batismo, ação pública). À luz da evolução posterior estas cristologias se tornaram insuficientes ou positivamente deficientes. Seus aspectos positivos foram recuperados em nossos dias por uma legítima cristologia funcional.

6 Santo Inácio de Antioquia: Bíblia, martírio e mística

Na virada do século I para o século II as cartas de Santo Inácio de Antioquia nos oferecem uma síntese dos temas centrais da cristologia paulina e joanina, antecipando ao mesmo tempo desenvolvimentos posteriores. Ele não pensa exclusivamente a partir de Escritura, como Clemente de Roma podia fazê-lo, mas também apresenta categorias gregas, embora seu suporte principal seja o NT. O ponto de partida é a οίκονομία de Deus para o mundo. O cristianismo remete a acontecimentos históricos, que realizam o desígnio divino de salvação e fundam a esperança humana. O judaísmo preparou o cristianismo, mas seria um erro permanecer naquele, já que este o superou por ter concretizado seu verdadeiro sentido:

---

36. "Nem sempre é possível chegar a uma determinação precisa do sentido com que vários autores em diferentes contextos utilizam o termo *pneuma*. Nós consideramos que a *Geistchristologie* representou um dado, um esquema cristológico, mais do que uma verdadeira e própria doutrina [...]. Não obstante estes limites e esta zona sombria, creio que é possível fazer, no complexo das proposições que se referem a nosso argumento, uma tripartição fundamental: algumas vezes o termo *pneuma* referido a Cristo indica sua natureza divina; outras a pessoa do Cristo preexistente; outras chega a identificar o Cristo preexistente com o Espírito Santo" (SIMONETTI, M. "Cristologia pneumática". In: SIMONETTI, M. (ed.). *Studi sulla cristolgia del II e III secolo*. Op. cit., p. 23-52, cit. p. 24-25. Cf. HILHORST, A. "Hermas". In: DASSMANN, E. (ed.). *Reallexikon für Antike und Christentum*, 14 (Sttutgart 1988), p. 682-701. • MEES, M. "Das Christusbild des ersten Clemensbriefes". In: *ETL* 66 (1990). • HENNE, P. *La christologie chez Clément de Rome et dans le Pasteur d'Hermas* (Friburgo 1992).

Jesus Cristo é nosso único Mestre. Como podemos viver fora daquele a quem os próprios profetas, discípulos seus que já eram em seu espírito, o esperavam como seu Mestre?[37]

Em Santo Inácio de Antioquia encontramos expressões sobre a verdadeira divindade e a perfeita humanidade de Cristo que ainda não têm o sentido pleno que os concílios posteriores lhes deram, mas que estabelecem a pauta da reflexão. A carta de Clemente já havia afirmado que devemos pensar em Jesus Cristo como Deus[38]. Nessa mesma linha Inácio afirma: "Eu glorifico a Jesus Cristo, o Deus que os fez tão sábios"[39]. Perante os "hereges que entremeiam Jesus Cristo com suas próprias especulações" escreve: "Cuidado, pois, contra os tais! E assim será desde que não vos deixeis algemar por eles e vos mantiverdes inseparáveis de Jesus Cristo Deus"[40].

Existem três aspectos com os quais Santo Inácio vai exercer uma influência decisiva:

a) O primeiro é sua afirmação categórica da realidade humana de Cristo "que é o Senhor portador da carne"[41], que se fez homem perfeito[42]. A realidade da encarnação é o pressuposto da verdade da salvação. Negar a primeira é dissolver a segunda. Inácio nos oferece vários símbolos de fé, todos dirigidos contra essa tentação do docetismo ou do gnosticismo de relativizar ou negar a carne de Cristo. Ele entende σάρξ em sentido bíblico e não grego; mais afinado, portanto, com João do que com Paulo, em termos de real condição humana em sua labilidade, fragilidade e contingência. A humanidade concreta de Cristo com sua história de paixão na carne é o fundamento de nosso viver novo. O adjetivo "verdadeiramente" (ἀληθῶς) referido ao ser e viver humanos de Cristo é a chave de sua cristologia antidocetista:

---

37. *Magn.* 9,1-2, apud *Padres Apostólicos* (BAC 629, p. 392).
38. "Irmãos, devemos pensar de Jesus Cristo como Deus que é, que é juiz dos vivos e dos mortos, e tampouco devemos ter baixos sentimentos acerca de nossa salvação" (*2 Clemente* 1,1 (BAC 629, p. 291). Cf. GRILLMEIER, A. *Cristo en la tradición cristiana*. Op. cit., p. 223-228. • LIÉBAERT, J. *L'Incarnation*. Op. cit., p. 57-59.
39. *Smyr.* 1,1 (BAC 629, p. 409-410).
40. *Tral.* 6,2; 7,1; 9,1-2 (Símbolo de fé) (BAC 629, p. 397-398).
41. Cf. *Eph.* 18,2; 20,1 (BAC 629, p. 388-389). • *Smyr.* 5,2: δαρκοφόρον (Ibid., p. 411).
42. "Em troca de sofrer com Ele, tudo suporto, já que Ele mesmo, que se fez homem perfeito, é quem me fortalece" (*Smyr.* 4,2).

> Jesus Cristo, que descende da linhagem de Davi e é filho de Maria; que nasceu verdadeiramente e comeu e bebeu; foi verdadeiramente perseguido sob Pôncio Pilatos; foi verdadeiramente crucificado e morreu à vista dos moradores do céu, da terra e do inferno. O qual, além disso, ressuscitou verdadeiramente dentre os mortos, ressuscitado pelo próprio Pai. E à sua semelhança, a nós todos que cremos nele, do mesmo modo nos ressuscita seu Pai; em Jesus Cristo, digo-te: fora dele não teremos o verdadeiro viver[43].

b) Dois textos clássicos usam uma linguagem filosófica e contrapõem adjetivos antitéticos ao descrever Cristo com expressões decisivas e contrapostas na polêmica ariana posterior (ἀγέννετος-γεννητός), polêmica que somente vários séculos depois encontrará sua formulação definitiva na declaração de Calcedônia, sobretudo em relação à afirmação relativa a Jesus Cristo como único Senhor em duas naturezas.

> Existe, no entanto, um médico que é carnal e simultaneamente espiritual, engendrado e não engendrado, na carne feito Deus, na morte vida verdadeira, filho de Maria e filho de Deus, primeiro passível e depois impassível, Jesus Cristo nosso Senhor[44].

c) A terceira perspectiva é a que projeta sobre Deus a paixão de Jesus Cristo, antecipando as fórmulas chamadas "teopasquitas": "Deixa-me contemplar a luz pura. Chegado ali serei verdadeiramente homem. Permita-me ser imitador da paixão de meu Deus"[45]. Esta percepção da presença de Deus em Cristo, padecendo nele e padecendo por cada homem, transmite tamanha intensidade religiosa que converterá Inácio de Antioquia num dos autores com maior influência na história da espiritualidade:

> Meu amor está crucificado e não resta mais em mim fogo que busque alimentar-se de matéria; sim, em contrapartida, uma água-viva que murmura dentro de mim e do mais íntimo está dizendo: "Vem ao Pai"[46].

---

43. *Tral.* 9,1-2 (Ibid., p. 398).

44. *Eph*.7,2 (Ibid., p. 384). "Jesus Cristo nosso Senhor é verdadeiramente da linhagém de Davi segundo a carne; filho de Deus segundo a vontade e poder de Deus, nascido verdadeiramente de uma virgem, batizado por João, para que fosse com Ele cumprida toda justiça" (*Smyr.* 1,1-2 (Ibid., p. 409-410)).

45. *Rom* 6,2-3 (BAC 629, p. 402-403). "Aguarda o que está acima do tempo, o Intemporal, o Invisível, que por nós se fez visível; o Impalpável, o Impassível que por nós se fez visível; o que por todos os modos sofreu por nós" (*A Policarpo* 3,2 (Ibid., p. 416)). Cf. Concílio II de Constantinopla (DS p. 421-438).

46. *Rom.* 7,2 (Ibid., p. 403).

7 São Justino: o *Logos* em pessoa e os *logói* dos homens

São Justino, o filósofo mártir e o expoente mais qualificado dos Padres apologistas, oferece uma nova perspectiva cristológica. No *Diálogo com Trifão* (160) ele discute sobre a validez e a realização das profecias em Cristo. Em relação ao pensamento pagão, mostra que a filosofia encontra sua consumação na revelação de Cristo. Por isso ele nunca abandonou o manto filosófico e viveu sua conversão ao cristianismo como radical maneira de aceder à verdade que sempre havia buscado. A ponte de comunicação entre o cristianismo e a filosofia é construída por ele mediante o conceito de *Logos*. Cristo é o *Logos* transcendente, cuja comunicação começa na criação e culmina na encarnação. O termo λόγος remete a fontes diversas: à literatura sapiencial judaica, equiparada ao prólogo de São João que identifica *Logos*-Sabedoria-Cristo, e às especulações helenísticas tanto de procedência platônica quanto estoica. Esta categoria cumpria duas funções: uma, estabelecer a conexão entre a divindade inacessível e o mundo; outra, conferir uma estrutura inteligível a toda a realidade, apesar da diversidade de suas formas, desde a perspectiva da divindade do homem até o cosmos[47].

O *Logos*, manifestado e encarnado em Cristo, se converte assim em princípio de intelecção de toda a realidade e de toda a história anterior, ao mesmo tempo em que em tronco de inserção de todas as verdades que existem como sementes dispersas no cosmos e nos homens. O *Logos* semeado no mundo apareceu pessoalmente encarnado em Cristo. Por isso é o eixo de toda a realidade, o princípio de toda inteligibilidade, o dinamismo inerente a toda busca de verdade e justiça, o recapitulador de tudo. Quem vive conforme o princípio racional próprio (*logos*, consciência diríamos hoje) é cristão por antecipação, mártir como Cristo. Essas verdades fragmentárias só alcançam plenitude e só são reconhecidas em si mesmas quando se encontram com Cristo.

> Nós recebemos o ensinamento de que Cristo é o primogênito de Deus, e anteriormente indicamos que Ele é o Verbo do qual todo o gênero humano tem participado. E, assim, os que viveram conforme o Verbo são cristãos, ainda que tenham sido vistos como ateus,

---

47. Cf. GRILLMEIER, A. *Cristo en la tradición cristiana*. Op. cit., p. 228-234. • STUDER, B. "La perspectiva soteriológica de los apologistas griegos". In: *Dios salvador...* Op. cit., p. 75-92. • LIÉBAERT, J. *L'Incarnation*. Op. cit., p. 60-65.

como aconteceu entre os gregos, a exemplo de Sócrates, Heráclito e muitos outros[48].

> Ora, quanto de bom é dito de todos eles nos pertence a nós cristãos, porque nós adoramos e amamos, depois de Deus, o Verbo, que procede do mesmo Deus ingênito e inefável; pois Ele, por nosso amor, se fez homem para ser partícipe de nossos sofrimentos e curá-los. E os escritores só obscuramente puderam ver a realidade graças à semente do Verbo neles ingênita[49].

Justino pertence aos posteriormente chamados teólogos do Verbo, que qualificam sua geração como um cortejo de amor no interior de Deus. É difícil, no entanto, precisar se se trata de uma geração no sentido da teologia posterior ou de uma criação em função do cosmos e, portanto, em linha com o subordinacionismo. A perspectiva cosmológica do mundo grego, com quem Justino dialoga, modela sua linguagem, e não sabemos se ele também afirma de Cristo o que os gregos dizem do demiurgo ou se isto é afirmado por ele apenas em relação a Cristo:

> Seu Filho, aquele que só propriamente se diz Filho, o Verbo que está com Ele antes das criaturas e é engendrado quando no início criou e ordenou por sua conta todas as coisas, se chama Cristo por sua unção e por ter Deus ordenado por própria conta todas as coisas[50].

Justino funda a superioridade do cristianismo em relação à filosofia e outras compreensões da realidade naquilo que, com terminologia posterior, será denominado "encarnação" do *Logos*. Este assume nossa humanidade, explicada com uma fórmula tricotômica (σῶμα, λόγος, ψυχή) que terá seu equivalente também na tricotômica de Santo Irineu (σῶμα, ψύχη, πνεῦμα).

> Por conseguinte, nossa religião aparece mais sublime do que todo humano ensinamento pela simples razão de que o Verbo total, que é Cristo, surgido por nós, se fez corpo, *logos* e alma. Porque quanto de bom disseram e encontraram os filósofos e os legisladores foi elaborado por eles segundo a parte do Verbo que lhes coube; isto é, a investigação e a intuição. No entanto, como não conheceram o

---

48. *I Apol.* 46,2-3 (BAC 629, p. 1.053).
49. *II Apol* 13,4-5 (Ibid., p. 1.084).
50. Ibid. 5,3 (Ibid., p. 1.076-1.077).

Verbo total, que é Cristo, com frequência também se contradisseram entre si[51].

Com esta cristologia do *Logos* imanente a Deus (ἐνδιάθετος) e proferido no mundo (προφορικός), São Justino mostra pela primeira vez a significação universal de Cristo; e desta forma faz do cristianismo herdeiro da história anterior e iluminador da posterior. Essa universalização do cristianismo a realiza ao mostrar que Cristo é o tronco do qual os ramos de toda verdade, justiça e esperança recebem sua seiva; o corpo em relação ao qual outras criações são torso e fragmento. Todos os outros saberes e virtudes prévios à sua vinda são semente do Verbo, no qual se reconheceram como tais ao vê-lo encarnado e em pessoa[52]. Ele é o *Logos* total, recapitulador e consumador. Os cristãos "já vivem não em fase a uma parte do Verbo seminal, mas de acordo com o conhecimento e a contemplação do Verbo total, que é Cristo"[53]. Sócrates exortava os homens ao conhecimento de Deus por meio da investigação racional dizendo:

> "Ao pai e artífice do universo não é fácil falar-lhe, tampouco uma vez que lhe tenhamos falado é fácil dizê-lo a todos" [Platão, *Timeu* 28c]. Que foi justamente o que fez nosso Cristo por sua própria virtude. Porque em Sócrates ninguém acreditou até ele oferecer sua própria vida por esta doutrina; mas em Cristo, que em parte foi conhecido por Sócrates – pois Ele era e é o Verbo que está em tudo e foi quem pelos profetas predisse o porvir e quem, feito de nossa natureza, por si mesmo nos ensinou estas coisas – em Cristo, dizíamos, não somente filósofos e homens cultos acreditaram, mas também artesãos e pessoas absolutamente ignorantes, que souberam desprezar a própria opinião, o medo e a morte. Porque Ele é a potência (δύναμις) do Pai inefável e não recipiente de mera razão[54].

---

51. Ibid. 10,1-2 (Ibid., p. 1.080-1.081).
52. Cf. VON HARNACK, A. *Lehrbuch der Dogmengeschichte*. Op. cit., I, p. 525-550 (O cristianismo como religião revelada e racional). Isto não significa necessariamente convertê-lo num deísmo como quer Harnack: "Os apologistas fizeram do cristianismo uma religião deísta para todo o mundo, sem abandonar a literalidade dos antigos διδάγματα καὶ μαθήματα dos cristãos" (Ibid., p. 546). Cf. VON HARNACK, A. *Die Mission und Ausbreitung des Christentums* (Berlim 1924; Wiesbaden 1995), p. 220-258.
53. *II Apol.* 7,3 (BAC 629, p. 1.078-1.079).
54. Ibid. 10,6-8 (Ibid., p. 1.081).

8 Melitão de Sardes: uma teologia pascal de caráter hínico e parenético

Um dos autores mais significativos do final do século II é Melitão de Sardes, com sua *Homilia sobre a Páscoa*[55]. É o primeiro a centrar a cristologia no mistério pascal como unidade de morte e ressurreição de Cristo sendo ao mesmo tempo causa de nossa salvação e consumação do mistério do Senhor encarnado ao passar Cristo deste mundo ao Pai. Ele une o duplo sentido etimológico de Páscoa, derivado do hebraico *pasah* (trânsito, saída da terra do Egito, aplicado agora à passagem de Cristo deste mundo ao Pai) e do grego πάσχα derivado de παθεῖν (padecer, referido agora aos sofrimentos de Cristo em sua paixão por nós). O interesse primordial deste texto é soteriológico, depois histórico-teológico e finalmente cristológico em sentido estrito. Seu gênero literário é parenético e o estilo é mais hínico. Como canto à salvação, que Cristo garante com sua páscoa, é uma releitura de todas as figuras do AT em chave cristológica: todas as suas prefigurações ou imagens (τύποι) são realizadas no NT, e a partir dele são descobertas enquanto tais[56]. Cristo estava presente em cada um dos personagens veterotestamentários que antecipavam um aspecto de sua figura, mensagem ou paixão. A Lei (νόμος) se converteu em Palavra (λόγος)[57]. É o primeiro autor que utiliza o verbo ταρκόω, ainda que Justino use a passiva σαρκοποιέω[58]. Em razão da encarnação, Cristo é Deus e homem[59]. Por isso pode dizer que "Cristo contém tudo"[60]. Ele acumula uma série de frases para contrapor os predicados de Deus e do homem: "Aquele que é Deus é entregue à morte". Por sua vez, "aquele que pelo Espírito [= natureza divina] é incapaz de morrer matou a morte". "*Impassibilis patitur-Iudex iudicatur*". O fragmento XIII é o expoente

---

55. Cf. GRILLMEIER, A. *Cristo en la tradición cristiana*. Op. cit., p. 234-239. • LIÉBAERT, J. *L'Incarnation*. Op. cit., p. 62-65. Edição da homilia *Sur la Pâque et fragments* (SC 123; Paris 1966).

56. "A salvação do Senhor e a verdade foram prefiguradas no povo de Israel e as prescrições do evangelho foram de antemão proclamadas pela lei" (*Perì Páscha*, n. 39 (Ibid., p. 65)).

57. Os n. 7-9 são um jogo de contraposições: Lei-*Logos*, Figura-Verdade, Cordeiro-Filho, Homem-Deus (Ibid., p. 81).

58. *Perì Páscha*, n. 70 σαρκωθείς (Ibid., p. 98). Cf. SAN IRENEO, *Adv. haer.* I, 9,3 (SC 264).

59. *Perì Páscha*, n. 5 (Ibid., p. 62).

60. "Ele é todas as coisas: enquanto julga, Lei; enquanto ensina, *Logos*; enquanto salva, graça; enquanto engendra, Pai; enquanto sofre, cordeiro; enquanto enterrado, homem; enquanto ressuscita, Deus" (*Perì Páscha*, n. 9 (ibid., p. 65)).

máximo deste intercâmbio de destino entre o eterno e o mortal, Deus e o homem, o Santo e o pecador[61].

Aqui aparece clara sua afirmação da dualidade de Cristo com expressões antecipadoras do futuro[62]. O gênero literário hínico e de bênção do NT encontra neste autor uma admirável prorrogação e explicitação parenética, acumulando uma larga litas de epítetos dirigidos a Cristo[63].

III – Três modelos de cristologia deficiente e três grandes teólogos

A novidade de Cristo (que segundo Santo Irineu não radica em outro fundamento senão em sua própria pessoa[64], que, por conseguinte, não é dedutível nem reduzível a nada anterior ou alheio a ela e que se deve descobrir no encontro com seu destino, na admiração de sua figura e na perscrutação de sua doutrina) foi sendo descoberta por comparação com as duas grandes expressões religiosas e culturais perante as quais afirma-se a fé cristã: o judaísmo e o helenismo, com sua respectiva compreensão de Deus, do homem e do mundo.

1 Cristo, simples homem em continuidade com o AT (ebionismo)

No século II encontramos um sistema cristológico que reduz Cristo às possibilidades e limites do que a lei de Moisés e a esperança judaica permitiam. Cristo não transcendia o AT. Já vimos como existe um judeu-cristianis-

---

61. "Et horruit creatura, stupescens ac dicens: Quidnam est hoc novum mysterium? Iudex judicatur, et quietus est; invisibilis videtur, neque erubescit; incomprehensibilis prehenditur, neque indignatur; incommensurabilis mensuratur, neque repugnat; impassibilis patitur, neque ulciscitur; inmortalis moritur, neque respondet verbum; coelestis sepelitur et (id) fert. Quid est hoc novum mysterium?" (*Frag.* XIII, 11-18; ibid., p. 238).

62. "Como era Deus e homem ao mesmo tempo, Ele mesmo nos deu a conhecer suas duas substâncias: sua divindade pelos milagres realizados durante os três anos consecutivos ao batismo; sua humanidade durante os trinta anos anteriores ao batismo, nos quais ocultou os sinais de sua divindade pelas imperfeições inerentes à carne, mesmo sendo Deus desde toda a eternidade" (*Frag.* VI, 11-17 (ibid., p. 226).

63. Cf. STUDER, B. "El misterio de Cristo en la oración e en la parénesis". In: *Dios Salvador...* Op. cit., p. 45-58.

64. "Porém, se vos surge a questão e perguntais: 'O que trouxe de novo o Senhor com sua vinda?', reconhecei que trouxe a novidade trazendo sua própria pessoa, que havia sido anunciada de antemão. Porque isto é o que havia sido preanunciado: que a novidade viria inovando e vivificando o homem" (*Adv. haer.* IV, 36,1 (SC 100, p. 346). Cf. ORBE, A. "La novedad de Cristo". In: *Espiritualidad de San Ireneo* (Roma 1989), p. 125-150.

mo autêntico, que lê a novidade de Cristo como consumação da esperança judaica e o reconhecia numa perfeita ortodoxia como Filho de Deus[65]. Diferente deste, outros judeu-cristianismos rejeitam o nascimento virginal de Jesus, considerando que Ele nasceu de Maria e José como qualquer homem, e que, por conseguinte, é um simples homem. Estes grupos foram caracterizados como ebionitas. *'Ebiôn* significa, em hebraico, pobre. A palavra pode significar simplesmente os fiéis da comunidade de Jerusalém, designada com este termo no NT[66]. Hipólito e Tertuliano consideram que Ebion é o fundador de uma seita e Orígenes transpõe o sentido etimológico da palavra ao seu sentido espiritual. São chamados ebionitas porque na verdade são pobres de inteligência:

> Celso nos advertiu que os judeus que acreditam em Jesus não abandonaram a lei de seus pais, pois vivem de acordo com ela, e levam o nome de sua pobreza na interpretação da lei. É assim que pobres entre os judeus são denominados *ebion*, e ebiões ou ebionitas são aqueles judeus que receberam Jesus [somente] como Messias[67].

É preciso ter presente a dificuldade da alma judaica de integrar em sua experiência de Deus, uno e único, a divindade de Cristo. Estes judeus aceitaram a mensagem profética de Jesus, mas negaram a transcendência divina de sua pessoa. E dado o abismo que Gn 1 abre entre o Criador e sua criatura, não haveria outra solução senão considerá-lo como homem, somente homem, mero homem, por mais excelsa que tenha sido sua moralidade, profunda sua doutrina ou radical seu profetismo. Sua cristologia permanecerá por séculos como o modelo típico de uma compreensão reducionista de Cristo. Seu símbolo são as expressões gregas ψιλός ἄνθρωπος, *nudus homo, mero homem,* que repetirão teólogos e concílios até o final da Patrística. Os que afirmam que Cristo é apenas homem e não Filho de Deus serão simplesmente chamados de "ebionitas".

---

65. Cf. SAN JUSTINO. *Dial.* 67 (BAC 629, p. 1.081-1.083). • SAN IRENEO. *Adv. haer.* I, 26,1 (SC 264, p. 346); III, 11,7 (SC 211, p. 169); III, 21,1.
66. Cf. Rm 15,26; Gl 2,10.
67. ORÍGENES. *Contra Celso*, II, 1 (BAC 271, p. 107). "Existem duas seitas ebionitas: uma confessa, como nós, que Jesus nasceu de uma virgem; outra que não nasceu virginalmente, mas como os outros homens" (Ibid., V, 61).

Os que consideramos ebionitas admitem que o mundo foi feito pelo Deus verdadeiro, mas, no tocante ao Senhor, professam as mesmas opiniões que Cerinto e Carpócrates[68].

Tertuliano aproxima esta opinião à cristologia angélica:

> Esta opinião poderia convir a Ebion, que representa Jesus como um homem, nada mais do que um homem (*nudum hominem*), um simples descendente da estirpe de Davi, que não é simultaneamente o Filho de Deus, ainda que de fato mais glorioso do que os profetas, e acrescenta que nele agia um anjo, como naquele Zacarias[69].

Para além dos domínios do judeu-cristianismo esta compreensão de Cristo se converterá em um adocionismo, tal como mais tarde (260) se lhe atribui a Paulo de Samósata. Com essa heresia se inicia a lógica de compreensão dualista do cristianismo segundo o seguinte binômio: só existem Deus e seu profeta. Em diversas variantes esta versão está presente no judeu-cristianismo, no arianismo, no maometismo, no liberalismo e naquelas outras compreensões sustentadas entre cristãos que não admitem a inovação radical da encarnação como constituição personalizadora de uma humanidade por Deus e, consequentemente, nega-se a Trindade. Dá-se então uma nivelação do cristianismo reduzindo-o a um monoteísmo exclusivo: só existem YHWH e seu profeta Moisés, Deus e seu profeta Cristo, Alá e seu profeta Maomé.

O julgamento sobre estes grupos é estabelecido por Eusébio de Cesareia. "E é que pensavam dele como um simples e comum homem (ψιλὸς μὲν γὰρ αὐτὸν καὶ κοινὸν ἡγοῦντο), justificado à medida que progredia em seu caráter"[70]. "Tampouco confessavam que, por ser Deus Verbo e Sabedoria, já preexistia"[71]. "Paulo de Samósata, contrariamente ao ensinamento da Igreja, tinha de Cristo pensamentos menos nobres nivelando-o aos outros homens,

---

68. SAN IRINEO. *Adv. haer.* I, 26,2 (SC 264, p. 347). A formulação chega até o Concílio de Constantinopla (553), que acusa Teodoro de Mopsuéstia e Ibas de Edessa de dividir Cristo (uno é o Verbo Deus e outro é o homem Jesus). Antes do batismo era "puro homem"; pelo batismo teria merecido a graça do Espírito Santo e a filiação, e pela ressurreição teria se tornado imutável e impecável (DS 434; 437). Cf. citações patrísticas desta frase nos índices de Xiberta, Grillmeier e SC 217, p. 388.

69. *De carne Christi* 14,5 (SC 216, p. 270-272), com as notas explicativas, apud SC 217, p. 386-389: "Reasumpción del argumento antiebionita: en qué sentido Cristo es llamado ángel por la Escritura".

70. EUSÉBIO. *Hist. ecl.* III, 27,2 (BAC 612, p. 168).

71. Ibid., III, 27,3.

dizendo que por natureza foi um homem comum (φρονήσαντος ὡςκοινοῦ τὴν φύσιν ἀνθρώπον γενομένον)"[72]. Com o passar do tempo as posturas foram claramente se diferenciando segundo se referissem a Cristo como ψιλὸς ἄνθρωπος, simples homem, ou introduzissem um θεολόγειν τὸν Χριστόν, um pensar dele como Deus, entoando-lhe cânticos como Deus, adorando-o como Deus e esperando a salvação dele como vinda de Deus[73].

2 Cristo, a alternativa ao Deus do AT (marcionismo)

Nos antípodas do ebionismo está a doutrina de Marcião. Frente à anexação de Cristo ao AT por parte dos ebionitas, Marcião postula a radical separação e contraposição de Cristo em relação a Deus, à história e à moral representadas pelo AT. Marcião não quer ser fundador de uma nova Igreja, mas reformador da mensagem de Jesus, que teria sido deformada pela Igreja. Ele estabelece uma ruptura entre o Deus que se revela no AT e o que se revela em Jesus Cristo. O Deus do AT, o Criador deste mundo, é violento, "mau", e não é conciliável com o Deus misericordioso, bom e Pai de Jesus Cristo. A criação pertence a outra ordem e não é integrável à ordem da redenção. As características próprias de cada Deus ele as define em sua obra *Antítese*: o específico de um é a lei, do outro é o evangelho; um é Justo, o outro Misericordioso; um é Juiz, o outro Redentor; um se nos revela na criação do mundo caduco, o outro na missão do Filho. Marcião, fazendo de Paulo a chave e o critério para compreender a revelação e a fé cristãs, é a primeira expressão do catarismo e do dualismo soteriológicos. Cada qual à sua maneira se concentra na obra da redenção passando por cima da obra da criação. Assim, cada um separa Cristo do AT do Deus que revelou seu desígnio de salvação para o homem. A partir desta percepção que contrapõe a redenção à criação, e o Deus de Cristo ao Deus do AT, se relê o NT e se seleciona os escritos que estão de acordo com a própria teoria. Descartado todo o Antigo, escolhe-se do Novo somente os livros nos quais a perspectiva

---

72. Ibid., VI, 27,2 (Ibid., p. 485).

73. "Estou me referindo às obras dos irmãos anteriores [...]. Justino, Milcíades, Taciano, Clemente e muitos outros; obras todas nas quais atribuem a divindade a Cristo (ἐν οἷς ἅπασιν θεολογεῖται ὁ Χριστός). Pois, quem desconhece os livros de Irineu, de Melitão e dos outros, livros que proclamam Cristo com Deus e homem? E os muitos Salmos e cânticos escritos desde o princípio por irmãos crentes que cantam hinos ao Verbo de Deus, a Cristo, atribuindo-lhe a divindade (τὸν λόγον τοῦ θεοῦ τὸν Χριστὸς ὕμνονσιν θεολογοῦντες)?" (*Hist. ecl.* V, 28,4-5 (Ibid., p. 341).

de São Paulo sublinha a misericórdia e a ação redentora, descartando-se as afirmações que conservam traços judaicos. Desta forma se forçou a Igreja a enumerar os escritos que ela considerava expressão autêntica e normativa da revelação de Cristo. Surgiu assim a primeira lista fundamentalmente completa do cânon das Escrituras, que será definitivamente concluída no Concílio de Trento.

Marcião, ao separar o Cristo do Deus do AT e ao desconectar a obra da redenção da obra da criação, rompe a unidade da história salvífica, deixando o homem que se depara com Cristo num vazio de realidade anterior. É significativo que figuras como Marcião, Lutero e Harnack não tenham sabido o que fazer com o AT e com o povo judeu. Este isolamento de Jesus de seu povo e da história na qual emergiu teve por estranha ou lógica consequência rejeitar o AT do cânon e isolar Jesus da própria Igreja. Jesus Cristo é deixado assim entre dois abismos de solidão, como tronco sem raiz e sem ramos-frutos que produz. O cristão, por sua vez, se vê sozinho diante de um Cristo solitário.

> A Igreja lançou Marcião para longe de seu seio muito merecidamente, e não somente pela distinção dos dois deuses, tampouco por sua drástica manipulação dos livros sagrados, mas acima de tudo pelas graves carências de sua cristologia, que é um ponto que não costuma receber a atenção que merece (entre outros de Harnack). Dessas carências de sua cristologia derivam todos os demais motivos de crítica[74].

3 Cristo, aparência-aparição de Deus no mundo (docetismo-gnosticismo)

Uma terceira grande linha de pensamento cristológico pode ser reunida sob esta dupla denominação: *docetismo-gnosticismo*[75]. É a resposta do outro mundo cultural com o qual o evangelho se encontra: o helenismo. Sua ideia da transcendência absoluta de Deus – isto é, do divino e dos deuses –, e a carência da categoria de criação, só lhe permitem pensar a relação de Deus com o mundo em categorias de aparição, lampejo, contato, tato e desapa-

---

74. ALAND, B. "Marción, marcionismo". In: *DPAC* II, p. 1.355. Refere-se à obra clássica VON HARNACK, A. *Marcion, das Evangelium vom fremdem Gott* (Leipzig 1924; Darmstadt ²1964). Cf. LINDEMANN, A. *Paulus im ältesten Christentum* (Tubinga 1979), p. 378-395.

75. Cf. LIÉBAERT, J. *L'Incarnation...* Op. cit., p. 53-57. • GRILLMEIER, A. "'Solvere Christutm' (1Jn 4,3): sobre las herejías cristológicas del siglo II". In: *Cristo en la tradición cristiana.* Op. cit., p. 210-222.

recimento. Eles podem pensar uma epifania do divino, mas nunca uma encarnação de Deus. Nos Atos dos Apóstolos encontramos manifestada esta mentalidade do paganismo. Quando Paulo realiza em Listra um milagre, curando um paralítico, a reação dos habitantes é esta: "Os deuses se tornaram semelhantes aos homens e desceram até nós" (At 14,11). *No paganismo a manifestação de Deus se faz pela imagem (luz e forma); no judaísmo pela palavra (profetismo e missão); no cristianismo pela pessoa (encarnação do Filho e doação do Espírito Santo).*

Já no NT encontramos esta rejeição da união entre o Filho de Deus e o homem Jesus – isto é, a encarnação – a partir do pressuposto implícito de que a matéria é má, a carne é alheia a Deus, e o mundo é visto não como resultante de uma vontade originária do Deus criador, mas de uma queda, de uma degradação ou condenação[76]. Isto produziu duas consequências cristológicas graves: por um lado levou a distinguir dois Cristos, um transcendente e pertencente ao mundo superior (o Verbo) e outro visível e passível, que é seu invólucro exterior (o homem Jesus). Por outro lado, esta concepção também levou a atribuir a Cristo formas não carnais de corporeidade (corpo espiritual, astral, angélico...). Consequentemente a realidade da encarnação, da paixão e da crucificação, perdiam verdade nele e potência salvadora em nós. Eles se perguntam quando desceu o Cristo transcendente sobre o homem Jesus (batismo) e quando o abandonou (momento anterior à crucificação). Os gnósticos Valentim, Marcião, Apeles, Basílides compartilham um dualismo metafísico que se reduplica num dualismo na hora de compreender a história da salvação e a realidade de Cristo, da Igreja e da redenção. A gnose de Valentim é radicalmente docética. Segundo o docetismo Jesus não passa de uma aparência, sua humanidade é espiritual, sua carne pneumática e sua morte foi apenas aparente. Brincando com um texto de São Marcos, Basílides chega a dizer que quem morreu na cruz foi Simão de Cirene, e Cristo teria desaparecido no momento em que Simão lhe tomou a cruz.

Aqui temos a repercussão cristológica da compreensão grega de Deus e de sua relação com o mundo. "Deus não se mistura com os homens", já di-

---

[76]. "Todo espírito que divide Jesus (outra variante textual: "que não confessa que Jesus veio na carne") não é de Deus; é o espírito do anticristo" (1Jo 4,3; cf. 2,22). A TOB comenta: "A heresia aqui condenada consiste em dissociar o Cristo, ser celeste e glorioso, do homem Jesus, que viveu e morreu entre nós; seria praticamente negar a encarnação".

zia Platão[77]. Seria indigno de Deus ocupar-se dos mortais ou ouvir a oração deles. O Eterno não pode ser temporal, tampouco o Impassível padecer. A matéria e o divino são dois mundos contrapostos e irreconciliáveis. Nascer, padecer, chorar, ser engendrado, morrer, são acontecimentos que não podem ser predicados de Deus. A criação já é uma auto-outorga que Deus faz de si mesmo ao outro, suscitando-o para que exista por participação de sua própria vida. *A realização definitiva da ideia de criação é a encarnação.* Ora, onde tal ideia de criação não existe, o abismo entre Deus e o mundo é intransponível. Para o mundo grego só havia duas soluções: ou um dualismo radical de princípios eternos (θεός-φύσις) ou um panteísmo de natureza religiosa (Plotino), que não estabelece diferença qualitativa entre o divino e o cósmico, ou, se a estabelece, é somente mediante "progressões" diferenciadas num único processo e a partir de um mesmo princípio. A ideia bíblica de criação carrega consigo as categorias de Deus (mistério sagrado) e do homem (imagem de Deus, liberdade, pessoa, vocação, missão, história, esperança absoluta).

A partir daqui urge compreender a dialética de um homem como Tertuliano em face dos seguidores de Marcião e de todas as outras formas de gnosticismo, enquanto expressão de uma teologia e de uma metafísica prévias. A objeção dos pagãos contra o cristianismo responde sobretudo a uma preocupação religiosa: a encarnação colocaria em perigo a verdadeira divindade de Deus. Tertuliano recupera e responde assim a essa objeção:

> "Se Deus tivesse nascido, e verdadeiramente tivesse se revestido de humanidade, teria deixado de ser Deus." "Nego que Deus se tenha convertido em homem, nascendo e tendo um corpo carnal, porque quem é sem fim, é necessário que não seja transformável. Converter-se em algo é perder o estado anterior. Não existe transmutação para quem não pode ter fim"[78].

Diante dessa objeção de que Deus deixaria de ser Deus se a encarnação fosse real, Tertuliano responde com a enunciação jubilosa de um princípio:

---

77. Cf. *Simposio*, 203a. • *República*, 2,20.
78. "Si natus fuisset et hominem vere induisset, Deus esse desisset, amittens quod erat, dum fit quod non erat." "Nego Deum in hominem vere conversum ita ut et nasceretur et carne coporaretur, quia qui sine fine est etiam inconvertibilis sit necesse est. Converti enim in aliud finis est pristini. Non competit ergo conversio eius cui non competit finis" (TERTULIANO. *De carne Christi*, III, 4 (SC 216, 218)).

Periculum enim status sui Deo nullum est = Não há perigo de que Deus possa decair de sua condição divina[79].

Daqui começa uma reflexão metafísica na qual Tertuliano mostra que esse raciocínio desloca a condição das coisas quando relacionadas a Deus. Ele pode suscitar uma realidade distinta de si, compenetrar-se com suas criaturas e converter-se em tudo, permanecendo Ele mesmo. As coisas, se mudam, deixam de ser elas mesmas; Deus, pelo contrário, pode mudar e perdurar[80]. Com isso aparecem os problemas de fundo: o que é a encarnação: aparência, deixar-se ver, incorporação de Deus no corpo de Cristo, transformação de Cristo no ser de Deus, ou suscitação de uma humanidade na qual Deus é de maneira suprema, fazendo com que ela também exista de uma maneira nova? Todos os problemas sobre a pessoa, a união das naturezas e a relação entre elas estão antecipados aqui.

A gnose domina todo o século II. Irineu e Tertuliano são a resposta cristã a esta ideologia, que é a primeira grande alternativa teórica que, nascida em suas fileiras, o cristianismo sofreu. A gnose é um sistema de pensamento e uma proposta de salvação, que inclui a ruptura com a história, com a tradição apostólica e com a fixação positiva do conteúdo da fé. A heresia e a filosofia somadas ofereciam uma forma de conhecimento que se considerava superior ao oferecido pela grande Igreja. Esta era considerada válida apenas para os fiéis modestos (carnais), não para os intelectuais (gnósticos, espirituais).

4 Irineu: Cristo ou a unidade de Deus, o valor da história e a salvação da carne

Santo Irineu foi descoberto no século XX numa dupla perspectiva. A primeira se reporta ao raciocínio patrístico, levada a cabo por sua vontade positiva de trazer à tona a cristologia de seus interlocutores gnósticos (A. Obre)[81], e a segunda se reporta aos nossos dias e visa a oferecer novas cate-

---

79. Ibid.

80. "Sed nihil Deo par est; natura eius ab omnium rerum conditione distat. Si ergo quae a Deo distant, a quibus et Deus distat, cum convertuntur amittunt quod fuerunt ubi erit diversitas divinitatis a caeteris rebus nisi ut contrarium obtineat id est *ut Deus et in omnia converti possit et qualis est perseverare?*" (*De carne Christi*, III, 5 (SC 216, 218).

81. Entre suas numerosas obras citamos: ORBE, A. *Cristología gnóstica* – Intruducción a la soteriología de los siglos II y III, I-II (Madri 1976). • ORBE, A. *Introducción a la teología de los siglos*

gorias ao pensamento sistemático a fim de superar as categorias escolásticas (H. de Lubac)[82]. A "teologia da salvação" (*Historia salutis*; *Heilsgeschichte*), por sua vez, encontrou nele um precedente e um paradigma. Junto com Santo Agostinho, Irineu é o autor que mais influenciou e mais tem sido citado tanto no Concílio Vaticano II como no *Catecismo da Igreja Católica*. No século XX, a virada da metafísica para a história, do conceito que demonstra para a figura que antecipa e simultaneamente realiza a verdade, estão estreitamente ligados ao redescobrimento de Santo Irineu.

> Até os teólogos pertencentes à "escola da história da salvação" [...] mal existiu um teólogo que tinha visto com a clareza de Irineu que o anúncio cristão passa pelas mesmas vicissitudes que a história da salvação, que *a obra histórica da redenção ocupa o centro de uma linha que leva do AT ao retorno de Cristo*[83].

Cristo pode ser pensado em quatro perspectivas ou relações distintas:

• *perspectiva cosmológica* (relação com o cosmos e a criação);

• *perspectiva teológica* (relação com Deus na ordem da natureza e da vontade);

• *perspectiva antropológica* (relação com o ser do homem e sua constituição humana).

Irineu vê Cristo primordialmente em perspectiva soteriológica[84], diferentemente dos apologistas que o haviam compreendido como *Logos*, sobretudo a serviço da intelecção do cosmos e em relação com a filosofia. A

II y III (Roma/Salamanca 1988). • ORBE, A. *Antropología de San Ireneo* (Madri 1969). • ORBE, A. "Ireneo de Lyon". In: *DPAC* I, p. 1.098-1.105. Cf. a bibliografia completa de seus trabalhos em ROMERO POSE, E. *Pléroma* – Miscelánea en homegaje al P.A. Orbe (Santiago de Compostela 1990). • ROMERO POSE, E. (ed.). *Ireneo de Lyon* – Demostración de la predicación apostólica (Madri 1992), p. 43-47. • ROMERO POSE, E. "La obra escrita del P.A. Orbe". In: *RET* 59 (1999), p. 149-198.

82. Cf. DE LUBAC, H. *Mémoire sur l'occasion de mes écrits* (Namur 1989). • RONDEAU, M.J. "L'homme de la Tradition". In: *Henri de Lubac et le mystère de l'Église* – Actes du coloque du 12 octobre 1996 à l'Institut de France (Paris 1999), p. 89-114.

83. CULLMANN, O. *Cristo y el tiempo* (Barcelona 1968), p. 44.

84. "In novo Testamento ea, quae est ad Deum, fides hominum aucta est, additamentum accipiens Filium Dei ut et homo fieret particips Dei". In: *Adv. Haer.* IV, 28,2 (SC 100, p. 756). Cf. GRILLMEIER, A. *Cristo en la tradición cristiana*. Op. cit., p. 239-248. • LIÉBAERT, J. *L'Incarnation*. Op. cit., p. 65-72. • STUDER, B. "La doctrina antignóstica de la 'Salus carnis'". In: *Dios salvador...* Op. cit., p. 93-108. • GONZÁLEZ-FAUS, J.I. *Carne de Dios* – Significado salvador de la encarnación en la teología de Ireneo (Madri 1969).

esta postura ele responde no intuito de superar a orientação fundamental da gnose, que se propõe iluminar o homem a fim de que conhecendo tanto sua origem quanto a de Cristo e a do mundo, se reencontre consigo mesmo e, retornando, se reintegre à Plenitude originária. Frente às complicadas elucubrações sobre o *Pleroma,* os *eões*, as *ogdóadas*... e diante da imensa complicação da cristologia gnóstica, Irineu faz uma identificação, uma simplificação e uma explicitação da cristologia através de uma volta ao específico cristão como história da salvação no tempo, na carne e na Igreja.

Pela primeira vez se coloca a questão do lugar e do critério da verdade de Cristo. Onde encontrá-la e quem tem autoridade para explicá-la? Onde encontramos o evangelho de Cristo e o verdadeiro Cristo do evangelho: na comunidade pública e apostólica da grande Igreja ou nas doutrinas secretas dos grupos gnósticos que se reportam a revelações privadas? Quais são os critérios da fé? Estas são as questões-chave que Irineu tenta responder, remetendo à "regra de fé" ou ao "cânon da verdade"[85], às Igrejas fundadas pelos apóstolos, à sucessão dos bispos que herdaram daqueles o carisma da verdade, à expressão pública e reconhecível dessa verdade nas comunidades, à linha que une profetas-Cristo-apóstolos[86]. Os hereges se forjam uma verdade e um Cristo à sua maneira. Eles reivindicam uma revelação e uma tradição secretas destituídas de autoridade apostólica.

> Só é verdadeira e vivificante aquela fé que a Igreja recebeu dos apóstolos e que ela distribui a seus filhos[87].

O lugar heurístico (= onde encontramos Cristo) e o lugar hermenêutico (= onde temos as condições necessárias para sua interpretação autêntica) são as duas questões primordiais da cristologia do século de Irineu e de nossos dias. Se não respondermos a estas duas questões deixamos a fé em Cristo e o Cristo da fé à mercê do mito, do poder e das ideologias. As novas gnoses de nossos dias (*New Age* e similares) são tão alheias ao cristianismo e tão negadoras de sua substância religiosa como eram as do tempo de Santo Irineu. Uma e outra dissolvem Cristo num mito e a fé numa ideologia; ambas

---

85. "Nós devemos manter inalterada a Regra de fé" (*Demostración de la precidación apostólica*, 3). Cf. SAN IRENEO. *Adv. haer.* I, 1,20; I, 9,4; I, 14,3; I, 22,1; III, 1,2-5 e 4; IV, 35,2-4.
86. Cf. *Adv. haer.* III, pref. e III, 1-5 (SC 211, p. 16-23).
87. Ibid., III, pref. (SC 211, p. 18).

265

são criadas pela nostalgia ou arrogância do homem; valem pelo que são, mas não salvam.

Sobre este fundo histórico Irineu restaura os princípios fundamentais de uma cristologia historicamente situada e soteriologicamente válida. Só existe um Deus que estabeleceu com coerência interna e integrando o tempo de maturação do homem um plano de salvação que abarca o Antigo e o Novo testamentos. Não existem duas economias da salvação contrapostas como os seguidores de Marcião afirmavam. Não existem dois deuses diferentes, nem dois Cristos: um *Logos* celeste, transcendente e impassível, e um homem Jesus terreno e pertencente a este mundo. A ideia da unidade da economia divina domina todo o pensamento de Irineu; por isso faz uma leitura dessa história descobrindo sua lógica profunda. Unidade de Deus, unidade de Cristo, unidade do homem e unidade do plano divino de salvação como divinização. Dividir Deus ou dividir Cristo é a morte do cristianismo e o fim da salvação. Cristo é uno e o mesmo (εἷς καὶ ὁ αὐτός), dirá Irineu, antecipando formulações de Calcedônia[88].

Cristo é quem encabeça esse plano divino e por essa razão é quem o sintetiza, o esclarece aparecendo na história e o recapitula consumando-o. A ideia de recapitulação é característica sua:

> Existe, pois, um único Deus Pai, como vimos, e um só Jesus Cristo nosso Senhor, que abarcou toda a ordem da salvação e a recapitulou toda em si. Este "tudo" inclui o homem, criação de Deus. Também o homem foi recapitulado, portanto, ao fazer-se visível o Invisível, compreensível o Inefável, passível o Impassível, ao fazer-se homem a Palavra. Tudo resumiu em si, para que, assim como a Palavra é soberana no celeste e espiritual, reine igualmente no visível e corpóreo, assumindo a preeminência e constituindo-se em cabeça da Igreja e atraindo tudo para si no momento oportuno[89].

---

88. "Sententia eorum homicidialis, Deos quidem plures confingens, et Patres multos simulans, comminuens autem et per multa dividens Filium Dei [...]. Si enim alter quidem passus est, alter autem impassibilis mansit et alter quidem natus est, alter vero in eum qui natus est descendit et rursus reliquit eum, non unus sed duo monstrantur, Quoniam autem unum eum et qui natus est et qui passus est Christum Jesum novit Apostolus" (Ibid., III, 16,8-9 (SC 211, p. 318-322). "Dominus noster unus quidem et idem existens" (Ibid. (SC 211, p. 316)).

89. Ibid., III, 16,6 (Ibid., p. 312-314). Sua ideia de recapitulação (ἀνακεφαλαίωσις) remete a Ef 1,10. O verbo tem dois sentidos: um de resumir e reunir, que se expressa na palavra latina *caput* como *capítulo* (= recapitulação, antecipação e síntese); o outro de encabeçar, colocar sob a autoridade de quem é soberano, que pode dar vida e ordens, que se expressa na palavra latina *caput* como *cabeça* (= princípio de vida, de dinamismo, de autoridade).

Irineu vê uma conexão profunda entre encarnação e redenção: somente Deus pode resgatar e divinizar o homem. Aqui aparece um princípio-guia de toda a cristologia patrística: *a salvação não é o resultado de uma ação externa, nem de um decreto divino, nem de uma conquista do próprio homem, mas do acesso de Deus ao homem para que, participando de nossa carne mortal, possamos participar de sua vida imortal.* Deus é o agente e o conteúdo da salvação humana: "Como poderiam ser salvos os homens se não fosse Deus mesmo quem opera sua salvação sobre a terra? E como o homem chegaria a Deus se Deus não chegasse previamente ao homem?"[90] Uma citação vale mais do que mil explicações:

> Ele resgatou o homem e o uniu a Deus. Se o homem não tivesse vencido o inimigo do homem, este inimigo não teria sido vencido justamente. Por outro lado, se Deus não tivesse outorgado a salvação, não a possuiríamos de maneira definitiva. E se o homem não tivesse sido unido a Deus, não teria podido fazer-se partícipe de sua incorruptibilidade. Convinha, pois, que o Mediador entre Deus e os homens, por seu parentesco com cada uma das duas partes, conduzisse ambos à amizade e à concórdia e fizesse com que Deus assumisse o homem e o homem se entregasse a Deus[91].

Cristo é o Redentor do Pai: "invisibile etenim Filii Pater, visibile autem Patris Filius"[92], o Redentor e Sanificador. Isto Ele só o pôde realizar por sua pertença a ambos: "Quoniam vere homo et quoniam vere Deus"[93]. Estes textos, que ainda não são utilizados em sentido estrito, exercerão um papel decisivo em momentos posteriores, na hora de fixar a estrutura pessoal do homem Jesus. Neles encontramos já antecipada a teoria das propriedades de Cristo: o que lhe pertence *secundum quod homo erat* e *secundum id quod Deus erat*; o *propium hominis* e o *propium Dei*; o que o Verbo é *naturaliter* e o que é como resultado da encarnação[94]. E aparecem inclusive as afirmações

---

90. "Quomodo possunt salvari, nisi Deus est quis alutem illorum super terram operatus est? Et quemadmodum homo transiet in Deum si non Deus in hominem?" (Ibid., IV, 33,4 (SC 100, p. 810).

91. Ibid., III, 18,7 (SC 211, p. 448-450, 364).

92. Ibid., IV, 6,6 (SC 100, p. 448-450). Cf. OCHAGAVÍA, J. *Visibile Patris Filius* – A Study of Irenaeus' Teaching on Revelation and Tradition (Roma 1964). "Filius revelat agnitionem Patris per suam manifestationem. Agnitio enim Patris est Filii manifestatio: omnia enim per Verbum manifestantur" (SAN IRENEO. *Adv. haer.* IV, 6,3 (SC 100, p. 442).

93. Ibid., IV, 6,7 (SC 100, p. 452).

94. Cf. Ibid., III, 9,2; III, 19,2; V, 17,3; V, 21,1; III, 21,4; IV, 24,2.

de paralelismo, que apontam para a teoria das duas *naturezas*, embora ainda estejamos longe dela: "secundum ministrationem Verbi qui est perfectus in omnibus quoniam Verbum potens et homo verus"[95]. Irineu antecipa parte do vocabulário posterior para expressar a ideia de união de Deus com o homem: σάρκωσις, ἕνωσις, *unitio, commixtio, communio, habitatio, adsumptio*[96].

Toda esta reflexão é elaborada num horizonte histórico e com uma intencionalidade soteriológica: mostrar a salvação do homem inteiro pelo divino intercâmbio que Deus fez conosco na encarnação:

> Só seguimos um único mestre seguro e verídico, o Verbo de Deus, Jesus Cristo Senhor nosso, que por seu imenso amor se fez o que somos para fazer de nós o que Ele é[97].

Irineu, no entanto, não elaborou uma antropologia reflexa colocando-a em correlação com a cristologia. O que quer significar "Cristo é um homem perfeito"? Algumas vezes Irineu oferece uma antropologia dicotômica e outras, em contrapartida, tricotômica, sem que possamos decidir se o *pneuma* é um elemento constitutivo originário do homem ou, ao contrário, como parece ser, é o elemento divino comunicado ao homem perfeito, a graça ou o caráter sobrenatural. Seja como for, isto supõe que não existe um homem fechado ou bloqueado em seu mundo, mas sua real perfeição, aquela a que está destinado e que por isso lhe é natural e necessária, inclui o Espírito. Ele é sua lei, seu λόγος, e por quem nos outorga a verdadeira autonomia.

> O homem perfeito consta de carne, alma e espírito. O espírito é o que salva e configura; a carne, em contrapartida, é a que é unida e formada; a alma é o elemento mediador entre os outros dois[98].

5 Tertuliano: as duas naturezas, a união do homem e Deus em Cristo

Tertuliano elabora sua cristologia num contexto mais amplo: o politeísmo pagão, o monarquianismo que compromete a confissão de fé no Pai, no Filho e no Espírito, o gnosticismo ou marcionismo que comprometem

---

95. Ibid., V,1,1,15 (SC 153, p. 18).
96. Cf. Ibid., III, 18,3; III, 19,1; V, 14,4; IV, 33,11; III, 18,7; IV, 34,4; IV, 20,4; III, 20,2; IV, 33,4. "Vani autem et Ebionaei, unitionem Dei et hominis per fidem non recipientes" (Ibid., V, 1,3).
97. Ibid., V pref. Cf. comentário em ORBE, A. *Teología de San Ireneo*, I (Madri 1985), p. 50-51. Outros textos da Patrística, que expressam este intercâmbio salvífico entre Deus e o homem que tem lugar na encarnação em PETÁVIO, D. *Dogmatica Theologica* – De Incarnatione V/II, cap. V-X (Paris 1866), p. 286-329, esp. p. 412.
98. SAN IRENEO. *Adv. haer*, V, 9,1 (SC 153, p. 104-106).

a realidade do salvador e, com isso, a salvação do homem[99]. Diante destas diferentes frentes, ajudado por sua formação oratória e jurídica, Tertuliano se impõe como iniciador de uma série de formulações teológicas que vão especificando a relação entre os dois "estados" ou dimensões de Cristo, bem como as categorias de substância, pessoa e unidade. É o primeiro a falar de *Trinitas unius Dinivitati*[100]; o primeiro a usar a palavra *persona*[101] e o primeiro a elaborar a formulação dogmática *uma só substância em três pessoas*[102]. Em sua obra *Apologeticum* ele propõe demonstrar a divindade de Cristo aos pagãos (*probare divinitatem Christi*)[103]. Ao mesmo tempo se sente no dever de mostrar como esse Cristo não é uma alternativa à unidade divina e que, por conseguinte, o cristianismo não propõe um diteísmo. Para tanto urge-lhe esclarecer o sentido da encarnação. Conjugar a unidade divina com a encarnação e defender as duas perante um monarquismo excludente é o objetivo de sua obra capital *Adversus Praxeam* (213).

Provisoriamente ele vai oferecendo umas formulações que tentam expressar a novidade e a complexidade de Cristo, afirmando sua dupla realidade como *Deus* et *homo*. Para designar essa realidade emprega frequentemente a seguinte fórmula: *Spirutus* et *caro*. "Ex his Jesus consistit, ex carne homo, ex Spiritu Deus"[104]. "Sic denique homo cum Deo, dum caro hominis cum Spiritu Dei"[105]. Recordemos a imprecisão do termo *pneuma* = *spiritus*, assim como o encontramos na chamada *Geistchristologie* ou cristologia pneumática, anteriormente aludida. Este binômio *spiritus-caro* usado para explicar a constituição específica de Cristo é outra maneira de nomear as duas subs-

---

99. Cf. GRILLMEIER, A. *Cristo en la tradición cristiana*. Op. cit., p. 268-285, com bibliografia. • LIÉBAERT, J. *L'Incarnation*. Op. cit., p. 85-92. • STUDER, B. *Dios Salvador...* Op. cit., p. 109-124. • SINISCALCO, P. "Tertuliano". In: *DPAC* II, p. 2.095-2.101.

100. "Trinitas unius divinitatis, Pater et Filius et Spiritus Sanctus" (*De pudicitia* 21,16).

101. "Quia iam adherebat illi Filius secunda persona, sermo ipsius, et tertia, Spiritus in sermone, ideo pluraliter pronuntiavit 'faciamus' et 'nostram' et 'nobis'; alium quomodo accipere debeas iam professus sum, personae non substantiae nomine, ad distinctionem non ad divisionem" (SAN IRENEO. *Adv. prax.* 12,3.6).

102. Cf. MOINGT, J. *Théologie Trinitaire de Tertullien* – Histoire, doctrine, méthodes, I-IV (Paris 1966-1969). • BRAUN, R. *Deus christianorum* – Recherches sur le vocabulaire doctrinal de Tertullien (Paris 1977).

103. "Necesse est igitur pauca de Christo ut Deo [...]. Ita et quod de Deo profectus est et Dei Filius et unus ambo. Ita de Spiritu Spiritus et de Deo Deus, modulo alter, numerum gradu, non statu fecit, et a matrice non recessit sed excessit" (*Apol.* XXI, 14 (Madri 1997), p. 97, 99).

104. *Adv. prax.* 27,14.

105. *De carne Christi* XVII, 3 (SC 216, 284).

tâncias, distintas e inconfundíveis. Ele chega a falar de "duas substâncias" e de um "duplo *status*".

> Invenimus illum [...] Deum et hominem sine dubio secundum utramque substantiam in sua proprietate distantem[106].

> Itaque utriusque substantiae census hominem et Deum exhibit; hinc natum inde non natum; hinc carneum inde spiritalem. [...] Quae proprietas condicionum, divinae et humanae, aequa utique naturae cuiusque veritate dispuncta est, eadem fide et spiritus et carnis: virtutes spiritus Dei Deum, passiones carnem hominis probaverunt[107].

Junto a esta afirmação clara do homem e de Deus, outros textos afirmam a consistência e a permanência de ambas as propriedades no único sujeito. A distinção de sua operação é a prova dessa permanência. Tai formulações serão reassumidas por São Leão Magno e as encontramos na definição de Calcedônia:

> Videamus duplicen statum, non confusum sed coniunctum in una persona, Deum et hominem Jesum – de Christo autem differo – et adeo salva est utriusque proprietas substantiae, ut spiritus res suas egerit in illo, id est virtutes et opera et signa, et caro passiones suas functa sit[108].

Com Santo Irineu, Tertuliano compartilha sua preocupação antidoceta e sua insistência sobre a carne como o âmbito da salvação humana. Uma salvação oferecida a partir de fora não seria uma salvação do homem, já que urge refazer o plasma originário, vencer o poder da ἁμαρία, ou pecado fundamental, a partir do interior de sua influência que é a σάρξ. Santo Irineu cunha uma frase clássica: *"Salus quoniam caro"* = *Existe salvação porque o Verbo se encarnou*[109]. Sem a encarnação não teríamos a segurança de que nosso estado não é uma degradação metafísica, um mal originário ou fruto de uma queda primordial. A encarnação outorga dignidade metafísica e confiança

---

106. *Adv. prax.* 27.
107. *De carne Christi*, V, 7 (SC 216, p. 230).
108. *Adv. prax.* 27,11.
109. "Agnitio salutis erat agnitio Filii Dei, qui et Salus et Salvator et Salutare vere dicitur et est [...]. Etenim *Salvator* quidem, quoniam Filius et Verbum Dei; *Salutare* autem, quoniam Spiritus: "Spiritus, snim, inquit, faciei nostrae Christus Dominus" (Lm 4,20); *Salus* autem quoniam caro: "Verbum enim caro factum et habitavit in nobis" (SAN IRENEO. *Adv. haer.* III 10,3 (SC 211, p. 124). • HOUSSIAU, A. *La Christologie de Saint Irénée* (Lovaina/Gembloux 1955), p. 66-68.

histórica à criação. Tertuliano o diz com outra frase equivalente: *"Caro cardo salutis"* = *A carne é o eixo da salvação*[110].

Para as gerações de hoje, que vivem uma possessão evidente do corpo, de seu cultivo e de sua apropriação existencial, parece estranha essa insistência dos Padres da Igreja na realidade da encarnação, sua necessidade para a salvação e sua defesa frente ao paganismo. Em contrapartida, para a mentalidade pagã de então, que situava o divino numa distância absoluta dos limites, da dor e da finitude do humano e que outorgava soberania ao espírito e desprezava o corpo, era impensável que Deus passasse pelas humilhações da geração e do nascimento, da paixão e da crucificação. Tanto aquela cultura quanto a nossa vivem um monismo antropológico (primazia absoluta do espírito ou da carne). E enquanto não o superam, não poderão entender a cristologia e seu realismo, tanto o da encarnação (contra o docetismo antigo) quanto o da ressurreição (contra o docetismo moderno)[111]. Rahner disse que o evidente para o homem é sua consciência de ser espírito e que para reconhecer-se corpo e acolher-se como carne tem que fazer um longo percurso reflexivo, que lhe permita entendê-lo e assumi-lo. A melhor psicologia e psiquiatria poderiam dizer-nos muito sobre esta temática. Cito a melhor: sistemas como os de Jung carregam consigo uma sacralização do Eu, com uma mitificação da história. A gnose resultante é uma revelação de certa profundidade do homem, não uma revelação de Deus. A salvação para o cristão inclui o "sentido", mas se consuma na "ressurreição da carne"[112].

Diante dessa rejeição da carne é necessário ler os parágrafos avassaladores do *Adversus Marcionem* e do *De carne Christi*. Aqui aparece essa dimensão provocadora do cristianismo, subvertendo as evidências do homem natural, que vive sob o medo da finitude e do pecado. Em Cristo encontramos o assombroso de Deus, o impensável, o aparentemente indigno dele, aquilo

---

110. "De resurrectione carnis", VI. In: *PL* 2,802B.

111. "As tendências docetas ressurgem periodicamente e até se falou em 'gnose eterna'. Constituem um denominador comum as grandes heresias cristológicas antigas: depois de se terem projetado sobre a carne e sobre a alma de Jesus (para negá-las), posteriormente se projetaram sobre o próprio ato da encarnação [...]. A tentação doceta da Modernidade se orienta num sentido oposto aos dos antigos: estes buscavam proteger Deus de toda mescla com o homem; nosso tempo busca proteger a autonomia do homem e do mundo de uma intervenção divina julgada inadmissível [...]. Em certa medida o docetismo moderno da ressurreição correspondeu ao docetismo antigo da encarnação" (SESBOÜÉ, B. *Jésus-Christ...* Op. cit., p. 78-79). Cf. CORNELIS, H. & LÉONARD, A. *La gnosis eterna* (Andorra 1960).

112. Cf. DARTIGUES, A. *La Révélation: du sens au salut* (Paris 1985).

que parece negar sua realidade e dignidade divinas: um Deus que nasce, um Deus crucificado, um Deus em morte!

> Existem outras loucuras tão loucas, pertencentes aos ultrajes e sofrimentos de Deus. A não ser que chamemos de sabedoria um Deus crucificado! Suprime também isto Marcião! O que há de mais indigno de Deus que tenhamos que nos envergonhar mais: que nasça ou que morra? Que carregue a carne ou a cruz [...]? Mas responda-me logo, assassino da verdade, não foi Deus verdadeiramente crucificado? Não foi Deus verdadeiramente morto nem crucificado?[113]

A encarnação inaugura uma solidariedade de natureza entre o Verbo de Deus e o homem, para resgatar com sua carne santa a nossa pecadora e, libertando-a do pecado, fazê-la partícipe de sua incorruptibilidade e divindade, outorgando-lhe a adoção filial. Este é o fim primordial da encarnação; esta é a verdadeira resposta ao *Cur Deus homo*[114]. Mas esta solidariedade histórica é sustentada por uma conaturalidade metafísica entre o Verbo criador e o homem criado. Tanto Ireneu quanto Tertuliano veem a Deus criando o homem como antecipação de Cristo, esboço cuja realidade Cristo leva à sua plenitude na encarnação. Não existe uma criação *ab-soluta*; isto é, separada da encarnação e completa sem ela. Não existe um primeiro Adão pensável e compreensível sem o último Adão. O homem é criado em referência e ordenamento a Cristo; e nele se compreende, se realiza e se consuma. Quem não chega a conhecê-lo e não entra em comunhão com Ele fica sem encontrar o eixo central de seu ser, a chave para a intelecção de sua humanidade e a alavanca para impulsionar e realizar seu destino. O Vaticano II recolheu este texto de Tertuliano: "O que Deus expressava nesse barro da terra ao formar Adão, era a ideia de Cristo, o homem por vir, o Verbo feito carne"[115].

---

113. TERTULIANO. *De carne Christi* V, 1; V, 3 (SC 216, p. 226).
114. "Propter hoc enim Verbum Dei homo, et qui Filius Dei est Filius hominis factus est, ut homo commixtus Verbo Dei et adoptionem percipiens, fiat Filius Dei. Non enim poteramus aliter percipere incorruptelam et immortalitatem nisi aduniti fuissemus incorruptelae et immortalitati. Quemadmodum autem aduniri possemus incorruptelae et immortalitati, nisi prius incorruptela et immortalitas facta fuisset id quod et nos, ut absorberetur quod erat corruptibile ab incorruptela et quod erat mortale ab immortalitate, uti filiorum adptionem perciperemus?" (SAN IRENEO. *Adv. haer.* III 19,1 (SC 211, p. 374).
115. "Quodcumque enim limus exprimebatur, Christus cogitabatur homo futurus" (TERTULIANO. "De ressurrectione carnis", VI. In: *PL* 2,202 (848). Cit. em GS 22.

6 Orígenes: a contemplação do *Logos*, a alma preexistente e a mística de Jesus

Orígenes oferece a primeira grande síntese teológica do cristianismo. A complexidade de sua personalidade se reflete na variedade e riqueza de sua obra: é antes de tudo um exegeta; é também um metafísico, que conhece o pensamento filosófico e literário de seu tempo, desde Platão até Celso, bem como os filósofos contemporâneos; é, finalmente, um mestre espiritual que antecipa intuições e reflexões da mística posterior[116]. Tudo isso realizado dentro da Igreja e como "homem eclesiástico"[117]. Em sua obra sistemática *De principiis* nos oferece os critérios para elaborar a cristologia[118]. Nela, por um lado, ele distingue os conteúdos positivos da fé cristã, que nos são dados pela pregação da Igreja desde a tradição apostólica e transmitida pelos bispos, seus sucessores, até os nossos dias[119]. Em seguida apresenta a reflexão teológica sobre esses conteúdos da fé. Primeiro são fixados e em seguida analisados seu conteúdo e razões (*quia sint, quomodo autem aut unde sint*)[120].

É o primeiro a estabelecer uma clara divisão da matéria cristológica. Numa primeira parte fala do *Logos* na Trindade e numa segunda da encarnação. A matéria oferecida na primeira é o específico de cada uma das três pessoas divinas, e na segunda o conteúdo da economia de nossa salvação no Filho encarnado.

> Antes de mais nada é necessário saber que em Cristo uma é sua natureza divina, o Filho único do Pai, e outra a natureza humana, que Ele assumiu nos últimos tempos para a economia da redenção[121].

---

116. Cf. ORBE, A. *Hacia la primera teoloigía de la procesión del Verbo*, I-II (Roma 1958). • BOUYER, L. *La spiritualité du NT et des Pères* (Paris 1960), p. 338-367. • GRILLMEIER, A. *Cristo en la tradición cristiana*. Op. cit., p. 295-310. • LIÉBAERT, J. *L'Incarnation*. Op. cit., p. 93-98. • RIUS-CAMPS, J. *El dinamismo trinitario en la divinización de los seres racionales según Orígenes* (Roma 1970). • CROUZEL, H. "Orígenes". In: *DPAC* II, p. 1.608-1.616.

117. Cf. DE LUBAC, H. "Origène homme d'Église". In: *Histoire et Esprit* – L'intelligence de l'Écriture d'après Origène (Paris 1950), p. 47-91.

118. Cf. *Traité des príncipes,* I-IV. Ed. bilingue de H. Crouzel e M. Simonetti (SC 252; 253; 268; 269; 312).

119. Cf. *De principiis*, I, pref., p. 1-2 (SC 252, p. 76-78).

120. Cf. Ibid., pref., p. 3-4: "In quirenda iam ista pro viribus sunt de sancta scriptura et sagaci perquisitone investiganda" (SC 252, p. 78-82).

121. Ibid. I, p. 2,1 (SC 252, p. 111).

O capítulo sobre a encarnação começa com uma distinção, com a qual Santo Tomás abrirá a III Pars, diferenciando o problema teórico (como Deus se uniu ao homem ou *problema metafísico*) do problema histórico (qual foi a forma de vida de Cristo no mundo ou *teologia dos mistérios*).

> Já é hora de tratar da encarnação de nosso Senhor e Salvador, sobre como se fez homem e sobre como viveu entre os homens (*quomodo vel homo factus est vel inter homines conversatus est*) [...]. Resta-nos procurar pelo intermediário – isto é, pelo Mediador entre todas estas criaturas e Deus –, aquele que o Apóstolo denomina primogênito de toda criatura[122].

Sua doutrina sobre o *Logos* supõe um avanço sobre os apologetas e apresenta duas linhas diferentes. Uma afirma claramente a divindade, ao passo que a outra chama Cristo de "segundo Deus"[123], reservando ao Pai a designação de αὐτόθεος, ἁπλοός, ἀγαθός, ser e bondade original. O Filho é imagem dessa bondade e inferior ao Pai[124]. Todos estes textos, que em si permitem uma leitura ortodoxa, serão um lastro na controvérsia posterior com os arianos, na qual Orígenes foi acusado de subordinacionismo. Ele é o primeiro a utilizar a expressão Deus-Homem (θεάνθρωπος), chave no posterior vocabulário teológico[125]. Deus Pai é incompreensível, mas se nos foi revelado e feito compreensível por meio de Cristo, que é "figura expressa substantiae vel subssistentiae Dei"[126].

---

122. Ibid., II, p. 6,1 (SC 253, p. 308).

123. "Mesmo que lhe chamemos *segundo Deus* (δεύτερος θεός) saibam que por segundo Deus não entendemos outra coisa senão uma virtude que compreende em si todas as virtudes e uma razão (λόγος) que compreende em si toda qualquer outra razão do que acontece segundo a natureza e, principalmente, para o bem do universo. E esta razão ou *logos* afirmamos ter-se unido ou identificado, em medida superior a todas as almas, com a alma de Jesus, o único que pôde alcançar de maneira perfeita a participação do *Logos* em si, da Sabedoria em si e da justiça em si" (*Contra Celso*, V, p. 39 (BAC 271, p. 366)).

124. "Principalis bonitas in Deo Patre sentienda est, ex quo vel Filius natus vel Spiritus Sanctus procedens sine dubio bonitatis eius naturam in se refert, *quae est in eo fonte,* de quo vel natus est Filius vel procedit Spiritus Sanctus" (*De principiis* I, p. 2-13 (SC 252, p. 142).

125. *Hom. In Ez.* 3,3. Cf. A. GRILLMEIER. "Gottmensch. Sprachfeld und theologiegeschichtliche Problementfaltung". In: *Fragmente zur Christologie*. Op. cit., p. 215-263.

126. *De principiis*, I, 2,8 (SC 252, p. 126). Sem dúvida Rufino traduz com estas duas palavras latinas o termo grego *hypóstasis*, designando com *substantia* a substância geral e com *subsistentia* a substância individual. Em sua tradução da *História eclesiástica* de Eusébio, escreve: "*Substantia* expressa a natureza mesma do ser de alguma coisa, o que a constitui (*naturam rationemque qua constat*), mas a *subsistentia* de uma pessoa mostra aquilo que existe e subsiste *(quod extat et subsistit)*. Cf. "Hist. ecl." I, 29. In: *PL* 21, 499D.

Como toda teologia alexandrina, a perspectiva em que Orígenes vê a Cristo é descendente, situando-o em Deus e compreendendo-o a partir de Deus, com o perigo de desvalorizar sua humanidade. No entanto, Orígenes tem o grande mérito de ter estabelecido com toda clareza a existência de uma alma humana em Cristo. A alma de Jesus é para ele um dado patente na Escritura (Mt 26,38; Jo 10,17; 12,27; 13,21), mas ao mesmo tempo é uma exigência da reflexão teológica. A união de Deus com o corpo não é possível sem a mediação da alma. Portanto, a alma é a condição de possibilidade da encarnação. Ela estabelece a conjunção entre as outras realidades: o Verbo e o corpo humano[127]. Quando Orígenes fala que o Verbo assumiu o homem inteiro, não o pensa como tem sido tradicionalmente, imaginando uma humanidade completa em si, que é suscitada pelo Espírito como sua humanidade, mas em forma sucessiva e separada. Sua compreensão da alma de Cristo está lastrada por sua ideia geral da preexistência das almas, a sua sendo da mesma natureza que as outras almas. Diferentemente delas, porém, ela permaneceu sempre fiel e unida ao Bem com uma santidade indefectível.

A união da alma com o Verbo é uma união transformadora, de forma que tudo o que sente, faz e entende, é Deus, e a Ele permanece unida imutavelmente.

> Hoc ergo modo etiam illa anima, quae quasi ferrum in igne sic semper in Verbo, semper in Sapientia, semper in Deo posita est, omne quod agit, quod sentit, quod intelligit, Deus est: et ideo nec convertibilis aut mutabilis dici potest, quae inconvertibilitatem ex Verbi Dei unitate indesinenter possedit[128].

As fórmulas podem ser levadas ao limite, sobretudo se levarmos em conta a afirmação de que é convertida como o ferro em fogo quando incandescente e como a gota de água ao cair no mar se faz mar, a tal ponto que essa alma humana se faz um só espírito, uma só coisa com o Verbo[129]. Ele fala não apenas de comunhão do corpo mortal e da alma com o Verbo, mas de uma

---

127. Cf. LIÉBAERT, J. *L'Incarnation*. Op. cit., p. 94-96.
128. *De principiis*, II, 6,6 (SC 253, p. 320).
129. "In hac autem anima ignis ipse divinus substantialiter requievisse credendus est" (Ibid.). "Assumiu alma e corpo humanos juntamente com a divindade, para a salvaçáo dos fiéis. Estes veem como desde então começaram a entrelaçar-se a natureza divina e humana. Assim a natureza humana por sua comunhão com a divina se torna divina não só em Jesus, mas também em todos aqueles que, depois de crer, abraçam a vida que Jesus ensinou; vida que conduz à amizade e comunhão com Deus todo aquele que segue os conselhos de Jesus" (*Contra Celso*, III, 28 (BAC 271, p. 197).

união, de uma mistura e de uma transformação em Deus. Estes termos, que podem ter um sentido perfeitamente ortodoxo, podem orientar também na linha do que será a posterior cristologia monofisista[130].

Em sua obra descoberta no Egito em 1941, *Diálogo de Orígenes com Heráclides e seus companheiros bispos sobre o Pai, o Filho e a alma*, ele responde à questão proposta por um deles: Podemos falar de "espírito" em Cristo, segundo o texto evangélico que diz "Pai, em tuas mãos entrego meu espírito"? (Lc 23,46). Orígenes responde com algumas afirmações decisivas também para o futuro: Cristo assumiu o homem inteiro.

Se este é constituído por corpo, alma e espírito, Cristo assumiu os três elementos, correspondentes a uma antropologia tricotômica[131]. O mais importante é o fundamento desta afirmação: *Cristo teve de assumir tudo isso, porque se não o tivesse feito, o homem não teria sido redimido inteiramente. Não teria sido assumido o homem inteiro, se inteiro não tivesse sido assumido.*

> Por conseguinte, nosso Salvador e Senhor em sua vontade de salvar o homem, como Ele quis salvá-lo, por esse mesmo motivo quis salvar o corpo, e de maneira semelhante quis salvar a alma, e além disso quis salvar o que restava no homem: o espírito. No entanto, *o homem não teria sido todo inteiro salvo se Cristo não tivesse revestido o homem inteiro*. Suprime-se a salvação do corpo humano quando se declara espiritual o corpo do Salvador. Suprime-se a salvação do espírito humano a propósito do qual o apóstolo disse: "Ninguém conhece as coisas do homem senão o espírito do homem". Querendo salvar o espírito do homem, o Salvador revestiu igualmente o espírito do homem. Durante a paixão estes três elementos foram separados e os três foram reunidos na ressurreição[132].

---

130. *De principiis* IV, 4,4 (SC 269, p. 408-412).

131. "O homem é simultaneamente espírito, alma e corpo: o *pneuma* é o dom que Deus faz a cada homem para guiá-lo no conhecimento, na oração e na virtude" (CROUZEL, H. "Orígenes". In: *DPAC* II, p. 1.612). "Orígenes não entende aqui por *pneuma* o Espírito divino de Cristo, mas exclusivamente o espírito humano. A partir do suposto de uma tricotomia 'corpo-alma-espírito', apoiada em 1Ts 5,23, Orígenes fala da assunção do corpo, da alma e do espírito por Cristo para salvar o homem integral" (GRILLMEIER, A. *Cristo en la tradición cristiana*. Op. cit., p. 309). Cf. ORÍGENES. *Diálogo con Heráclides*, 6 (SC 67, 68, p. 22-70).

132. Ibid., p. 70. Este argumento soteriológico (tudo o que tem necessidade de ser redimido tem que ser assumido) aparece já em Tertuliano para postular a existência da alma humana em Cristo. "Porro si non nostram liberavit, quia carneam liberavit, nihil ad nos, quia non nostram liberavit" (TERTULIANO. *De carne Christi*, X, 2-3 (SC 216, p. 256).

Orígenes antecipou muitas outras perspectivas cristológicas e simultaneamente enriqueceu o vocabulário com palavras como *physis, hypóstasis, ousía, homooúsios, theânthropos*. Nele já encontramos a explicação das *epinoíai*, os múltiplos nomes de Cristo, que descrevem todo seu ser sem que nenhum o esgote[133]. Ele antecipa também a teoria da "comunicação de idiomas". O mesmo e único Verbo, Filho de Deus, é o homem Jesus; por isso, enquanto encarnação, se podem predicar de Deus atributos humanos, e do homem, enquanto unido pessoalmente ao Verbo, se podem predicar atributos divinos.

> Ao Filho de Deus, por quem foram criadas todas as coisas, se lhe chama Jesus Cristo e Filho do Homem. Pois também se disse que o Filho de Deus morreu – precisamente por razão daquela natureza que podia padecer a morte. Leva o nome do Filho do Homem, de quem se anuncia que virá na glória de Deus Pai com os santos anjos. Por isso, através de toda a Escritura, à natureza divina se lhe aplicam apelativos humanos, e se distingue a natureza humana com títulos que correspondem à divindade[134].

Apesar da orientação filosófica de Orígenes incliná-lo à concentração de seu pensamento no Verbo eterno, e seu ser em Deus como princípio da criação e de intelecção dos seres e, portanto, em Revelador[135], não obstante isso ele dá início ao que será denominado posteriormente "mística de Jesus": a contemplação de sua humanidade concreta, nos passos de sua vida e nos sentimentos de seu coração[136]. A grandeza e os limites de sua cristologia andam juntos. Entre eles se encontra a afirmação da preexistência da alma de Cristo, que é a aplicação de sua tese geral sobre a preexistência das almas. Ela estava unida ao Verbo desde o início e assume corpo no tempo por um processo de ἐνσωμάτωσις (incorporação). Nosso autor explica a união da alma de Cristo com o Verbo pelos méritos e a eleição em amor que ela teria feito a respeito dele. A alma seria a única a não ter pecado[137]. Suas afirma-

---

133. Cf. TERTULIANO. *De principiis,* I, 2,13 (SC 252, p. 142 *[Filii Dei apellationes]*). Ele nos oferece a lista completa destes nomes de Cristo em *Comm. In Ioh.* I., 21-24 (23), p. 125-150.

134. Ibid., II, 6,3 (SC 253, p. 314).

135. LIESKE, A. *Theologie der Logosmystik bei Origenes* (Berlim 1938). • HARL, M. *Origène et la fonction révélatrice du Verbe incarné* (Paris 1958). • FÉDOU, M. *La Sagesse et le monde* – Le Christ d'Origène (Paris 1994).

136. BERTRAND, F. *Mystique de Jésus chez Origène* (Paris 1951).

137. LIÉBAERT, J. "Les défauts de la christologie d'Origène". In: *L'Incarnation*. Op. cit., p. 98-99.

ções sobre o *Logos* como segundo Deus, sobre a preexistência das almas e a ἀποκατάστασις, ou restauração universal, frearam a recepção do resto da cristologia de Orígenes, que fundamentalmente era ortodoxa[138].

IV - Teologia, cristologia e pneumatologia no século IV
1 Da Igreja dos mártires à Igreja de Constantino

O século IV é, em certo sentido, o século mais decisivo para a história da fé porque nele vai se fixando o conceito cristão de Deus e se definindo a identidade de Cristo. O cristianismo se diferencia assim do judaísmo ao propor um monoteísmo no qual a unidade integra a pluralidade (monoteísmo concreto, trinitário), e ao radicar a pluralidade pessoal numa unidade de essência e de vida. Ao mesmo tempo que é o século mais decisivo do ponto de vista da fé, é o século mais conturbado do ponto de vista da vida da Igreja. O edito de tolerância do imperador Galério (311) e a proclamação da liberdade religiosa acordada por Constantino e seu posterior inimigo Licínio em Milão (313), criam uma nova situação histórica e social para a Igreja. A religião será a partir de então também uma questão política, já que da concórdia da Igreja vai depender a estabilidade do Império, e do imperador vão depender em boa parte as nomeações dos bispos e a convocação dos concílios. As inclinações dos imperadores e imperatrizes da corte influenciarão a vida da Igreja em uma ou outra direção. A polêmica desencadeada por Ario, a confissão de fé proposta pelo Concílio de Niceia, as lutas doutrinais subsequentes ao concílio, com a releitura e rejeições das formulações conciliares, constituem "a primeira luta por questões eclesiásticas na qual estiveram implicados pela primeira vez todo o Império e quase toda a Igreja"[139].

Os três editos de perseguição de Diocleciano (303) e o edito geral de 304 trouxeram à baila não apenas os problemas gerais de fidelidade ou defecção dos cristãos, a glória do martírio ou a afronta da defecção. Passada a perseguição surgiu um problema melindroso: O que fazer com os cristãos que, tendo negado Cristo publicamente, queriam voltar para a Igreja? Surgiram duas posturas: a rigorista, que negava a incorporação à comunidade, e a condescendente, que aceitava sua admissão depois de percorrer um itinerário

---

138. Cf. KELLY, J.N.D. *Iniciation à la doctrine des Pères de l'Église*. Op. cit., p. 141-155 (Influência de Orígenes). • CROUZEL, H. "Orígenes". In: *DPAC* II, p. 1.617-1.619.

139. RITTER, A.M. "Arrianismus". In: *TRE* 3 (1978), p. 693.

de penitência. O donatismo no Norte da África (305) e Melécio, bispo de Licópolis no Egito (306), escolhem a via rigorista. Estas divisões internas da Igreja exerceram sua influência nas futuras discussões cristológicas, sobretudo quando Ario se apoia nestes adversários do bispo de Alexandria.

A Igreja vive a tolerância religiosa do Império como uma grande libertação. A esta tolerância seguiu a preferência que Constantino deu à religião cristã. Contudo, com o exercício da liberdade externa surgia o perigo de perder a liberdade interna. O imperador e o Império partiam de dois pressupostos:

- Um, impensável naquele momento, se baseava na ideia de uma sociedade pluralista. Neste sentido, a aceitação do cristianismo acabaria levando consigo a interdição do paganismo.

- O outro, a convicção da responsabilidade do imperador em todos os assuntos deste mundo: religiosos e civis, dogmáticos e disciplinares, político e eclesiásticos. À suprema autoridade do Deus único no céu, correspondia, pois, a autoridade única do imperador na terra.

Aqui emerge a primeira teologia política, na qual se quer derivar do monoteísmo teológico uma monarquia imperial. É justamente a confissão da divindade de Cristo com a resultante afirmação trinitária dos concílios ecumênicos que minava radicalmente essa mesma pretensão imperial[140]. A fé em Cristo é de outra natureza: nem o monoteísmo legitima uma concepção política monárquica, nem a compreensão trinitária de Deus, ao afirmar a igualdade das pessoas divinas, fundamenta um triunvirato, um regime democrático ou uma compreensão da família humana.

2 Ario: sua teologia e cristologia; relação de Cristo com Deus

A primeira parte do século é determinada por dois nomes: Ario e o Concílio de Niceia. Seu estudo, como o de qualquer outro concílio, deve abarcar:

- A situação da Igreja e da sociedade antes da convocação.
- As heresias e hereges que provocaram a resposta dos bispos.
- A reação simultânea de outros teólogos, escritores ou grupos dentro da Igreja.

---

140. Cf. PETERSON, E. "El monoteísmo como problema teológico". In: *Tratados teológicos* (Madri 1966), p. 27-62 e a nova edição deste capítulo (Madri 1999).

- O desenvolvimento do concílio, os textos promulgados e seu conteúdo teológico.
- Sua recepção na Igreja e a influência nos séculos posteriores.
- Sua significação para a consciência atual tanto da Igreja quanto da teologia.

Nesta apresentação temos que nos conformar com os dados essenciais[141].

Ario nasce em Alexandria em 260 e recebe sua formação de Luciano de Antioquia, que ensinava a Sagrada Escritura e morreu mártir em 312. Antioquia sempre se caracterizou por uma orientação escriturística de caráter positivo, e nos legou grandes exegetas no século V como São João Crisóstomo e Teodoro de Mopsuéstia. Simultaneamente se caracterizou teologicamente por uma coloração subordinacionista na hora de explicar a relações do *Logos* com o Pai. Ario aderiu ao cisma de Melécio nos tempos de Pedro de Alexandria (300-311). Ele começou a divulgar ideias próprias sobre a Trindade, alguns de seus fragmentos estão em sua obra *Thalía* (Banquete), que provocaram a resposta do Bispo Alexandre, sucessor de Pedro na sede de Alexandria. Em que consiste o caráter problemático desta interpretação da Trindade? O ambiente intelectual de Alexandria era influenciado pela exegese de Fílon, pela teologia de Orígenes e pelo pensamento da *Estoa*, do neoplatonismo e, sobretudo, de Plotino. Ario propõe sua teologia trinitária segundo o modelo das três hipóstases: o Ser, o Intelecto e a Alma. O tratado X das *Enéadas* de Plotino (203-270), intitulado por Porfírio *Das três hipóstases, que são princípios*[142], oferece o entroncamento para uma interpretação da Trindade. Dizer três hipóstases equivale a afirmar três realidades individuais subsistentes, que se distinguem entre si, que participam de uma mesma natureza, mas que são subordinadas uma à outra. As ideias de emancipação estão longe destas abordagens. No entanto, o termo *hypóstasis* não tem o mesmo sentido em filosofia daquele que em seu uso teológico

---

141. Cf. BOULARAND, E. *L'hérésie d'Arius et la "foi" de Nicée*, I-II (Paris 1972). • GRILLMEIER, A. *Cristo en la tradición cristiana*. Op. cit., p. 393-424, com bibliografia completa. • RITTER, A.M. "Arrianismus". In: *TRE* 3 (1978), p. 642-719, com bibliografia p. 718-719. • ORTIZ DE URBINA, I. *Nicea y Constantinopla* (Vitoria 1969). • ALBERIGO, G. *Historia de los concilios ecuménicos* (Salamanca 1993), p. 19-44. • SESBOÜÉ, B. & WOLINSKI, J. *El Dios de la salvación*. Op. cit., p. 187-221.

142. *Enn.* V,1 (O Uno, a Inteligência e a Alma). Ed. de P. Henry e R. Schwyzer (Oxford 1977), II, p. 182-202).

recebe[143]. Somente no Concílio I de Constantinopla (381) e, sobretudo, de Éfeso, Caldedônia (451) e II de Constantinopla (553) se acabará especificando o sentido que a palavra *hipóstasis* tem, primeiro para designar o caráter individual das três realidades divinas: Pai, Filho e Espírito (por obra dos padres capadócios) e em seguida para designar a "pessoa" de Cristo (por obra principalmente de Apolinário de Laodiceia e Cirilo de Alexandria). No sistema de Plotino existe uma subordinação das duas últimas hipóstases à primeira. O *Ev* (Uno) antes de sua realização é o "Superser". Todo o resto é composto de sua realidade. Ele é, pois, a Fonte. A aplicação deste esquema à confissão de fé cristã trinitária exigiu uma transformação interna, já que, transposto diretamente, equivaleria à redução do Filho e do Espírito a duas "emancipações", "produtos", do Primeiro-origem, que não podem ser comparados a ele, nem são do mesmo poder, da mesma dignidade e da mesma natureza dele.

Sobre este fundo devemos situar as teses cristológicas de Ario, que invocavam um fundamento bíblico, sobretudo em Pr 8,22: "O Senhor criou-me como início de sua obra". Este texto exerceu um papel essencial na controvérsia[144]. Para Ario, de acordo com o NT, Cristo é a Sabedoria anunciada no AT; pois bem, a Sabedoria é uma criatura de Deus, a primeira de todas, que serviu como intermediária entre Deus e o resto da criação. Eis uma síntese da doutrina trinitária e cristológica de Ario:

1) Deus foi sempre Deus, porém, não foi sempre Pai, mas somente a partir do instante em que engendrou o Filho[145].

---

143. O termo tem três tradições: o NT (Hb 1,3; 3,14; 11,1 = realidade verdadeira); o estoicismo (individualização última da essência primordial); o neoplatonismo (individualização mediante um processo gradual de emancipação). Frente ao sabelianismo, Orígenes designa com o termo hipóstase a realidade pessoal diferenciada do Pai e do Filho (Cf. "Com in Ioh. II, § 75. In: *SC* 120, p. 224 e nota complementar 9, p. 401-402). • "O Pai e o Filho são duas coisas por sua hipóstase, mas uma só por sua concórdia, pelo amor de sua vontade" (*Contra Celso*, VIII, p. 12 (BAC 271, p. 529-530). Cf. STUDER, B. "Hypostasis". In: *HWPh* III, p. 1.255-1.259. • STUDER, B. "Hypostasis". In: *DPAC* I, p. 1.072.

144. Textos invocados pelos arianos: Pr 8,22; 1Cor 8,6; Jo 1,12; Dt 14,1; Is 1,2 (todos os homens são filhos de Deus); Jo 14,28; 17,3; Mc 10,18 (o Filho é inferior ao Pai); Mc 13,32; Jo 11,33 (Cristo está sujeito a todas as ignorâncias e paixões, que, não podendo corresponder a Deus, mostram que aquele que as padece é homem).

145. "Deus (ὁ Θεός) não foi sempre Pai, mas houve um tempo em que era Deus e não Pai. Depois chegou a ser Pai, O Filho não existiu sempre; posto que todas as coisas foram tiradas do nada e todas são criaturas e obras, também a Palavra de Deus chegou do nada, e houve um tempo em que ela não existia. Não existiu antes de nascer, mas foi o começo da criação. Com efeito, Deus estava

281

2) O Filho não existiu antes de ser engendrado. Não existiu sempre.

3) O Filho não procede do Pai como essencial e permanente origem, mas a partir do nada.

4) O Filho não pertence à essência do Pai, mas é criado e produzido, por um ato de vontade[146].

5) Cristo não é Deus por essência, mas por participação. Não é divino por origem, mas é divinizado.

6) O Verbo não conhece completamente o Pai como o Pai conhece o Verbo[147].

7) O Verbo ou o Filho, tal como o conhecemos na vida de Jesus, tem paixões e comoções, sofrimentos e alegrias; logo, é mutável e, por conseguinte, não pode ser reconhecido como Deus, que por definição é eterno, e imutável.

8) O Verbo assume o corpo de Jesus e cumpre nele as funções da alma humana. É por isso que se deve atribuir a Ele diretamente todas as afeições que dele descrevem os evangelhos[148].

3 A cristologia de Niceia: Cristo ὁμοούσιος τῷ πατρί

A divisão da Igreja criou uma divisão da sociedade. Para restaurar a concórdia de ambas Constantino convoca o Concílio, do qual participam entre 250 e 300 bispos; a cifra que a tradição nos dá é o número simbólico *318*, em referência aos 318 servos de Abraão (Gn 14,14). Ósio, bispo de Córdoba, que já havia exercido um papel importante em nome do imperador para pacificar as Igrejas, é um dos quatro bispos ocidentais. O bispo de Roma,

---

só e não tinha ainda o *Logos* nem a Sabedoria. Somente depois, quando quis criar-nos, fez um determinado ser (ἕνα τινα) e o chamou Palavra, Sabedoria e Filho para criar-nos por meio dele" (texto de sua obra "Thalía". In: SAN ATANASIO. *Contra Ar.*, I, 5 (PG 26, p. 21AB).

146. "Do querer de Deus recebe o Filho antiguidade e grandeza; sua origem em Deus tem um 'desde quando', um 'de quem' [de onde] e um 'desde então'" ("Thalía". In: SAN ATANASIO. *Syn.* 15 (PG 26, p. 705-708).

147. "Deus mesmo em seu ser é inefável para todos; [também] para o Filho é inefável o Pai. Porque ele [o Pai] é o que é por si mesmo; [é] indizível, de sorte que *o Filho não pode expressar nada relativo à essência de Deus*. Pois é impossível para ele auscultar o Pai que existe em si mesmo" ("Syn." 15,3. In: OPITZ, H.G. *Athanasius Werke*. Op. cit., II, 1,9, p. 242-243).

148. Cf. a lista das denominadas "blasfêmias de Ario" em A. Grillmeier (*Cristo en la tradición cristiana*. Op. cit., p. 410-411), recolhidas por SAN ATANASIO. "Syn." 15,3. In: OPITZ, H.G. Ibid., II, 1,9, p. 242ss.

Silvestre, se faz representar por um legado. No Concílio exercem máxima influência as sedes de Antioquia, Alexandria e Roma. Constantino, como presidente de honra, tem o discurso de inauguração e Ósio ostenta a presidência eclesiástica. O Concílio propõe uma Confissão ou *Símbolo de fé* e 20 cânones conciliares. Aqui nos interessa apenas o primeiro. Sua estrutura é trinitária: a referência ao Pai, ao Filho e ao Espírito é o arcabouço de todas as afirmações ulteriores. Isto significa que os Padres não tentam fazer outra coisa senão uma interpretação autêntica da Escritura à luz da regra de fé. O conflito de Niceia é, acima de tudo, um conflito de interpretação da Escritura e de hermenêutica dos textos bíblicos referidos a Cristo. A formulação conciliar é uma reduplicação ou explicitação de textos bíblicos e da παράδοσις apostólica, como tradução do âmbito semítico ao âmbito helênico de linguagem, sem vontade de inovar, mas exclusivamente interpretar e explicitar seu sentido diante de perguntas e situações novas[149].

As afirmações sobre o Pai recolhem fórmulas tradicionais. Sobre o Espírito não se acrescenta nada à fórmula batismal. O artigo sobre o Filho é ampliado com a intenção de responder às afirmações de Ario. *O ponto de partida é a denominação bíblica de Cristo: "Filho de Deus". Ela sempre foi o fundamento e o ponto de partida da cristologia.* A Escritura denomina Jesus acima de tudo Filho e somente João o designa como Verbo. Como devemos entender essa filiação? Ela supõe que assim como um homem ao engendrar outro homem engendra um ser semelhante a ele, Deus engendra no Filho um ser semelhante a si mesmo. A referência é analógica: isto é, entre a geração divina e a geração humana não existe nem igualdade absoluta nem absoluta diferença. Isto quer dizer que devemos transcender a noção humana de geração, visto que na divina não há separação entre o Pai e o Filho. Não é uma geração em sentido físico, como a matéria procede de um ser material, nem em sentido mental, como um conceito procede da mente. Mas nem por isso podemos renunciar ao termo *geração*. Se o renunciarmos não nos sobraria nada mais do que a categoria de criação. Portanto, *devemos ser fiéis à Bíblia que sempre vê Jesus como Filho e compreender essa filiação, realizada em oração e obediência, à luz da história pessoal e da relação existencial de Jesus com Deus.* Num segundo momento temos que

---

149. SESBOÜÉ, B. *Jésus-Christ...* Op. cit., p. 96-97 (Uma interpretação autêntica da Escritura); p. 97-98 (Um "isto é", ou um redobramento).

compreender essa filiação como ação de Deus na ressurreição enquanto manifestação e exteriorização de seu ato eterno gerador do Filho, que permite ao NT compreender a ressurreição como geração: "Tu és meu Filho, eu hoje te gerei" (Sl 2,7; cf. At 2,36; 13,33; Hb 1,5; 5,5; Rm 1,4; Lc 3,22). O ponto de partida para compreender essa filiação e geração não é uma doutrina filosófica, nem a experiência social de filiações jurídicas ou morais, mas a forma concreta com que Jesus viveu como Filho e a forma com que Deus correspondeu à sua existência filial. Ressuscitando-o o identificou como Filho e se revelou a si mesmo como Pai. No ato da ressurreição Deus revelou a filiação eterna de Jesus estendendo-a à sua humanidade que, uma vez consumada, é assumida à vida divina eterna e indestrutível. Pelo fato de Jesus ser o Filho e pertencer ao ser de Deus, era superior à morte. Deus, na ressurreição, ao mesmo tempo que se revelou ao Filho, se revelou a si mesmo com uma relação eterna com Jesus, que é conatural com o seu ser e que, portanto, não tem começo. O Pai é princípio constituinte do Filho (ἀρχή), não ponto de partida temporal (início).

A partir daqui urge compreender melhor cada uma das afirmações do Concílio:

1) O Filho é engendrado pelo Pai, de sua essência como ato eterno e constituinte, não por sua vontade ocasional: engendrado (γεννηθέντα), não criado (οὐ ποιηθέντα).

2) Por proceder da própria essência do Pai é Deus como Ele, luz como Ele, Deus verdadeiro como Ele.

3) Não é uma criatura pensada por Deus como intermediária entre Ele e o mundo, ou como meio criador do restante. A geração caracteriza o Filho e o diferencia das demais criaturas.

4) Essa união, geração, copertença ao Pai pode ser expressa com o termo *homooúsios*, da mesma essência-substância-natureza do Pai. Com a expressão "consubstancial ao Pai" (ὁμοούσιος τῷ πατρί), o Concílio quer traduzir a expressão bíblica "Unigênito do Pai".

5) Esse Filho unigênito, da mesma essência que o Pai, se aproximou de nós, descendo ao nosso mundo, tornando-se carne (σαρκωθέντα), fazendo-se homem (ἐνανθρωπήσαντα), sofrendo, ressuscitando, subindo ao céu e se tornando nosso porvir.

6) A razão dessa "descida", "encarnação", "humanização" do Filho não significa indigência divina, nem uma necessidade física ou metafísica do cosmos, mas tem exclusivamente uma finalidade soteriológica: "por nós homens e por nossa salvação" (διὰ ἡμᾶς τοὺς ἀνθρώπους καὶ διὰ τὴν ἡμέτεραυ σωτηρίαν)[150].

Ao enunciado positivo da fé acrescenta-se uma fórmula que exclui aquelas afirmações que são inconciliáveis com a verdade da fé e que, por essa razão, separam da comunhão eclesial. O anatematismo final, na verdade um ato de excomunhão que declara hereges os que sustentam tais afirmações, completa de maneira negativa a profissão de fé[151]. Aqui são sintetizadas as teses de Ario quando afirma que o Filho já "era quando ainda não era", que "antes de ser feito não existia", que "foi feito do nada", que "procede de outra essência ou hipóstase" que o Pai, que é "mutável" ou "transformável em outra coisa". Positivamente se afirma a preexistência de Cristo em relação à criação. Ele pertence ao ser de Deus, não é somente o que está em seus desígnios em relação ao mundo, nem apenas função da criação; por ser Deus é "imutável" (τρεπτόν) e "intransformável" (ἀλλοιωτόν); tem uma alma humana, à qual se devem referir os movimentos e paixões que os evangelhos descrevem e, por conseguinte, não é legítimo deduzir da mutabilidade de Jesus sua mera condição humana – posto que a mutabilidade não é aplicável a Deus – e excluir sua condição divina[152].

4 Significação perene de Niceia: hermenêutica e teologia

Niceia é decisivo em seus pressupostos tanto pelo próprio fato de decidir quanto pelo conteúdo decidido. Seu significado é múltiplo:

a) *Hermenêutico*. O Concílio fala sobre Cristo na medida em que interpreta a Sagrada Escritura. Esta não é evidente em seu conteúdo nem

---

150. DS 125-126. Para a análise de cada um dos artigos (história prévia, gênese conciliar e conteúdo final) cf. BOULARAND, E. *L'hérésie d'Arius et la "foi" de Nicée*. Op. cit., II, p. 289-358 (parte relativa ao ser de Cristo na relação com o Pai); p. 359-400 (parte relativa à ação de Cristo por nós na economia da salvação).

151. Cf. ibid., p. 422-440 (O anatematismo).

152. Ario parte das ideias gregas de que Deus não é mutável, nem partível, nem transformável, compreendendo-as num sentido em certo modo "materialista". Em tal perspectiva filosófica Deus é invariável, não pode partir o seu ser, nem pode ter história. Cf. ibid., p. 433-434.

tão *interpres sui ipsius,* que possa responder a todos os problemas que o leitor encontra e todas as questões que aparecem ao cristão, que derivam do dinamismo interno de sua fé, de seu encontro com outras culturas, ou de uma provocação exterior. Urge interpretar e aplicar. Mas, quem tem a autoridade para fazê-lo: a filologia dos professores ou a consciência da Igreja, expressa em seu grau máximo de autoridade pelos sucessores dos apóstolos? Niceia não se propõe a oferecer uma exegese melhor do que a de Ario, mas responder às novas questões à luz da regra de fé e da tradição apostólica vivida na Igreja[153]. Esta resposta a dá não empregando termos bíblicos, mas filosóficos. Com liberdade assume uma terminologia que é familiar aos seus ouvintes para transpor o sentido bíblico a um universo filosófico novo. Não converte o vinho da revelação divina em água filosófico-humana. Por essa razão não realiza uma helenização da fé, mas uma extensão das palavras e conceitos humanos para significar algo até então não intuído pela razão humana. As palavras humanas têm a capacidade de nomear o mistério, a partir do momento em que a carne expressou o Verbo. Se Deus é homem, as palavras do homem se revelam capazes de falar de Deus, começando por aquelas do homem Jesus, e em seguida pelas nossas, quando conformadas às dele[154]. O termo *homooúsios,* rejeitado pelo Concílio de Antioquia em 268 no sentido que lhe dava Paulo de Samósata, é usado em um sentido novo, que se descobre à luz da função imanente que cumpre aqui no texto e não das citações que encontramos nos sistemas gnósticos em autores eclesiásticos anteriores (Orígenes) ou filósofos (Plotino)[155], que o haviam utilizado[156]. Este é o limite da formulação nicena: que este termo pode prestar-se a mal-entendidos, sobretudo ao iden-

---

153. Teriam naquele momento tanto os bispos como Ario uma teoria precisa sobre a relação entre a Escritura e a tradição? Ao que parece não. Cf. PERSON, R.E. *The mode of theological decision making at the early oecumenical councils* – An inquiry into the function of the Scripture and Tradition at the Councils of Niceae and Ephesus (Basileia 1978).

154. "Quando Deus se faz homem, o homem se converte enquanto tal em tradução válida e autêntica do Mistério divino" (VON BALTHASAR, H.U. "Dios habla como hombre". In: *Ensayos teológicos* – I: Verbum Caro (Madri 1964), p. 95-126, citação na p. 96.

155. Cf. *Enn.* IV, 4,28; IV, 7,10.

156. Sobre a origem do termo *homooúsios* e dos correspondentes latinos *consubstantialis, consubstantivus,* cf. ORTIZ DE URBINA, I. *El Símbolo Niceno* (Madri 1947), p. 183-202. • BOULARAND, E. *L'hérésie d'Arius et la "foi" de Nicée.* Op. cit., II, p. 337-353. • STEAD, G.C. *Divine Substance* (Oxford 1977). • DINSEN, F. *Homousios* – Die Geschichte des Begriffes bis zum Konzil von Konstantinopel (Kiel 1976).

tificar no anátema *ousía* e *hypóstasis*[157]. Somente o tempo irá clarificando sua intencionalidade profunda, para além de sua repercussão imediata. É como a irrupção de um novo sentido num velho significante. A Igreja cria palavras novas porque a repetição mecânica não é suficiente. Mas simultaneamente conserva como sagradas, necessárias e obrigatórias as que uma vez forjou para fixar uma dimensão do mistério e que a consciência crente já não pode esquecer. A terminologia conciliar de Niceia não é suficiente para expressar toda a fé cristológica, mas é necessária e irrenunciável. A unidade da fé, a comunidade da Igreja e a esperança cristã são religadas a sinais positivos e intransponíveis: a humanidade de Jesus, os sinais do pão e do vinho, as palavras e definições dogmáticas conciliares. Por isso conservamos estes termos, não obstante sua origem não bíblica ou seu horizonte cultural muito diferente do nosso[158]. A positividade do cristianismo carrega consigo a aceitação de alguns fatos definitivos que expressam a missão do Filho e de algumas palavras, elementos e sinais definitivos em sua intencionalidade, que são fruto da presença do Espírito na Igreja.

b) *Teológico*. Já não é mais possível uma compreensão cristã de Deus que prescinda de Cristo como Filho, visto que Ele pertence à própria constituição de Deus. O Deus cristão é comunicação em amor constituinte; comunicação em si mesmo e comunicação para o exterior de si. Não existe eternamente Deus sem o Filho. A potência engendradora e a vontade de engendrar não advém, mas pressupõe seu ser. Não há Deus sem Verbo eterno: o originário não é o silêncio, mas a Palavra. Essa eterna comunicação intradivina de Deus é a que se revela no mundo pela encarnação; e, transcendendo-se na existência de Jesus, a partir dele e por Ele, ela se inscreve em cada ser humano. Deus já não é conhecível em plenitude senão por Cristo, identificado como Messias de Israel, Senhor da Igreja e Filho eterno de Deus. A demonstração da paternidade de Deus e da filiação do Filho acontece no mesmo ato da ressurreição[159].

---

157. Cf. DE HALLEUX, A. "'Hypostase' et 'personne' dans la formation du dogme trinitaire". In: *RHE* 79 (1984), p. 316-369, 625-670.
158. Cf. SESBOÜÉ, B. *Jésus-Christ...* Op. cit., p. 102-106, que responde com lucidez a estas perguntas: Por que não ater-se à linguagem da Escritura ao expor a fé? Por que manter o caráter obrigatório destas palavras para séculos e gerações distantes das culturas nas quais nasceram?
159. Cf. ibid., p. 106-109 (A concepção cristã de Deus).

c) *Soteriológico*. A salvação humana se fundamenta na pessoa divina e encarnada do Filho. A consubstancialidade com o Pai e sua participação em nossa humanidade fundam a potência redentora do Filho. A salvação acontece a partir de dentro da história por alguém que restaura a humanidade, fazendo nova a existência humana. Nicéia deixou a entender algo da alma humana de Jesus só de maneira implícita no anátema; ali se pressupõe que a plenitude de sua humanidade é a condição da plenitude da salvação. Tertuliano e Orígenes o haviam afirmado explicitamente. O conteúdo da afirmação conciliar é teológico-trinitário; a motivação é soteriológica[160].

d) *Eclesiológico*. O acesso à verdade passa pela comunidade e por uma comunidade com autoridade para interpretar a Bíblia e decidir seu conteúdo. A verdade de Cristo se encontra na comunidade de Cristo, explicitada pelos apóstolos de Cristo e seus sucessores. A Bíblia não tem existência autônoma em relação à Igreja, nem na origem nativa (é fruto de seus filhos), nem na interpretação ulterior (está destinada a ser vivida à luz dos mistérios celebrados e interpretados dentro da comunhão sacramental apostolicamente presidida). Existe uma *leitura da Bíblia em Sorbona*, que é necessária e irrenunciável na medida em que ela nos devolve o sentido literal originário tal como seus primeiros redatores e ouvintes o perceberam; mas ao mesmo tempo é necessária e irrenunciável uma *leitura da Bíblia na Igreja*, que nos explicite o sentido salvífico que ela tem dentro de cada cultura e como é revelação de Deus para cada homem. Uma leitura precisa da outra[161]. Os fundamentalismos são impossíveis; os literalismos também. E tão literalistas são algumas atitudes dos métodos histórico-críticos quanto certos grupos fundamentalistas. Ambos aprisionam a Palavra de Deus num passado esgotado e numa letra morta. Nicéia não quis ser outra coisa senão uma releitura atualizadora, inteligível e salvífica do evangelho[162].

---

160. Cf. ibid., p. 98-99.
161. Cf. DREYFUS, F. "Exégèse en Sorbonne, exegese en Église". In: *RB* 83 (1976), p. 161-202. • DREYFUS, F. "L'actualisation de l'Écriture – I: Du texte à la vie". In: *RB* 86 (1979), p. 5-58; "II: L'action de l'Esprit", p. 161-193. • MOLINA PALMA, M.A. *La interpretación de la Escritura en el Espíritu Santo* – Estudio histórico-teológico de un principio hermnéutico de la Constitución "Dei Verbum" (Burgos 1987). • SÁNCHEZ CARO, J.M. "La lectura eclesial de la Biblia". In: *Com RCI* 8 (1986), p. 269-291.
162. Cf. RICKEN, F. "Das Homoousios von Nikaia als Krisis des altcristlichen Platonismus". In: *Theologie und Philosophie* 44 (1969), p. 321-334. • WELTE, B. (ed.). *Zur Frühgeschichte der Christologie* (Friburgo 1970), p. 74-99 mostrou como o Concílio libera a teologia de um compromisso filo-

O Concílio teve uma recepção eclesialmente lenta, teologicamente complexa e politicamente condicionada. Os imperadores foram forçando interpretações e mediações entre os diversos grupos (anomeos, homoiousianos, semiarianos, distintas interpretações da fórmula de fé), em função da necessidade de manter o Império unido. No Oriente os arianos perduraram até depois da metade do século V. No Ocidente, onde o Concílio de Aquileia (381) parecia ter liquidado todo o resto do arianismo, com a invasão dos bárbaros ele conheceu um reflorescimento. Os godos fizeram de um arianismo radicalizado sua religião, a elevaram a distintivo de sua nacionalidade e a impuseram nas regiões onde conquistaram o poder. As invasões significaram novas perseguições para os católicos, sobretudo na África com os vândalos e na Espanha com os visigodos. A conversão do rei Recaredo (586-601) é o momento de constituição da nacionalidade hispânica com a afirmação da fé católica no III Concílio de Toledo (589). O arianismo perdurará até o final do século VI, período em que desaparecerá.

A confissão cristológica de Niceia é a primeira definição dogmática da Igreja e continua sendo o texto eclesial de maior autoridade, já que expressa a concepção cristã de Deus e, ao definir a relação de Cristo com Deus, definiu também sua natureza como Filho. Jesus Cristo não substitui Deus, mas é seu Filho e, enquanto Filho unigênito de sua mesma essência, é Deus. Os Padres de Niceia tiveram a intenção de oferecer uma resposta normativa para toda a Igreja, que se explicita na excomunhão acrescentada. A aprovação pelo papa e a recepção pelos concílios ulteriores farão dele a pedra de toque da fé cristã. Ao Símbolo de Niceia se referem na Patrística todas as confissões de fé e se converte assim em critério de ortodoxia. A fé católica é a "fé de Niceia". As diversas teologias e os próprios concílios (Éfeso, Calcedônia) repetem que ela é suficiente e que só a maldade dos hereges força a dizer coisas novas. Todos os textos posteriores não querem ser outra coisa senão sua interpretação atualizada[163].

---

sófico que colocava em perigo a originalidade da fé cristã; i. é, que leva a termo a "des-helenização" que ameaçava a fé desde os apologistas e os grandes mestres alexandrinos (Clemente, Orígenes...). Aqui acontece pela primeira vez o critério de encontro do evangelho com a cultura: integração e crise, aprendizagem das criações dos homens e sinais dos tempos, discernidas aquelas e estes à luz do evangelho ("Per omne tempus Ecclesiae officium incumbit signa temporum perscrutandi et sub Evangelii luce interpretandi" (GS 4).

163. A autoridade de Niceia foi crescendo e sendo determinante para as novas definições dogmáticas. Cf. DE HALLEUX, A. "La réception du Symbole oecuménique de Nicée à Chalcédoine". In: *ETL* 61 (1985), p. 5-47.

5 O arianismo e a linguagem da teologia

Os concílios foram vividos sempre na Igreja como ponto-final, clarificador de uma dificuldade teológica e pacificador de uma dimensão eclesial. Esse resultado, no entanto, só foi conseguido a longo prazo, já que a curto prazo estouraram controvérsias profundas entre os chefes de escolas e continuou havendo rupturas entre pessoas e patriarcas. Se a isto acrescentarmos que passar das ideias à vida, reformar e conformar as instituições é tarefa bem difícil, junto com as repercussões políticas que as decisões conciliares levaram às vezes consigo, então se explicam as perturbações eclesiais que caracterizaram o século IV. *Niceia teve como questão central aclarar a relação de Cristo com Deus, definida como geração, filiação, consubstancialidade, divindade. O Verbo não está no plano de Deus para a criação temporal, mas na entranha de seu ser e em sua copertença eterna.* Só de maneira implícita no anatematismo se aludia à mutabilidade do Verbo excluindo-a, porque atrás se escondia a negação da alma de Cristo. Estas duas questões fundamentalmente decididas pelo Concílio arrastaram consigo todo o resto do século em busca de uma clarificação conceitual, que no sentido trinitário se consegue em Constantinopla (uma essência-três hipóstases em Deus) e no sentido cristológico terá que esperar Éfeso e Calcedônia (uma hipóstase-duas naturezas em Cristo).

No arianismo existem dois períodos: um de latência (que vai até a morte de Ario em 336, de Constantino em 337 e de Eusébio de Cesareia em 338) e outro de expansão e consolidação. Do ano 338 ao ano 357, sob o reinado dos filhos de Constantino, os arianos gozam do favor político, ocupam sedes, organizam sínodos e por volta de 360 a vitória ariana é quase total. A este fato se refere a frase clássica de São Jerônimo: "A terra inteira geme e se assombra de ser ariana"[164]. Os problemas de fundo derivam da ausência de clareza terminológica para descrever e definir as realidades novas. Se Aristóteles dizia da metafísica que é "uma ciência que se busca a si mes-

---

164. Sua carta 15 é um testemunho excepcional da confusão doutrinal acarreada pela palavra grega *hypóstasis*, que ainda não tem um claro equivalente latino. Em suma perplexidade se dirige a seu bispo de Roma, São Dâmaso, pedindo-lhe clareza e lhe propõe esta fórmula para superar a divisão entre católicos, arianos e melecianos: "Sufficiat nobis dicere unam substantiam, tres personas subsistentes perfectas, aequales, coeternas; taceantur tres hypostases, si placet et una teneatur" (*Epist.* 15,3 (BAC 219, p. 87). Sobre a expansão do arianismo, cf. MARROU, H.I. *Nueva historia de la Iglesia*, I (Madri 1964), p. 293-305.

ma"[165], nós poderíamos dizer da cristologia, como explicitação racional da fé em Cristo, que aqui está se buscando a si mesma com a ajuda de conceitos como *ousía, hypóstasis, physis*. Estas têm um sentido em seu contexto estoico ou platônico de origem, mas sem uma metamorfose radical não podem ser usadas para designar as realidades teológicas e cristológicas, cujo princípio de inteligibilidade são a história positiva de Cristo, a experiência eclesial, a tradição apostólica e a regra de fé. Seu horizonte filosófico de nascimento e o horizonte cristão de interpretação são distintos.

A definição de Niceia era entendida de forma diferente: para alguns era a afirmação da divindade de Cristo em diferença pessoal a respeito de Deus; outros, em contrapartida, entendiam essa identidade com Deus de forma quase modalista, de maneira que Cristo não existia nem antes nem depois da encarnação. Cristo era simplesmente Deus mesmo, o único Deus, que se dá aos homens no tempo. As intepretações oscilam, portanto, entre um arianismo que não reconhece igualdade de essência entre Deus e Cristo (dualismo), e um modalismo que os identifica no ser e só os diferencia no tempo (monismo). A fórmula cristológica dos bispos orientais, chamada *Ekthesis makrostikos* (345) por sua extensão, se refere a dois personagens decisivos no século IV, que negavam a permanência eterna da humanidade de Cristo, já que não o consideravam uma pessoa distinta do Pai, mas uma maneira de Deus fazer-se visível no mundo (πρόσωπον, máscara, papel); face ou máscara que deixa de ter sentido quando concluiu a função. Tal interpretação de Niceia equivalia a uma negação real da pessoa do Filho e da Trindade.

Os discípulos de Marcelo e Fotino, ambos de Ancira, Galácia, negam a subsistência eterna de Cristo, sua divindade e seu Reino eterno, com a escusa de salvaguardar a unidade divina como o fazem os judeus[166].

Frente aos *nicenos*, que se identificam pelo ὁμο-ούσιος (ὁμος = o Filho é de *igual* essência que o Pai), os grupos arianos se diversificam em múltiplas variantes: os *anomeos* (o Filho não é semelhante [ἀν-όμοιος] ao Pai por ser uma criatura); os que sustentam uma semelhança, mas excluem uma igualdade e por isso se chamam *homoiousianos* (ὅμοις = de essência *semelhante* ao Pai). Eunômio e Eustáquio de Antioquia são os cabeças destes grupos. Frente a eles, os capadócios repensam não somente a divindade de Jesus,

---

165. *Metafísica*, I, 2 (983a).
166. N. 6. Cf. KANNENGIESSER, C. "Marcelo de Ancira". In: *DPAC* II, p. 1.350-1.351.

mas também a relação do Espírito com o Pai e com Jesus; isto é, o próprio mistério de Deus. Surgem assim, por um lado, *a teologia apofática* (Deus é incompreensível e nosso melhor saber sobre Ele é um ignorar consciente e um silêncio em adoração) e a *terminologia trinitária*, que permitirá falar da única natureza e das três relações de Deus, da unidade de essência e da trindade de pessoas. Junto aos que negam o termo e a realidade do Filho consubstancial ao Pai, estão os que afirmam a realidade, mas rejeitam a palavra: por não ser bíblica, por ser equívoca, por ter sido condenada num sínodo anterior, por constar no anátema do Concílio identificada com *hypóstasis*, por ter ressonância gnóstica. Afirmou-se que ao longo do século IV teria havido uma variação da fé de Niceia, passando da afirmação de uma unidade numérica de essência em Deus para uma unidade específica. Harnack o afirma de Santo Atanásio[167], e a partir da obra de T. Zahan, *Marcelo de Ancira* (1869), fala-se de um *neoniceanismo*, que consistiria em passar da unidade de substância (*unius substantiae,* que os latinos propuseram em Niceia) à igualdade de substância. A diferença entre identidade numérica e identidade específica, no entanto, não aparece no século IV. Os historiadores atuais aceitam "falar de uma reinterpretação da fé nicena no sentido de que os Padres Capadócios substituíram o *homooúsios* pela fórmula mais completa μία οὐσία-τρεῖς ὑποστάσεις e, sobretudo, porque sua teologia queria combater não só o arianismo, mas também o sabelianismo, como se deduz da fórmula proposta por eles"[168].

6 Apolinário e o problema da alma de Cristo

A segunda questão pendente é a da "alma de Cristo", negada por Apolinário de Laodiceia e não totalmente esclarecida por Santo Atanásio, o campeão da ortodoxia nicena[169]. A escola de Alexandria sempre afirmou a função hegemônica e a ação divinizadora do *Logos* sobre a humanidade de

---

167. VON HARNACK, A. *Lehrbuch der Dogmengeschichte*, II, p. 250, 262, 266.

168. STUDER, B. "Neonicenismo". In; *DPAC* II, p. 1.508-1.509.

169. A origem da negação da alma de Cristo parece estar em Paulo de Samósata, que além de afirmar que Cristo era um homem ordinário, "um homem daqui", e distinguir o elemento divino "de cima" do elemento humano "de baixo", explicou a transcendência de Cristo porque nele o *Logos* substitui a alma humana de Cristo (EUSÉBIO, *Hist. ecles.* VII, p. 27-30 [BAC 612, p. 485-488]). "A questão da alma de Cristo acompanha constantemente a teologia no período entre 268 e 325 e mais além, quando o nome de Apolinário já não tem mais vigência" (GRILLMEIER, A. *Cristo en la tradición cristiana*. Op. cit., p. 330).

Jesus, e com dificuldades admitiu nele o princípio humano autônomo de ação, intelecção e volição. Falando de um Verbo-carne (λόγος-σάρξ) imaginavam dizer todo o mistério da encarnação e da redenção. É aqui que se situa a negação da alma humana por Apolinário de Laodiceia. Para ele, dois princípios, perfeitos em si mesmos, não podem unir-se entre si e "se um homem tivesse se unido com Deus, perfeito com perfeito, então seriam dois".

> É impossível que dois seres espirituais e voluntários coabitem, porque se oporiam um ao outro por sua vontade e sua energia próprias. Em consequência, o Verbo não assumiu a alma humana[170].

Aqui aparecem duas intuições-chave:

• A impossibilidade metafísica de que dois seres prefeitos se unam para formar um ser real novo.

• O temor de que uma humanidade completa de Jesus, tentável e defectível no exercício de sua liberdade e por isso capaz de maldade e pecado, coloque em perigo a realidade de nossa redenção, que somente Deus pode realizar ou um santo em seu nome.

A autonomia é essencial à natureza humana, e a redenção do homem deve ser realizada por alguém que não esteja sob o mesmo poder do pecado em que nós estamos e daquilo que nos quer libertar.

Apolinário continuará afirmando que Cristo se fez homem, que é plenamente Deus e homem, mas urgido na controvérsia afirma: "não é homem, mas semelhante ao homem, porque não é consubstancial ao homem segundo a expressão exata"[171]. Ele imagina a união de Deus com o homem como uma composição (σύνθεσις) entre Deus e o corpo humano. O Verbo exerce as funções da alma humana: "O Verbo se fez carne; isto é, se uniu à carne como o espírito humano"[172]. A unidade de Deus e do homem são compreendidas como a unidade do espírito e da carne humana. Estamos diante de um monismo cristológico onde se acumulam os termos para designar a unidade

---

170. "Frag. 81,2". In: LIETZMANN, H. (ed.). *Apollinaris von Laodicea und seine Schule* (Tubinga 1904), p. 224. "Já que todo espírito é autônomo, ao estar naturalmente movido por uma vontade própria, é impossível que num único e mesmo sujeito possam coexistir dois espíritos, querendo coisas distintas, realizando cada uma o movimento autônomo que deseja" ("Frag. 150". In: Ibid., p. 247).

171. "Frag. 45". In: Ibid., p. 214.

172. "Tomus synodalis". In: Ibid., p. 263.

de essência, de vida e de pessoa em Cristo. Daí as fórmulas repetidas: uma só natureza, uma só hipóstase, uma só pessoa, uma só essência (οὐσία), um só sujeito (ὑποκείμενον) em Cristo. Apolinário parece ter sido o primeiro a usar o termo hipóstase para designar a unidade de Cristo, mas ainda sem diferenciá-lo dos outros, concretamente da natureza, dando origem a uma fórmula profundamente equívoca no século seguinte, à qual inclusive São Cirilo lhe outorgou grande autoridade, por acreditá-la ser de Santo Atanásio: μία φύσις τοῦ θεοῦ Λόγου σεσαρκωμένη.

> O único Filho não é duas naturezas, uma adorável a outra não, mas a única natureza de Deus Verbo, encarnada e adorável com a carne, em uma única adoração[173].

> Nova criação e divina mistura [...] Deus e a carne constituem uma única natureza [...] já que segundo a encarnação o corpo não é uma natureza própria nem a divindade uma natureza própria, mas como o homem é uma só natureza, assim o é Cristo ao fazer-se igual aos homens[174].

7 Santo Atanásio e seu tratado *Sobre a encarnação*

A figura teologicamente central do século IV em relação à Niceia é Santo Atanásio em suas obras *Contra Gentes, De Incarnatione Verbi* e *Contra Arianos*[175]. Embora não intervenha diretamente em Niceia nem seus primeiros escritos se centrem no *homooúsios*, a última fase de sua vida fará deste termo o sinal identificador de sua teologia. Ele oferece as grandes linhas de uma cristologia: O Verbo é consubstancial ao Pai; entre Pai e Filho existe unidade, mas ao mesmo tempo diferença; existe uma identidade entre o Verbo eterno e Cristo; o Verbo é a Sabedoria e a Vontade do Pai, em quem fomos pensados e desejados, por isso somos fruto de sua própria intelecção no Filho e de seu amor eletivo. O Verbo é Criador com o Pai; o Verbo é Revelador por uma tríplice via: nosso interior, a criação e a história, para simultaneamente ser revelação e salvação.

---

173. "Epist. ad Iovinianum". In: Ibid., p. 250-251.
174. "Ad Dionysiumm". In: Ibid., p. 257. Sobre a cristologia de Apolinário, sua condenação e a reação antiapolinarista na Capadócia e em Antioquia, cf. LIÉBAERT, J. *L'Incarnation*. Op. cit., p. 143-173. • GRILLMEIER, A. *Cristo en la tradición cristiana*. Op. cit., p. 495-542.
175. Cf. LIÉBAERT, J. Ibid., p. 130-135. • GRILLMEIER, A. Ibid., p. 503-524. • STEAD, G.C. "Atanasio". In: *DPAC* I, p. 260-266, com bibliografia completa. Mais especificamente a introdução de C. Kannengiesser à sua edição bilingue do *De Incarnatione* (SC 199; Paris 1973), p. 67-156 (A doutrina do *De Incarnatione*).

Ao mesmo tempo que a pessoa, Atanásio analisa *a obra* de Cristo explicitando os motivos da encarnação e dessa forma nos oferece a resposta mais completa que temos na Patrística à pergunta: *por que Deus se fez homem?* Ele introduz quase todos os temas da teologia posterior.

- O *Logos* encarnado é o educador e civilizador da humanidade. É o tema grego da *paideia* e tema posterior do magistério moral de Cristo, sublinhado e quase absolutizado pelo Iluminismo.

- Ele não é somente o *didáskalos* do homem velho, mas veio recriar o homem desfeito pelo pecado e iniciar a nova criação.

- Sua vida é um sacrifício de redenção e perdão por nossos pecados, razão pela qual suportou nossas iniquidades e se ofereceu pelos pecadores.

- Com sua morte destruiu o poder da morte e saldou nossas dívidas, aparecendo assim o tema do demônio e de seus hipotéticos direitos sobre o homem pecador.

- A humanização de Deus é o princípio da divinização do homem: Ele se fez o que somos para que nós nos fizéssemos como Ele é.

Une, portanto, as perspectivas pedagógico-educativa, moral-exemplar, jurídico-expiatória e místico-divinizadora da salvação[176]. Especial importância teve a última, ao afirmar: *"Ele se fez homem para que fôssemos divinizados"*[177]. Trata-se de uma transformação natural ou mística de toda a humanidade, com anterioridade a cada indivíduo, como resultado do próprio ato da encarnação? Teríamos aqui uma antecipação do Vaticano II, quando afirma que "pela encarnação o Filho de Deus se uniu de algum modo a todo homem"? (GS 22). Os Padres Gregos viram na encarnação o ato divino decisivo para a salvação do homem, mas isto não significa que compreenderam a graça e a divinização do homem como algo mecânico, automático, da ordem natural. A entenderam como aquilo que Deus livremente uniu ao sinal de seu Filho encarnado, como dom pessoal irreversível que cada homem tem que tornar seu em atitude de liberdade e predileção.

---

[176]. C. Kannengiesser sintetiza assim o conteúdo dos capítulos centrais: "Cap. II: A encarnação do Verbo como vitória sobre a morte e dom da incorruptibilidade. Cap. III: A encarnação do Verbo como restauração do *kat' eikóna* humano e dom do conhecimento sobrenatural. Cap. IV: O valor salvífico da encarnação: união do *Logos* ao corpo humano, o sacrifício da cruz, a ressurreição" (Ibid., p. 483).

[177]. *De Incarnatione* 54,3 (SC 199, p. 458).

Depois de afirmar que por sua morte apareceu a todos a imortalidade e que Ele é o Maestro desta imensa sinfonia do universo (Χορηγός) ao mesmo tempo que seu Demiurgo (Δημιουργός) ou Criador[178], acrescenta:

> Ele mesmo se fez homem para que nós fôssemos divinizados; e se manifestou pelo corpo para que nós tivéssemos uma ideia (ἔννοια) do Pai invisível; e suportou os ultrajes dos homens para que nós fizéssemos parte de sua incorruptibilidade[179].

> O homem não teria sido divinizado se não tivesse sido o Verbo natural, próprio e verdadeiro do Pai, que se fez carne. A salvação e a divinização estão garantidas, porque houve o contato entre a verdadeira natureza da divindade e a verdadeira natureza da humanidade[180].

Os três motivos soteriológicos centrais que encontramos explicitados em sua obra *De Incarnatione* são: a manifestação do verdadeiro conhecimento de Deus (*revelação*), a superação da situação pecadora do homem perante Deus seu Senhor (*redenção*) e a participação em sua vida pessoal divina (*divinização*).

8 Os Padres Capadócios, o Concílio de Constantinopla e seu símbolo

A segunda parte do século IV se orienta para o esclarecimento da relação trinitária entre Pai e Filho; mas, sobretudo, ocupa-se da natureza do Espírito Santo. Urgia clarificar os termos *ousía* e *hypóstasis*. *Hypóstasis* deriva do verbo ὑφίστημι = estar sob, suportar, subsistir. O substantivo *hypóstasis* (ὑπόστασις), portanto, significa: sedimento, o resultado de uma precipitação que fica abaixo ou suporta na base a realidade verdadeira (Hb 1,3; 3,14; 11,1), o que posteriormente se dominará substância. Na tradição filosófica estoica e neoplatônica significa a individuação última da essência primordial. Em Orígenes tem um sentido antissabeliano e designa as três realidades do Pai, Filho e Espírito Santo em Deus[181]. Rufino, na tradição do *De Princi-*

---

178. Sobre os títulos cristológicos no tratado, cf. KANNENGIESSER, C. Op. cit., p. 86-93, e na Patrística: REPGES, W. "Die Namen Christi in der Literatur der Patristik und des Mittelalters". In: *Trierer theologische Zeitschrift* 73 (1964), p. 161-177.
179. *De Incarnatione* 54,3 (SC 199, p. 458).
180. "Contra Ar." 1,70. In: *PG* 26, p. 295-296.
181. Cf. *Contra Celso* 8,12 (BAC 271, p. 529). • *In. Ioh.* II, 10,75. Cf. STUDER, B. "Hypostasis". In: *HWPh* III, p. 1.255-1.259. • STUDER, B. "Hypostasis". In: *DPAC* I, p. 1.072.

piis havia usado as palavras latinas *substantia* e *subsistentia*[182], para traduzir a palavra grega. Esta duplicidade de sentido se converteu em uma fonte de equívocos. Não se podia dizer de Deus que foram "três hipóstases" no sentido de três substâncias. A expressão "três hipóstases", usada já por Orígenes e Dionísio de Alexandria, foi questionada por Dionísio de Roma. Trata-se de um caso mais da historicidade das palavras e das ideias: somente lendo-as em seu tempo e lugar, e respeitando o sentido exato que tiveram em cada fase ao longo do processo de clarificação e de diferenciação que viveram, poderemos verdadeiramente entendê-las sem fazer-lhes violência.

Os Padres Capadócios Basílio, Gregório Nazianzeno e Gregório de Nissa realizaram uma tríplice conquista nesta ordem:

1) Elaboram uma teologia negativa da essência divina, que é indefinível e incompreensível para o homem. Trata-se de uma clara oposição às teses do ariano Eunômio.

2) Desenvolvem uma teologia das propriedades ou relações entre as pessoas divinas. A aplicação do termo "engendrado" ao Filho não define uma substância, mas uma relação. Abre-se aqui a passagem para um esclarecimento linguístico: existem nomes próprios (João, Antônio), existem nomes comuns (médico, espanhol) e existem nomes relativos (irmão, escravo, engendrado). Pai e Filho são nomes próprios que designam relações. *Geração* designa a relação existente entre o Pai e o Filho. São Gregório de Nazianzeno cria uma palavra para designar a relação de origem existente entre o Pai e o Espírito Santo: o termo *processão* ou *procedência*, referindo-se a Jo 15,26 (ἐκπόρευσις).

3) Eles assumem o termo niceno ὁμοούσιος como pressuposto de sua explicação trinitária. E com o termo hipóstase expressam o que é característico e individual de cada uma das três realidades divinas, contrapondo, assim, τρεῖς ὑποστάσις à única οὐσία. Aqui se trata de fixar a relação que une o Espírito com o Pai e o Filho, especificando se procede do Pai ou também

---

182. "Non solum splendor gloriae esse dicitur [Christus] ab apostolo, sed et figura expressa substantiae vel subsistentiae eius" (ORÍGENES. *De Principiis*, I, 2,7 (SC 252, p. 126).

do Filho; e, neste último caso, se são dois princípios iguais (do Pai e do Filho) ou se o Pai é o único princípio do qual procede o Espírito mediante o Filho (do Pai pelo Filho). É o problema do "Filioque". Sua introdução no Símbolo niceno-constantinopolitano foi decidida no sínodo de Braga (675), aceita na Igreja romana por volta de 1013, e convertida até hoje em motivo de dissensão entre a Igreja bizantina e a ocidental[183].

A preocupação pela verdade da fé foi unida à preocupação pela unidade das Igrejas, especialmente por São Basílio, ao pedir que todos reconhecessem o *homooúsios* de Niceia ao mesmo tempo em que afirmassem as τρεῖς ὑποστάσις divinas. Em seu *Tratado sobre o Espírito Santo* (374) ele expõe como a fé nas três hipóstases não pode se opor à doutrina da monarquia[184]. Ficam em princípio esclarecidas as relações entre a unidade de Deus e as propriedades das pessoas, ou o caráter próprio de cada uma, ao mesmo tempo que as relações entre a natureza e as hipóstases. Em Deus há uma natureza e três hipóstases. Em Cristo, em contrapartida, há uma hipóstase que inclui a divindade e a humanidade perfeitas; isto é, duas naturezas. Os Padres afirmaram a única substância (οὐσία) do Pai, do Filho e do Espírito, rejeitando a confusão de hipóstases, tal como o fazia Sabélio, mas simultaneamente excluíam toda heterogeneidade entre eles, como o faziam Eunômio e os arianos. O Filho e o Espírito são "outro" que o Pai, mas não "outra coisa".

O *Tomus Damasi*, conjunto de fragmentos das cartas que este papa envia em 374 aos orientais, é o esclarecimento definitivo da perfeição da divindade ao mesmo tempo em que a perfeição da humanidade de Cristo, sublinhando simultaneamente o motivo soteriológico: se Ele não é Deus verdadeiro e homem completo, não existe salvação humana. Falar de Cristo é esclarecer o *sacramentum salutis nostrae*:

> Ergo fratres, adseramus Dei Filium et perfectum esse Deum et hominem suscepisse perfectum (DS 144).

---

183. Cf. STUDER, B. "Filioque". In: *DPAC* I, p. 874.
184. "Ao adorar um Deus de Deus também confessamos o próprio das hipóstases, e permanecemos na *monarquia* [= unidade de Deus] sem dispersar a *teologia* [= mistério trinitário] numa pluralidade separada posto que em Deus Pai e em Deus Unigênito contemplamos, por assim dizer, uma única forma que se reflete na divindade imutável" (SAN BASILIO. *El Espíritu Santo*, XVIII, 45 (Madri 1996), p 182.

> Illi [Marcelo de Ancira, Apolinar de Laodicea] imperfectam divinitatem in Dei Filio dicunt, isti imperfectam humanitatem in hominis Filio mentionantur. Quod si utique imperfectus homo susceptus est, imperfectum Dei munus est, imperfecta nostra salus, quia non est totus homo salvatus [...]. Nos autem, qui integros et perfectos salvatos nos scimus, secundum catholicae Ecclesiae professionem perfectum Deum perfectum suscepisse hominem profitemur (DS 146).

O Concílio de Constantinopla significa para a divindade do Espírito Santo, negada pelos "pneumatômacos" ou "macedonianos", o mesmo que significou Niceia para a divindade do Filho[185]. O concílio desenvolve o terceiro artigo do Credo, mas trabalhando com outras categorias. Não emprega o termo *homooúsios* para evitar receios e rejeições. O concílio parte da igualdade dinâmica e da igual santidade, da igual potência do Espírito e da igual adoração com que é venerado na Igreja. Ele aplica o mesmo critério de Niceia: se Cristo não fosse o Filho consubstancial ao Pai, não seríamos definitivamente filhos e permaneceríamos sempre atemorizados como escravos, da mesma forma que, se o Espírito Santo não tivesse o mesmo poder de Deus, tanto revelador ("falou pelos profetas") quanto santificante, não poderia nos santificar e estaríamos ainda em nossos pecados. A isto acrescenta que na Escritura Ele é colocado em uma relação com o Pai análoga à do Filho (João) e que na liturgia da Igreja (Batismo e Eucaristia) recebe a mesma invocação e adoração[186]. Um anatematismo, unido à confissão de fé, enumera as teorias que negam a divindade do Filho ou do Espírito Santo e que, portanto, separam da comunhão eclesial (eunomianos, anomianos, arianos, eudoxianos, macedonianos, sabelianos, seguidores de Marcelo de Ancira, Fotino e Apolinário)[187]. Ao mesmo

---

185. Entre os Padres participantes estão Gregório Nazianzeno, Gregório de Nissa, Melécio de Antioquia, Cirilo de Jerusalém, Diodoro de Tarso e Pedro de Sebaste.

186. Cf. KANNENGIESSER, C. "Constantinopla (Istambul) – II: Concilios". In: *DPAC* I, p. 482-484, com bibliografia. • RITTER, A.M. "Konstantinopel – I: Ökumenische Synoden von 381". In: *TRE* 19 (1990), p. 1.518-1.524. • RITTER, A.M. "Dogma und Lehre in der alten Kirche". In: ANDRESEN, C. (ed.), *Handbuch der Dogmen- und Theologiegeschichte,* I (Gotinga 1982), p. 170-221.

187. Existe uma rejeição das três heresias fundamentais daquele momento: "Divinitatem quippe et virtutem atque substantiam unam Patris et Filii et Spiritus Sancti credimus et aequalem honorem ac dignitatem, et imperium coaeternum, in tribos percectissimis subsistentiis, seu tribos perfectis personis, ut neque sabelliani languor habeat locum confusione subsistentiarum aut peremptione proprietarum; neque eunomianorum et arianorum et pneumatomachorum, id est Spiritui resistentium, blasphemia praevaleat" ("Epistola Constantinopolitani concilii ad papam Damasum et

tempo o Concílio exclui os resquícios de apolinarismo afirmando a perfeição da humanidade de Jesus (corpo, alma mente)[188]. A vida da Trindade se reflete e se reconhece na divinização do cristão. Existe um nascimento do Verbo na alma e uma procedência do Espírito que incorpora o homem a essa vida, inclusive colaborando com ela. Por isso os místicos, desde Orígenes a Eckhart, de Nicolau de Cusa a São João da Cruz repetem que se o Verbo não nasce no homem, de nada lhe valem a geração eterna e seu nascimento de Maria, e que se o Espírito Santo não nos diviniza, integrando-nos nas relações trinitárias, não conheceríamos a Deus nem participaríamos de seu ser[189].

9 A cristologia à luz do mistério trinitário e da pneumatologia

O Concílio de Constantinopla, quando reassume o Símbolo de Niceia completando-o, explicita a consciência que tem de sua validez e de sua autoridade universal ao empregar o termo "ecumênico"[190]. Não nos restam atas deste concílio. O texto o encontramos na carta sinodal de Constantinopla (382). O Símbolo, chamado "niceno-constantinopolitano", que passará à celebração eucarística junto com o dos apóstolos utilizado na catequese, o encontramos nas atas do Concílio de Calcedônia. O Concílio de Constantinopla é capital para a compreensão cristã de Deus, já que ao afirmar a divindade do Espírito Santo exclui como não cristã essa descon-

---

occidentales episcopos". In: TANNER, N.P. (ed.). *Decrees of the Ecumenical Councils,* I, (Londres 1990), p. 25-28, cit. p. 27.

188. "Inhumanationis vero Christi sermonem sine aliqua violatione servamus, neque sine anima, neque sine mente, aut imperfectam carnis dispensationem suscipientes; sed totum scientes perfectum quidem ante saecula existere Dei Verbum, perfectum vero hominem in novissimo dierum propter nostram salutem factum" (Ibid., p. 27).

189. "Deus inteiro participado pelos homens em sua totalidade constitui a vida eterna [...] de forma que são deificados pela graça de Deus feito homem e deificador" (SAN MÁXIMO EL CONFESOR. "Ambigua". In: *PG* 91, p. 1.088C. Esta doutrina de Orígenes, Máximo, Pseudo-Dionísio, que são os teorizadores da ideia grega da divinização do homem como acunhamento em seu ser do mistério trinitário, passa para o Ocidente (João Escoto Eriúgena, Hugo e Ricardo de São Víctor, Guillermo de San Teodorico...). É reassumida com categorias aristotélicas por Santo Tomás de Aquino, e em novas perspectivas por Eckhart: "Fructus incarnationis Filii Dei primus est quod homo sit per gratiam adoptionis quod Ipse est per naturam" ("Expos. In Ioh." 106. In: DE LIBERA, A.; WEBER, E. & ZUM BRUNN, E. (eds.). *L'oeuvre latine de Maître Eckhart* – VI: Le commentaire de l'Évangile selon Jean – Le prologue, cap. 1,1-18 (Paris 1989), p. 206-208, com o *excursus* nas p. 396-398. Cf. "Divinisation". In: *DSp* III, p. 1.370-1.442. • SAN JUAN DE LA CRUZ. *Noche* 2,21,5-6.• *Cántico* 39,4-6.

190. Cf. TANNER, N. (ed.). *Decrees of the Ecumenical Councils.* Op. cit., I, 29.

tínua compreensão teológica dual, que fala somente de Deus e seu profeta, seja este Moisés, Cristo ou Maomé, explicitando como constitutiva do cristão a realidade trinitária de Deus. Jesus Cristo não é somente um homem excelso, um profeta santificado no ventre de sua mãe, adotado ou eleito por Deus no tempo, consagrado pelo *pneuma* ou recompensado por sua exemplaridade moral, mas é o Filho, consubstancial e eterno ao Pai e, enquanto tal, Deus encarnado por nós e para a nossa salvação (Niceia). O Espírito Santo não é apenas uma força, um impulso ou uma inspiração que Deus outorga aos homens para realizar missões divinas no mundo. O *ruah* do AT é uma coisa; o πνεῦμα e ἐνθουσιασμός dos gregos é outra. Algo completamente diferente é o Espírito Santo da Verdade, o Espírito de Cristo, que o Pai envia a pedido do Filho. Ele pertence à realidade constitutiva de Deus e Deus é Ele.

Cristo fica assim encravado na relação com o Pai, com ideia de geração e filiação, e na relação com o Espírito, que prepara sua vinda ao mundo e gesta sua humanidade, ao mesmo tempo que universaliza sua pessoa e sua mensagem. Desde sua manifestação na história (Trindade econômica) aprendemos a pensar a relação interna em Deus com anterioridade à sua manifestação (Trindade imanente). As duas são inseparáveis: a primeira funda a segunda e a segunda revela a primeira. *A Trindade é assim o fundamento e o marco necessário da cristologia. Não é pensável um Cristo sem Deus Pai, nem é pensável um Cristo sem o Espírito Santo.* Não existe cristologia sem pneumatologia, nem pneumatologia sem cristologia, e ambas são eternamente teologia. As três pessoas se constituem em relação e se autorrevelam ao crente em interação, de forma que na experiência cristã exercem com igual importância a unidade do ser divino e a trindade de pessoas, tanto em sua ação pessoal em nós como em nossa relação pessoal com cada uma delas.

Com o *Tomus ad Antiochenos* de Santo Atanásio (362), os textos de Constantinopla (381) e o *Tomus Damasi*, emanado do concílio romano de 382 e enviado a Paulino, bispo de Antioquia, são traçados os perfis da fé trinitária e a confissão cristológica. Explicar de perto a conciliação entre perfeição divina e perfeição humana, constituintes do único Cristo, vai ser a tarefa do século V.

V – A cristologia de Éfeso e Calcedônia

1 A passagem ao século V

O século anterior esteve centrado no problema trinitário provocado pelo arianismo, ao qual responde Niceia, e no problema da verdade da humanidade de Jesus, suscitado pelo apolinarismo, ao qual respondem teólogos tanto da região ocidental quanto da Capadócia. Constantinopla o resolve normativamente ao afirmar que "a economia da carne" supõe uma humanização completa e perfeita; que Cristo não assume somente um corpo inanimado (ἄψυχον), mas também o νοῦς (inteligência) e que, portanto, não teve apenas uma alma vegetativa ou animal, mas humana[191].

Com o século V nos defrontamos com fenômenos históricos novos, decisivos para a vida da Igreja e para a cristologia: a invasão dos povos bárbaros, a divisão do *orbis romanus* em duas metades, a debilitação do Ocidente e o peso que adquirirá Constantinopla, menos afetada do que Roma pelas invasões. Roma foi conquistada e saqueada por Alarico em 410, ao passo que o Império Bizantino conseguiu sobreviver até 1453. As diferenças políticas e culturais desses dois universos determinam mais adiante os problemas teológicos. O Oriente se confrontará com as controvérsias cristológicas (apolinarismo, nestorianismo, monofisismo), ao passo que no Ocidente começam a aparecer os problemas específicos de uma antropologia cristã e de uma eclesiologia católica. Santo Agostinho tem à sua frente Pelágio e Juliano de Éclano, Donato e o maniqueísmo. Em contrapartida, quando reflete sobre Cristo ou a Trindade, não tem diante de si hereges vivos ou grupos beligerantes.

No último decênio do século IV desaparecem as grandes figuras da primeira época dourada da Patrística: São Basílio († 379), São Dâmaso († 384), São Cirilo de Jerusalém († 386), São Gregório Nazianzeno († 389), São Gregório de Nissa († 394), Diodoro de Tarso († 394), Santo Ambrósio de Milão († 397). Os primeiros decênios do século seguinte, até a explosão da controvérsia nestoriana em 428, estão centrados na superação interna do apolinarismo, que sobrevive até 420, embora já na clandestinidade ainda

---

191. Os Padres falam sempre da necessidade de Cristo ser um homem completo, de sua alma "racional e perfeita", para poder salvar o homem totalmente, mas não explicitam a antropologia com a qual operam. Em alguns encontramos uma compreensão dicotômica (corpo e alma), em outros uma compreensão tricotômica (corpo, alma e espírito ou *noûs, sensos*). Assim Santo Irineu, Orígenes e Santo Ambrósio propõem esta última com referência a 1Ts 5,23, mas não de uma maneira constante. O próprio São Paulo usa outros esquemas para além deste.

fizesse passar as obras de seus representantes sob nomes respeitados como Gregório o Taumaturgo, o Papa Júlio de Roma ou o próprio Santo Atanásio. Já vimos como, por aceitá-la como sendo deste último, Cirilo de Alexandria assumiu a polêmica formulação apolinarista: "a única natureza encarnada do Deus *Logos*"[192].

2 A escola de Antioquia; Teodoro de Mopsuéstia

A superação interna do apolinarismo foi conduzida, sobretudo, pelos grandes capadócios Gregório de Nissa, Gregório Nazianzeno e Anfilóquio de Icônio numa primeira fase[193], e numa segunda pelos representantes da chamada escola de Antioquia, hegemônica na região síria nos inícios do século IV. Seu iniciador foi Diodoro de Tarso, homem de grande cultura tanto filosófica e literária quanto exegética. Juliano, o [imperador] Apóstata, esteve em Antioquia entre 362-363. Diante dele, que havia escrito *Contra os galileus*, Diodoro defendeu com energia a divindade de Jesus "o galileu", sendo reconhecido pelo imperador como um adversário digno de respeito. Outros membros qualificados desta escola são João Crisóstomo (que mais do que uma reflexão teórica forja fórmulas precisas e extrai a dimensão moral da cristologia), sobretudo Teodoro de Mopsuéstia e, posteriormente, em menor medida, Teodoreto de Ciro. Estes três membros devem ser estudados em seu tempo e a partir de suas obras autênticas, não à luz das controvérsias posteriores, após terem sido considerados precursores do nestorianismo e sofrer a condenação do Concílio de Constantinopla em 553 (a questão dos "Três capítulos")[194].

A escola de Antioquia se caracteriza por uma série de traços que a diferenciam e, com o tempo, a confrontaram com o tipo de exegese de

---

[192]. "Epist. ad Iovin." In: LIETZMANN, H. (ed.). *Apollinaris von Laodicea und seine Schule*. Op. cit., p. 250-251.

[193]. Cf. LIÉBAERT, J. *L'Incarnation*. Op. cit., p. 158-164. • GRILLMEIER, A. "Cristología capadocia". In: *Cristo en la tradición cristiana*. Op. cit., p. 585-598.

[194]. Cf. KELLY, J.N.D. *Initiation à la doctrine des Pères de l'Église*. Op. cit., p. 312-318 (A cristologia de Antioquia). • LIÉBAERT, J. *L'Incarnation*. Op. cit., p. 165-184 (A teologia "Verbo-homem" depois das condenações do apolinarismo. A cristologia dos pregadores). • SIMONETTI, M. "Diodoro de Tarso". In: *DPAC* I, p. 601-602. • SIMONETTI, M. "Teodoro de Mopsuéstia". In: *DPAC* II, p. 2.076-2.079. • SULLIVAN, F.A. *The Christology of Theodore of Mopsuestia* (Roma 1956). • NORRIS, R.A. *Manhood and Christ* (Oxford 1963)• LERA, J.M. *"Y se hizo hombre..."* – La economia trinitaria en las catequesis de Teodoro de Mopsuestia (Bilbao 1977).

orientação filosófica, bem como a cristologia característica de Alexandria. Empregou-se esta dupla expressão: *Logos-sarks*, para indicar o ponto de vista central da cristologia alexandrina, e *Logos-anthropos,* para indicar o ponto de vista diferenciador da cristologia antioquena. Para a cristologia alexandrina, a intuição que está no ponto de partida é a ação do *Logos* inserido no mundo, compartilhando nossa história, sendo o que nós somos: frágil realidade perecedora (σάρξ). O mais decisivo é a iniciativa divina que indica ao homem, a partir da própria criação, o acolhimento do Verbo encarnado, como também o fato histórico da encarnação do Verbo que, com sua divindade nos diviniza, com sua carne santifica a Igreja e na Eucaristia nos faz partícipes de sua imortalidade. O *Logos* encarnado é o sujeito de todas as afirmações e a evidência de toda a cristologia alexandrina. Jo 1,14 é a chave para compreender Cristo, e o texto orienta na perspectiva de dar unidade de sentido a todos os outros textos do NT. A encarnação confere novidade ao cristianismo frente às religiões. A partir destes pressupostos a cristologia teve dificuldades de afirmar a plena e perfeita humanidade do homem Jesus. Um fio condutor une o arianismo, o apolinarismo e o monofisismo na acentuação do *Logos* e na dificuldade de aceitar uma humanidade consistente tanto em sua autonomia metafísica quanto em seu dinamismo moral, bem como na ordem da inteligência e na ordem da vontade.

A *cristologia antioquena* reage frente a essa compreensão de Cristo que parece "transformar" Deus em homem e ao mesmo tempo "dissolver" o homem em Deus; reage contra toda ideia de união de Deus em Cristo como κρᾶσς ou ἕνωσις[195]. A partir deste fundo devemos entender o chefe dos antioquenos, Teodoro de Mopsuéstia, que se propõe justamente recuperar uma cristologia na qual o homem Jesus tenha o seu pleno lugar e mantenha inteira sua verdade humana. A diferença de sensibilidade espiritual e de métodos que os separam dos alexandrinos é grande. A exegese antioquena é literal e histórica; ela se orienta, sobretudo, pelos evangelhos sinóticos, desdenha a leitura tipológica ou alegórica do AT em relação ao qual mostra a ruptura que o NT supõe, minimiza a presença de Cristo naquele, acentuando sua

---

195. As formas extremas e heréticas de tais atitudes são, p. ex., o *sinusianismo* de Polemón, que afirmava a plena consubstancialidade do *Logos* e de sua alma divinizada; ou os *aftartodócetas* (= incorruptíveis – discípulos de Juliano de Halicarnasso por volta do ano 363 ou eutiquianos do século VI? –, que afirmavam que o corpo de Cristo era incorruptível e que não havia sofrido na cruz.

condição de homem concreto, de judeu particular situado no tempo e no espaço. Seus textos bíblicos de referência para compreender a encarnação são os que falam de Jesus como templo (Jo 2,21), aqueles nos quais se diz que o Verbo habitou entre nós (Jo 1,14b), ou que nele habita toda a plenitude da divindade corporalmente (Cl 2,9). Se os alexandrinos sublinham o σαρκωθέντα no Símbolo de Niceia, eles, em contrapartida, sublinham o ἐνανθρωπήσαντα; quer dizer, humanização frente à encarnação. Teodoro vê o AT como um ciclo histórico separado tanto do politeísmo quanto da compreensão cristã da Trindade; o lê exclusivamente a partir dele mesmo e é o primeiro que, ao interpretar o Cântico dos Cânticos, nega que o esposo e a esposa sejam *typoi* de Cristo e da Igreja, identificando-os simplesmente com Salomão e uma princesa egípcia[196]. A escola alexandrina, em contrapartida, pratica uma exegese de natureza menos literalista, conta com o sentido espiritual, típico ou alegórico do AT, vê a primeira fase da revelação no povo eleito em continuidade com Cristo e a Igreja. O Verbo não aparece pela primeira vez em Cristo, mas teve vindas sucessivas e é inerente a todos os *logoi* anteriores. A antropologia, por sua vez, é diferente: se os antioquenos se orientam por Aristóteles, os alexandrinos continuam a tradição de Platão, de Plotino e de Orígenes[197].

Sobre este fundo se deve interpretar primeiro Teodoro e em seguida Nestório. O primeiro parte de uma alegoria frente ao apolinarismo e se remete à tradição para combatê-lo:

> Nossos bem-aventurados Padres nos alertaram contra tudo isto que se diz: "Se encarnou e se fez homem", a fim de que creiamos que Ele foi assumido e que aquele em quem habitou o Verbo de Deus é um homem perfeito, perfeito em tudo segundo a natureza humana, composto de corpo mortal e de alma inteligente, porque foi pelo homem e por sua salvação que Ele desceu do céu[198].

---

196. Cf. SIMONETTI, M.D. "Notte sull'esegesi veterotestamentaria di Teodoro de Mopsuestia". In: *Vetera Christianorum* 14 (1977), p. 69-102. • SIMONETTI, M.D. *Lettera e/o alegoria* – Un contribuo alla storia dell'esegesi patristica (Roma 1985). SIMONETTI, M.D. *Profilo storico dell'esegesi patristica* (Roma 1981).

197. Mesmo que nem todos estejam de acordo, já é usual caracterizar e contrapor estas duas cristologias como cristologia do *Logos-sarks* (vertente alexandrina) e cristologia do *Logos-anthopos* (vertente antioquena). Cf. SELLERS, R.V. *Two Ancient Christologies* (Londres 1940). • GRILLMEIER, A. "En vísperas de Éfeso". In: *Cristo en la tradición cristiana.* Op. cit., p. 659-693.

198. *Hom. cat.* 5,15.17.

Portanto, ele valoriza ao máximo a humanidade assumida e sua capacidade de agir de forma autônoma. Esta humanidade é um sujeito com plenitude ontológica e dinâmica. Este será o principal problema a partir de agora: como se unem essa humanidade completa e o Verbo para constituir o homem Jesus? Teodoro tem três obras-chave às quais deve se referir: *De incarnatione, Contra Apollinarem* e *Homilias catequéticas.* Nelas aparecem constantemente estas fórmulas: o Verbo se encarnou assumindo um homem; habitou em uma natureza humana; se revestiu do homem Jesus. Frente à cristologia alexandrina, que fala de "união", ou até mesmo de "mistura", ele se opõe a esta terminologia falando sempre de "assunção". *Sua terminologia preferida é: "o que assumiu" e "o assumido". O que assumiu era Deus e o assumido era o homem. Daí a fórmula que chegará até nossos dias: "cristologia do homo assumptus".* Também aqui a motivação para esta afirmação é soteriológica, mas invertendo a objeção de Apolinário. Diante deste ele afirma que é essencial que o *Logos* tenha assumido uma alma, porque o pecado só foi vencido se o venceu sua vontade livre de homem, santificado pelo Espírito e preservado de toda falta por sua união com o Verbo.

Ele insiste na diferenciação entre Filho de Davi e Filho de Deus, entre natureza humana e natureza divina.

> Desta maneira os santos livros nos ensinam a diferença das duas naturezas, e assim temos de aprender necessariamente quem é, o que assumiu e quem é que foi assumido. O que assumiu é a natureza divina que fez por nós todas as coisas, ao passo que o outro é a natureza humana, que foi assumida em favor de todos nós por aquele que é a causa de todas as coisas. Esta é uma união inefável e eternamente indissolúvel[199].

No entanto, não afirma que haja dois sujeitos, dois filhos:

> Mesmo que digamos duas naturezas, nem por isso nos vemos obrigados a dizer dois Senhores, dois Filhos; isto seria de uma ingenuidade superlativa. Todos aqueles que sob um aspecto são dois e sob outro aspecto são um, a união que deles faz um não destrói a distinção de naturezas, nem a distinção de naturezas se opõe a que seja um[200].

---

199. Ibid., 8,10.
200. Ibid., 8,13. "Não foi só Deus ou só homem, mas é 'nos dois', na verdade, por natureza, Deus e também homem. É Deus Verbo o que assumiu, mas é homem o que foi assumido. E o que é forma de Deus assumiu a de escravo, e a forma de escravo não é a forma de Deus. Na forma de Deus é

Aceitou que o homem-Deus constitui uma unidade, que é um único sujeito de atribuição, inclusive é possível ver nele a ideia de união segundo as hipóstases e uma real comunicação de propriedades: "Ainda quando é evidente que a divindade não pode padecer; no entanto, pela união são uma coisa. Por conseguinte, ainda que fosse um o que padecera, tudo é atribuído à divindade"[201]. *A grande questão surge na hora de explicitar o modo da união. Enquanto Alexandria tende a pensá-la como união-fusão-identificação, Antioquia se inclina a pensá-la como reunião-habitação-relação-cooperação.* As palavras gregas que explicitam esta diferença são ἕνωσις e συνάφεια. Teodoro a utiliza para dizer que as duas naturezas se unem para formar um só *prósopon*, uma "pessoa comum". Os termos, no entanto, são fluidos. Ele preferirá dizer que as duas naturezas formam um só πρόσωπον. Esta palavra em sua origem significava face, máscara, papel, figura, sujeito, personagem que se representa no teatro. Teodoro nunca disse que haja dois *prósopa* em Cristo antes da união. Pois bem, quando se trata de explicitar a natureza da união, ele distingue três formas: união por essência (κατ' οὐσίαν), união por energia (κατ' ἐνεργείαν), união por benevolência (κατ'εὐδοκίαν). Ele pende por esta última, que significa união por graça. Com isso coloca Cristo na proximidade dos santos, dos homens movidos ou santificados pelo Espírito, ainda quando considera essa proximidade superior à união moral de Deus com um homem inspirado, porque é permanente[202]. Algumas de suas fórmulas antecipam as de Calcedônia: a indivisibilidade da pessoa e a não confusão das naturezas. A teologia lhe reconheceu o mérito de ter sido o primeiro a propor a fórmula que posteriormente a Igreja adotará: "duas naturezas e uma pessoa ou hipóstase", ainda que tenha considerado insuficiente a maneira com que especifica a relação entre elas[203]. Desta forma aparecem os pontos fracos de sua teologia:

> 1) A oposição que estabelece entre o Verbo e o homem; entre Deus e o templo em que habita; entre aquele que assume e aquele que é assumido; entre aquele que se reveste de humanidade e a huma-

---

o que por natureza é Deus, o que assumiu a forma de escravo; mas a forma de escravo é o que por natureza é homem, *que foi assumido por nossa salvação*" (Ibid., 8,1).

201. *In Ioh. evang.* 8,16.
202. Cf. *Hom. cat.* 8,7.
203. "O resultado da união não é uma confusão das naturezas nem uma divisão insustentável da pessoa. Devemos pensar que as naturezas permanecem sem confundir-se e reconhecer que a pessoa é indivisível" (Ibid., 3,10). "O prósopon é único". In: *De incarnatione,* 5,11.

nidade revestida. Esta diferença no único Jesus terminará convertendo-se depois em cisão, ao ponto de contrapor o homem Jesus dialogando ou referindo-se a Deus à margem do Filho.

2) Sua maneira de conceber a relação das naturezas "conjuntas" mais do que unidas, e fazendo do Espírito Santo o instrumento desta união, o inclina a concebê-la como uma forma de adocionismo, eleição ou santificação pelo Espírito de um homem que já preexistia à união.

3) A divindade e a humanidade estão justapostas e sua unidade é outorgada á "pessoa comum", mas não aparece com clareza se tal pessoa comum é a pessoa do Verbo ou é produto do encontro entre o Verbo e um homem.

Tudo isso não significa que Teodoro tivesse uma cristologia herética. Ainda estamos a caminho de uma clarificação da união e do único sujeito pessoal que a constitui, e não apenas resultado dela[204]. Situado em sua época e contexto Teodoro é o autor que mais contribuiu para o progresso da cristologia entre Constantinopla e Éfeso, preparando a formulação de Calcedônia[205].

3 Nestório: Θεοτόκος; a conexão entre mariologia e cristologia

Em Nestório encontramos a expressão limite da cristologia antioquena com sua preocupação em salvaguardar a integridade da natureza humana de Cristo e sua autonomia e liberdade perante a compreensão alexandrina que parecia reduzi-la a instrumento do Verbo, sem consistência própria. Sua

---

204. Cf. LIÉBAERT, J. *L'Incarnation*. Op. cit., p. 169. GRILLMEIER, A. (*Cristo en la tradición cristiana*. Op. cit., p. 688-689) o nega.

205. Depois de enunciar os pontos fracos de sua cristologia, J.N.D. Kelly (*Iniciation à la doctrine des Pères de l'Église*. Op. cit., p. 318) conclui: "O que falta ao seu pensamento como a toda a teologia de sua época, é uma metafísica claramente elaborada da personalidade; de maneira especial *não percebeu a diferença entre natureza e pessoa*. Uma vez dito isso, porém, seria cometer um anacronismo tachar Teodoro de herege por semelhantes razões. Em seu tempo a cristologia estava em busca desta distinção e seria injusto esperar dele uma solução definitiva que a escola de Alexandria tampouco estava em condições de aportar". GRILLMEIER, A. *Cristo en la tradición cristiana*. Op. cit., p. 689-690: "Com Teodoro o debate sobre a interpretação da pessoa de Cristo, dada pelo arianismo e pelo apolinarismo, teve um contraponto estimulante. A cristologia do *Logos-anthropos* aparece agora em uma clara contraposição à cristologia do *Logos-sarks*. Não se trata de formulações, mas de encontrar a interpretação justa da relação entre Deus e o mundo à luz da fé da Igreja na encarnação e redenção por meio de Jesus Cristo".

preocupação se explicita ao distinguir as propriedades das duas naturezas, sem preocupar-se tanto em explicar o modo da união, de forma que o sujeito resultante não fosse a superposição das duas ordens que, por serem completas em si mesmas, não podiam realmente constituir uma unidade de ser e de ação. Nestório, discípulo de Teodoro de Mopsuéstia e sacerdote de Antioquia, foi consagrado bispo de Constantinopla em 428. É um homem de talento rigoroso e radical, tanto na ordem lógica quanto na moral. Em sua pregação foi especialmente sensível à exatidão verbal e à precisão conceitual. Levado por sua distinção entre as propriedades divinas e humanas em Cristo, negou a possibilidade de Deus ter nascido, padecido e morrido. Outra vez se repetia o escândalo: seria possível reconhecer a Deus gestando-se nas entranhas de uma mulher, nascendo na debilidade absoluta, estando à mercê de uma situação humana que pode fazer tudo com Ele, fazendo-o padecer ou desfazer-se dele? Esta reflexão teórica assumiu um colorido prático quando ele aplicou a reflexão à mariologia. Em sua pregação rejeitou como desacertada a invocação de Maria como *Theotókos* (= mãe de Deus), expressão que aparece com a antífona *Sub tuum praesidium* (Sob teu amparo nos abrigamos...) no Egito, já no século III[206]. Com uma divisão tão radical das naturezas e sem atenção à unidade pessoal, rigorosamente falando, Nestório não podia chamar Maria mãe de Deus, mas somente mãe da natureza humana, não mãe do *Logos*, mas mãe de Cristo. Por isso o título apropriado seria *Christotókos*, mãe de Cristo e, na melhor das hipóteses, *Theodóchos* (θεός = Deus; δέχομαι = acolher, receber, aceitar), receptora de Deus.

Sua pregação provocou a reação popular e a dos bispos, incluído o de Roma, Celestino I. O povo coloca cartazes nas portas das igrejas e Eusébio de Dorileia compara Nestório a Paulo de Samósata, condenado no Concílio de Antioquia (268) por considerar Cristo um simples homem. Se a acusação feita a todas as heresias cristológicas do século II (ebionitas, adocionistas, docetistas, gnósticos) era de que "dissolviam" (λύει τόν ʼΙησοῦν, afirma uma variante oriental de 1Jo 4,3), a acusação a esta nova forma de adocionismo era de que "dividia" Cristo em dois, que negava sua unidade pessoal. Proclo, segundo sucessor de Nestório em Constantinopla, prega ali contra ele, evi-

---

206. Cf. MERCENIER, F. "L'antiphone mariale grecque la plus ancienne (Papiro Rylands n. 47)". In: *Le Muséon* 52 (1939), p. 229-235. • MERCENIER, F. "La plus ancienne prière a la S. Vierge: le *Sub tuum praesidium*". In: *Les questions paroissiales et liturgiques* 24 (1940), p. 33-36. • AUER, J. *Unter deinem Schutz und Schirm* – Das älteste Mariengebet der Kirche (Regensburgo 1988).

denciando o último conteúdo da controvérsia: "Não pregamos um homem divinizado, mas um Deus feito carne". Esta é a pergunta-chave: o que encontramos em Cristo, uma gesta de exemplaridade moral, de santificação pelo Espírito de um homem encarregado de uma missão, que surge de baixo e ascende, ou, ao contrário, uma gesta de Deus, que desce, está conosco e habita o mundo sendo homem? Trata-se, em cristologia, do mesmo questionamento que fará no Ocidente Santo Agostinho frente à antropologia de Pelágio[207].

4 São Cirilo de Alexandria e o Concílio de Éfeso

A Nestório se opôs diretamente São Cirilo, começando primeiramente com uma correspondência entre ambos e posteriormente com o Papa Celestino de Roma. Nesta polêmica dogmática se misturaram outros motivos: a rivalidade de sedes patriarcais e a animosidade pessoal, que acabou repercutindo violentamente no Concílio de Éfeso. Cirilo decidiu sua abertura sem esperar a chegada dos bispos orientais, que defendiam Nestório. Até hoje continua aberta a discussão sobre o verdadeiro pensamento de Teodoro e Nestório[208]. Seria sua cristologia deficiente, mas a caminho de uma clarificação definitiva, ou era uma cristologia positivamente herética, por negar aspectos essenciais da fé apostólica? O Concílio lhe teria feito justiça ou cometera um escândalo irreparável? Já se afirmou que "nunca como no caso presente houve tanta interferência da política e das questões pessoais nas questões doutrinais"[209]. O Concílio de Éfeso mudou a direção pendular da cristologia antioquena, centrada sobretudo no homem Jesus, a quem lhe atribui um dinamismo autônomo, vendo-o como assumido pelo Verbo, fazendo morada nele. Em Antioquia a redenção é vista como ação da liberdade humana e mérito do homem Jesus, que unido a todos nós se apresenta

---

207. Cf. SCIPIONE, I. *Nestorio e il Concilio di Efeso* (Milão 1974). • KELLY, J.N.D. *Iniciation à la doctrine des Pères de l'Église*. Op. cit., p. 321-328. • GRILLMEIER, A. *Cristo en la tradición cristiana*. Op. cit., p. 699-734.

208. Ao negar uma palavra-chave para a fé ortodoxa na encarnação (*Theotókos*) e com isso colocar em perigo o querigma essencial da fé, Nestório provocou um "escândalo ecumênico", que o Concílio tenta reparar. Outra é a questão de saber se este não distinguiu entre a intenção profunda de Nestório e a terminologia com a qual a expressava. Teria sido Nestório realmente nestoriano no sentido técnico que esta palavra teve depois? Cf. GRILLMEIER, A. "Das Scandalum oecumenicum des Nestorius in kirchlichdogmatischer und theologiegeschichtlicher Sicht". In: *Mit ihm und in ihm*. Op. cit., p. 245-282.

209. KELLY, J.N.D. *Iniciation à la doctrine des Pères de l'Église*. Op. cit., p. 361.

diante de Deus. O sacerdócio e a mediação de Cristo são vistos em perspectiva ascendente, como uma gesta do *homo assumptus*[210].

A cristologia do Concílio de Éfeso, que é a de São Cirilo de Alexandria, significa uma inversão das perspectivas de Nestório. Seu ponto de partida é o Verbo encarnado; sua forma de pensar a união é a categoria de união hipostática (ἕνωσις καθ' ὑπόστασιν); sua maneira de pensar a Eucaristia, a Igreja e a salvação tem por fundamento comum a deificação. Esta última resulta da igualdade de natureza e da comunhão de destino entre Deus e o homem: Deus fazendo sua a nossa situação, e nós, por conseguinte, fazendo nossa a sua condição. Nesta compreensão caminham intimamente ligadas cristologia, eclesiologia e soteriologia[211]. Por se tratar de uma inversão de perspectivas contrapostas às de Nestório, a cristologia de Cirilo, assumida pelo Concílio de Éfeso, vai sofrer algumas correções. Algumas foram corrigidas pelo próprio Concílio, outras foram sendo reequilibradas com a *Fórmula de União* (433) entre antioquenos e alexandrinos, firmada por João de Antioquia e Cirilo. O equilíbrio final só acontecerá em Calcedônia, que unificará num esquema mais amplo um diofisismo antioqueno com a unidade hipostática reclamada pelos alexandrinos, superando assim a ambiguidade do termo *prósopon* ao identificá-lo com *hypóstasis*, e ao contrapor *ousía* à *hypóstasis*. Dessa forma será alcançado um sentido unívoco para o termo hipóstase em sentido trinitário e cristológico, já que, mesmo quando funcionam em sentido diferente, em ambos os casos permanece a contraposição entre natureza (φύσις) e *persona* (ὑπόστασις)[212].

---

210. No tema do sacerdócio de Cristo se diferenciam claramente as três linhas teológicas daquele momento. A latina com São Leão vê o fundamento da mediação na união pessoal do *Logos* com a natureza humana. Não é sacerdote nem o *Logos*, como queria Alexandria, nem o *assumptus homo*, como queria Antioquia, mas o Verbo encarnado. Cf. GREER, R.A. *The Captain of our salvation* – A Study in the patristic Exegesis of Hebrews (Tubinga 1973), p. 305-355.

211. "Apolinário de Laodiceia transfere o termo *hypóstasis* à cristologia para designar a realidade única de Cristo e com este sentido se impôs por obra de Cirilo de Alexandria. Aclarada sua distinção a respeito do termo *natura* passou à definição de Calcedônia (451). Nas discussões posteriores, que deviam levar em conta a posição de Nestório, que sustentava que as duas naturezas tinham de ser hipostáticas (i. é, individuais), os teólogos bizantinos conceberam ulteriormente a noção de *hypóstasis* colocando em relevo junto com o aspecto de individualização o aspecto de subsistência, tornando assim possível um emprego unívoco do termo tanto na teologia trinitária quanto na cristologia" (STUDER, B. "Hypóstasis". In: *DPAC* I, p. 1.072).

212. Textos: *Deux dialogues christologiques*. Ed. G.M. de Durand (SC 97; Paris 1964). • *Por qué Cristo es uno?* Ed. L. Leone. Trad. S. García-Jalón (Madri ²1998). Cf.: DU MANOIR, H. *Dogme et Spiritualité chez Cyrille d'Alexandrie* (Paris 1944). • CHADWICK, H. "Eucharist and Christology in the Nestorian Controversy". In: *Journal of Theological Studies,* n.s. 2 (1951), p. 145-165. • HOUS-

O Concílio de Éfeso, convocado a pedido de Nestório pelo imperador Teodósio II, foi para o dogma cristológico o que Niceia representou para o dogma trinitário. A convocação feita em novembro do ano 430 aguarda a presença dos bispos em Éfeso na festa de Pentecostes, que naquele ano caía no dia 7 de junho. Foram convocados todos os metropolitas, inclusive Santo Agostinho, já falecido em 28 de agosto do mesmo ano. O bispo de Roma, Celestino, envia como delegados dois bispos e um sacerdote. O objetivo do Concílio era esclarecer os distúrbios provocados pelas afirmações de Nestório, que reconhece Maria como mãe de Cristo, mas não como mãe de Deus. Estamos numa fase nova da clarificação cristológica, já que Nestório parte da oposição ao arianismo, confessando o Verbo como consubstancial ao Pai, mas ao mesmo tempo estabelecendo uma diferença entre Ele e o homem assumido, sem esclarecer a união que se dá entre eles e sem afirmar uma unidade de sujeito que permita ser aplicada tanto às afirmações divinas de majestade como às humanas de sofrimento (comunicação de línguas). Como todos os antioquenos, Nestório reclamava que as duas naturezas de Cristo tinham que ser hipostáticas, e fala de um "prósopon", de "pessoa comum".

São Cirilo, como presidente do Concílio, convoca o mesmo para a Igreja de Éfeso, dedicada a Maria, abrindo-o no dia 22 de junho, quando ainda não haviam chegado os bispos orientais, que em sua grande maioria eram favoráveis a Nestório e compartilhavam com a cristologia antioquena, ao passo que os que estavam presentes por ocasião da abertura eram favoráveis a Cirilo. A partir daquele instante a questão doutrinal se converteu simultaneamente num conflito entre duas sedes (Constantinopla e Alexandria) e entre duas pessoas (Nestório e Cirilo). A primeira sessão foi a decisiva. Nela recitou-se o Símbolo niceno, apresentou-se o material da controvérsia e leu-se a segunda carta de São Cirilo endereçada a Nestório explicando o Símbolo de Niceia. Em seguida pediu-se uma votação sobre se a carta de São Cirilo era conforme à fé de Niceia, ao passo que se afirmou que a carta de Nestório, que teria manifestado o desejo de não participar do

---

SIAU, A. "Incarnation et communion selon les Pères grecs". In: *Irénikon* 45 (1972), p. 457-468. • GREMEDHIN, E. *Life-giving blessing* – An Inquiry into the Eucharist Doctrine of Cyril of Alexandria (Uppsala 1977). • BOULNOIS NANTES, M.O. "Die Eucharistie, Mysterium der Einigung bei Cirill von Alexandrien – Die Modelle der trinitarischen und christologischen Einigun". In: *ThQ* 4 (1998), p. 294-310. • MEUNIER, B. *Le Christ de Cyrille d'Alexandrie* – L'humanité, le salut et la question monophysite (Paris 1997).

Concílio, não era conforme à fé de Niceia e se lhe jogou na cara sua pregação sobre Cristo e sobre Maria. Em seguida leu-se a carta do Papa Celestino e a terceira carta de Cirilo, mas não foi feita nenhuma votação sobre elas. Também foi lido um florilégio de textos patrísticos, com o qual emergiu um aspecto novo do método dogmático, já que não se apelava somente para a Sagrada Escritura e para o Concílio de Niceia, mas também para a tradição dos Padres. Quando, em 24 de junho, chegaram os bispos orientais, tendo João de Antioquia à sua frente, estes denunciaram os perigos do apolinarismo presente nos anatematismos de Cirilo, condenando tanto ele quanto os chefes de seu grupo. Neste ínterim chegaram os delegados do Papa Celestino, que tinham ordens de apoiar a linha de Cirilo. Nas sessões de 10 e 11 de julho, os delegados romanos deram o sinal verde às decisões tomadas contra Nestório, que no dia 11 é destituído. Enviaram então uma embaixada a João de Antioquia, que se negou a comparecer, e é então excomungado. O imperador decidiu encarcerar Nestório, Cirilo e Memnon de Éfeso, livrando, porém, João de Antioquia.

Éfeso não quer oferecer uma formulação nova, mas fazer uma interpretação autêntica de Niceia, aprovando a carta de São Cirilo[213]. Esta, por sua vez, é apresentada à luz dos anatematismos, que são anexados ao texto, mas sem a mesma autoridade. Proíbem que ninguém componha outro símbolo distinto da fé de Niceia, definida pelos Padres congregados pelo Espírito Santo. O conteúdo da carta de Cirilo é uma inversão das afirmações fundamentais de Nestório. A carta rejeita acima de tudo a acusação de que os alexandrinos não compreenderam a encarnação como transformação do Verbo em carne e em homem completo. Fala de união segundo a hipóstase e que o Verbo se fez homem completo. Esta união é de tal natureza que ultrapassa a capacidade de compreensão do homem. Ao mesmo tempo a carta diferencia essa maneira de compreender a união daquela proposta pelos antioquenos: essa união não se realiza pela assunção de um πρόσωπον (personagem, sujeito), tampouco por um ato de benevolência de Deus a respeito de um homem já existente (κατὰ θέλησιν, κατ' εὐδοκίαν). Embora sejam duas as naturezas que se unem, o sujeito da união é um único Cristo e Filho: "εἷς δὲ ἐξ ἀμφοῖν Χριστὸς καὶ Υἱός" (DS 250). Não há supressão das

---

213. Cf. texto da carta de São Cirilo em *DS* 250-251. Cf. tb. CAMELOT, T. *Éfeso y Calcedonia* (Vitória 1971). • TANNER, N.P. (ed.). *Decrees of the Ecumenical Councils*. Op. cit., I, p. 40-44.

naturezas pela união, mas a divindade e a humanidade convergem dando-nos um único Senhor e Cristo.

A partir desta afirmação do único Filho e da simultânea negação da existência de um homem comum sobre o qual descera o Verbo, se conclui a afirmação da Theotókos. Evidentemente Maria não é mãe de Deus para que Ele comece a existir nascendo dela, nem porque Maria, enquanto criatura, dê origem a seu Criador, que seria puro panteísmo ou politeísmo, mas o Verbo toma das entranhas de Maria o princípio de seu ser encarnado. Dela o Espírito Santo formou seu corpo animado por uma alma racional ao qual o *Logos* se uniu segundo a hipóstase. Por isso o *Logos* engendrado segundo a carne é Filho de Maria, já que ela concorreu para o nascimento de Jesus com a mesma colaboração que qualquer mulher faz com o próprio filho. O Filho, que tinha uma forma eterna de existência (ἄσαρκος), começou a ter uma forma humana e temporal (ἔνσαρκος), prolongando aquela nesta. A partir desse instante começaram a aparecer uma série de afirmações simétricas: Cristo é filho do Pai na eternidade e filho de Maria no tempo, é engendrado por Ele e consubstancial a Ele ao mesmo tempo que engendrado por Maria e consubstancial a ela. É imagem perfeita do Pai e se parece fisicamente com sua mãe. Duas são as gerações de Cristo, diferentes mas em continuidade, fundando-se a humana na divina e prolongando a humana na divina, ao mesmo tempo que a divina é o fundamento para conhecer a humana.

5 Os *anatematismos* ou os limites da cristologia de Cirilo

Junto com a cristologia normativa do Concílio, os anatematismos refletem a cristologia ciriliana em sua expressão mais radical, contraposta à linha antioquena[214]. Aqui aparecem as categorias sistemáticas, mais exatas em um sentido e mais ambíguas em outro. Enquanto a carta tinha um caráter mais querigmático, os anatematismos são um tratado teológico, de maior rigor, mas de menor normatividade. O ponto de partida é o "Emmanuel". Em Cristo temos Deus na verdade conosco, não um homem teóforo (= portador de Deus). Para evitar toda dualidade de sujeitos estabelece uma "união física" (ἕνωσιν φυσικήν) (DS 254), fórmula que depois terá que corrigir por

---

[214]. Cf. DS 252-263. Sobre sua história, valor e limites, cf. WICKHAM, L.R. "Cyrill von Alexandrien". In: *ThQ* 4 (1998), p. 257-271. • BERTRAND, D. "Der Anathematismus XII im Glauben des Cyrill von Alexandrien".

ser fonte permanente de mal-entendidos, resultando inaceitável para os antioquenos. As palavras remetem a contextos filosóficos e a uma tradição eclesial que lhes conferem sentidos distintos: para Cirilo "união física" quer dizer *união concreta* que constitui um sujeito, ao passo que para os antioquenos sugere tratar-se de uma *transformação* da natureza humana em divina. As metáforas usadas em cada campo dão uma ideia dessa diversidade: os alexandrinos veem a união do *Logos* com a natureza humana como a gota d'água que cai no mar, ao passo que os antioquenos veem essa união como a que tem um homem e o templo em que habita, como uma roupa que reveste o homem formando unidade com ele. Os anatematismos mostram o que é a cristologia de Cirilo, oposta e simétrica à de Nestório. Este, deposto e exilado no Egito, escreverá em sua defesa o *Livro de Heráclides* e, depois de reconhecer as resoluções de Calcedônia, continuou mantendo a ortodoxia de sua postura.

A forma do desenvolvimento do Concílio e a violência da situação, concluída em ruptura e excomunhão mútua, fez com que a corrente oriental se opusesse às decisões de Éfeso, por pensar que levavam a um monofisismo. A *Fórmula de união* (433) elaborada por Teodoreto de Ciro e assinada pelos chefes das duas escolas, João de Antioquia e Cirilo de Alexandria, superava as dificuldades. Os orientais aceitaram a destituição de Nestório, a designação da Virgem como *Theotókos*, e a comunicação de línguas, ao passo que Cirilo retirava os anatematismos, aceitando uma fórmula que seria decisiva no futuro: Cristo é "consubstancial ao Pai segundo a divindade e consubstancial a todos nós em razão da humanidade" (DS 272). Matizou-se a expressão "união segunda a hipóstase" e conjugou-se as duas expressões tradicionalmente contrapostas: *sárkosis* e *enanthrópesis*. Uma nova fórmula presente no texto acenderá a controvérsia numa nova fase: o *diofisismo*[215]. "Porque a união se fez de duas naturezas, por isso confessamos um único Cristo, um único Filho, um único Senhor"[216]. Outra fórmula, no entanto, causava preocupação aos alexandrinos: "Por esta noção da união sem confusão confessamos a santa Virgem por mãe de Deus, porque Deus Verbo se encarnou e

---

215. "A controvérsia ariana, em que se desenvolvia o conceito de geração divina induziu à elaboração mais avançada das duas naturezas, fundadas em dois nascimentos, o eterno em Deus e o temporal em Maria, correspondentes às duas consubstancialidades (DS 271s., 298s., 301s.)" (STUDER, B. "Diofisismo". In: *DPAC* I, p. 602).

216. DS 272.

se fez homem e uniu a si mesmo, a partir do instante de sua concepção, o templo que havia assumido dela (ληφθέντα ναόν) (DS 272).

6 Eutiques e a cristologia de Calcedônia; Cristo: ὁμοούσιος τῷ πατρί e ὁμοούσιος ἡμῖν

Eutiques rejeitava a permanência das duas naturezas em Cristo depois da união. Teodósio II convocou um sínodo em Éfeso em 449 com a intenção de superar as rivalidades entre monofisitas e diofisitas. Delegou a presidência a Dióscoro de Alexandria, que proibiu a presença de Teodoreto de Ciro, o expoente mais significativo do diofisismo, e não aceitou ler as cartas do Papa Leão a Flaviano, bispo de Constantinopla (*Tomus ad Flavianum*). Pelo contrário, condenou Eutiques, rejeitou a doutrina que afirmava uma natureza divina e outra humana em Cristo depois da união, ao mesmo tempo em que pedia a condenação de Flaviano, acusador de Eutiques. Condenou também Ibas de Edessa e Teodoreto de Ciro, eliminando assim os representantes de Antioquia, ao mesmo tempo que fez ler e aprovar os anatematismos de São Cirilo. Este concílio foi rejeitado pelo papa, não foi recebido na Igreja e foi designado como o *latrocínio de Éfeso*[217]. Mas teve um efeito positivo: por sua violência e radicalismo obrigou a uma ulterior clarificação das posturas contrapostas, que teria lugar de forma normativa em Calcedônia.

Este concílio foi convocado pelo imperador Marciano em 14 de maio de 451, primeiramente para Niceia, mas depois passou para Calcedônia, nos arrabaldes de Constantinopla, de onde o imperador podia acompanhar de perto seu desenvolvimento[218]. Participaram 500 bispos, os representantes do imperador e uma delegação de São Leão Magno presidida por Lascasino de Lilibeo, nomeado presidente da assembleia a pedido de Leão Magno. O concílio se estende de 8 a 25 de outubro com cinco sessões. Em primeiro lugar foram lidas as atas do "latrocínio de Éfeso", com a reabilitação de

---

217. Cf. SIMONETTI, M. "Éfeso – II: Concilios". In: *DPAC* I, p. 684-685.
218. Cf. GRILLMEIER, A. *Cristo en la tradición cristiana*. Op. cit., p. 821-847. • GRILLMEIER, A. & BACHT, H. (eds.). *Das Konzil von Chalkedon* I-III (Wurzburgo 1951-1954). • SELLERS, R.V. *The Council of Chalcedon* – A historical and doctrinal Survey (Londres 1953). • CAMELOT, T. *Éfeso y Calcedonia* (Vitória 1971). • WICKHAM, L.R. "Chalkedon". In: *ThQ* 7 (1981), p. 668-675. • HORN, S.O. *Petrou Kathedra* – Der Bischof von Rom und die Synoden von Ephesus und Chalkedon (Paderborn 1982). • ALBERIGO, G. (ed.). *Historia de los concilios ecuménicos* (Salamanca 1993), com bibliografia.

Flaviano e a proposta de deposição de Dióscoro. Na terceira sessão de 10 de outubro pediu-se uma fórmula de fé, mas a proposta chocou com a rejeição dos representantes do papa que haviam manifestado o desejo de que não se entrasse neste assunto, pois o Concílio de Éfeso (431) havia proibido o uso de qualquer outra fórmula senão a de Niceia (cf. DS 265). Como trabalho prévio para esse novo texto foram lidas as cartas de São Cirilo a Nestório (por outro lado, não os anatematismos), a carta de João de Antioquia e o *Tomus ad Flavianum* de Leão Magno. Logo em seguida surgiu a fórmula de fé, fruto de uma primeira redação, provavelmente de Basílio de Selêucia, e de uma ulterior[219]. Esta se abre com uma longa introdução que justifica a nova definição, ainda que fosse suficiente a fé dos 318 Padres (Niceia) e dos 150 Padres (Constantinopla). Apenas impelidos pela heresia e relutantes em acrescentar novas explicações se decidem a propor a nova fórmula. Se lê então o Símbolo Niceno-constantinopolitano, que a partir de agora recebe seu respaldo ecumênico, agregando-se as duas cartas de Cirilo e o tomo de Leão a Flaviano. Segue a nova definição e se conclui com os anatematismos, que têm a função de excomunhão para quem ensinar outra fé distinta da fé do Concílio. Na presença de Marciano o texto final foi promulgado solenemente. Aclamou-se a ele e a sua esposa como os novos faróis da fé: "Marciano, novo Constantino, Pulqueria, nova Helena"[220].

A fórmula de Calcedônia não se explica sem todos os avatares que houveram a partir do momento em que explode a controvérsia entre Nestório e Cirilo (428), o Concílio de Éfeso (431), a *Fórmula de união* (433), o "latrocínio de Éfeso" (449) e a radicalização monofisista de Eutiques. Este significará para o Concílio de Calcedônia o que Nestório havia significado para o Concílio de Éfeso, mas a partir do ponto de vista oposto: a radicalização de uma cristologia unitária, ciriliana, centrada na categoria de encarnação, que via a história salvífica apenas como gesta de Deus em perspectiva descendente, que por sua vez acentuava a salvação como divinização e centrava o mistério da encarnação na iniciativa e ação divinas. O entusiasmo para acentuar essa primazia divina não deixava espaço para uma real humanidade em Jesus, com sua ação, dinamismo e liberdade próprios. Eutiques obrigou

---

219. Cf. HALLEUX, A. "La définition christologique à Chalcédoine". In: *RTL* 7 (1976), p. 3-23. • HALLEUX, A. "Le Concile de Chalcédoine". In: *RST* (1993), p. 3-18.
220. MARROU, H.I. *Nueva historia de la Iglesia*, I (Madri 1964), p. 387.

os Padres e teólogos a pensarem a consubstancialidade de Cristo conosco junto com sua consubstancialidade com Deus; isto é, sua humanidade junto com sua divindade e a forma como se conjugava sua condição divina com sua realidade histórica[221].

7 As três tradições teológicas que convergem em Calcedônia

Em Calcedônia desembocam três grandes tradições e linhas cristológicas, cada uma com seus acentos, interesses e primazias: a alexandrino-ciriliana, a antioqueno-nestoriana e a ocidental-latina[222]. Esta última tem por apoio a tradição dos grandes mestres da linguagem teológica: a clareza jurídica de Tertuliano; a fina riqueza de Santo Ambrósio, que ainda guarda em seu pensamento enfoques e ideias da teologia oriental conjugados com a precisão latina[223]; Santo Hilário, que compreende a encarnação não como perda de Deus ao fazer-se homem, mas como garantia suprema e máxima perfeição possível do homem[224]; São Jerônimo[225]; e, sobretudo, Santo Agostinho[226]. As preocupações centrais deste último se situam em outras fren-

---

221. Cf. WICKHAM, L.R. "Eutiches/Eutichianischer Streit". In: *TRE* 10 (1982), p. 558-565.
222. Cf. STUDER, B. *Dios salvador...* Op. cit., p. 293-310.
223. Cf. GRILLMEIER, A. *Cristo en la tradición cristiana*. Op. cit., p. 646-647.
224. HILARIO, S. "Ut non defectio Dei ad hominem sit, sed hominis profectus ad Deum sit". In: *De Trinitate* X, 7 (BAC 481, p. 521-522). Cf. LADARIA, L. *La cristología de Hilario de Poitiers* (Roma 1989).
225. Cf. GRILLMEIER, A. "La contribución de Occidente". In: Op. cit., p. 629-658. Em seu comentário ao Sl 108 ele tem uma página admirável sobre a perfeição da humanidade de Jesus (sentidos, paixões e luxúrias do corpo, alma) como condições da redenção de nosso ser inteiro. Quem pensa que para honrar o Senhor deve negar-lhe sua participação em nossa humanidade lhe inflige uma ofensa (*Dum volunt glorificare Deum detrahunt illum*). E acrescenta: "Si enim non suscepit Dominus cuncta quae hominis sunt, non salvavit hominem [...] suscepit ergo Dominus corpus et animam ut utrumque salvet, ut perfectum hominem salvet, sicut et eum condidit [...]. Ita ergo praesta nobis, sicut in tuo sensu vicisti diabolum, et in sensu nostro vince diabolum; utl quemadmodum perfectos nos creasti, perfectos et salves nos" (SAN JERÓNIMO. *Obras completas,* I (BAC 593; Madri 1999), p. 460).
226. O distanciamento espiritual crescente entre o lado ocidental e o oriental do Império não impediu, no entanto, que também aqui se vivessem as discussões cristológicas. No enfrentamento entre união e assunção, Mario Victorino sentencia: "Non igitur adsumpsit hominem sed factus est homo" (*Adv. Ar.* I, 22,27-28 [SC 68, p. 246]). Santo Agostinho vê os problemas cristológicos sobre o fundo dos trinitários; ele pensa nos pagãos, platônicos e arianos. Seu dialogante privilegiado é Porfírio, o mais inteligente e o mais acirrado inimigo dos cristãos (*Civ. Dei,* XIX, p. 22 [BAC 172, p. 612]). Cf. MADEC, G. *La Patrie et la voie* – Le Christ dans la vie et la pensée de Saint Augustin (Paris 1989). • GRILLMEIER, A. *Cristo en la tradición cristiana*. Op. cit., p. 647-658. • GONZÁLEZ DE CARDEDAL, O. "Cristo en el itinerario espiritual de San Agustín". *Salm* 1 (1993), p. 21-55.

tes: o maniqueísmo, o donatismo, o pelagianismo e, de maneira permanente, o paganismo. Ele chegou a uma compreensão de Cristo mais serena, com menos polêmicas, esclarecendo a lógica de sua busca da verdade vivendo da filosofia. Assim, a partir de uma atitude ilustrada que via em Jesus apenas um mestre da verdade passará a descobri-lo como *Persona veritas*[227]; superando o neoplatonismo descobrirá a novidade da encarnação do Verbo e sua habitação em nós frente a todo discurso abstrato sobre o *Logos* universal[228]. O fascina a novidade da vida e da morte de Cristo por nós, reconhecendo-o como o "médico humilde", que aproxima o Deus humilde do mundo e de nós todos, permitindo-nos viver com esperança[229]. A misericórdia de Deus é a única saída para a nossa miséria. Por isso a leitura que Santo Agostinho faz de Cristo é primordialmente soteriológica. Ele é, acima de tudo, nossa Justiça; antes de ser exemplo de vida é Sacramento de salvação. Diante de uma leitura moralista (*Christus exemplum*) Agostinho reforça uma leitura salvífica redentora (*Christus sacramentum*)[230]. Em meio a estas preocupações pessoais, pastorais e apologéticas, não diretamente sistemáticas, nos oferece formulações cristológicas admiráveis, talhadas com rigor e transparência, para descrever o mistério inefável da união do Verbo com a carne. Cristo é nosso Médico e nosso Remédio, o Mediador possível e necessário entre Deus e o homem[231].

Esta corrente cristológica ocidental vai servir de ponto de convergência e de união entre as cristologias orientais. A pessoa-chave é São Leão Magno com seu *Tomus ad Flavianum*. Seu pensamento se caracteriza por acentuar as duas dimensões em Cristo, a dupla consubstancialidade, o duplo nascimento do Pai e de Maria, as propriedades de cada uma das na-

---

227. *Conf.* VII, 19,25 (BAC 11, 295). Cf. GONZÁLEZ DE CARDEDAL, O. "Veritas et persona veritatis – Platonismo y cristología en San Agustín". In: *Salm* 2 (1993), p. 165-200.

228. *Conf.* VII, 21,27; VII 9,13 (BAC 11, p. 299, 282-283).

229. Ibid., VII 18,24 (Ibid., p. 294). Cf. PELLEGRINO, M. *"Salus tua ego sum"* – Il problema della salvezza nelle "Confessione" di S. Agostino (Roma 1967).

230. Cf. STUDER, B. "Sacramentum et exemplum chez saint Augustin". In: *Dominus Salvator* – Studien zur Christologie und Exegese der Kirchenväter (Roma 1992), p. 141-212. • STUDER, B. "Le Christ notre justice selon Saint Augustin", p. 269-326.

231. Cf. *Conf.* VII, 18,24 (BAC 11, p. 294). Cf. STUDER, B. "Soteriologie in der Schrift un Patristik". In: *HDG* III/2a (1978), p. 156-174. • GEERLINGS, W. *Christus exemplum* – Studien zu Christologie und Christusverkündigung Augustins (Mainz 1978). • RÉMY, G. *Le Christ médiateur dans l'oeuvre de Saint Augustin* (Lille/Paris 1979). • DI BERARDINO, A. *Patrologia*, III (BAC 422; Madri 1981), p. 513-516, com bibliografia.

turezas e nascimentos de Cristo. Em princípio ele se propõe a defender a humanidade de Cristo frente a Eutiques, que ele denomina "verdade da carne". Somente sendo homem Cristo podia anunciar-nos Deus de uma maneira adequada; somente sendo homem podia sanar nossas fraquezas e morrer uma morte como a nossa e ao mesmo tempo ser divinamente capaz de restaurar nossa situação de pecadores. Tudo isto só seria realizável se o Filho de Deus, sem desfazer-se da divindade, o fizesse unindo-se à nossa humanidade. Este acento nas dualidades, no entanto, era sustentado por uma vontade de referir tudo ao único Cristo, mas ao mesmo tempo mostrar como só assim se fundava a salvação do homem (interesse soteriológico)[232].

A fórmula de Calcedônia nasce da tentativa de salvaguardar estes três interesses sustentados e reivindicados por cada uma das três linhas cristológicas:

• A unidade pessoal de sujeito em sua existência concreta, que é Cristo, o Verbo encarnado (escola alexandrina).

• A plenitude da natureza autônoma e ativa do homem Jesus, o *homo assumptus* (escola antioquena).

• A solidariedade de Deus com o homem e do homem com Deus em Cristo (linha ocidental).

8 A definição conciliar: gênesis, estrutura e conteúdo

A definição de Calcedônia tem duas partes claramente diferenciáveis. A primeira é uma reassunção da *Fórmula de união* interpretada na linha de São Cirilo. Tem um caráter bíblico, e embora não sendo um "Símbolo de fé", mas uma formulação dogmática (ἐκδιδάσκομεν), ainda conserva aquele acento e fala-se em "confessamos" (ὁμολογεῖν). Nela se articulam conquistas anteriores com um esquema novo.

---

232. *Cartas cristológicas*. Ed. J.C. Mateos (Madri 1999). • S. *Leonis Magni Tomus ad Flavianum episc. Constantinopolitanum* – Epist. XXVIII (Roma 1959). Cf. STUDER, B. "Consubstantialis Patri-Consubstantialis Matri – Une antithèse cristologique chez Léon le Grand". In: *Dominus Salvator...* Op. cit., p. 29-66, 121-140. • GRILLMEIER, A. *Cristo en la tradición cristiana*. Op. cit., p. 802-820. • MARTORELL, J. *Mysterium Christi (Léon Magno)* (Valência 1983). • CÁNOVAS SÁNCHEZ, J.A. "El motivo soteriológico en el 'Tomus ad Flavianum'". In: *Scripta Fulgentina* 7 (1997), p. 221-254. • NICOLAS, M.J. "La doctrine christologique de S. Léon le Grand". In: *RThom* 51 (1951), p. 609-670.

Parte-se do único sujeito, o personagem concreto Jesus Cristo nosso Senhor "uno e o mesmo", com uma formulação repetida três vezes (ἕνα καὶ τὸν αὐτόν). Em seguida são feitas simetricamente as afirmações: perfeição da divindade e da humanidade, verdadeira divindade e verdadeira humanidade, consubstancialidade com o Pai e consubstancialidade conosco, sendo que a humanidade assumida é igual à nossa, exceto no pecado; nascimento eterno segundo a divindade e nascimento temporal segundo a humanidade, esta por obra de Maria a Virgem, que é Mãe de Deus por ter engendrado o único Cristo, que é verdadeiro Deus que se encarnou por nossa salvação[233].

A segunda parte é uma espécie de duplicação da primeira em perspectiva mais técnica e sistemática[234]. Enquanto a primeira não usa terminologia filosófica, com exceção do duplo *homooúsios* e da explicitação da humanidade como descrição do homem com alma racional e corpo, em conformidade com os concílios anteriores, a segunda, ao contrário, avança numa linha filosófica estrita, oferecendo uma explicação do enunciado da primeira. Reafirmam-se as duas naturezas e o modo da união, mediante quatro advérbios: os dois primeiros (ἀσυγχύτως = sem transformação de uma natureza em outra; ἀτρέπτως = sem conversão das duas em uma terceira) excluem uma compreensão monofisita, e os dois últimos (ἀδιαιρέτως = sem separação; ἀχωρίστως = sem superposição) excluem uma compreensão nestoriana. União não significa anulação das propriedades respectivas, mas sua manutenção plena. Essa união constitui um *prósopon* (termo preferido dos antioquenos) e uma *hypóstasis* (termo preferido dos alexandrinos), de forma que não se pode dizer que existem dois personagens ou sujeitos atrás da face de Cristo. Personagem e indivíduo se identificam; missão e pessoa se constituem em reciprocidade. Termina-se afirmando que não se quer fazer outra coisa senão ser fiéis ao ensinamento profético, apostólico e do próprio Jesus[235].

---

233. A definição de Calcedônia, embora mantendo o equilíbrio, único Cristo-duas naturezas, deixa no centro da percepção a dualidade das duas naturezas que se professa de um sujeito, não um sujeito que existe e se desdobra em dois níveis de realidade. Cf. SAGI-BUNÍC, T. *"Duo perfecta" et "duae naturae" in definitione dogmatica chalcedonense* (Roma 1964). • SAGI-BUNÍC, T. *Problemata Christologiae Chalcedonensis* – Continuitas doctrinalis et drama conscientiae episcoporum qua fidei iudicum (Roma 1969).

234. B. Sesboüé (*Jésus-Christ...* Op. cit., p. 135-143) concebe a primeira parte uma síntese recapituladora das confissões anteriores e a segunda uma "fórmula dogmática".

235. Sobre as fontes de cada uma das fórmulas da definição (Segunda carta de Cirilo, fórmula de fé de 433, *Tomus ad Flavianum*, Teodoreto de Ciro, comissão redatora...) e, em especial, os quatro advérbios. Cf. tb. DE HALLEUX, A. "La définition christologique à Chalcédoine". In: *RTL* 7

1		
	Seguindo, pois, aos Santos Padres, todos unânimes ensinamos que se deve confessar um só e mesmo Filho, nosso Senhor Jesus Cristo o mesmo	

2		
perfeito na divindade	o mesmo	perfeito na humanidade
Deus verdadeiramente	e o mesmo	verdadeiramente homem de alma racional e de corpo,
consubstancial ao Pai e quanto à divindade	e o mesmo	consubstancial conosco e quanto à humanidade, semelhante em tudo a nós, menos no pecado,
engendrado do Pai antes dos séculos	e o mesmo	engendrado de Maria virgem, Mãe de Deus, nos últimos dias, quanto à humanidade, por nós e nossa salvação

3
que se deve reconhecer como um só e mesmo Cristo Filho, Senhor unigênito

4
em duas naturezas sem confusão, sem alteração   sem divisão, sem separação, de modo algum apagada a diferença das naturezas por causa da união, mas conservando antes cada natureza sua propriedade

5
e concorrendo em uma só pessoa e em uma só hipóstase, não partido ou dividido em duas pessoas mas um só e mesmo Filho, unigênito, Deus Verbo Senhor Jesus Cristo.
Como acerca dele antigamente nos ensinaram os profetas e o mesmo Jesus Cristo, e no-lo transmitiu o Símbolo dos Padres[236].

O decisivo deste texto é que o refere inteiramente ao que o número 1 denomina "um só e mesmo Filho, Nosso Senhor Jesus Cristo". *Todas as dua-*

(1976), p. 3-23, 155-170. • ARENS, H. *Die christologische Sprache Leos des Grossen* – Analyse des Tomus an den Patriarchen Flavian (Friburgo 1982).

236. DS 301-302, segundo a tradução de D. Ruiz Bueno (*El magisterio de la Iglesia* (Barcelona [36]1976), p. 57).

lidades afirmadas em seguida não são partes materiais, mas momentos transcendentais de um sujeito histórico concreto. As duas naturezas são realidades que não se sobrepõem nem se confundem com a união, mas que, mantendo cada uma sua consistência ôntica e dinâmica, ambas constituem a única hipóstase ou pessoa de Cristo. Se este é o conteúdo cristológico de Calcedônia, qual seria sua significação? É a desembocadura lógica da história da fé, tal como se expressa no NT e na tradição apostólica, que busca um fundamento ontológico e lógico que a tornam inteligível. É a integração de perspectivas acentuadas parcialmente na história anterior, que encontram assim o marco onde todas podem coerentemente inserir-se. Cristo é reconhecido como verdadeiro Deus e verdadeiro homem; referido ao Pai como Filho por sua geração eterna e referido a nós como Salvador por sua missão temporal. A fórmula afirma a verdade de sua divindade encarnada, e sua humanidade, criada de Maria e personalizada pelo Filho com sua tradução humana.

Calcedônia leva a termo uma clarificação terminológica, resultante não de uma exposição externa prévia à realidade cristológica de que se fala, mas conferindo sentido às palavras a partir da lógica interna das realidades que são nomeadas e o contexto referencial em que se situam. Cada uma das partes da fórmula tem uma origem, procede de fontes diversas, remete a contextos filosóficos incomparáveis. No entanto, todas orientam para o Cristo descrito na Bíblia, confessado na pregação e celebrado na liturgia. Este reconhecimento de Cristo, Filho e Salvador, comum a todos os que redigem a fórmula, é o fundamento real pré-conceitual, que permite descobrir a lógica profunda do texto e ao qual sempre nos devemos remeter para interpretá-la corretamente.

9 Significado desta definição

A significação mais profunda de Calcedônia é ter afirmado implicitamente que a ação de Deus no mundo integra a causalidade deste e a leva à sua perfeição: a humanidade de Cristo é plena e perfeita porque é a humanidade de Deus. Ao afirmar o valor da humanidade de Jesus, incrementada até ao limite da perfeição por sua proximidade máxima com Deus, está afirmando a dignidade, marcando o destino e os critérios para a nossa humanidade: a união pessoal com Deus assemelhando-nos a Cristo (cf. GS 22,2). Deus se revela e se dá aos homens não *em lugar de, ao lado de*, ou *apesar da realidade humana* e das causas intra-históricas, mas nelas, a partir de dentro delas e com elas como livres-atores, porque a liberdade destas realidades é possibilitada, querida e esperada por Deus. A dificuldade de muitas pessoas de aceitar a definição de Cristo como Deus e homem verdadeiro deriva do fato que partem de uma noção "ateia", "autônoma", "fechada" da criatura frente ao Criador, e só consideram que existe verdadeira autonomia quando existe absoluta independência no agir e no ser. Aqui existem latentes *dois erros* gravíssimos:

- *um antropológico* (pensar que o homem é pessoa sem alteridade, que a liberdade se define pela independência e não pela pró-existência); e
- *outro teológico* (pensar que o ser finito tem o fundamento em si mesmo, que a criatura é tanto mais livre quanto mais alheia e distante de seu Criador).

Mas, de onde o homem toma seu ser para estar frente a Deus e ser autônomo? *A humanidade de Jesus é a expressão encarnada e a plasmação no tempo de sua filiação eterna. Por isso tem toda a plenitude que a finitude, a individualidade e a temporalidade permitem. Entretanto, por ser a humanidade de Deus é a mais plenamente humana e sua liberdade a mais perfeita: a que pode ser soberana sobre si e perante Deus. Por isso é sem pecado.* Padecer a tentação e não ser sua vítima, vivendo dentro das condições normais da existência, isso revela que apareceu a verdade do ser novo em meio à existência velha, que estamos diante da humanidade essencial, diante do Homem Novo, Santo e Justo[237].

O Concílio nos obriga a falar não uma linguagem abstrata de dualidade sobre Deus e sobre o homem (humanidade-divindade), mas uma linguagem concreta de unidade: o Filho unido ao homem e a cada um de nós. Por outro lado, nos proíbe de falar de uma dualidade interior ao ser mesmo de Jesus e de uma existência do *Logos* contra a humanidade que assume. Não existe vazio entre o Filho e o Pai, nem entre o Filho e sua humanidade; nem um diálogo entre Cristo e a Trindade, nem entre o Filho do Pai e o Filho de Maria. Sua humanidade não preexiste, mas é criada e assumida no mesmo

---

[237]. Cf. TILLICH, P. *Teología sistemática* – II: La existencia y Cristo (Salamanca, ³1982), que compreende Jesus como o Cristo enquanto se revela e age no Ser novo. Este ser novo é o poder da redenção entendida como participação nele (renascimento), integração a Ele (justificação) e transformação por Ele (santificação).

ato, transpondo-se e dizendo-se filialmente o Filho eterno em carne e tempo humanos[238]. Santo Agostinho cunhou uma fórmula que reassume São Leão e continua sendo até hoje a melhor expressão dessa misteriosa união do Filho com nossa humanidade:

> Natura quippe nostra non sic assumpta est ut prius creata post assumeretur, sed ut ipsa assumptione crearetur = Nossa natureza não foi assumida de tal maneira que primeiro foi criada e depois assumida, mas foi criada no mesmo ato da assunção[239].

No ato criador originário de Deus, o existir próprio da criatura humana e o ser imagem de Deus são o mesmo; no ato de encarnar-se do Filho a humanidade assumida e o Filho traduzido em humanidade são o mesmo. *O movimento é descendente e não só ascendente: não existe um homem que possa dar a si mesmo uma expressão consubstancial a Deus, mas existe um Deus que deu a si mesmo uma expressão consubstancial ao homem. Não há possibilidade de um salto prometeico até o Infinito, mas existe a possibilidade de um descenso quenótico do Infinito até o homem.* Toda a cristologia de Santo Agostinho gira em torno do *Deus humilis*, que não exige nada, mas que se dá totalmente e ao extremo da indigência, frente ao *superbus homo* que exige tudo para si. A autodoação encarnada de Deus funda a autonomia e a liberdade, a riqueza e a plenitude do homem, tanto na ordem metafísica da humanidade de Cristo quanto na ordem soteriológica de todos nós. O reconhecimento da encarnação leva consigo uma conversão de nossa ideia de Deus que, gestada a partir de nossa finitude e pecado, nos inclina a pensá-lo como soberano, alheio e distante, mais ainda, como inimigo. Porém, justamente a real divindade, transcendência e amor são os que tornam possível e "necessária" a condescendência de Deus em *quenose* e em amor para com a sua criatura. Deus é amigo dos homens: por isso lhes deu parte de sua vida (criação), fez parte de sua existência pessoal (encarnação), compartilhou seu destino de pecadores sob o poder do mal e da morte (redenção).

---

238. A dualidade de naturezas é dualidade de dimensões num mesmo sujeito, não dois sujeitos integrados numa unidade superior, realizada por Deus a partir de fora. Aqui se fecha a passagem ao dualismo psicológico dos anos 1950 (Deodato de Basly, Seiller, Galtier...) tentado a dividir Cristo em dois "eus": um o homem Jesus surgindo a partir de baixo, e confrontado com a Trindade, e outro o Verbo. O Concílio de Calcedônia pressupõe a perspectiva unitária própria da cristologia de São Cirilo.

239. SAN LEÓN. "Epist." 35,3. In: *PL* 54, p. 807. Cf. SAN AGUSTÍN. *Contra Serm. Ar.* 8,2 (BAC 512, p. 292).

A hipótese de uma "pessoa humana" já existente, à qual Deus se une como parte, força ou instrumento, e desta forma se realiza pessoalmente como Filho, rompe toda a lógica da criação e da encarnação, ao mesmo tempo que obriga a reformular todas as afirmações trinitárias. Como pensar a integração de Deus em uma pessoa humana constituída, sem sucumbir a um modalismo ou a um adocionismo? Só poderia ser como fragmento possuído, aparência acidental, impulso. Teria o homem capacidade para suscitar ou realizar uma unidade com Deus na qual ambos não sejam dois poderes paralelos ou uma mistura indivisa? A encarnação é um mistério, mas não um enigma ou um absurdo[240]. Ela não se nos apresenta como um enigma de metafísica ou de lógica, mas como um fato histórico de revelação e de autodoação de Deus, de vocação e de santificação do homem. A partir desta perspectiva, a encarnação, como forma intransponível de comunicação de Deus ao homem e de integração do homem em Deus, oferece os critérios para compreender todas as formas de união entre Deus e o homem, entre a graça e a liberdade, entre a Igreja e o mundo, entre a conquista humana e a plenificação divina. Não são duas magnitudes iguais e paralelas. A ação divina previne e funda, gesta e espera a resposta humana em cada um desses domínios. Deus não é o antagonista de sua criatura: se assim fosse não a teria criado nem teria estabelecido com ela uma aliança. A encarnação é o auge da criação e da aliança[241].

---

240. P. Schoonenberg, preocupado em não negar a real condição pessoal ao homem Jesus, questiona os conceitos "enhipostasia-anhipostasia", que no Concílio de Calcedônia ainda não aparecem, e propõe a inversão do modelo de Calcedônia: não é o Filho eterno que confere ser pessoa ao homem Jesus, mas o homem Jesus que confere uma pessoal realização nova a Deus. Essa forma de ser Deus na pessoa humana de Jesus o faz pessoalmente Filho. Se evitar uma leitura de Calcedônia que opera uma despersonalização de Cristo é um dever, a proposta de Schoonenberg inverte as afirmações do NT junto com os próprios pressupostos do Concílio (preexistência, encarnação, *quenose*), e não foi recebida pela teologia. Cf. SCHOONENBERG, P. *Un Dios de los hombres* (Barcelona 1972). • SCHOONENBERG, P. *El Espíritu, la Palabra y el Hijo* (Salamanca 1998). • GALOT, J. *Hacia una nueva cristología* (Bilbao 1972). • SCHILSON, A. & KASPER, W. *Cristologie im Präsens* – Kritische Sichtung neuerer Entwürfe (Friburgo 1974), p. 115-122.

241. A genialidade de Rahner consiste em ter mostrado que a encarnação é a radicalização do ato criador de Deus, a aproximação máxima de sua criatura e com isso a plenificação máxima de sua realidade. Sendo máxima a proximidade e participação em Deus é máxima sua perfeição, sua plenitude e sua liberdade. Por isso Cristo, por ser o Filho, o constitutivamente próximo de Deus, é o homem mais perfeito e mais livre. Cf. RAHNER, K. "Problemas actuales de cristología". In: *ET* I, p. 169-222.

10. Intenção, valor e limites do texto

Calcedônia não é uma suma que contém toda a cristologia. O erro foi convertê-lo em síntese do que podemos saber sobre Cristo, em chave de leitura para todo o NT e em resposta a todos os problemas cristológicos. Sua definição é apenas um marco de integração hierárquica das diversas afirmações que podemos fazer sobre Cristo; um guia para reconhecer o território de seu ser pessoal e discernir as paixões de sua existência histórica; uma orientação de natureza disciplinar reguladora simultaneamente expositivo-dogmática[242]. Esta orientação é para a cristologia o que são as estruturas para compreender um edifício ou um mapa para percorrer um país. Se esquecermos que é acima de tudo uma defesa negativa e um fundamento jurídico da fé, e se a contemplamos como uma resposta material de conteúdos cristológicos, então se lhe podem opor reparos, descrever ausências e sugerir inexatidões terminológicas[243]. Isto, porém, seria equivocar a abordagem, "pedir peras aos olmeiros". *Calcedônia não suplanta a exegese bíblica, não se propõe a integrar todas as afirmações necessárias sobre Jesus, não tem um interesse soteriológico direto, não retoma a cristologia anterior nem antecipa toda a posterior; simplesmente porque só responde às questões que estavam em seu horizonte. Calcedônia não é a soma total nem o ponto-final da cristologia.* É um ponto decisivo, uma referência dogmática que já não se pode desconhecer, que fixou limites que não podem ser transgredidos e afirmações essenciais das quais não se pode descuidar. Uma vez dito isso, resta elaborar a inteira cristologia em cada geração, porque nenhuma geração tem o mesmo horizonte de compreensão, nenhuma fase da Igreja se comove pelas mesmas

---

242. "Esta definição, precisamente pelo ponto de vista que adota, deve ser melhor compreendida no sentido de uma defesa negativa da tradição cristã e como fundamento jurídico da única fé" (STUDER, B. *Dios salvador...* Op. cit., p. 322).

243. Existem três grandes tipos de *objeções ao Concílio de Calcedônia*: 1) Que, preso a uma metafísica alheia ao NT, não tem dimensão soteriológica, fala do Cristo em si e esquece o Cristo para nós (Lutero, Melanchton, Ritschl, Harnack e o protestantismo liberal). 2) Que tem um pressuposto metafísico falso, já que situa a natureza divina e a humana como equivalentes ou concorrentes (Schleiermacher e, em certo sentido, Pannenberg). 3) Que recolhe todas as linhas da cristologia do NT, não tem perspectiva histórica e, portanto, não apresenta uma humanidade concreta de Jesus com seu desenvolvimento, psicologia, temporalidade. Cf. GONZÁLEZ DE CARDEDAL, O. "El destino calcedonense de la cristología". In: *Aproximación*, p. 303-328. • SESBOÜÉ, B. "Le procès contemporain de Chalcédoine. Bilan et perspectives". In: *RSR* 65 (1977), p. 45-80. • SESBOÜÉ, B. *Jésus-Christ...* Op. cit., p. 132-154. • SESBOÜÉ, B. & WOLINSKI, J. *El Dios de la salvación.* Op. cit., I, p. 323-324. • VON SCHÖNBORN, C. "Aporie der Zwinaturenlehre – Überlegungen zur Christologie von W. Pannenberg". In: *FZPhTh* 24 (1977), p. 428-445. Cf. a resposta de Pannenberg em Ibid., 25 (1978), p. 100-103.

preocupações, nenhuma cultura apresenta à fé as mesmas perguntas que a anterior, nem a todos os homens o Espírito manifesta os mesmos declives nem as mesmas profundidades inesgotáveis do Mistério de Cristo. Este supera toda ciência e, por essa razão, qualquer concílio.

A fórmula cristológica de Calcedônia acreditou ter sido capaz de dar uma articulação orgânica a todas as dimensões do mistério de Cristo, não oferecendo uma explicitação de todo o seu conteúdo, mas atribuindo o devido lugar a cada dimensão. É assim "a pedra angular da expressão eclesial da fé em Cristo, e toda reflexão cristológica tem que situar-se em relação a ela. Esta fórmula é hoje um critério comum e normativo para o conjunto das Igrejas, exceto para as chamadas 'pré-calcedonianas': *constitui um guia cristão dos textos da Escritura e até mesmo um critério de discernimento teológico, que se estende para além da cristologia propriamente dita. Ele se reveste, por isso, de uma autoridade considerável e guarda seu sentido em nossos dias*"[244]. Autores que inclusive criticam alguns de seus aspectos, como Pannenberg, reconhecem nesta reflexão "os critérios que devem ser observados incondicionalmente por qualquer teoria cristológica"[245].

Às definições dogmáticas da Igreja devem ser aplicadas os mesmos métodos de leitura que se aplica aos textos bíblicos. Hoje, mais do que nunca, temos consciência dos condicionamentos sociais e políticos, eclesiais e culturais em que as definições dogmáticas e os métodos aplicados aos textos bíblicos nasceram. No entanto, o reconhecimento desses limites não significa a negação da normatividade e de seu caráter definitivo. O que vale para as Escrituras (são palavras próprias de cada autor e não menos palavras de Cristo) vale em medida análoga para os concílios (são palavras dos bispos e palavras do Espírito). O escândalo da encarnação de Deus – isto é, do Filho existindo numa humanidade judaica e da Palavra eterna ser dita em palavras de homens limitados que escreveram os livros sagrados – se estende às definições conciliares. Consciente disso, a Igreja pretende dizer com autoridade apostólica e exigência normativa para seus membros qual é o conteúdo da revelação de Deus em Cristo, qual é a verdade tanto de sua doutrina quanto de sua pessoa, e qual é a correspondente salvação do homem.

---

244. SESBOÜÉ, B. & WOLINSKI, J. Op. cit., p. 323.
245. PANNENBERG, W. *Fundamentos de cristología* (Salamanca 1974), p. 362.

Os concílios se convertem assim em chave de leitura para interpretar a Escritura e entre ambos se estabelece uma interação hermenêutica. A partir da *Escritura se chega aos concílios e a partir dos concílios se torna a reler a Escritura.* Não existe acesso possível aos relatos fundadores excluindo a intepretação que deram os concílios sob a ação do Espírito e com autoridade apostólica. Isto seria contar com um Cristo que nega a ação do Espírito em sua Igreja. Esta é a questão de fundo da discussão sobre a infalibilidade em Küng[246] e em determinadas propostas de cristologia narrativa[247]. Uma consequência das definições dogmáticas de Éfeso e Calcedônia foi a ruptura daqueles que permaneceram fiéis a Nestório e a uma intepretação de São Cirilo na linha de Eutiques. Foi assim que nasceram as Igrejas nestorianas e coptas. A partir de 1970 começaram os diálogos com a Igreja Católica. O fruto são "declarações cristológicas conjuntas" (Igreja Ortodoxa copta: agosto de 1976 e fevereiro de 1988; Igreja Malankarsiana Ortodoxa: 1989-1990; Igreja Assíria do Oriente: novembro de 1994), que superam velhos mal-entendidos verbais e se orientam na direção de uma unidade mais plena[248].

VI – De Calcedônia ao final da Patrística

Ao fixar a forma específica de relação de Deus com o homem à luz da união por excelência, que é a união hipostática de Deus com o homem em Cristo, *Calcedônia estabeleceu a lógica não apenas da cristologia, mas de todo o cristianismo.* Frente uma afirmação excessiva da transcendência, a encarnação situa Deus num homem e, frente a uma afirmação excessiva da ima-

---

246. Cf. GRILLMEIER, A. "Moderne Hermeneutik und altchistliche Christologie – Zur Diskussion um die chalkedonische Christologie heute". In: *Mit ihm und in ihm...* Op. cit., p. 489-584. • GRILLMEIER, A. "Die Einzigkeit Jesu Christi und unser Christ sein. Zu Hans Küng, Christ sein". In: *Fragmente zur Christologie*. Op. cit., p. 33-80.

247. Cf. MOINGT, J. *El hombre que venía de Dios*, I-II (Bilbao 1998). Cf. tb. recensões de: REY, B. In: *RSPT* 78 (1994), p. 181-192. • SESBOÜÉ, B. In: *RSR* 82/1 (1994), p. 87-102. • DE HALLEUX, A. In: *RTL* 1 (1994), p. 203-204. • RENWART, L. In: *NRT* 116 (1994), p. 883-886. • NICOLAS, J.N. In: *RThm* 94 (1994), p. 639-652.

248. Cf. HALLEUX, A. "Actualité du néochalcédonisme – Un accord christologique récent entre orthodoxes". In: *RTL* 21 (1990), p. 32-54. • NISSIOTIS, N. (ed.). *Does Chalcedon divide or unite? –* Towards convergence in orthodox christology (Genebra 1981). • ROBERTSON, R.G. *The Eastern Christian Churches* (Roma 1993), p. 158-165 (Diálogos em cristologia). Textos em GONZÁLEZ MONTES, A. *Enchiridion oecumenicum*, I (Salamanca 1986), p. 536-538 (n. 1.211-1.213); II (Salamanca 1993), p. 346-347 (n. 1.125-1.126), p. 353-354 (n. 1.133-1.141). • WRIGHT, J.R. "La signification des quatre adverbes chalcédoniens dans les accords oecuméniques récents". In: *Irénikon* 71 (1988), p. 5-15.

nência, afirma a soberania da iniciativa e da potestade divinas. Entre Deus e o homem não se dá nem panteísmo de fusão nem dualismo de oposição. Calcedônia interpretou Jo 1,14 "A palavra se fez carne" de uma forma que tornava Deus mais divino, por ser mais humano e por estar absolutamente próximo de sua criatura sem perder sua divindade. Essa lógica do princípio divino-humano, que tem sua figura paradigmática no Verbo encarnado, se revive no mistério da Igreja, que "se assemelha com uma importante analogia ao mistério da Palavra encarnada"[249]. Na realização da vida cristã, no ato de fé, no ser e na ação pastoral da Igreja concorrem com o humano princípios divinos, exclusivos da entidade [*entitativos*] e operativos, que promovem as potências e aperfeiçoam os dinamismos de nossa natureza[250].

1 O Concílio II de Constantinopla (553)

A história restante da Patrística é uma sucessão de tentativas de aplicar ou de reequilibrar Calcedônia, integrando algumas vezes as aspirações profundas da cristologia antioquena e outras as de São Cirilo. Este é o autor que mais contribuiu para a cristologia da era patrística[251]. A ele se referiam todos aqueles que tendiam para uma compreensão mais unitária de Cristo e os simpatizantes do monofisismo em sentido estrito, para os quais o esquema diofisita-calcedoniano não deixava perceber com clareza que a novidade de Cristo consiste no fato de que em sua pessoa Deus chega ao mundo a partir de dentro dele. Eles não negavam a humanidade de Jesus, mas acentuavam a origem, a natureza e a eficiência divinas. Só assim se podia falar de salvação, que eles compreendiam fundamentalmente como participação da criatura na vida de seu Criador, como santificação e divinização. Por isso se opõem ao discurso do diofisismo, afirmando que existiam "duas naturezas antes da união", mas não depois da união, já que com

---

249. LG 8. Cf. CONGAR, Y. "Dogme christologique et ecclésiologie – Vérité et limites d'un parallèle". In: *Sainte Église* – Études et approches ecclésiologiques (Paris 1964), p. 69-104. • ARNOLD, F.X. "Das gottmenschliche Prinzip der Seelsorge und die Gestaltung der christlichen Frömmigkeit". In: GRILLMEIER, A. & BACHT, H. *Das Konzil von Chalkedon*. Op. cit., III, p. 287-340.

250. SESBOÜÉ, B. *Jésus-Christ...* Op. cit., p. 195-206 (O critério de Calcedônia).

251. "A compreensão da encarnação deve-se a Cirilo de Alexandria, mais do que a qualquer outro dos Padres da Igreja. A imagem clássica de Cristo, o Deus-homem, tal como está escrito nas definições de fé da Igreja e tal como é apresentado ao coração dos fiéis nas liturgias e nos hinos, é a imagem que Cirilo propôs aos cristãos. Ele é o cânon para toda a cristologia posterior à Patrística" (WICKHAM, L.R. "Cyrill von Alexandrien". In: *ThQ* 4 (1998), p. 257).

esta a pessoa do Filho determina com seu poder e santidade divina toda a sua realidade humana. *Esta será posteriormente a inclinação de toda a cristologia bizantina*[252].

Aos fatores teológicos e de sensibilidade espiritual se unirão outros menos sublimes, como os interesses regionais do Egito, a significação da Igreja para a unidade do Império, as oposições pessoais entre os patriarcas das quatro sedes: Alexandria, Antioquia, Roma e Constantinopla. A história da cristologia nos séculos seguintes é determinada por quatro grupos humanos: monges, patriarcas, papas e imperadores. A orientação monofisita é a dominante e é apoiada pelos imperadores como medida para manter a unidade. O polo da oposição é formado pelos monges e pelas massas de Alexandria que continuam falando a língua copta, ao passo que apenas uma elite está helenizada. "A oposição anticalcedoniana aparece em certa medida como a religião nacional do povo egípcio"[253]. Este fator de minorias nacionais determinará também a postura da Síria, onde o monofisismo se enraíza em Antioquia com figuras decisivas como Pedro [o pisoeiro], Filoxeno de Mabugo e Severo de Antioquia, denominando "melquitas" os fiéis a Calcedônia por considerá-los seguidores do imperador (*melek*).

Posteriormente tudo se inclina para uma releitura de Calcedônia a partir da perspectiva do Concílio de Éfeso. É o que a partir de J. Lebon e C. Moeller se denominou *neocalcedonismo*, como característica do Concílio II de Constantinopla (553)[254]. Após as tentativas do imperador Zenão com seu *Henotikon* (482) de reconduzir a região oriental à unidade, Justiniano II promulgou dois decretos, nos quais define a fé com a ajuda de uma fórmula chamada "teopasquita" ($\Theta\epsilon\acute{o}\varsigma$ = Deus e $\pi\alpha\sigma\chi\tilde{\iota}\nu$ = padecer). "Um da Trindade sofreu na carne". Com isso se buscava atrair todos aqueles

---

252. Cf. BECK, R. *Kirche und theologische Literatur im byzantinischen Reich* (Munique 1959). • YANNOPOULUS, P.A. Del segundo Concilio de Constantinopla (553) al segundo Concilio de Nicea (786-787)". In: ALBERIGO, G. (ed.). *Historia de los concilios ecuménicos* (Salamanca 1993), p. 105-134. • MEYENDORFF, J. *Le Christ dans la théologie byzantine* (Paris 1969). • GRILLMEIER, A. *Jesus Christus im Glauben der Kirche* – II/1: Das Konzil von Chalkedon – Rezeption und Widerspruch (451-518) (Friburgo 1986); II/2: Die Kirche von Konstantinopel im 6. Jahrhundert (Friburgo 1989); II/4: Die Kirchen von Alexandrien mit Nubien und Äthiopien (Friburgo 1990).

253. MARROU, H.I. *Nueva Historia de la Iglesia*. Op. cit., I, p. 388.

254. Cf. HELMER, S. *Der Neuchalkedonismus* – Geschichte, Berechtigung und Bedeutung eines dogmengeschichtlichen Begriffs (Bonn 1962). • GRILLMEIER, A. "Der Neuchalkedonismus – Um die Berechtigung eines neuen Kapitels in der Dogmengeschichte". In: *Mit ihm und in ihm...* Op. cit., p. 371-385.

que mantinham um monofisismo acentuado em torno a Severo de Antioquia[255]. A fórmula não era nova; tinha sido utilizada um século antes pelo patriarca de Constantinopla Proclo. Com ela os monges citas (Mar Negro, foz do Danúbio) tentavam fazer com que Roma aceitasse uma interpretação intermediária, afirmando explicitamente a "comunicação de línguas". Cristo, identificado como uma pessoa da Trindade, havia compartilhado nossos sofrimentos. Logo, os sofrimentos humanos são e serão denominados sofrimentos de Deus, e a glória e a santidade de Deus serão atribuídos ao homem Jesus. Nessa mesma linha Pedro, o pisoeiro, tinha introduzido na liturgia outra fórmula semelhante, fazendo acrescentar ao *Triságio* da Sexta-feira Santa (Deus santo, Deus forte, Deus imortal) a expressão: "Crucificado por nós". O sujeito da história, da paixão e da morte de Jesus é então o próprio Deus[256].

Justiniano escreve em 543 um tratado com dez condenações ou anatematismos antiorigenistas, simultaneamente com os chamados "Três capítulos" (fórmula com que se designa Teodoro de Mopsuéstia, Teodoro de Ciro e Ibas de Edessa), contra os quais continuava pesando a acusação de nestorianismo. Depois de pesadas relações com o Papa Virgílio, que se nega a confirmar a condenação dos três capítulos, Justiniano convoca o Concílio que acontecerá em maio de 553, com a ausência do papa. O concílio é um concílio imperial, sem o papa e apesar dele. Este, depois de ter firmado primeiro um *Iudicatum*, rejeitando as pretensões imperiais, acabou aceitando-o. Somente o reconhecimento ulterior da Igreja e dos papas converteu este concílio em ecumênico[257].

---

255. A fórmula diferencia os antioquenos, que atribuem a morte de Cristo à sua natureza humana, dos alexandrinos, que são chamados "teopasquitas", porque atribuem os padecimentos e a morte do Verbo, em razão da comunicação de línguas, diretamente a Deus, a um da Trindade. Cf. GRILLMEIER, A. *Jesus Christus im Glauben...* Op. cit., II/2, p. 333-359. • MEYENDORFF, J. *Le Christ dans la théologie byzantine*. Op. cit., p. 91-120 (Deus sofreu na carne). • LACHENSCHMID, R. "Theopaschismus". In: *LTK*² 10, p. 83. • CHENÉ, G. "Unus de Trinitate passus est". In: *RSR* 53 (1965), p. 545-588.

256. O conteúdo destas duas fórmulas teopasquitas já estava presente no Anatematismo 12 de São Cirilo ("Se alguém não confessa que o Verbo de Deus padeceu na carne e foi crucificado na carne e provou a morte na carne, constituído também primogênito dentre os mortos, poque enquanto Deus é vida e vivificador, seja anátema" [DS 263]) e literalmente no *Henotikon* de Zenão (482). Cf. RITTER, A.M. "Der Ausgang der altkirchlichen Christologie". In: ANDRESSEN, C. (ed.). *Handbuch...* Op. cit., I, p. 270-283.

257. "Este certamente é o mais problemático de todos os concílios; foi realizado sem o Papa Virgílio e contra ele [...]. Mas, o reconhecimento ulterior pelos papas e pela Igreja confere, apesar

O mais importante não são os "três capítulos", mas os cânones que o Concílio promulga, nos quais faz uma releitura de Niceia, estabelecendo maior conexão entre Trindade e cristologia (cf. DS 421), vendo a vida de Jesus como expressão historizada do Verbo, eterno com seu duplo nascimento do Pai e de Maria (cf. DS 432). Ele afirma que a união hipostática é o fundamento da comunicação de línguas e a equivalência entre "união por composição" e "união segundo a hipóstase" (cf. DS 424s.). Reitera que falar de duas naturezas não significa afirmar sua divisão como subsistente particulares, mas que dentro da união a diferença se mantém (cf. DS 428-430). Dá-se uma equivalência entre hipóstase e pessoa usando estes termos tanto no tratado sobre a Trindade quanto em cristologia. Volta a repetir a legitimidade de nomear Maria *Theotókos*, porque Maria é a mãe do Verbo encarnado, que é Deus (cf. DS 427).

O concílio leva a termo uma precisão conceitual das realidades implicadas em clara orientação antinestoriana e pró-ciriliana, rejeitando igualmente Eutiques. Ao falar de uma hipóstase composta sublinha que o sujeito último das atividades de Cristo é o Verbo, mas sempre enquanto encarnado, enquanto pessoa humanizada. Nesta perspectiva aparece uma conexão maior entre "teologia" e "economia", já que é um da Trindade que padeceu, mas o sofreu "na carne". O Verbo encarnado merece assim uma adoração na qual é integrada sua carne; por isso não há duas adorações (uma do *Logos* e outra de sua humanidade). Neste concílio está pressuposta a ideia de função hipostatizadora do Verbo para a carne assumida. Assim surge a noção de *enhypostasia* (ἐν = em, dentro de; ὑπόστασις = pessoa) por obra de Leôncio de Bizâncio, para designar essa ação personalizadora do Verbo sobre sua humanidade. Como contrapartida da mesma aparece o termo negativo correspondente *anhypostasia* (ἄνευ = sem; ὑπόστασις = pessoa): a humanidade de Cristo não é pessoa por si mesma com anterioridade ou à margem do Verbo, com o perigo imediato de sugerir que Cristo não tem uma real personalidade humana. Esta palavra foi assim uma fonte perene de mal-entendidos até hoje: não se afirma que Cristo não tenha uma personalidade humana, mas que é pessoa como resulta-

---

disso, a suas decisões um valor ecumênico, na medida em que estas foram aprovadas" (DE VRIES, W. *Orient et Occident* – Les structures ecclésiales vues dans l'histoire des sept premiers conciles oecuméniques (Paris 1974), p. 161-163. • DE VRIES, W. *Ortodoxia y catolicismo* (Barcelona 1967).

do de uma presença criadora de Deus nele, em autodoação constituinte do Verbo a essa humanidade[258].

Transcrevemos quatro cânones para mostrar o avanço terminológico e de sensibilidade característico deste concílio:

> 1) Se alguém não confessa que o Pai, o Filho e o Espírito Santo têm uma única substância ou natureza, uma única virtude e potência, que são uma Trindade consubstancial, uma divindade que deve ser adorada em três subsistências (hipóstases) ou pessoas (prósopa), seja anátema [...].

> 4) A santa Igreja de Deus, rejeitando a impiedade destas duas heresias [Apolinário e Eutiques], confessa a união de Deus Verbo com a carne como união (ἕνωσις) de composição (σύνθεσις); isto é, na pessoa (καθ' ὑπόστασιν) [...].

> 9) Se alguém diz que Cristo é adorado em duas naturezas e fundando-se nisto introduz dois tipos de adoração: uma especial para Deus Verbo e outra especial para o homem [...], seja anátema.

> 10) Se alguém não confessa que aquele que foi crucificado na carne, nosso Senhor Jesus Cristo, é verdadeiro Deus, Senhor da glória e um da Trindade, seja anátema [...][259].

2 O Concílio III de Constantinopla (680-681)

O Concílio III de Constantinopla é uma nova tentativa de interpretação de Calcedônia, desta vez no sentido calcedonense, com a preocupação de salvar a integridade da natureza humana com o exercício de suas potências que, como todo ser humano, o homem Jesus possui[260]. Entretanto, fatos históricos novos surgiram, como as invasões persas e árabes, e uma escolástica (Boécio [480-524] no Ocidente, Leôncio de Jerusalém e Leôncio de Bizâncio [† 543] no Oriente)[261] que introduz novas abordagens lógicas na análise

---

258. Cf. resposta à objeção de que Cristo seria um homem despersonalizado em SESBOÜÉ, B. *Jésus-Christ...* Op. cit., p. 164-166.
259. Cf. DS 295, 299, 304-305.
260. Cf. SESBOÜÉ, B. *El Dios de la salvación...* Op. cit., p. 335-345.
261. Ambos perfilam definitivamente a categoria de pessoa e união hipostática. Segundo Leôncio de Bizâncio, "a preexistência da humanidade de Jesus Cristo é levada em conta somente como possibilidade teórica, ao passo que a distinção entre ἐνυπόστατον e ὑπόστασις proporciona o modelo conceitual para enunciar a relação entre a hipóstase do *Logos* e a natureza humana: esta é ἐνυπόστατον; i. é, existe concretamente na hipóstase do *Logos*" (PERRONE, L. In: *DPAC* II, p. 1.258. Em sua

dos problemas. Ao mesmo tempo aparece uma nova perspectiva total na consideração de Cristo: a passagem dos problemas de ontologia para os problemas da psicologia. *Mais tarde assume o primeiro plano de consideração não a essência, mas a existência de Jesus; não seu modo de ser, mas seu modo de agir.* Esta preocupação nova se explicita em duas questões concretas: *a crise agnoeta*, que apresenta o problema do saber e do ignorar de Cristo; e *a crise do monoenergismo e do monotelismo*, que coloca a questão da unidade ou dualidade, tanto de vontades quanto de operações em Cristo.

a) A crise agnoeta

Os agnoetas, que apareceram em Alexandria por volta do ano 540 e eram de tendência monofisita, representavam uma orientação na linha de Calcedônia. Dois textos bíblicos (Mc 13,32 e Jo 11,34) sobre a ignorância de Cristo a respeito da parusia e do lugar onde estava enterrado Lázaro são o fundamento de suas afirmações sobre um Cristo que "não sabia" (ἀ-γιγνόσκω; ἀ-γνῶς). Falar de ignorância em Cristo era percebido então como uma negação implícita de sua divindade (arianismo) ou como uma separação de sujeitos entre divindade e humanidade (nestorianismo).

Os agnoetas foram condenados pelo Concílio do Latrão (649) e pelo Papa Gregório Magno em uma carta do ano 600. Nela se diferencia o que é *ignorância econômica* ou pedagógica (Jesus sabe, mas não tinha o encargo de Deus para dizê-lo porque os outros não estavam em situação ou capacidade para ouvi-lo) e *ignorância anafórica* (Jesus falava como os homens que representava e que enquanto tais não o sabiam) da *ignorância real*. São Gregório não podia admitir que Cristo tivesse ignorado como homem o que sabia como Deus. Por isso identificava como nestoriano quem se confessasse agnoeta: "Mas é coisa bem manifesta que quem não é nestoriano não pode de modo algum ser agnoeta. Pois quem confessa que a própria Sabedoria de Deus se encarnou, com que razão pode dizer que existe algo que a Sabedo-

---

obra *Contra Eutychen et Nestorium* Boécio propõe a definição de pessoa que, reassumida por Santo Tomás (*Sth.* Q.29; Pot 9,2), prevalecerá no Ocidente durante séculos: "Quocirca si persona in solis substantiis est atque in his rationabilibus substantiaque omnis natura est nec in universalibus sed in individuis constat, reperta personae est definitio: 'naturae rationabilis individua substantia'. Sed nos in hac definitione eam quam Graeci ὑπόστασις dicunt terminavimus" (*Contra Eutychen* III (Londres 1978), p. 84).

ria de Deus ignore?"[262] Chama a atenção o fato que diante dessa questão da consciência de Cristo não se desse uma resposta de fundo, que posteriormente não se continuasse abordando-a com toda radicalidade, nem se sentisse a necessidade de afirmar a autonomia da inteligência humana, neste caso com o reconhecimento de sua constitutiva historicidade e por isso de seus limites, da mesma forma que se sentiu a necessidade de afirmar a autonomia da vontade e das operações humanas, com sua permanência inclusive em meio à dor que condiciona, angustia e limita[263].

b) Monoenergismo e monotelismo – O Concílio III de Constantinopla (em Trullo ou Concílio Trullano)

A segunda grande questão daquele momento era o monoenergismo (μόνος = só, único; ἐνεργεία = atividade) e o monotelismo (θέλημα = vontade, θέλησις = volição, querer), ou única atividade e única vontade em Cristo. As discussões surgem a partir da interpretação da *agonia de Cristo* por duas razões: a primeira, porque sua entrega ao Pai e a assunção de nossa dor no momento limite está associada à redenção humana; e, a segunda, porque se queria saber se nela tinham estado contrapostas a vontade divina e a humana, ou se a redenção havia sido realizada só por uma delas sem a colaboração da outra. *Aqui se reproduz a discussão de Calcedônia: onde lá se falava de dualidade de naturezas, aqui se fala de dualidade de energias e vontades.* A preocupação permanente em recuperar os monofisitas levou Sérgio, patriarca de Constantinopla, a reassumir modificada uma fórmula do Pseudo-Dionísio que falava de uma "energia teândrica"; isto é, humano-divina. Seu autor fala de uma "nova operação", ao passo que Sérgio e Ciro, patriarcas de Constantinopla, modificam a fórmula falando de uma "única operação". Entendia-se dizer que em toda operação de Cristo concorrem ambas, sendo Ele o único sujeito do agir. "O único e mesmo Cristo e Filho, que faz o que é divino e o que é humano por uma só atividade teândrica (μία θεανδρικὴ ἐνεργεία), como diz São Dionísio"[264]. Interpretada no sentido de monoernergismo, a fórmula

---

262. DS 474-476.

263. "A *quenose* de Cristo foi sublinhada num terreno (padecimentos, morte) ao passo que não foi suficientemente reconhecida em outro (ignorância, busca, insegurança)" (SESBOÜÉ, B. *El Dios de la salvación.* Op. cit., p. 338).

264. "Para resumir: Ele não foi um homem qualquer nem deixava de sê-lo. Nascido como os homens era muito superior aos homens. Se fez verdadeiramente homem, em uma forma que trans-

foi rejeitada pelos monges São Sofrônio de Jerusalém e São Máximo o Confessor. Como reação Sérgio propôs a fórmula seguinte: "A partir de agora a ninguém será permitido falar de uma ou duas atividades a propósito de Cristo, nosso Deus, já que é impossível que num único e mesmo sujeito subsistam duas vontades contrárias e simultaneamente juntas uma com a outra"[265].

Sérgio escreveu ao Papa Honório, propondo-lhe que fossem proscritos os dois termos *monoenergia* e *duoenergia*, já que o único Verbo realizou o humano e o divino sem divisão interior. Sua proposta é orientada pelo velho temor de que duas vontades autônomas possam opor-se, fazendo escolhas contrárias. Se, então, a vontade humana de Cristo se contrapõe à divina, colocamos a salvação, que confessamos conseguida pela santidade de Cristo, em perigo. O papa banalizou a questão pensando ser mera disputa de palavras e respondeu a Sérgio com uma carta de felicitação (634) pela união que havia conseguido com sua proposta de uma única vontade de Cristo. Os dois distinguem um *querer concreto* (μία βούλησις). O imperador Heráclio promulgou então um edito teológico no qual impôs a nova fórmula, a *Ekthesis* ou *Exposição da fé* (638). No entanto, diante da rejeição de Sofrônio, já bispo de Jerusalém, de Máximo o Confessor, e de outros bispos, surgiu um novo cisma entre Oriente e Ocidente.

O Papa Martinho I convoca então o Concílio de Latrão (649) para esclarecer a questão. Na lógica de Calcedônia situa as duas vontades como expressão das duas naturezas. *Os cânones 10 e 11 explicam a diferença entre o único operante e os dois princípios a partir dos quais age o único Cristo e suas duas operações, humana e divina*[266]. No cânon 15 esclarece a noção exata de "operação teândrica" (cf. DS 515). O Concílio III de Constantinopla se reúne (680-681) na sala de reunião do palácio imperial (= Trullos) – por isso chamado Concílio Trullano –, com a presença

---

cende o homem. Além disso, não fazia as maravilhas de Deus como se fosse unicamente Deus, nem realizava os afazeres do homem como se fosse meramente homem. Pelo contrário, por ser Deus-homem realizou a nova operação divino-humana (καινήν τινα τὴν θεανδρικήν ἐνεργείαν)" ("Carta IV". In: *PG* 3,1072C. Outros usos do termo em LAMPE, G.W.H. "ἐνέργειαν". In: *A Ptristic Greek Lexikon*, III (Oxford 1964), p. 615. Cf. o *Pacto de união* de Ciro (633). In: *MANSI* XI, 565. O Pseudo-Dionísio "menciona o nome de Cristo e professa sua fé na encarnação, mas a estrutura de seu sistema é perfeitamente independente desta profissão de fé" (MEYENDORFF, J. *Le Christ dans la théologie byzantine*. Op. cit., p. 143).

265. Cf. MURPHY, X. & SHERWOOD, P. *Constantinople II et III* (Paris 1974), p. 306.

266. Cf. DS 510-511 ("Per utramque eius naturam voluntarius naturaliter idem consistit nostrae salutis operator").

dos delegados do Papa Agatão. Na sessão 13 condena os monoteletas e o Papa Honório[267]. Na sessão 18 promulga o decreto dogmático que reassume a tradição conciliar anterior, repete palavra por palavra a definição de Calcedônia e nessa linha define a existência de duas operações e duas vontades do único sujeito. E se lhe aplica os quatro adjetivos de Calcedônia: as vontades estão unidas sem conjunção e sem transformação; sem divisão e sem superposição. Eis os textos-chave:

> Pregamos igualmente em Cristo, segundo os ensinamentos dos Santos Padres, duas volições ou vontades naturais e duas operações naturais, sem divisão, sem alteração, sem separação e sem confusão. Os dois quereres naturais não são contrários um ao outro, como disseram os ímpios hereges, Deus nos livre!, mas seu querer humano não se opõe nem combate, ao contrário, está submetido ao querer divino e onipotente [...].
>
> Pois, assim como sua santíssima e imaculada carne animada não ficou suprimida ao ser divinizada, mas permaneceu em seu estado e forma de ser, seu querer humano tampouco foi suprimido pelo fato de ser divinizado. Antes, ficou salvaguardado, como disse Gregório o Teólogo: 'O querer do Salvador não é oposto a Deus, estando como está totalmente divinizado'"[268].

c) Vontade natural e vontade pessoal: São Máximo o Confessor

O comentário que se deve fazer a esse concílio a respeito das vontades é o mesmo que o de Calcedônia: a vontade como expressão de sua natureza não fica suprimida, mas conservada e potenciada. O Verbo não reduz o humano a um instrumento passivo; seu corpo não é uma imagem da qual se reveste, nem sua vontade humana algo que usa a partir de fora ou que dissolva

---

267. "Coincidimos expulsar juntamente com estes [Sérgio, Ciro, Pirro, Paulo, Pedro, Teodoro de Faran] da santa Igreja Católica de Deus, Honório, que foi papa da antiga Roma; porque examinados os escritos que dirigiu a Sérgio, encontramos que seguiu em tudo a mente de Sérgio e confirmou seus ensinamentos ímpios" (DS 550-552). Esta condenação por herege de um papa num concílio ecumênico causou problemas quando o Vaticano I preparou a definição da infalibilidade pontifícia. As explicações da atuação do papa são muito diferentes: "Embora sua intenção era ortodoxa empregou uma linguagem que foi considerada mais tarde heterodoxa" (DI BERARDINO, A. "Honorio". In: *DPAC* I, p. 1.069. Cf. KREUZER, G. *Die Honoriusfrage im Mittelalter und in der Neuzeit* (Stuttgart 1975). • SCHWAIGER, G. "Die Honoriusfrage. Zu einer Untersuchung des alten Falles". In: *Zeitschrift für Kirchengeschichte* 88 (1977), p. 85-97.

268. DS 556-557. Cf. GS 22.

seu querer, enfraquecendo seu dinamismo próprio. A questão de fundo é se a união hipostática carrega consigo a anulação da liberdade de Cristo, ou lhe torna possível uma nova forma de exercício. Aqui aparece uma divisão introduzida por Máximo o Confessor, que será central para o futuro: vontade física (θέλημα φυσικόν) e vontade gnômica (θέλημα γνωμικόν) idêntica com o *liberum arbitrium*; ou vontade natural e vontade pessoal[269]. A união que se dá em Cristo não é como a união das naturezas físicas, mas se realiza na ordem pessoal e do amor. As pessoas podem se compenetrar sem se destruir nem se diluir, mas se incrementando. A ação personalizadora do Verbo na vontade humana de Jesus não a destrói, mas lhe confere uma dignidade e uma liberdade supremas. A liberdade não vive da solidão, da distância ou da incomunicabilidade, mas justamente da companhia, do amor e da afirmação que o outro nos oferece em sua alteridade. À luz da constituição trinitária de Deus, onde o amor relacional constitui a autonomia das pessoas, afirmamos que em Cristo a ação personalizadora do Verbo funda uma vontade humana com seu próprio ato livre.

O texto bíblico-guia nesta discussão conciliar é Jo 6,38: "Eu desci do céu para fazer não a minha vontade, mas a vontade o Pai que me enviou" (cf. DS 556). Aqui fala o *Logos* encarnado, mas o faz a partir de sua vontade humana. Em Cristo não se dão dois "eus", mas existe uma unidade de sujeito: o *Logos* fala tanto referido à vontade como ao pensar humanos de Jesus em estilo enfático de "Eu". O "eu" do homem Jesus foi integrado em seu único centro pessoal, sua vontade humana se identificou num sim absoluto com a vontade do Pai. A vontade de Jesus se associa ao que é seu fundamento, como o Filho se associa ao Pai, sem o qual não é Filho e do qual recebe sua realidade pessoal. Por isso, na oração do horto, a vontade de Jesus se associa ao Pai e a partir dela assume seu destino de solidariedade com os homens na morte.

---

269. Cf. BECK, G. "La primitiva Iglesia bizantina". In: JEDIN, H. (ed.). *Manual de historia de la Iglesia,* II (Barcelona 1979), p. 626. • RIOU, A. *Le monde et l'Église selon Maxime le Confesseur* (Paris 1973). • GARRIGUES, J.M. *Maxime le Confesseur –* La charité, avenir du monde (Paris 1976). • LÉTHEL, F.M. *Théologie de l'agonie du Christ –* La liberté humaine du Fils de Dieu et son importance sotériologique mises en lumière par S. máxime le Confesseur (Paris 1979). • RATZINGER, J. *Schauen auf den Durchbohrten, Versuche zu einer spirituellen Christologie* (Einsiedeln 1984), p. 33-37. • KASPER, W. "Uno de la Trinidad..." In: *Teología e Iglesia* (Barcelona 1989), p. 297-321. • LARCHET, J.C. *La divinisation de l'homme selon Maxime le Confesseur* (Paris 1996), com a recensão de H.J. Vogt em *ThQ* 3 (1997), p. 142-143.

Com estas afirmações Constantinopla III supera todo mal-entendido possível em relação a Calcedônia: *não existe um dualismo de naturezas entendidas como se existisse um homem Jesus que num dado momento se associara ao Verbo. Não acontece essa "simetria" de naturezas, de operações, de vontades, porque não são realidades que preexistiam constituídas antes da união, nem que se dissolveram depois da união.* São constituídas a partir da união unificadora da pessoa do Verbo, que por uma relação subsistencial ou ação hipostática confere realidade à sua humanidade. Novamente repercute aqui a suspeita que vimos em Calcedônia: pensar que a liberdade humana só é possível sem Deus, à margem de Deus e, em última análise, contra Deus. Esta dificuldade parte de uma compreensão da liberdade naturalista, despersonalizada e fechada em si mesma. A liberdade só germina no amor; ela só é possível a partir da relação e da comunicação. "O outro" me faz ser "eu"; seu chamado nos identifica e seu amor funda nossa liberdade. Uma pessoa recebe sua identidade de quem, amando-a, lhe confere a possibilidade de enraizar-se jubilosamente no mundo. A liberdade nasce confiante e cresce jubilosa quando não se vê circundada pelo vazio e pelo silêncio, mas acolhida em amorosa liberdade solidária. A ação suscitadora e personalizadora do Verbo funda a suprema liberdade do homem Jesus que, unida à sua eterna, constitui a única ação filial do Encarnado. A obediência de Cristo realiza a partir de um querer humano e temporal sua eterna relação de Filho. Nessa liberdade o amor filial integra a angústia, a solidão e o silêncio que nós homens vivemos. O Filho, feito homem, as vive como nós as vivemos. A sujeição de sua liberdade humana à do Pai prolonga sua relação eterna de Filho. O que é a ação geradora do Pai em relação ao ser pessoal do Verbo, é a ação personalizadora do Verbo a respeito de sua humanidade, com todas as suas energias e potências. A integração ao Pai é o fundamento da personalidade do Filho; a sujeição da vontade de Jesus à de Deus é o prolongamento de sua filiação, a máxima implementação possível de seu ser e de sua liberdade. A liberdade humana de Jesus encontra seu lugar ou acomodação existencial onde encontra seu fundamento metafísico; por isso liberdade pessoal e necessidade ontológica coincidem[270].

---

270. "A razão e com ela a necessidade em questão não é coativa, ou simplesmente restritiva ou impositiva, mas expressão de uma ordem em que cada coisa encontra sua acomodação, exibe seu ser aberto a todas as outras coisas e se mostra dando-se e desdobrando-se em seu próprio ambiente

A vontade humana de Jesus se ordena à vontade do Filho, integrando-se nela. Na medida em que Ele faz isto, recebe sua identidade – isto é, a plena submissão do eu ao tu; nisto consiste a essência daquele que é pura relação e ato. Onde o eu se oferece gratuitamente ao tu, existe liberdade, porque é acolhida a "forma de Deus". Mas este processo podemos descrevê-lo também, e inclusive melhor, a partir do outro lado: o *Logos* se humilha de tal forma que assume a vontade de outro homem como sua e fala do Pai com o eu deste homem, entrega seu eu a este homem, e desta forma transforma o falar deste homem em palavra eterna de seu bem-aventurado "Sim, Pai". À medida que Ele confere como próprio seu eu a este homem, lhe outorga sua identidade, o liberta, o redime, o converte em Deus. Agora conseguimos apresar com nossas mãos o que realmente significa a frase "Deus se fez homem": o Filho transforma a angústia de um homem em sua obediência filial, a palavra do servo na palavra que é o Filho. Dessa forma se torna manifesta a forma de nossa libertação, de nossa participação na liberdade do Filho. Na unidade das vontades, das que temos falado, se realiza a máxima transformação pensável do homem e ao mesmo tempo a única desejável: sua divinização. Assim o orar, que se introduz no orar de Jesus e dentro do corpo de Cristo e que se converte em oração de Jesus, pode ser designado como laboratório da liberdade[271].

Com este concílio fechou-se o ciclo da cristologia patrística, que se centrou principalmente nas questões de ontologia cristológica, movidas sempre pela *preocupação teológica* (fundamentar que em Cristo estava Deus mesmo revelando-se e enquanto tal dando-se ao mundo e fazendo-se seu) e pela *preocupação soteriológica* (fundamentar que no ser e no agir de Cristo estavam em jogo o sentido do ser e o destino dos homens). O iconoclasmo junto com a legitimidade das imagens, tratados no Concílio II de Niceia (787), e a questão do adocionismo hispânico, são apenas ressurgimentos em um caso do velho monofisismo e em outro do velho nestorianismo.

---

até ao limite de suas possibilidades [...]. A necessidade que acompanha a razão tem a ver com essa ordem interna do ser e aponta, portanto, para a *liberdade entendida como plenitude de ser, não como indeterminação, indiferença, e muito menos como arbitrariedade*" (ÁLVAREZ, M. "Cristo como exigencia de Verdad". In: *EsTr* 32 (1998), p. 388).

271. RATZINGER, J. *Schauen auf den Durchbohrten*... Op. cit., p. 36-37.

3 O Concílio II de Niceia (787)

Niceia II, o último concílio ecumênico reconhecido no Oriente e no Ocidente, aborda uma questão aparentemente insignificante do ponto de vista dogmático: a legitimidade teológica de representar Cristo, os acontecimentos e os personagens da história da salvação[272]. A disputa em torno da proibição e da consequente destruição das imagens (iconoclasmo) por um lado e sua defesa por outro se converteu primeiro numa luta entre o pontificado romano e o império de Bizâncio e em seguida numa luta entre Oriente e Ocidente, quando Carlos Magno se nega a acolher as decisões do Concílio e manda escrever os *Livros carolíngios* para refutá-las. Ele reúne o sínodo de Frankfurt para condenar Niceia II, cujas atas chegaram numa péssima tradução, provocando um mal-entendido das expressões, já que o Concílio distingue claramente "adorar", que só é devido a Deus, e "venerar", que é devido às imagens (cf. DS 601).

O cristianismo herda do AT a tradição da proibição de imagens: "Não farás para ti ídolos ou coisa alguma que tenha a forma de algo que se encontre no alto do céu, embaixo na terra ou nas águas debaixo da terra" (Ex 20,4). Deus é infinito e por isso não é circunscritível nem representável (ἀπερίγραπτός) (cf. DS 606). A atmosfera platônica orienta os grandes autores a dirigir o olhar ao *Logos* despido, que é a verdadeira imagem de Deus, e a distanciar-se de sua particular humanidade judaica. Frente ao culto aos ídolos, dirá Orígenes respondendo a Celso, os cristãos não adoram estátuas, nem rezam para imagens[273]. Do outro lado existe a distância infinita entre a beleza original e a pobreza ou feiura das representações. Por essa razão o Concílio de Elvira (Granada), celebrado depois do ano 295 e antes de 314, proibiu adorar paredes com pinturas[274]. Não obstante isso, desde o começo do século III as catacumbas, os batistérios e os sarcófagos são decorados com imagens evangélicas, símbolos de Cristo e de Maria. A eles são adicionadas depois as grandes composições das absides, bem como os mosaicos nos sécu-

---

272. Cf. ALBERIGO, G. (ed.). *Historia de los concilios ecuménicos*. Op. cit., p. 127-134. • SESBOÜÉ, B. & WOLINSKI, J. *El Dios de la salvación*. Op. cit., p. 346-353. • DUMEIGE, G. *Nicée II* (Paris 1978). • SCHÖNBORN, C. *L'Icône du Christ. Fondements théologiques* (Paris 1986). • SCHÖNBORN, C. *God sandte seinen Sohn Christologie* (Paderborn 2002).
273. Cf. ORÍGENES. *Contra Celso*, VII, p. 64-65 (BAC 271, p. 515-517).
274. "Placuit picturas in Ecclesia esse non debere nec quod colitur et adoratur in parietibus depingatur" (MANSI II, p. 11).

los IV, V e VI. Não havia nisto nenhuma ingenuidade nem magia, mas uma convicção perfeitamente ilustrada, formulada por São Basílio numa frase que, assumida por este segundo Concílio de Niceia, servirá de guia e defesa nos séculos posteriores: "A honra que se presta à imagem passa ao protótipo"[275]. Quem venera uma imagem transcende sua materialidade, dirigindo-se àquele a quem a imagem representa.

O imperador Leão III em 726 destruiu o mosaico de seu palácio e declarou guerra às imagens. Segundo ele, só existem duas realidades que remetem a Cristo e merecem veneração: a cruz e a Eucaristia. A razão em que apoia sua tese é que, por ser o divino irrepresentável, a imagem só pode representar o exterior de Cristo e isto se refere apenas à sua natureza humana. O ícone representaria então somente esta e, ao separar o homem Jesus visível do *Logos* invisível, teríamos um dualismo nestoriano. O Verbo como Deus é irrepresentável; tentar pintá-lo só seria possível separando dele sua humanidade e absolutizando-a. Constantino V quis tornar um dogma este ponto de vista no Concílio de Hieria (754). Diante disso, Niceia II expõe as verdadeiras razões, partindo do princípio da encarnação do cristianismo: *Se Deus se circunscreveu a si mesmo no Filho encarnado, que é sua verdadeira imagem, isto quer dizer que a natureza criada pode expressar seu Criador. Se a palavra do evangelho pode anunciar verdadeiramente Cristo e se Cristo homem pode refletir verdadeiramente Deus, isto quer dizer que as imagens criadas pelo homem podem também refletir o Verbo encarnado.* Não há idolatria, porque a pessoa de Cristo, que é única em sua divindade e humanidade, é distinta da imagem, que é somente um sinal e trampolim para ela. A pessoa invisível é adorada; a imagem visível, em contrapartida, é somente venerada. Deus é capaz de revelar-se e de dar-se ao mundo; o homem é capaz de perceber sua revelação e expressá-la.

> Trilhando a estrada real – isto é, o ensinamento divinamente inspirado de nossos Santos Padres e a tradição da Igreja Católica, pois reconhecemos que procede do Espírito Santo que habita nela – definimos com toda exatidão e cuidado que as veneráveis e santas

---

275. BASILIO DE CESAREA, S. *El Espíritu Santo*, XVIII, p. 45 (Madri 1996), p. 183. "Ἡ γὰρ τῆς εἰκόνος τιμὴ ἐπὶ τὸ πρωτότυπον διαβαίνει" (DS 601). O pressuposto da contemplação de Jesus como figura da revelação e autodoação de Deus é expresso pelo prefácio do Natal: "Quia per incarnati Verbi mysterium, nova mentis nostrae oculis lux tuae claritatis infulsit, ut dum visibiliter Deum cognoscimus, per hunc in invisibilium amorem rapiamur". Este texto é chave na teologia de Guardini e de Balthasar.

imagens, como a imagem da preciosa e vivificante cruz, tanto as pintadas como as de mosaico ou outro material, sejam expostas nas santas Igrejas de Deus [...]. Porque, de fato, quanto mais frequentemente são contempladas por meio de sua representação figurada tanto mais remetem os que as veem à lembrança dos modelos originais, a tender para eles, a tributar-lhes uma carinhosa e respeitosa veneração (προσκύνεσις), sem que isto constitua uma adoração (λατρεία) verdadeira segundo nossa fé, adoração que somente é devida a Deus (DS 600s.).

O Concílio só tira as consequências da lógica da encarnação: Deus, pela encarnação de seu Filho, se transcreve e descreve, expressa e expõe a si mesmo no mundo. Isto significa que a palavra, o som, a cor e a luz têm uma inerente (ingênua = gravada em sua natureza) capacidade para apontar para Deus e revelá-lo, embora sem nunca apreendê-lo. Isto vale principalmente para os *ícones* orientais que, diferentemente do que será a arte realista ocidental, não tentam descrever a figura histórica de Cristo, mas transparecer o mistério do Verbo e deixar sentir como age nos santos a presença santificadora de Deus. O iconoclasmo destruiu muitíssimas obras de arte. A defesa das imagens se converteu em tarefa sagrada da Igreja e com isso em grande fonte de alegria e esperança da humanidade. Os ícones foram e continuam sendo até hoje para a Igreja oriental a grande "epifania de Deus", e as pinturas e esculturas no Ocidente foram a Bíblia dos pobres. A fé nos foi transmitida tanto pelos olhos como pelos ouvidos[276].

4 O adocionismo hispânico

O último reaparecimento do nestorianismo o encontramos no adocionismo hispânico, que é um nestorianismo mitigado e uma expressão arcaica da fé em Cristo, que há tempo havia sido superada pela teologia e pela vida da Igreja. Não é fácil precisar exatamente o sentido de sua doutrina. Estes adocionistas pensavam em termos de natureza e não de pessoa, reclamando uma autonomia para as propriedades da humanidade de Jesus em sua rela-

---

276. A escultura e a arquitetura primeiro, depois a pintura, foram as grandes educadoras da Europa. Cada catedral refletia os quatro grandes espelhos da realidade: *a natureza, a ciência, a moral, a história* (a história da salvação, acima de tudo). "Na Idade Média, o gênero humano não pensou nada importante que não tenha sido escrito em pedra". Cf. MÂLE, E. *L'Art religieux du XIII*ème *siècle en France*, I-II (Paris 1958). • MÂLE, E. *El arte religioso* (México 1966).

ção com Deus. Essa humanidade criada, não dissolvida na natureza divina, manteria uma correspondência com Deus própria da criatura e por isso se encontraria em estado de "servidão", própria de um filho adotivo. Por isso declaram Cristo servo de Deus, filho adotivo. É Deus por designação nossa (*Deus nuncupativus*), não por realidade sua[277]. Os protagonistas destas novas teorias foram Elipando, arcebispo de Toledo (717-800), Ascário e Félix, bispo de Urgell († 818). Reagiram contra eles Beato de Liébana e Etério de Osma na Espanha, e fora dela Alcuíno, Paulino de Aquileia e Leão III. Condenam simultaneamente esta doutrina a Carta de Adriano aos bispos da Espanha (785), os sínodos de Ratisbona (792), de Frankfurt (794) e de Friuli-Veneza de Aquileia (797). Não sabemos até que ponto esta atitude influenciou a situação eclesiástica (contraposição de sedes Toledo e Oviedo) ou política (o espírito tradicional visigótico em luta contra as tendências absorventes da Igreja franca) ou se é uma resposta sincretista diante da influência do Islã, com seu centro cultural em Córdoba. A arte românica dos Pirineus, com seus famosos "crismones", testemunha a reação católica afirmando a divindade de Cristo[278].

5 Uma síntese escolar da Patrística: São João Damasceno

A Patrística se fecha com São João Damasceno (655-750) que sintetiza a teologia bizantina e que por estar em ambiente político não submetido ao imperador de Bizâncio se expressa com grande liberdade. Já tínhamos encontrado os primeiros esboços de "sistemas" teológicos, realizados por Orígenes, pelo Pseudo-Dionísio e por Máximo o Confessor. O Damasceno oferece um novo sistema não como síntese criadora, mas como manual escolar, sem pretensão de originalidade, querendo apenas recolher e transmitir fielmente às gerações novas toda a seara teológica anterior. Sua obra princi-

---

277. Cf. RIVERA RECIO, J.F. *El adopcionismo en España* – Siglo VIII: Historia y doctrina (Toledo 1980). • CAVADINI, J.C. *The last Christology of the West* – Adoptionism in Spain and Gaul 785-820 (Filadélfia 1993). • RIESTRA, J.A. & RIESTRA, A. "Bibliografía sobre el adopcionismo español del siglo VIII: 1951-1990". In: *Scripta Theologica* 26 (1994), p. 1.093-1.152. • PERARNAU, J. (ed.). *Feliù d'Urgell* – Bases per al seu Estudi (Seo de Urgel-Barcelona 1999). • PERARNAU, J. Jornadas internacionals d'estudi sobre el bisbe *Feliù d'Urgell* (*La Seu d'Urgel, 28-30 de setembre de 1999*) (Barcelona 2000). • DE EPALZA, M. *Jesús entre judíos, cristianos y musulmanes de España* (Granada 1999).

278. Cf. textos in DS 309-310 (Adriano I); 612-614 (Concílio de Frankfurt), p. 616-619 (Concílio de Friuli). Cf. tb. os textos dos teólogos adocionistas e seus opositores em XIBERTA, B. *Enchiridion de Verbo incarnato* (Madri 1957) p. 680-720.

pal, *A fonte do conhecimento*, é dividida em três partes: *Capítulos filosóficos, Livro das heresias* e *Exposição da fé (De fide orthodoxa)*. A primeira é uma introdução filosófica, feita sobre definições aristotélicas e patrísticas. A última é o arsenal de todo o saber anterior e foi decisiva para a teologia medieval a partir do século XII[279]. Frente ao iconoclasmo faz a defesa das imagens em sua obra *Contra os que rejeitam os santos ícones*.

Seu primeiro objetivo é precisar os conceitos e definir as palavras. Neste sentido esclarece a noção de *physis*, de *hypóstasis* e de "comunicação de línguas". Leva à sua formulação definitiva termos elaborados por Leôncio de Bizâncio como *enhypóstatos* e *enhypostasía*. Fundamenta e radicaliza a teoria da união hipostática ao mostrar que não existe uma "simetria" entre as naturezas, mas uma precedência suscitadora do Verbo em relação à humanidade de Jesus. Sua cristologia é "assimétrica", no sentido de afirmar a iniciativa e caráter personalizador do Verbo sobre a humanidade. *Não concorrem duas naturezas preexistentes para formar o único Cristo, mas o Filho eterno suscita uma humanidade. O homem Cristo é o Verbo encarnado.* A pessoa eterna suscita em si mesma uma forma temporal de existência, personalizando-a e personalizando-se a si mesma com ela.

> O Verbo teve a iniciativa na obra da encarnação. É evidente que a teoria da *enhypostasía*, ao mesmo tempo em que afirma e sublinha a humanidade de Cristo, mostra de maneira inequívoca a grandeza primordial da divindade[280].

> O próprio Verbo se fez *hypóstasis* para a carne, de sorte que foi ao mesmo tempo carne, carne do Verbo de Deus e carne animada, racional e inteligente. Por isso não falamos de um homem divinizado, mas de um Deus que se fez homem. Ele, que por natureza era Deus perfeito, Ele mesmo por natureza se fez homem perfeito (φύσει τελείος θεός, γέγονε φύσει τελείος ἄνθρωπος ὁ αὐτός)[281].

---

279. Cf. KOTTER, B. "Johannes von Damaskus". In: *TRE* 17 (1988), p. 127-132. • STUDER, B. In: *DPAC* II, p. 1.181-1.183. • GRILLMEIER, A. *Vom Symbolum zu Summa*. In: *Mit ihm und in ihm...* Op. cit., p. 585-636. • MEYENDORFF, J. *Le Christ dans la théologie byzantine*. Op. cit., p. 207-234 (Um ensaio de sistema: São João Damasceno). Cf. "Clavis Patrum Graecorum III, 8040-8127" (PG 94-96). In: KOTTER, B. (ed.). *Die Schriften der Johannes von Damaskus*. 5 vols. (Scheyern/Berlim 1969-1986) [Trad. Francesa: *La foi orthodoxe suivie de Défense des ícones* (Paris 1966)].

280. ROZEMOND, K. *La christologie de Saint Jean Damascène* (Ettal 1959), p. 26.

281. *De fide orth*. III, 2 (PG 94,988A).

Não preexistia a humanidade de Jesus, mas o Filho eterno. Este, ao assumir aquela, se converteu em uma "hipóstase composta"[282]. Mas não se trata de uma conjunção de duas realidades paralelas, visto que entre Criador e criatura não existe paralelismo, mas dependência. O Verbo faz existir uma humanidade ao mesmo tempo em que a faz sua. A pessoa de Jesus por esta composição adquire propriedades ou características duplas. "Os da natureza divina, pelos quais está unido ao Pai e ao Espírito, e os da natureza humana, pelos quais está unido a Maria e a nós"[283]. Desta forma o Verbo Deus se torna passível na carne. Esta carne do Verbo, na qual Deus padece conosco, é extensível até à coexistência, colaboração e compaixão em Deus, porque é próprio do humano ser estendido para além de sua própria natureza. Nesta extensão até Deus e assunção por Deus essa carne constitui as primícias da humanidade[284]. Sua união com o Verbo não foi um privilégio exclusivamente individual, mas uma conquista comum para toda a humanidade. Neste dom e nesta conquista consiste nossa salvação, visto que realizam a consumação de nosso destino, porque o homem foi criado em vista de sua deificação. Cristo consuma o homem e nele consuma todo mundo, já que o homem é um "microcosmos"[285].

---

282. *Adv. Nest.* I: συνθείος ὑπόστασις (PG 95,189C).

283. *De fide orth.* III, 7 (PG 94,1009AB).

284. "Toda a natureza humana é suscetível de ser modificada, tanto pelo que lhe é natural quanto por aquilo que lhe é dado ou a transcende (δεκτική ἐστι τῶν κατὰ φύσιν καὶ παρὰ φύσιν καὶ ὑπερ φύσιν), ao passo que a natureza divina não pode receber nem modificação nem adição. Por outro lado, a carne do Verbo constitui as primícias de nossa natureza. Ela não é uma hipóstase individual da natureza humana, mas uma natureza *enhipostasiada*, formando parte da hipóstase composta de Cristo. *Ela foi unida a Deus Verbo não para ela nem por ela mesma, mas para a salvação comum de nossa natureza*" (*De recta sententia contra Jacobitas* (PG 94, 1464BC). Ele analisa a analogia existente entre a unidade da humanidade e a divindade em Cristo com a unidade da alma e o corpo partindo de São Gregório Nazianzeno. Tal analogia se converterá em afirmação comum no Ocidente a partir do Símbolo *Quicumque vult* ("Nam sicut anima rationalis et caro unus est homo, ita Deus et homo unus est Christus" (DS 76)). Cf. KELLY, J.N.D. "The Soul-Flesh Analogy". In: *The Athanasian Creed* (Londres 1964), p. 98-104.

285. "Ὁ ἄνθρωπος τοίνυν μιρόκοσμός ἐστιν" (*De duabus volunttibus* (PG 95, 144B)).

CAPÍTULO V
A ÉPOCA MEDIEVAL: A ESCOLÁSTICA E O SÉCULO DA REFORMA

Bibliografia

ARGENENDT, A. *Geschichte der Religiosität im Mittelalter* (Darmstadt 1977), p. 121-147 (*Jesus Christus*). • FÉRET, J.M. "Christologie médiévale de Saint Thomas et christologie concrète et historique d'aujourd'hui". In: *Memorie Dominicane* 6 (1975), p. 107-141. • LANDGRAF, A.M. *Dogmengeschichte der Frühscholastik –* II/1-2: Die Lehre von Christus (Regensburg 1953-1954). • LECLERCQ, J. *Consideraciones monásticas sobre Cristo en la Edad Media* (Bilbao 1999). • LOHAUS, G. *Die Geheimnisse des Lebens Jesu in der Summa theologiae des heilingen Thomas von Aquin* (Friburgo/Basileia/Viena 1985). • MACQUARRIE, J. "Jesus Christus – VI: Neuzeit bis zur Gegenwart; VII. Dogmaisch". In: *TRE* 17 (1988), p. 16-64 (estes artigos oferecem uma bibliografia quase exaustiva, para a qual remetemos). • MOSTERT, W. *Menschwerdugn* – Eine historische und dogmatische Untersuchung über das Motiv der Inkarnation des Gottessohnes bei Thomas von Aquin (Tubinga 1978). • MÜHLEN, K.H. "Jesus Christus – IV: Reformationszeit". In: *TRE* 16 (1978), p. 759-772. • NIEMANN, F.-J. "Jesus als Glaubensgrud in der fundamentaltheologie der Neuzeit – Zur Genealogie eines Traktats" (Innsbruck/Viena 1984). • PELIKAN, J. *Jesús a través de los siglos* – Su lugar en la historia de la cultura (Barcelona 1989). • PLAGNIEUX, J. *Heil und Heiland* – Dogmengeschichtliche Texte und Studien (Paris 1969). • RUH, K. *Geschichte der abendländischen Mystik,* I-III (Munique 1990-1996). • SCHÜTZ, C. "'Le Christ Seingneur' dans la Règle de Saint Benoît". In: *Irénikon* 1/2 (1999), p. 42-71, com bibliografia completa. • SPARN, W. "Jesus Christus – V: Vom Tridentinum bis zur Aufklärung". In: *TRE* 17 (1988), p. 1-16. • TORREL, J.P. *Le Christ en ses mystères* – La vie et l'oeuvre de Jésus selon Saint Thomas d'Aquin, I-II (Paris 1999). • WILLIAMS, R. "Jesus Christus – II: Alte Kirche". In: *TRE* 16 (1987), p. 726-745. • WILLIAMS, R. "Jesus Christus – III: Mittelalter". In: In: *TRE* 16 (1987), p. 745-759.

Se o período bíblico é a época fundadora na ordem da revelação divina e do testemunho apostólico, o período patrístico é a época fundadora na ordem da interpretação eclesial e da fixação dogmática da doutrina cristã. A inteligência ulterior do mistério de Cristo, que deve ser renovada a cada época, tem que remeter-se necessariamente ao testemunho bíblico e à interpretação conciliar, como condições de sua autenticidade.

• O primeiro período expressa a Palavra do Filho (que o Pai nos dá prologando a processão eterna numa missão salvífica).

• O segundo período expressa a inteligência e o amor dessa Palavra do Filho (que o Pai torna possível pela missão do Espírito à Igreja e ao coração dos fiéis).

As duas missões históricas de Cristo e do Espírito transpõem assim ao mundo as duas processões trinitárias[286].

I – A transmissão ao Ocidente da cristologia patrística

A atitude criadora da Igreja na primeira parte do primeiro milênio se manifestou na recepção da Escritura, no diálogo com a cultura greco-latina, na assimilação da verdade transmitida pelo pensamento e pela vida. A segunda parte, em contrapartida, foi mais transmissora e sistematizadora daquelas grandes intuições e criações. São João Damasceno († 749) cumpre essa missão no Oriente; no Ocidente, que lentamente vai se distanciando do Oriente até as rupturas sucessivas de Fócio († 735) e de Miguel Cerulário († 1058), essa função é cumprida por Boécio († 524), São Gregório Magno († 604), Santo Isidoro de Sevilha († 636) e São Beda o Venerável († 735). Enquanto Boécio e Fulgêncio de Ruspe tentam explicitar o dogma de Calcedônia, elaborando teoricamente a categoria de pessoa com os instrumentos da filosofia aristotélica, os outros trabalham como tradutores e transmissores da herança patrística à nova cultura. A função de Santo Isidoro neste sentido é decisiva para o futuro da Europa, não em termos de genialidade criadora, mas de tradução, catalogação e transposição de um universo cultural ao outro[287].

---

286. O Concílio de Niceia já explicita os fundamentos da definição: "a tradição da Igreja Católica", "o Espírito Santo que habita nela". Eles constituem o "caminho real" da fé (DS 600-603).

287. Cf. FONTAINE, J. *Isidore de Sevilla et la culture clasique dans l'Espagne wisigothique*, I-III (Paris 1977). • RAMOS-LISSON, D. "Doctrina soteriológica de san Isidoro de Sevilla". In: *Gesam-*

No Ocidente havia prevalecido o interesse pela realidade humana de Jesus. Nas discussões sobre o Concílio de Calcedônia o acento da dualidade de naturezas havia caracterizado a herança de Tertuliano, Agostinho e, sobretudo, São Leão. Embora Roma sempre tenha apoiado São Cirilo, ela se orientou mais na direção de uma cristologia de separação atioquena do que para uma cristologia mais unificadora de Cirilo. Nesta perspectiva devemos situar o adocionismo, que cobre todo o século VIII a Europa, à qual, sem dúvida, não lhe é alheio o assédio do Islã, com sua rejeição do dogma trinitário e sua aceitação de Cristo tão somente como profeta. Entretanto, juntamente com essa linha orientada a partir de uma visão aristotélica da realidade e de uma compreensão cristológica antioquena, encontramos no limiar do primeiro milênio a visão orientada pelo neoplatonismo, que acentua outras dimensões da realidade, de Deus e de sua união com o mundo. João Escoto Eriúgena, herdeiro simultaneamente de Máximo o Confessor, do Pseudo-Dionísio e dos Capadócios por um lado, e de Santo Agostinho por outro, é o pensador neoplatônico que mais influência exercerá na Idade Média[288]. Para ele existem dois princípios básicos: um é o princípio cósmico, determinado pela procedência ou emanação do movimento a partir do Uno aos muitos e o retorno ao Uno; outro é o princípio cristológico, afirmando que o Verbo é desde toda a eternidade o Mediador entre a unidade e a pluralidade. A história da salvação prolonga e reflete na ordem do crescimento e da mutação essa eterna dialética de unidade e pluralidade, de procedência da Fonte e retorno ao Princípio. Com este pensador temos no Ocidente um tipo de teologia que não separa o ser de Deus de sua relação com o mundo, e por isso se perguntam pelas condições de possibilidade no ser trinitário de Deus para a criação, para a revelação e para a encarnação. Santo Tomás, Nicolau de Cusa, Eckhart, Hegel, Barth e Balthasar se situam nessa linha. *A criação é o prolongamento das processões trinitárias*[289]. Em seu sistema estão unidas de maneira inseparável metafísica e teologia, cosmologia e cristologia. *A histó-*

---

melte – Aufsätze zur Kulturgeschichte Spaniens 31 (1984), p. 1-23. • TREVIJANO, R. *Patrología* (Madri ³1998), p. 355-368.

288. Cf. COLISH, M.L. "John the Scot's Christology and Soteriology in Relation to his Greek Sources". In: *Downside Review* 100 (1982), p. 131-151. • RUDNICK, U. *Das System des J. Scottus Eriugena* – Eine theologische-philosophische Studie zu seinem Werk (Friburgo 1990). • BEIERWALTES, W. *Eriugena* – Grundzüge seines Denkes (Friburgo 1994).

289. "... non tantum essentia divina habet ordinem ad creaturam sed etiam processio personalis, quae est ratio processionis creaturarum" (SANTO TOMÁS. *Sent.* I d.27 q.2 a.3 ad 6).

ria é um momento segundo, cuja inteligibilidade só se descobre situando-a sobre esse fundamento possibilitador que é a constituição trinitária de Deus, o fluxo do Pai ao Filho e ao Espírito com o retorno de ambos ao Pai. Dessa estrutura de doação e relação, de processão e retorno em uma *pericorese* e recirculação eternas, procedem e a elas retornam o ser, a pessoa e a história. A soteriologia será vista como divinização (θέωσις) por participação na corrente da vida de quem é nossa origem, nos envia e por isso nos chama a retornar a Ele. O Filho nos é dado como ὁδός, caminho de procedência e de retorno; viemos do Pai à sua imagem e retornamos ao Pai por Ele como exemplo. O Espírito Santo nos é dado como ἔρως, amor que nos chama e impulsiona ao retorno. A *Summa* de Santo Tomás de Aquino se articula com este esquema do *exitus-reditus*. Sua cristologia vê Cristo como via de retorno ao Pai e o Espírito como força que nos atrai para Ele[290].

II – Santo Anselmo: a releitura soteriológica da cristologia

A Europa do segundo milênio começa teologicamente com uma dupla orientação: a dos monges e a dos catedráticos, que conduzirão a um duplo tipo de cristologia. Trata-se da teologia monástica e da teologia universitária, movida cada uma por alguns interesses primordiais, utilizando diversos instrumentos lógicos e situando-se em diferentes enclaves. A primeira se preocupa acima de tudo com a penetração nos mistérios da fé para melhor vivê-los, degustá-los e participar na glória de Deus[291]. A segunda se preocupa sobretudo com a razão, com o descobrimento da realidade e sua constituição, com a coerência lógica da fé e com a defesa de sua razoabilidade perante os que a questionam. Os primeiros vivem nos mosteiros, cultivam os campos e celebram a divina liturgia: sua orientação é mais voltada para a mística. Os outros vivem nas escolas catedráticas e das cidades, se dedicam ao estudo da lógica, da medicina e da matemática; sua orientação se volta para a vida civil, em diálogo intelectual com os filósofos (dialéticos, lógicos, físicos) e, na

---

290. "In exitu creaturarum a primo principio attenditur quaedam circulatio vel regiratio, eo quod omnia revertantur sicut in finem in id a quo sicut a principio prodierunt" (SANTO TOMÁS, I. *Sent.* D.14 q.2. a.2. • *Sth.* I q.2 intr.; III prol. ("Christus secundum quod homo via est nobis tendendi ad Deum"). Sobre o *exitus-reditus* como esquema da *Summa*, cf, TORREL, J.P. *Saint Thomas d'Aquin maître spirituel*, II (Paris 1996), p. 71-79.

291. Cf. LECLERCQ, J. *Initiation aux auteurs monastiques du Moyen Âge, L'amour des lettres et le désir de Dieu* (Paris 1963). • LECLERCQ, J. *Consideraciones monásticas sobre Cristo en la Edad Media* (Bilbao 1999).

Espanha, também com os judeus e árabes. O símbolo da primeira, dotado ao mesmo tempo de uma capacidade metafísica única, é Santo Anselmo de Cantuária (1033-1109)[292].

Ele é a figura decisiva para a cristologia do futuro, já que a anterior ocupação com a pessoa de Cristo (cristologia) se converte agora em preocupação pela salvação do homem: sua necessidade, sua forma, suas consequências (soteriologia). Estamos diante de um horizonte novo: o pecado do homem e sua salvação, a ofensa ao Senhor e suas consequências, o direito e a justiça, a honra do ofendido e a reparação pelo transgressor. Seu ponto de partida deixa de lado as preocupações soteriológicas da Patrística centradas na ideia de restauração da natureza caída, de recriação do homem, e união do Encarnado com todo o cosmos e a humanidade, do poder objetivo do "pecado" (ἁμαρτία) que deixava o homem em poder do demônio como seu soberano, da necessária divinização. Aqui está no centro da questão o pecado em uma de suas dimensões: como ofensa, injúria, injustiça, roubo infligido pelo homem a Deus. Sua afirmação se repetirá intensamente depois, sobretudo a partir da Reforma luterana e até mesmo em nossos dias a retoma o próprio Bultmann: "Nondum considerasti quanti ponderis sit peccatum = Ainda não refletiste suficientemente sobre a gravidade do pecado"[293].

Isto supõe um progresso. Santo Anselmo revela uma nova sensibilidade, mais personalista tanto em relação ao homem quanto em relação a Deus. A relação entre ambos e a liberdade de ambos passam ao primeiro plano. A honra e o direito de cada um dos atores são as duas palavras-chave. A história é um jogo de relações de justiça e honra, de injustiça e desonra. No entanto, como essa retidão, justiça e verdade objetivas fundam o mundo e constituem tanto Deus quanto o homem, quando se quebram devem ser restauradas, em razão da dignidade e da dignificação de ambos. Não se trata de imposições arbitrárias ou de exigências subjetivas por parte de Deus, mas da ordem objetiva da realidade, que confere sua dignidade tanto a Deus quanto

---

292. Para os textos, introduções e bibliografia remetemos a algumas edições bilingues: *Obras completas de san Anselmo*, I-II (BAC 82, p. 100; Madri ²2008-2009). • ROQUES, R. *Saint Anselme* – Porquoi Dieu s'est fait homme (SC 91; Paris 1963). • CORBIN, M. *L'oeuvre de S. Anselme de Cantorbery*, I-III (Paris 1986-1988). Cf. esp. duas de suas obras: *Carta sobre a Encarnación del Verbo* (BAC 82, p. 684-735) e *¿Por qué Dios se ha hecho hombre?* (Ibid., p. 742-891).

293. *Cur Deus homo*, I, 21 (Ibid., p. 811). Cf. SEJOURNÉ, P. "Les trois aspects du péché". In: *RSR* 24 (1950), p. 5-27.

ao homem. A ordem é não violá-las e, se violadas, restaurá-las, como condição da verdade da existência.

Neste aspecto devemos analisar a obra *Cur Deus homo* e a carta *De incarnatione Verbi*, que Anselmo escreve contra Roscelino, um nominalista que questionava a encarnação de uma das pessoas divinas. Estas obras devem ser lidas juntamente com o *Monologium* e com o *Proslogion*. Ambas explicitam sua intenção e método, uma a respeito da existência de Deus e a outra a respeito da encarnação: mostrar por "razões necessárias" que, se Deus é Deus, não pode não existir; e que, se a obra divina de criar o homem não pode cair no vazio em razão do pecado do homem, a encarnação do Verbo veio para redimi-lo. Não se trata de um racionalismo que funde a realidade na reflexão ou que só é possível chegar à fé se ela for previamente demonstrada, mas, *partindo da afirmação positiva da revelação de que as coisas são assim, indaga a causa pela qual elas são assim. O pressuposto é que a realidade é lógica, não arbitrária nem violenta.* Em Deus, identidade e liberdade se identificam, retidão e iniciativa caminham juntas; por isso, o que aconteceu tem sua lógica interna que o crente pode discernir, não para libertar-se do risco de crer como obséquio da liberdade, mas para acrescentar essa fé e reduplicar sua satisfação[294]. O argumento ontológico para demonstrar a existência de Deus e a necessidade da encarnação de Cristo – mesmo se não soubéssemos que Cristo existiu – é elaborado por um abade para ajudar a seus monges a melhor rezar e prepará-los para a celebração dos divinos mistérios. Seus livros iniciam com uma oração e na oração desembocam[295].

Estes são os passos que segue Santo Anselmo em sua demonstração das *razões necessárias da encarnação,* como única solução "objetiva" não arbitrá-

---

294. "Não estou tentando, Senhor, penetrar tua profundidade, porque de nenhuma maneira posso comparar com ela minha inteligência, mas desejo compreender tua verdade, mesmo que imperfeitamente; essa verdade que meu coração crê e ama. Porque não busco compreender para crer, mas crer para chegar a compreender. Acredito, de fato, porque se não acreditasse, não chegaria a compreender" (*Proslogion* I, (BAC 82, p. 367). "O fim dos que me fazem esta petição não é chegar à fé pela razão, mas comprazer-se na contemplação e inteligência das verdades que acreditam" (*Cur Deus homo*, I, 1 (Ibid., p. 745)).

295. Na obra ¿*Por qué Dios se ha hecho hombre?* expressa seu propósito de mostrar por razões necessárias a necessidade da encarnação, e que somente dessa forma é pensável a redenção. *Razões necessárias querem dizer o sentido e conveniência profunda que descobrimos depois de saber que a realidade é assim.* "Ac tandem remoto Christo, quase nunquam aliquid fuerit de illo, probat rationibus necessariis esse impossibile ullum hominem salvari sine illo. In secundo autem livro similiter quase nihil sciatur de Christo, monstratur [...] non nisi per Hominem Deum atque ex necessitate omnia quae de Christo credimus fieri oportere" (*Cur Deus homo*, prol. (Ibid., p. 741-742).

ria, a fim de superar as consequências do pecado e certificar que o homem pode salvar-se.

1) Percepção profunda do significado do pecado, não apenas como deficiência moral, inadequação psicológica ou desrespeito à lei, mas como ofensa pessoal a Deus, que deixa o homem sem conexão com a fonte de seu ser e abandonado à sua fraqueza. O homem só descobre sua abissal potência moldadora e destruidora do pecado quando vive na presença de Deus: *coram Deo, in conspecto Dei*. À pergunta de Boso, responde Anselmo assombrado: "Nondum considerasti quanti ponderis sit peccatum! Si te videres in conspectu Dei! = Ainda não examinaste atentamente quanto é o peso do pecado! O descobrirás se te vires a ti mesmo na presença e sob o olhar de Deus"[296].

2) É necessário, quando o homem tiver pecado, que ofereça satisfação a Deus a quem ofendeu ou que pague o castigo. O ponto de partida é a ordem objetiva, a beleza interna, que não devem ser violadas. O mundo não pode continuar quebrado, porque o homem seria o primeiro perdedor. Por isso a satisfação ou o castigo são condições necessárias para manter essa ordem. Eles entram no plano de Deus, que produz o bem do mal. "Porque se a divina sabedoria não o tivesse estabelecido assim para remediar a perturbação da reta ordem, causada pela malícia humana, ocorreria no universo, cuja ordenação está nas mãos de Deus, certa deformação causada pela violação da beleza e da ordem e pareceria como que Deus tivesse falhado em sua providência. Ambas as coisas são inconvenientes e impossíveis: por conseguinte é necessário que todo pecado seja acompanhado pela satisfação ou pelo castigo"[297].

3) A satisfação é, pois, necessária para que se realize o sentido do mundo, para que a criação do homem não seja em vão e para que Deus não fracasse em seus desígnios. No entanto, o homem não é capaz de satisfazer a Deus de forma proporcional ao significado de seu pecado. Tudo o que o

---

296. Ibid., I, p. 21 (Ibid., p. 810-811).
297. Ibid., I, p. 15 (Ibid., p. 785).

homem faz o deve a Deus como criatura. Se a ofensa é medida pelo ofendido, a infinitude de Deus deixa o homem sem possibilidade de satisfazer seu pecado. "Satisfazer" é fazer muito, fazer algo proporcional à falta cometida[298]. Mas, entre o pecador e o Deus Santo, não haveria uma distância infinita? Santo Anselmo prolonga aqui as afirmações patrísticas, segundo as quais o homem sob o pecado é semelhante a quem caiu num fosso, naufragou no mar, foi levado cativo ou é escravo de seu dono: em nenhum desses casos ele tem capacidade de resgatar-se, recuperando por si, sozinho, sua liberdade e salvação.

4) Somente é capaz de libertar o homem quem compartilha sua situação, destino e vida, e cujas obras sejam de valor infinito, para que possa oferecer a Deus satisfação pela honra ferida, pela injustiça causada, pelo "roubo" perpetrado. A lógica exige a existência de alguém que, sendo plenamente igual a Deus em dignidade e perfeição, ao mesmo tempo que plenamente identificado com a situação e culpa do homem, realize essa satisfação. Esse alguém tem que ser Deus e homem[299].

5) A forma de oferecer satisfação é realizar a forma máxima de obediência e de sofrimento pensável pelo homem. Se o pecado consistiu em reivindicar a vida, o poder e a dignidade para si mesmo frente a Deus, que é sua origem e seu dono, *a satisfação consistirá em inverter a lógica da ação pecaminosa.* Trata-se de uma atitude de conversão por inversão do anteriormente realizado, por uma ação realista que mostre nossa rejeição daquilo, nossa dor e vontade de colocar-nos na atitude oposta. *Não se trata de uma imposição jurídica de Deus que reivindica a morte de Cristo, mas de uma íntima necessidade do homem de mostrar com absoluto realismo que, arrependido, nega todo o anterior e, para mostrá-lo, inverte o sentido daquela ação.* E isto foi

---

298. "Satis-factio", termo do direito romano, que expressava o "fazer muito", fazer o que se podia para permanecer em liberdade. Tertuliano o aplicou à conduta do pecador que faz o bastante para ser reconciliado com a Igreja e Santo Ambrósio o aplicou pela primeira vez à morte de Cristo (*Comm. In Ps* 37,53 (PL 14, p. 1.036).

299. "Se, pois, como foi demonstrado, é necessário que a cidade celestial se complete com os homens e isto não pode ser feito senão pela dita satisfação, que não pode dar senão por Deus nem deve dá-la senão o homem, segue-se necessariamente que terá que dá-la um homem Deus" (*Cur Deus homo*, II, 7 (BAC 82, p. 834)).

o que Cristo fez por nós: a antítese de nossa ação, colocando sua vida como dom onde antes tentávamos o rapto e a apropriação[300].

Esta lógica de fundo na argumentação anselmiana está à beira da degradação tanto da ideia de Deus como da compreensão cristã da salvação. Por isso Santo Anselmo foi julgado de maneira contraposta pelos autores: como descobridor de um horizonte novo da realidade cristológica, ou como iniciador de uma compreensão pré-cristã e quase masoquista de Deus, ao mesmo tempo que outra meramente jurídica e penal de salvação, que culminará séculos depois na ideia de "expiação reivindicativa". Não obstante isso, sua intuição personalista é um avanço frente a uma compreensão meramente metafísica e a uma banalização moral do pecado. Em Deus a ideia de perfeição é inseparável do amor e da justiça. Deus não brinca com o homem: lhe outorga plena responsabilidade e respeita suas decisões com a lógica objetiva que elas carregam consigo. E a lógica do pecador é destruidora da ordem do mundo, do próprio homem e do ser. Uma vez quebrados estes, Deus provê a restauração dessa ordem e beleza. Não exige nada do homem, mas por ele dá seu próprio Filho para que restaure essa realidade quebrada, oferecendo-lhe a possibilidade de sua autodignificação.

Oferecer ao homem um perdão fácil, meramente declarativo da não permanência do pecado ou que ele não é levado em conta, seria ofender e humilhar o homem porque suporia não levar a sério suas ações, não reconhecer as consequências imanentes delas ou, uma vez reconhecidas, não tentar superá-las. Deus oferece ao homem a possibilidade para que – e Cristo se coloca em nosso lugar sendo um dos nossos – se redima a si mesmo. Deus não exige a morte de Cristo, não se regozija com ela, mais ainda, a padece. Nela tem lugar a expressão de seu amor supremo ao homem, dando-lhe seu Filho como "preço" de sua redenção. Cristo reconhece a Deus como Deus ao mesmo tempo que desvela e identifica o pecado do homem, mostrando as consequências objetivas que esse pecado carrega consigo: a morte pessoal do homem ao separá-lo de Deus. Dessa forma Cristo desvela e destrói o poder do pecado, recria o ser do homem para ajustá-lo à ordem real e colocá-lo na justa relação criatural com Deus. A ordem do ser é a suprema necessida-

---

300. "Já vês como a necessidade fundada na razão demonstra que a cidade celestial deve ser completada com os homens e que isto não pode ser senão pela remissão dos pecados, que ninguém pode alcançar senão por um homem que ao mesmo tempo é Deus e com sua morte reconcilie com Deus os homens pecadores" (Ibid., II, 15 (Ibid., p. 859)).

de para o homem, e corresponder às suas exigências é a condição da própria verdade e dignidade[301]. Roques afirmou que o que chama a atenção nesta obra, marcada em tantos aspectos pelo primado da honra de Deus, é o primado do homem e de sua salvação. J. Leclercq intitula o capítulo dedicado à sua cristologia: "Santo Anselmo e a honra do homem".

A articulação do diálogo, certas metáforas e formulações retóricas, juntamente com os pressupostos próprios de uma época do feudalismo, obscurecem a lógica profunda de sua argumentação e correm o risco de transmitir uma imagem de Deus que para perdoar os pecados dos homens exige a morte do Filho e reivindica a satisfação de seus direitos como um tirano vulgar. Com isso permanece uma visão do cristianismo centrada no pecado e da salvação divina centrada no perdão. Com Santo Anselmo aparece pela primeira vez de maneira explícita a *compreensão ascendente da salvação*, que já está presente no NT. Cristo é dom de Deus aos homens com anterioridade e independência de sua situação e resposta (visão descendente); mas é também a resposta dos homens a Deus (versão ascendente). Sem o amor de Deus proveniente manifestado historicamente (dom de Cristo Filho e Imagem do Pai) e sem o amor como resposta do homem (Cristo homem que se coloca diante do Pai e intercede em nome, a favor e por causa dos irmãos) não existe salvação cristã. Esta é ao mesmo tempo compreendida como mediação descendente e mediação ascendente. O problema da cristologia posterior será conjugar estes dois aspectos[302].

Já no tempo de Santo Anselmo apareceu a contraproposta soteriológica feita por Abelardo († 1142). Para este, a redenção é puro resultado da revelação do amor de Deus ao homem, manifestado sobretudo na paixão, que

---

301. Cf. BRIANCESCO, E. "Justicia y verdad en san Anselmo". In: *Patristica et Mediaevalia* II (1981), p. 5-20. • CORBIN, M. "Nécessité et liberté: sens et structure de l'argument du Cur Deus Homo". In: *Humanisme et foi chrétienne* – Mélanges scientifiques du centenaire de l'Institut Catholique de Paris (Paris 1976), p. 599-632. • VON BALTHASAR, H.U. *Gloria*, 2 (Madri 1986), p. 207-252.

302. A crítica da cristologia de Santo Anselmo começa no século XX com a obra de V. Aulen, *Le Triumphe du Christ* (Paris 1970) [*Christus Victor mortis* – La notion chrétienne de rédemption (Paris 1949)], que, no entanto, percebeu a intenção profunda de Anselmo. "Santo Anselmo quer evitar, acima de tudo, uma concepção do amor de Deus que não sentisse suficientemente o peso do pecado. Partindo desta perspectiva, quer afirmar a necessidade indispensável da satisfação. Ao exigi-la, Deus mostra que leva a sério o pecado e a falta" (p. 131). Um inventário das críticas e um julgamento sereno dos autores que expuseram sua cristologia (Greshake, Bouyer, Balthasar...) estão em: CORBIN, M. *Introduction...* Op. cit., p. 15-163. • SESBOÜÉ, B. & WOLINSKI, J. *Historia de los dogmas* – I: El Dios de la salvación (Salamanca 1995), p. 382-386.

suscita nosso amor, nos estimula a seguir seu exemplo e dessa forma nos livra do pecado. O homem é acima de tudo receptor. Quais das interpretações, a de Santo Anselmo ou a de Abelardo, é mais honrosa para o pecador?[303]

III – A escolástica incipiente: as Summas e Pedro Lombardo

No século XII aparece a escolástica incipiente com figuras como Roberto de Melún († 1167), que num cristocentrismo antecipado fala do *Christus totus* como objeto centralizador da teologia, Hugo de São Vitor († 1141) e, sobretudo, Pedro Lombardo († 1160). É o período em que se impõem os florilégios e as *summas sententiarum*, com a acumulação de textos aparentemente contraditórios (*Sic et Non*) como método para discernir a verdade. Entre essas autoridades se escolhe a que parece mais conveniente, acrescentando uma leve fundamentação e comentário. A obra mais influente desse gênero são as *Sentencias* de P. Lombardo, que foram o texto base da teologia ao longo dos séculos, até que Cayetano e posteriormente Francisco de Vitória em Salamanca as substituem no início do século XVI pela *Summa* de Santo Tomás de Aquino. A cristologia aparece no livro IV centrada em torno da *reparatio hominis per gratuam mediatoris Dei et hominum*, outorgando especial importância aos mistérios da vida de Cristo, acentuando as questões especulativas, especialmente em torno da *inteligentia harum locutionum: Deus factus est homo* e *Deus est homo* e a enumeração das três teorias explicativas do modo da união da pessoa divina com a humanidade de Cristo[304].

• A primeira é a do *homem assumido*: o Verbo se apropria de um sujeito previamente existente (*suppositium*) e existe nele, constituindo uma pessoa, na qual começa a ser homem, ficando destruída essa personalidade humana prévia.

• A segunda é a *teoria do habitus*. Se a anterior fala de um sujeito composto, esta evita essa afirmação. Para ela o Verbo se reveste de alma e

---

303. *In Rom.* 3, lib. II (PL 178, p. 836). Godofredo, primeiro discípulo de Abelardo e posteriormente seguidor de São Bernardo, escreve: "No sacrifício da paixão do Senhor, Abelardo apenas apresentava *o exemplo da virtude e o aguilhão do amor. Estas são, evidentemente, grandes e verdadeiras realidades, mas não as únicas.* Bendito seja Deus que deu posteriormente um mestre melhor, que recusou o orgulho e a ignorância do primeiro" (PL 180, p. 331-332, nota). Cf. WEINGART, R.E. *The Logic of Divine Love* – A Critical Analysis of the Soteriology of Peter Abelard (Oxford 1970). • THOMAS, R. (ed.). *Petrus Abaelardus 1079-1142*: Person, Werk und Wirkung (Trier 1980).

304. Cf. uma visão panorâmica com bibliografia em SCHEFFCZYK, L. & HAUBST, R. "Christologie – B. Lateinischer Westen". In: *LM* II, p. 1.923-1.932.

corpo como uma "vestimenta". O Verbo se *humaniza* não "em essência", mas segundo o *habitus*, no "comportamento" (cf. Fl 2,7: "Habitu inventus ut homo"). O resultado é que a humanidade de Jesus não cumpria uma função constitutiva, mas era um simples acidente sem realidade, melhor ainda, era um quase "nada". Desta forma emerge o assim chamado "niilismo cristológico" de Pedro Lombardo, rejeitado pelo Concílio de Frankfurt e condenado por Alexandre III em 1177. "Quando vieste nos visitar te impusemos de viva voz que convidasses a teus sufragâneos de Paris a rejeitar a perversa doutrina de Pedro Lombardo, bispo de Paris, segundo a qual Cristo enquanto homem não é nada [...] e que ensines que Cristo assim como é perfeito Deus é homem perfeito, constituído de corpo e alma" (DS 749s.).

• A terceira teoria é a sustentada por Gilbert de la Porrée: *a da subsistência*[305]. A pessoa do Verbo, simples antes da encarnação, por esta subsiste em duas naturezas. Sua pessoa é agora composta pela divindade e pela humanidade, que por sua vez é constituída de alma e corpo.

Santo Tomás conhece as três opiniões e afirma que as duas primeiras estão condenadas implicitamente (a primeira por negar a real unidade de pessoa em Cristo e a segunda por negar sua real humanidade); em contrapartida, a terceira pertence à fé católica[306].

IV – O século dos gênios: Summa halensis, *São Boaventura, Santo Tomás de Aquino*

O século XIII é um período áureo de florescimento acadêmico, eclesial, religioso, artístico e cidadão. Todos estes aspectos devem ser considerados conjuntamente para entender a cristologia da grande escolástica. Neste período se acentua acima de tudo a recuperação da humanidade de Jesus em suas situações concretas, do nascimento à morte. São Bernardo, São Francisco e a nova arte gótica realizam a passagem da contemplação da majestade do Verbo para a adoração do Menino Jesus, a veneração de seu nome, a

---

305. Cf. LOMBARDO, P. *Sententiae in IV libris distinctae* – Liber III, dist. VI, II (Roma 1981), p. 49-59.

306. *Sth.* III q.2 a.6: "A fé católica tem uma posição média entre as anteriores opiniões: não diz que a união de Deus e do homem tenha se realizado segundo a essência ou natureza; tampouco de maneira acidental, mas de um modo médio entre ambas; i. é, segundo a subsistência ou hipóstase".

compaixão por seus mistérios, a dor e a fascinação perante sua cruz. Passamos da arte greco-romana, e inclusive do românico, centrado na adoração do Cristo majestade imperial, feito de equilíbrio e serenidade, à contemplação do drama da paixão e a singeleza do nascimento iniciados por São Francisco. "A arte dos gregos orientais aparece ainda penetrada pelo antigo espírito helênico. Os gregos só viram o aspecto luminoso do evangelho e ignoraram o aspecto sofredor"[307]. Esse aspecto sofredor é o que determina a nova contemplação de Jesus. Os crucifixos, o Cristo pregado na cruz sofrendo e morrendo, no segundo milênio sucedem à cruz e à coroa de ouro, que tinham sido no primeiro milênio os símbolos da glória e da vitória do Ressuscitado. Outro aspecto decisivo é a aparição dos movimentos leigos, das ordens mendicantes como os franciscanos e os dominicanos, dos movimentos cidadãos e do nascimento da Universidade de Paris[308]. Aqui começa a incubar-se a diferença entre uma cristologia acadêmica e científica, quase sempre apoiada em Aristóteles, e uma cristologia popular, celebrativa e contemplativa, referida sobretudo aos evangelhos, a São Paulo, a São João, mas também ao Pseudo-Dionísio e Platão.

Três são as figuras-chave da escolástica para a cristologia: a *Summa halensis*, São Boaventura e Santo Tomás. A *Summa halensis* é a primeira grande síntese na qual interagem pensamento metafísico e perspectiva histórico-salvífica. Nela se estudam as questões terminológicas e conceituais prévias (a encarnação: sua possibilidade e conveniência, a pessoa e seu múltiplo significado); é integrado um tratado histórico de Cristo (graça, ciência, potência, oração, mérito, vontade); se diferencia sua tríplice graça (*gratia unionis, gratia singularis, gratia capitis*). Na mesma linha de Alexandre de Hales se movimenta São Boaventura, com seu *Comentário sobre as sentenças* e suas *Collationes in Hexaemeron*, no qual acentua o cristocentrismo e a condição mediadora universal de Cristo[309], ao passo que, diferen-

---

307. MÂLE, E. *El arte religioso del siglo XII al XVIII* (México 1966), p. 12. Cf. VON SIMPSON, O. "Das Christusbild in der Kunst". In: *TRE* 17 (1988), p. 76-84.
308. Cf. COTTIN, J. *Jésus-Christ en écritures d'images* – Premières représentations chrétiennes (Genebra 1990). • SANTANER, M.A. *François d'Assise et Jésus* (Paris 1984). • NGUYEN VAN KHANH, N. *Christ dans la pensée de Saint François d'Assise d'après ses écrits* (Paris 1989).
309. A ela é dedicada toda a *Collatio* I do *Hexaemeron* (*Obras de san Buenaventura*, III [BAC 19; Madri 1957], p. 176-202). "Incipiendum est a médio quod est Christus. Ipse enim mediator Deu et hominum est, tenens mediuim in omnibus [...]. Nam idem est principium essendi et congnoscendi" (Ibid., I, 10.14 (Ibid., 182, p. 186). Cf. DETTLOFF, W. "'Christus tenens médium in omni-

temente de Alexandre, Boaventura sustenta a encarnação relativa; isto é, não pensada absolutamente por Deus, mas como consequência do pecado do homem. São Boaventura antecipa algo que em nossos dias Rahner explicitará com força: a distinção entre o conhecimento habitual e atual de Cristo[310].

A figura central é Santo Tomás com a III parte de sua *Summa theologica*, que sempre deve ser lida juntamente com seu *Comentário sobre as sentenças*, com os comentários exegéticos e os escritos espirituais. Trata-se da primeira grande sistematização da cristologia, que teve que esperar o século XX para encontrar algo equivalente nas obras de Barth, Rahner e Balthasar. Santo Tomás divide a matéria em duas partes: questões teórico-metafísicas (q. 1-26) e questões histórico-salvíficas (q. 27-59). As primeiras têm como eixo central a categoria de encarnação de Deus, assumindo uma natureza humana. As segundas explicitam as *acta et passa*, as ações e padecimentos de Cristo por nossa salvação. Segundo nosso autor, a categoria de encarnação, como assunção da natureza humana pela pessoa divina do Verbo concebida como união hipostática, é um caminho intermediário entre uma união puramente acidental, que não leva a sério a humanidade de Cristo, e uma união substancial, que a dissolve em sua pessoa divina. Depois de estudar a consciência e a possibilidade da encarnação, ele explica o modo da união, o que ela implica para a pessoa divina que a assume e para a natureza humana assumida, e as partes e a ordem em que as assumiu. Em seguida analisa a qualificação dessa humanidade na ordem da inteligência e da vontade (graça, ciência, potência), para finalmente estudar a unidade de seu ser e de sua ação salvífica por nós (oração, sacerdócio, mediação).

A segunda parte segue a lógica da história da salvação, tal como é refletida no Credo. Desta forma estuda a encarnação como entrada no mundo

---

bus.' Sinn und Funktion der Theologie bei Bonaventura". In: *WW* 20 (1957), p. 28-42, 120-140. • DETTLOFF, W. "Die Geistigkeit des hl. Franziskus in der Theologie der Franziskaner". In: *WW* 19 (1956), p. 197-211.

310. Cf. GÖSSMANN, E. *Metaphysik und Heilsgeschichte* – Eine theologische Untersuchung der Summa Halensis (Münster 1964). Sobre São Boaventura, cf.: MARTÍNEZ FRESNEDA, F. *La gracia y la ciencia de Jesucristo* – Historia e la cuestión en Alejandro de Hales, O. Rigaldo, Summa Halensis y Buenaventura (Murcia 1997), com bibliografia completa. Cf. tb. sua edição de *S. Buenaventura* – Cuestiones disputadas sobre la ciencia de Cristo (Murcia 1990).

(q. 27-39), sua trajetória dentro dele (q. 40-45), o fim dela com a saída pela morte (q. 46-52) e finalmente a exaltação depois desta vida (q. 53-59)[311].

Para facilitar uma visão panorâmica da totalidade das questões e a lógica interna com que são organizadas oferecemos o seguinte esquema[312]:

CRISTO, CAMINHO DE ACESSO A DEUS

    A) O Salvador mesmo (q. 1-59).
    B) Os sacramentos (60-90).
        A) O SALVADOR MESMO.
        1 O mistério da encarnação (q.1-26).
        2 O feito e o padecido pelo Salvador (q.27-59).

        1 *O mistério da encarnação*
            a) Conveniência da encarnação (q.1).
            b) Modo de união do Verbo encarnado (q.2-15).
            c) O que se segue de tal união (q.16-26).

q.1	a) Conveniência da encarnação.
	b) Modo de união do Verbo encarnado.
q.2	A união mesma.
q.3	A pessoa que assume.
	A natureza assumida.
	O assumido pelo Verbo.
q.4	A natureza humana.
q.5	Suas partes.
q.6	Ordem no assumir.
	O coassumido: perfeições e defeitos.
	Perfeições.
	Graça de Cristo.
q.7	Enquanto homem único.
q.8	Enquanto cabeça da Igreja.
	Ciência de Cristo.
q.9	Qual era.
	Acerca de cada uma.
	A divina (I q.14)
q.10	A bem-aventurada.
q.11	A infusa.

---

311. Cf. RUELLO, F. *La christologie de Thomas d'Aquin* (Paris 1987). • WEBER, E.H. *Le Christ selon saint Thomas d'Aquin* (Paris 1988). • TORREL, J.P. *Saint Thomas d'Aquin maître spirituel*. Op. cit., II, p. 74-75, 133-138, 146-147 (lugar de Cristo na *Summa*), 133-134, 160-164 (o caminho para Deus), 193-195 (princípio de toda graça como Deus, é princípio de todo o ser). • TORREL, J.P. *Le Christ en ses mystères* – La vie et l'oeuvre de Jésus selon S. Thomas d'Aquin, I-II (Paris 1999). • MONDIN, B. *La cristologia di San Tomasso* (Roma 1997).

312. Emprestado de A. Escallada numa recente edição da *Suma de teología*, V (BAC Maior 46; Madri ⁵2010), p. 9-10.

q.12	A adquirida.
q.13	Poder de Cristo.

Defeitos.
q.14	Do corpo.
q.15	Da alma.

c) O que se segue da união (q.16-26).
Próprio de Cristo em si mesmo.
q.16	Segundo seu ser e seu vir a ser.

Em razão de sua unidade.
q.17	Quanto ao ser.
q.18	Quanto ao querer.
q.19	Quanto ao agir.

Próprio de Cristo comparado com o Pai.
q.20	Submissão ao Pai.
q.21	Oração ao Pai.
q.22	Ministério sacerdotal.
q.23	Adoção por parte do Pai.
q.24	Predestinação.

Próprio de Cristo comparado conosco.
q.25	A adoração a Cristo.
q.26	Cristo mediador.

2 *O feito e o padecido pelo Salvador (q.27-59).*
  a) Entrada no mundo (q.27-39).
  b) Progresso neste mundo (q.40-45).
  c) Saída deste mundo (q.46-52).
  d) Exaltação após esta vida (q.53-59).

a) Entrada no mundo (q.27-39).
Concepção de Cristo.
A mãe que concebe.
q.27	Sua santificação.
q.28	Sua virgindade.
q.29	Sua promessa de casamento.
q.30	Preparação para a concepção.

Modo da concepção.
q.31	A maneira de se conceber.
q.32	Autor da concepção.
q.33	Modo e ordem da mesma.
q.34	Perfeição do Filho.

Nascimento.
q.35	Em si mesmo.
q.36	Em sua manifestação.
q.37	Circuncisão.

Batismo.
q.38	O batismo de João.
q.39	O batismo de Jesus.

b) Progresso neste mundo (q.40-45).
q.40	Teor da vida de Cristo.

q.41	Tentação de Cristo.	
q.42	Doutrina.	
	Os milagres.	
q.43	Em geral.	
q.44	Diversos tipos de milagres.	
q.45	A transfiguração.	

c) Saída deste mundo (q.46-52).
   Paixão.

q.46	Em si mesma.
q.47	Causa eficiente.
	Fruto da paixão.
q.48	Modo de agir.
q.49	Os efeitos.
q.50	Morte de Cristo.
q.51	Sepultura.
q.52	Descida aos infernos.

d) Exaltação depois desta vida (q.53-59).
   Ressurreição.

q.53	Em si mesma.
q.54	Como Cristo é ressuscitado.
q.55	Manifestação.
q.56	Causalidade da ressurreição.
q.57	Ascensão.
q.58	Sentado à direita do Pai.
q.59	Poder de julgar.

É característico desta cristologia a soma de perspectivas e heranças, começando pela teologia grega, que nosso autor pôde integrar pelo redescobrimento das obras de São João Damasceno e outros Padres da Igreja. É o primeiro teólogo latino que cita literalmente as atas dos cinco concílios ecumênicos, e na cristologia a *Summa* sextuplicou a documentação patrística em relação à utilizada no *Comentário sobre as sentenças*[313]. Junto a tais fontes estão: Aristóteles recuperado, a herança agostiniana enriquecida pelas contribuições de autores como Escoto Eriúgena, Santo Anselmo, São Bernardo e todas as *Summas* imediatamente precedentes.

---

313. Cf. BACKES, I. *Die Christologie des hl. Thomas von Aquin und die griechischen Kirchenväter* (Paderborn 1931). • GEENEN, C.G. "En marge du Concile de Chalcédoine – Les textes du Quatrième Concile dans les oeuvres de Saint Thomas". In: *Angelicum* 29 (1952), p. 43-59. • BATAILLON, L.J. "Saint Thomas et les Pères: de la Catena à la III Pars". In: PINTO D'OLIVEIRA, C.J. (ed.). *Ordo sapientiae et amoris* – FS J.P. Torrel (Friburgo 1993), p. 15-36.

A orientação fundamental de sua cristologia é descendente. O ponto de partida é a pessoa do Verbo assumindo uma humanidade[314], que é compreendida como "órgão" a seu serviço. A consistência personalizada dessa humanidade deriva do ato formativo e apropriativo da pessoa do Verbo, que não coexiste junto a ela, mas que a faz ser sua e nela expressa sua filiação eterna, podendo assim exercer uma dupla mediação: descendente primeiro (porque é o Filho encarnado por nossa salvação) e ascendente (porque é o filho de Maria). Entretanto, em sua apresentação da teologia dos mistérios de Jesus, Santo Tomás expõe uma cristologia ascendente num admirável equilíbrio, já que dedica a mesma extensão à parte histórico-salvífica e à parte teórico-metafísica. Este equilíbrio e sentido de unidade complexa se perderam mais à frente prevalecendo por um lado uma metafísica da encarnação e por outro uma soteriologia da satisfação, com o esquecimento da concreta pessoa de Jesus judeu e da exposição dos fatos-mistérios de sua vida.

A eclesiologia é integrada quando fala da graça de Cristo como cabeça (q.8). Para ele só existe uma graça, que é comum à cabeça e aos membros, como só existe um Espírito Santo: aquele que gestou e santificou sua humanidade é o mesmo que santifica a nossa e nos faz "filhos no Filho". A mariologia é integrada à exposição histórica do Filho encarnado (q.27-29). A soteriologia se afasta da compreensão grega de Santo Atanásio e São Cirilo, onde as categorias de restauração da criação e divinização do homem juntamente com a ilustração da humanidade eram as decisivas e para as quais os polos centrais eram a encarnação, a ação iluminadora em sua vida pública e a ressurreição. Ele se insere no horizonte antropológico e hamartiológico que Santo Anselmo abriu; no entanto, opera com muito mais recursos do que ele e, sobretudo, se apercebe mais e melhor do caráter analógico e simbólico de todas as nossas categorias. A q.48 expõe minuciosamente a eficiência da paixão de Cristo em relação aos nossos pecados, ao passo que as q.56-57 explicam como a ressurreição e a ascensão de Cristo são a causa das nossas[315]. O texto seguinte mostra a forma como diferencia, integra e simultaneamente relativiza as categorias soteriológicas:

---

314. "Quia igitur in mysterio incarnationis 'tota ratio facti est potentia facientis' (SAN AGOSTÍN. *Epist.*, 137,2) magis est circa hoc iudicandum secundum conditionem personae assumentis quam secundum conditionem naturae humanae assumptae" (*Sth.* III q.3 a.6).
315. Cf. CATAO, B. *Salut et rédemption chez S. Thomas d'Aquin* (Paris 1965). • NICOLAS, M.J. "Pour une théologie intégrale de la rédemption". In: *Théologie de la résurrection* (Paris 1982). • LAFONT, G. *Estructuras y métodos de la Suma teológica* (Madri 1964).

A paixão de Cristo enquanto comparada à sua divindade atua por modo de *eficiência*; enquanto comparada à vontade da alma de Cristo atua por modo de *mérito*; enquanto considerada na mesma carne de Cristo atua por modo de *satisfação* já que por ela nos livramos do reato da pena; atua como dispositivo de *redenção* enquanto por ela nos livramos da servidão da culpa; atua como dispositivo de *sacrifício* enquanto por ela somos reconciliados com Deus[316].

É um texto admirável para nos darmos conta da imensa informação que ele integra – cada uma destas designações tem uma larga história de autores e escolas atrás de si –, ao mesmo tempo para ver como Santo Tomás se apercebe que está tratando de um mistério que lhe foge. *A paixão de Cristo é para ele, acima de tudo, um ato de amor realizado em suprema liberdade*[317]. *As outras categorias realçam tanto a complexidade do protagonista da salvação e o pecado que precisa destruir, como a plenificação do homem que deve conseguir.* Em contato com a exegese de seu tempo, informado detalhadamente sobre a teologia patrística acessível, colocando em jogo a lógica e a metafísica aristotélicas, com uma sensibilidade espiritual tão sóbria quanto intensa, sua cristologia é de uma profundidade inesgotável se situada em seu contexto histórico, se se penetra nela na conceitualização escolástica e se tivermos a capacidade de transcender os limites que lhe eram dados pela física, pela biologia e pela filosofia de seu tempo. Os gênios estão historicamente condicionados e simultaneamente universalmente significativos. A consciência de suas limitações nos abre caminho para o descobrimento de sua fecundidade perene. Quem leu uma vez Santo Tomás de Aquino, sempre retorna a ele.

V – A escolástica tardia: Escoto, Ockam, Eckhart, Nicolau de Cusa, Ramón Llull [Raimundo Lúlio]

O século seguinte é o da escolástica tardia. João Duns Escoto (1265-1308), ao mesmo tempo em que sublinha ao extremo o cristocentrismo, afirmando o caráter absoluto da predestinação de Cristo como supremo princípio de inteligibilidade da história, inclina sua reflexão em direção aos aspectos lógicos da cristologia. O equilíbrio de Santo Tomás entre objeti-

---

316. *Sth.* III q.48 a.6 ad 3.
317. Cf. ibid., q.47 a.4 ad 2. • CASTILLA DE CORTÁZAR, B. *"Passio Christi ex caritate" según santo Tomás de Aquino* (Pamplona 1986).

vidade e subjetividade, entre a relação de Cristo com Deus e sua relação com a salvação humana, se perde[318]. Cristo aparece como um Absoluto de Deus, em relação a Deus mesmo e aos seus desígnios, mas já sem mediação redentora[319]. O positivismo dos fatos históricos, o nominalismo que outorga primazia absoluta a indivíduos sobre ideias, a acentuação da liberdade na compreensão de Deus identificando ser-vontade-potência, a identificação da imagem de Deus no homem com sua capacidade criadora do nada como o próprio Deus: tudo isto em Ockam, em Gabriel Biel e nos nominalistas, levará a uma concentração nas questões lógicas e físicas, na hora de compreender a pessoa, a humanidade e a vida histórica de Cristo. A vontade e o amor, a memória de Jesus e sua imitação voltam ao primeiro plano. Autores como J. Gerson (1380-1429) com suas obras *A montanha da contemplação* (1397), *Teologia mística, Perfeição do coração* transferem sua atenção primordial da revelação e da encarnação para a crucificação. O seguimento de Cristo, pobre, despido e fiel será o centro da *devotio moderna*. A obra mais significativa desta corrente é *A imitação de Cristo* de Tomás de Kempis (1380-1471), o livro cristão mais editado depois da Bíblia.

Agora teríamos que enumerar três tipos de autores que significam algo novo a respeito da linha escolástica e que têm uma significação essencial para a cristologia.

1) Frente às sutilezas lógicas, cada vez mais acentuadas, surgem por volta do ano 1300 os movimentos que darão lugar aos místicos da escola dominicana. Eckhart (1260-1327), Suso (1295-1366), Tauler (1300-1361) e depois Ruysbroeck (1295-1381), são os expoentes máximos. Eles reivindicam um saber saboroso e um saber de salvação em Cristo. Neste contexto aparecem a *Vita Christi* de Ludolfo de Saxônia (1378), o *Arbor vitae crucifixae* de Uber-

---

318. "O que o gênio tão tradicional e ao mesmo tempo tão racional de Santo Tomás aportou de contrapeso efetivo a certas tendências aberrantes se percebe melhor quando se compara sua obra com a não menos genial (talvez inclusive mais) de um de seus contemporâneos, mas que não tinha nem seu equilíbrio nem seu enraizamento na tradição ("João Duns Escoto". In: BOUYER, L. *Le Fils éternel* – Théologie de la parole de Dieu et christologie (Paris 1975), p. 439).

319. Isto aparece sobretudo na maneira como pensa o caráter absoluto de Cristo e o motivo da encarnação, vista como meio para que Deus encontre para além de si um adorador perfeito. O caráter essencialmente mediador e reconciliador da união hipostática desaparece. Cf. os cinco momentos lógicos que descreve no plano divino: *In IV Sent.* III d.7 q.3 e *Reportata* III d.7 q.4 a.7. Cf. tb. DETTLOFF, W. & HONNEFELDER, L. *TRE* 9 (1982), p. 218-240. • HONNEFELDER, L. In: *LTK*³ 3, p. 403-404.

tino de Casale (1259-1330), as *Meditações vitae Christi*, como alternativa necessária para algumas obras de teologia que não respondiam à necessidade cristã de alimento espiritual[320].

2) Um segundo autor é Nicolau de Cusa (1401-1464). A dinâmica de todo o seu pensamento metafísico e teológico é cristocêntrica. É o primeiro que em sua obra *De docta ignorantia* pensa simultaneamente com uma lógica descendente e ascendente: a consumação do universo está no homem; a redenção e a consumação do homem nos chegam de Deus por Cristo e em Cristo. Cristo é assim o *universum concretum* e *maximum contractum*, no qual estão todas as coisas presentes, na raiz e em seu sentido (*complicatio*)[321]. Cristo é assim o fundamento e o ponto central da *analogia entis*, porque nele todas as coisas têm consistência, nele descobriram historicamente seu sentido e tendem para Ele como meta. A que Balthasar chamou *analogia cristológica* está antecipada aqui. Cristo com fundamento do ser do cosmos, como seu destino consumador, que na Patrística oriental estava no centro e ainda é perceptível em Tomás e Escoto, mas desaparecerá na cristologia posterior, volta a ocupar agora um lugar central e centralizador. Ainda precisamos esclarecer hoje o que significa ontológica e existencialmente para nós o ser "criados em Cristo", e que, portanto, só possamos "ser compreendidos a partir de Cristo e ser consumados em Cristo". Teilhard de Chardin, em um sentido, Rahner e Balthasar em outro, e finalmente os exegetas de Cl 1,13-20 tentaram esclarecê-lo[322].

3) Devemos aludir finalmente a uma figura anterior, chave na história hispânica, Ramón Llull (1233-1315), que manteve também esta visão na qual o cosmos e o homem encontram seu centro de inteligibilidade na encarnação de Cristo. Para ele, se Deus não fosse homem, o mundo não teria sido

---

320. Cf. LECLERCQ, J.; VANDENBROUCKE, F. & BOUYER, L. *La Spiritualité du Moyen Âge* (Paris 1961). • RUH, K. *Meister Eckhart* – Theologe, Mystiker, Prediger (Munique 1989). • RUH, K. *Geschichte der abendländischen Mystik* – I (Munique 1990); II (1993); III (1996). • DE LIBERA, A. *Eckhart, Suso, Tauler y la divinización del hombre* (Barcelona 1999).
321. *De docta ignorantia*, III, 2-4 [Ed. espanhola de M. Fuentes (Buenos Aires ³1966), p. 181-193]. • *De visione Dei*, XIX-XXIV (Jésus unión de Dios y el hombre-consumación del hombre) [Ed. espanhola de A.L. González (Pamplona 1994), p. 116-140].
322. Cf. CORDOVILLA, A. *Gramática de la encarnación* – La creación en Cristo en la teologia de K. Rahner y Hans Urs von Balthasar (Madri 2004).

criado. Pois assim são as coisas: Ele criou o mundo para poder ser homem, Deus-homem[323].

VI – O século dos reformadores e de Trento

O século XVI é presidido em seus inícios por Erasmo (1466-1536), que somando o espírito do humanismo e a "devoção moderna" põe em primeiro plano duas categorias cristológicas: *a militia Christi* como forma de existência para o cristão e *o beneficium Christi* como forma de compreender o que é sua redenção para nós[324]. Não são nossas obras que nos tornam agradáveis a Deus, mas a intenção do coração e a preservação desse benefício de Cristo por nós.

Nessa linha de superação da escolástica e de aproximação da leitura evangélica e das fontes da espiritualidade devemos situar Lutero (1483-1546). Bom leitor de Tauler, Suso e São Bernardo, publicou um texto espiritual, *Theologia deutsch*, em 1516 e 1518. A cristologia de Lutero é biograficamente delimitada, por isso é preciso diferenciá-la segundo as distintas fases pelas quais sua vida passa. Na fase anterior aos anos 1520 ele apresenta mais uma cristologia pessoal e querigmática do que uma cristologia sistemática, explicitamente própria. O testemunho da Sagrada Escritura sobre Cristo orienta-se para a nossa justificação; o central será sua obra, e falar de sua pessoa só terá sentido na medida em que se faz inteligível seu ser para mim. "Cristo tem duas naturezas. E isso, o que tem a ver comigo?"[325] Por essa razão Lutero descarta qualquer interesse pela explicação metafísica da união hipostática a fim de centrar-se na busca de saber como Cristo é "meu Jesus"; isto é, meu Salvador. Se antes Aristóteles era considerado um aliado

---

323. Cf. HAUBST, R. *Die Christologie von Nikolaus von Kues* (Friburgo 1956). • HAUBST, R. *Vom Sinn der Menschwedung* (Friburgo 1969). • MEINHARDT, H. "Der christologische Impuls im Menschenbild des Nikolaus von Kues". In: *Mitteilungen und Forschungsbeiträge der Cusanus Gesellschaft Mainz* (1978), p. 105-116. • DAHM, A. *Die Soteriologie des Nikolaus von Kues* – Ihre Entwichlung von seinen frühen Predigten bis zum Jahre 1445 (Münster 1996). • PLATZECK, E.W. *Raimund Llul*: Sein Leben, seine Werke, die Grundlagen seines Denkens, I-II (Düsseldorf 1962-1964). • RUBIO, J.E. *Les bases del pensament de R. Lullus* (Valença/Barcelona 1997).

324. Sua obra fundamental é o *Enchiridion militis christiani* (1501), traduzida para o castelhano em 1526 por Arcediano del Alcor como *Manual del caballero cristiano* (BAC Minor, 79; Madri 1965). Cf. BATAILLON, M. *Erasmo y España* (Paris 1937; México 1995). • GARCÍA VILLOSLADA, R. "Erasmo". In: *DSP* IV/1, p. 925-936. • CHANTRAINE, G. *"Mystère" et "Philosophie du Christ" selon Erasme* (Namur 1971). CHANTRAINE, G. *Erasme et Luther* (Paris 1981).

325. WA 1,362; 16,228 (14 de maio de 1525).

necessário para fazer teologia e para saber quem é Cristo, agora é visto como um inimigo que deve ser evitado para reconhecer o Deus que em Cristo se revela não como evidência, mas como escândalo para a nossa incorrigível razão. Deus se dá "sob a espécie contrária" à nossa razão e esperança; se dá ao pecador no Crucificado simultaneamente como justiça e justificação.

Sua experiência pessoal com o pecado como poder de realidade que nos subjuga e nos faz seus escravos, que não podemos vencer com nossas forças e que simultaneamente nos está sempre acusando, leva Lutero a concentrar sua atenção primordialmente na cruz de Cristo. Nela se revelam ao mesmo tempo o julgamento de Deus condenando o pecado e sua justiça, não exigente, mas justificadora do pecador[326], que chega a ser justo acolhendo e se entregando a esse julgamento de Deus. Esse é o único conhecimento de Deus que lhe interessa. Daí sua afirmação-chave: "Em Cristo crucificado está a verdadeira teologia". "Crux sola est nostra theologia"[327]. Nela se dá o jubiloso duelo e estupendo intercâmbio como num casamento: o pecado do homem é recebido por Cristo como dote de seus esponsais com a humanidade e em troca esta recebe dele sua justiça.

> A fé não estranha apenas a grandeza de assemelhar a alma à Palavra de Deus, de cobri-la de todas as suas graças, de torna-la livre e ditosa, mas também a une a Cristo, como uma esposa se une ao seu esposo. E dessa honra se segue, como disse São Paulo, que Cristo e a alma se identificam em um mesmo corpo; bens, felicidade, desgraça e todas as coisas de ambos se tornam comuns. O que pertence a Cristo se faz propriedade da alma fiel; o que possui a alma fiel se faz propriedade de Cristo. Como Cristo é dono de todo bem e felicidade, também a alma é senhora disso, da mesma maneira que Cristo se atribui todas as debilidades e pecados que possui a alma. Veja que intercâmbio e que duelo tão maravilhoso (*der fröhliche Wechsel und Streit*): Cristo é Deus e homem; nunca conheceu o pecado, sua justiça é insuperável, eterna e todo-poderosa. Entretanto, pelo anel nupcial – isto é, pela fé – aceita como próprios os pecados

---

326. Cf. *Prefácio* à edição latina de suas obras (5 de março de 1545) (WA 54, p. 185-187).
327. WA 5, p. 176. "Deum non inveniri nisi in passionibus et cruce" (Tesis 21; WA 1, p. 362). A teologia trata "de Deo crucifixo et abscondito" (WA 1, p. 613-614). "Crux Christi unica est eruditio verborum Dei, theologia sincerissima" (WA 5, p. 216). "Sed Christum nosse est crucem nosse et Deum sub carne crucifixo intelligere" (WA 5, p. 107). Cf. BOURGINE, M.B. "Crux sola – La christologie de Luther à la lumière de sa *theologia crucis*". In: *Irénikon* 70 (1997), p. 476-495; 71 (1998), p. 62-83. • GONZÁLEZ MONTES, A. "La mística de Cristo en Lutero". In: *Revista de Espiritualidad* 168/169 (1983), p. 433-458.

da alma fiel e age como se fosse Ele mesmo quem os cometeu. Os pecados submergem e desaparecem nele, porque muito mais forte do que eles todos é sua justiça insuperável. Pelas arras – isto é, pela fé – a alma se liberta de todos os seus pecados e recebe o dote da justiça eterna de seu esposo Cristo[328].

Com isso temos uma operação que trilhou os seguintes passos, passando:
- do Deus da natureza ao Deus da história em Cristo (da teologia à cristologia);
- do Cristo em si ao Cristo encarnado por mim (da cristologia à soteriologia);
- do Cristo por mim em geral ao que morre por meus pecados na cruz (da soteriologia à estaurologia).

Se o homem é visto acima de tudo como pecador que necessita de justificação, Cristo é visto acima de tudo como o que é Justiça de Deus para mim. A teologia de Lutero, por outro lado, se orienta à luz dos grandes concílios; ela se concentra no *Logos ensarkos*, deixando de lado toda reflexão que não vê Cristo a partir de sua existência e de sua morte. As discussões internas aos grupos nascidos da Reforma obrigaram Lutero a maiores precisões. Sua genialidade consistiu em retornar aos fatos e experiências cristãs fundantes, em desmascarar uma filosofia que se converte em tribunal absoluto frente à liberdade de Deus e à situação do homem, em rejeitar uma lógica prévia à lógica implicada na encarnação de Deus e na justificação do pecador, em mostrar o peso real do pecado no homem e perante Deus, opondo-se a reduzi-lo psicológica e moralmente, e consequentemente em seu desmascaramento de uma liberdade que não existe sob o pecado, mas somente sob a graça. Daí seu enfrentamento com Erasmo e sua rejeição a todo humanismo ingênuo e Iluminismo fácil. Só se é livre sendo filho de Deus, e de fato sendo libertado por Cristo. Existe uma gramática teológica que não aceita nem palavra nem sintaxes prévias: a realidade cristológica nova confere um sentido novo às palavras[329].

---

328. *Sobre la libertad del hombre cristiano*, 12 (WA 7, p. 25-26). • *Obras de Lutero*. Ed. T. Egido (Salamanca 1977), p. 160-161. • BEER, T. *Der fröhliche Wechsel und Streit* – Grunzüge der Theologie Martin Luthers (Einsiedeln 1980).

329. "Certum est tamen omnia vocabula in Christo novam significationem accipere in eadem re significata" (WA 39/2,8,4). Da imensa bibliografia, cf. LIENHARD, M. *Luther témoin de Jésus-Christ* (Paris 1973). • LIENHARD, M. *Au coeur de la foi de Luther*: Jésus-Christ (Paris 1991). • ZUR

Ao lado de Lutero é necessário mencionar Calvino, que foi afinando sua posição nas sucessivas edições da *Instituição cristã* (1536; 1539; 1543). Independentemente de suas diferenças com Lutero na hora de explicar a presença universal da humanidade de Cristo (*Extracalvinisticum* = a natureza humana de Cristo não participa na ubiquidade da natureza divina), Calvino endurece a soteriologia ao afirmar a substituição penal de Cristo por nós[330], e desenvolve a partir de 1539 a doutrina do tríplice mistério (*triplex munus Christi*): profético, sacerdotal e real, que se converterá em um bem comum da teologia, assumido inclusive pelo próprio Vaticano II[331].

Melanchton (1497-1560) merece atenção especial, já que com uma sobriedade expressiva maior que Lutero, um melhor conhecimento da tradição e uma sensibilidade maior para os aspectos de concordância ecumênica, explicitou os grandes temas da teologia reformada em sua obra *Loci communes* (1521), que inicia com uma frase programática ao afirmar que é melhor conhecer os benefícios salvíficos de Cristo do que elaborar uma teoria metafísica sobre suas naturezas e o modo da união: "Hoc est Christum cognoscere, beneficia eius cognoscere, non quod isti docent eius naturas, modos incarnationis contueri"[332]. Enquanto na primeira edição não trata expressamente da Trindade e da encarnação, na edição de 1535 as considerará como uma matéria própria e diferenciada (*locus*), que amplia na edição de 1543. Assim mesmo ele dedica a estas matérias as páginas correspondentes da *Confissão de Augsburgo*, redigida por ele[333].

MÜHLEN, K.H. "Reformationszeit". In: *TRE* 16 (1987), p. 759-772. • CONGAR, Y. "Regards et réflexions sur la christologie de Luther". In: *Chrétiens en dialogue* (Paris 1964), p. 453-490. • CONGAR, Y. "Nouveaux regards sur la christologie de Luther". In: *Martin Luther* – Sa foi, sa réforme (Paris 1983), p. 105-134.

330. "Jesus Cristo desceu aos infernos, já que padeceu a morte como a que Deus costuma castigar os perversos em sua justa ira [...]. Depois de ter referido o que Jesus Cristo padeceu publicamente à vista de todos os homens vem muito a propósito expor aquele invisível e incompreensível julgamento que sofreu na presença de Deus, para que soubéssemos que não somente o corpo de Jesus Cristo foi entregue como preço de nossa redenção, mas que também pagou outro preço maior e mais excelso, que foi o de padecer e sentir Cristo em sua alma os horrendos tormentos que são reservados para os condenados e réprobos" (CALVINO, J. *Inst.* II, 16,10).

331. Cf. *Inst.* II, 15 (Seu ofício de profeta, o Reino e o sacerdócio). Cf. GISEL, P. *Le Christ de Calvin* (Paris 1990). • *TRE* 16 (1987), p. 763-764 e bibliografia à p. 771.

332. Cf. MELANCHTON, F. "Loci communes. Intr." In: *WW* II/1 (Gütersloh 1952), p. 7. Cf. *TRE* 16 (1987), p. 764-766 e bibliografia à p. 771.

333. Cf. MAURER, W. *Der junge Melanchton* – I: Der Humanist (Gotinga 1967); II: Der Theologe (Gotinga 1969).

À Reforma protestante correspondem dois grandes fatos no catolicismo: o Concílio de Trento e os místicos espanhóis. Trento não fala diretamente da cristologia, mas ao falar da justificação do homem existe alguma referência ao tema. O *Decreto sobre a justificação* (1546) era uma resposta válida às preocupações dos reformadores, que teria sido eficaz para evitar a ruptura luterana se tivesse sido promulgado no Concílio V do Latrão (1512-1517). Agora já era tarde, pois muitas rupturas teóricas já vigoravam e, sobretudo, rupturas institucionais e políticas, já praticamente irreversíveis[334]. As duas categorias soteriológicas-chave no Concílio para explicar a obra de Cristo são a de mérito e a de satisfação. Nossa justificação é resultado da justiça que Cristo nos mereceu. Somos justos não apenas pela imputação, ou apenas pela remissão dos pecados, ou pelo mero favor de Deus, mas pela graça e caridade que é derramada em nossos corações pelo Espírito Santo que, sendo inerente à pessoa, a transforma. O cristão é um membro vivo de Cristo e a partir dele e por Ele merece o aumento da graça e a vida eterna. Esse Cristo é nosso Redentor, a quem nos confiamos, e nosso Legislador, a quem obedecemos[335].

VII – Os místicos espanhóis: Santo Inácio, Santa Teresa, São João da Cruz

Santo Inácio de Loyola (1491-1556), Santa Teresa de Jesus (1512-1582) e São João da Cruz (1542-1591) recuperam um acesso novo a Cristo, para além da especulação escolástica, a partir da experiência pessoal com a humanidade de Jesus, recordada em sua história e contemplada em cada um de seus mistérios. Frente a uma mística da essência divina transcendente e eterna, da forma como foi cultivada pelos místicos de Rhin, eles vivem uma mística de Cristo, Filho encarnado e Irmão maior, que fez a história por nós e por nós morreu. À contemplação teórica da essência divina sucedem a lembrança amorosa da humanidade de Jesus e a adesão à sua alma em cada um dos passos de sua vida.

---

334. O *Decreto sobre a justificação*, embora seja um produto artificial, está em muitos aspectos admiravelmente elaborado; além disso, inclusive se poderia duvidar de HARNACK. *Lehrbuch der Dogmengeschichte*. Op. cit., III, p. 711.

335. DS 1520-1550 (Decreto); 1551-1583 (Cânones). Cf. SESBOÜÉ, B. & WOLINSKI, J. *El Dios de la salvación*. Op. cit., p. 386-387.

• Nos *Exercícios* de Santo Inácio são essenciais o conhecimento interior, a acentuação do amor por sua vida recordando cada um de seus mistérios tal como havia aprendido a interiorizá-los com a leitura de Dionísio, (*o Cartuxo*), a disponibilização da própria vida por seu Reino, a referência explícita à Igreja. Estas exercitações e atitudes devolvem à figura de Cristo seu poder de personalização e de transformação religiosa[336].

• Santa Teresa vive uma mística da amizade e da compaixão com Cristo, centrada em sua humanidade, contemplada e revivida por ela com grande intensidade religiosa e descrita em sua *Vida* (cap. 22) com uma beleza literária única[337].

• São João da Cruz cria os grandes símbolos para expressar o itinerário do homem para Deus, seu encontro com Ele, sua própria purificação e sua transformação nele: a montanha, a noite, a fonte, a chama. O *Cântico Espiritual* nos oferece a expressão mais cabal de que existe de uma mística esponsal de Cristo, ao passo que a *Chama* é a exposição teologicamente mais profunda e literariamente mais bela da ação do Espírito Santo na alma[338].

A influência dos Padres do Carmelo será decisiva para a escola francesa de espiritualidade, em cuja cabeça está Pierre de Bérulle (1575-1629), o apóstolo do Verbo encarnado. Sua obra clássica, *Discurso do estado e das grandezas de Jesus* (1623), é uma conjugação dos místicos do Norte e dos castelhanos[339]. Sua teoria sobre os três nascimentos do Verbo encarnado, so-

---

336. "[...] aqui é questão de pedir conhecimento interno ao Senhor, que por mim se fez homem, para que eu mais o ame e o siga" (*Ej. Esp.* n. 104). "[...] pôr à minha frente a contemplação que tenho que fazer, desejando conhecer mais o Verbo eterno encarnado, para mais poder servi-lo e segui-lo" (*Ej. Esp.* n. 130; 233; 53,1). Cf. MOLLAT, D. "Le Christ dans l'expérience spirituelle de Saint Ignace". In: *Christus* 1 (1954), p. 23-47. • GARCÍA MATEO, R. "La 'Vita Christi' de Ludolfo de Saxônia y los misterios de Cristo en los Ejercicios Ignacianos". In: *G* 81 (2000), p. 287-307, e número monográfico de *Manresa* 278 (1999) dedicado ao "...conhecimento interno". • KOLVENBACH, H. *"Decir al Indecible"* – Estudio sobre los Ejercicios Espirituales (Bilbao 1999), cap. 5-8. • THOMAS, J. *Le Christ de Dieu pour Ignace de Loyola* (Paris 1992).

337. Cf. CASTRO, S. *Cristología teresiana* (Madri 1978). • ÁLVAREZ, T. *DSp* XV, p. 611-658. • DE GOEDT, M. *Le Christ de Thérèse de Jésus* (Paris 1993).

338. Cf. a bibliografia sobre Jesus Cristo em São João da Cruz, que oferece RUIZ SALVADOR, F. *Obras completas* (Madri 1988), p. 1.133. • DE GOEDT, M. *Le Christ de Jean de la Croix* (Paris 1993).

339. BÉRULLE, P. *Oeuvres complètes*, VII-VIII. • *Discours de l'état e des grandeurs de Jésus* (Paris 1996). Intr. de R. Lescot (p. XIII-LXXI). Sua teologia gira em torno da encarnação como êxtase e

bre nossa adesão aos estados e atitudes permanentes de Cristo, e sobre este como adorador do Pai, teve uma influência decisiva na história espiritual da França, sobretudo na formação de sacerdotes e religiosos, através da Sociedade de São Sulpício, O Oratório e os Vicentinos, já que todos procedem espiritualmente dele, e inclusive a própria Espanha ao longo do século XX através do movimento sacerdotal de dioceses como a de Vitória e de Ávila[340].

VIII – A "mística de Cristo" e suas formas

Nos séculos XVI e XVII assistimos à ruptura definitiva entre uma cristologia acadêmica e uma cristologia religiosa. Doravante perduram separadas as teorias sobre Cristo e as místicas de Cristo, centrando-se cada uma num aspecto de sua pessoa ou de suas ações salvíficas. Anteriormente já havia emergido uma *mística da Paixão* (Cistercienses do século XII, São Bernardo, São Francisco de Assis, São Boaventura); uma *mística do coração de Jesus* (Walter von der Vogelweide, Matilde de Magdeburgo, Matilde de Hackeborn, Gertrudes de Hefta, Margarida Maria de Alacoque); uma *mística esponsal* (Orígenes, São Gregório de Nissa, São Bernardo de Claraval, Eckhart, Suso, Ruysbroeck, João da Cruz, os comentaristas do Cântico dos Cânticos); uma *mística da pobreza* ("seguir nu ao Cristo nu", frase repetida desde São Jerônimo até hoje); uma *mística sacramental* (referida à Eucaristia, com exemplos máximos em Nicolau Cabasilas em sua obra *A vida em Cristo* e a devoção popular ao *Corpus Christi*, a adoração noturna e nas expressões válidas da reparação); uma *mística do Cristo cósmico* (Raimundo Lúlio, Nicolau de Cusa, Teilhard de Chardin)[341].

---

quênose da glória de Deus, que constituem a recreação do pecador e sua plenificação como criatura chamada a participar da plenitude de Deus. "Quem poderia conceber e expressar o que Deus dá ao homem e opera naquele homem, que é homem e Deus conjuntamente – i. é, homem-Deus – e o que este homem, Filho de Deus e Filho do Homem ao mesmo tempo, opera a respeito de Deus?" (*Discours...* VIII, p. 308).

340. Cf. BREMOND, H. *La conquête mystique* – I: L'école française – Bérulle (Paris 1957). • DUPUY, M. *Bérulle, une spiritualité de l'adoration* (Paris 1964). • COGNET, L. *La spiritualité moderne* (Paris 1966), p. 310-410. • GUILLÉN PRECKLER, F. *"État" chez le Cardinal de Bérulle* – Théologie et spiritualité des "états" bérulliens (Roma 1974). • GUILLÉN PRECKLER, F. *Bérulle aujourd-hui* – Pour une spiritualité de l'humanité du Christ (Paris 1978). • GARAY ISASI, J. *La cristología en la espiritualidade de Vitoria* (Vitória 1985).

341. Cf. RICHSTÄTTER, R. *Christusfrömmigkeit in ihrer historischer Entfaltung* (Colônia 1949). • HAUSHERR, I. *Noms du Christ et voies d'oraison* (Roma 1960). • AUER, J. "Christusmystik". In: *LM* II, 1946. • AUER, J. "Militia Christi". In: *DSp* X, p. 1.210-1.223. • ECKERT, J. & WEISMAYER, J. "Christusmystik". In: *LTK*³ 2, p. 1.179-1.182. • BAIER, W. *Untersuchungen zu den Pas-*

Estas expressões da relação pessoal com Cristo são essenciais para a teologia. Sem elas o objeto da reflexão sistemática perde sua capacidade de passar uma sensação de realidade e de oferecer salvação pessoal. Se não se tivesse acreditado e sofrido, amado e esperado em Cristo, teríamos deixado de pensar sobre Ele. Um fato do passado e uma ideia têm um interesse apenas relativo; em contrapartida, uma pessoa confessada viva, perenemente rememorada e acolhida como vivificadora oferece um interesse supremo. Uma cristologia que perde o contato com a permanente revelação e a experiência de Cristo na Igreja e no mundo (cristofania) deixará de ter interesse não apenas religioso, mas inclusive teórico.

---

sionsbetrachtungen in der Vita Christi des Ludolph von Sachsen, I-III (Friburgo 1977). • SCHEFFCZYCK, L. (ed.). *Christusglaube und Christusverehrung* (Aschaffenburg 1982). • SCHEFFCZYCK, L.D. *Die Mysterien des Lebens Jesu und die christliche Existenz* (Aschaffenburg 1984).

CAPÍTULO VI
A CRISTOLOGIA NA ÉPOCA MODERNA E CONTEMPORÂNEA

Bibliografia

BORNE, E. "Jésus devant les philosophes". In: AA.VV. *Jésus* (Paris 1971), p. 209-256. • BOUËSSE, H. & J.L. LATOUR (eds.). *Problèmes actuels de christologie* (Bruge/Paris 1964). • BOWMANN, F.B. *Le Christ romantique* (Genebra 1973). • COTTRET, B. *Le Christ des lumières – Jésus de Newton a Voltaire (1680-1760)* (Paris 1990). • DABEZIES, A. *Jésus-Christ dans la littérature française*, I-II (Paris 1987). • FORTE, B. *Cristologie del Novecento* (Bréscia 1983). • GERBER, U. *Cristologische Entwürfe* – I: Von der Reformation bis zur Dialektischen Theologie (Zurique 1970). • GIBELLINI, R. *La teología del siglo XX* (Santander 1998). • GIRE, P. (ed.). *Philosophes en quête du Christ* (Paris 1991). • GONZÁLEZ DE CARDEDAL, O. *Cuatro poetas desde la outra ladera* – Prolegómenos para una cristología (Madri 1996). • GRASS, H. & KÜMMEL, W.G. (eds.). *Jesus Christus* – Das Christusverständnis im Wandel der Zeiten (Marburgo 1963). • GRÜTZMACHER, R.H. & MURAS, G.G. *Textbuch zur deutschen systematischen Theologie und ihrer Geschichte vom 16. bis 20. Jahrhundert,* I (Berna/Tubinga 1961), p. 1.530-1.934; II, 1935-1960. • GUITTON, J. *Le Christ de ma vie* (Paris 1987). • GÜNTHER, E. *Die Entwicklung der Lehre von der Person Christi im XIX Jahrhundert* (Tubinga 1911). • HENRY, M. *Yo soy la Verdad. Para una filosofia del cristianismo* (Salamanca 2004). • HENRY, M. *Encarnación* – Una filosofia de la carne (Salamanca 2001). • HENRY, M. *Palabras de Cristo* (Salamanca 2004). • KÜNG, H. *Encarnación de Dios* – Introducción al pensamiento de Hegel como prolegómenos de una cristología futura (Barcelona 1970). • LACHENSCHMID, R. "Cristología y teología en el siglo XX". In: VORGRIMMLER, H. & VANDER GUCHT, R. *La teología en el siglo XX* (Madri 1975), p. 63-96. • MACQUARRIE, J. *Jesus Christ in Modern Thought* (Londres 1990). • MENOZZI, D. *Les interprétations politiques de Jésus de l'ancien régime à la Révolution* (Paris 1983). • OLS, D. *Le cristologie contemporanee e le loro posizioni fundamentali al vaglio della dottrina di S. Tommaso* (Cidade do Vaticano 1991). • PFANMÜLLER, G. *Jesus im Urteil der Jahrhunderte* (Berlim 1930). • PRÖPPER, T. *Erlösungsglaube und Freiheitsgeschischte* – Eine Skizze zur Soteriologie (Munique 1985). • SCHILSON, A. & KASPER, W. *Christologie im Präsens* – Kritische Sichtung neuer Entwürfe (Friburgo 1974). • SESBOÜÉ, B. *Jésus Christ à l'image des hommes* (Paris 1997). • SPARN, W. "Vom Tridentinum bis zur Aufklärung". In: *TRE* 17 (1988), p. 1-16. • TILLIETTE, X. *El Cristo de la fisolofía* (Bilbao 1994). • TILLIETTE, X. *La christologie idéaliste* (Paris 1986). • TILLIETTE, X. *La Semaine Sainte des Philosophes* (Paris 1992). • TILLIETTE, X. *Le Christ des philosophes: du Maître de Sagesse au divin Témoin* (Namur 1993). • ZUCAL, S. (ed.). *Cristo nella filosofia contemporanea* – I: Da Kant a Nietzsche – II: Il Novecento (Milão 2000-2002).

I – As três etapas da cristologia

A época patrística alicerçou os fundamentos da cristologia mediante as definições conciliares. A época medieval sistematizou as convicções conseguidas até então pela fé e pela razão. A época moderna realizou a dissecação da fé, a busca de seus fundamentos racionais, a verificação de sua origem histórica, a confrontação de sua pretensão de universalidade e de sua garantia de salvação absoluta diante das outras religiões do mundo. A primeira esclareceu *o que* se deve crer sobre Cristo (conteúdo); a segunda *como* organizar coerentemente as realidades cridas (forma); a terceira *por que motivo* crer (possibilidade e fundamento da fé). Ao longo da história o evangelho vai ao encontro da filosofia e das culturas humanas. No primeiro momento elas aparecem não apenas como diferentes, mas como irreconciliáveis. Tal estranheza é a que relatam os Atos dos Apóstolos ao narrar a pregação de Paulo no Areópago de Atenas, e cujos ecos amargos ressoam em sua Carta aos Coríntios[342]. Celso, Porfírio, Luciano de Samósata e Juliano, representantes do *logos* grego, rejeitam a fé como uma ἀλογία (irracionalidade) e uma μανία (insanidade)[343]. O cristianismo aparece como algo contrário ao *logos* e

---

342. Cf. At 17,16-34; 1Cor 1,17-31.

343. Exemplos mais representativos: CELSO. *El discurso verdadero contra los cristianos* (Madri 1988). • PORFIRIO. *Contra los cristianos*, I-XV. Cf. SÁNCHEZ SALOR, E. (ed.). *Polémica entre cristianos y paganos a través de los textos* (Torrejón de Ardoz 1986). • DE LABRIOLLE, P. *La réaction païenne* – Étude sur la polémique antichrétienne do Ier au VIe siècle (Paris 1950). • PADOVESE, L. *Lo scandalo della croce* – La polemica anticristiana nei primi secoli (Roma 1988). • STOCKMEIER, P. *Glaube und Kultur* – Studien zur Begegnung von Christentum und Antike (Düsseldorf 1983).

aos *nomos* gregos; e, em consequência, é considerado uma novidade irracional e uma proposta inaceitável[344].

Desde São Justino, Orígenes e Santo Agostinho até Santo Anselmo, São Boaventura e Santo Tomás transcorre o segundo período no qual Cristo aparece como revelador da razão, o *Logos* supremo e a Plenitude da verdade. Neste período surgem as grandes sínteses cristãs entre fé e razão, entre a particularidade da história e a razão universal, entre a individualidade de Cristo e o caráter absoluto da verdade. Na fase seguinte, uma vez negada ou colocada entre parênteses a fé, ocorre uma reduplicação da razão em relação a Cristo, algumas vezes para recuperá-la em nova perspectiva e mais profunda, outras para negá-la. A filosofia, a história e a exegese serão posteriormente as protagonistas da cristologia. Após cinco séculos de recepção escolástica, a cristologia volta a ser pensada em nossos dias a partir da raiz como teologia pelos teólogos.

II – A cisão moderna entre escolástica e mística

O século XVI é o ponto culminante da experiência de Cristo em perspectiva soteriológica como justiça do homem (Lutero e Trento) e como vida para o homem (místicos espanhóis). O século XVII, ressecadas suas raízes teológicas, a cristologia fica à mercê de um psicologismo místico, ameaçador de sua essência (quietismo, visionarismo, fenômenos paranormais), ou nas mãos da metafísica[345]. Esgotado o período clássico francês com Bérulle, Olier, Condren, São Vicente de Paulo, São Francisco de Sales, Lallemant, Surin, que nos deram obras valiosas de espiritualidade cristológica, continuaram as polêmicas sobre o quietismo (Molinos na Espanha, Bossuet e Fénelon na França) e a manualística teórica sobre a mística. Na teologia não haverá grandes criadores, e a maioria dos tratados cristológicos que encontramos a partir desse período até a metade do século XX são os historiadores da cristologia patrística (Dionísio Petávio, Luís Thomassin d'Eynac), ou comentaristas da *Summa* de Santo Tomás: dominicanos como Cayetano,

---

344. Cf. ANDRESEN, C. *Logos und Nomos* – Die Polemik des Kelsos wider das Christentum (Berlim 1955).
345. "Evasão metafísica e invasão psicológica" afirma L. Bouyer sobre estas duas orientações da cristologia na época moderna: *Le Fils éternel* – Théologie de la parole de Dieu et christologie (Paris 1975), p. 443.

Báñez, os Salmanticenses, Gonet, Billuart, Gotti, João de São Tomás, Ramírez, Cuervo...; jesuítas como Toledo, Vázquez, Maldonado, Lugo, Suárez, Tifânio, Billot, Galtier, Solano...[346] Desaparece da cristologia o largo horizonte que apresentam o NT e a Patrística para centrar-se nas três seguintes questões:

1) A primeira é *a natureza da união hipostática e seu constitutivo formal*, ou como pensar a pessoa para explicar que a humanidade de Jesus, unida ao Verbo, seja plenamente humana e, não obstante isso, não seja pessoa[347].

2) A segunda é *o motivo da encarnação*. Esta seria o resultado do pecado do homem, de forma que se o homem não tivesse pecado Deus não se teria encarnado ou, ao contrário, seu valor intrínseco e a perfeição que aporta à criação nos obrigam a pensá-la por si mesma (encarnação absoluta) e sem referência direta ao pecado do homem (encarnação relativa)? Santo Tomás e os tomistas se inclinaram para a primeira opinião, ao passo que Escoto e a escola franciscana sustentaram a segunda[348].

3) A terceira questão é a natureza e o modo da redenção, ou a resposta ao *Cur Christus mortuus?* O protestantismo acentuou o aspecto jurídico ao radicalizar a ideia de justiça, posta em primeiro plano por Santo Anselmo, e a necessidade da satisfação de Cristo por nossos pecados. As ideias de satisfação, expiação e substituição vicária foram pensadas a partir de categorias gerais da história das religiões ou do direito positivo, terminando em uma redução naturalista, que convertem a gesta amorosa de Deus, entregando seu Filho como supremo Dom da vida ao mundo, em uma questão de dívidas e exigências, de castigo e vingança. A imagem do Deus Pai, exigindo a

---

346. Dentre tantos, há figuras de relevo como L. Chardon († 1651) com sua obra clássica *La Croix de Jésus* (1647). Ed. F. Florand (Paris 1937; ²2004). Cf. COGNET, L. *Crépuscule des mystiques* (Paris 1991) e os autores do artigo "France". In: *DSp* V, p. 785-1.004, publicado separadamente com o título *Histoire spirituelle de la France* (Paris 1964). • ADNES, P. "Mystique". In: *DSp* X, p. 1.919-1.939.
347. "Ao manipular termos como natureza e hipóstase, toda lembrança do caráter analógico de nossas afirmações sobre Deus tende a dissipar-se no próprio espírito dos maiores escolásticos" (BOUYER, L. *Le Fils éternel...* Op. cit., p. 443-450).
348. Cf. MARTELET, G. "Sur le problème du motif de l'Incarnation". In: BOÜESSÉ, H. & LATOUR, J.L. (eds.). *Problèmes actuels de christologie* (Paris 1965), p. 35-80.

morte do Filho para receber uma compensação por sua honra ofendida, terminou numa degradação da real face de Deus da forma como este aparece na pregação de Jesus[349]. A retórica dos séculos XVIII e XIX chegou a limites grotescos, para não dizer trágicos. A redenção pelo sangue, explicada em tais termos, aparecia desumana, indigna de Deus e do homem[350]. Isto arrastou consigo uma rejeição do Deus cristão e uma reação contra a figura de Cristo redentor, para regredir e ficar apenas com o Cristo mestre e exemplo de virtude.

III – A cristologia dos filósofos

A partir de agora a história profunda da cristologia é a história da filosofia. Pensam profundamente a realidade de Cristo primeiramente os metafísicos e os moralistas; em seguida os políticos e os historiadores. Aqui nos deparamos com uma grave e difícil questão de princípio: é possível dividir a realidade única de Cristo e compreendê-lo a partir da mera razão, apenas com categorias filosóficas, enquanto objeto mundano, à margem de sua pessoal pretensão de ser revelador do Pai e de viver em reciprocidade de consciência e de amor com Ele, à margem de sua condição objetiva de Deus encarnado? Tudo o que existe no mundo pertence aos mundanos, que somos nós, os seres humanos. Ora, tudo o que aparece no mundo deveria ser reduzido ao já conhecido e ao que se encaixa em nossos conhecimentos anteriores ou, ao contrário, teria o homem uma originária capacidade de extensão, de alargamento e, por conseguinte, de ruptura dos limites de seu mundo derivada de sua própria natureza e simultaneamente dos novos sinais que Deus pode dar-lhe?[351] Estas perguntas remetem por sua vez à pergunta metafísica pelo mundo: seria este um absoluto de estrutura fechada e limita-

---

349. Cf. RICHARD, L. *Le mystère de la Rédemption* (Tournai 1959). • DE MONTCHEUIL, Y. *Leçons sur le Christ* (Paris 1949). • SOLANO, J. "El sentido de la muerte redentora de N.S. Jesucristo y algunas corrientes modernas". In: *EE* 20 (1946), p. 339-414. • SOLANO, J. "Actualidades cristológico-soteriológicas". In: *EE* 24 (1950), p. 43-69. • SESBOÜÉ, B. *Jesucristo el único mediador*, I (Salamanca 1990).

350. Cf. uma antologia desses textos em DE LA TRINIDAD, F. *La redención por la sangre* (Andorra 1961).

351. Este é o critério do método histórico frente ao método dogmático: a chamada lei da analogia, segundo a qual nada pode aparecer na história que não deva ser entendido à semelhança do que sempre tem acontecido. O melhor expoente desta metodologia é TROELTSCH, E. *Aufsätze zur Geistesgeschichte und Religionssoziologie*, I-IV (Tubinga 1925). Cf. TROELTSCH, E. *Histoire des religions et destin de la théologie* – Oeuvres III (Paris-Genebra 1996).

da, de tal natureza que não pode ser mediação expressiva de outra realidade que através dele se dirige ao homem?

A cristologia posterior é profundamente afetada em sua fundamentação e desenvolvimento por estas questões prévias:

- Seria possível a revelação de Deus num mundo que se rege por leis fixas?
- Teria o mundo a capacidade de acolher uma iniciativa divina para o homem e de mediá-la até a consciência humana?
- Teria o homem capacidade para perceber essa revelação divina e discernir seu sentido?
- Que mediações poderiam ser-nos sinais e Palavra de Deus: a natureza, a história, a pessoa?
- E se for a pessoa, que credenciais deveria apresentar para que sua mensagem merecesse crédito e para que nos sentíssemos justificados e obrigados a aceitar seu testemunho?

A cristologia clássica posteriormente se converteu em cristologia fundamental e as questões das profecias cumpridas e dos milagres realizados se tornaram as questões centrais[352]. A questão já não é mais tanto o que acreditar de Cristo, mas por que acreditar em Cristo, e quais garantias Ele nos dá para que creiamos nele e, sobretudo, se, além da criação e da razão originárias, existe *outra ordem nova de realidade: a da revelação e da fé*. Que relação existe entre ambas? Para além do que podemos dizer em cada caso particular, é surpreendente verificar que o interesse da filosofia por Cristo, que culmina no pensamento de Hegel, aumenta no momento em que se reivindica, afirma e consolida a autonomia da razão[353]. Esta vai se afirmar frente a Cristo, mas não sem Cristo. Aqui seria o lugar de fazer uma síntese da "cristologia filo-

---

352. Desde o começo da era moderna os milagres se convertem no fundamento primordial da fé, sendo vistos mais como demonstrações do que como sinais para crer. Pascal é um bom expoente desta redução demonstrativa. "Os milagres discernem a doutrina e a doutrina discerne os milagres" (P 803). "Os dois fundamentos, um interior e outro exterior: a graça e os milagres; ambos sobrenaturais" (P 805). "Jesus verificou que Ele era o Messias, mas nunca verificando sua doutrina sobre a Escritura e as profecias, mas sempre por seus milagres" (P 808). "Ninguém teria pecado não crendo num Jesus que não tivesse feito milagres" (P 811). "Eu não seria cristão sem milagres", diz Santo Agostinho (P 812). Cf. DS 3009-3014.

353. Cf. ÁLVAREZ, M. "Cristo como exigencia de verdad". In: *Pensamiento del ser y espera de Dios* (Salamanca 2004), p. 496-525.

sófica" segundo a fórmula criada por H. Gouhier[354], cuja elaboração teórica realizou X. Tilliette[355], e cujo expoente último é o livro de M. Henry, *Yo soy la Verdad. Para una filosofia del cristianismo*[356]. Na era moderna nos deparamos com o Cristo dos filósofos.

IV - Descartes e Pascal

Descartes (1596-1650), proveniente ainda da Escolástica, já apresenta um horizonte novo: sua preocupação é oferecer razões para os não crentes, razões que eles, ainda que sem fé, possam admitir como válidas. Para concordar com eles Descartes se concentra na natureza, na razão, na soberania que o homem pode conseguir sobre o mundo (*maître de la nature*), na certeza do conhecimento e na demonstração da existência de Deus à luz da ideia de Infinito que nos precede e a partir da qual identificamos a finitude. "Tenho em mim mesmo a noção do Infinito antes que a de finito; isto é, antes a de Deus do que a de mim mesmo"[357]. A história da revelação e da salvação, os fatos positivos, o testemunho da fé, a pessoa de Cristo, não estão mais em seu horizonte como objeto direto de sua reflexão, já que são objeto particular da fé dos que creem. Seus objetivos primordiais são de natureza universal: "Escutar a voz da razão". "Gostava, sobretudo, da certeza das matemáticas pela certeza e evidência que possuem suas razões". "Basta julgar bem para agir bem"[358].

Um quarto de século depois Pascal inverte as abordagens de Descartes, mesmo sendo filósofo e matemático como ele. Em três *Pensamentos* se refere a ele: "Escrever contra os que aprofundam demais as ciências. Descartes". "Não posso perdoar Descartes". "Descartes inútil e incerto"[359]. Para Pascal o homem não tem apenas necessidade de certeza perante a natureza, mas acima de tudo de perdão e de esperança diante do pecado; além de uma

---

354. Cf. GOUHIER, H. *Bergson et le Christ des évangiles* (Paris 1961), p. 173-198.
355. Cf. TILLIETTE, X. *El Cristo de la filosofia* (Bilbao 1994). • TILLIETTE, X. *La christologie idéaliste* (Paris 1986). • TILLIETTE, X. *Le Christ des philosophes* (Namur 1993). • TILLIETTE, X. *La Semaine Sainte des Philosophes* (Paris 1992).
356. Salamanca 2001. Ed. orig.: *C'est moi la vérité* – Pour une philosophie du christianisme (Paris 1996).
357. DESCARTES, R. *Meditaciones metafísicas*, III (Madri 1976), p. 141.
358. *Discurso del Método*, VI, p. 85; I, p. 42; I, p. 39; III, p. 57.
359. Ibid., p. 76, 77, 78.

substância ou um caniço que pensa, é um ser que sente solidão e tédio, que deseja o bem mas realiza o mal, que é pecador e necessita do perdão. A experiência primordial é a da "miséria do homem sem Deus", e a de que "a natureza está corrompida". E por isso a esperança primordial é que haja "um reparador". A primeira coisa que sabemos é pela natureza, a segunda pela Escritura. *Descartes se preocupa acima de tudo com o nada do qual sai o nosso ser, ao passo que Pascal se preocupa com o pecado que sai de nosso nada*[360]. *Para ele toda fé consiste em Jesus Cristo e em Adão (pecado-reparação)*. Toda nossa esperança se funda no fato de termos um "Deus humilhado até a cruz" e nas palavras de Cristo: "Tenho pensado em ti e em minha agonia; tenho vertido algumas gotas de sangue por ti"[361]. Evidentemente a decisão livre de Deus, a história do Getsêmani, a forma com que Jesus viveu sua liberdade e se lembrou de mim não se reduzem à certeza matemática. São fatos, conhecidos por testemunhas, que apelam para a minha liberdade, aos quais só posso responder na liberdade e no amor. Com Pascal assistimos à recuperação do Deus dos profetas e de Jesus Cristo, em contraposição ao Deus dos sábios e dos filósofos; no entanto, e em contrapartida, a partir dele Jesus se converte no Jesus dos filósofos. Deus passará a ser o Deus da natureza (deísmo). *Em seguida a cristologia vai ficar entre dois abismos: um Deus sem mundo e um Cristo sem Deus*.

Dentro deste contexto a relação com Cristo se expressa como admiração, adesão intelectual, seguimento moral ou entusiasmo utópico, a ponto de não sabermos mais se essas atitudes completam a fé nele, ou se a substituem e a negam. O julgamento sobre a posição dos filósofos modernos diante de Cristo é difícil. Existem leituras contrapostas: para alguns essa especulação é uma duplicação que prolonga a fé, acrescentando-lhe um complemento de sentido e de racionalidade; para outros a relativiza, a transpõe e a substitui, deixando-a sem conteúdo específico e sem legitimidade histórica; isto é, secularizada. Resta a seguinte pergunta: os elogios a Cristo que veremos mais adiante seriam outra forma da fé nele como revelador do Pai, emissor do Espírito e presencializador do Absoluto na história, ou seriam a maneira de expressar em termos divinos a peculiar grandeza do homem Jesus, que não

---

360. Cf. DESCARTES, R. *Meditaciones metafísicas*, II, p. 125. "Eu significa uma coisa ou substância que pensa" (Ibid., III, p. 143). "Separei-me de Cristo; fugi, traí, tenho crucificado" (PASCAL, B. *Memorial* – "A natureza está corrompida – Existe um Reparador". In: P 60.
361. P 679, 682, 553 (El Misterio de Jesús).

revela senão a grandeza de todo homem e corporifica a vocação universal de todo mortal a ser como Deus?

V – *Spinoza e Leibniz*

Spinoza (1632-1677) considera Cristo um filósofo supremo, um super-filósofo, superior a Moisés e aos profetas. Ele é a revelação da Sabedoria suprema, a boca de Deus, a salvação dos ignorantes[362]. Entretanto, evidentemente, é apenas *primus inter pares*. Spinoza rejeita a ressurreição e a encarnação. Talvez se tenha colocado ao lado de um judeu-cristianismo primitivo para o qual Jesus era o profeta, o Messias, e neste sentido o Filho de Deus. É necessário lembrar que nos bastidores de muita rejeição de Cristo com sua pretensão escatológica está o propósito de evitar as pretensões políticas da Igreja, apoiada em suas pretensões dogmáticas, tornando-se fonte de intolerância e repressão. No caso de Spinoza exercem um papel importante sua condição de judeu expulso da Sinagoga, que teme a perseguição e simultaneamente as guerras de religião que dividiram a Europa. Este é um fator que deve ser levado em conta na hora de interpretar as leituras de Cristo pela filosofia. A rejeição dos dogmas, com a consequente relativização da Igreja que eles propunham, estava a serviço da pacificação social e da tolerância. Lessing dá corpo a essa intenção e elabora um projeto religioso político com esta esperança em sua obra *Nathan o Sábio* (1779)[363]. Spinoza, com seu respeito absoluto pela figura de Cristo e simultaneamente com sua rejeição absoluta de uma pretensão divina específica da fé cristã fundada na encarnação e na ressurreição, deu início a uma secularização fundamental da pessoa de Cristo, que posteriormente terá em Kant e Feuerbach sua expressão final.

---

362. "Não creio que nenhum homem tenha chegado a tanta perfeição que o situe acima dos demais, à exceção de Cristo, pois a Ele foram revelados os desígnios de Deus que conduzem o homem à salvação, sem palavras nem visões, mas imediatamente, a ponto de que Deus se manifestou aos apóstolos através da mente de Cristo, como em outro tempo Deus se manifestou a Moisés por meio de uma voz do alto. Por isso, a voz de Cristo, igual àquela que ouvira Moisés, pode chamar-se a voz de Deus. Neste sentido, também podemos dizer que *a Sabedoria de Deus – i. é, uma sabedoria que está acima da humana – assumiu em Cristo a natureza humana e que Cristo foi a via de salvação* [...]. Assim como Moisés falava com Deus face a face, como um homem com seu companheiro (i. é, mediante dois corpos), Cristo se comunicou melhor com Deus de espírito em espírito" (SPINOZA, B. "De la profecía". In: *Tratado teológico-político*, I. Cf. Cartas 83-85. Cf., além dos trabalhos de X. Tilliette: MATHERON, A. *Le Christ et la salut des ignorants chez Spinoza* (Paris 1971). • LACROIX, J. *Spinoza et le problème du salut* (Paris 1970).

363. Cf. PONS, G. *Lessing et le christianisme* (Paris 1964), p. 415-426.

Eles são os forjadores do pós-cristianismo: uma atitude que rejeita para herdar e negar a pretensão cristã, buscando deter em termos racionais e morais o que o cristianismo havia afirmado como fruto da revelação de Deus e da consequente fé do homem.

Leibniz (1646-1716) fecha seu *Discurso da metafísica* com uma alínea sobre Jesus Cristo, que não é somente o fim, mas para o qual tudo se orienta, retrabalhando sua reflexão anterior e, sobretudo, seu pensamento. A tese que então explica detalhadamente é: "Jesus Cristo revelou aos homens o mistério e as leis admiráveis do Reino dos Céus e a magnitude da suprema felicidade que Deus prepara para os que o amam"[364]. Duas categorias são centrais nele: perfeição e felicidade. A felicidade é para as pessoas o que a perfeição é para os entes. No intuito de atingi-las se orientam o primeiro princípio do mundo físico e o primeiro desígnio do mundo moral. Cristo deu expressão a estas verdades: "As expressou divinamente e de um modo tão claro e familiar que os espíritos mais toscos as compreenderam: por isso seu evangelho mudou inteiramente o rosto das coisas humanas"[365].

VI - Kant

Kant (1724-1804), em sua obra *A religião nos limites da simples razão* (1793), integra a religião ao domínio da moral. Não digo que a reduza, mas a julga por seus resultados morais, já que a fé moral, o respeito ao imperativo absoluto, a resposta gratuita à obrigação pela obrigação e a boa vontade, são as referências fundantes de seu pensamento. Kant elabora pela primeira vez uma cristologia transcendental: Cristo é a figura empírica de um arquétipo eterno, a ideia personificada do princípio bom, o homem moralmente perfeito e agradável a Deus, o modelo por excelência da humanidade, engendrado pelo Pai e amado por Ele. Tudo isso é algo que reside em nossa razão, e ali adquire sua realidade objetiva. A descrição que Kant faz dessa figura tem como pano de fundo o justo perseguido de Platão, mas sobretudo Jesus Cristo, a quem, sem dúvida, nunca nomeia em perspectiva pessoal e teológica, mas a Ele sempre se refere como fundador do cristianismo. E o vê como iniciador desta religião e a realização perfeita de

---

364. LEIBNIZ, G.W. *Discurso de la metafísica*, 37 (Madri 1989), p. 104.
365. Ibid., p. 105.

seus ideais morais em estado puro. Mas Kant não passa de uma cristologia transcendental para uma cristologia histórica, do ideal do Modelo perfeito, e enquanto tal filho de Deus, à pessoa concreta de Jesus Cristo, o Filho de Deus. Para Kant, dele aprendemos o que é possível e necessário ao ser humano, mas Ele não é o "absolutamente". Ele é a expressão de uma plenitude necessária, não sua realização histórica pessoal[366]. Será que a filosofia não pode dar esse passo sem transgredir seus limites, ou será que Kant pensa que tal passo não pode ser dado por nenhuma razão? Esta suspensão do julgamento seria por fidelidade aos limites da filosofia ou porque a filosofia considera que não existe nada nem ninguém que nos permita passar do desejo do Infinito pessoal ao reconhecimento de sua presença encarnada na história, não para anular o homem e sua razão, mas para alargá-la, saná-la e plenificá-la? "A obra de Kant representa a concepção do grande racionalista que, mesmo respeitando a fé em Deus, dá à simples razão o magistério sobre as representações e práticas religiosas. A razão teórica decide sozinha e legitimamente o que é válido ou não. Ela se erige em juiz supremo da verdade e, em contrapartida, não se deixa instruir por uma realidade divina, que se origine fora dos limites da mera razão"[367]. Esta atitude de Kant seria expressão de uma real humildade da razão ou seria uma insensibilidade com o verdadeiro sentido da experiência religiosa, que se redobra de imperialismo racionalista? Em Kant existem duas palavras supremas: saber e autonomia; no cristianismo seriam graça, receptividade e alteridade.

---

366. Kant seculariza quase todas as categorias da cristologia: da preexistência à filiação divina de Cristo, de sua morte vicária à salvação. Ele elabora e justifica a necessidade desta "desmistificação" das próprias palavras de Jesus. O que Jesus expressou num invólucro popular e pré-racional daquele tempo, hoje podemos expressá-lo sem ele e numa linguagem moral universal, que seria seu verdadeiro sentido. "Se se despoja de sua roupagem mística este modo de representação animado, que verossimilmente era o único *popular* para o seu tempo, ele mesmo (seu espírito e seu sentido racional) foi válido e obrigatório para praticamente todo o mundo em todo tempo, pois está suficientemente próximo de cada homem para que este reconheça nele seu dever. *Este sentido consiste no fato de que não existe em absoluto salvação (Heil) para os homens a não ser pelo íntimo* acolhimento *dos genuínos princípios morais em sua intenção* [...]. Um esforço como o atual de buscar na Escritura aquele sentido, que está em harmonia com *o mais santo* que ensina a Razão, não apenas deve ser tido por lícito, mas deve ser tido por um dever" (KANT, I. *La religión dentro de los límites de la mera razón*. II Parte, cap. 2 (Madri 1969), p. 85-86.

367. VERGOTE, A. *Modernité et christianisme* – Interrogations critiques réciproques (Paris 1999), p. 143.

VII - Lessing e Rousseau

Lessing (1729-1804) compartilha com Rousseau (1712-1778), a partir de perspectivas e preocupações muito diferentes (um a razão outro o sentimento), a preocupação com a distância em que nos encontramos da história de Cristo, da revelação e dos milagres. Não temos fatos sem relatos de fatos; não somos testemunhas presenciais da revelação de Deus nem do cumprimento das profecias e dos milagres de Cristo. As expressões que seguem são reveladoras: "Por que Deus não se revelou a mim como a Moisés?", se pergunta Rousseau[368]. "Se eu tivesse vivido nos tempos de Cristo...", disse Lessing[369]. Reivindicam rapidez e experiência direta. A distância dos fatos originadores deixou sem "espírito e força" as provas fundadoras, deixando todos os que viemos depois remetidos ao testemunho das testemunhas do testemunho de outros homens. *A necessidade da mediação humana para a fé em Cristo é para eles o grande obstáculo e o grande escândalo. Reivindicam ser testemunhas diretas dos fatos e destinatários imediatos da revelação como condição para crer.* A Igreja, com sua pregação e sacramentos, deixa de ser para eles o lugar real da presença de Cristo vivo, e este se converte em um dado particular de um passado nebuloso esgotado. A fé depende então do testemunho dos homens que relatam fatos que eles tampouco viram. Ora:

> As verdades históricas, como contingentes que são, não podem servir de prova das verdades da razão como necessárias que são[370].

> Se não tenho nada a contrapor historicamente ao fato de que este mesmo Cristo tenha ressuscitado da morte, como aceitar por verdadeiro que esse mesmo Cristo ressuscitado é o Filho de Deus?[371]

---

368. "O testemunho dos homens não é, no fundo, mais do que o de minha própria razão e não acrescenta nada aos meios naturais que Deus me deu de conhecer a verdade; o que tendes a dizer que eu não o saiba? *Disse aos homens.* E por que eu não ouvi nada? *Ele encarregou outros homens a oferecer-vos sua palavra.* Já entendo! Logo, são homens os que me dirão o que Deus disse. Eu teria preferido o próprio Deus. Não lhe teria custado muito mais e eu teria estado ao abrigo da sedução. *Ele dá garantia manifestando a missão dos enviados.* E quem fez os livros? *Homens.* E quem viu os prodígios? *Homens que dão testemunho deles.* O quê! Sempre testemunhas humanas! Sempre homens que me informam sobre o que outros homens informaram! Quantos homens entre Deus e eu!" (*Emilio o sobre la educación* – Profesión del vicário de Saboya (Paris 1964), p. 364. Em sua resposta ao arcebispo de Paris, Christopher de Beaumont: "É tão simples, tão natural, que Deus tenha ido buscar Moisés para falar a J.J. Rousseau?" (Ibid., p. 625).

369. Cf. LESSING, G.E. "Sobre la demostración en espíritu y fuerzas". In: *Escritos filosóficos y teológicos* (Madri 1982), p. 445.

370. Ibid., p. 447.

371. Ibid., p. 448.

> Este é o grande e repugnante fosso que, por mais seriamente que eu tente, não posso saltar. Se alguém puder dar-me uma mão, que o faça; eu o rogo, o suplico. Deus lhe pague[372].

Sobre esse fundo de admiração pela figura histórica de Cristo e simultaneamente de distância à confissão eclesial de fé em sua divindade eterna, em sua encarnação histórica e em sua morte-ressurreição redentoras, aparecem os problemas objetivos que determinarão todo o futuro: a relação entre testemunho e confissão, entre história e dogma, entre fatos particulares dos homens e verdades absolutas sobre Deus, sobre o ser, sobre o sentido da história e da vida humana. Rahner resume toda essa problemática sob a categoria "transcendência e história"[373]. Os filósofos posteriores deixam os problemas clássicos onde estavam e começam a sondar o que torna a história humana aberta, expectante e capaz do Absoluto; ou seja, a explorá-la como anseio e expectativa de sua revelação ou como parábola de sua realidade. As perguntas já não são mais pelos fatos, mas pelo fundamento de sua possibilidade em Deus, no ser e no homem. Como deve estar constituído o ser para que possa revelar a Deus como Deus? Como deve ser a interioridade do homem para que num dado momento dê o máximo de si e seja berço humano de Deus? Como deve ser Deus para que possa ser homem, realizando de maneira nova e mais plena sua divindade, transcendência e santidade? Com estas interrogações damos o passo do Iluminismo e positivismo ao idealismo e à filosofia especulativa. Na fase anterior prevaleceu a fascinação comparativa entre Sócrates e Cristo. Ambos apareciam como os paradigmas supremos da humanidade. A partir do momento que Erasmo invocou *Sancte Socrates, ora pro nobis*, a comparação nunca mais cessou. No entanto, aos espíritos mais religiosos lhes foi patente a diferença dentro da comum grandeza. Rousseau afirmou: "Se a vida e a morte de Sócrates são as de um sábio, a vida e a morte de Cristo são as de um Deus"[374].

---

372. Ibid., p. 449.
373. Cf. RAHNER, K. *Curso fundamental sobre la fe* (Barcelona ⁴1989), p. 106-116.
374. ROUSSEAU, J.J. Op. cit., p. 380. Cf. TILLIETTE, X. "Socrates et Jésus". In: *Le Christ de la Philosophie* (Paris 1990), p. 79-82. • "Saint Socrate". In: Ibid., p. 82-86.

VIII - O idealismo: Fichte, Schelling, Hegel

Até aqui a cristologia filosófica apareceu como uma *philosophia Christi*, na qual Jesus Cristo é sujeito de uma pregação, de uma mensagem e de uma forma de vida exemplar ou eficaz, superior inclusive nesse domínio à dos outros filósofos. Para a filosofia Ele é objeto porque nele se somam as antinomias ou polaridades às quais ela sempre dedicou sua atenção: o Absoluto e a história, a humanidade e a divindade, a positividade e a negatividade, a subjetividade e a alteridade, o tempo e a eternidade, a vida e a morte, o espírito subjetivo e a comunidade. Tudo isso estava incluído na expressão "ideia de Cristo". Ele é valioso mais por aquilo que é do que por aquilo que ensina. Por isso, reagindo polemicamente contra a atitude dos iluministas que banalizam a religião, os filósofos posteriores se propõem a refletir sobre Cristo e não apenas aprender dele. O idealismo alemão cumpriu esta missão partindo de alguns textos bíblicos que falam do Verbo, do Filho Encarnado e Humilhado, do Criador com o Pai, do Plenificador, da Verdade, do Emissor do Espírito, do Reconciliador. Os hinos de Jo 1,1-18; Fl 2,6-11; Ef 1,3-10; Cl 1,13-20 são os fundamentos bíblicos dessa reflexão; textos que justamente o Iluminismo havia descartado.

O prólogo de São João exerce um papel central na *Introdução à vida bem-aventurada* de Fichte, que reconhece a Cristo um alcance metafísico, já que o mundo inteiro adquire consistência em sua palavra e por ela. A Cristo se deve o conhecimento íntimo da união com Deus, essencial no cristianismo, e que é o que faz de Cristo Filho de Deus único e primogênito. Sendo Ele a perfeita representação humana do Verbo eterno, nos ensinou que em cada ser humano o Verbo se fez carne[375]. Estas mesmas perspectivas são incorporadas por Schelling, que sublinha principalmente as dimensões da história e da liberdade[376].

O ponto culminante o encontramos em Hegel, cujo sistema inteiro é construído sobre um esquema cristológico. Nas primeiras etapas de sua filo-

---

375. Cf. FICHTE, J.G. *Die Anweiseung zum seligen Leben* (Hamburgo 1970), lições 6, 7 e 10, esp. a sexta e seu apêndice. O que ele aqui expõe glosando os termos do prólogo de São João (*Logos*, Verbo, Palavra) tem seu equivalente naquilo que ele denomina "Autoexposição da vida divina". Cf. *Sobre la esencia del sabio y sus manifestaciones en el dominio de la libertad* (Madri 1998), p. 18-30.

376. Cf. KASPER, W. *Das Absolute in der Geschichte* – Philosophie und Theologie in der Spätphilosophie Schellings (Mainz 1965). • KASPER, W. "Krise und Neuanfang der Christologie im Denken Schellings". In: *Evangelische Theologie* 33 (1973), p. 366-384.

sofia ele segue as pegadas de Kant, mas a partir 1805, com a inversão especulativa de sua filosofia, ele se volta contra o Iluminismo e a correspondente teologia por considerá-los incapazes ou desinteressados em pensar sobre Deus. E isto é o que ele tenta fazer: pensar o Absoluto e a história, o Absoluto como História e a história como Absoluto, integrando a negatividade e a *quenose* em Deus mesmo. O essencial do cristianismo é a encarnação e a crucificação do Deus-homem, a afirmação de que o Absoluto é Jesus, a identificação do *Logos* com este homem, o *Verbum Crucis*.

O sistema de Hegel é fascinante, já que mostra como a inteligência humana pode pensar um Absoluto a cuja essência pertence a história e uma história a cuja essência pertence o Absoluto, e com isso como a fé e a inteligência em seu limiar coincidem. No entanto, ao mesmo tempo em que a fascinação pode provocar a rejeição total, já que a especificidade da fé é pensar isso mesmo não como fruto de uma necessidade metafísica mas de uma liberdade pessoal e histórica, tanto de Deus quanto do homem Jesus, postas em jogo não por uma lógica eterna mas pelo pecado de cada homem, a redenção aconteceu em função da indedutível decisão de um sujeito que primeiro pecou e em seguida pode dizer: "Cristo morreu por mim e para mim"; "Cristo conta com meu amor e minha colaboração"; "Cristo veio salvar os pecadores, dos quais eu sou o primeiro". A teologia talvez não pode aceitar todas as soluções de Hegel, mas não deixará de ouvir para sempre suas perguntas: O que significa a encarnação e a cruz para Deus mesmo? O que significa o Espírito da comunidade? Como se integra o Eterno no tempo e como sem eternidade inerente ao tempo é um vazio absoluto?[377]

IX - Kierkegaard

A cristologia filosófica já não é mais aceitável sem prestar atenção ao que foi o grande crítico do sistema e da teologia especulativa: Kierkegaard (1813-1855). Este filósofo é uma alternativa ao pensamento de Hegel, pressupondo-o e exercitando-se a pensar como ele. Seu ponto de partida, no entanto, é outro: a particularidade de Cristo, a presença do Absoluto como

---

[377]. A cristologia contemporânea, aceita ou rejeitada, deve a Hegel seus impulsos mais inovadores (Barth, Balthasar, Pannenberg, Moltmann, Jüngel, Brito, Léonard...). Cf. RUMPF, L. et al. *Hegel et la théologie contemporaine* (Neuchâtel/Paris 1977). • BRITO, E. *Hegel et la tâche actuelle de la théologie* (Paris 1979). • BRITO, E. *La christologie de Hegel* – Verbum crucis (Paris 1983).

paradoxo, o instante, o incógnito do Absoluto na história, a paixão da existência na decisão volitiva frente à vontade de conquista racional, a revelação como o qualitativamente outro, a contemporaneidade de Cristo e com Cristo, a incomensurabilidade entre cristianismo e mundo, o ser cristão não como um admirar, um compreender ou um seguir a Cristo, mas como um tornar-se contemporâneo a Ele, a infinita diferença qualitativa entre Deus e o mundo. Tudo isso o leva a rejeitar um "cristianismo lógico" de admiradores de Cristo para reivindicar um "tornar-se cristão" na dor e no amor, que são de outra ordem. Cristo não quer nem adoradores nem admiradores, mas seguidores da cruz, não dialeticamente pensada, mas vivida como aguilhão na própria carne. A fé não é uma forma incipiente e imatura da razão, mas novos olhos dados por Deus para ver e sentir como Ele. O crente vive do testemunho, mas isso não significa ser um crente de segunda categoria nem o leva a uma *autonomia* (fundar em sua razão a realidade), mas a uma *autópsia* (exame de si mesmo graças à luz que Deus lhe outorga na fé)[378].

Há que se ler a *Fenomenologia do espírito* de Hegel e o *Tornar-se cristão* de Kierkegaard para perceber a distância que separa uma "cristologia lógica" de uma "cristologia patética". E, no entanto, vistos à distância de um século, talvez Hegel e Kierkegaard não sejam irreconciliáveis: cada qual da própria margem nos faz sentir o que Tilliette chamou de *a necessária destinação filosófica da cristologia e a inevitável destinação cristológica da filosofia*[379]. Kierkegaard põe seus olhos na indedutível realidade do Cristo morto e ressuscitado, a quem confessa como Deus encarnado no tempo e no mundo, ao passo que Hegel, partindo da realidade nua e crua do Crucificado, pergunta como estão constituídos Deus e o mundo para que Deus tenha história e possa "morrer", para que o Espírito suscite a comunidade e vivifique a carne, para que a carne do homem seja para sempre a mediação realizadora de Deus, posto que o Filho já existe para toda a eternidade encarnado e, por-

---

378. Kierkegaard, como se quisesse sintetizar seus fundamentos e diferenças com Hegel, fecha assim suas *Migajas filosóficas o un poco de filosofia* (Madri 1997), p. 113: "Aqui se supôs um novo órgão: a fé; e um novo pressuposto: a consciência de pecado; uma nova decisão: o instante; e um novo mestre: Deus no tempo" (Cf. *Obras y papeles de Kierkegaard* – I: Ejercitación del cristianismo (Madri 1961); III: Los lirios del campo y las aves del cielo (1963); IV-V: Las obras del amor (1965); VI: El concepto de la angustia (1965); VII: La enfermidade mortal o de la desesperación y el pacado (1969). Cf. TORRALBA, F. "Cristología de Kierkegaard". In: *Revista Catalana de Teología* XX/1 (1995), p. 103-153. • BOUSQUET, F. *Le Christ de Kierkegaard* – Devenir chrétien par passion d'exister (Paris 1999).

379. Cf. TILLIETTE, X. *La christologie idéaliste* (Paris 1986).

tanto, o Pai e o Espírito só são divinos à medida que são humanos, porque eles o são em relação ao Filho que permanece sempre homem.

Em conexão com o pensamento hegeliano e herdando ideias da ortodoxia luterana surgiram no século XIX as chamadas "cristologias quenóticas" nas escolas de Giessen e de Tubinga, em seguida na Inglaterra e finalmente na Rússia (Thomasius, Gess, Fairbairn, Charles Gore, Frank Weston, Boulgakov...). Estas levaram a ideia da *quenose* ou humilhação de Cristo ao limite afirmando: que o Verbo se despoja de sua maneira de ser divino; que renuncia livremente aos atributos próprios da Trindade econômica (onipotência, onisciência, onipresença); que perde a consciência de sua divindade, e que irá recuperando-a progressivamente. É aqui que se deve distinguir entre uma imutabilidade metafísica própria do ser divino e aquela mutabilidade que pode afetar a Deus como ser pessoal, já que o amor pode levá-lo ao extremo limite do outro, entrar nele, padecer sua dor e existir compartilhando seu abandono. *Esta compenetração com o homem, e, em tal sentido, mutação pessoal, é o que afirma o NT de Cristo, mas não uma mutação metafísica com perda de sua identidade ou uma mutação lógica com perda de sua consciência divina*[380]. O Credo une como essenciais e inseparáveis dois artigos: o *Deus immutabilis* e o *Verbum incarnatum et passum*.

X – Schleiermacher

Schleiermacher (1768-1834), contemporâneo de Hegel, inicia uma cristologia em termos de consciência para mostrar a divindade de Jesus a partir de sua humanidade. Cristo é o homem em quem a proximidade e o sentimento de dependência em relação a Deus eram absolutos. Autoconsciência e consciência de Deus coincidiam, e nisto consistia sua divindade e ao mesmo tempo sua diferença em relação aos outros homens com os quais compartilhava a mesma natureza. Era igual a eles mesmo não tendo pecado, porque

---

380. Cf. HENRY, P. "Kénose". In: *DBS* V, p. 7-161. • RAMSEY, A.M. *From Gore to Temple* (Londres 1960). • GORODETZKY, M.N. *The Humiliated Christ in Modern Russian Thought* (Londres 1938). • BOUYER, L. *Le Fils éternel...* Op. cit., p. 458-465. A cabalística judaica falou de uma "contração e retração do divino" e alguns filósofos pensaram a criação como uma retirada de Deus para que apareça o mundo, assim como o mar se retira para que apareça a terra. Nesse contexto chegaram a falar de uma tríplice *quenose* de Deus: na Trindade, na criação e na encarnação. Cf. SCHOLEM, G. *Die jüdische Mystik in ihren Hauptströmungen* (Zurique 1957). • TAREEV, M. (1866-1934). *Grundlagen des Christentums*, I-IV (1908-1910). • BOULGAKOV, S. *La Sagesse divine et la théantropie*, I-III (Paris 1943-1945). • BLONDEL, M. *L'Être et les êtres* (Paris 1963), p. 208.

o pecado não pertence à natureza do homem, mas devemos compreendê-lo como uma perturbação e transtorno. A tese do parágrafo 94 diz: "O redentor é igual aos outros homens, já que tem a mesma natureza que eles, mas é distinto de todos pela potência constante de sua consciência de Deus, que é o que nele constitui seu próprio ser divino (*welche ein eigentliches Sein Gottes in ihm war*)"[381]. Ele antecipa a afirmação hoje repetida por todos da encarnação como consumação da criação e da redenção como a consequência da aliança, ao mesmo tempo que redescobre o papel central da pneumatologia.

XI - A cristologia dos historiadores

A partir de meados do século XIX a cristologia toma um novo rumo: se converte em *cristologia mítica* com Renan, com tudo o que posteriormente será a *Leben-Jesu-Forschung*. D.F. Strauss (1808-1874) faz parte daqueles leitores para quem Hegel não é a consumação, mas a consumpção do cristianismo. Feuerbach por primeiro, e em seguida Marx, dirão que ali a teologia fica reduzida à antropologia ou à metafísica. Strauss, na mesma linha, tenta mostrar que Jesus deve ser considerado o portador de uma verdade eterna sobre o homem, a expressão empírica de uma ideia inata na razão humana universal: a dei-humanidade (mito). O cristianismo, neste sentido, é a religião da humanidade, a do Deus feito homem ou do homem feito Deus, que para ele é o mesmo. Strauss, com sua *Vida de Jesus* (1935)[382], e Feuerbach, com *A essência do cristianismo* (1841), concluíram a secularização tanto do cristianismo quanto da pessoa de Cristo, iniciadas em Spinoza e Kant. A *Vida de Jesus* de Renan (1863), não obstante sua popularidade, revela uma atitude, entre lúdica e cínica, que não resiste à análise histórica e filosófica[383]. Mais tarde, Harnack, com sua *Essência do cristianismo* (1900), quer

---

381. SCHLEIERMACHER, F. *Der christliche Glaube*, II (Berlim 1960), § 94 [Trad. espanhola: *La fe cristiana* (Salamanca 2012)].

382. Ele faz uma releitura desta biografia em *Vida de Jesús para el Pueblo alemán* (1864) com um manifesto conclusivo de ambas: *El Cristo de la fé y el Jesús de la historia* (1865). Pegando este título, M. Kähler escreve sua obra *Der sogenante historische Jesus und der geschichtliche biblische Christus* (Leipzig 1992; Munique ⁴1969), que dá origem à distinção entre *Historie* (fatos, facticidade, particularidade) e *Geschichte* (significação, universalidade, existência), utilizada por Bultmann, que empresta de Strauss os pressupostos para seu programa de "desmitologização do NT".

383. Cf. LAGRANGE, J.M. *La Vie de Jésus d'après Renan* (Paris 1921). • LAGRANGE, J.M. *Loisy et le modernisme à propos des "Mémoires"* (Paris 1933), p. 13. • PÉREZ GUTIÉRREZ, F. *Renan en España* (Madri 1988).

recuperar a figura do Jesus galileu, expoente realizador da ideia do Reino de Deus no mundo. Seu evangelho tem como centro Deus Pai e o valor infinito da alma humana. Segundo Harnack, o evangelho fala do Jesus pregador, mas não inclui nenhuma cristologia; isto é, afirmações de Jesus sobre si mesmo, sobre sua condição divina ou sua relação consubstancial com Deus. Para ele existe um hiato insuperável entre o Jesus pregador (evangelhos) e o Jesus pregado (dogma da Igreja)[384]. Com a intenção de superar esta cisão A. Loisy (1857-1940) escreve seu pequeno "livro vermelho", *O evangelho e a Igreja* (1902), que desencadeou a afirmação e a rejeição de um conjunto de ideias, identificadas com um movimento chamado "modernismo". A ele respondem dois documentos da autoridade eclesiástica que o identificam, o sistematizam e o declaram não apenas inconciliável com a fé cristã, mas ameaçador de seus fundamentos: o decreto do Santo Ofício *Lamentabili*, de 3 de julho de 1907, e a encíclica de São Pio X, *Pascendi*, de 8 de setembro de 1907. Neles se condenam as afirmações dos modernistas sobre a revelação como autoexpressão das profundezas da consciência coletiva, sua afirmação de que Jesus não teve consciência messiânica e filial, sua interpretação da santificação vicária universal de Cristo como invenção paulina alheia ao verdadeiro cristianismo[385]. São os únicos documentos do magistério eclesiástico sobre temas cristológicos da era moderna, já que os esquemas cristológicos preparados no Concílio Vaticano I não chegaram a ser discutidos nem promulgados[386].

A obra de A. Schweitzer, *De Reimarus a Wrede. A investigação sobre a vida de Jesus* (1906-1913) é memória e ata de morte da cristologia liberal-positiva: todas as tentativas de escrever uma vida de Jesus à margem do testemunho dos evangelhos terminaram ou reduzindo Jesus a um judeu de seu tempo nas múltiplas formas que o judaísmo então oferecia (fariseu, *saddiq, hasid,* es-

---

384. Cf. VON HARNACK, A. *Das Wesen des Christentums* (Leipzig 1900; Munique 2000) [Ed. espanhola: *La esencia del cristianismo*. 2 vols. (Barcelona 1904)].

385. Cf. DS 3427-3428, 3475-3500.

386. Existem outros documentos do magistério relativos às interpretações cristológicas deficientes (1874: Pio IX, sobre a doutrina de A. Günther a respeito do Verbo encarnado; 1887: Santo Ofício sobre Rosmini; 1919: Proposições sobre a ciência de Cristo) e encíclicas papais cristologicamente significativas (1925: Pio XI, *Quas primas*, sobre a realeza de Cristo; 1931: Pio XI, *Lux veritatis*, no aniversário do Concílio de Éfeso; 1943: Pio XII, *Mystici Corporis*, sobre a Igreja corpo místico de Cristo; 1951: Pio XII, *Sempiternus Rex*, aniversário do Concílio de Calcedônia; 1956: Pio XII, *Haurietis aquas*, sobre a devoção ao Coração de Jesus). Cf. XIBERTA, B. *Enchiridion de Verbo Incarnato* (Madri 1957), p. 749-764.

sênio, escriba, profeta, apocalíptico, cético, carismático...) ou convertendo-o numa figura antecipadora do que seriam os ideais de cada geração, numa figura dos desejos humanos (o bom burguês liberal, socialista, utópico, revolucionário, ecologista), que pouco tinha a ver com o Jesus real. O livro de Schweitzer é, ao mesmo tempo que elogio, a oração fúnebre a essa imagem de Jesus construída pelo racionalismo e pelo liberalismo sob o pretexto de ciência histórica[387].

O assim chamado *Jesus histórico* é o que a ciência consegue saber de Jesus em cada época com a correspondente imagem que dele se constrói; é uma construção científica, não equiparável com o Jesus concreto, real, que ensinou e morreu. A utilização filosófica, moral-política, de sua figura revelou-se um fiasco. Cristo sempre ultrapassa os "usos" humanos que lhe são feitos; Ele rompe todos os esquemas. Não é possível escrever uma biografia, no sentido genético, crítico e científico moderno; a única possível são os evangelhos, disse Lagrange, e todas as que são escritas devem ser construídas a partir deles[388]. Deve-se distinguir sempre o que é história real de Jesus, os pressupostos metafísicos de sua existência como Filho encarnado, a significação moral de seu exemplo, a repercussão política de seu movimento, a permanente força religiosa, escatológica ou utópica tanto de sua vida e doutrina quanto de sua morte e ressurreição, dos sistemas particulares que integram essa significação num modelo teórico e num programa de ação. O cristianismo se funda sobre fatos relatados (evangelhos escritos), sobre a interpretação de sua pessoa (tradição do testemunho apostólico), sobre a fé vivida dos fiéis (Igreja atual), não sobre um sistema que constrói teoricamente sua figura, tampouco sobre uma ideologia que mostre sua eficácia funcional a serviço de outras causas.

XII - A cristologia dos poetas

A teologia reconheceu o valor que o pensamento humano pode ter para o cristianismo e integrou o que os historiadores, filólogos e sociólogos, incluídos os não crentes, aportaram ao conhecimento de Cristo. Junto a eles

---

387. Cf. BORNKAMM, G. *Jesús de Nazaret* (Salamanca 1983), p. 13-14.

388. "A única *Vida de Jesus Cristo* que se pode escrever são seus Evangelhos: o ideal reside em fazê-los compreender o melhor possível" (LAGRANGE, J.M. *El Evangelio de Nuestro Señor Jesucristo* (Barcelona 1942), p. 2).

houveram outras vozes que o expressaram melhor, na medida em que pensaram com palavra nova e cantado em hinos, dando continuidade às afirmações supremas sobre Cristo no NT, feitas em forma de textos hínicos com função litúrgica. Trata-se dos poetas. Na era moderna existe toda uma cristologia poética, que o teólogo também deve integrar. Apenas citarei, dentre tantos, alguns nomes do mundo europeu ocidental: Hölderlin e Jean Paul Richter na Alemanha, Hopkins e Oscar Wilde na Inglaterra, Péguy e Verlaine na França, Unamuno na Espanha. Dez meses antes de sua morte (1888), assim concluía Hopkins seu poema: "Que a natureza é um fogo heraclitiano e consolo da ressurreição".

> Em um fulgor, ao som da trombeta,
> sou de repente o que Cristo já é, já que Ele foi o que eu sou e
> este ninguém, escárnio, traste destroçado, remendo, fragmento, será imortal diamante;
> é diamante imortal[389].

Um fato de máxima importância é que a Igreja pós-conciliar incluiu em sua Liturgia das Horas muitíssimos poemas de cada língua viva, unindo assim poesia e oração.

XIII – A cristologia no século XX

No século XX vimos as últimas releituras filosóficas e espirituais de Cristo por Blondel[390] em um sentido e por Bergson em outro. Este último vê em Jesus o iniciador da religião dinâmica e realizador daquele amor a Deus e

---

389. HOPKINS, G.M. *Poemas completos* (Bilbao/Deusto 1988), p. 182. Cf. GONZÁLEZ DE CARDEDAL, O. *Cuatro poetas desde la otra ladera* – Prolegómenos para una cristología (Madri 1996).

390. Blondel une em seus escritos o sentido metafísico dos Padres gregos com a experiência dos místicos modernos ao falar de Cristo como "vínculo" ontológico da realidade e unificador de nossas consciências. É o autor que mais perspicazmente mostrou como filósofo os pressupostos e a significação antropológica da revelação divina, que mais tem analisado a psicologia de Jesus e reivindicado o cristocentrismo. "Jesus, pessoa divina, assumiu pessoalmente nele, não somente uma natureza humana, mas *a* natureza humana. Ele simpatiza e se identifica com as consciências de nossas pessoas humanas. Duplo aspecto solidário: porque nossas pessoas são, Ele é homem verdadeiro; mas nossas pessoas, nossas consciências humanas existem porque em sua profundidade se apoiam e se esclarecem na pessoa divina de Jesus. Não poderia haver Homem-Deus se não houvesse homens-homens" (*Carta a Wehlé*. In: MARLÉ, R. (ed.). *Au coeur de la crise moderniste* (Paris 1960), p. 240). Cf. BLONDEL, M. *Lettres philosophiques* (Paris 1961), p. 227-244. • BLONDEL, M. "Histoire et dogme". In: *Les premiers écrits* (Paris 1956), p. 149-228. • BLONDEL, M. *La Acción (1893)* (Madri 1996). • TILLIETTE, X. "M. Blondel et la controverse christologique". In: DUBARLE, D. (ed.). *Le modernisme* (Paris 1980), p. 129-160.

ao próximo que tem nos místicos seus expoentes mais talentosos. Cristo é o supermístico[391].

Em perspectiva existencial o reinterpretou R. Bultmann (1884-1976) em seu livro *Jesus* (1926), onde distingue *fato e sentido,* ficando com a significação de Jesus em sua autenticidade, obediência, decisão e justiça, separando-as dos fatos de sua história, narrados pelos evangelhos, que segundo ele não podemos conhecer porque não temos fontes historicamente utilizáveis, já que todas derivam da vida e das necessidades da Igreja; nem devemos ater-nos aos fatos como provas, já que isto suporia substituir a fé pela razão, e isto seria o equivalente a substituir a fé pelas obras (radicalização gnoseológica da tese luterana da justificação). Käsemann, Bornkamm, Ebeling, Fuchs e outros discípulos reagiram contra esta tese afirmando:

- Que partes essenciais da história de Jesus são recuperáveis, ainda que trabalhando com as mais duras exigências histórico-críticas.

- Que as comunidades primitivas deram importância a essa história de Jesus terreno, bem como à sua morte na cruz e à experiência testemunhada da ressurreição e, a partir daí, redigiram os evangelhos.

- Que consequentemente a história do Jesus terrestre é constitutiva e indispensável para a fé no Cristo glorificado da comunidade[392].

Os exegetas posteriores, tanto protestantes quanto católicos, embora de maneira distinta, continuaram seu esforço para recuperar as *ipsissima verba* (J. Jeremias), as *ipsissima facta* (F. Mussner), a *ipsissima mors* (H. Schürmann) de Jesus, até chegar à sua própria consciência. Embora o último fundamento da fé atual em Cristo seja a ação do Espírito Santo, mediado pela transmissão apostólica e pela vida da comunidade, o primeiro fundamento, no entanto, é a própria palavra e a pessoa de Cristo. A Igreja é mediação a partir dele para nós, e a partir de nós para Ele; o começo e o fim, no entanto, é Cristo mesmo. Cada fiel deve poder dizer como o Apóstolo: "Eu sei em quem confiei" (2Tm 1,12). Neste sentido a exegese do último meio século prestou um admirável trabalho e serviço à cristologia. Para além da diversidade de hipóteses interpretativas configurou-se uma concordância plena no essencial. Desta forma

---

391. Cf. BERGSON, H. *Las dos fuentes de la moral y de la religión* (Buenos Aires 1962), p. 237-239.
392. Cf. a conferência monográfica de E. Käsemann, proferida na reunião de antigos alunos de Marburgo (20/10/1953): "Das Problem des historischen Jesus". In: *Exegetische Versuche und Besinnungen*, 1 (Gotinga 1970), p. 187-213.

ela tem sido de grande valia para o fiel e, mesmo que o ato de fé seja estritamente pessoal, nenhuma razão dispensa o exercício da liberdade, tampouco alguma prova prévia antecipa a dor da existência que ansiosamente busca ou o prazer da existência que acredita em sua realização.

No século XX houve diversas formas de recuperação teológica de Cristo. A primeira, no domínio estritamente teológico, a realizam Karl Barth (1886-1968) e a teologia dialética frente à leitura liberal de Harnack. Aqui busca-se reconstruir uma cristologia descendente, que parte da Trindade e volta à Trindade. Barth vê Cristo em três tempos sucessivos:

1) *O Senhor como servo.* "Que Jesus Cristo é verdadeiro Deus o indica seu caminho rumo ao estranho afastamento (*in die Fremde*), no qual, o Senhor, se converteu em escravo."

2) *O servo como Senhor.* "Jesus Cristo, o Filho de Deus, é também o Filho do Homem, que justamente enquanto servo, é elevado a Senhor."

3) *A verdadeira testemunha.* "Jesus Cristo, tal como nos é testemunhado na Escritura, é a única Palavra de Deus que temos que ouvir, à qual em vida e na morte temos que nos entregar e obedecer."

Na seguinte sequência aparecem os três capítulos de sua cristologia: "A obediência do Filho de Deus"; "A elevação do Filho do Homem"; "A glória do Mediador"[393].

Na linha de Barth devemos situar Balthasar (1905-1987), que com sua trilogia nos ofereceu uma estética, uma dramática e uma lógica teológicas, cada uma com sua cristologia correspondente.

• Na primeira, afastando-se do idealismo de Kant (*Begriff*), ele se orienta à luz de Goethe com sua afirmação da primazia da figura (*Gestalt*) sobre o pensar e da necessária percepção direta do mundo. Cristo é a figura definitiva da revelação que devemos ouvir, ver, tocar e perceber, como se acolhe a imagem de um homem, a aparência de uma árvore, a obra de arte, o rosto da pessoa amada (*cristologia estética*).

---

393. Cf. BARTH, K. KD IV/2, p. 1; IV/3, p. 1. A tese com a qual se inicia o parágrafo 32 faz a seguinte afirmação programática: "A doutrina da eleição é a suma do evangelho, porque isto é o melhor que jamais pode ser dito e ouvido: que Deus escolhe o homem e, por conseguinte, também é o que em liberdade o ama. Está fundada no conhecimento de Jesus Cristo, porque *Ele é em unidade o Deus que escolhe e o homem escolhido*" (II/2, p. 1). Cf. BONHOEFFER, D. *¿Quién es y quién fue Jesucristo?* – Su historia y su misterio (Barcelona 1971).

• Esta imagem, acolhida com sua luz própria e não usada ou dominada, é garantia de sua própria verdade e credibilidade, como o são a beleza, o amor, a pessoa do outro. Cristo é uma liberdade em ato, uma história de relação com os homens, um dom de amor-doação dentro de um mundo de violências constatadas. Ele se dá assumindo a carne que está sob o pecado e é resultado de uma história de violência. Ele realiza sua liberdade como solidariedade em representação e substituição, em dom e súplica por nós. Ele revela sua pessoa realizando sua missão de serviço e expressando a beleza suprema de sua forma na laceração e deformação da cruz, que mostra as consequências reais do pecado (*cristologia dramática*).

• Depois de termos contemplado a figura e entrado no movimento interno de sua liberdade-doação podemos ouvir sua palavra e perguntar-nos como se entrelaça a palavra divina com a humana, a lógica do Eterno com a dos pecadores. O *Verbum* se fez *carne*, mas *caro peccati*, carne de pecado. Essa Palavra é destinada a todos os homens. Sua universalização e personalização, interiorização e interpretação ficam confiadas ao Espírito, que dá testemunho do Filho e conduz ao Pai (*cristologia lógica*)[394].

Rahner (1904-1984), prolongando os esforços do idealismo alemão, de Schleiermacher, da cristologia protestante do século XX, de Santo Tomás de Aquino, de Santo Inácio de Loyola e da melhor herança patrística, repensou a cristologia a partir da encarnação. Esta é expressão suprema da criação, enquanto ato de Deus que gesta uma realidade nova e na qual Ele, por sua vez, permanece o mesmo; na qual suscita uma liberdade com a qual o outro aparece em sua autonomia e na qual Ele se dá a si mesmo ao extremo. Em seu artigo clássico "Para uma teologia da encarnação", repensando teologicamente Jo 1,14, Rahner analisou as condições de possibilidade para que se dê a encarnação em Deus (λόγος), na história (ἐγένετο) e no homem (τάρξ). Em meio a tudo isso nosso autor pensou o homem como abertura transcendental para um Absoluto que lhe vem ao encontro reconciliador na história. Essa esperança de ouvir a Palavra com os próprios ouvidos e ver a Deus com a própria carne (Jó 19,26), que postula uma antropologia transcendental, é a que o

---

394. VON BALTHASAR, H.U. *Gloria* – Una estética teológica, I-VII (Madri 1986-1989). • *Teodramática*, I-IV (Madri 1990-1997). • *Teológica*, I-III (Madri 1997-1998). • *Epílogo* (Madri 1998). Cf. GIOVANNI, M. *La cristoligia trinitaria di H.U. von Balthasar* – Gesù Cristo pienezza della rivelazione della salvezza (Bréscia 1997).

evangelho anuncia. Não existe uma dedução teórica a partir da qual os fatos positivos são aceitos, mas, ao contrário, é a partir da elaboração dos fatos que se pensa sua possibilidade. Assim emerge a correlação entre possibilidade e facticidade, entre transcendência e história, que mostra a legitimidade da fé em Cristo. Rahner, igualmente, ofereceu uma *tríplice cristologia:*

• *transcendental* (a que pensa os fundamentos de possibilidade para que a encarnação não apareça como um fato extrínseco, estranho ou insignificante para a vida humana);

• *dogmático-sistemática* (a que pensa e sistematiza os conteúdos concretos da revelação e do dogma);

• *existencial* (a que explica a fecundidade espiritual, santificadora da história, da pessoa, dos mistérios, da exigência, da graça e da promessa de Cristo). Mas este é apenas um dos aspectos da riqueza de matizes, de formulações e de intuições cristológicas de Rahner[395].

Junto à cristologia acadêmica devemos citar aqui outros livros, que ao longo do século XX foram decisivos na Igreja Católica para a recuperação vivida e ao mesmo tempo refletida de Cristo. Escolho cinco nomes-símbolo dessa recuperação religiosa de Cristo. Eles mostraram o que significa a configuração efetiva do ser e da pessoa do fiel com a realidade de Cristo intimamente conhecida e historicamente compartilhada. São eles: C. Marmion, *Jesus Cristo vida da alma* (1917) e *Jesus Cristo em seus mistérios* (1919); O. Casel, *O mistério do culto cristão* (1935); K. Adam, *Cristo nosso irmão* (1936); R. Guardini, *O Senhor* (1937); E. Mersch, *A teologia do corpo místico de Cristo* (1949).

No protestantismo, W. Pannenberg (1928) sob a influência de Hegel e de J. Moltmann (1926), que se deixou influenciar por E. Bloch, levaram a cabo uma fundamentação escatológica da cristologia. Para eles, em Cristo se dá uma orientação para o futuro absoluto, e sua história foi vivida e

---

[395]. Os artigos fundamentais para a cristologia, além dos que oferece LTK e SM, são os de ET, 14 vols. (7 traduzidos para o espanhol): "Problemas actuales de cristología" (I, p. 169-222). • "Eterna significación de la humanidad de Jesús para nuestra relación con Dios" (II, p. 47-60). • "Sobre la teología de la celebración de la navidad" (III, p. 35-46). • "Para la teología de la encarnación" (IV, p. 139-158). • "La cristología dentro de una concepción evolutiva del mundo" (V, p. 181-220). • "Ponderaciones dogmáticas sobre el saber de Cristo e su consciencia de sí mismo" (V, p. 221-246). • "Misterios de la vida de Jesús" (VII, p. 135-220). Além disso: "Jesucristo". In: *Curso fundamental sobre la fe*. Op. cit., p. 216-374. Uma visão genética, síntese de sua cristologia e bibliografia em MAURICE, E. *La christologie de Karl Rahner* (Paris 1995).

contada no contexto da apocalíptica que unia princípio e fim do mundo, sentido da história, advinda do Messias e da ressurreição dos mortos. Em Cristo temos uma antecipação do futuro e com ela a chave para entender o sentido da história universal. A ressurreição desvela o sentido da história a partir do final, atestando a divindade de Cristo que desta forma age novamente sobre sua existência anterior. Sua divindade é instituída e completada na história, com a qual Deus mesmo é completado e consumado como Deus. E. Jüngel (1934) prolongou a herança de Barth compreendendo o ser de Deus a partir da cruz de Cristo. A herança idealista continua latente aqui, e o julgamento sobre estes autores depende em última análise do julgamento que se emite sobre a dialética de Lutero e sobre o valor teológico do pensamento de Hegel[396].

Outra expressão significativa da cristologia no século XX é a teologia da libertação de G. Gutiérrez, L. Boff e J. Sobrino como seus máximos expoentes. Trata-se de um generoso esforço para explicar na teoria e na prática a dimensão messiânica essencial do cristianismo: não se pode anunciar a vida sem denunciar ao mesmo tempo a morte e os poderes que a contradizem, sem analisar as situações que geram morte e as condições de possibilidade para o anúncio do evangelho e para a realização de suas exigências. As duas categorias fundamentais da teologia da libertação são *a práxis* como lugar real da verdade concreta e *os pobres* como destinatários privilegiados do evangelho. A cristologia da libertação tenta traduzir com realismo a intenção contida nas expressões bíblicas sobre a "redenção". O homem sofre múltiplos cativeiros, pobrezas, solidões, e de todos eles o homem deve ser redimido. O evangelho não pode ser anunciado num vazio de realidade histórica porque o homem não é dissociável, e porque ele em sua totalidade é filho de Deus, chamado à plenitude da vida e à liberdade da filiação. O anúncio da salvação de Deus não substitui as necessárias libertações que o homem deve realizar com seus próprios meios, nem tem em si, de antemão, os saberes ou mediações culturais, econômicas e políticas com cuja articulação se realiza. Aqui toma forma o diálogo com quem tem competência nessas realizações humanas, iluminando-as e corrigindo-as, alargando-as e

---

396. Cf. PANNENBERG, W. *Fundamentos de cristología* (Salamanca 1974). • PANNENBERG, W. *El Dios crucificado* (Salamanca 1977). • PANNENBERG, W. *El camino de Jesucristo* – Cristología en dimensiones mesiánicas (Salamanca 1993). • JÜNGEL, E. *Dios misterio del mundo* (Salamanca 1984). • BLOCH, E. *El principio esperanza,* I-III (Madri 1977-1980).

colaborando com elas[397]. Se todas as libertações históricas são necessárias, nenhuma, no entanto, é capaz de chegar à raiz do mal que está no coração do homem: o pecado fundamental. A vitória sobre ele e seu desenraizamento, o perdão, a reconciliação e a recriação do homem são pura graça e pura justificação de Deus. Também aqui as obras da fé são necessariamente uma consequência, não um necessário pressuposto da justificação do pecador. A graça e o perdão de Deus precedem, seguem e acompanham a ação libertadora do homem[398].

Em conexão com esta perspectiva devemos situar os esforços de diálogo com o judaísmo depois da Shoa e de Auschwitz e sua leitura exclusivamente profética ou messiânica de Cristo, mas simultaneamente em suas consequências no tocante à história do mal e da dor no mundo[399]. Nos últimos anos a teoria pluralista das religiões propôs uma nova leitura da significação de Cristo para a salvação dos homens e evidenciou o valor de cada uma das religiões. Abordaremos esta questão no último capítulo desta obra.

XIV – Do Concílio Vaticano II ao fim do século XX

O Vaticano II é o maior acontecimento eclesial do século XX, muito embora ele não tenha dedicado nenhum documento exclusiva ou explicitamente

---

397. Cf. GUTIÉRREZ, G. *Teología de la liberación del hombre* (Salamanca 1973). • BOFF, L. *Jesucristo y la liberación del hombre* (Madri 1981). • SOBRINO, J. *Jesucristo liberador* – Lectura histórico-teológica de Jesús de Nazaret (Madri 1991). • SOBRINO, J. *La fe en Jesucristo* – Ensayo desde las víctimas (Madri 1999). Cf. CONGREGAÇÃO PARA LA DOCTRINA DE LA FE. "Instrucción sobre algunos aspectos de la 'Teología de la liberación'" (Roma 1984). • "Instrucción sobre 'La libertad cristiana y la liberación'" (Roma 1986). • "Notificación sobre las obras del P. Jon Sobrino, SI, 'Jesucristo liberador', 'Lectura histórico-teológica de Jesús de Nazaret' (1991) e 'La fe en Jesucristo – Ensayo desde las víctimas' (1996) (Roma 2006) [Os três documentos em *Documentos de la Congregación para la Doctrina de la Fe (1996-2007)* (Madri 2008), p. 768-783].

398. Cf. GONZÁLEZ, A. *Teología de la praxis* – Ensayo de una teología fundamental (Santander 1999). O autor define assim seu propósito: "Este não é um livro sobre a teologia da libertação (TL). É um livro escrito após a TL, buscando uma saída à crise que essa teologia sofreu e na qual nos deixou. Para fazê-lo é necessário reconhecer não somente os erros, mas também a herança valiosa dos anos passados. Anos de entrega, de generosidade e de autêntico testemunho heroico da fé. Anos em que a teologia aprende lições que dificilmente poderá esquecer no futuro. A partir do ponto de vista intelectual o conceito de práxis e a perspectiva do pobre representam duas categorias centrais, formuladas magistralmente por G. Gutiérrez, que permanecem no centro do projeto teológico que expomos nos capítulos a seguir. No entanto, essas categorias não servem como critérios para medir a revelação de Deus. Ao contrário: o Deus que se revela transforma radicalmente nossa práxis e mostra aos pobres uma nova e insuspeitada dignidade que transforma suas vidas e as de seu entorno" (p. 14).

399. Cf. MANEMANN, J. & METZ, J.B. (eds.). *Christologie nach Auschwitz* (Frankfurt 1999).

à cristologia ou à abordagem sobre Cristo. Suas preocupações centrais foram a natureza e a missão da Igreja, o homem, a revelação e o evangelho no mundo. Entretanto, o Concílio se referiu a Cristo enquanto plenitude e consumação da revelação (*Dei Verbum*), como fundamento e forma da Igreja (*Lumen Gentium*), como origem e conteúdo da liturgia (*Sacrosanctum Concilium*), como chave para a interpretação da existência humana (*Gaudium et Spes*). Esta última Constituição propôs Cristo morto e ressuscitado como resposta ao enigma da existência, da dor e da morte. Ele, com sua encarnação, com sua solidariedade histórica para conosco e, finalmente, com sua ressurreição iluminou o sentido da vida humana e da história. É o Adão escatológico, a humanidade nova, e por essa razão o Alfa e o Ômega da história[400].

O Vaticano II não colocou no centro de suas preocupações a cristologia, mas a missão da Igreja no mundo contemporâneo. O aguilhão de suas preocupações foi a busca de apresentar uma Igreja como sinal de salvação de Deus em meio às alegrias e dores dos homens. As preocupações sobre o sentido da vida humana, o sem-sentido e a dor, a história da injustiça, a solidariedade e a esperança do homem estiveram em primeiro plano. A partir deles o Concílio olhou para o homem-Cristo como revelação do projeto original de Deus para a vida humana. Nele se manifesta seu ser original (imagem de Deus) e se antecipa seu destino final (comunhão definitiva com Deus) e simultaneamente sua realização histórica exemplar (liberdade vivida como filiação diante do Pai e pró-existência para os irmãos)[401]. Diante da pergunta para onde deve olhar o homem para saber que é (para o cosmos, para sua própria realidade, para o outro, para Deus?), o Concílio mostrou que ele se encontra a si mesmo aonde encontra Deus feito homem, e o homem consumado, consumando por sua vez o mundo. E esse lugar concreto é Cristo. A antropologia tem na cristologia seu alvo, seu fundamento e sua meta[402].

---

400. Cf. GERTLER, T. *Jesus Christus* – Die Antwort der Kirche auf die Frage nach dem Menschen (Leipzig 1986). • SESBOÜÉ, B. *Jésus-Christ dans la tradition de l'Église*. Op. cit., p. 188-195 (Vaticano II: Cristo, verdade do homem), p. 286-317 (Do Ômega ao Alfa/Do Alfa ao Ômega).

401. "O homem carrega em si o Cristo adveniente e, antes de sua vinda, não é capaz de chegar a ser ele mesmo (i. é, um homem verdadeiro) e realizar em si este novo nascimento espiritual, que não é a partir da carne nem do sangue, mas de Deus" (BOULGAKOV, S.N. *Du Verbe Incarné (Agnus Dei)* (Paris 1943), p. 114).

402. Cf. ALFARO, J. *Cristología y antropología* (Madri 1973). • PANNENBERG, W. "Fundamento cristológico de una antropología cristiana". In: *Conc* 86 (1973), p. 398-416. • KASPER, W. "Cristolo-

Naquele momento histórico uma euforia orientava a Igreja Católica para o encontro com os ideais do Iluminismo, da Modernidade e dos movimentos sociais. Os humanismos seculares e a proposta evangélica de salvação em Cristo buscavam uma reconciliação. Isso fez com que determinados aspectos, tanto da cristologia quanto da pneumatologia, ficassem em segundo plano. Daí surgiu a acusação por parte *da teologia protestante*: o Concílio não prestou a necessária atenção à cruz de Cristo, ao pecado em sua natureza teológica e em suas repercussões concretas; e a *teologia ortodoxa*: desatenção à pneumatologia, à gratuidade da graça, à divinização como algo que ultrapassa todas as esperanças do homem, a liturgia como exercício e adoração; e inclusive *da teologia católica*, que perguntava como se pode responder às perguntas antropológicas de fundo sem elaborar previamente uma cristologia à altura do tempo[403].

No período imediatamente posterior ao Concílio duas propostas cristológicas foram objeto de especial interesse e de controvérsias: a de H. Küng, *Ser cristão* (1974) e a de E. Schillebeeckx, *Jesus. A história de um vivente* (1974) e *Cristo e os cristãos* (1977).

Küng havia publicado previamente sua obra sobre *A Igreja* (1967) na qual, no interior de páginas admiráveis, existe uma eclesiologia que, segundo confissão do próprio autor, é alternativa à *Lumen Gentium* do Vaticano II. *Ser cristão* era uma nova leitura do cristianismo à luz do Iluminismo, da exegese mais recente e dos movimentos tanto liberais quanto libertadores, no sentido geral do termo. Questões de fundo como o conteúdo real da filiação divina de Jesus, a preexistência e a encarnação, a validez da interpretação cristológica de Niceia e Calcedônia, a autoridade do magistério eclesial para interpretar certas questões... não eram muito claras. Depois de um processo na Congregação para a Doutrina da Fé, lhe foi subtraída a autorização para continuar lecionando na Faculdade de Teologia como intérprete autêntico da doutrina católica[404].

---

gía y antropología". In: *Teología e Iglesia* (Barcelona 1989), p. 266-296. • LADARIA, L.F. "Cristología y antropología". In: *Introducción a la antropología teológica* (Estella 1993), p. 70-79.

403. Cf. o julgamento de Balthasar em VON BALTHASAR, H.U. & RATZINGER, J. *Por qué soy todavía cristiano?* – Por qué permanezco en la Iglesia? (Salamanca 1975), p. 18.

404. Cf. uma análise deste livro em VON BALTHASAR, H.U. et al. *Diskussion über H. Küng "Christ sein"* (Mainz 1976) e no diálogo de H. Küng com W. Kasper em SCHEFFCZYK, L. (ed.). *Grundfragen der Christologie heute* (Frankfurt 1975).

As duas obras de Schillebeeckx têm a mesma abrangência: a preocupação em conectar reflexão dogmática e investigação histórico-crítica, a integração da recente hermenêutica, o diálogo com o judaísmo e com o Iluminismo, a situação da cristologia no contexto do ouvinte atual, o pluralismo de interpretações e a recepção atual. Os dois volumes têm páginas magníficas, como as dedicadas à relação entre revelação e experiência. Mas as questões de fundo não são suficientemente transparentes. Depois dos diálogos com a Congregação para a Doutrina da Fé, o autor desistiu de escrever o terceiro volume programado, do qual se esperavam as respostas-chave: relação entre fé originária e história ulterior, autoridade dos concílios para fixar a identidade de Cristo, diferença entre a teologia de Jesus e a teologia de segundo grau[405]. A soma nem sempre clara entre elementos de exegese crítica, de hermenêutica recente, dados da tradição normativa e novas propostas práticas, tornaram complexa sua leitura e suscitaram o distanciamento de muitos leitores[406].

Nos últimos decênios do século XX surgiu uma questão nova: a repercussão sobre a cristologia da afirmação da mulher em igual dignidade, direito e autoridade tanto dentro na Igreja quanto na sociedade. Estamos pisando em terreno novo: urge repensar a significação de que Cristo tenha sido varão, que acolhesse mulheres superando discriminações sociais, que outorgasse a todos a mesma dignidade na condição de filhos de Deus para além da diferença sexual, que escolhesse como apóstolos apenas varões para prolongar sua missão como cabeças do novo Israel. Aqui emerge uma nova hermenêutica feminina da Bíblia em gral e em especial da cristologia (ver, interpretar e fazer cristologia com olhos, esperanças e memórias de mulher); uma hermenêutica da condição de Cristo enquanto Adão escatológico, homem espiritual; a recuperação das tradições veterotestamentárias sobre a Sabedoria com a qual é identificado Cristo. Deve-se distinguir uma leitura

---

[405]. O livro posterior, *Los hombres, relato de Dios* (Salamanca ²1995), não corresponde ao terceiro volume da trilogia inicial. Num prólogo amargo o autor narra as peripécias de sua redação. Os problemas que interessam ao leitor preocupado, no entanto, permanecem sem esclarecer.

[406]. O julgamento de R.E. Brown reflete uma reação muito comum entre profissionais da exegese e da sistemática: "Este prestigioso teólogo holandês mergulhou durante três anos em estudos bíblicos para produzir estes dois extensos volumes, que alcançam 1.600 páginas. É uma pena que o resultado final tenha malogrado (*is marred*) por sua inclinação para uma exegese muito radical. A obra muito mais breve de W. Kasper é um esforço mais sólido" (BROWN, R.E. *An Introduction to NT Christology* (Nova York 1994), p. 217.

feminina de uma leitura feminista da cristologia. Os decênios seguintes tornarão manifesta a fecundidade e os limites desta nova leitura do mistério e da história de Cristo[407].

A liturgia é o coração da Igreja; dela emana a força para que os homens crentes possam viver e testemunhar o amor de Cristo no serviço aos irmãos. Dos anos 1920-1960 a liturgia esteve no centro da teologia e à sua luz se repensaram a eclesiologia e a cristologia:

> A liturgia se entende como o encontro misterioso com o Senhor glorificado nas formas que, no tocante ao seu conteúdo essencial, foram instituídas pelo Senhor mesmo. A liturgia é aquele obrar no qual alcançamos a comunhão com o Senhor um dia crucificado e agora glorioso, e participamos de sua própria vida... Se a fé em Cristo adota uma forma que não favorece uma intelecção profunda da liturgia, tampouco favorecerá uma intelecção da Igreja[408].

Depois de terem sido contrapostas evangelização e celebração litúrgica no pós-concílio, a celebração e a oração pública da Igreja hoje voltam a ser a fonte de uma espiritualidade cristológica; e a contemplação de seus mistérios[409] é o melhor motivador para a evangelização e serviço aos homens.

---

407. Panorama das questões e bibliografia em JOHNSON, E.A. *Consider Jesus* – Waves of Renewal in Christology (Nova York 1970). • STRAHM, D. & STROBEL, A. (eds.). *Vom Verlangen nach Heilwerden* – Christologie in feministische-theologischer Sicht (Friburgo/Luzerna 1991). • SCHÜSSLER-FIORENZA, E. *Jesus* – Miriam's Child, Sophia's Prophet (Londres 1995). • MELZER-KELLER, H. *Jesus und die Frauen*: Eine Verhältnisbestimmung nach den synoptischen Überlieferung (Friburgo 1997).

408. HOFFMANN, F. "Fundamentos dogmáticos de la renovación litúrgica". In: FEINER, J.; TRÜTSCH, J. & BÖCKLE, F. *Panorama de la teología actual* (Madri 1960-1961), p. 610-614. Cf. RICHTER, K. & KRANEMANN, B. (eds.). *Christologie der Liturgie* (Friburgo 1995).

409. Cf. RATZINGER, J. *Schauen auf den Durchbohrten* – Versuche zu einer spirituellen Christologie (Einsiedeln 1984). • RATZINGER, J. *Mirar a Cristo* (Valencia 1990). • TILLIETTE, G. *Jésus en ses mystères* (Paris 1997).

TERCEIRA PARTE

A PESSOA E A MISSÃO DE CRISTO
CRISTOLOGIA SISTEMÁTICA

CAPÍTULO VII
A ORIGEM: O FILHO DE DEUS

Bibliografia

1) Fundamentação bíblica: BREYTENBACH, C. & PAULSEN, H. *Anfänge der Christologie* – FS F Hahn (Gotinga 1991). • BROWN. R.E. *An Introduction to New Testament Christology* (Nova York 1994). • CERFAUX, L. *Jesucristo en san Pablo* (Bilbao 1963). • COMMISSION PONTIFICALE BIBLIQUE. *Bible et christologie* (Paris 1984); trad. espanhola: *Biblia y cristología* (Murcia 1992). • CONGREGACIÓN PARA LA DOCTRINA DE LA FE. "El misterio del Hijo de Dios". In: *CDF* p. 52-58. • CULLMANN, O. *Cristología del NT* (Salamanca 1998). • FULLER, R.H. *Fundamentos de la cristología neotestamentaria* (Madri 1979). • GNILKA, J. *Teología del NT* (Madri 1998). • GOPPELT, L. *Theologie des NT*, I-II (Gotinga 1975-1976). • HENGEL, M. *El Hijo de Dios* – El origen de la cristología y de la historia de la religión judeo-helenística (Salamanca 1978). • HENGEL, M. "Die christologischen Hoheitstitel im Urchristentum. Der gekreuzigte Gottessohn". In: STIETENCRON, H. (ed.). *Der Name Gotttes* (Düsseldorf 1975), 90-111. • KARRER, M. *Jesus Christus im NT* (Gotinga 1998). • KÜMMEL, W.G. *Die Theologie des NT* (Gotinga 1969). • LOHSE, E. *Grundriss der neutestamentlichen Theologie* (Stuttgart 1974). • MOULE, C.D.F. *The Origin of Christology* (Cambridge 1977). • PENNA, R. *I ritrati originali di Gesù il Cristo*, I (Cinisello Balsamo 1996). • POKORNY, P. *Die Entstehung der Christologie* (Stuttgart 1985). • RIESENFELD, H. *La christologie a partir de textes clés* (Montreal-Paris 1986). • RIESENFELD, H. *Les noms et titres de Jésus* (Bruge/Paris 1963). • SCHACKENBURG, R. *La persona de Jesucristo reflejada en los cuatro evangelios* (Barcelona 1998). • SEGALLA, G. *La cristologia del Nuovo Testamento* (Bréscia 1985).

2) Articulação teórica: DAHLFERT, I.U. *Jenseits vom Mythos und Logos* – Die christologische Transformation der Theologie (Friburgo 1993). • EBELING, G. *Dog-*

matik des christlichen Glaubens, II (Tubinga 1979), p. 46-362 (Deus é Cristo). • HAUBST, R. *Vom Sinn der Menschwerdung* (Munique 1969). • LATOURELLE, R. "Révélation, histoire et incarnation". In: *G* 44 (1963), p. 225-262. • MALMBERG, F. *Über den Gottmenschen* (Friburgo 1959) . • MALMBERG, F. "Encarnación". In: *CFT* I, p. 405-413. • MÜLLER, U.B. *Die Menschwerdung des Gottesshones* – Frühchristliche Inkarnationsvorstellungen und die Anfänge des Doketismus (Sttutgart 1990). • PANNENBERG, W. "Christologie und Theologie". In: *Fundamentos de cristología* (Salamanca 1974), p. 351-492. • PANNENBERG, W. "La divindad de Jesucristo". In: *TS* II, p. 351-426. • RAHNER, K. *Cristología. Estudio teológico y exegético* (Madri 1975). • RAHNER, K. "La cristología dentro de una concepción evolutiva del mundo". In: *ET* V, p. 181-220. • RAHNER, K. "Encarnación". In: *SM* 2, p. 549-567. • RAHNER, K. "Para una teología de la encarnación". In: *ET* IV, p. 139-158. • SCHLINK, E. *Ökumenische Dogmatik* (Gotinga 1983), p. 251-275 (A elevação de Jesus), p. 275-352 (A humilhação do Filho de Deus). • THEOBALD, M. *Die Fleischewerdung des Logos* – Studien zum Verhältnis des Johannesprolog zum Corpus des Evangeliums und zu 1Jon (Munique 1988). • TOMÁS DE AQUINO. *Sth.* III q.1-49. • TOMÁS DE AQUINO. *Summa contra gentiles* – Liber de Veritate Catholicae Fidei contra Errorres Infidelium, II-III (Roma 1961); IV, p. 1-26 (O Filho eterno), p. 27-49 (A encarnação do Verbo).

Uma vez exposta a revelação e a credibilidade que Deus outorgou a Cristo, por meio de sua história que culmina na ressurreição e no consequente surgimento da Igreja e tendo o NT como elemento essencial desse processo constitutivo (cristologia bíblica); e uma vez exposta também a compreensão e a interpretação normativas que, sob a ação do Espírito Santo, a Igreja fez de sua mensagem, de sua história e de sua pessoa em suas expressões fundamentais relacionadas entre si (*experiência* espiritual e *ação* histórica do povo cristão; *exposição* sistemática dos teólogos; *expressão* visual, auditiva, literária, por parte dos pintores, escultores, músicos e escritores cristãos; *determinação* normativa pelos bispos nos concílios), nos resta agora oferecer uma apresentação sistemática da fé católica em Cristo, que, sendo fiel a essa revelação divina e a essa interpretação apostólica, possa corresponder simultaneamente à esperança salvífica, à percepção racional e à sensibilidade histórica do ouvinte atual.

A cristologia, além do relato do que a Bíblia e a Igreja dizem sobre Cristo, deve oferecer razões e sistema (verdade). Ela não tem como objetivo apenas narrar a existência de Cristo, mas introduzir o leitor na inteligência de sua realidade[1]. Assim como a filosofia não é a soma das opiniões que os homens foram emitindo sobre a verdade, mas se pergunta sobre a verdade em si[2], da mesma forma a cristologia não é a soma de autoridades e de razões anteriores sobre Cristo, mas a reflexão própria de cada geração crente sobre quem é Cristo e sobre como Ele é a Verdade de Deus e a verdade do homem[3]. Ele se apresenta ao homem como esta dupla acepção da verdade quando assiste o desdobramento de sua história terrestre e de sua presença vivificadora na Igreja. *Cristo é creditado no próprio desvelamento e dá razão de si mostrando-se, da mesma forma que a obra de arte, a natureza aberta e a pessoa amada se mostram.* Ele não precisa de demonstrações, nem se contenta com meras informações introdutórias, mas se dá e se diz na demonstração de sua história e na transparência de sua pessoa. Em sua pessoa e mensagem se tornam patentes, não com evidência física ou matemática, mas como oferta e recurso pessoais, a luz e a realidade de Deus, o mundo e o destino de cada homem[4]. Ele convida e desafia as trevas a deixar-se iluminar e a transformar-se em luz; no entanto, quando as trevas não se deixam iluminar pela luz, então se obscurecem e não lhes sobra outra solução senão aceitar sua identificação permanente como obscurecedoras e sempre buscando eliminar a luz para que não as desmascare[5]. Cristo como Verdade reveladora e iluminadora de Deus e simultaneamente desmascaradora do pecado do homem se converte assim em drama, provocação de liberdade e julgamento. A figura de Jesus (aspecto contemplativo) conjuga sua liberdade com a li-

---

1. A reflexão cristológica é dupla: uma ordena-se a mostrar a existência e o lugar da revelação de Deus em Jesus (*an sit et ubi*); outra a explorar sua verdade (*quomodo sit verum*). A primeira atua por autoridades; a segunda por razões. "Quaedam vero disputatio est magistralis in scholis non ad removendum errorem, sed ad instruendum auditores ut inducantur ad intellectum veritatis quam intendit; et tunc oportet rationibus inniti; investigantibus veritatis radicem et facientibus scire quomodo sit verum quod dicitur. Alioquin si nudibus auctoritatibus magister quaestionem determinat, certificabitur quidem auditor quod ita est, sed nihil scientiae vel intellectus acquiret et vacuus abscedet" (SANTO TOMÁS. *Quest. Quod.* IV, p. 18).
2. "Studium philosophiae non est ad hoc quod sciantur quid homines senserint, sed qualiter se habeat veritas rerum" (SANTO TOMÁS. *De caelo,* lib. I lect. 22).
3. Balthasar oferece uma cristologia lógica sob esta categoria: *Teológica* – 2: La Verdad de Dios (Madri 1997), e o Vaticano II apresenta Cristo como revelador da verdade do homem e realizador de seu destino.
4. "Porque em ti está a Fonte da vida e em tua luz vemos a luz" (Sl 36,10).
5. "As trevas não a vencerão" (Jo 1,5). A partir de Orígenes se interpretou este versículo com a luta das trevas do mundo para apoderar-se da Luz, que é Cristo, matando-o, mas elas não foram capazes de apagá-la. Como a Sabedoria, Cristo vence a treva (Sb 6,12a).

berdade de Deus e a dos homens (aspecto dramático), e nessa demonstração e conjugação históricas se manifesta como verdade (aspecto lógico).

I – A lógica do reconhecimento e identificação do Ressuscitado

Qual é o movimento interno que levou os apóstolos a crer em Cristo? Qual é a lógica que orientou os escritos do NT e simultaneamente a Igreja posterior na hora de escolher alguns livros como expressão autêntica de sua fé e estabelecê-los como *cânon* da revelação de Deus? Primeiro foi a ação pública de Jesus, pregando o Reino, curando enfermos, expulsando demônios, convidando à conversão e à fé, chamando ao seguimento. Esse encontro é o primeiro passo no surgimento de uma cristologia, implícita na ação de Jesus e implícita também na adesão dos que o seguiram. Se Ele não tivesse sido reconhecido como portador de uma mensagem e autoridade, se não tivesse convidado com urgência e autoridade a segui-lo, e se os crentes não tivessem dado crédito à sua palavra e à sua pessoa, não o teriam seguido. A história terrena de Jesus, percebida ainda com ambiguidade e polivalente em si mesma, já estava plena de sentido e é o fundamento de toda afirmação posterior sobre Ele.

1 O encontro com o Ressuscitado e os sinais de sua presença

A experiência de Jesus vivo e ressuscitado é o momento historicamente segundo e objetivamente primeiro para a fé em Jesus como Messias e Filho de Deus. Esta lógica é a gênese da fé: o *encontro* com o Ressuscitado nas aparições; os *sinais* que desvelam sua realidade pessoal (os olhos se abrem ao partir o pão em Emaús; Maria houve seu próprio nome ao dirigir-se ao sepulcro; em Tiberíades os apóstolos lançam a rede e recolhem muitos peixes); o *dom* de Deus que ilumina os olhos do coração até reconhecê-lo e confessar: "É o Senhor". Toda a reflexão posterior gira em torno do binômio conhecer--reconhecer, recordar sua vida anterior-experimentar sua presença atual[6].

A epifania do Ressuscitado se prolonga na história ulterior por outros três sinais: a experiência espiritual que a fé cristã torna possível, o dinamis-

---

6. Cf. MOUSSON, J. "Genèse de la christologie dans le NT – De l'histoire de Jésus à la confession du Fils de Dieu". In: DONDEYNE, A. et al. *Jésus Christ-Fils de Dieu* (Bruxelas 1981), p. 51-114, esp. P. 74-79. • GUILLET, J. *Connaissance du Christ et genèse de la foi* (Toulouse 1968).

mo missionário da Igreja e o esforço criativo das comunidades cristãs no mundo suscitando misericórdia, paz e esperanças absolutas[7]. O Ressuscitado foi então e continua sendo sempre o iniciador e consumador da nova fé (cf. Hb 12,2). Por isso a *ressurreição é o início e o fundamento da cristologia sistemática. Ela obrigou a reler a história de Jesus como história do Filho; a compreender seu ser como ser do Encarnado; a expor sua missão como revelador do Pai e emissor do Espírito*. Deste modo passa-se de uma cristologia "ascendente" (o homem Jesus com sua história como ponto de partida) para uma cristologia "descendente" (o Pai que envia seu Filho e pelo Espírito Santo lhe suscita uma humanidade para salvar os homens). As duas cristologias estão presente no NT, são complementares e nenhuma pode se absolutizar de forma a tornar impossível a outra[8].

2 Os lugares e o tempo da cristologia inicial

O lugar central da cristologia são as comunidades de Jerusalém e de Antioquia. O tempo constituinte são os dois decênios entre os anos 30 e 50. A história de Jesus é vista a partir de sua preexistência em forma de Deus, assumindo a condição de escravo[9]. A ação suprema da liberdade de Jesus se dá na morte e a liberdade de Deus na ressurreição. Se, até o momento, tudo estava aberto e era polissêmico, a partir da ressurreição toda ambiguidade

---

[7]. "A epifania do Ressuscitado na história dos homens se opera pela mediação de três ordens de acontecimentos significativos, distintos mas indissociáveis. 1) Na experiência pascal dos primeiros testemunhos, que se prolonga na experiência espiritual dos cristãos; 2) No dinamismo missionário da Igreja, no zelo que nos torna "dispostos a proclamar o evangelho, ir até o fim do mundo e a viver até o fim dos tempos" (C. de Foucauld) nessa capacidade inventiva permanentemente emergente, na busca de caminhos novos para anunciar a boa-nova e suscitar a Igreja de Jesus Cristo. 3) No testemunho evangélico de comunidades cristãs que se esforçam para viver no mundo a novidade do Espírito" (MOUSSON, J. Ibid., p. 78).

[8]. GUILLET, J. *Connaissance du Christ*. Op. cit., p. 7-31. "Inegavelmente como ponto de partida em todos os textos neotestamentários, implicitamente em alguns, explicitamente em outros, inicia-se dizendo: '[...] evangelho de Jesus Cristo, Filho de Deus' (Mc 1,1). Significa afirmar a realidade de que Jesus Cristo, de uma ou de outra forma, é Filho de Deus [...]. Como os escritos do NT são muitos, pretende-se dizer que cada um deles tem um λόγος; i. é, uma razão diferente de apresentar e de caracterizar isso que denominamos, e que é a filiação divina de Cristo [...]. E o problema é buscar uma unidade nessa diversidade, que jamais poderá ser encontrada através da dialética de alguns conceitos abstratos, mas justamente ao contrário: aprofundando seu ponto de partida; a saber, a própria vida de Cristo" (ZUBIRI, X. *El problema teologal del hombre*: cristianismo (Madri 1997), p. 235-237).

[9]. Cf. HENGEL, M. *El Hijo de Dios* – El origen de la cristología y la historia de la religión judeo-helenística (Salamanca 1978), p. 11-13.

acaba: Cristo tinha razão, Deus estava com Ele, Ele é o Messias que consuma a história de Israel, e o Filho que consuma o ser e a revelação de Deus. Desta forma emergem os quatro capítulos centrais da cristologia: *Conhecimento do Jesus terrestre, encontro com o Ressuscitado, confissão do Filho de Deus encarnado e preexistência eterna no seio do Pai.*

A cristologia falará de um tríplice estado de Cristo (preexistente, terrestre e glorificado), das três fases de seu itinerário (preexistência, *kénosis* e exaltação com atribuição de poder de *Kyrios*), da dupla filiação (de Davi e de Deus) e duas naturezas (divina e humana). Entretanto, não existem três sujeitos, mas um único e sempre o mesmo. A função específica da reflexão sistemática é mostrar a conjugação pessoal dessas fases da vida de Jesus, dessa dupla filiação e das duas dimensões transcendentais (naturezas), que constituem sua única pessoa (eterna e temporal).

Qual é o lugar permanente e o processo desse conhecimento retroativo de Cristo? *O lugar da reflexão sistemática é o mesmo que o da confissão eclesial: a comunidade de fiéis, que recebe de Jesus vida nova pelo Batismo e a Eucaristia, oferecendo a vida para testemunhar a seu favor com o martírio*[10]. A experiência da ação de Jesus como *Kyrios* na Igreja dá impulso e sustentação permanentes à reflexão cristológica. Esta tem por pressuposto o conhecimento crescente da história de Jesus e a experiência cada vez mais profunda dele como *Kyrios*[11]. Os títulos que o NT lhe atribui e as categorias teóricas não têm outra missão senão explicar como foi possível que Deus constituísse Jesus como Senhor do cosmos, Cabeça da Igreja e Salvador do mundo. O que se dá aqui é um processo de retrointerpretação e de recuperação de todo o anterior: tanto da pessoa como da mensagem de Jesus, tanto da história salvífica que Deus havia realizado com o povo da primeira aliança como a inserção da Igreja nesse processo de salvação,

---

10. "A Igreja, presente nas diversas épocas, continua sendo o lugar em que se dá o verdadeiro conhecimento da pessoa e da obra de Jesus Cristo. Sem a mediação da ajuda da fé eclesial, o conhecimento de Cristo não é possível hoje como não o foi na época do NT. Não existe "alavanca de Arquimedes" fora do contexto eclesial, ainda que ontologicamente Nosso Senhor Jesus Cristo conserve sempre a prioridade e a primazia sobre a Igreja" (CTI. "Cuestiones selectas de cristología". In: *Documentos*, 223).

11. Para a Bíblia ocorre um alargamento de tempo (nosso conhecimento de Deus e de Cristo crescem), um alargamento da humanidade de Jesus (&&teleíwsiV##) e inclusive um alargamento do próprio Deus. O Filho alarga-se ao Pai ao outorgar-lhe humanidade e história ("Filius consummat Patrem"). Cf. LADARIA, L. *La cristología de Hilario de Poitiers* (Roma 1989).

que agora revela Cristo como a plenitude do tempo, e apresenta sua obra como recapituladora do Todo[12].

3 O Ressuscitado à luz do Espírito

A ressurreição, interpretada e interiorizada pelo dom do Espírito, mostra que Deus se ofereceu totalmente à história, dando-lhe seu Filho; que realizou a redenção dos pecados, antecipando o sentido do futuro absoluto e manifestando Deus como Pai, amando de maneira absoluta e irrevogável os homens. O Pai também "sofreu" a morte violenta infligida pelos homens ao seu Filho, fazendo dela vitória sobre o pecado e sinal de seu perdão universal. Isto significa que em Cristo temos o Dom definitivo e o Perdão irrevogável de Deus. Não há mais nada a esperar de Deus, e o homem não precisa esperar mais nada. Os dias, os fatos e as experiências vividas com Cristo são os últimos. Trata-se de uma "escatologia", consumada num sentido e antecipada em outro. Mas permanece pendente o desdobramento de sua inteira potencialidade, que vai se manifestando ao longo dos séculos. Cristo é o "último Adão, espírito vivificante" (1Cor 15,45). Com Ele Deus nos deu tudo, e nele Deus se ofereceu totalmente[13]. No entanto, como ter a certeza de que em Cristo Deus se nos deu inteiramente? Isto só é possível se Cristo se encontra em solidariedade de destino com o homem e em comunhão de vontade e simultaneamente em reciprocidade de conhecimento e em igualdade de natureza com Deus. Somente assim pode ser o "último". Caso contrário, a história estaria ainda aberta e o futuro seria uma incógnita. *A escatologia se converte assim, num primeiro momento, em tema central da cristologia e, num segundo momento, também da teologia.* A resposta à pergunta de como e por que Cristo é o último é esta: é no Filho, em quem o Pai exaustiva e

---

12. "Não é a filiação divina de Cristo que serve para explicar a elevação do *Kyrios* ressuscitado, mas, pelo contrário, o cristianismo do século primeiro fala da origem divina de Cristo a partir da dignidade do *Kyrios* ressuscitado" (CULLMANN, O. *Les premières confessions de foi chrétienne* (Paris 1948), p. 47. Apud *La foi et le culte de l'Église primitive* (Neuchâtel 1936), p. 47-88. Cf. CULLMANN, O. *Cristo y el tiempo* (Barcelona 1968). "As comunidades primitivas viram a fusão da protologia e da escatologia, do Alfa e do Ômega, de Adão e do Messias, no título que Jesus se aplicou a si mesmo com preferência: 'Filho do Homem'" (PERROT, C. *Jésus et l'histoire* (Paris 1979), p. 264. • SESBOÜÉ, B. *Jésus-Christ dans la tradition de l'Église* (Paris 1993), p. 286-302 (do Ômega ao Alfa), p. 303-317 (do Alfa ao Ômega).

13. "Em dar-nos como nos deu seu Filho, que é uma Palavra sua, que não há outra, tudo nos falou junto e de uma vez nesta única Palavra, e não precisa mais falar" (SAN JUAN DE LA CRUZ. *Subida*, II, 11,3).

irrevogavelmente se deu, já que Pai e Filho são diferentes, mas inseparáveis e coextensivos (cf. Hb 1,1-4).

4 O processo de re-cordação, re-cuperação e retro-interpretação do princípio a partir do final

Este processo de compreensão retroativa nos obriga a mudar a direção ingênua e elementar de nosso olhar e a passar da *intelecção genético-pedagógica* (seguir o curso das coisas e entendê-las à luz de seu surgimento) para a *intelecção real* (perscrutar o conteúdo e a estrutura da realidade). No entanto, entender (λεγεῖν, λόγος) significa perceber como foi possível que cheguem a ser reais as coisas que acontecem, qual é o fundamento de sua possibilidade e a dinâmica que as produziu. Junto a uma origem que as contêm previamente deve haver: a) um ato de inteligência que expresse seu conteúdo inteligível; b) um ato afirmativo que em liberdade as faça saltar o abismo do possível ao existente. O fundamento de possibilidade da existência das criaturas é o Deus trinitário, enquanto fonte real, enquanto *logos* compreensivo e amor afirmativo. Pelo fato de Deus ser Trindade (Pai, *Logos*, Amor) as coisas existem como resultado de uma razão e de uma liberdade e não derivadas do acaso ou da necessidade; nós, seres humanos, nos concebemos fundados na razão e capazes de descobri-la, capazes de aderir e participar de nosso fundamento, já que nos sentimos amados no amor. Nessa luz trinitária também devemos situar a encarnação: a gesta e a pessoa de Cristo. Ambas oferecem ao homem a intelecção de sua origem (o Pai), o caminho de seu retorno (o Filho), o amor-estímulo para voltar à pátria de onde partimos (o Espírito).

A cristologia do NT vê Cristo à luz desses dois polos: sua vinda de Deus para os homens, sua volta a Deus com os homens[14]. A história tem uma mortal seriedade, mas não é só. Alguém a precede suscitando-a e alguém a espera consumando-a. Apontaremos as formas e consequência que carrega consigo esse *processo de retrointelecção e reversão hermenêutica, compreen-*

---

14. Cf. Jo 16,27-28; 16,30; 17,8. "Segundo o quarto evangelho, a luz plena sobre a pessoa de Cristo e, portanto, também sobre sua missão, faz-se no momento de seu retorno ao Pai, que o enviou [...]. O retorno revela a origem, a subida revela a descida (Ef 4,9), a glória revela o Filho do Reino e a fundação do Reino, a repatriação revela a pátria da origem" (VAN DEN BUSSCHE, H. "L'attente de la grande révélation dans le IVᵉ évangile". In: *NRT* 75 (1953), p. 1.014).

dendo o princípio e o caminho de Cristo a partir de seu final. Os apóstolos passam:

- da experiência do final à pergunta pelo princípio;
- do encontro com o Ressuscitado à confissão do Filho de Deus;
- de Cristo como Ômega do mundo (consumação) à sua presença como Alfa e origem (criação);
- do que é Filho no tempo ao que é Filho na eternidade;
- de uma cristologia da obra salvífica de Jesus a uma cristologia de sua realidade pessoal;
- do Salvador escatológico ao Criador protológico;
- do Recapitulador ao final ao Cabeça no princípio;
- de uma cristologia ascendente (história de Jesus diante de Deus) a uma cristologia descendente (história de Deus no mundo);
- de uma cristologia funcional a uma cristologia metafísica.

A história de Jesus é vista dirigindo-se a uma meta, mas ao mesmo tempo como história de um retorno. Assim nos encontramos diante de uma tensão dialética: o que Jesus é só se conhece decifrando seu viver e morrer, mas o sentido último desse viver e morrer só se descobre sabendo de onde vem e para onde volta[15]. Ao chegar à consumação de sua obra (elevação na cruz: morte-glorificação) Jesus chega como homem ao seu lugar de sempre como Filho[16]. O lugar pessoal de Jesus é o seio do Pai ("πρὸς τὸν θεόν") [Jo 1,1]; "ὃ ὢν εἰς τόν κόλπον τοῦ Πατρός" [1,18]. Ser e vir a ser, constituir e revelar formam em Jesus um movimento paradoxal, que culminará na posterior afirmação teológica de um Filho eterno que assume uma humanidade, realizando nela, como expressão criatural e temporal, o que é sua filiação eterna[17]. Há identidade de pessoa (o Filho único do Pai) e diversidade de realização,

---

15. B. Sesboüé fala de um "choque retroativo" (*choc en retour*) entre ressurreição e encarnação, entre pós-existência e preexistência, entre condição escatológica e realidade filial de Jesus: *Jésus-Christ...* Op. cit., p. 71-72.

16. Cf. THÜSING, W. *Die Erhöhung und Verherrlichung Jesu im Johannesevangelium* (Münster 1979). • BRAUM, F.M. "La glorification". In: *Jean le théologien* – III/1: Le mystère de Jésus-Christ (Paris 1966), p. 195-240.

17. "Através de sua vida e de sua morte Jesus dá livremente uma consistência humana à relação originária com o Pai que o constitui Filho. Ele vive esta realidade sob o modo de lembrança humana: Ele é, não se torna Filho e, no entanto, se constitui humanamente como Filho através de sua história [...]. O mistério pascal é a manifestação para nós e a exteriorização em nosso tempo do ato

já que sem deixar de ser o Filho, leva a cabo uma nova realização de seu ser filial sendo homem (filho de Maria). *Nessa existência humana revela sua pessoa divina. A verdade de seu humano viver nos abre à sua condição divina, e sua origem divina nos torna plenamente inteligível sua realização humana.*

> Não é para trás que se deve olhar, mas para frente [...]. Origem e fim se correspondem [...]. Movimento paradoxal [...]. Jesus "elevado" na cruz sobe ao céu e manifesta assim de onde vem, porque "ninguém subiu ao céu senão Ele que desceu do céu" (Jo 3,13); a glória que Ele recebe é a que tinha antes da criação do mundo (17,5). Para João como para os sinóticos, o que Jesus era foi revelado por aquilo que Ele chegou a ser. Os fatos revelaram o mistério da pessoa[18].

A extensão da perspectiva ascendente da ressurreição até a perspectiva descendente do envio e *quenose* do Filho preexistente é o fato crucial na interpretação de Cristo[19]. Ela ocorre em todos os livros do NT, mesmo se cada um deles tenha acentos distintos; ela tem lugar nos dois primeiros decênios e resulta do descobrimento do caráter escatológico da revelação e da salvação de Jesus. Esta perspectiva descendente foi explicitada quando foi necessário pregar a mensagem de Cristo não somente aos ouvintes que vinham da visão histórica e dinâmica do AT, mas da visão metafísica, própria da filosofia grega. Esta transposição já havia sido feita pelos judeus da diáspora em seu diálogo com o platonismo e estoicismo (livros sapienciais, Fílon). No encontro do evangelho com o mundo helenístico, que começa em Jerusalém, dado que a Palestina de Jesus Cristo já vinha sendo helenizada há três séculos, as afirmações sobre o envio de Cristo pelo Pai se completam com as afirmações sobre sua preexistência.

Este salto do final ao começo acontece não somente em João ou Paulo, mas também nos sinóticos. Uma vez que a ressurreição revelou Jesus como o Filho enviado pelo Pai, é necessário mostrar que essa filiação eterna precede e fundamenta o nascimento temporal. A radical origem de Jesus não é o mundo, nem o tempo, nem o homem, mas Deus mesmo. Os relatos do nascimento de Jesus são transposição da origem eterna de Jesus à sua ori-

---

de geração eterna e do intercâmbio constante que constituem o Pai como Pai e o Filho como Filho" (SESBOÜÉ, B. *Jésus-Christ...* Op. cit., p. 97).

18. VANHOYE, A. *Situation du Christ* – Épître aux Hébreux I et 2 (Paris 1969), p. 107-108.

19. Cf. DEWAILLY, L.M. "D'où es-tu? (Jean 19,9)". In: *RB* 92/4 (1985), p. 481-496.

gem temporal; de sua preexistência em Deus, tal como no-la revelou a ressurreição, à sua inserção no mundo. Cristo procede total e inteiramente do Pai. É o dom de sua graça e liberdade absolutas; é a salvação para o homem. Tudo isso não é alcançado pelo homem; não pode ser criado nem gestado pelo homem, que, por sua vez, só pode esperá-lo consentir se é perguntado e recebê-lo se lhe é oferecido. *Este é o sentido teológico que a Igreja descobre no dado positivo da concepção de Jesus sem a colaboração do varão.* Ele que é Filho no seio eterno do Pai prolonga essa filiação, recebendo natureza humana no seio de Maria, e chega a sua expressão consumada regressando humanamente ao Pai pela morte e pela ressurreição.

> Será que não teríamos direito de compreender que a transposição da glória da ressurreição sobre o nascimento é também uma transposição eterna do Filho? O nascimento de Jesus, lido na própria glória de Deus, é para nós a revelação de sua filiação eterna[20].

No NT existem três formas de propor a identidade de Jesus. João se concentra nestas perguntas feitas a Jesus: *Quem és?* (8,25.53). *De onde vens?* (8,14; 9,29-30; 19,9). *Para onde vais?* (8,14-22; 13,36; 14,5; 16,5). A identidade implica origem, missão e destino final. Junto a ela está a pergunta pela legitimação de sua autoridade, por seu ser pessoal, por sua relação com o mundo, com o homem e com Deus. Os sinóticos propõem os milagres, a doutrina, a morte e a ressurreição como resposta à pergunta pela identidade de Jesus. João o identifica sempre a partir do Pai, como aquele que é enviado por Ele, obedece e volta para Ele, uma vez cumprida a missão recebida. Jesus declara saber quem é ao afirmar: "Eu sei de onde venho e para onde vou" (8,14). *Esta é a resposta, iniciada no NT e completada em Calcedônia, às duas perguntas: Quem é Jesus Cristo? É o Filho de Deus encarnado. Quem é Jesus Cristo? É Deus e homem.*

5 A unidade de Cristo e as diversas explicações cristológicas

Quando os autores do NT começam a escrever eles têm atrás de si um longo processo de memória, de celebração, de amor, de pregação e de reflexão eclesial sobre Cristo. E diante de si encontram situações missionárias diferentes: uma Jerusalém destruída e os judeus da Palestina dispersos, as

---

20. SESBOÜÉ, B. *Jésus-Christ...* Op. cit., p. 290.

comunidades judaicas da diáspora, as comunidades cristãs formadas a partir de homens e mulheres crescidos no paganismo. A cada um deles narram e interpretam o que Deus fez através de Cristo, sua mensagem e destino, a experiência subsequente à sua ressurreição. Mas simultaneamente respondem às perguntas, às esperanças ou às rejeições que eles propõem. A cristologia que apresentam não é, portanto, ingênua nem meramente narrativa. É uma cristologia construída seletivamente em função dos interesses pessoais, fontes e destinatários de cada autor. No entanto, o *objeto* (história de Jesus e ação de Deus com Ele), o *critério interpretativo* (a memória e a palavra dos apóstolos na comunidade crente e celebrante), a *finalidade* (proclamar as maravilhas de Deus oferecendo salvação ao homem pela fé nele) são sempre os mesmos.

6 Os múltiplos nomes do único Cristo

Essa confluência de unidade e diversidade se reflete no fato de que a um mesmo sujeito histórico (Jesus) lhe vão atribuindo uma meia centena de nomes e títulos. Por meio deles dizem sua história, sua origem, sua pátria, sua família, seu comportamento, sua interpretação do AT, sua relação com a Igreja, com cada homem e, finalmente, sua relação com Deus. Junto aos nomes referidos primordialmente à *história* (Jesus, o Filho de José e de Maria, o Mestre, o Profeta, o Cristo, o Filho de Davi, o Filho do Homem, o Servo, o Senhor, o Filho de Deus), temos outros que o referem à *esperança messiânica* afirmando que Ele cumpriu a promessa de Deus feita ao seu povo de enviar-lhe um salvador (o rei, aquele que vem, o único santo, o justo, o juiz, o leão da tribo de Judá); ou mostram sua *ação messiânica em relação à comunidade* que vem com Ele como povo dos santos (o esposo, o pastor, o pioneiro, a pedra, a cabeça do corpo, a verdadeira vinha); ou explicitam os *conteúdos e formas de sua salvação* (o salvador, o mediador, o sumo sacerdote, o cordeiro, o paráclito, a expiação). Finalmente temos os que apresentam *a própria pessoa de Cristo em sua relação com Deus* e com o que Ele é para os homens (a imagem de Deus, o esplendor da glória divina, a luz do mundo, o pão da vida, a porta das ovelhas, a ressurreição e a vida; o caminho, a verdade e a vida; o primogênito; o poder e a sabedoria de Deus; o último Adão; o Alfa e o Ômega; o Amado; a Palavra; o Amém)[21].

---

21. Para o estudo dos nomes, cf. as obras já citadas: TAYLOR, V. *The names of Jesus* (Londres 1962). • CULLMANN, O. *Cristología del NT* (Salamanca 1998). • HAHN, F. *Christologische*

Quatro desses destes nomes foram mais importantes:

a) *Filho do Homem* foi usado por Jesus exclusivamente, referindo-se à complexa figura que descreve Dn 7,13-22: procedência divina em majestade e destino de sofrimento; presença já no mundo e vinda futura como juiz; caráter individual e ao mesmo tempo significado coletivo, já que, com o Filho do Homem, vem o povo dos santos, e com o Messias (= Cristo) o povo messiânico (= Igreja). Ao passo que em território palestino este é o nome que mais aproxima Jesus de Deus e mais alto fala de seu ser e de sua missão, no mundo helenístico, em contrapartida, este título apenas é inteligível e significará simplesmente homem[22].

b) O segundo título mais significativo, *Christós = Messias*, diz a relação de Jesus com a promessa de Deus e com a esperança do povo. Todos os querigmas dos Atos dos Apóstolos giram em torno desta afirmação: "Deus cumpriu a promessa feita aos nossos pais, enviando-nos seu servo Jesus"[23]. O estabelecimento da novidade do cristianismo, em continuidade com a história de Israel, explica que Cristo tenha ficado como nome pessoal de Jesus, a matéria que o estuda se chama precisamente *cristologia*, a religião surgida do *cristianismo* e seus seguidores *cristãos*[24].

c) O terceiro título significativo, *Kyrios*, expressa sua presença como vivente e vivificador na comunidade dando-lhe seu Espírito, manifestando-se na celebração e suscitando os carismas. Diz, portanto, a relação de Cristo com a comunidade e a resposta agradecida desta para com Ele[25].

d) O título supremo para a cristologia final do NT é o de *Filho*[26], que diz a relação de Jesus com Deus.

Hoheitstitel – Ihre Geschischte im frühen Christentum (Tubinga 1963). • SABOURIN, L. *Los nombres y los títulos de Jesús* – Temas de teología bíblica (Salamanca 1965). E em outro contexto: FRAY LUIS DE LEÓN. *De los nombres de Cristo*. Ed. C. Cuevas (Madri 1984).

22. Cf. TAYLOR, V. Ibid., p. 25-35. • CULLMANN, O. Ibid., p. 199-265.

23. Cf. At 13,23.32. Cf. TAYLOR, V. Ibid., p. 18-23. • CULLMANN, O. Ibid., p. 170-198.

24. PANNENBERG, W. "Excurso: Sobre la justificación del término 'cristologia'". In: *Fundamentos de cristología* (Salamanca 1974), p. 40-43. • VON HARNACK, A. *Die Mission und Ausbreitung des Christentums in den ersten 3. Jahrhun* (Berlim 1924), p. 410-444 (Os nomes dos crentes em Cristo).

25. TAYLOR, C. *The Names of Jesus*. Op. cit., p. 38-51. • CULLMANN, O. *Cristología del NT*. Op. cit., p. 265-312.

26. "Le NT en sa forme achevée atteste une avancée massive de la christologie du Fils de Dieu" (MOUSSON, J. Op. cit., p. 94).

Uma vez que o título Filho do Homem desapareceu do horizonte, sobraram estes três: Cristo (título da história e da memória), *Kyrios* (título da adoração no culto), Filho (título da confissão e identificação crente). O primeiro tem um interesse cronístico referido a Israel; o segundo um interesse cultual referido à Igreja; o terceiro quer oferecer a última palavra sobre a identidade de Jesus e com ela sobre a identidade de quem crê nele. Filho dizia não somente a continuidade com o AT, como de Messias, nem somente sua influência na experiência da Igreja, mas enunciava sobretudo a novidade de Jesus, que transcendia tanto as esperanças proféticas quanto as experiências cultuais de outras religiões. *Sua novidade era sua própria pessoa: era Filho de Deus, Filho unigênito que confere aos homens a possibilidade de ser com Ele filhos de Deus. A partir de um determinado momento Cristo é definido como o Filho, e Deus é definido como o Pai de Nosso Senhor Jesus Cristo*[27].

II - A filiação divina

Dissemos que a novidade originária de Cristo deriva de ser Filho. Dado que este título já era usado para caracterizar outras figuras no AT e nas religiões helenísticas, em que consiste afinal esta novidade?

1 A categoria "filho" no AT e as religiões helenistas

No AT o título "Filho de Deus" é usado para nomear os anjos, o povo de Israel, o rei, o justo e o Messias. O fundamento da filiação pode ser triplo: a criação e a aliança com Deus; a missão que deve ser cumprida em favor dos homens; a fidelidade do justo. Está em discussão ainda se o título "Filho" é utilizado para designar o Messias futuro na literatura rabínica ao interpretar o Sl 2,7. A ideia de "Filho de Deus" era familiar para designar os reis na Babilônia, no Egito e no helenismo. Expressões como *a diis genitus, filius Isidis et Osiris* e as correspondentes gregas eram comuns. Os imperadores romanos também eram designados *divi Filius*. Junto a estas encontramos as figuras dos chamados θεῖοι ἄνδρες οἱ υἱοί θεοῦ, homens divinos, ou filhos de Deus, que iam desde os semideuses, heróis e gênios aos curadores e tau-

---

27. TAYLOR, V. *The names of Jesus*. Op. cit., p. 52-65. • CULLMANN, O. *Cristología del NT*. Op. cit., p. 351-390.

maturgos. A pergunta inevitável é se a Igreja primitiva, ao aplicar a Jesus o título "Filho de Deus", lhe dá o sentido que tinha no mundo helenístico; se está prolongando o sentido veterotestamentário, tal como aparece no Sl 2,7 e na tradição evangélica do batismo, na transfiguração e na ressurreição, ou se contém uma real novidade. Trata-se, portanto, de precisar o sentido que tem na tradição evangélica primitiva e no uso posterior da Igreja: existe continuidade entre elas, ruptura ou ampliação de sentido? Como se passa do sentido veterotestamentário da filiação aos outros textos do NT em que o título "Filho de Deus" implica preexistência em Deus, ação criadora com Deus, envio, encarnação e glorificação?[28]

2 A tradição sinótica

A fonte Q oferece uma dupla forma ("Filho de Deus, "o Filho") nos relatos da tentação e no "grito de júbilo", que afirma o mútuo conhecimento entre o Filho e o Pai.

a) Em Marcos encontramos cinco vezes o título "Filho de Deus" (título [1,1]); gritos dos endemoninhados [3,11; 5,7]; pergunta do sumo sacerdote [14,61]; confissão do centurião na crucificação [15,39]; e o simplificado "o Filho" duas vezes: no relato do batismo (1,11) e na transfiguração (9,7) bem como, implicitamente, na Parábola dos Vinhateiros homicidas (12,6).

b) Lucas e Mateus acrescentam o título em outros momentos. Lucas no anúncio a Maria (1,35) e Mateus no mandato de batizar (28,19) e em outras passagens redacionais (4,3; 14,33; 16,16; 27,40).

Qualquer discussão sobre este título tem que contar com este fato: está arraigado na tradição mais primitiva, e mais tarde cada evangelista ampliou tanto seu uso quanto seu significado.

---

28. Isto é o que M. Dibelius chama de "enigma do surgimento da cristologia cristã primitiva: a rápida transformação do saber sobre a figura histórica de Jesus em fé no Filho de Deus celeste" (DIBELIUS, M. RGG² I, p. 1.593). Existem duas respostas diferenciadas. Isto ocorreu: 1) Por transposição e aplicação a Jesus dos modelos helenísticos de heróis divinizados ou personagens primordiais cuja história se lembra e celebra como salvífica. É a resposta da história comparada das religiões; 2) Por desenvolvimento interno na vida da comunidade, partindo das próprias palavras de Jesus, da experiência da ressurreição e da ação do Espírito. É a resposta da Igreja. Cf. MOULE, C.D.F. *The origin of Christology* (Cambridge 1877).

3 São Paulo

São Paulo usa 130 vezes o título *Kyrios* e somente 17 o título Filho. Aquele tem um sentido devocional, ao passo que este soa como afirmação de fé e proposição normativa.

> São Paulo fala de Cristo como o que foi declarado ser Filho de Deus com poder a partir da ressurreição (Rm 1,4). Esse Filho de Deus é o que pregou (2Cor 1,19), é o objeto da fé (Gl 2,20) e a meta de nosso esforço (Ef 4,13). O "evangelho de Deus" se refere a seu Filho (Rm 1,3-9), por cuja morte nós homens sendo inimigos fomos reconciliados com Deus (Rm 5,10). Deus não manteve seu Filho (Rm 8,32) mas no-lo enviou (Rm 8,3; Gl 4,46) e foi revelado a Paulo (Gl 1,16). Todos os que são chamados precisam conformar-se com sua imagem (Rm 8,29) e manter comunhão de existência com Ele (1Cor 1,9), enquanto esperam sua vinda (1Ts 1,10). "O Filho" é objeto de amor de Deus (Cl 1,13) e se submeterá finalmente ao Pai para que Ele seja tudo em todos (1Cor 15,28)"[29].

As cartas paulinas, escritas por volta do ano 50, refletem o uso desses títulos em suas comunidades lá pelos anos 40. Muitas dessas fórmulas foram recebidas por ele da comunidade anterior. Isto supõe que nos aproximamos dos anos 40 como data de sua aparição. O que dissemos do título *Kyrios* e de seu enraizamento na comunidade palestinense deve-se dizê-lo também do título Filho de Deus, com a diferença que aquele corresponde à fase pascal da vida de Jesus ao passo que o título Filho de Deus corresponde também à fase terrestre e, na forma "o Filho do Pai", o encontramos na boca de Jesus. O querigma, que Paulo recebeu da Igreja na qual foi integrado pelo batismo, tem como conteúdo a verdade de Deus e a filiação de Jesus. "Vos voltastes para Deus, abandonando os ídolos, para servir ao Deus vivo e verdadeiro"[30], diz o documento mais antigo do NT (1Ts 1,9-10).

À luz deste enraizamento na primeiríssima pregação da Igreja, quando mal acaba de entrar em contato com o helenismo, é totalmente improvável que o título "Filho de Deus" seja no NT um empréstimo das religiões dos mistérios, das ideias correntes ao redor dos "homens divinos" ou da gnose. Não encontramos nenhum vestígio de um processo de apoteose ou divinização de Jesus e de expressões exotéricas, senão a referência à sua história

---

29. Cf. TAYLOR, V. *The names of Jesus*. Op. cit., p. 57-58.
30. Cf. ibid., p. 62-65, 172-173.

concreta, à sua origem judaica, à sua morte e ressurreição. Das aparições do Ressuscitado se enumeram centenas de testemunhos, uns que já morreram e outros que ainda vivem (1Cor 15,1-11). Não se trata em Jesus de um redentor que venha de outro universo para arrancar os homens do mundo da matéria, do destino e da morte como poderes cegos insuportáveis, mas de um envio do Filho pelo Pai na plenitude do tempo para resgatar do pecado, pensado não em categorias físicas, metafísica ou míticas, mas estritamente pessoais, religiosas e teológicas. O querigma cristológico da Igreja sobre Jesus Filho de Deus pressupõe a fé veterotestamentária no Deus vivo, ativo e pessoal, com a criação, a aliança, a eleição, o pecado do povo e os mediadores entre aquele e este. Semelhanças externas de linguagem do NT com certos ritos mistéricos ou figuras salvadoras do helenismo não fundam dependências nem igualam o conteúdo.

4 São João

Em São João o título "Filho de Deus" tudo invade e tudo decide do começo ao fim. O evangelho foi escrito "para que creiais que Jesus é o Messias, o Filho de Deus e para que, crendo, tenhais vida em seu nome" (20,31). Ele oferece três variantes:

a) "Filho de Deus", colocado na boca do Batista (1,34), de Natanael (1,49), de Marta (11,27), dos judeus (19,7), do próprio evangelista (20,31) e em outros três lugares (5,25; 10,36; 11,4).

b) Uma exposição mais intensa é: "o (seu) Filho unigênito" (ou de Deus), como conclusão do prólogo, onde reassume para si tudo o que disse do *Logos* (1,18); e em outro momento central, onde se define o sentido de sua existência: "Deus amou tanto o mundo que enviou seu Filho Unigênito para que todo aquele que nele crê não pereça, mas tenha a vida eterna" (3,16; cf. 3,18).

c) Com seu estilo característico absolutiza as afirmações, identificando Jesus com as ordens supremas da vida humana (Eu sou o pão, a verdade, o caminho, a vida, a ressurreição...) e dele se diz que é "o filho", nada menos que 16 vezes (2,17.35.36; 5,19.20.21.23.26; 6,40; 8,36; 14,13). "Todo aquele que confessar que Jesus é o Filho de Deus, Deus permanece nele e ele em Deus" (1Jo 4,15).

Filiação divina de Jesus, fé nele como Filho-Senhor-Deus, e vida eterna resultante para o homem, são os três pilares da cristologia e da soteriológica de São João.

5 Outros escritos do NT

Em outros escritos do NT como Atos dos Apóstolos, Cartas e Apocalipse, o uso é menos frequente e o título que prevalece é *Kyrios*. O usam com frequência as cartas de São João, Hebreus e São Paulo. A *Carta aos Hebreus* coloca o título "Filho" no mesmo pórtico de entrada (1,1-4), fazendo cinco afirmações fundamentais sobre Ele:

1) Cristo está em continuidade com os profetas enquanto Palavra de Deus.

2) É superior a eles por ser Filho, e por ser o consumador se converte em critério para lê-los.

3) É o herdeiro do mundo, já que sobre Ele foi fundado e em sua missão histórica o comanda.

4) Levou a termo a purificação dos pecados e após sua humilhação divide a majestade e o poder de Deus.

5) É incomparavelmente superior aos profetas e anjos porque é "o esplendor da glória de Deus e a expressão do seu ser" (1,3), e porque, encarnado, recebeu após a morte um nome superior a eles (Primogênito, Filho, Senhor [1,5-10]). Como Filho de Deus é o grande sacerdote (4,14) e, enquanto partícipe da carne e sangue como seus irmãos, se compadece de nossas fraquezas e suporta a tentação. E "embora sendo Filho, aprendeu a obediência pelos próprios sofrimentos e, levado até a própria consumação, veio a ser, para quantos lhe obedecem, causa de salvação eterna" (5,8-9).

A carta une sacerdócio e filiação. Uma filiação que Ele situa na eternidade, no tempo e na pós-existência. Existe um hoje do tempo em que o Filho é engendrado. "Assim também Cristo não arrogou a si mesmo a glória de se tornar sumo sacerdote; recebeu-a daquele que lhe disse: Tu és meu filho, eu hoje te gerei". E, semelhantemente, em outra parte: "Tu és sacerdote para sempre, segundo a ordem de Melquisedec" (5,5-6; cf. Sl 110,4)[31]. Em

---

31. "O salmo citado pelos LXX segundo o sentido literal constata profeticamente o fato do sacerdócio de Jesus, o prolonga e define sua natureza: és um sacerdote real e eterno. Segundo o salmista

nenhum outro escrito do NT se afirmam ao mesmo tempo com tanta força a origem e a grandeza divina (Filho, imagem de seu ser) e a paixão, a solidariedade e a obediência humanas de Cristo (lágrimas, tentação, opróbrios). O Filho é o Irmão; por isso é Pontífice e pode consumar-nos. Pela oblação de seu corpo, feita de uma vez para sempre no amor de Filho e em solidariedade de irmão, somos todos santificados[32].

6 O título "Filho" na boca de Jesus

Resta a última prova. Podemos encontrar na boca de Jesus a autodesignação "Filho", "o Filho", e a correspondente de Deus como "Pai", "o Pai"? Isto é o que afirmam explicitamente dois textos, criticamente seguros. Um é o chamado "grito de júbilo ou ação de graças" (Q, Lc 10,22; Mt 11,27); e outro o da ignorância sobre o dia do juízo (Mc 13,32).

> Tudo me foi entregue por meu Pai. Ninguém conhece o Filho, a não ser o Pai, e ninguém conhece o Pai, a não ser o Filho, e aquele a quem o Filho quiser revelá-lo (Mt 11,27)[33].

Tudo (τὰ πάντα) se refere aos conteúdos da revelação do plano de Deus para o homem. Jesus dá graças ao Pai porque a Ele, pequeno e pobre neste mundo, lhe deu autoridade para revelar tudo, incluída essa revelação entre Pai e Filho aos que em sua abertura e disponibilidade para ouvir são capazes de aprender e ser evangelizados – neste sentido somente os pobres – (Mt 11,5). Não se tra-

---

o messias é ao mesmo tempo rei universal (cf. 1,13) e sacerdote para sempre [...]. No momento da encarnação, o Pai fez esta dupla declaração a seu Filho sacerdote ὁ λαλήσας πρὸς αὐτόν (5,5) e nesse momento Ele aceitou este encargo (cf. 10,5), ainda que a consumação do sacerdócio de Cristo não tenha sido alcançada senão após o sacrifício da cruz" (SPICQ, C. *L'Épitre aux Hébreux* (Paris 1953), p. 111). Outra interpretação situa estas palavras constitutivas de Cristo na ressurreição e seu sacerdócio na ação celeste, como intercessor. Cf. KRAUS, H.J. *Teología de los salmos* (Salamanca 1985), p. 252-253.

32. Cf. Jo 9,10; 17,19. • CULLMANN, O. *Cristología del NT*. Op. cit., p. 139-169. O sacerdócio de Cristo é assim religado por um lado à constituição filial e por outro à realização humana de sua filiação no sofrimento. O termo "perfeição", "consumação" tem também um sentido cultual. O aperfeiçoamento é simultaneamente de ordem moral e cultual, ativo e sacramental. O homem se esforça para aperfeiçoar-se, mas é Deus quem o consuma: também a Cristo homem. Cf. Hb 2,10; 5,9; 7,11-16.19.28; 10,14.

33. Cf. CULLMANN, O. Ibid., p. 60-62. • GONZÁLES DE CARDEDAL, O. *Aproximación*, 97-104. • VAN IERSEL, B.M.F. *Der "Sohn" in den synoptischen Jesusworten Christusbenzeichnung der Gemeinde oder Selbstbezeichnung Jesu* (Leiden 1961). •DUNN, J.G. *Jesus and the Spirit* (Londres 1975). • CULLMANN, O. "Jesús y el título 'Hijo de Dios'". In: *Cristología del NT*. Op. cit., p. 356-372.

ta, portanto, do ensinamento de coisas ou da interpretação da Lei, como nos profetas e rabinos, tampouco da revelação da paternidade de Deus, mas da união que existe entre o Pai e o Filho, que é da ordem metafísica e pessoal e não apenas histórica e funcional. Em razão do conhecimento entre o Pai e o Filho ser mútuo, o Filho pode revelar o Pai. Sua semelhança com outros textos da religião helenística (Sb 2,13) e do *Corpus Hermeticum*, simultaneamente com as expressões de São João que são conhecidas como fórmulas com as quais a Igreja depois de anos de experiência crística fala assim de Jesus, levou a pensar que mais do que uma frase literal de Jesus se trataria de um hino da Igreja.

Esta sentença de Jesus (Mt 11,27) foi designada, com frase célebre, já citada: "um aerólito caído do céu joânico"[34]. J. Weiss, M. Dibelius, W. Bousset e R. Bultmann a situam entre os hinos cristológicos em analogia com Fl 2,5-11. Neste caso revela que em fase muito primitiva ainda alguma comunidade ou comunidades confessavam Jesus como "o Filho". Diante desta postura Taylor afirma que se trata de uma Palavra de Jesus, prolongamento do conhecimento profético levado ao extremo. Cristo está no limite do que Deus pode revelar a um homem e um homem pode conhecer e manifestar de Deus: esse limite o alcançou Jesus porque é o Filho. "Se aceitamos esta hipótese, o uso do título 'Filho de Deus' está arraigado ao pensamento e ensinamento do próprio Jesus"[35].

A este *logion* deve-se acrescentar aquela outra sentença na qual Jesus afirma: "Mas este dia e esta hora ninguém os conhece, nem os anjos do céu, nem o Filho, ninguém, senão o Pai" (Mc 13,32). É impensável que a Igreja, que escreve os evangelhos quando já dispõe da plena convicção da divindade, e por isso da onisciência de Jesus, recolha uma frase que parece negar essas características de Jesus se não estivesse convencida de que Ele a havia pronunciado. Taylor conclui:

> A sentença mostra que Jesus usou o nome "o Filho" a si mesmo, não no sentido que os anjos e os homens possam ser chamados "filhos de Deus", mas para designar sua peculiar relação com Deus. Assim Mc 13,32 confirma a interpretação que demos de Mt 11,27 e a justifica indo mais longe, explicando um uso mais pleno, com o qual o quarto evangelho explica a identidade de Jesus. Pertence à

---

34. VON HASE, K. *Geschichte Jesu* (Leibzig 1929), p. 422.
35. TAYLOR, V. *The Names of Jesus*. Op. cit., p. 64.

autoconsciência de Jesus, Ele que acreditava ser o Filho de Deus em um sentido preeminente[36].

7 A filiação, categoria cristológica suprema

Como a Igreja chegou a explicar de maneira completa uma cristologia do Filho que, como veremos ainda, implica a ideia de preexistência, encarnação e missão? Qual é, portanto, a gênese de seu conteúdo que vai além da fidelidade às palavras de Jesus, nas quais Ele se designa em termos de Filho e chama a Deus de Pai? Urge distinguir suas palavras, ações e comportamentos por um lado, e por outro as experiências pascais dos discípulos e, finalmente, as ideias existentes em seu entorno.

1) É preciso partir de sua história vivida. Nela a obediência ao Pai, a oração e a fidelidade até o fim são centrais na sua autocompreensão diante de Deus e de sua realização como homem. Jesus viveu como filho, rezou como filho e obedeceu como filho.

2) O segundo elemento decisivo é a experiência da ressurreição. Para expressar o valor de Jesus e a relação que Ele tem com Deus, diferentemente dos profetas – Deus ressuscitou Jesus, não os profetas –, os discípulos pensaram na categoria de Filho.

3) Em terceiro lugar está a convicção da significação escatológica de Cristo em relação a todo o sistema salvífico anterior: sabedoria, profetismo, sacerdócio, sacrifício, lei[37]. É provável que primeiro se remeteram à categoria do "profeta escatológico" (Dt 18,15-19); mas nem sequer com ela acreditaram poder dar razão da novidade, da perfeição e da grandeza inaudita tanto da obra quanto da pessoa de Cristo. Existe um "mais" e um "maior do que" na atividade terrestre de Jesus (maior do que Salomão, de Jonas, do templo) e há algo misterioso e indecifrável na própria

---

36. Ibid., p. 65.
37. Cf. MERKLEIN, H. "Zur Ensthung der urchristlichen Aussage vom präexistentem Sohn Gottes". In: DAUTZENBERG, G. et al. (ed.). *Zur Geschichte des Urchristentums* (Friburgo 1979), p. 33-62. Dá como origem as especulações sobre a relação entre a Sabedoria e a Torá, sua descrição como esplendor e imagem (ἀπαύγασμα-εἰκών) de Deus, sua relação com Deus, sentado no trono de Deus, e em relação com o mundo (Sb 8,1-3; 9,4) a ideia de Fílon sobre o *Logos*, que por um lado tem a sabedoria por mãe e por outro assume suas funções (mediador, enviado, reflexo, órgão de Deus, inclusive Filho unigênito de Deus). Os helenistas de Jerusalém, uma vez aplicadas a Cristo as categorias sapienciais em analogia com a sabedoria "filha de Deus", designavam Jesus como "Filho". Com esta categoria de Filho em sentido absoluto expressavam as qualidades escatológicas da missão de Jesus. Cf. ibid., p. 58-62.

existência de Jesus que reclamava um nome novo[38]. Para expressar essa superioridade em relação ao anterior se ofereciam aos leitores as especulações sobre a Sabedoria no AT: preexistente e criadora em relação ao mundo, reveladora de Deus. Esta elaboração teria sido feita, portanto, nos ambientes judeu-helenísticos, que poderiam ser os que já encontramos em Jerusalém nos próprios dias da morte de Jesus. Assim *a categoria "Filho" catalisava e atraía para si todas as demais, pois apelava para uma forma suprema de relação de Jesus com Deus, a máxima que conhecemos na ordem humana. Por isso se converterá em critério interpretativo, em instância canônica e, de alguma forma, em "cânon dentro do cânon" para a exegese e para a cristologia posteriores*[39].

Mais do que uma ideia, um fato levou até essa confissão. Nos evangelhos encontramos uma unidade de ação e de conhecimento, de amor e de autoridade entre Jesus e Deus. Jesus age com uma autoridade que não é a do ensinamento adquirido, nem a de uma ordem recebida, nem da teofania profética. Sua autoridade e liberdade se remetem a si mesmo como único fundamento legitimador. Jesus coloca os homens diante de uma decisão convidando a segui-lo, com uma força intimadora como ninguém pode fazê-lo com outro homem: "Segue-me!" O julgamento de Deus sobre os homens se exerce à luz do comportamento que eles têm com Jesus. A decisão diante de Jesus torna-se assim a decisão diante de Deus. Jesus reclama potestade reveladora de Deus em razão de estar em relação de reciprocidade com Ele. Coloca-se no lugar dos homens, curando suas enfermidades e expulsando demônios. Com seu sangue coloca o poder da vida onde antes agia o poder da morte. Em uma palavra: Jesus estava exercendo uma igualdade de poder e presença, de revelação e doação com Deus a serviço dos homens. Desta

---

38. Cf. MUSSNER, F. "Ursprünge und Entfaltung der neutestamentlichem Sohneschristologie. Versuch einer Rekonstruktions". In: SCHEFFCZYK, L. (ed.). *Grundfragen der Christologie heute* (Friburgo 1975), p. 77-113.

39. "A confissão de fé no Filho significa a unidade de todos os esboços cristológicos no NT. O predicado de Filho ao longo do século I se converteu em norma de interpretação; no curso do tempo seguinte em instância para a constituição do cânon" (MUSSNER, F. Ibid., p. 112, que se remete a FRANK, I. *Der Sinn der Kanonbildung* – Eine historisch-theologische Untersuchung der Kanonbildung von L. Klemensbrief bis Irenäus von Lyon (Friburgo 1971), p. 115: "O Evangelho de São João não é somente o catalisador da formação do cânon; além disso, é o decisivo 'cânon dentro do cânon' para a interpretação do resto de escritos canônicos. Esta afirmação vale não somente para os evangelhos sinóticos, mas também para as cartas de São Paulo". E a razão desta primazia hermenêutica de São João é precisamente sua cristologia de Filho.

igualdade de conhecimento (όμο-γνώσις), de amor (όμο-άγάπη), de autoridade (όμο-έξουσία) passou-se a afirmar uma igualdade de vida e de ser entre Jesus e Deus. A categoria mais apropriada para enunciá-la era a de Filho. Esta ontologia bíblica encontrará no Concílio de Niceia sua tradução dentro da metafísica grega com a categoria de "consubstancialidade" (όμο-ουσία), ou igualdade de essência do Filho com o Pai (cf. DS 125).

O que os sinóticos expressam com as categorias de "obediência", São João o expressa com as de "igualdade", "unidade", "permanência do Filho no Pai". "Eu estou no Pai e o Pai em mim" (14,10). "Eu e o Pai somos um" (10,30). "Minha palavra não é minha, mas do Pai que me envio" (14,24). "Aquele que vem do céu testemunha do que viu e ouviu" (3,32). "Ninguém jamais viu a Deus; Deus Filho único, que está no seio do Pai no-lo revelou" (1,18)[40].

Esta cristologia do Filho corresponde por sua vez à lógica do AT na qual Deus se implica no profeta e se explica em sua vida, fazendo dela sinal e realização concreta de seus desígnios. Israel "o primogênito de Deus" (Ex 4,22) encontra em Jesus a realização suprema dessa implicação de Deus com o destino de seu povo[41]. Jesus se identifica com a situação do mundo pecador, esquecido e distanciado de Deus. Para superar essa situação de ignorância (com a revelação) e do pecado (com a redenção) se entrega à pregação e certificação do Reino, numa pró-existência ativa que se consuma na pró-existência passiva da morte. *Em ambas vive uma "correlação de igualdade de ação e igualdade de abrangência com Deus"* (Aktionseinheit-Deckungsgleihheit)[42]. *Por elas foi reconhecido como o Filho. O que Jesus fazia revelava o ser e fazer de Deus; por suas ações podemos chegar a conhecer a natureza de Deus e suas intenções para com os homens.* Mussner analisou os motivos inerentes à tradição evangélica, e sobre a afirmação de Harnack ("Não o Filho, mas

---

40. Cf. BARRET, C.K. *El evangelio según san Juan* (Madri 2003), p. 115-122. • DODD, C.H. *Interpretación del cuarto evangelio* (Madri 1978), p. 254-265. • SCHNACKENBURG, R. "El Hijo como autodesignación en el Evangelio de san Juan". In: *Evangelio de san Juan,* II (Barcelona 1980), p. 158-264. • BROWN, R. "Ego eimi, Yo soy". In: *Evangelio según san Juan,* II (Madri 2000), p. 1.657-1.667.

41. Cf. MAUSER, U. *Gottesbild und Menschwerdung Eine Untersuchung zu Einheit des Alten und Neuen Testament* (Tubinga 1971). • WESTERMANN, C. *El AT e Jesucristo* (Madri 1972), p. 69-73, p. 147-154.

42. MUSSNER, F. "Ursprünge und Entfaltung der neutestamentlichen Sohneschristologie". Art. cit., p. 110.

somente o Pai pertence ao evangelho, tal como Jesus o pregou")[43] escreve: "Esta é uma compreensão totalmente falsa do 'fenômeno Jesus' tal como o encontramos nos evangelhos"[44].

> Uma alternativa entre cristologia funcional e cristologia ontológica leva a julgamentos cristológicos errados. Justamente a cristologia do Filho é ambas as coisas em unidade inseparável [...]. E exatamente por isso a confissão do Filho deve permanecer como a norma canônica (*die massgebende Norm*) para uma "cristologia hoje", e isto inclusive no sentido de uma cristologia do *hommo exemplaris*. Pois o cristianismo somente poderá se afirmar no futuro se permanece de forma radical em unidade de ação com Deus, seguindo assim o exemplo de Jesus. A Igreja deve ser, portanto, "filial" ou deixa de ser a Igreja de Jesus Cristo. Somente desta forma ela encontra sua identidade e com ela sua relevância[45].

III - A preexistência

1 As realidades prévias e fundantes da ideia

A reflexão cristológica, tal como se inicia nos escritos do NT, pressupõe os seguintes elementos: *experiência* de Cristo terrestre; *pró-existência* de sua vida, concluída com a morte em favor dos homens; *excesso* de seu fazer superando toda a expectativa humana e toda potência humana, de forma que as pessoas exclamam assombradas e aclamam agradecidas num hino ao amor de Deus; *convicção de que aquilo que aconteceu com Cristo provém de Deus*, pertence a Deus e é Deus mesmo na medida em que entre Deus e Cristo existe unidade de ação, palavra e destino. Estes quatro elementos conjugados fazem surgir uma série de categorias à luz das quais a cristologia posterior compreenderá quem era Cristo, de onde vinha e como pôde realizar a redenção do pecado e a comunicação da vida divina aos homens. As categorias centrais para a cristologia sistemática futura serão: preexistência, mediação na criação, na missão, na encarnação, na *quenose*, na revelação e na divindade.

---

43. "Nicht der Sohn, sonder allein der Vater gehört in das Evangelium, wie es Jesus verkündigt hat" (VON HARNACK, A. *Das Wesen des Christentums* (Munique 1964), p. 92.
44. MUSSNER, F. "Ursprünge und Entfaltung der neutestamentlichen Sohneschristologie". Art. cit., p. 112.
45. Ibid., p. 113.

2 O ponto de partida: Cristo, revelador escatológico

M. Hengel fala de uma "necessidade interna" do conceito de preexistência[46]. No ponto de partida está a percepção reflexa da autocomunicação definitiva e irrevogável de Deus em Cristo, em solidariedade com nosso destino de pecadores, atraindo nossa existência para a sua própria vida. A relação de Jesus com Deus não se iniciava no tempo nem estava condicionada pela ação salvífica, mas pertencia ao seu próprio ser[47]. Se Cristo pertencia enquanto Filho ao ser de Deus e não somente ao tempo dos homens, então era normal que Ele compreendesse sua existência como um "envio" pelo Pai, existência vivida como "obediência" ao Pai, e que entre ambos houve tamanha unidade de ação que São João chegasse a dizer que Jesus e o Pai eram um (10,30). A descoberta, sob a ação do Espírito Santo e à luz da fé eclesial, de que em Cristo Deus nos tinha sido dado tão irrevogavelmente e que nele se consumavam todas as mediações salvíficas conhecidas do AT levou à afirmação de que Cristo preexistia em Deus antes da criação do mundo, de que tinha sido enviado por Ele, de que sua obediência e fidelidade prolongavam no tempo

---

46. HENGEL, M. *El Hijo de Dios...* Op. cit., p. 99. Cf. GONZÁLEZ DE CARDEDAL, O. "Desde la experiencia del 'fin' a la reflexión sobre el 'principio': la preexistencia". In: *Aproximación*, p. 411-436. • RAHNER, K. & THÜSING, W. *Cristología* – Estudio teológico y exegético. Op. cit., p. 243-256. • CRADDOCK, B.F. *La preexistencia de Cristo en el NT* (Bilbao 1972). • HAMERTON-KELLY, R.G. *Pre-existence, Wisdom and the Son of Man* – A study of the Idea of Preexistence in the NT (Cambridge 1973). • SCHIMANOVSKY, G. *Weischeit und Messias* – Die jüdischen Vorausstzungender urchristlichen Präexistenzchristologie (Tubinga 1985). • LIPS, H.V. *Weistheitlichen Traditionem im NT* (Neukirchen-Vluyn 1990). • SCHNEIDER, G. "Christologische Praäexistenzaussagen im NT". In: *Com IKZ* 6 (1977), p. 31-45. • LÖSER, W. "Jesus Christus Gottes Sohn, aus dem Vater geboren vor aller Zeit". In: Ibid., 6 (1977), p. 41-45. • HENGEL, M. "Präexistenz bei Paulus". In: LANDSMESSER, C. et al. (eds.). *Jesus Christus als die Mitte der Schrift* – F.S.O. Hofius (Berlim/Nova York 1997), p. 479-518. • LAUFEN, R. (ed.). *Gottes ewiger Sohn. Die Präexistenz Christi* (Paderborn 1997). • MERKLEIN, H. & MÜLLER, G. "Präexistenz Christi". In: *LTK*³ 8, p. 487-491. • KUSCHEL, K.J. *Geboren vor aller Zeit?* – Der Streit um Christi Ursprung (Tubinga 1990, com as anotações críticas de W. Pannenberg (TS II, p. 392-402).

47. "Wenn der Sohn virklich der ist, durch den Gott sich – und nicht etwas von ihm Unterschieden Geschaffenes Anderes – mitgeteilt hat, gehört er ins ewige Wesen Gottes" (BREUNING, W. *Dogmatik im Dienst der Versöhnung* (Würzburg 1995), p. 59-60). Para que o efeito da mediação seja absoluto e definitivo, tem que haver identidade entre aquele que media e a realidade mediada. Esta é a razão do caráter único do cristianismo junto às outras religiões: nele o Mediador não oferece outra coisa senão sua própria pessoa, na qual está dada a realidade divina que tem que mediar a dos homens. A Ele pertencem com a mesma verdade o Pai, que se comunica, e os homens com quem se comunica. Sua pessoa já é mediação e fruto de mediação: nela Deus perpassa o mundo, e nela todo o mundo passa para Deus. Cristo é o Unigênito do Pai e, uma vez encarnado, é o Primogênito de muitos irmãos.

sua filiação eterna[48]. *Esta é a matriz religiosa e soteriológica da qual nascem as categorias de preexistência, de missão e de encarnação.* A Igreja chega a elas fazendo memória da vida, da morte e da ressurreição de Jesus, pensando o que significa a salvação e como foi realizada por Cristo, e simultaneamente interrogando quais são as condições de possibilidade para que essa salvação seja "escatológica"; isto é, insuperável e irrevogável. A conclusão é que Deus estava em Cristo, que Cristo tinha unidade de ser e não somente de destino com Deus. Neste sentido podemos dizer que tais convicções da Igreja são revelação de Deus. O Espírito vai completando a verdade de Jesus, desvelando à Igreja o fundamento de sua ação salvífica, mostrando sua origem divina e a identidade pessoal do homem Jesus com o Filho, juntamente com sua preexistência no seio do Pai.

Tudo isso, no entanto, não foi dito literalmente pelo próprio Jesus, pois faltavam as condições objetivas para entendê-lo: a) *Por parte de Cristo*, já que ainda não havia sido glorificado e seu ser não era ainda a plena expressão e manifestação de Deus. b) *Por parte dos discípulos*, já que sem o dom do Espírito não "podiam" ainda compreender tais afirmações de Jesus (Jo 16,12-13). A verdade completa de Jesus é fruto da ação inspiradora do Espírito Santo, que foi legado por Jesus como sua memória eficaz e seu intérprete autêntico[49]. Foi fruto também da ação reflexiva da Igreja que indagou pelos fundamentos de possibilidade para sua afirmação do caráter escatológico do Mediador de nossa salvação.

3 O sentido soteriológico do binômio: preexistência-envio

A preexistência de Cristo não é uma teoria metafísica, surgida em contextos filosóficos ou religiosos alheios à tradição bíblica e projetada a partir de fora sobre Cristo. As afirmações sobre a preexistência têm um fundamen-

---

48. Balthasar compreende a existência de Cristo como desdobramento em humanidade de sua existência filial eterna: procedente e ordenada ao Pai (= obediência). Isto não é sinal de subordinação, mas de relação filial. Cf. SCHILSON, A. & KASPER, W. *Christologie im Präsens* – Kritische Sichtung neuer Entwürfe (Friburgo 1974), p. 63-70 (Cristologia como intepretação da obediência filial de Cristo).

49. São João antecipa ao NT a pergunta pela continuidade, memória ou esquecimento da interpretação autêntica das palavras de Jesus. A esta preocupação respondem às sentenças sobre o Paráclito: Jo 14,15.26; 15,26-27; 16,7-11.12-14. Cf. BROWN, R. "El Paráclito". In: *Evangelio según san Juan*, II (Madri 2000), p. 1.667-1.680. • VON BALTHASAR, H.U. *Teológica* – 3: Espíritu de la Verdad (Madri 1998).

to histórico e uma finalidade soteriológica; tendem a explicar o sentido da existência de Cristo na carne e, sobretudo, sua morte. Todas as formulações do "envio do Filho" são acompanhadas da preposição ἵνα (= para quê), sendo enunciadas como fundamento da redenção e da filiação que Cristo torna possível aos homens por si mesmo e através do Espírito.

> • "Ao chegar a plenitude dos tempos Deus enviou seu Filho, nascido de mulher, nascido sob a lei, para (ἵνα) redimir os que estavam sob a lei, a fim de que recebêssemos a filiação" (Gl 4,4-5).

> • "Deus, enviando seu próprio Filho em carne semelhante à nossa de pecado, pelo pecado condenou o pecado na carne, para que (ἵνα) a justiça de Deus se cumprisse em nós" (Rm 8,3-4).

> • "Deus enviou ao mundo seu Filho Unigênito, para que (ἵνα) vivêssemos por meio dele" (1Jo 4,9)[50].

Os outros textos fundadores da ideia de preexistência aparecem nos hinos cristológicos, especialmente Fl 2,6-11. Peça literária de origem pré-paulina, que tem seus modelos nos Salmos ou nos relatos sapienciais que no AT narram ações salvíficas de Yahvé, surgida em contexto ou com finalidade litúrgica, é uma parábola do destino de Jesus, que existindo na forma de Deus não se apossa dessa condição como se fosse um rapto, mas dela se desapega. A encarnação é a primeira forma de humilhação que caracterizará toda a vida de Cristo. A resposta de Deus a essa *quenose* é a glorificação, com a outorga de uma forma divina de existência (nome) e a potestade de santificação e de juízo sobre os homens (*Kyrios*). Mas a *quenose* também pode ser entendida em outro sentido: Cristo, existindo neste mundo com poderes divinos, não reclama honras divinas nem se apresenta como Deus (ocultamento), mas como homem. Cristo seria então a figura antitética de Adão; aquele, sendo de condição divina escolhe viver de forma humilhada, ao passo que este, sendo de condição humana, reclamou igualdade com Deus[51]. O final do caminho

---

50. "Chama a atenção que o envio do Filho preexistente (Gl 4,4ss.; Jo 3,16ss.; 1Jo 4,9) sempre vai unido com as frases ἵνα (= a fim de que), que por conseguinte expressa em primeiro plano sua significação salvífica. *As afirmações sobre a preexistência têm, portanto, finalidade soteriológica*" (MERKLEIN, H. "Zur Enstehung der urchristlichen Aussage". Art. cit., p. 43. Sobre a conexão existente entre envio-preexistência, cf. KRAMER, W. *Christos Kyrios Gottesohn* (Zurique 1963), p. 110ss. • HAHN, F. *Christologische Hoheitstitel* – Ihre Geschichte im frühen Christentum. Op. cit., p. 315ss.

51. Sobre a origem, a estrutura literária e as diversas hipóteses interpretativas, cf. MARTIN, R.P. *Carmen Christi* – Philippians II,5–11 in Recent Intrepetation and in the Setting of Early Chris-

quenótico é a morte de cruz, suprema degradação do corpo humano, que Cristo compartilha com os escravos crucificados do mundo. Este inciso final permite G. Schneider ver aqui também uma intenção soteriológica: "No hino está pressuposta uma significação salvífica da morte de Cristo"[52]. O hino de Cl 1,13-20 termina com afirmações soteriológicas explícitas: "reconciliar todas as coisas por meio dele e para Ele, na terra e nos céus, tendo estabelecido a paz pelo sangue de sua cruz" (1,20). E algo similar podemos dizer de 1Pd 3,18-19 e de 1Tm 3,16.

4 A preexistência em São João

O texto central para afirmar a preexistência de Cristo é o prólogo de João, que se apropriou dos conceitos veterotestamentários de Sabedoria, Palavra, *Shekhinah*, transpondo todas as suas ressonâncias e eficácias ao termo grego *Logos*[53]. Essas figuras mediadoras da ação criadora, salvadora e santificadora de Deus no mundo encontram sua culminação em Cristo, descoberto a partir do final de sua história como *Logos* existente em Deus. No entanto, no prólogo, a encarnação (1,14) tem uma última significação soteriológica; não apenas porque a última função do filho é a de dar-nos a possibilidade de ser "filhos" (1,12), mas porque Ele foi ignorado e rechaçado pelos seus (1,11). Este rechaço é a morte na cruz por nós. Desta forma o *Logos* assume ou atrai para si também a mediação sofredora do Servo de Yahvé (Is 52,13–53,12), e pode aparecer diante dos homens como a plenitude da qual todos os que viveram antes e depois participam (1,16). A lei, a sabedoria, a palavra, a interpretação, o sofrimento vicário de profetas e servos ficam referidos a Ele e consumados nele: "Porque de sua plenitude todos recebemos graça sobre graça. A lei foi dada a Moisés, a graça e a verdade, em contrapartida, vieram por meio de Jesus Cristo. A Deus ninguém jamais

---

tian Worship (Cambridge 1967). • DEICHGRÄBER, R. *Gotteshymnus und Christushymnus in der frühen Christenheit* (Gotinga 1967). • HOFIUS, O. *Der Christushymnus Philipper 2,6-11* (Tubinga 1976). • TREVIJANO, R. "Filipenses 2,5-11 – Un logos paulino sobre Cristo". In: *Helmantica* 139-141 (1995), p. 115-145.
52. SCHNEIDER, G. "Präexistenz Christi". In: GNILKA, J. (ed.). *Neues testament und Kirche* – F.S.R. Schnackenburg (Friburgo 1974), p. 407.
53. Cf. SCHNACKENBURG, R. "La idea de la preexistencia". In: *Evangelio de San Juan*. Op. cit., I, p. 328-357. • SCHNACKENBURG, R. "Procedencia y peculiaridad del concepto Logos joánico". In: Ibid., p. 296-328.

viu. O Filho Unigênito que está no seio do Pai, este no-lo deu a conhecer (interpretado)" (1,16-18).

Os primeiros versículos e os dois últimos dão a chave de leitura do prólogo e se correspondem: o Logos estava em Deus, e por Ele foram feitas todas as coisas. O Logos estava no seio do Pai e por Ele foram reveladas e comunicadas ao mundo a verdade e a fidelidade de Deus. A preexistência na origem como criador (1,3) e a fonte de vida-luz (1,4) correspondem à pró-existência no final como revelador e redentor escatológico (1,16-18). O fundamento é o mesmo: sua pertença ao ser (seio) de Deus, porque somente Deus pode revelar definitivamente Deus. As formas dessa dupla referência à realidade e à história estão conexas: *porque está na origem do ser como Criador, pode estar no tempo como Revelador e no final como Consumador.* Nele Deus mesmo é que se dá e se manifesta, enxertando-se de maneira nova em sua criação e na humanidade. Deus foi um "sim" criador, e desse sim originário chega até o final: Cristo é definido por São Paulo como o "Sim" = "o Amém" de Deus. *Amém* significa a afirmação de que Deus é fel até o fim à sua criação, mesmo tendo sido quebrada pelo pecado, e em liberdade o homem se tenha distanciado dele[54].

5 Os modelos prévios da tradição judaica

Com a preexistência as afirmações sobre a missão ganham um peso e um conteúdo todo especial. Hengel mostra como todas as figuras de mediação que implicam alguma preexistência no AT (Sabedoria, Torá, Templo, Filho do Homem, Messias...) preparam a chegada de Cristo e indica como, a partir delas, começou a reflexão da Igreja sobre Ele. No entanto, a convicção relativa à autorrevelação de Deus nele tinha que transcender esses enunciados, convertendo-se em fonte de afirmação de uma preexistência personalizada e não somente funcional, eterna em Deus e não somente a serviço da criação do mundo ou da revelação na história[55].

---

54. Cf. 2Cor 1,20; 1Cor 14,16; Ap 3,4. "Em todas as promessas de Deus encontraram o seu Amém na pessoa dele. Amém a Deus para sua glória" (2Cor 1,20). Cf. Is 65,16 ("O Deus Amém"). "O Amém nos sinóticos contém implícita toda a cristologia. O Amém em Paulo e no Apocalipse a explicita ao identificar a pessoa de Jesus com o sim, com a fidelidade de Deus" (SCHLIER, H. "ἀμήν". In: *TWNT* I, 341).

55. Segundo O. Cullmann, Cristo prolonga as mediações salvíficas do AT, é "personalização de Deus", mas não tem consistência pessoal eterna (preexistência e pós-existência) em relação à obra

A preexistência ideal ou as personificações de Deus (Sabedoria, Anjo de YHWH...) cediam seu lugar à preexistência real do Filho. As aparições do AT são vistas como antecipações de sua ação reveladora e salvadora. Os evangelhos apresentam afirmações do próprio Cristo estabelecendo uma relação com a Sabedoria. Segundo alguns autores, a fonte Q coloca Jesus em conexão com a Sabedoria preexistente, faz dele seu porta-voz e, além disso, o identifica com ela[56]. São Paulo, remetendo a certa exegese rabínica, escreve: "os israelitas bebiam de um rochedo espiritual que os seguia, e este rochedo era o Cristo" (1Cor 10,4)[57].

> O problema da preexistência surgiu, pois, necessariamente, da vinculação entre as ideias judaicas relativas à história, ao tempo, à criação, e à certeza de uma plena autorrevelação de Deus realizada em seu messias Jesus de Nazaré. Com isso não se transferiu o "singelo evangelho de Jesus" aos mitos pagãos: a mitificação que emergia como ameaçadora foi superada pela radicalidade trinitária da ideia de revelação.
>
> Após a inclusão da ideia de preexistência era muito mais óbvio que o Filho de Deus exaltado atraísse para si também as funções criadoras e de mediação salvífica próprias da sabedoria judaica [...]. O exaltado não é somente o preexistente, mas simultaneamente é príncipe no *opus proprium Dei* na criação: realiza a obra criadora por encargo e com plenos poderes de Deus, bem como determina os acontecimentos escatológicos[58].

---

salvífica. Comentando 1Cr 15,28, escreve: "Esta é a chave de toda a cristologia do NT: só tem sentido falar do Filho a partir da perspectiva da história da revelação de Deus, e não a partir do ser de Deus" (*Cristología del NT*. Op. cit., p. 377). Mas 1Cor 15,28 ("O Filho se submeterá àquele que submeteu todas as coisas para que Deus seja tudo em todos") não tem um sentido metafísico nem místico, mas soteriológico: "A finalidade é que Deus possa ser tudo em todos. Isto deve ser entendido no sentido de Rm 11,36 e 1Cor 15,54-57: soteriologicamente e não metafisicamente. Não se afirma a absorção de Cristo e de sua humanidade com a perda consequente de sua personalidade diferente no abismo de Deus; mas, ao contrário, o reino soberano de Deus em sua pura bondade" (BARRET, C.K. *The First Epistle to the Corinthians* (Londres 1968), p. 361). Sobre a separação entre realidade imanente de Deus e revelação cristológica, cf. MUÑOZ LEÓN, D. "El principio trinitário inmanente y la interpretación del NT – A propósito de la cristología epifánica restrictiva". In: *EB* 40/1-4 (1982), p. 19-48, 278-312.

56. Cf. CHRIST, F. *Jesus Sophia* (Zurique 1970). • FEUILLET, A. "Jésus et la Sagesse divine d'après les évangiles synoptiques". In: *RB* 62 (1955), p. 161-196. • BONNARD, P. *La sagesse en personne annoncée et venue en Jésus-Christ* (Paris 1966), p. 124-133. • MERKLEIN, H. "Zur Enstehung der urchristlichen Aussage". Art. cit., p. 35-37.

57. A TEB (Tradução Ecumênica da Bíblia) comenta: "Paulo se inspira numa tradição rabínica segundo a qual o *rochedo* de Nm 20,8 *seguia* Israel".

58. M. HENGEL. *El Hijo de Dios...* Op. cit., p. 100.

6 A preexistência em sentido pessoal

Temos, portanto, uma preexistência pessoal de Cristo funcionalmente explicitada. O Filho estava no Pai, era Criador com Ele e por Ele é enviado. O *Logos* estava com Deus e é seu Revelador absoluto, porque vive em relação filial absoluta. Entretanto, a intenção e interesse das afirmações sobre a preexistência não são filosóficas ou cosmológicas, mas soteriológicas, e em dupla direção: por um lado querem fundamentar a razão pela qual em Cristo temos o conhecimento e a vida de Deus e, por outro, garantir que possuímos a redenção do pecado e a superação da morte. Por isso se deve excluir *duas explicações falsas da preexistência: uma que a concentra no problema metafísico de como explicar a pessoa de Cristo; outra que a reduz unicamente a um* theologoûmenon *ou maneira de dizer a significação divinamente querida da paixão e da glorificação de Cristo*.

No NT existe, por um lado, afirmações da preexistência e, por outro, afirmações da cruz e da ressurreição. Isto supõe que cada uma delas tem realidades com peso e existência própria; não se deduzem necessariamente uma das outras. Neste sentido tem razão B. Klappert: "A afirmação da preexistência e da encarnação que encontramos nos hinos deve ser compreendida, a partir do ponto de vista da tradição, como uma extensão da afirmação sobre a paixão e a glorificação"[59]. De novo nos encontramos diante do duplo polo de intelecção: a preexistência é o fundamento metafísico do caráter escatológico da salvação de Cristo; mas a experiência pascal, prolongada pelo Espírito na Igreja é percebida como salvação escatológica, é o fundamento gnosiológico para afirmar a preexistência de Cristo.

7 A preexistência criadora de Cristo

A clara manifestação de Cristo em Deus não é um preexistir inativo; ela está presente em toda a relação de Deus com a criação e com a história. Se Cristo está na consumação do mundo como Ômega é pelo fato de estar em sua origem como Alfa[60]. Somente quem está na origem pode estar no fim e dispor das chaves de tudo. Cristo está assim na raiz do ser (a realidade

---

59. KLAPPERT, B. *Die Auferweckung des Gekreuzigten* (Neukirchen 1974), p. 283.
60. Cf. Ap 21,6; 22,13. Cristo aparece em relação à criação em Jo 1,3; 1Cor 8,6; Cl 1,16-17. O NT refere a Cristo tudo o que o AT dizia sobre a Palavra criadora e salvadora (Sl 33,6.9; 147,15-18; Is 40,26; 48,3; Sb 9,1), bem como sobre a Sabedoria divina (Pr 8,27-30; Sb 7,20; 8,4; 9,9).

é constitutivamente crística); está presente na história (por isso os Padres pré-nicenos falaram tanto das vindas do Verbo no AT como formas preparatórias de sua vinda encarnada); e está presente no fim do mundo. Aqui devem ser situados problemas tão complexos como o cristocentrismo, a relação entre Cristo criador e Cristo "evoluidor" de que fala Theilhard de Chardin[61], as afirmações de Cl 1,15 sobre "o Primogênito de toda criatura"[62]. Mas aqui também se deve situar o diálogo do cristianismo com as religiões não cristãs: o anúncio de Cristo não é a proposição de algo alheio à existência pessoal, mas luz conatural com a inteligência de cada pessoa (Jo 1,1.4), que ilumina seu ser, que faz conhecer seu destino e torna possível reconhecer-se e realizar-se segundo a própria estrutura originária. Em Cristo somos criados, nele Deus nos declara partícipes de sua realidade e inteligibilidade. Em seu Verbo Deus disse todas as coisas; estando nele como imagem cria todos os homens e como Filho prefigura nossa filiação, que será também resultado de nossa liberdade[63]. *Tudo o que existe procede de Deus, em consonância com Cristo, através do Espírito Santo*. O homem descobre essa procedência (Pai), essa forma (Filho) e esse amor (Espírito), que são seu fundamento, sua forma e seu futuro[64].

A teologia levou séculos para clarear a relação que Cristo tem com Deus em termos de anterioridade à sua existência terrestre, ou seja, em sua preexistência. Os Padres orientaram sua reflexão à luz dos textos sobre a encarnação, sobre a missão do Filho, sobre sua ação criadora, sobre a identificação com a Sabedoria e sobre a convicção da presença ativa do Verbo no mundo

---

61. Cf. DE CHARDIN, T. *Le Christ éluteur* (Paris 1965). Cf. MOONEY, C.F. *Teilhard de Chardin et le mystère du Christ* (Paris 1968). • MALDAMÉ, J.M. *Le Christ et le cosmoss* (Paris 1993).

62. "Primogênito porque é precisamente o paradigma radical do que é toda essência aberta. Por isso a mesma epístola podia dizer que não somente é o primogênito das criaturas, mas, além disso, 'a imagem' (no singular) autêntica 'de Deus invisível' (Cl 1,15). Evidentemente são duas vertentes de uma única realidade. Justamente por ser a imagem autêntica de Deus é precisamente o paradigma de toda essência aberta" (ZUBIRI, X. *El problema teologal...*, p. 286).

63. "Deus uno actu et se et omnia intelligit, unicum Verbum eius est expressivum non solum Patris sed etiam creaturarum" (SANTO TOMÁS. *Sth.* I q.34 a.3).

64. "O conhecimento das pessoas divinas nos foi necessário por duas razões. Uma, para entender retamente a criação. Ao dizer que Deus fez todas as coisas em seu Verbo, fica excluído o erro dos que afirmam que Deus produziu as coisas por necessidade de sua natureza. Ao colocar nele a possessão do amor demonstra que Deus não produziu as criaturas por indigência alguma, nem por nenhuma causa extrínseca, mas pelo amor que procede de sua bondade [...]. *A outra razão, que é a principal, é para entender retamente a salvação do gênero humano, que se realiza pelo Filho encarnado e pelo dom do Espírito Santo*" (SANTO TOMÁS. *Sth.* III q. 32 a.1 ad 3).

já antes da encarnação. Os três primeiros séculos da Patrística giram em torno da diferença e da conexão entre Trindade imanente (as pessoas em sua constituição e relação eternas) e a Trindade econômica (a ação de cada uma delas no tempo). O esclarecimento definitivo da relação entre o homem Jesus e Deus aconteceu no Concílio de Niceia, em resposta a Ario. Este identificava Jesus com a Sabedoria e por isso afirmava sua condição de criatura primordial de Deus a serviço da criação do mundo. Sua preexistência era funcional, estava a serviço da criação e Ele mesmo era criatura de Deus. Diante da postura de Ario o Concílio afirmou a copertença de Cristo ao ser de Deus. Não é criado, mas engendrado e, enquanto tal, eterno. O Filho não é a primeira criatura pensada pelo Eterno para salvar sua distância infinita à matéria (como queriam todas as formas de platonismo), mas é o Filho eterno de Deus e, enquanto tal, Deus como Ele. Com isso se descarta todo *modalismo* (para o qual Jesus está totalmente do lado da criatura, é um "anjo de Deus", "um profeta", um homem perfeito enquanto aperfeiçoado por suas próprias obras ou pela graça de Deus).

8 A preexistência pessoal e outras formas de preexistência

Agora já podemos *definir e diferenciar a preexistência de Cristo*. Não é, primordialmente, uma afirmação sobre o tempo, mas sobre o ser de Cristo: Ele pertence a Deus. Em sua forma de relação subsistente (= pessoa) Cristo e o Pai formam uma unidade (que chamamos de essência). Consequentemente o Filho eterno é Deus, está onde está o Pai, age sempre como age e quando age o Pai. Engendrado pelo Pai desde toda a humanidade, começa a existir humanamente ao ser engendrado por Maria. Não surge pela primeira vez quando é concebido e nasce de Maria, porque sua pessoa é anterior à sua história humana. Assim aparece a categoria de encarnação: aquele que era Filho desde sempre com o Pai, começa a ser homem, tomando nossa forma de existência, nossa carne. Cristo chega a ser como homem o que já era desde sempre como Filho.

O Espírito suscita ao Filho uma humanidade própria que Ele personaliza e na qual vive como homem. Essa existência humana prolonga e expressa sua copertença a Deus e por isso atrai o Pai e o Espírito, conferindo-lhes uma nova presença no mundo. A encarnação implica as três pessoas como expressão final da criação, ainda quando o princípio que personifica, ou o sujeito imediato da encarnação, é o Filho. Não se encarnaram nem o Pai nem o Espírito (contra o patripasianismo); mesmo que um e outro tenham permanecido inseparavelmente unidos ao Filho. Este, por sua nova forma de existência e presença no mundo, podia padecer e morrer. Se Cristo sempre foi um *Verbum incarnandum*, não foi sempre, no entanto, um *Verbum incarnatum*[65]. A encarnação e a morte de Cristo só aconteceram uma vez e de uma vez por todas. Não há outras encarnações paralelas de Cristo em relação à sua encarnação, à sua ação pública, à sua morte e ressurreição na Palestina. Excluímos também uma *preexistência meramente ideal* que seria um mero sinônimo da presença ou predestinação divinas (Cristo sempre teria existido no plano de Deus para com o mundo); uma *preexistência da alma de Jesus* (tal como o platonismo fala da existência anterior das almas e Orígenes disse sobre a alma de Jesus); uma *existência intermediária* da humanidade de Jesus entre o ser eterno de Deus e o ser temporal dos homens, que, mesmo sendo criada, teria existido sempre, portanto, já antes da criação do mundo[66].

IV - A encarnação

1 Os textos bíblicos

A encarnação, enquanto ato e estado, é o resultado histórico do envio do Filho ao mundo pelo Pai para fazer dos homens partícipes de sua filiação e resgatá-los da situação de morte resultante do pecado. A ideia está presente nos textos bíblicos, que falam do Filho enviado pelo Pai, que relatam o acontecimento pelo qual Ele começa a existir na carne, que afirmam seu estado de igualdade de natureza e de solidariedade de destino com os humanos, que existindo na forma de escravo é submetido a todas as suas determinações (Rm 1,1-4; 2Cor 5,21; 8,9; Gl 3,13; 4,4-5; Fl 2,6-11). O texto considerado central é o de Jo 1,14: "καὶ ὁ λόγος σὰρξ ἐγένετο"[67]. O *Logos* – que estava com Deus (1,1), por quem foram criadas todas as coisas (1,3), que acompanhou os homens na história, sendo sua luz interior e iluminando suas trevas (1,4-5; 1,9) –

---

65. "A novidade radical da encarnação consiste em *fundar ao mesmo tempo o antes e o depois*, em ser indissoluvelmente conclusão, realização e antecipação" (MOUROUX, J. *Le mystère du temps* (Paris 1962), p. 160). Cf. ibid., p. 81-99 (A encarnação como eclosão, como irrupção, como ponto de ligação), p. 144-170 (Relação entre o *Verbum incarnatum* e o *Verbum incarnandum*).
66. Tese sustentada em BENOÎT, P. "Préexistence et incarnation". In: *RB* 77 (1990), p. 5-29.
67. Cf. THEOBALD, M. *Die Fleischwerdung des Logos* – Studien zum Verhältnis des Johannesprolog zum Corpus des Evangeliums und zu 1 Joh (Münster 1988).

se fez carne e habitou entre nós (1,14). Ele se fez homem sem despojar-se de seu ser divino: desta forma pode comunicar-nos a vida de Deus e introduzir-nos em sua comunhão de Filho com o Pai (1Jo 1,1-4). A confissão cristã tem como conteúdo a vinda de Jesus Cristo na carne (1Jo 4,2). A inserção do Filho no mundo acontece através de seu nascimento de Maria virgem. A encarnação se realiza pelo nascimento de mulher sob a lei (Gl 4,4); não temos outras indicações precisas. A confissão de fé cristã a associa ao nascimento virginal, como forma livremente escolhida por Deus para ser homem (Mt 1,18-25); Lc 1,26-38). Mas o começo da existência temporal de Jesus não é o seu começo absoluto. O fundamento da condição divina de Jesus não é o nascimento virginal. Este diz somente sua forma de gestação humana, e os evangelistas, quando o descrevem, já pressupõem sua filiação divina e sua preexistência eterna[68].

2 A palavra e a ideia

Em linguagem teológica tradicional dizer "encarnação" significava dizer toda a cristologia, e inclusive o cristianismo. O tratado dedicado ao estudo de Cristo tinha por título: *De Verbo incarnato* ou *De incarnatione*[69]. Isto revela que ela, enquanto revelação e doação de Deus "em pessoa", era compreendida como elemento originador, especificador e diferenciador do cristianismo em relação ao judaísmo (revelação "na história") e das religiões (revelação "na natureza"). A palavra aparece pela primeira vez em Inácio de Antioquia e explicitamente em Santo Irineu[70], dentro de um contexto antignóstico, para mostrar a real salvação do homem inteiro. Nele, como na Bíblia, σάρξ designa o homem inteiro sob o aspecto de sua caducidade e temporalidade, pobreza e contingência. Enquanto Deus permanece, o ho-

---

68. A composição literária dos relatos do nascimento se faz em paralelo com os relatos da mensagem pascal. Nos dois casos existe uma teofania angélica (os anjos anunciam a boa-nova, e Cristo não está entre os mortos, mas vive – nasceu um Salvador); dá-se a Cristo um nome de glória (*Kyrios* em Lc 2,11; o Vivente em Lc 24,5 e em At 1,3); existe uma atuação trinitária (o Pai engendra o Filho através do Espírito). Cf. SESBOÜÉ, B. *Jésus-Christ*..., p. 290.

69. No século XX: L. Billot (Roma 1892-1922); A. Lepicier (Paris 1905); C. Pesch (Friburgo 1922); J. Muncunill (Madri 1905); P. Galtier (Paris 1926); E. Hugon (Paris 1913); P. Parente (Roma 1939); C. Lonergan (Roma 1964).

70. Cf. IRENEO, S. *Adv. haer,* III, 18,1 (λόγος σαρκωθείς); III 18,3 (τὴν αἰτίαν ἀποδιδοὺς τῆς σαρκώσως αὐτοῦ) (SC 211, 345, p. 349). • SAN IGNACIO. *Eph.* 3,2: ἐν σάρκι γενόμενος θεός (BAC 629, p. 382).

mem, em contrapartida, perece. Precisamente a partir desse extremo limite criacional é que Deus se manifestou e se doou ao homem. Por isso a carne é o gonzo da salvação: "Caro cardo salutis-Salus quoniam caro"[71]. Esta não é mero anúncio de fatos exteriores, nem somente oferta de sentido teórico para pensar a vida do homem, mas recuperação da carne que se consuma na ressurreição. *Encarnação e ressurreição são assim os dois fundamentos do cristianismo: negar o realismo de uma ou outra é negar o fundamento da fé e ameaçar a vida da Igreja.*

O termo "encarnação" é sinônimo de "humanização". Os concílios colocam os dois para excluir que por "encarnação" se entenda que o Verbo só assumiu a carne e excluiu a alma, como afirmavam Ario, Apolinário e, de outra forma, os monofisitas[72]. Na Patrística grega encontramos múltiplos termos para designar essa realidade que afeta Deus como iniciador, o Verbo como sujeito realizador da ação, a humanidade estabelecida em nova relação com Deus e cada homem como destinatário dos efeitos que decorrem dela[73]. É possível considerá-la como *ato pontual*, como *acontecimento in fieri* e como *estado in facto esse*. Uma perspectiva a compreende sobretudo como um ato de iniciativa e realização do Verbo (*Verbum incarnatum*: cristologia alexandrina do λόγος σάρξ) e outra como a situação resultante sobre a humanidade (*Assumptus homo*: cristologia antioquena do λόγος-ἄνθρωπος). *A encarnação designa, portanto, a união do Verbo com a humanidade, numa natureza criada pelo Espírito Santo, a que o Filho personaliza e na qual expressa sua filiação eterna.* Dessa união do Verbo com uma natureza humana, criada e assumida no mesmo ato, resulta o homem Jesus. Esse ato é uma afirmação tão incondicional e definitiva do humano, que essa humanidade já é para

---

71. TERTULIANO. *De resurrectione carnis* VI (PL 2,802B). Cf. SAN IRENEO. *Adv. haer.* III, 10,3 (SC 211, p. 224).

72. Cf. DS 125 (Niceia: σι' ἡμας τοὺς ἀνθρώπους καὶ διὰ τὴν ἡμετέραν σωτηρίαν σαρκωέντα, ἐνανθρωπήσαντα). • DS 150 (Constantinopla: σαρκωέντα ἐκ πνεύματος ἁγίου καὶ Μαρίας τῆς παρθένου, καὶ ἐνανθρωπήσαντα).

73. Petávio enumera os seguintes termos gregos: οἰκονομία, συγκατάβασις, πρόσηψις, ἀναλήψις, σάρκωσις, ἐνανθρώπησις, ἐνσωμάτωσις, φανέρωσι, ἐπιφάνεια, ἐπίβασις εἰς σῶμα, παρουσία, ἐπιδημία, διὰ σαρκός ἐνδήμεσις, λώγοσις, θεώσις, ἕνωσις, κρᾶσις, ἀνάκρασις, μίξις, σύνοδος, ἐνδύσασθαι τὴν σαρκα. Enumera também os seguintes termos latinos: *susceptio, assumptio, inhumanatio, incorporatio, foederatio, conmixtio, conventio, conversio, oeconomia, attempteratio.* Cf. *Theologica dogmata*, V/II, 1 (Paris 1866) p. 263-269. Cf. LÓPEZ OREJA, J. "Terminología patrística de la encarnación". In: *Helmantica* 6 (1951), p. 129-160. • XIBERTA, B. *Enchiridion de Verbo Incarnato* (Madri 1957), p. 771-774. • HELSE, M. "Inkarnation, I". In: *HWPh* IV (1976), p. 368-369.

sempre humanidade do Filho. Nela ele se realizou enquanto tal durante sua vida mortal e nela perdura para toda a eternidade.

3 Autodivinização do homem ou auto-humanização de Deus

A encarnação não é o resultado de um movimento de autodivinização do homem que por si mesmo havia chegado a ser Deus ou raptado a divindade, mas de uma decisão livre de Deus onipotente que se projeta para fora de si mesmo. Na autoprojeção faz *ex-sistir* uma realidade nova na qual ele se "aliena" ou se "exterioriza" a si mesmo (*Entäusserung*). Vista a partir de Deus, a encarnação é autodoação à criatura, e vista a partir do homem, é uma realização do homem que, ainda que inesperada, o leva à possibilidade máxima contida em seu ser como essência aberta. Por ser imagem de Deus ele é capaz de recebê-lo e na recepção realiza sua autonomia suprema, já que o mais próprio do ser imagem é poder chegar a ser semelhante ao exemplar ou protótipo, Deus. A iniciativa e o fundamento da encarnação é a potência ativa de Deus; o ser homem se comporta não como princípio ativo, mas como receptor. Por isso é preciso descobrir seu sentido pensando-a em primeiro lugar a partir de Deus. "Já que no mistério da encarnação 'toda a razão do fato é a potência daquele que o faz' (SANTO AGOSTINHO. *Epist. ad Vol.* 137,2), deve-se ajuizá-la mais segundo a condição da pessoa que assume do que segundo a pessoa assumida"[74]. O homem possui a capacidade receptiva e expressiva, Deus tem o poder como realidade e a decisão como vontade.

Cristo é a expressão da vida trinitária de Deus em uma criatura e a incardinação da criatura em Deus. O Deus trino na pessoa do Filho, com a ação suscitadora e conformadora da humanidade pelo Espírito, se insere na história humana e a atrai para si, atraindo consigo toda a criação para o seu centro originário e para o lugar de sua plenitude. A encarnação é assim a afirmação-limite da criatura por seu Criador, ao ser acolhida dentro dele, de tal forma que, perdurando a diferença, cresce a união entre o Criador e a criatura. E nisto consiste a salvação, que é algo irrevogavelmente oferecido por Deus ao dar-nos seu Filho e ao assumir-nos em sua paternidade, mas que precisa encontrar em cada homem a resposta e a conformação livre com essa oferta divina.

---

74. SANTO TOMÁS, *Sth.* III, q.3 a.6.

4 A encarnação como consumação da criação

Schleiermacher, Blondel, Rahner e Zubiri entenderam a encarnação como a consumação da criação. Isso não lhe subtrai sua condição de mistério superior ao homem, mas elimina seu caráter enigmático[75]. O Deus do prólogo de São João (encarnação) é o mesmo que o do Gênesis (criação). A criação se ordena à deificação; o homem imagem de Deus é antecipação da Imagem perfeita de Deus que é Cristo[76]. Rahner expos a teologia da encarnação analisando as três palavras de Jo 1,14: *Logos-sarks-egeneto*. Assim responde às três perguntas essenciais:

1) Qual é o sujeito da encarnação: o Pai, o Filho ou o Espírito?

2) Existe em Deus a possibilidade de devir, de forma que, sem deixar de ser Deus, chegue a ser homem?

3) Tem a carne (o homem) a capacidade de ser levado a uma forma de existência na qual, sem deixar de ser homem, seja a expressão de Deus de tal forma que se possa dizer "este homem concreto é Deus"?

O sujeito da encarnação é o Logos, porque a encarnação corresponde ao que é sua essência e lugar próprio no mistério trinitário. Deus não realiza nada na história que não seja em conformidade, prolongamento e revelação de seu próprio ser trinitário. O lugar do Verbo na Trindade explica a encarnação, e a encarnação, por sua vez, nos deixa perceber por indícios a natureza trinitária do Verbo. O *Logos* é o dizer e o dito eterno de Deus expressando a si mesmo; nesse dizer está dito todo o dizível. A encarnação é o prolongamento à criatura da realidade e da relação eternas do Filho. "O

---

[75]. "A unidade essencial, irredutível, e o caráter misterioso da realidade de Cristo não excluem a possibilidade de considerá-la numa perspectiva em que apareça como ápice e conclusão, como término misterioso, planejado de antemão por Deus, a atuação divina na criação [...]. Então, a encarnação do *Logos* não apareceria unicamente como um acontecer posterior, ilhado *dentro* de um mundo já *acabado* – com o perigo de provocar a impressão de uma ideia mitológica – no qual de repente entra Deus mesmo, obrando e corrigindo-o, assumindo-o, por conseguinte, como uma realidade dada. A encarnação do *Logos*, apesar de ser um acontecer histórico, e por isso único, que se dá num mundo também essencialmente histórico, apareceria *ontologicamente* – não somente *a posteriori* e moralmente – como objetivo inequívoco do movimento total da criação. Todo o restante e o anterior seria tão somente sua preparação e seu mundo em torno" (RAHNER, K. "Problemas actuales de la cristología". In: ET I, p. 169-222, cit. à p. 185. Cf. ZUBIRI, X. *El problema teologal...* Op. cit., p. 2.286).

[76]. "A cristologia é – ainda que 'para nós' *a posteriori* – a protoconcepção da antropologia e da doutrina da criação, assim como Cristo, por sua vez, é o πρωτότοκος τῆς κτίσεως (Cl 1,15)" (RAHNER, K. Art. cit., p. 184, nota 19). "Dieu, faisant l'homme, faisait comme un prélude du mystère de l'Incarnation" (DE BÉRULLE, P. *Discours de l'état et des grandeurs de Jésus* XI (Paris 1996), p. 425).

Logos de Deus se tornou homem e só Ele pode sê-lo. O dizer-se imanente de Deus em sua eterna plenitude é a condição do dizer-se saindo de si mesmo e este é a continuação daquele"[77]. Se a revelação reflete o ser de Deus, conclui-se que somente o Filho podia encarnar-se e que entre as criaturas corporais somente o homem podia "ser assumido"[78]. No entanto, acrescenta Santo Agostinho, a missão do Filho implica o Pai porque as pessoas são inseparáveis e atuam indissociavelmente. Simultaneamente a encarnação se realiza no homem, "microcosmos" que representa e contém em si o mundo inteiro[79].

Existe possibilidade em Deus de tornar-se outro senão Ele? Os símbolos de fé afirmaram que Deus é "imutável" e "impassível". Isto significa que Deus não é perecível, que não existe nenhum poder superior a Ele, que permanece indestrutível em sua essência e fiel em suas promessas. Nada o atinge a partir de fora e nada escapa de sua inteligência de potência. Deus é Deus, e somente Ele é Deus. Não o são a *physis,* nem o destino, nem o homem, nem o cosmos inteiro. Da definição de Deus se deduz o caráter indestrutível, eterno e bem-aventurado de seu ser. No entanto, quando esse Deus é pessoal e constitutivamente amor, então as categorias de imutabilidade e impassibilidade, sem deixar de significar o enunciado, implicam, além disso, outras dimensões. Deus é criador e sem minorar seu ser constitui o outro junto a si e outorga liberdade, fazendo-se cooperador e solidário dele. Como resultado da seriedade de sua aliança com o homem assume seu destino, sua

---

77. RAHNER, K. "Para una teología de la encarnación". Art. cit., p. 151.

78. "A ideia de que precisamente o *Logos* se possa converter em mundo é preparada através do pensamento da disponibilidade do *Logos* para toda decisão criadora de Deus, e também através de sua forma expressiva arquetípica mediante a qual não somente expressa em si a Trindade inteira, mas a *imagem originária de toda possível expressão criatural de Deus*. O pensamento (verdadeiramente pouco feliz) de Santo Agostinho de que cada pessoa divina poderia ter assumido forma humana deve ser abandonada. Somente o *Logos* é *incarnabilis*; e somente o homem, por ser a criatura mais central do mundo, como microcosmoss (*parvus mundus*) e como 'imagem de Deus', que tem a afinidade ôntica mais próxima do *Logos*, é *assumptibilis* por este" (VON BALTHASAR, H.U. *Teológica*. Op. cit., 2, p. 165-166). Cf. ZUBIRI, X. *El problema teologal...* Op. cit., p. 279.

79. Contra o que afirma Rahner e Balthasar, Santo Agostinho não diz que qualquer uma das três pessoas divinas poderia ter se encarnado. O introdutor desta opinião é P. Lombardo (*Liber Sent.* III dist. 1, cap. 2). Este autor, no capítulo anterior, assume as razões que dá Santo Agostinho para mostrar que o objetivamente "convincente" era que se encarnasse o Filho. Santo Agostinho acrescenta: "Non tamen eamdem Trinitatem natam de Virgine Maria et sub Pontio Pilato crucifixam et sepultam, tertio die resurrexisse et in coelum ascendesse, sed tantummodo Filium [...] quamvis Pater et Filius et Spiritus Sanctus, sicut inseparabiliter operentur. Haec et mea fides est, quando haec est catholica fides" (*De Trinitate*, I, 4,7 (BAC 39, p. 131)).

vida e sua morte. A metafísica grega obriga a falar da *apháteia* divina: de sua serenidade e imperturbabilidade no distanciamento absoluto do mundo e de seu destino. A Bíblia, em contrapartida, fala do *páthos* e da paixão de Deus como com-paixão com o homem, porque tem coração e é Pai. A Parábola do Pai que espera o Filho saído de Casa é mais essencial para a teologia e para a antropologia do que a *Metafísica* e a *Ética* de Aristóteles. Neste sentido Deus pode transformar-se, mudar-se e sofrer, sem desnaturalizar-se, degradar-se ou ser menos. "Non coerceri maximo contineri tamen minimo hoc divinum est"[80]. Temos que operar a passagem de uma compreensão objetiva ôntica e a-histórica de Deus, tal como a propunha a metafísica grega, para uma compreensão pessoal ontológica e histórica do cristianismo[81].

5 A encarnação como "mutação", "paixão" e "identificação" de Deus imutável e impassível com o homem mortal e sofredor

Se as pessoas são capazes de ser habitadas e viver umas pelas outras, sendo esta sua máxima alegria, como não seriam capazes de ser habitadas e compartilhadas por Deus até ao extremo de ser mais elas mesmas quanto mais Deus estiver presente nelas? A impenetrabilidade dos corpos é o princípio fundamental da física, ao passo que a interpenetração das pessoas é o princípio fundamental da antropologia. As coisas não podem ser visitadas, habitadas e convividas por outras coisas. Em contrapartida, as pessoas podem ser convividas, compadecidas e correalizadas por outras pessoas. Isto acontece nas relações de inteligência e de amor que as unem. O que se diz da pessoa e das consequências reais do amor na ordem humana deve ser dito de maneira muito mais verdadeira da relação de Deus com o homem. A partir daqui entende-se que Deus possa "mudar" e "padecer" sem degradar-se nem perder sua divindade, mas realizando-a mais divinamente e comprovando-a mais eficazmente. Isto é o que acontece na encarnação e na paixão

---

80. "Isto é o verdadeiramente divino, não ficar limitado por sua grandeza, mas fechar-se no mínimo." Fórmula jesuítica que encontrou um eco entusiasmado em Hölderlin e em Hegel. Cf. RAHNER, H. "Die grabschrift des Loyola". In: *Ignatius von Loyola als Mensch und Theologe* (Friburgo 1964), p. 424. Aqui se enfrenta a compreensão da metafísica grega sobre Deus e o cristianismo. Daquela nasce a objeção contra a encarnação que Santo Tomás formula assim: "Inconveniens est ut qui excedit magna, contineatur in minimo" (*Sth.* III q.1 a.1 obj.4).

81. "Deus permanecendo imutável 'em si' pode chegar a ser (*werden*) 'no outro' e *ambas* afirmações têm que ser pregadas real e verdadeiramente do mesmo Deus enquanto ele mesmo" (RAHNER, K. "Para una teología de la encarnación". Art. cit., 149, nota 3).

de Cristo: ali conhecemos o Deus verdadeiro e humilde em seu sentido etimológico (quase ao seu mesmo nível; *humus* = solo, terra); não enaltecido à medida que a finitude e o pecado humano o imaginam, transladando até Ele seus próprios limites e rejeições de tudo o que pode diminuir o poder ou ameaçar com a morte. Entretanto, Deus não é a imagem do homem, mas o homem é chamado a ser a imagem de Deus. Sabemos melhor disso a partir da encarnação e, em consequência, a partir dela temos que voltar a pensar em Deus. Em Cristo conhecemos o *Deus humilis*, o Deus humilde, ao qual se converteu Agostinho e ao *Deus humilhado* que fascinava Pascal[82].

A terceira pergunta dizia: *É possível a encarnação por parte do homem?* Rahner, partindo do último Kant no *Opus posthumanum* e no Kant da *Crítica da razão pura* onde só analisa as estruturas formais do conhecimento, remontava até a atividade espiritual, ao dinamismo infundido na inteligência pela vontade como resultado de sua abertura constitutiva ao fim último, que é Deus. A inteligência humana tende do mutável, do múltiplo e do deficiente para o Absoluto, para o Uno, para o Infinito. A vontade humana transcende cada objeto que alcança justamente por estar aberta a uma realidade infinita, a única que sacia sua inquietude absoluta. Rahner, nas sendas de Kant, Blondel e Maréchal, definiu o homem como o "indefinível", como aquele que tem no Absoluto sua medida e sua meta, ao qual, portanto, está aberto, serve e espera poder ouvir com seus ouvidos e precisa ver com seus olhos encarnado.

6 A encanação de Deus: catástrofe ou plenificação do homem?

A encarnação, portanto, cai no horizonte das esperanças e das possibilidades do homem. No entanto, estas são de dupla ordem. Umas são ativas, as que ele pode por si mesmo descobrir primeiro e, em seguida, realizar. Outras são receptivas, as que são abertas por outro e que, uma vez reconhecidas, podem ser realizadas em colaboração com ele. Existe no homem tanto uma ignorância quanto uma obturação de possibilidades próprias que podem ser despertadas e atualizadas por outro, sobretudo por Deus, que as

---

82. Cf. *Conf.* VII, 18,24 (BAC 11, p. 294): "Como possuía pouca humildade, não compreendia que Jesus, meu Deus, fosse humilde, nem alcançava de que ensinamentos fosse mestra a sua fraqueza" [...]. "Humilham-se ao presenciar a seus pés a Divindade tornada humilde". • Ibid., VIII, 2,4 (p. 314): "Imaginou-se réu de grande crime por se envergonhar dos 'sacramentos de humildade do Vosso Verbo'". Cf. PASCAL, B. Op. cit., p. 679, 683.

conferiu ao nosso ser. A encarnação é uma possibilidade humana da natureza. É possibilidade radicada no ser, já que o homem é o que Deus criou para poder existir Ele mesmo encarnado, embora o homem só a descubra como possibilidade quando a encontra realizada. Sua realização é graça. Assim a graça descobre na natureza suas melhores possibilidades na medida em que pela encarnação as realiza.

> A encarnação de Deus é por essa razão o caso irrepetivelmente supremo da realização essencial da realidade humana. E essa realização consiste em que o homem é se entregando [...]. A potência obediencial não pode ser uma capacidade dentre as outras possibilidades na consistência do ser (*Seinsbestand*) do homem, mas objetivamente é idêntica à essência humana[83].

Decênios antes de Rahner, Boulgakov havia escrito:

> O homem já é a forma disposta à autêntica antropia (Deus-homem), que ele não é capaz de realizar por si mesmo, mas em vista da qual foi criado e para a qual foi chamado. A encarnação de Deus não é tanto uma catástrofe para a essência humana nem violação alguma dela, mas, pelo contrário, é sua plenificação[84].

Consequentemente podemos concluir que a forma histórica em que Cristo viveu seu destino particular de Filho de Deus encarnado revela o ser de Deus e o ser do homem, sua passividade e condescendência (descida, condescendência, *quenose*)[85]. Deus chegou à sua possibilidade máxima como Criador e assim ao ponto culminante de seu ser[86]. O homem chegou também à sua possibilidade máxima (ascensão, conformação, glorificação). Os Padres da Igreja muitas vezes repetiram que a *kénôsis* de Deus é assim a *Théôsis* do homem. Pela encarnação o finito recebeu uma dignidade e uma pro-

---

83. RAHNER, K. "Para una teología de la encarnación". Art. cit., p. 145.
84. BOULGAKOV, S. *Du Verbe Incarné (Agnus Dei)* (Paris 1943), p. 114-116.
85. "Não é colocando-se em um ponto de vista intelectualista, por análises de conceitos, por um exame científico dos dados 'noumenais' ou 'fenomenais', que se chegará a conceber a coexistência do Criador infinito com o mundo criado, finito, e em Cristo, de uma união tal como a hipostática. É necessário se colocar em um ponto de vista da vontade onipotente e da caridade 'excessiva' que determinou Deus a criar, e criando, para criar, a *fazer-se em certa maneira passivo, solidário, responsável por sua criatura*" (BLONDEL, M. *Lettres philosophiques* (Paris 1961), p. 229-230).
86. "A encarnação não é algo que acontece porque Deus o quis podendo não tê-la desejado, mas é *um acontecimento que culmina o próprio ser de Deus* no qual o mais alto se funde com o mais baixo, o mais forte com o mais fraco, o mais profundo e originário com o que em aparência é acidental ou meramente contingente" (ÁLVAREZ, M. *Pensamiento del ser y espera de Dios*. Op. cit., p. 523).

fundidade infinitas. O homem, cada homem, é o destinatário da revelação e da entrega de Deus ao mundo, e mais ainda quando sua solidão ou pecado, degradação ou pobreza são maiores. *A encarnação sela assim a validez divina do humano. Cada agressão a um homem é agressão a Deus, já que, com cada um, Deus se identificou e por cada um Cristo morreu.*

7 A encarnação: instante e duração, ato e estado

A encarnação deve ser entendida não em sentido pontual, mas diferido; não acontece em um instante, mas ao longo de toda a história de Jesus. A encarnação começa nas entranhas de Maria e se consuma nos braços da cruz. Cristo chegou a ser homem nas mesmas condições de todos os homens: numa história de ação e paixão, de poder e responsabilidade, de liberdade e graça, cujo ápice é a morte. Vamos sendo e chegando a ser à medida que fazemos de nosso ser um projeto e de nossos projetos uma vocação, reconhecendo nela uma missão divina. Por isso Cristo vai se tornando perito em humanidade à medida que vai sendo homem, e vai sendo homem à medida que vai vivendo. Ser homem é ter uma biografia no tempo e no espaço. A encarnação de Cristo é integral; isto significa que é biológica e histórica, social e ao mesmo tempo individual, metafísica e simultaneamente biográfica. Zubiri sublinhou esta última dimensão com especial perspicácia[87].

A encarnação foi interpretada por Rahner a partir de uma compreensão do homem, aberto e na expectativa do Absoluto, e simultaneamente a partir de uma compreensão do Absoluto como único objeto que preenche inteiramente o homem. Deus tornou tão patente sua possibilidade, seu sentido e sua conveniência que até parece que a encarnação foi necessária para que Deus fosse Deus e o homem chegasse a ser plenamente homem; além disso, sua realização se nos apresenta como necessária em cada homem. Rahner, sabendo já da encarnação real conhecida pela fé, busca uma compreensão metafísica do homem e a partir dela relê a história bíblica e define Jesus como Salvador absoluto do homem. Ele dá primazia a uma leitura ascendente[88].

Para Balthasar, em contrapartida, o ponto de partida da cristologia não deve ser a antropologia transcendental, mas a história de Deus com Israel;

---

87. Cf. ZUBIRI, X. *El problema teologal...* Op. cit., p. 298, p. 307-309.
88. Cf. MAURICE, E. *La christologie de Karl Rahner* (Paris 1995).

não a humanidade em busca de salvação e sentido para si, mas a autorrevelação e autodoação da Trindade na cruz[89]. Para compreender a encarnação a partir de Deus este deve ser pensado como Amor em desapossado (*quenose* originária), dando-se o Pai ao Filho no Espírito e sendo o Filho devolução absoluta. Sobretudo deve se pensar a situação histórica da humanidade sob o pecado. *O Verbo se faz carne, e esta é pecadora e não apenas pensadora*; não somente busca o Deus desconhecido, mas rejeita o conhecido, ou o declara inexistente, para ser soberana do mundo e do próximo. Por isso o encontro de Deus com a humanidade não acontece somente como desvelamento do que a realidade é, mas como choque dramático de liberdades, a finita criatural com a infinita de Deus, a dos homens pecadores com o Deus santo[90].

Se para Rahner a encarnação parece a evidência suprema, à qual não é possível rejeitar uma vez que conhecemos a Cristo e nele sabemos do que Deus é capaz e do que o homem necessita, em contrapartida, para Balthasar frente a Rahner, assim como para Kierkegaard frente a Hegel, a encarnação como um padecer inevitável de Deus no mundo à mercê do poder do homem pecador é algo simplesmente assombroso. A encarnação de Deus é paradoxal, o impensável, que só pode ser respondida com a adoração, com a ação de graças e com uma correspondência de vida em imitação existencial e servindo ao próximo. A encarnação de Deus na carne e na cruz é o "escândalo" por antonomásia do cristianismo[91].

V – A *quenose*

1 Do nascimento à cruz

A encarnação do Filho se realiza historicamente como *quenose*. Nela se revelam o ser e o amor de Deus ao mesmo tempo que o ser e o pecado do homem. Esta *quenose* de Cristo (Fl 2,7) não significa deposição do ser, do poder ou do conhecer divinos numa espécie de autoaniquilamento, mas uma harmonização deles às condições da existência finita que faz com que possam

---

89. Cf. VON BALTHASAR, H.U. "Approches christologiques". In: *Didaskalia* 1 (1982), p. 3-11.
90. Cf. "La dramática entre la Estética y la Lógica". In: *TD* 1, 19-26. • Ibid., 4. • ZUBIRI, X. *La acción* (Madri 1995).
91. Cf. KIERKEGAARD, S. "Bienaventurado el que no se escandaliza de mí". In: *Obras y papeles – I: Ejercitación del cristianismo* (Madri 1961), p. 121-212. Cf. RAE, M. *Kierkegaard's Vision of the Incarnation* (Oxford 1997).

viver sob as limitações da criatura e padecer as violências nas quais efetivamente vive o homem histórico. A potência suprema é capaz de "ser menos", de assumir essa "relativização" que lhe permite compartilhar e compadecer-se da situação do homem; e isto tanto na ordem do ser quanto na ordem do poder e do conhecer.

A *quenose* deve ser entendida entre dois extremos: o simples ocultar perante os homens sua condição divina de Filho sem que compartilhe as condições da finitude (*não aparecer como Deus*) e a real deposição natural ou decidida de sua divindade (*deixar de ser Deus*). Aquele que existia na forma de Deus assume na cruz a situação do homem sob as consequências do pecado.

O Impassível padece com o homem; o soberano se submete às condições históricas nas quais dominam a violência e o sem sentido. O Filho, e com Ele o Pai, se adentram na solidão e na impotência da cruz para introduzir um princípio de vida no universo, onde o pecado e com ele a morte são o poder dominante e mortífero. A *quenose* de Deus em Cristo, a submissão aos poderes do mal e a permanência inocente sob eles revelaram a Majestade como Misericórdia e o Absoluto transcendente como Próximo absoluto. A entrada do "uno da Trindade" na morte, manifestada em seguida como vitoriosa na ressurreição, funda a confiança e a esperança do homem no mundo. Na morte de Cristo por nós, Deus se revelou como Amor vencedor do Mal e da Morte, e simultaneamente como acolhedor e garante do homem, na forma mais radical que é a Paixão.

Para alguns esta proposição de um Deus na cruz é a loucura suprema, para outros uma nova sabedoria. O *logos* da cruz é força e sabedoria de Deus (1Cor 1,18-31)[92]. Na cruz chega ao seu cumprimento o que já se esboçava no AT e na literatura rabínica: o sofrimento real de Deus diante da dor dos homens, compartilhando o destino com eles. YHWH chora e sofre com seu povo; Jesus chora sobre Jerusalém. A Carta aos Hebreus fala das lágrimas de Jesus (5,7). Tudo isto não é sinal de uma humanização degradante de Deus, nem são meros antropomorfismos teologicamente irrelevantes; além disso, que teriam que ser superados para chegar ao rigor do conceito, mas é a maneira concreta de Deus manifestar-se como Deus dos homens, a autodefinição de Deus com fatos correspondentes ao homem, para quem ser

---

92. Cf. SÖDING, T. *Das Wort vom Kreuz* (Tubinga 1997).

humano é ter corpo, tempo e sentidos. A revelação e a encarnação de Deus necessariamente precisam ser "quenóticas" se quiserem ser autenticamente divinas. Se Deus quer emergir dentro do mundo, para poder ser percebido como Deus e não como uma parte a mais do mundo, precisa mostrar-se sob os signos da humildade que não faz violência, da pobreza que mendiga e do amor que seduz por sua imaculada entrega. Só assim Deus não violenta nem coage o homem com sua onipotência. Lévinas demonstrou que somente ocultando sua divindade e levando-a ao extremo de torná-la solidária do próximo em sua pobreza e em sua atitude substitutiva de sua morte Deus pôde ser reconhecido como Deus no mundo; a pobreza e a substituição são a revelação de Deus[93].

2 *Quenose* histórica de Jesus e *quenose* intratrinitária do Filho?

Balthasar tentou fundar a *quenose* histórica de Cristo numa *quenose* intratrinitária do Filho. Se, com este termo, Balthasar pretende sugerir que o Filho é relação procedente do Pai e ordenada a Ele, todo recepção e todo resposta, e que a obediência do Filho encarnado corresponde à sua filiação trinitária prolongando esse trinitário "ser para o Pai" como um "ser para os homens" no mundo, e compartilhando seu destino ao extremo de descer aos infernos para superá-los, então até certo ponto devemos estar de acordo. Mas falar simplesmente de uma *quenose* intratrinitária em sentido estrito carece de fundamento bíblico, e é uma aplicação ilegítima do princípio de reciprocidade entre a Trindade imanente e a Trindade econômica[94]. Deus revela e realiza no mundo o que é sua vida trinitária; mas a existência encarnada do Filho tem elementos de novidade, de liberdade e de história que são consequência do pecado humano, e que não preexistem nem têm fundamento na vida trinitária. A negatividade não pertence ao ser de Deus, e neste sentido a ruptura, *Riss* (Hegel), com o mal, a dor e a morte não passam por ele. Deus

---

93. "O problema do Homem-Deus comporta, por um lado, a ideia da humilhação que se inflige o Ser supremo, de uma descida do Criador ao nível da criatura; i. é, de uma absorção na passividade, a mais passiva da atividade mais ativa [...]. Eu penso que a humildade de Deus, até certo ponto, permite pensar a relação com a transcendência em termos distintos da ingenuidade e do panteísmo; e que a ideia da substituição, segundo uma certa modalidade, é indispensável à compreensão da subjetividade" (LÉVINAS, É. "Un Dieu Homme?" In: *Entre nous* – Essais sur le penser-à-l'autre (Paris 1991), p. 64-71. Cf. FREYER, R. "Emmanuel Lévinas Vorstellung vom Gott-Menschen, eine Herausforderung für die Christologie?" In: *ThQ* 1 (1999), p. 52-72.

94. Cf. KASPER, W. *Teología e Iglesia* (Barcelona 1989), p. 304, nota 18.

entra no devir, na dor e na morte, mas como expressão não de seu ser em necessidade, mas de sua liberdade no amor[95]. Entretanto, frente a Rahner tem razão Balthasar ao sublinhar as condições concretas da história humana e sua repercussão sobre o Filho encarnado. A encarnação foi "na condição da nossa carne de pecado". "Deus destruiu o pecado pelo pecado na morte" (Rm 8,3-6)[96].

3 Os três polos da existência de Cristo e a soteriologia resultante

A encarnação se ordena à morte por duas razões. Uma, porque o homem é naturalmente mortal e Deus acompanha sua criatura até o limite de seu destino criatural; outra, porque na morte atua vitorioso o poder do pecado, mergulhando o homem na angústia e antecipando o medo a toda a existência. Por eles o diabo torna todos os homens seus escravos (Hb 2,14-15). Ao outorgar primazia a um ou outro dos três polos (encarnação, ação pública ou morte-ressurreição), se decidem as orientações da soteriologia.

• Umas acentuam a encarnação e como, ao estar Deus inserido no mundo, o sentido da existência se ilumina; e como o homem e o mundo, ao compartilhar Deus sua natureza e destino, já estão em princípio salvos.

• Outras, em contrapartida, acentuam a morte de Cristo e sua função dramática vencendo os poderes do mal e o pecado, perdoando os pecadores, discernindo a vontade má e convertendo-se em crise ou julgamento para o homem (Cl 2,13-15).

• Uma terceira linha soteriológica parte da ressurreição e coloca o acento na vitória e na vida nova que ela significa, junto com o dom do Espírito aos homens que dela decorre.

---

95. E. Jüngel forjou uma fórmula que inclui essa dupla realidade: Deus *não é* devir; seu ser é consumado, completo e fiel; mas *está em* e compartilha o devir dos homens. Cf. em *Gottes ist im Werden* (Tubinga 1967). "Deus *em* e apesar de sua imutabilidade pode verdadeiramente tornar-se algo. Ele mesmo, não como sinal de sua finitude, não pôde ser menos do que Ele permanentemente é" (K. Rahner). "Para una teología de la encarnación" (Art. cit., p. 150, nota 3). Rahner forja a fórmula: "Deus se torna, sofre no outro, que é por sua vez seu". Por isso, manterá um calcedonismo rígido e não aceitará a fórmula do "sofrimento de Deus" em sentido estrito. É só o Filho encarnado que sofre "em sua humanidade", não Deus enquanto tal.

96. Por isso Balthasar sublinha que a carne de Cristo só é *eloquente* enquanto *carne paciente* e que Cristo só nos reforma e repara de nossa condição de pecadores por sua deformação na cruz. A salvação do homem supõe a superação objetiva do pecado, que se realiza passando sob seus efeitos e vencendo-os.

4 Motivo, finalidade e consequências da encarnação redentora e quenótica

Após expor o *fato*, a *possibilidade* e o *sentido* da encarnação, resta-nos explicar o *motivo*, a *finalidade* e as *consequências*. Nada existe fora de Deus que possa motivar suas decisões com necessidade. O único motivo da encarnação é o amor de Deus. *O Filho se encarnou porque Deus é Amor; e sabemos que Deus é Amor porque seu Filho se encarnou.* A finalidade que Deus se propõe na encarnação é que o homem e o mundo compartilhem sua vida eterna (Jo 3,14-21; 6,51). Essa finalidade se concretiza em duas formas: restaurando o que pelo pecado havia sido alterado, desviado de seu fim, e por isso desordenado em si mesmo, ao mesmo tempo que recapitulando nele toda a criação, já que o Filho foi predestinado a ser o centro realizador do mundo. O mundo é pensado por Deus com Ele como centro e ponto culminante. Para cumprir essa função é necessário restaurar previamente o quebrado e ordenar o desordenado. Balthasar expôs a convergência dessas duas razões da encarnação partindo de um texto de São Boaventura: "Não foi nossa maldade que forçou o Filho de Deus a fazer-se homem, mas o amor sobrenatural misericordioso de Deus". "Cristo não está, em última instância, ordenado a nós; mas nós, em última instância, estamos ordenados a Ele; a cabeça não existe para os membros, mas os membros para a cabeça"[97].

As consequências da encarnação do Filho são de dupla face: é graça e é julgamento. Por sua própria natureza é oferta de vida a um homem livre; entretanto, a liberdade do homem é sempre situada e afetada. Vivendo referida à verdade nova e sempre imprevisível, quando esta aparece, vai até ela e a ela se entrega para ser por ela iluminada e salva. No entanto, ela também pode estar aprisionada pelo mal, pelas trevas, e não querer então aceder à luz para que suas obras más não sejam desmascaradas. A verdade de Cristo então desvenda e ameaça sua mentira. Com isso temos o paradoxo de que o amor possa converter-se em princípio de condenação. *A missão do Filho é a consequência do amor do Pai; que se manifesta como revelação e oferecimento desse amor ao homem para divinizá-lo. O objetivo próximo desse envio do Filho*

---

[97]. "Por mais que o *Logos* apareça como 'redentor' do pecado do mundo, sua encarnação não fica condicionada em última análise por este motivo, mas pelo livre e generoso amor de Deus que supera tudo o que é mundano" (VON BALTHASAR, H.U. *Teológica*. Art. cit., p. 165, 225-226). Cf. GERKEN, A. *Theologie des Wortes* – Das Verhältnis von Schöpfung und Inkarnation bei Bonaventura (Düsseldor 1963).

é revelar o amor que é Deus; o objetivo concomitante como condição prévia para essa salvação plena é a redenção de seus pecados[98].

No encontro com Jesus se manifesta a identidade dos homens; os que amam a verdade veem a luz, e os que não amam, ou não aceitam orientar a vida por suas exigências, esses não conseguem perceber quem é Jesus, e ao se verem identificados por Ele como "trevas" tentam anulá-lo (Jo 3,19-21). Esse não acreditar em Jesus já é a condenação, porque a salvação só é possível compartilhando a filiação de Jesus. A solidão interna e a última agonia de Jesus derivaram desta comprovação: que, sendo Ele luz e amor para os homens, acabaria se convertendo em motivo de condenação para eles. Por isso, Balthasar dirá que o inferno só existe desde que, aberta a vida de Deus por Ele (isso é o céu), os homens preferiram o distanciamento e o próprio vício (isso é o inferno). Cristo desceu aos infernos: para anunciar seu evangelho aos que o haviam precedido; para exercitar sua soberania sobre o abismo e a morte; para compartilhar a solidão e a dor dos separados de Deus; para superar e "destruir" com seu amor esse pecado; para "esgotar" e assim anular "o inferno"[99].

VI – A divindade

1 Da filiação à divindade

A compreensão eclesial de Cristo avançou da confissão de sua filiação à confissão de sua divindade[100]. Trata-se de um processo de descobrimento, que vai integrando a memória do Jesus terrestre, a experiência do Ressusci-

---

98. Cf. BARRET, C.K. *El evangelio según san Juan*. Op. cit., p. 323-324. O melhor panorama sobre os fins e os frutos da encarnação continua sendo PETAVIO. Op. cit., V/II, c. V-X, p. 286-329.

99. Cf. VON BALTHASAR, H.U. "El Misterio Pascual – IV: La ida al Reino de los muertos". In: *MS* III/2, p. 237-265. • *Com RCI* 1 (1981), número monográfico: "Descendió a los infiernos". • KREMER, K.; KEHL, M. & PLANK, M. "Höllenabstieg". In: *LTK*³ 5, p. 237-240.

100. Cf. SESBOÜÉ, B. "La vérité de la filiation divine de Jésus". In: *Jésus-Christ...* Op. cit., p. 92-108. • GONZÁLEZ DE CARDEDAL, O. "Vivencia soteriológica – Misterio trinitario y divinidad de Cristo". In: *Aproximación*, p. 465-520. • LOIS, J. "La confesión de fe en la divinidad de Cristo". In: *Jesús de Nazaret-El Cristo liberador* (Madri 1995), p. 261-349. • PANNENBERG, W. "La divinidad de Jesucristo". In: *TS* II, p. 351-426. • GESCHÉ, A. "La confession christologique 'Jésus, Fils de Dieu' – Étude de théologie spéculative". In: DONDEYNE, A. et al. *Jésus Christ-Fils de Dieu* (Bruxelas 1981), p. 173-216. • CONGREGACIÓN PARA LA DOCTRINA DE LA FE. "Declaración sobre em misterio de la Trinidad y encarnación ante ciertos errores". In: *AAS* 64 (1972), p. 237-241. Edição com comentários de J. Ratzinger e outros teólogos: *El misterio del Hijo de Dios* (Madri 1991).

tado, a comprovação de sua ação na Igreja e sua espera como Filho do Homem para consumar a história. É resultado de um processo de interiorização da fé sob a ação do Espírito Santo e a condução dos apóstolos, realizado dentro da Igreja. Afirmar que a confissão de fé na divindade de Jesus nasce da experiência, da reflexão e da ação de uma Igreja que recorda Jesus em sua história, o olha como enviado por Deus e o espera como Juiz e *Kyrios*, não significa negar seu caráter de revelação de Deus, mas *discernir os caminhos da chegada dessa revelação à nossa consciência e sua apropriação dela*. A revelação divina não cai sobre a consciência humana obturando-a ou freando seu desenvolvimento, mas suscitando-lhe intuições e levando-a a conclusões que ela por si só não teria podido alcançar. Essa soma de fatores (memória, história, experiência celebrativa, ação do Espírito Santo, clarificação apostólica normativa, explicitação por parte dos *didaskaloí* na Igreja primitiva) leva à confissão da divindade de Cristo como suprema fórmula expressiva de tudo o que Jesus era[101].

2 Presença e ausência dos termos na boca de Jesus

Esses vestígios primeiros dessa confissão explícita da divindade de Jesus são encontrados no NT. É evidente que não podemos esperar palavras de Jesus apresentando a si mesmo como Deus nos evangelhos. Ele se apresentava e era percebido como alguém enviado por Deus, que vinha de Deus e a Deus voltava; sua missão era anunciar o Reino do amor, do perdão e da paz da parte de seu Pai. Perante Ele viveu como Filho e a Ele entregou seu espírito na morte. Cristo não fez diretamente teologia, mas antropologia, e não propôs diretamente uma cristologia, mas uma soteriologia. Uma e outra, acima de tudo, não com palavras, mas sobretudo com sua pessoa e suas obras. O que realmente fez foi reclamar um conhecimento de Deus, uma autoridade de julgamento e uma exigência sobre os homens, que para seus ouvintes eram equivalentes à autoridade, à exigência e ao julgamento de Deus. Essa equivalência dinâmica e salvífica, que se esconde no comportamento de Jesus arrogando-se ser Revelador, Legislador e Juiz como Deus o é, foi o que levou alguns a reconhecê-lo como Messias, na forma de Filho único de Deus e, como consequência, a se fazer cristãos, ao passo que

---

101. Cf. GESCHÉ, A. "La confession christologique 'Jésus, Fils de Dieu'". In: Op. cit., p. 183-185.

outros o rejeitaram como blasfemo, já que não puderam reconhecer como autêntico um messianismo com tais pretensões divinas. Já expusemos os dois textos autênticos do Jesus terrestre: a Parábola dos Vinhateiros Homicidas (Mc 12,6-8) e o grito de júbilo ou ação de graças (Mt 11,25-27), que são afirmações transparentes de uma autoridade, de uma relação e de uma missão que o equiparam com Deus[102].

3 Textos do NT que nomeiam Jesus como Deus

O NT chama explicitamente Jesus de "Deus" em três textos, que todos os exegetas admitem, ao mesmo tempo que em outra série deles nos quais a divindade está implicitamente afirmada ou pressuposta (Jo 8,24; 8,28.58; 10,30; 13,19; 14,9)[103]. Os três inegáveis são:

• Jo 1,1: *"No início era o Verbo, e o Verbo estava em Deus e o Verbo era Deus".*

• Jo 20,28: *"Tomé lhes respondeu* [quando lhe apareceu o ressuscitado na tarde de Páscoa]*: 'Meu Senhor e meu Deus'".*

• Hb 1,8-9: O autor coloca na boca de Deus, dirigidas a seu Filho Jesus, as palavras do Sl 54,6-7.

> O teu trono, ó Deus, está firmado para todo o sempre, e o cetro da retidão é cetro do teu reino. [...] Amaste a justiça e abominaste a iniquidade, pois isso, ó Deus, teu Deus conferiu-te a unção de um óleo de alegria, de preferência a teus companheiros.

Com estes existem outros textos que contêm a mesma afirmação, mas problemas de variantes textuais em alguns casos e de interpretação em outros os tornam duvidosos. São os seguintes:

• Jo 1,18 (Deus unigênito ou Filho unigênito?).

---

102. Cf. LÉON-DUFOUR, X. "La parabole des vignerons homicides". In: *Étude d'Évangile* (Paris 1965), p. 308-330. • HUBAUT, M. *La parabole des vignerons homicides* (Paris 1976). • BENOÎT, P. "La divinité de Jésus". In: *Lumière et Vie* 9 (1953). • DREYFUS, F. *Jésus savait-il qu'il était Dieu?* (Paris 1984). O judaísmo, que rejeitou Jesus desde o começo, o fez fundando-se em duas razões: a) É um impostor do povo, um mago; b) É um blasfemo e se colocou no lugar de Deus. Cf. BAMMEL, E. *Judaica et Paulina* – Kleine Schriften, II (Tubinga 1997), p. 3-108, esp. p. 3-14 (Jesus o mago). • PAWLIKOWSKI, J.T. *Christ in the Light of the Christian-Jewish Dialogue* (Nova York 1982).

103. Cf. CULLMANN, O. "Jesús llamado Dios". In: *Cristología del NT*. Op. cit., p. 391-400. • BROWN, R.E. "Does the NT call Jesus God?" In: *Jesus*: God and Man (Milwaukee 1967), p. 1-38.

- 1Jo 5,20: "Sabemos que o Filho de Deus veio e nos deu o entendimento, para conhecermos o Verdadeiro. E nós estamos no Verdadeiro em seu Filho Jesus Cristo. Ele é o Verdadeiro, é Deus e a vida eterna". Perante os autores que referem a expressão "verdadeiro Deus" ou ao conteúdo da carta ou ao Pai, Schnackenburg, Cullmann e outros consideram que o texto só tem sentido se o antecedente imediato é Jesus Cristo.

- Rm 9,5: "Eles, enfim dos quais, segundo a carne, descende o Cristo, que está acima de tudo, Deus bendito pelos séculos. Amém". O sentido e a tradução da frase dependem, neste caso, da pontuação. Conforme a pontuação, resultam duas traduções diferentes. Se colocamos vírgula depois de *katà sárka*, dizemos: "Cristo é Deus bendito pelos séculos". Se, ao contrário, colocamos ponto, concluída a afirmação sobre a procedência do Messias dos judeus segundo a carne, o seguinte é uma louvação a Deus, que fecha todo o precedente: "O Deus que está acima de todas as coisas seja bendito pelos séculos".

- Em outros textos (Cl 22,2; 2Tm 1,10; Tt 2,13; 2Pd 1,1) existem variantes textuais e os termos *Theós* e *sôtér* podem ser próprios de Cristo ou afirmações separadas, uma referida a Deus e outra a Cristo[104].

4 Sentido do termo Θεός aplicado a Jesus

A pergunta de fundo vai além das afirmações literais pelo uso da palavra *Theós*. Para Cullmann existem afirmações equivalentes que utilizam outros termos: por exemplo, quando se diz que Jesus Cristo existia em forma de Deus ("ἐν μορφῇ θεοῦ ὑπάρχων" [Fl 2,6]) ou que era "imagem de Deus" (Cl 1,15)[105]. Além disso, se já se havia atraído para Cristo outros títulos estritamente divinos como *Kyrios*, por que não atrair e aplicar-lhe também o título *Theós*?[106] A aplicação a Cristo de todos esses títulos e o reconhecimento de como Ele nos outorga a Revelação e a Salvação que Deus é para os homens tornaram possível e necessária a confissão da divindade de Jesus. Aqui o de-

---

104. Cf. BROWN, R. Ibid., p. 10-22 (Textos nos quais a aplicação do termo "Deus" a Jesus é duvidosa), p. 23-28 (Textos nos quais é clara).
105. Cf. CULLMANN, O. *Cristología del NT*. Op. cit., p. 397.
106. "A atribuição a Jesus do nome *Kyrios* tem, inclusive, como consequência que todos os títulos dados a Deus – com a exceção do nome de Pai – em seguida poderiam ser conferidos a Cristo" (CULLMANN, O. Ibid., p. 311). Cf. BROWN, R. *Jesus*: God Man. Op. cit., p. 29.

terminante é o peso soteriológico de Cristo e sua ação na história. As questões metafísicas ainda não estão formuladas e, por isso, não estão resolvidas. Essa será a tarefa dos concílios e da teologia posteriores.

> A forma como o NT emprega os títulos *Kyrios, Logos* e *Filho de Deus* mostra que, partindo da cristologia implicada neles, Jesus pode ser chamado Deus. Cada um destes títulos permite chamar Jesus de Deus: Jesus é Deus como soberano presente que desde sua glorificação rege a Igreja, o universo e a vida inteira de cada indivíduo (*Kyrios*). É Deus como revelador eterno que se comunica a si mesmo desde o princípio (*Logos*). É Deus, enfim, como aquele cuja vontade e ação são perfeitamente congruentes com a do Pai, do qual provém e ao qual volta (*Filho de Deus*). Inclusive a ideia do Filho do Homem nos levou à divindade de Jesus, pois nela Jesus se apresenta como única e verdadeira imagem de Deus. Por isso a pergunta se o NT ensina a divindade de Cristo deve ser respondida em princípio afirmativamente[107].

Cristo se manifestou à Igreja como quem está do lado de Deus, com autoridade e aprovação de Deus de maneira decisiva na ressurreição a partir da qual será invocado como *Kyrios*. Já em sua vida pública o haviam visto se dirigindo a Deus e vivendo como Filho. No horizonte do fim aparecerá como Filho do Homem. No princípio era o *Logos*, a expressão eterna na qual o Pai se refletia e no qual espelhava todo o criável e por isso o criava todo nele. No final desse processo, a confissão da divindade de Jesus se estende a todas as fases de sua vida terrestre, em sua perduração na Igreja, na preexistência com o Pai e em sua ação futura. E indo mais além de fases e funções, a confissão recairá sobre a pessoa: Ele é o Filho de Deus, Deus com o Pai, Deus de Deus.

Esta confissão nasce, acima de tudo, como louvor agradecido em contexto litúrgico e em forma de hino. Por volta da segunda metade do século I, Plínio o Jovem, descrevendo a vida da comunidade de Bitínia, disse dos cristãos: "*Carmenque Christo quase deo dicere*"[108]. É a chamada "poesia asiá-

---

107. CULLMANN, O. Ibid., p. 391.
108. Plínio (61-120) escreve ao Imperador Trajano (p. 98-117) para perguntar-lhe como deve agir com os cristãos, que se negam a prestar culto à imagem do imperador com oferendas de incenso e vinho e declaram sobre si mesmos que: "Costumavam reunir-se em dia fixo antes do amanhecer, alternando-se em louvor a Cristo como a Deus, e se comprometiam com juramento de não cometer delitos, nem furtos, nem roubos, nem adultérios, nem infidelidade, nem malversar os bens con-

tica", da qual fazem parte o Prólogo de São João e os hinos da comunidade joânica, de Efésios, Filipenses e Colossenses. Nos inícios do século II Santo Inácio chama explicitamente Cristo de Deus: "Nosso Deus, Jesus o Ungido, foi carregado por Maria em seu seio, conforme a dispensação de Deus"[109]. "Deus manifestado humanamente para uma novidade de vida eterna"[110]. A carta *aos de Esmirna* se abre com estas palavras: "Eu glorifico a Jesus Cristo, o Deus que de tal forma vos tornou sábios"[111]. E como quem enuncia uma lei de vida e um credo de fé, a *2 Clemente* escreve: "Irmãos, assim devemos pensar de Jesus Cristo como Deus que é, como juiz de vivos e mortos, e tampouco devemos ter baixos sentimentos acerca de nossa salvação"[112].

5 Do NT a Niceia: compreensão funcional ou metafísica da filiação e divindade de Jesus

Apesar da aparente clareza dos textos bíblicos foram necessários mais de dois séculos para especificar seu sentido. Cullmann, ainda hoje, faz uma interpretação funcionalista radical: "Jesus Cristo não é outro senão Deus mesmo na medida em que se revela"[113]. Não existe diferença entre eles. Ou melhor: Cristo é a face humana, o lugar, a palavra na qual Deus se deixa conhecer e se dá a conhecer aos homens. Uma vez consumada a revelação e o Reino entregue ao Pai, Jesus Cristo deixa de ser, porque Deus já se dá diretamente aos homens, é tudo em todos (1Cor 15,28). Trata-se de uma compreensão modalista das relações entre Deus e Cristo, representada no século IV por Fotino e por Marcelo de Ancira e contra o artigo do Credo que reza: "Seu reino não terá fim"[114]. Outra compreensão situa Cristo na li-

---

fiados" (*Ep.* X, p. 96. Cf. SHERWIN-WHITE, A.N. *The Letters of Pliny* – A Historical and Social Commentary (Oxford 1966), p. 691-712, p. 772-787.

109. *Eph.* 18,2 (BAC 629, p. 388).

110. *Eph.* 19,3 (Ibid.).

111. *Smyr.* I, 1 (Ibid., p. 409; Credo antignóstico).

112. *2Clem.* I, 1 (Ibid., p. 291).

113. CULLMANN, O. *Cristología del NT*. Op. cit., 391. "A distinção entre o Pai e o Filho tem um sentido só durante o tempo da revelação, que começa com a criação do mundo e dura até o fim. Falar do *Logos* (i. é, da Palavra pela qual Deus se revela) carece de objeto ali onde não existe revelação" (Ibid., p. 414). Logo, para Cullmann, será que não existiria uma Trindade imanente, fundamento da revelação, anterior a ela e independente dela? O Filho e o Espírito seriam os modos em que o Deus eterno se manifesta no tempo e do qual não sabemos nada, pois o que foi manifestado no tempo não tem correspondência real em Deus?

114. Símbolo do Concílio de Constantinopla (DS 150).

nha profética subordinacionista: Cristo é o lugar-tenente, o representante, o vicário de Deus, que dispõe de toda a sua autoridade para fazer como Ele e o dá a conhecer. Por isso pode e deve ser chamado Deus, porque é como Deus para conosco. Deus se autodisponibilizou nele a fim de que encontrássemos em cada um de nós o que Ele é, e o que Ele quer nos dar. Primeiro Ele é o Mediador da criação, em seguida da redenção, e, finalmente, da consumação do mundo.

Estas são as duas intepretações da relação entre Cristo e Deus com as quais se abre o século IV, e que alguns ainda propõem no século XX:

• Cristo é o modo humano com que Deus se nos dá, deixando de existir quando conclui a história salvífica (modalismo).

• Cristo é um dos humanos a quem Deus santificou, com quem se identificou e escolheu para ser seu revelador e representante no mundo (adocionismo)[115].

Com a pergunta sobre a relação de Cristo com Deus, torna-se inevitável a pergunta sobre a realidade pessoal de Cristo. Relação conosco e realidade pessoal sua se implicam. O século IV fixará sua realidade divina (Cristo é Deus); o século V, sua realidade humana (Cristo é um homem com uma humanidade criada e assumida no mesmo ato).

O Concílio de Niceia não faz especulações cosmoslógicas ou metafísicas, mas parte da Regra de fé, que por sua vez parte de Mt 28,19, que recolhe a fórmula batismal. No batismo o homem se entrega e ordena em pé de igualdade o Pai, o Filho e o Espírito. Deles recebe o ser, a revelação e a santificação: em diferença, mas em unidade. O Concílio se limita a recolher o Símbolo preexistente numa Igreja, provavelmente a de Cesareia, e amplia aqueles artigos, afetados pela interpretação cristológica de Ario[116]. As quatro palavras das que partem são: *Christós, Kyrios, Hyiòs toû Theoû*. Explica a filiação como procedência eterna do Pai; isto é, de sua essência, e não de sua vontade. Por isso Cristo compartilha a mesma vida, a mesma consciência e a mesma potestade que o Pai: é Deus de Deus, ou seja, Deus como Deus. A

---

115. Perante as interpretações que Kant, Schleiermacher, Harnack e Küng dão à divindade de Cristo, faz-se inevitável a pergunta: Eles o entendem como presença-representação e substituição de Deus por um homem ou é a presença pessoal de Deus mesmo? Jesus é o Verbo realmente encarnado? Cf. os capítulos de W. Kasper e A. Grillmeier em VON BALTHASAR, H.U. et al. *Diskussion über Hans Küng "Christ sein"* (Mainz 1976), p. 19-34, 60-82.

116. Cf. as obras de E. Boularand, B. Sesboüé, I. Ortiz de Urbina citadas na parte histórica.

verdade de Deus é a verdade de Cristo e lhes é comum a divindade. É Deus verdadeiro de Deus verdadeiro. Não é, portanto, uma criatura que Deus suscita como intermediária entre sua transcendência e o mundo, mas um real mediador. O intermediário vai de um a outro em uma única direção; o mediador pode ir na dupla direção[117]. Deus criou por meio dele, comunicando às criaturas a plenitude da vida divina manifestada e refletida nele. Numa fórmula que, sendo bíblica, era iluminadora para os leitores de então, o Concílio afirma: "O Filho é consubstancial ao Pai" (DS 125). Por nós e para nossa salvação se fez carne e se fez homem, padeceu e ressuscitou. A preocupação do Concílio é primordialmente soteriológica; não cosmosgônica nem metafísica.

6 A afirmação de Niceia, necessária transposição do Evangelho

A divindade é entendida a partir da filiação. Jesus é verdadeiro Deus porque é Filho de Deus por geração eterna e porque compartilha a mesma vida que Ele. Na encarnação não é que chegue a ser Filho, como se antes não o fosse (sentido evolucionista), mas Ele, que é Filho desde sempre, se constitui Filho humanamente ao longo da história. A conclusão de Niceia foi tirada do evangelho, que sempre mostra Jesus como Filho, do nascimento à ressurreição. A relação filial de Jesus com o Pai nos dias de sua vida mortal é o fundamento a partir do qual nós conhecemos sua filiação eterna, ao mesmo tempo que sua filiação eterna é o fundamento de sua existência filial na história. Geração eterna e filiação temporal se implicam. Por isso o NT fala de três nascimentos do Filho, reportando-se ao Salmo "Tu és meu filho; eu, hoje, te gerei": seu nascimento eterno do Pai, seu nascimento temporal de Maria, o nascimento pelo qual sua humanidade glorificada na ressurreição chega à plenitude da glória que tinha antes da encarnação e agora exerce como Sumo Sacerdote[118].

---

117. Cf. SESBOÜÉ, B. *Jésus-Christ...* Op. cit., p. 95.
118. Cf. Sl 2,7; At 13,33; Rm 1,4; Hb 1,5; 5,5. A filiação divina de Jesus manifestada solenemente na ressurreição é situada no batismo (Lc 3,22), na visita de Jesus ao templo (Lc 2,49) e na anunciação (Lc 1,32-35). Com as categorias de Sl 2,7; 2Sm 7,14 e Sl 89,27, e em outro sentido de Gn 22,2, os evangelistas expressaram a relação filial de Jesus com o Pai a partir da mesma concepção. Que essa relação transcende todas as formas humanas e é de outra natureza se explicitará em outros textos do NT e sob a ação do Espírito nos concílios. Cf. GRELOT, P. *Le mystère du Christ dans les psaumes* (Paris 1998), p. 41-43. • GRELOT, P. *Dieu, le Père de Jésus-Christ* (Paris 1994), p. 161-166, 185.

A linguagem do Concílio é a linguagem da Escritura, prolongada na linguagem da filosofia. Ambas remetem a uma experiência primordial. A suprema forma de relação criativa que em nosso mundo conhecemos como humanos é a relação pai-filho. Dessa natureza é a que existe entre Cristo e Deus. Entretanto, aplicando as leis de toda linguagem teológica deve-se transcender essas categorias. Jesus é filho (afirmação); sua relação com o Pai não é como as que têm os homens com seus progenitores (negação), mas, o que eles são filialmente, Ele o é em relação ao divino de maneira infinitamente superior e insuspeitável para nós (eminência). Por isso transcendemos todas as experiências de filiação conhecidas: a filiação divina de Jesus não é geração e filiação em sentido físico, jurídico ou moral; não é por genitalidade, decisão legal ou amizade. Por isso falamos de uma filiação metabiológica, metajurídica, metamoral. Para designar sua transcendência sobre nossas ordens humanas, dizemos que a relação de Jesus com Deus é uma *filiação metafísica*[119].

7 Da filiação de Jesus à Trindade: monoteísmo de comunhão

As afirmações anteriores supõem uma revolução no conceito de Deus, tanto judaico quanto profano. Pensar a cristologia supõe pensar o ser, e não somente a existência ou a ação de Deus. Existem quatro modos fundamentais de pensar esse ser: *Deus como ser estático* (modelo metafísico); *Deus como vida e dinamismo* (modelo processual); *Deus como ser necessariamente histórico* (modelo hegeliano); *Deus como dinamismo relacional em si mesmo, que se expressa e se comunica livremente na história* (modelo cristão). A experiência cristã, explicitada teoricamente no Símbolo de Niceia, pressupõe que Deus é vida e comunicação em si anterior ao mundo e sem necessidade dele. Sua existência é relacional na autodoação do Pai ao Filho e de ambos ao Espírito. Ao dar-nos o Filho (encarnação) e o Espírito (efusão), o Pai se dá a si mesmo neles e integra o homem em sua vida trinitária. Com eles Deus se entrega a si mesmo à experiência da temporalidade e finitude, ao mesmo tempo que nos abre à possibilidade de termos vida eterna e à experiência de uma liberdade não sujeita aos poderes do mal e do mundo. Ao afirmar a divindade, a eternidade e a consubstancialidade de Jesus Cristo com Deus, o

---

119. É suficiente a afirmação de que nenhum autor do NT entendeu a peculiar filiação de Jesus em outro sentido senão metafísico.

Concílio de Niceia (325) explicita de maneira inicial a compreensão trinitária que em seguida, referindo-se ao Espírito Santo e com a mesma lógica, o Concílio de Constantinopla (381) complementa.

A realidade trinitária de Deus, a identidade divina de Jesus e a salvação do homem vão conexas. Deus não é solidão, mas comunicação interna (Trindade); não é afastamento do mundo, mas revelação e doação (encarnação). O homem não está destinado a afogar-se na finitude, mas a consumar-se pela participação na vida de Deus (Graça)[120]. "A Trindade, por um lado, expressa a condição de inteligibilidade do que o NT nos diz a respeito de Cristo e, por outro, permite resolver o enigma que ofereceria a ideia de um Deus solitário e sem vida"[121].

VII – Deus-homem

A lógica da fé parte da análise da relação vivida por Jesus com o Pai, expressa no próprio termo 'Abba, até chegar à afirmação de sua filiação eterna e sua consubstancialidade com Deus. A finalidade é reconhecê-lo como Filho e, enquanto tal, confessá-lo como Deus verdadeiro. Enquanto encarnado Ele emerge como o realizador da salvação dos homens e como aquele que viveu previamente em si mesmo a existência nova. Aquele que existia em forma de Deus se converte mediante a assunção de nossa carne no caminho da vinda de Deus aos homens e no caminho de retorno dos homens a Deus. Aquele que era Filho de Deus chega a ser homem pelo nascimento de Maria e, pela solidariedade com todos os membros da raça humana, se converte em nosso irmão. Tal é o mistério da benevolência misericordiosa de Deus.

Grande é o mistério da piedade, que é Cristo. O qual[122]

- foi manifestado na carne;
- justificado pelo Espírito;
- contemplado pelos anjos;

---

120. Trindade, encarnação e graça (redenção-deificação) aparecem, assim, como os três mistérios fundantes do cristianismo. Onde falta algum deles falta ele. Cf., além dos tratados específicos sobre a Trindade: LABBÉ, Y. *Essai sur le monothéisme trinitaire* (Paris 1987).

121. BOUILLARD, H. *Logique de la foi* (Paris 1964), p. 29.

122. As afirmações estão no masculino; elas se referem a Cristo, de quem se fala, e não ao *Mystérion*. Este é identificado com o acontecimento e pessoa de Cristo na medida em que Ele realiza o desígnio salvífico de Deus. Cf. Ef 3,3; 5,32; 6,19; Cl 1,26; 2,2; 4,3.

- anunciado às nações;
- acreditado no mundo;
- exaltado na glória (1Tm 3,16).

Digna de confiança é esta palavra e merece ser plenamente acolhida por todos: Cristo Jesus veio ao mundo para salvar os pecadores (1Tm 1,15).

1 A palavra nova: θεάνθρωπος; *Deus et homo,* Deus-homem

O cristianismo é assim "οἰκονομία τῆς ἐνανθρωπήσεος" = ordem da salvação humana como resultado da encarnação divina[123]. A vivência alegre da novidade cristã resulta da convicção de que, em Jesus Cristo, Deus e o homem, o *Logos* e as *sarks*, se uniram para sempre[124]. Agora uma nova formação verbal aparece para designar essa união na diferença, que não permite a mistura e ao mesmo tempo impede a separação: Jesus Cristo é θεάνθρωπος, *Deus homo*, Deus-homem. O termo aparece pela primeira vez em Orígenes, em seguida em Melitão de Sardes, depois em Apolinário de Laodiceia[125]. Com ele Gregório Nazianzeno explica que se dá uma "síntese" entre Deus e o homem que não dilui sua diferença nem faz surgir uma realidade intermediária entre Deus e o homem – algo monstruoso para uma compreensão judaico-cristã das relações entre o Criador e a criatura. Mas essa união tampouco permite compreender Jesus na linha dos profetas ou dos homens divinos do mundo helenístico. É uma novidade, onde um e o mesmo, o *Logos* que estava junto de Deus, o eterno e impassível, esteve no seio de Maria, nasceu, padeceu e morreu como homem. O resultante da união é *unus*, um sujeito pessoal único; não um *unum* como se houvesse composição entre Deus e Cristo[126].

---

123. Cf. ORÍGENES. *Com. In Ioh.* II, p. 11, 66.

124. "A partir do século II, especialmente para os Padres como Irineu e Atanásio, o conteúdo exultante da mensagem cristã de redenção consistia no fato que em Cristo Jesus estão inseparavelmente unidos Deus e a carne, ou o *Logos* e a *sarks*" (GRILLMEIER, A. "Der christologische Entdeckung des Humanums". In: *Fragmente zur Christologie* (Friburgo 1997), p. 19.

125. Cf. *Hom. in Ez.* 3,3. Outros textos em GRILLMEIER, A. "Gottmensch – Sprachfel und theologiegeschichtliche Problemenfaltung". In: Ibid., p. 215-263.

126. "Proinde Christus Iesus Dei Filius, est et Deus et homo. Deus ante omnia saecula, homo in nostro saeculo. Deus quia Verbum, Deus enim erat Verbum (1,1): homo autem, *quia unitatem personae accesit Verbo anima rationalis et caro*" (SAN AGUSTÍN. *Ench.* XXXV, 10 (BAC 441). Cf. "Carta 137 a Volusiano" e "Carta 187 a Dárdano", que resumem a cristologia agostiniana (BAC 99, p. 102-124, 802-837).

Este sujeito único foi engendrado em Maria, e ela teve a seu respeito a mesma colaboração biológica e volitiva que toda mãe tem a respeito de seu filho. Por isso Maria deve ser chamada θεοτόκος = Mãe de Deus; dela herdou sua humanidade e com ela se parece o Filho encarnado como o Filho eterno se parece com o Pai[127]. A Cristo lhe é tão essencial o que recebe de Maria quanto o que recebe de Deus. *A maternidade de Maria e a humanidade de Jesus constituem uma mesma realidade; por isso equivocar-se sobre uma é equivocar-se sobre a outra*[128]. Pela conformação geradora e educadora de sua mãe é consubstancial aos homens, assim como é consubstancial ao Pai pela geração eterna. Por ser única a pessoa, e pertencer a ela tudo o que é seu, deve ser adorado com uma única adoração (cf. DS 259, 431). Esse sujeito único, que é o Verbo encarnado, será chamado posteriormente Deus-homem, e suas operações serão denominadas teândricas (divino-humanas). Ἄνθρωπος em grego, como *Mensch* em alemão e *homo* em latim, dizem a humanidade comum a ambos os sexos. Por isso os Padres excluem a fórmula *Deus-vir*, e pela mesma razão excluíram a fórmula *Deus-femina*[129]. A expressão θεάνθρωπος se diferencia diante de outras três similares:

- Cristo é θεὸς ἔνσαρκος, que os apolinaristas utilizaram, afirmando que o Verbo só assumiu o corpo, sem a alma racional correspondente (monofisismo).

- θεοδόχος, que os nestorianos utilizam, afirmando que o homem é receptor da divindade, resultando assim dois sujeitos simultâneos, mas que pode ser entendido em sentido ortodoxo em correspondência com Cl 2,9: "Em Cristo habita toda a plenitude da divindade corporalmente".

- Ἄνθρωπος ἔνθεος, própria dos pagãos, que partindo do princípio platônico de que "Deus não se mistura com os homens" compreendem Cristo como um homem divinizado e não como Deus encarnado[130].

A afirmação do Deus-homem é o equivalente antecipador da fórmula posterior: unidade de pessoa e dualidade de naturezas.

---

127. Cf. Concílio de Éfeso (DS 251).
128. "Humanitas Christi et maternitas Virginis adeo connexa sunt ut qui circa unum erraverit, oporteat etiam circa aliud errare" (SANTO TOMÁS. *III Sent.* Dis.4 q.2 a.3.
129. Outras variantes em GRILLMEIER, A. *Cristo en la tradición cristiana* (Salamanca 1997), nos índices: *Deus-homo* e *Homo-Deus* (p. 905-906).
130. Para estas fórmulas cf. XIBERTA, B. *Enchiridion de Verbo Incarnato*. Op. cit., p. 781-782.

Cristo, portanto, é Deus-homem (θεός ἄνθρωπος) nascido de Maria, não é outro senão Cristo, não é senão uno e Ele mesmo; [como Deus] procede antes dos séculos do Pai; [como homem] ao final dos tempos nascido de Maria[131].

Em São Gregório de Nazianzeno aparece aquela enumeração paralela de propriedades que encontramos pela primeira vem em Santo Inácio de Antioquia:

> Confessamos Cristo único, como Deus-homem, aquele que assume ao mesmo tempo em que é assumido, o intemporal ao mesmo tempo em que aquele que se misturou com o tempo, aquele que só procede do Pai e agora é de uma mãe. *Duas naturezas que convergem num único* Cristo[132].

2 A encarnação, fato particular ou mito universal

O exposto acima constitui-se em afirmações de um fato particular, resultante de uma iniciativa e liberdade divinas. Ao afirmar que o "*Logos* se fez carne" não se está fazendo uma afirmação primariamente metafísica e, portanto, universal. Não se diz que todos os homens são uma manifestação de Deus ou que Deus e o homem têm uma ordenação congênita que os torna fraternos metafisicamente, equiparáveis e equipolentes, de forma que em Cristo se desvelou o que no fundo todos os homens em sentido incoativo já eram. A afirmação do Verbo encarnado aproxima Deus do homem até o limite absoluto da união sem confusão e da solidariedade sem dependência. Cristo, Verbo encarnado, é uma "metáfora" viva ou uma "parábola" em ato do Deus cristão, no mais estrito sentido etimológico: Cristo "trás" (φέρειν = carrega) Deus a partir de sua divindade, transferindo-o (μετὰ) de seu mundo para o nosso: Cristo o "lança" (βάλλειν) para o lado de cá (παρὰ), no-lo aproxima, e assim nos torna compreensível aquele que, pela distância e transcendência, nos é incompreensível[133]. A encarnação não é um *mito* uni-

---

131. PSEUDO-ATANÁSIO. *Or. Contra Ar.* (PG 26,2-524C).

132. SAN GREGORIO DE NACIANZO. *De vita sua*, p. 607-651. Apud GRILLMEIER, A. *Fragmente...* Op. cit., p. 218. • SAN IGNACIO. *Eph.* VII, 2 (BAC 629, p. 384).

133. E. Jüngel, E. Schweitzer, E. Schillebeeckx ("Jesús parábola de Dios y paradigma de humanidade") utilizaram esta terminologia para explicar as ações concretas de Jesus como metáforas vividas e os ensinamentos em parábolas como extensões de sua pessoa, que são a metáfora e a parábola primordial de Deus. Assim explicado o sentido destes termos, ele nada tem a ver com o sentido dado a eles em: HICK, J. (ed.). *The Myth of God Incarnate* (Londres 1977). • HICK, J. *The Metaphor of God Incarnate* (Londres 1993).

versal, mas um fato particular, único e irrepetível. Não estamos, portanto, falando daquilo que um certo idealismo chamou de θεαντρωπία, ou nossa "dei-humanidade" essencial[134]. A encarnação revela a propensão de Deus pelo homem e sua essencial convivência com Ele. Por isso podemos dizer, depois de conhecer a existência do *Logos* encarnado em Cristo, que Deus não necessita encarnar-se, mas que a encarnação realiza o que é a verdade de seu ser: comunicação, dom, relação. Por isso, uma vez que Deus já tem um passado e é homem, falou-se da conveniência e inclusive da necessidade da encarnação (*rationes necessariae*). Entretanto, o que em um sentido Spinoza e em outro Kant dizem do Filho de Deus como paradigma da perfeição moral e Hegel do Espírito chegando a si mesmo por um processo histórico, são transposições especulativas (morais ou metafísicas), quiçá possíveis da revelação cristã, mas não são nem o conteúdo positivo nem a fundamentação necessária da fé cristã.

3 O Deus encarnado, garantia da verdade concreta de Deus e do homem

A encarnação é um fato, não um mito. Sua antecipação como anseio na consciência humana não funda sua realidade, mas nos prepara para seu acolhimento. Em sua particularidade os homens encontram o que desde sempre haviam sonhado: ser como Deus, que Deus foi como os homens, que Deus e o homem não foram antagonistas, mas fraternos, como um homem o é para como um amigo[135]. Isto é o que a revelação de Deus, como gesta de amor para com sua criatura, inicia no AT e Jesus consuma no NT. A fé cristã se prolonga em um *saber* que mostra a lógica profunda do Deus feito homem para nos tornar divinos, por participação na vida de Jesus, o Filho, e pela ação do Espírito Santo. No entanto, a fé e a caridade prevalecem sobre o saber[136], vendo na "*gnosis* de falso nome" seu maior inimigo, e já que esta quer apoderar-se da realidade divina e, superando a fé, fundar a comunhão

---

[134]. Já na Patrística se falava de uma realidade intermediária entre Deus e o homem, semelhante à "sofiologia" de certos autores ortodoxos designando-a com esta palavra. Condena-se com excomunhão o falar de maneira abstrata da *Theantrôpia*. Só é legítimo referindo-a a Cristo: "Se alguém fala de θεαντρωπία (divindade-humanidade) e não, ao contrário, de maneira concreta de Deus e do homem, seja anátema" (QUINTIAN. *Epis. Parr.* 13 (ACO III, 17)).

[135]. A Bíblia não nega o desejo de Adão: ser como Deus (fim essencial do homem), mas os meios que utiliza para alcançá-lo: o rapto (gesto de Adão que leva à morte, descrito por Gn 1), propondo a obediência de Cristo que leva à vida, descrita nos evangelhos e em Fl 2,6-11.

[136]. Cf. Ef 3,19; 1Cor 12–14; 1Cor 8,11; Rm 14,13-23.

com Deus no saber ou na ação (teurgia)[137]. Nem a razão transcendental, nem a ciência positiva, nem a magia em suas formas primitivas ou científicas podem fundar a existência de Deus, reclamar sua comunicação com o homem, transpor a finitude ao Infinito, redimir. *O mito, a magia e a metafísica abominam a carne mais do que qualquer outra coisa. O cristianismo, em contrapartida, se funda nestas realidades: na encarnação de Deus, na Eucaristia da Igreja e na ressurreição de nossa carne.* O cristianismo é positividade, história, pessoa; não é mera ideia, mito ou ideologia. A obediência a essa positividade é sua salvaguarda perene. O Deus encarnado já é solidário do tempo, da terra, do povo e da paisagem. A fé reclama a atitude encarnada e a afirmação personalizada para fugir a toda degradação. "Um Deus encarnado não corre o risco de converter-se numa fórmula"[138]. A fé, a oração, a celebração comunitária, a moral evangélica, a obediência à autoridade apostólica são a salvaguarda e a real garantia de um cristianismo cristão.

4 A encarnação como mistério

A encarnação é um mistério. Os concílios, depois de afirmar a união de Deus com o homem, repetem constantemente que isto acontece de uma maneira inefável e incompreensível para nós:

> A encarnação é um mistério propriamente dito. 1) Porque Deus, que sustenta a natureza humana, somente na visão beatífica pode ser conhecido em si. 2) Porque o enunciado: "Deus se encarnou" ou "Cristo é homem e Deus" não nos é conhecido senão por revelação, não emerge do curso natural das coisas nem pode ser demonstrado partindo dos princípios da razão natural ou das verdades reveladas sobre a essência divina e suas operações *ad extra*. Além disso, porque a concórdia entre a unidade de pessoa e a dualidade de naturezas não é diretamente evidente. A realidade da união hipostática pode ser esclarecida com termos e analogias tomadas das

---

137. O NT elogia o conhecimento verdadeiro e denuncia a gnose "pseudônima" (Fl 3,8; 1Tm 6,20). Cf. FÉRET, H.M. *Connaissance biblique de Dieu* (Paris 1955). • DUPONT, J. *La connaissance religieuse dans les épîtres de Saint Paul* (Louvain 1949). • SCHMITHALS, W. "γνώσκω", "γνωσις". In: *DENT* I, p. 746-756. • BULTMANN, R. *TWNT* I, p. 688-719; X, p. 1.024.

138. "A mais gloriosa das invenções divinas é ter imaginado um meio seguro e imperioso para salvar-nos do vago e do abstrato, para converter nossa religião em algo concreto e vivo. Um Deus encarnado não corre o risco de converter-se em uma fórmula. Nossas relações com Ele serão pessoais ou não o serão. Invisível como uma lembrança, porém mais real do que todas as criaturas visíveis, este Deus encarnado constitui o centro da devoção de Newman" (BREMOND, H. *Newman* (Paris 1906), p. 241-241.

criaturas; no entanto, de modo imperfeito, de maneira que tais termos e analogias contêm e induzem a erros se se acentua aquilo em que são deficientes para expressar a ordem divina[139].

Este mistério da encarnação acolhe em obediência a revelação de Cristo e sob a luz do Espírito. Antes disso, não é pensável nem exigível; em seguida, não é demonstrável como necessária. A reflexão teológica mostra que não é contraditória, já que a encarnação prolonga ao máximo a criação como concessão que Deus faz ao outro de seu ser-razão-liberdade-autonomia. Cristo é a expressão máxima da liberdade criadora e da liberdade criada. E precisamente porque é o máximo se converte em norma para entender todas as outras relações entre o Criador e a criatura. Ele, que é a expressão perfeita daquilo que Deus dá e daquilo que o homem recebe, é assim o cânon de toda perfeição e liberdade, de toda relação do homem com Deus. O "homo dominicus"[140] é assim em sua existência no mundo a medida de todo homem, ao mesmo tempo que por seu Espírito nos dá a potência para sermos homens novos em conformidade com Ele (Ef 2,15; 4,24).

---

139. XIBERTA, B. *Tractatus de Verbo Incarnato*, II (Madri 1954), p. 652.
140. Cf. GRILLMEIER, A. "Κυριακός ἄνθρωπος – Eine Studie zu einer christologischen Bezeichmung der Väter". In: *Fragmente zur Christologie*. Op. cit., p. 152-214.

CAPÍTULO VIII
A CONSTITUIÇÃO: O HOMEM JESUS

Bibliografia

1) História-origem: BROWN, R.E. *The Virginal Conception and Bodily Resurrection of Jesus* (Londres 1974). • DAHL, N.A. *Jesus The Christ* – The Historical Origin of Christological Doctrine (Mineápolis 1991). • DUPONT, J. (ed.). *Jésus aux origins de la christologie* (Gembloux 1975). • GNILKA, J. *Jesús de Nazaret* – Mensaje e historia (Barcelona 1993). • GONZÁLEZ ECHEGARAY, J. *Jesús en Galilea* – Aproximación desde la arqueología (Estella 2000). • KLAUSNER, J. *Jesús de Nazaret* – Su vida, su época, sus enseñanzas (Barcelona 1989). • MARGUERAT, D.; NORELLI, E. & POFFET, J.M. (eds.). *Jésus de Nazareth* – Nouvelles approches d'une énigme (Genebra 1998). • MEIER, J.P. *Un judío marginal: nueva visión del Jesús histórico* – I: Las raíces del problema y de la persona (Estella 1998); II/1: Juan y Jesús – El Reino de Dios (Estella 1999). • MÜLLER, G.L. *Was heisst "Geboren von der Jungfrau Maria"?* – Eine theologische Deutung (Freiburg 1991). • MUSSNER, F. *Jesus von Nazareth im Umfeld Israels und der Kirche* (Tubinga 1999). • RISTOW, H. & MATTHIAE, K. (eds.). *Der historische Jesus und der kerygmatische Christus* (Berlim 1964). • SANDERS, E.P. *La figura histórica de Jesús* (Estella 2000). • STUHLMACHER, P. *Jesús de Nazaret / Cristo de la fe* (Salamanca 1996). • THEISSEN, G. & MERZ, A. *El Jesús histórico* – Manual (Salamanca 1999). • VERMES, G. *Jesús el judío* (Barcelona 1977). • VERMES, G. *La religión de Jesús el judío* (Madri 1996). • WITHERINGTON, B. *The Christology of Jesus* (Mineápolis 1990).

2) Figura: BALTHASAR, H.U. VON. "Cristo, centro de la figura de revelación". In: *Gloria* – 1: La percepción de la figura (Madri 1985), p. 413-468. • LÖSER, W. "'Universale concretum' als Grundgesetz der oeconomia revelationis". In: KERN, W.; POTTMEYER, H.J. & SECKLER, M. *Handbuch der Fundamentaltheologie* – 2: Traktat Offenbarung (Friburgo 1985), p. 108-121. • NEUFELD, K.H. *Fundamentaltheologie* (Düsseldorf 1991). • NIEMANN, F.J. *Jesus als Glaubensgrund in der*

Fundamentaltheologie der Neuzeit (Innsbruck 1983). • PIÉ-NINOT, S. "Jesucristo y el hombre: la credibilidad de Jesús de Nazaret". In: *Tratado de teología fundamental* (Salamanca 1996), p. 199-306. • WERBICK, J. *Den Glauben verantworten* – Eine Fundamentaltheologie (Friburgo 2000).

3) *Pessoa e consciência*: AUER, J. *Person* (Regensburgo 1979). • BALTHASAR, H.U. VON. "Misión y persona". In: *TD* 3, p. 143-240. • BALTHASAR, H.U. VON. "La conciencia de Cristo". In: *Puntos centrales de la fe* (Madri 1985), p. 131-144. • BORDONI, M. "Il contributo della categoria teologia di persona". In: *Lateranense* 58 (1992), p. 47-72. • BUENO, E. "De la sustancia a la persona – Paradigma del encuentro de la filosofía y la teología". In: *RET* 54 (1994), p. 251-290. • CTI, "La conciencia que Jesús tenía de sí mismo y de su misión" (1985). In: *Documentos,* p. 377-392. • GALOT, J. *La persona de Cristo* – Ensayo ontológico (Bilbao 1971).• GALOT, J. *La conciencia de Jesús* (Bilbao 1972). • GALTIER, P. *L'Unité du Christ* – Être... Personne... Conscience (Paris 1939). • GRESHAKE, G. *Der dreieinige Gott* (Friburgo 1997), p. 74-216. • GUARDINI, R. *Mundo y persona* (Madri 1963). • GUTWENGER, E. *Bewusstsein und Wissen Christi* (Innsbruck 1960). • HILBERATH, B.J. *Der Personbegriff der Trinitätslehre* (Innsbruck/Viena 1986). • MILANO, A. *Persona in Teologia* (Nápolis 1985). • PARENTE, P. *L'Io di Cristo* (Bréscia 1951). • RAHNER, K. "Ponderaciones dogmáticas sobre el saber de Cristo y su conciencia en sí mismo". In: *ET* V, p. 221-246. • RATZINGER, J. "Sobre el concepto de persona en cristología". In: *Palabra en la Iglesia* (Salamanca 1976), p. 165-180. • RIEDLINGER, H. *Geschichtlichkeit und Vollendung des Wissens Christi* (Friburgo 1966). • TAYLOR, V. *The person of Christ in New Testament Teaching* (Londres 1963), p. 155-307. • TERNUS, J. "Das Seelenund Bewusstseinsleben Jesu. Problemgeschichtlich-systematische Untersuchung". In: GRILLMEIER, A. & BACHT, H. (eds.). *Das Konzil von Chalkedon* – Geschichte und Gegenwart, III (Wurzburgo 1979), p. 81-237. • XIBERTA, B.M. *El Yo de Jesucristo* – Un conflicto entre dos cristologías (Barcelona 1954).

4) *Biografia pessoal*: ZUBIRI, X. "Vida personal de Cristo". In: *El problema teologal del hombre: cristianismo* (Madri 1997), p. 285-313, 483.

INTRODUÇÃO
VERE DEUS ET VERE HOMO

O NT e a confissão de fé cristã falam de um único e mesmo Senhor Jesus Cristo, que sendo Deus se fez homem e assumiu a condição de escravo. Os concílios explicitam o destino e a natureza de Cristo afirmando que o Filho eterno existiu encarnado e deve ser reconhecido perfeito em sua humanidade e em sua divindade, cada uma das duas naturezas mantendo suas propriedades[141].

Ao longo da história moderna a cristologia refletiu sobre Cristo partindo do esquema de Calcedônia com categorias abstratas e estáticas (pessoa, subsistência, natureza, propriedades). O NT, em contrapartida, se refere sempre a um sujeito em situação concreta: um homem judeu, com seu destino determinado por uma peculiar relação com Deus e, ao mesmo tempo, pela reação dos homens diante dele. O método não é ir de Calcedônia à Bíblia, mas avançar a partir do relato histórico sobre Jesus e a partir da experiência vivida sob a ação do Espírito na Igreja para descobrir as estruturas que fundam sua possibilidade. Isto significa, concretamente, que *para entender o* Vere homo *precisamos partir não do conceito geral de humanidade, mas da concreta humanidade de Jesus*. Tudo o que dissermos a respeito da união hipostática deve embasar-se na história vivida por Jesus. Descobriremos sua pessoa vendo como ele age enquanto sujeito livre, com decisão e responsabilidade. O que quer que se diga sobre as duas naturezas deve emergir da explicitação de sua humanidade diária, concretizada em sua relação com Deus e com os homens. No capítulo anterior expusemos a verda-

---

141. Cf. Fl 2,6-11; Jo 1,14; DS 125 (Niceia); DS 150 (Constantinopla); Ds 290-295 (*Tomus ad Flavianum*); DS 301 (Calcedônia).

deira divindade de Jesus, partindo de sua relação com Deus, de sua consciência de filiação, de sua equivalência dinâmica com o Pai. Neste capítulo deve aparecer sua verdadeira humanidade, a história vivida por Jesus no mundo e sua relação com o ambiente humano, social, político e religioso do judaísmo em que nasceu e cresceu.

Proporemos quatro acessos para compreender essa humanidade, começando por sua *origem* (ἀρχή). Para compreender as coisas é necessário conhecer seu nascimento e vê-las em seu desenvolvimento. "Conhecemos melhor as coisas quando conhecemos sua gênese; e investigar é buscar de onde procede o início do movimento"[142]. Uma vez tendo afirmado a procedência eterna de Cristo em relação ao Pai e na eternidade, precisamos conhecer agora seu aparecimento no mundo. São João brincou com esta dualidade: para saber "de onde vem Jesus", é preciso conhecer a Deus e não somente saber onde Nazaré se situa. Podemos conhecer seus parentes e a aldeia de seu nascimento, mas isto ainda não nos dá a conhecer sua origem última[143]. Entretanto, estas realidades concretas (lugar, povo, história, cultura, mãe, ação divina em seu aparecimento) não dizem o conteúdo concreto de sua real humanidade. Por isso, em seguida analisaremos sua *figura*, perguntando-nos pelo tipo humano que realizou, pelo comportamento público que teve e pelas semelhanças com outras figuras paradigmáticas de humanidade. Compreendemos comparando. Em terceiro lugar buscaremos acessar à sua *pessoa* com três formulações clássicas em cristologia: sua constituição metafísica, psicológica e moral (ser, consciência, liberdade). Finalmente perguntaremos pela peculiaridade de sua *vida pessoal e biográfica*.

A – A origem

I – Estados e fases no itinerário de Cristo

Os textos que nos falam simultaneamente da preexistência eterna e da filiação temporal, de sua divindade (forma de Deus) e de sua humanidade

---

142. ARISTÓTELES. *Política*, I, 2,1252a,24. • *Metafísica*, 984a,26-27.
143. Cf. Jo 6,42 (contraposição entre a origem humana (Jesus é filho de José) e a origem divina (desceu do céu)); 7,27.

(forma de escravo), pertencem às primeiras fases do NT[144]. A filiação de Cristo em relação ao Pai, seu envio ao mundo e o nascimento de uma mulher sob um regime legal judeu, estão conjugados nos textos paulinos.

> Ao chegar a plenitude dos tempos, Deus enviou seu *Filho* nascido de mulher, submetido à lei, para redimir e resgatar aos que estavam sob a lei, a fim de que recebêssemos a adoção de filhos. Porque sois filhos, Deus enviou a nossos corações o Espírito de seu Filho que clama: "*Abba*, Pai" (Gl 4,4-6).

Este texto nos obriga a pensar a realidade pessoal de Cristo distinguindo seus estados ou formas sucessivas de existência e, consequentemente, a pensar uma compreensão dinâmica e "econômica", contando com sua história, vendo sua essência como sucessão em integração diferida e não apenas como realidade uma vez por todas constituída[145]. O NT pensa retroativamente a partir do final[146]. Partindo dele o NT fala do *status exaltationis* (glorificação--constituição como Senhor), do *status exinanitionis* (*quenose*, humilhação, cruz, morte), do *status aeternitatis* (preexistência). Com este esquema que parte da glorificação e, voltando o olhar para a história, chega à preexistência, existe outro que se centra na história de Jesus abordada a partir de sua origem no Pai: introduzido no mundo, passando por Ele e vendo sua saída e glorificação final como resultado de sua humilhação[147].

Em 2Cor 8,9 se diz que aquele que era rico se fez pobre; em Jo 1,14, que o *Logos* se fez carne; em Rm 1,3, que o que era Filho de Deus nasceu da estirpe de Davi; em Fl 2,6-11, que aquele que existia na forma de Deus assumiu a forma de escravo e apareceu como homem entre os homens. Temos, portanto, uma dupla origem do mesmo sujeito: *origem celeste* e *origem terrestre*. A primeira o refere a Deus como Pai, à forma divina de existência, à riqueza própria de Deus. A passagem de uma à outra é fruto de sua ge-

---

144. Neste sentido a cristologia paulina não é "tardia", se bem que "elevada" (*Hoheitschristologie*), mas a mais primitiva. Cf. HENGEL, M. "Christologie und neutestamentliche Christologie". In: *Neues Testament und Geschichte* – F.S.O. Cullmann (Zurique 1972), p. 43-67.

145. A CTI recolheu um termo da filosofia moderna (*Seinsgeschichte* = história do ser) e o aplicou a Cristo. Cf. "Cuestiones selectas de cristología". In: *Documentos*, p. 223.

146. A retroatividade da fé pascal explica a singularidade dos evangelhos como gênero literário, ao descrever Jesus de Nazaré sob os traços do *Kyrios* da confissão, como ser humano e divino ao mesmo tempo. Cf. DESCAMPS, A. *Jésus et l'Église* – Études d'exégèse et théologie (Lovaina 1987), p. 283-399.

147. Santo Tomás o segue em sua *Sth.* III q.29-47.

nerosidade (χάρις) e da condescendência do Pai, que aponta para seu plano prévio de salvação (Gl 4,4; Rm 5,6).

O envio do Filho ao mundo, para que nascesse de mulher, acontece na *plenitude dos tempos*. A encarnação é o *kairós*, o instante em que, dentro do fluxo do tempo, se dá a intersecção do tempo pela eternidade e no qual a ação divina realiza seu propósito[148]. Essa plenitude não é dada pela maturação intra-histórica do homem, nem pela esperança explícita de uma revelação divina, nem porque a evolução biológica ou cultural demande essa presença de Deus como sua fase necessária, ou porque a carência de redenção foi sentida com especial necessidade. O envio do Filho responde a um plano divino, preestabelecido em liberdade, ao qual, no entanto, não lhe são alheias as preparações intra-históricas como condição de possibilidade para reconhecer e acolher a oferta divina. Existe, portanto, uma reciprocidade: porque o desenvolvimento dos homens havia chegado a um determinado ponto, Deus enviou seu Filho. Mas não é menos verdade que a realidade do Filho excede todas as preparações possíveis. A plenitude do tempo não levou consigo o envio do Filho, mas o envio do Filho constituiu a plenitude do tempo[149].

A "forma de escravo", a "pobreza", a "filiação de Davi segundo a carne" são, por conseguinte, o segundo capítulo da história pessoal do Filho. O homem Jesus que conhecemos pelos evangelhos tem uma existência prévia que sua existência mundana prolonga, revela e enriquece. Sua encarnação foi percebida como um corte da eternidade no tempo (esquema grego), ou do mundo futuro antecipando-se a este (esquema bíblico).

II – Gl 4,4: Nascido de mulher e sob a lei

Gl 4,4-6 é o texto mais significativo de todos, pois carrega consigo o maior número de elementos teológicos e simultaneamente antropológicos. Acima de tudo a diferenciação clara de três realidades coordenadas:

- O sujeito e centro das afirmações é Deus: Ele envia seu Filho ao mundo, nascendo de mulher, e seu Espírito aos corações dos homens.

---

148. Cf. DODD, C.H. *La predicación apostólica y sus desarrollos* (Madri 1974).

149. "Non enim tempus fecit mitti Filium sed e contra missio Filii fecit tempus plenitudinis" (LUTERO, M. *WA* 57,30,15.

- O "envio" designa no primeiro caso (4,4) o nascimento histórico daquele que, com anterioridade, era Filho de Deus, e não o chamado profético de Jesus e seu enviou a pregar o Reino, tampouco o envio do Ressuscitado no Espírito.

- No segundo caso, o "envio" (4,6) designa o derramamento do Espírito na Igreja, em uma espécie de Pentecostes permanente[150].

O resultado deste envio do Filho é sua constituição como membro de um povo, determinado por uma história da promessa (sob a lei). Tudo isto Jesus não o era antes, mas começa a sê-lo a partir desse instante. São Paulo não explicita os conteúdos precisos da maternidade nem do nascimento. Se dependêssemos dele sequer teríamos conhecido o nome de quem o engendrou, o carregou no colo e o trouxe ao mundo. Contudo, Paulo não busca neste texto oferecer uma biografia de Jesus, mas situá-lo no plano de Deus, em relação à lei e à promessa veterotestamentária. Essa é a grandeza de Maria em todos os textos do NT: seu silêncio e seu serviço, após aceitar a proposta que Deus lhe faz. Por Maria o Filho é introduzido no mundo, com todo o realismo com Ele que nós humanos chegamos a ser. *A verdade da encarnação, e por conseguinte da redenção, está ligada à verdade de Maria.* Se ela não fosse uma mulher livre, se ela não concedesse seu corpo e sua alma para que nascesse o Filho de Deus, não haveria encarnação nem redenção. Por isso, onde ela não é levada a sério como pessoa real, que se coloca ao lado de Deus e coopera com ele, não há cristianismo pleno. Seu "sim" consciente e cooperativo com Deus é a condição para que o Emanuel seja; e ela não quer sê-lo sem nós, presentes e antecipados no consentimento de Maria. *Em face de todo o docetismo antigo e moderno, o realismo da encarnação está ligado ao realismo de Maria sua mãe. Distorcer, negar ou não levar Maria a sério é distorcer, negar ou não levar a sério o próprio Cristo.*

O texto não faz alusão alguma à sua mãe como pessoa particular nem à ausência do pai; nem afirma nem nega a concepção virginal de Jesus, já que o acento recai sobre sua condição humana e sua pertença ao povo da aliança. O interesse do autor é soteriológico: mostrar que por esse duplo dom, o envio do Filho e do Espírito, Deus libertou os homens da escravidão e, transladando-os para o Reino de seu Filho, os fez partícipes de sua filiação e de

---

150. Cf. SCHLIER, H. *Carta a los Gálatas* (Salamanca 1999), p. 218-233. • OEPKE, A. *Der Brief des Paulus an die Galater* (Berlim 1960), p. 95-97.

sua liberdade[151]. São Paulo estabelece o fato da inserção do Filho no mundo, mas não explicita o *como* da origem humana de Jesus. Em face de São João, São Paulo, Hebreus e cartas deuteropaulinas, que oferecem uma cristologia do Filho preexistente e, portanto, pensada a partir do sentido descendente trinitário, os sinóticos começam sua cristologia messiânica de Jesus no sentido ascendente, fazendo-nos assistir o nascimento e a aparição em lugar e tempo concretos, mostrando sobre a marcha da história a conexão que houve entre Deus e Cristo, a unidade de sua pessoa com Ele e a procedência humana da salvação.

III – Mateus-Lucas: concebido por obra do Espírito Santo de Maria Virgem

Mateus e Lucas narram em textos independentes entre si, com esquemas e interesses distintos (Mt 1–2; Lc 1–2), a concepção de Jesus de Maria virgem como resultado do poder do Espírito Santo, sem colaboração do varão: "O anjo respondeu a Maria: 'O Espírito Santo virá sobre ti e o poder do Altíssimo te cobrirá como sombra; por isso o que nascerá será chamado Santo, Filho de Deus'" (Lc 1,35). O anjo lhe disse: "José, filho de Davi, não temas receber Maria por tua mulher, pois o engendrado dela o é por obra do Espírito Santo" (Mt 1,20). Estas duas expressões sinônimas, que remetem à ação criadora e à revelação da glória de YHWH (Gn 1,2; Ex 40,34), são a chave de todo o relato da concepção de Jesus: πνεῦμα ἅγιον = Espírito Santo e δύναμις ὑψίσου = a potência do altíssimo. Jesus aparece no mundo surgindo de uma mulher virgem, como resultado de uma intervenção de Deus que, solicitando sua colaboração na realização de seu plano divino de salvação para os homens, molda nela pela ação criação do Espírito, como em uma nova criação, uma humanidade para o seu Filho. A novidade do homem Jesus resulta dessa iniciativa criadora de Deus que, sem a colaboração de um homem, lhe confere uma existência humana.

A concepção virginal de Jesus está expressamente testemunhada só em Mateus e Lucas; ela procede de uma linha distinta de Marcos e Q, e seu gênero literário é diferente do resto das perícopes evangélicas. Com estes relatos, elaborados à luz da ressurreição e projetando sobre a origem o que

---

151. Cf. MERKLEIN, H. "Zur Enstehung der urchristlichen Aussage vom präexistentem Sohn Gottes". In: DAUTZENBERG, G. et al. (eds.). *Zur Geschichte des Urchristentums* (Friburgo 1979), p. 43.

haviam descoberto no final, os evangelistas querem responder à pergunta pela identidade profunda de Jesus, fundando-a em sua origem: *aquele que havia sido reconhecido como Filho na ressurreição, havia nascido como Messias, o Filho de Davi, e era o Filho de Deus*[152]. As genealogias estabelecem sua conexão com Abraão e Davi, pais do povo judeu (Mt 1,1-17), com Adão e Deus, origem da humanidade (Lc 3,23-38). Jesus nasce como herdeiro de um povo e de toda a humanidade, para encabeçá-los em uma nova história. Diante de uma questão tão central como esta temos que distinguir: o fato histórico, o sentido teológico, a normatividade para a nossa fé e a inserção dentro da lógica cristológica.

1 O fato da concepção virginal

O fato é atestado por ambos os evangelistas separadamente: Lucas centrado em Maria (representante da humanidade que, respondendo, colabora com o projeto de Deus); Mateus centrado em José (representante da história judaica, na qual se insere Jesus). Se esses evangelistas diferem em aspectos concretos, coincidem no essencial: nos protagonistas, Maria e José; no anjo do Senhor como mensageiro do desígnio de Deus e intérprete da missão salvadora de Jesus, filho de Davi; na concepção por obra do Espírito Santo e no nascimento antes de conviverem juntos no período de Herodes em Belém de Judá; e, por fim, em sua instalação em Nazaré. Existem pelo menos doze pontos em que Lucas e Mateus coincidem[153]. Em ambos os casos os relatos têm como missão primordial inserir Jesus na linha de Davi e legitimá-lo como messias davídico, algo que também Paulo faz: "nascido da estirpe de Davi segundo a carne" (Rm 1,3). Entretanto, as afirmações transcendem o que era necessário para confirmar a filiação davídica. Aquele que nasce é o Filho de Deus (Lc 1,35) e, além disso, José recebe o encargo de dar-lhe um nome que traduz sua relação com Deus – é "Emanuel", "Deus conosco"

---

[152]. Cf. os comentários aos relatos da infância em SCHÜRMANN, H. *Das Lukasevangelium*, I (Friburgo 1969), p. 18-145, esp. p. 58-64, com bibliografia completa. • GNILKA, J. *Das Matthäusevangelium*, I (Friburgo 1988), p. 22-33 (*excursus* sobre o nascimento virginal, com bibliografia às p. 32-33). • GONZÁLEZ DE CARDEDAL, O. *Aproximación*, p. 487-490. • BROWN, R. *The Virginal Conception and the Bodily Resurrection* (Nova York 1973). • BROWN, R. *El nacimiento del Mesías* (Madri 1986), p. 517-533. • FITZMYER, J.A. *Catecismo cristológico* – Respuestas del NT (Madri 1997), p. 31-38.

[153]. Cf. FITZMYER, J.A. Ibid., p. 33-34. • PERROT, C. "Les récits d'enfance". In: *Jésus* (Paris 1999), p. 35-38.

(Mt 1,23) – e sua função para os homens – é Jesus, "YHWH salva", pois Ele salvará o seu povo de seus pecados (Mt 1,21). Neste contexto a profecia de Is 7,14 recebe todo o seu peso[154].

Outra questão é identificar a procedência destes relatos, como surgem e quais são as fontes de informação a respeito de algo que só os dois protagonistas podiam conhecer. A notícia remontaria a uma "íntima tradição familiar" (H. Schürmann), que se comunica em data tardia, ou o fato é inferido a partir do final (a ressurreição), que reclama sua equivalência no princípio, Jesus já sendo aí Filho de Deus pela ação do Espírito (Rm 1,4; Lc 1,25; Mt 1,20)?

2 O sentido

A afirmação cristã pressupõe a verdade dos fatos narrados. Entretanto, fato e sentido são inseparáveis na tradição bíblica. Para interpretá-los é preciso situá-los em continuidade com os relatos veterotestamentários do nascimento de homens providenciais (profetas, juízes, guias) chamados a cumprir uma missão especial a serviço do povo. Continuidade não significa, no entanto, igualdade[155]. Da mesma forma que a encarnação é consumação da criação e da aliança e, no entanto, tem uma novidade absoluta, assim o surgimento virginal de Jesus é fruto de uma especial intervenção de Deus, que prolonga ao máximo sua ação a respeito dos protagonistas do AT, mas comportando uma radical diferença. Deixemos aos exegetas a questão da estrutura literária dos relatos da infância e das fontes informativas a respeito da concepção virginal[156]. Iniciemos excluindo interpretações falsas.

---

154. A citação de Is 7,14 é a primeira das chamadas "citações de reflexão" com as quais Mateus ilumina Jesus a partir do AT e este a partir de Jesus. O sentido literal de Is 7,14 é de difícil elucidação. A tradição eclesial viu na mulher, a jovem (παρθένος) dos LXX, Maria a virgem. O essencial é a conexão entre "Deus conosco" (Is 7,14) abrindo o evangelho e fechando-o: "Eu estarei convosco até a consumação do mundo" (Mt 28,20). Jesus é a unidade da história salvífica, a conexão entre o AT e a Igreja. Cf. GNILKA, J. *Das Matthäusevangelium*. Op. cit., I, p. 20-22.

155. Cf. MUÑOZ IGLESIAS, S. *Los evangelios de la infancia*, I-IV (Madri 1986-1990). Não entramos nos problemas do gênero literário do relato, dos métodos derásicos e dos *midrahs*. A questão da "verdade" cristológica não se resolve com questões exegéticas isoladas; ela remete ao problema hermenêutico de fundo: Quem interpreta o sentido real de um texto bíblico quando várias interpretações seriam filologicamente possíveis?

156. Na terceira fase da tradição evangélica (Mateus e Lucas) a questão é indiscutivelmente afirmada. Na segunda (vida da Igreja prévia) já devia haver esta convicção, já que os dois evangelistas são tributários dela por caminhos distintos. Mas de que forma surge a notícia pela primeira vez?

• *Puramente espiritualista*, que reclama a concepção virginal do Messias por considerar negativamente a relação sexual entre homem e mulher. Aqui se parte de uma compreensão depreciativa do sexo ou do corpo, como se estes fossem antidivinos, que procedessem não por criação de Deus, mas do diabo, ou derivassem de um pecado prévio dos homens. No AT e no judaísmo o normal é o matrimônio e o doloroso é a esterilidade; e a virgindade só aparece em formas-limite de existência, como a de alguns profetas.

• *Puramente metafórica*, que a reduz a uma maneira de dizer a total presença de Deus em Jesus e sua transcendência sobre toda possibilidade humana. O portador da salvação não poderia ser somente homem, e por isso seria descrito como fruto da especial intervenção de Deus. Nega-se o fato histórico resumindo-o a uma ideia (*theologoûmenon*).

• *Puramente biológica*, como se se tratasse de uma ação física de Deus ou do Espírito no corpo de Maria, à maneira dos relatos pagãos de união de um deus com uma mulher.

A primeira interpretação é uma expressão do eterno docetismo e gnosticismo que rejeitam a criação, a matéria e o corpo afastando Deus deles; a segunda deriva do sentimento moderno da criatura que a "blinda" frente a Deus, como se a consistência humana fosse maior, impermeabilizando-se à ação divina e não tornando-se dócil e dúctil a ela; a terceira esquece os princípios fundamentais da relação entre o Absoluto e a criatura: Deus não entra em relação e sinergia com o homem como um fator intramundano, como uma causa a mais deste mundo. A ação da criação, da transcendência e da santidade de Deus, o significado do Espírito no AT e no NT, coloca uma radical distância frente à concepção pagã do nascimento dos heróis ou semideuses, inclusive quando existe alguma semelhança literária nos relatos[157].

Existem quatro hipóteses: 1) Informação de José ou Maria, "memórias de família", que passam para a Igreja. 2) É o resultado de uma dedução teológica: aplicado o título Filho de Deus a Jesus no final, na ressurreição, esse título também é transmitido a Ele no princípio. 3) É a transposição a Jesus da forma de explicar o nascimento dos heróis pagãos, fruto da união de um deus com uma mulher. 4) Foi aplicada a Cristo uma tradição existente no judaísmo da diáspora sobre o nascimento virginal dos patriarcas. Tudo somado, a dificuldade de fixar a origem do relato não invalida a verdade relatada, que a Igreja interpretou em sua confissão de fé. Cf. FITZMYER, J.A. *El evangelio según Lucas*, II (Madri 1987), p. 106-108.

157. Cf. MÜLLER, G.L. *Was heisst: "Geboren von der Jungfrau Maria"?* – Eine theologische Deutung (Friburgo 1991). • MÜLLER, G.L. "Christologie". In: *Glaubenszugänge* – Lehrbuch der Dogmatik, II (Paderborn 1995), p. 155-161.

A interpretação verdadeira implica as seguintes dimensões:

a) *Sentido histórico-salvífico*. Corresponde à lógica de uma ação divina que vai chegando sempre mais perto do coração da criatura, aproximando-se de sua liberdade, forjando-a e tornando-a divina à medida que lhe outorga maior participação em seu ser e lhe confia uma missão mais importante. O Espírito já agia movendo os profetas e superando as dificuldades prévias que eles encontravam para levar a bom termo uma missão divina (mulheres: Sara, Ana, Isabel; profetas: Isaías, Jeremias). Esta ação divina é a forma--limite de uma palavra de criação e eleição. Não são relatos de um agouro mágico, de um enigma biológico ou metafísico, mas de um plano salvífico de Deus. E para alcançar esse fim ordena os acontecimentos e leva a realidade à sua possibilidade máxima, porque "para Deus nada é impossível"[158].

b) *Sentido realista*. A ação divina não passa raspando os homens como se o respeito à liberdade humana impedisse a Deus de adentrar-se nas entranhas da criatura. A glória da criatura é poder ouvir, obedecer e manifestar seu Criador. "Celsa creatura in contemplatione et capacitate maiestatis. Summa creatura in audientia et obaudientia creatoris"[159]. A humanidade que surge pela ação do Espírito é atingida pela presença e comunicação absoluta de Deus e por Ele se torna absolutamente divina e sua, ao mesmo tempo que é expressão suprema da criatura. Essa humanidade do Filho expressa e prolonga sua filiação eterna em relação ao Pai e sua relação com o Espírito.

c) *Sentido simbólico*. É expressão da fecundidade absoluta que acontece quando a oferta de Deus e a resposta humana convergem. Maria coloca sua pessoa inteiramente à disposição da humanidade. A pessoa de Maria, fazendo-se totalmente disponível para que o Filho assuma dela sua corporeidade humana, chega assim ao extremo de sua autonomia criadora. O Filho que

---

158. Cf. Gn 18,14; Jó 42,2; Jr 32,17; Mc 10,27; 14,36; Lc 1,37.
159. São Bernardo mostra que o Filho, por ser a Imagem de Deus, é a Justiça, a Verdade, a Sabedoria. A alma é "conforme à imagem"; por isso capaz e necessitada delas. "Est tamen earundem capax, appetensque; et inde fortassis ad imaginem. *Celsa creatura in capacitate quiden Maiestatis*, in appetentia autem rectitudinis insigne praeferens" (*Obras completas de san Bernardo* – V: Sobre el Cantar de los Cantares, 80,2 (Madri 1987), p. 990.

nasce é seu Filho e é ao mesmo tempo Filho de Deus, já que fruto da ação criadora do Espírito Santo, que lhe forjou uma expressão humana conatural à sua pessoa divina. A concepção virginal não é a causa da filiação divina de Jesus, mas seu sinal revelador.

> O componente cristológico segundo o qual Jesus desde o seio materno está ordenado de uma forma singular a Deus se conjuga com um componente cristológico. A ação de Deus no homem Jesus tem que mostrar que este está destinado a ser o Emanuel. A designação de Jesus como Filho de Deus neste contexto caracteriza sua eleição e converte seu nascimento num acontecimento revelador[160].

Jesus é, assim, fruto da ação criadora de Deus e da receptividade oferente de Maria; a salvação é inteiramente fruto da autodoação de Deus em seu Filho e do consentimento da humanidade em Maria. Não existe autossalvação: a salvação é Deus, e Cristo é o próprio Deus revelado e dado como Emanuel, aquele que salva do pecado, ao outorgar um princípio novo de existência[161].

O resultado desta ação do Espírito e da colaboração de Maria é o Mediador. Tudo isso pertence a Deus porque o Pai prolonga até sua expressão pessoal humana a relação intradivina; e tudo isso também pertence a Maria porque ela é o sujeito consensual e gestante dessa existência nova do Filho eterno, que em seu seio inicia sua caminhada enquanto homem. Jesus se dirige a Maria com a mesma relação filial com que se dirige ao Pai. A maternidade humana com seus cuidados criativos é o meio para que na alma de Jesus aos poucos vá despertando e emergindo as mediações filiais em relação ao Pai.

3 Normatividade entre a ação do Espírito e a do Filho na encarnação

As primeiras formulações da fé cristã se centram na ressurreição e na morte, mas muito cedo o Credo integrou a seguinte afirmação: "Concebido

---

160. GNILKA, J. *Das Matthäusevangelium*. Op. cit., I, 32.
161. "A convicção sobre a 'concepção virginal', formulada ainda nas fases iniciais, exprime a ideia de um empenho (*engagement*) de Deus na própria existência de Jesus. Sem dúvida isso pode ser expresso de formas diversas e com a ajuda de linguagens diferentes (Mateus, Lucas, Paulo, João) [...]. A diferença dessas linguagens demonstra, cada uma à sua maneira, a antiguidade do motivo radical que a todos inspira, mostrando Jesus em sua indizível proximidade com Deus" (PERROT, C. *Jésus*. Op. cit., p. 38).

por obra do Espírito Santo, nascido da Virgem Maria". A tradição antiga da Igreja pressupõe o fato positivo e o interpreta com o mesmo realismo com que interpreta a ressurreição. Sua validez se apoia na vida vivida da Igreja e no poder de Deus, sem que apareça como obstáculo o que só emerge em dois textos bíblicos. A Igreja viveu apenas dois séculos de sua própria memória e confissão antes de remeter-se a um NT citado como cânon[162]. Com a dupla afirmação a Igreja manteve a verdade divina e a realidade humana de Jesus diante de dois tipos de heresias existentes na origem: o ebionismo e adocionismo, que reduziam a pessoa de Jesus à ordem profética, sapiencial ou moral; e o docetismo e gnosticismo, que não atribuem verdadeira realidade carnal a Cristo.

A afirmação de um Jesus nascido de Maria Virgem e concebido por obra do Espírito é sublinhada com o acréscimo "sem sêmen de varão"[163]. O fato de não existir causalidade viril faz com que o Jesus que nasce, sendo todo Ele de Maria, seja todo Ele fruto da ação divina, e seja, portanto, Deus mesmo e principal protagonista do fato. Deus, na pessoa do Filho, foi concebido de Maria, foi embalado em seus braços, veio à luz, nasceu. *Assim a história de Jesus é a história de Deus, de forma que podemos dizer com toda razão: Deus natus, Deus passus, Deus mortuus.* A afirmação contrária segundo a qual Jesus nasceu da coabitação sexual de Maria e José foi tida desde sempre como herética. Não foi rejeitada porque dentro da Igreja nunca foi afirmada. Outra coisa é a afirmação da ulterior maternidade ou virgindade perpétua de Maria. No século XVI se condena os socinianos que negam simultaneamente o mistério trinitário, a concepção virginal de Jesus e o valor universal da morte inclusiva de Cristo (cf. DS 1880).

A concepção virginal de Jesus só afirma a forma de concepção de Jesus e nada diz sobre outros filhos que Maria possa ter tido antes ou depois. Os evangelhos falam de outros irmãos de Jesus. A partir de um dado momento se chega à convicção de que Maria foi sempre virgem e que não teve conhecimento de varão nem, portanto, outros filhos. É possível chegar a esta afirmação pelo fato que o termo grego ἀδελφοί pode ser entendido no sentido

---

162. Cf. BLANCHARD, Y.M. *Aux sources du canon* – Le témoignage d'Irénée (Paris 1993).
163. DS 1-76; 46 (sempre virgem). A partir do Símbolo de Santo Epifânio (374) encontramos a dupla afirmação: "Encarnado por obra do Espírito Santo, nascido da Virgem Maria [...] sem esperma do varão" (DS 42-44; 62; 189; 369; 503; 533; 547; 619; 1337).

lato de parentes. Sem dúvida esta palavra traduz outra aramaica com a qual se descrevia a família ampla. De fato, a palavra "primos" não existe em aramaico. A Igreja Católica e Ortodoxa afirma que se trata de parentes, sendo Jesus o filho único de Maria, ao passo que a Reforma se inclina a considerá-los irmãos e irmãs naturais[164].

4 Relação entre ação do Espírito e ação do Filho na encarnação

No NT existem duas maneiras distintas de conceber a filiação de Jesus: uma referindo-a à preexistência eterna, outra referindo-a à concepção por obra do Espírito e de uma virgem. A formulação "se fez homem nascendo de Maria virgem por obra do Espírito" é o resultado da convergência de ambas as linhas. A primeira prolonga a linha messianológica do AT, onde se fala de "união com o Espírito" e, portanto, este ocupa um lugar central. A segunda está centrada nas categorias de preexistência, envio ou encarnação, que recaem sobre a pessoa do Filho enviado. Aquele que era Filho desde sempre chega a ser Filho no tempo[165], em carne, em forma de escravo, em pobreza. Assim o veem Paulo e João; consequentemente a encarnação está descrita em relação ao Pai e como uma gesta do Filho. Mateus e Lucas a veem acima de tudo na linha do AT, como uma gesta do Espírito sobre o Messias. Como conjugar as duas leituras? A primeira prevaleceu no Ocidente, com o esquecimento do Espírito; a segunda na Igreja oriental, sobretudo por influência da teologia asiática e em seguida da alexandrina, relativa à unção do Verbo, sacerdote pelo Espírito. Isto significou acentuar o caráter histórico da ação pública e da encarnação que abarca a concepção, o batismo e o percurso histórico até a consumação pela ressurreição.

Se somente se tratasse do fato que o Verbo atuasse no mundo, então seria suficiente a cristologia da preexistência; mas trata-se do fato que o Filho é homem. Isto significa que deve surgir a humanidade conatural, resultante de um processo de constituição, realização e consumação. Essa é a função

---

164. "Não é possível resolver facilmente baseando-se unicamente nos testemunhos do NT o problema se os 'irmãos e irmãs' de Jesus devem ser entendidos em sentido estrito de irmãos de sangue ou em sentido amplo de parentes, familiares. Esta última possibilidade não está excluída, em absoluto" (FITZMYEIR, J.A. *Catecismo cristológico*... Op. cit., p. 40). Cf. PERROT, C. *Jésus*. Op. cit., p. 36.

165. Cf. HÜNERMANN, P. "Gottes Sohn in der Zeit – Entwurf eines Begriffes". In: SCHEFFCZYK, L. (dir.). *Grundfragen der Christologie heute* (Friburgo 1975), p. 114-140.

própria do Espírito, que vai desde o começo da existência de Jesus até a consumação final. O Espírito está presente na origem da pessoa encarnada (concepção, batismo), em sua realização sucessiva (mensagem, milagres) e na consumação da obra de Cristo (morte, ressurreição). Da mesma forma que na ordem trinitária o Espírito é o vínculo de união entre o Pai e o Filho, assim também o é no tempo. O Espírito forja, qualifica e conaturaliza a humanidade de Jesus com o Filho, do início ao fim de sua existência terrestre. Não existe uma ação imediata do *Logos* sobre a natureza humana, que dessa forma ficaria dissolvida e fundida por sua presença invasora como uma gota de água no mar, mas uma "união qualitativa e dinâmica de Jesus pelo Espírito em virtude da qual sua natureza humana fica habilitada a realizar atos espirituais e habilitada para um novo regime operativo"[166]. Desta forma acontece na existência encarnada de Jesus o processo de relação trinitária entre Pai, Filho e Espírito. Jesus é o Filho concebido pela ação do Espírito e enquanto tal "o homem do Espírito"[167], primeiro carregado por Ele e em seguida seu doador.

A cristologia da preexistência e da concepção virginal nasceram por caminhos diversos como formas de acesso para compreender a específica condição divina de Cristo. Não é possível estabelecer uma contradição entre elas, como o quer Pannenberg[168]. A contradição teria lugar se a concepção virginal fosse entendida no sentido dos mitos gregos ou egípcios, nos quais nasce um herói ou semideus da união carnal de um deus com uma mulher. No caso da concepção virginal, no entanto, nem o Espírito tem uma função biológica

---

[166]. "Os eclesiásticos discorrem com maior simplicidade e clareza (que os gnósticos) sem nunca confundir a presença não operativa do Verbo e a presença operativa do Espírito que, em forma de união, habilita na ordem salvífica a humanidade do Verbo a partir do batismo" (ORBE, A. *En torno a la encarnación* (Santiago de Compostela 1985), p. 218-219). Cf. LADARIA, L. "Humanidad de Cristo y don del Espíritu Santo". In: *EE* 51 (1976), p. 321-345. • LADARIA, L. "Cristología del Logos y cristología del Espíritu". In: *G* 61 (1980), p. 353-360. • LADARIA, L. "La unión de Jesús y el don del Espíritu". In: *G* 71 (1990), p. 547-671. • CANTALAMESSA, R. "'Incarnatus est de Spiritu Sanctu ex Maria Virgine' – Cristologia e pneumatologia nel Simbolo constantinopolitano en ella patristica". In: SARAIBA, J. (ed.). *Credo in Spiritum Sanctum* (Cidade do Vaticano 1983), p. 101-125.

[167]. Esta designação se funda em sua concepção pelo Espírito (HILARIO DE POITIERS. "Spiritualis conception". In: *De Trin.* X, 35 (BAC 481, p. 548)) e por ter sido constituído "en espíritu vivificante" pela ressurreição (1Cor 15,45). Santo Inácio define Cristo como "médico carnal e espiritual" (*Eph.* 7,2).

[168]. Cf. PANNENBERG, W. "Concepción virginal y encarnación". In: *Fundamentos de cristología* (Salamanca 1974), p. 174-187. Cf. GNILKA, J. *Das Matthäusevangelium*. Op. cit., I, p. 31-32.

nem o Filho começa a existir: começa a existir o encarnado. Não efetivamente o Filho, mas sua humanidade é a que surge de Maria por obra do Espírito. Paulo afirma ao mesmo tempo a preexistência do Filho e sua gestação de uma mulher (Gl 4,4), embora não explique a forma de sua concepção.

B – A figura

I – Fl 2,5-8: "Forma de Deus"; "Forma de escravo"

Tende em vós os mesmos sentimentos de Cristo Jesus,

• que existindo na forma (μορφή) de Deus, não se apegou à sua igualdade com Deus,

• mas *esvaziou-se* (ἐκένωσεν) a si mesmo, assumindo a forma (μορφή) de escravo, tornando-se semelhante/solidário (ὁμοίωμα) com os homens e em sua figura (σχῆμα) era percebido como homem;

• humilhou a si mesmo, fez-se obediente até a morte e morte de cruz (Fl 2,5-8).

Neste hino, que deve ser lido tendo por pano de fundo a figura negativa de Adão como antítese[169] e a figura positiva do Servo de YHWH como antecipação da figura e desfiguração de Cristo em Is 52,13–53,12, encontramos uma expressão da *quenose*. Ela afirma de Cristo simultaneamente uma forma de existência própria de Deus e uma forma de existência própria do homem. A construção do texto expõe a contraposição entre as duas fases da existência de Cristo e, desta forma, mostra que sua atitude é modelo dos sentimentos de humildade e de submissão que os membros da comunidade devem ter. Cristo não se sentiu atraído pelo que é "superior" a Ele, nem sequer manteve seu estatuto divino como se o tivesse usurpado, mas iniciou um caminho que inclui três momentos: despojamento de sua condição divina (κένωσις); humilhação, emergindo no mundo como um homem igual aos outros (ταπείνωσις); assimilação ao extremo do compartilhamento de uma morte em sua forma mais humilhante de cruz (σταύρωσις). A essa atitude o Pai responde com a glorificação (2,9-11).

---

169. Qual é a figura de contraste a respeito da qual a *quenose* e a humanidade de Cristo se impõem como exemplo para os membros da comunidade: Adão, satanás ou Alexandre, Héracles, Nero, Calígula? Cf. FURNESS, J.M. "Behind the Phylippians Hymn". In: *Expository times* (1967-1968), p. 178ss.

Estamos diante de uma dupla contraposição. O que era sua forma anterior à encarnação: "forma de Deus"/"igualdade com Deus", corresponde agora à sua "forma de escravo", à sua "semelhança como os homens" e à sua "figura humana". O autor não se detém numa reflexão metafísica sobre o que é a essência e a existência divinas, ou o que é a essência e a existência humanas de Cristo; as dá por pressupostas. E sua afirmação é justamente a passagem de uma à outra, como gesto de atitude de serviço e de renúncia à possessão própria. Ele se concentra nas condições existenciais da encarnação[170]. Para ele deve-se pressupor em Cristo a realidade da forma de Deus para que sobressaia por contraste a forma de escravo.

A passagem de uma à outra é caracterizada como esvaziamento, humilhação e obediência até a morte de cruz. Temos, portanto, a passagem da condição divina preexistente à condição humana em história concreta sob Pôncio Pilatos (δουλεία), cuja essência é a servidão. Cristo continua sendo Deus, mas dentro das condições do mundo, e nos limites da finitude, no ocultamento. A forma de escravo não nega sua condição divina, mas a oculta[171]. Cristo existe em forma (μορφή), em semelhança/solidário (ὁμοίωμα), em figura (σχῆμα) humanas. É um homem real com rosto e história concretos. Estas três palavras afirmam o realismo absoluto da humanidade de Cristo e excluem toda negação ou relativização[172]. As afirmações sobre a *quenose* culminam mostrando como à humilhação segue a glorificação e à degradação do prestígio (crucificação) segue a conquista de uma nova dignidade (nome = ser *Kyrios*) (Fl 2,9-11).

II – Universalidade, particularidade, singularidade de Jesus

O que Paulo nos oferece como transvasamento da forma de Deus à forma de escravo, de sua condição divina à sua situação crucificada[173], os evan-

---

170. Cf. LAMARCHE, P. *Christ vivant* – Essai sur la christologie du NT (Paris 1966), p. 24-43, esp. p. 29-32.
171. Cf. BARTH, K. KD IV/1, cap. 14: "Jesucristo, el Señor como siervo", § 19,1. • El camino del Hijo de Dios a tierra extraña (*die Fremde*), p. 171-320.
172. Para a análise exata de cada um destes termos e sua conexão com outros próximos, como δόξα, εἰκών, εἶδος, cf. comentários.
173. Deixamos aberta a questão se em Fl 2,6-11 a κένωσις designa o trânsito da existência eterna, pré-encarnatória, de Jesus Cristo "em forma de Deus" à existência encarnada, ou a relação entre a existência encarnada daquele que compartilhava a condição divina com Deus a uma maneira de vida que não mostra essa condição, mas que se assemelha aos outros homens. Existem duas hipó-

gelhos nos relatam narrando sua trajetória histórica. Jesus é um judeu galileu do século I de nossa era, herdeiro da história de um povo, formado conforme as condições que determinavam a vida de uma família rural em sua aldeia na Galileia, Nazaré[174]. Tudo o que dissermos a partir da humanidade de Jesus deve partir deste enraizamento particular. Não existe homem sem terra e não existe encarnação sem uma carne determinada por alguns genes e por alguns sêmens, por um legado biológico e por um legado cultural. A encarnação se realiza na judeidade e toda negação da condição judaica de Jesus equivale à negação de sua condição encarnada. É muito significativo que *o Evangelho de São João, que é uma primeira leitura, se centre no Filho eterno de Deus, no Logos, e que dê a impressão de ser antijudaico, mas que, no entanto, é o que mais dimensões concretas nos oferece do homem Jesus, que chega às lágrimas por seu amigo Lázaro, e que é apresentado no processo diante de Pilatos como "o homem"*[175]. Ao mesmo tempo é o evangelista que mais ênfase dá à procedência nazarena de Jesus e no fato de que a salvação vem dos judeus.

> Encarnar-se "na humanidade" é uma abstração soberana. Encarnar-se é que seja Filho de Deus este indivíduo humano, que anda pelas ruas de Belém ou de Jerusalém, em toda a sua concreção histórica e biográfica. Não é um ser fora do comum da espécie humana, mas um indivíduo absolutamente concreto[176].

A humanidade de Jesus tem estes três níveis: *universalidade, particularidade, singularidade*.

a) *Jesus é homem*. Existe um universal humano que se expressa em cada indivíduo, a partir do qual vivemos e pelo qual crescemos numa interação criadora, já que vamos sendo homens em um acréscimo permanente do humano, e descobrimos o que é sermos humanos à luz e sob a realização da humanidade anterior que, como indivíduos concretos, vamos recebendo, expressando e acrescentando.

---

teses: a preexistência e a encarnação, em condição divina e realização humilhada dessa condição divina, são exegeticamente possíveis. A partir de Orígenes prevaleceu a tese da preexistência e da encarnação.

174. Cf. GONZÁLEZ ECHEGARAY, J. *Jesús en Galilea* – Aproximación desde la arqueología (Estella 2000).

175. Cf. MOLONEY, F.J. "The Fourth Gospel and the Jesus of History". In: *NTS* 1 (2000), p. 42-58.
• SÖDING, T. "'Was kann aus Nazaret schon Gutes kommen'? (Joh 1,46). Die Bedeutung des Judeseins Jesu im Johannesevangelium". In: *NTS* 1 (2000), p. 21-41.

176. ZUBIRI, X. *El problema teologal*... Op. cit., p. 263.

b) O segundo nível é a particularidade. *Jesus é um judeu*. A relação entre o universal e o particular é um problema eterno da filosofia. Teoricamente é insolúvel, mas na prática é manifesto. Todos participamos e manifestamos uma mesma humanidade, mas cada um é ser humano no tempo e no espaço, com pertença social e herança cultural. Cada povo não é somente um reflexo imperfeito de um prévio modelo perfeito; nem existe um paradigma de humanidade a cuja semelhança devam ser os outros. Nenhuma raça é soberana nem cultura alguma é o cânon das outras culturas. Cada ser humano é um final, mas um começo ao mesmo tempo.

c) O terceiro nível é a singularidade. *Jesus é único*. Sua condição pessoal não se explica sem o judaísmo, mas também não se explica inteiramente apenas pelo judaísmo. Se cada um de nós ultrapassa seu próprio marco de nascimento, Jesus foi aquele que rompeu todos os marcos em que surgiu, ao mesmo tempo que rompe com todos os nossos esquemas teóricos quando tentamos reduzi-lo a uma humanidade exclusivamente humana.

A resposta cristã foi que sua peculiaridade humana e judaica foi constituída por sua filiação divina, pois é o Filho de Deus encarnado. Sua humanidade é a humanidade de Deus.

III - Jesus: judeu, galileu, nazareno

Jesus é um judeu e não um ariano[177], nascido de uma mulher judia e não resultado de uma violação pelo soldado romano de nome Panthera, como o afirmou a polêmica dos primeiros séculos e o repetiu Celso[178]. Essa judeidade é essencial. Ela não é descartável ou separável de sua figura, como se Jesus tivesse sido judeu a contragosto e todo o seu empenho se resumisse em instaurar um profetismo antilegalista, anticultual, antissacerdotal, antecipando um programa de ilustração moral e de simplificação intelectualista da religião judaica. Assim pensava o protestantismo liberal do século XIX,

---

177. Cf. KLAUSNER, J. *Jesús de Nazaret* – Su vida, su época, sus enseñanzas (Barcelona 1989). • VERMES, G. *Jesús el judío* (Barcelona 1977). • VERMES, G. *La religión de Jesús el judío* (Madri 1995). • MARQUARDT, F.W. *Das christliche Bekenntnis zu Jesus, dem Juden. Eine Christologie*, I-II (Munique 1990-1991). • WINTER, P. *On the Trial of Jesus* (Berlim 1961). • SCHALOM BEN-CHORIN. *Bruder Jesus* – Der Nazarener in jüdischer Sicht (Munique 1967). • FLUSSER, D. *Jesús en sus palabras y en su tiempo* (Madri 1975).

178. Cf. ORÍGENES. *Contra Celso*, 1,32 (BAC 271, p. 68-69).

pretendendo separar o evangelho do AT e Jesus do judaísmo[179]. No decênio nacional-socialista (1935-1945) chegou-se à negação do caráter judaico (G. Kittel) de Cristo e do cristianismo: Jesus teria tido uma origem não judaica (Gründmann) e representado um judaísmo sincretista (W. Bauer)[180].

Jesus deve ser entendido como se entende qualquer menino judeu, que cresce em uma família determinada pela oração, pela sinagoga, pelo templo, pelo aprendizado da lei, pelos ritos de iniciação tanto religiosa quanto social, pela circuncisão, pelo *bar mizwah*. Um judeu aprende a ler pela Torá. Esse ordenamento do judeu à leitura da lei carregou consigo o fato que o analfabetismo entre o povo judeu foi uma questão religiosa e não apenas cultural. A fidelidade à revelação de Deus, fixada na Torá, obrigava os membros do povo a saber ler para poder conhecer essa revelação divina e responder a ela. Jesus sabia ler em hebraico, que era a língua em que estava escrita a Torá, e também conhecia o aramaico, sua língua materna, através da qual era explicada a Torá na sinagoga. Será que também sabia grego, ou algo do latim, visto que estas duas línguas já haviam sido implantadas na região?[181]

As leituras sinagogais eram o fundamento da formação religiosa. O leitor da Torá, aquele que fazia a homilia e o arquissinagogo desempenham um papel essencial na vida religiosa de Israel. As homilias do sábado, o estudo na "casa do livro" e a memória viva, que retinha a maioria dos textos sagrados e os transmitia às gerações futuras, são as fontes da formação humana e religiosa de Jesus. *O amoldamento de sua alma humana Jesus o deve aos seus pais, à sua aldeia, à Torá e à sinagoga. Para conhecer essa alma é necessário conhecer a alma de Maria e José, o ordenamento litúrgico da sinagoga de Nazaré,*

---

179. Cf. VON HARNACK, A. *La esencia del cristianismo* (Leipzig 1900; Barcelona 1904).

180. Cf. SIEGELE-WENSCHKEWITZ, S. (ed.). *Christlicher Antijudaismus und Antisemitismus – Theologische Programme deutscher Christen* (Frankfurt 1994). A tese afirma que existia uma diferença entre a atitude religiosa de Jesus, nascido na Galileia, e o judaísmo central de Jerusalém. Jesus era galileu; i. é, seria ariano no sentido da "Galileia dos pagãos" (Is 8,23b). De origem, portanto, não judaica. Jesus "galileu" também significou um Jesus aberto às influências helenísticas e à margem tanto da história passada quanto dos conflitos judaicos presentes. Cf. THEISSEN, G. & MERZ, A. *El Jesús histórico*. Op. cit., p. 188-212, esp. p. 190-191. A velha tese de Bauer (1927) revive agora em Crossan, ao apresentar Jesus muito próximo do tipo filósofo ("um judeu de origem camponesa") contraposto às figuras características do judaísmo como o rabino ou o profeta (CROSSAN, J. *Jesús, vida de un campesino judío* (Barcelona 1994), p. 482. • CROSSAN, J. *Jesús*: biografia revolucionaria (Barcelona 1996). Cf. GONZÁLES ECHEGARAY, J. *Jesús en Galilea*. Op. cit., p. 121-152.

181. Sobre os idiomas de Jesus e no tempo dele, cf. FITZMYER, J.A. *The Semitic Background of the NT* (Grand Rapids 1997). • HENGEL, M. "Das Problem der 'Hellenisierung' Judas im 1. Jahr nach Christus". In: *Judaica et Hellenistica*, I (Tubinga 1996), p. 1-90.

as correntes de espiritualidade, a orientação homilética e a legislação social, política e religiosa do momento em que Jesus nasceu. A relação íntima de Jesus com Deus, desde sua infância até sua aparição pública, é desconhecida para nós. Um texto de Lucas define "a casa e as coisas (τὰ τοῦ πατρός)" de Deus, seu Pai, como a morada perene e a missão pessoal de Jesus (Lc 2,49)[182].

A matriz que nutre essa formação é o AT, sobretudo a leitura dos profetas e a recitação dos Salmos. Estes exerceram um papel essencial na redação dos evangelhos, que colocam na boca de Jesus textos sálmicos como seu meio habitual de se expressar diante de Deus, de compreender sua missão e de viver sua morte. Com o *Shemah Israel* (Dt 6,4) se começa o dia, com os Salmos se vive os momentos culminantes e com sua recitação se conclui o dia. Neste sentido a religião de Jesus é a religião de Israel, moldada por suas experiências de povo eleito, experiências narradas na Torá, e das quais cada judeu se sentia protagonista. Ao ler no *seder* da Páscoa o relato da saída do Egito cada um repetia: "Todos nós estávamos sob o domínio do faraó; eu fui arrancado do Egito; por mim YHWH fez maravilhas; para mim criou o mundo, por isso sou responsável pelo mundo; em mim se decide o destino do povo de Deus e com ele o destino do mundo". Neste sentido é lícito dizer que Jesus tem a *fé* do seu povo.

Buber estabeleceu uma divisão entre a forma judaica da fé (*'emunah* = acreditar em, confiança, entrega, crédito atribuído a Deus) e a forma cristã de fé (πίστις = acreditar que, reconhecer algo como verdade, concordar com fatos e dogmas)[183]. Se é verdade que o Credo cristão inclui em seus artigos fatos e interpretação, o reconhecimento da revelação de Deus como verdade e a aceitação de proposições, entretanto, não perdeu a *'emunah* que está em seu ponto de partida. *Fé é confiança atribuída a Deus por ser Deus, resposta à sua revelação, apoio em sua fidelidade. A fé sempre foi um movimento em direção à pessoa.* São João construiu o verbo πιστεύειν = acreditar, com a preposição εἰς = em direção, para. Acreditar é colocar-nos a caminho, viver inteiramente direcionados para Deus como nossa origem, nossa mo-

---

182. "Pai" é a primeira e a última palavra que Lucas põe na boca de Jesus: "Não sabíeis que devo ocupar-me das coisas de meu Pai" (2,49). "'Pai, em tuas mãos entrego meu espírito', e dizendo isto expirou" (23,46). Jesus recebeu a formação humana e religiosa de qualquer menino judeu (cf. ARON, R. *Los años oscuros de Jesús* (Bilbao 1991)). Cf. tb. *Así rezaba Jesús de niño* (Bilbao 1988).

183. Cf. BUBER, M. *Zwei Glaubensweisen*. In: *Werke* (Munique 1962), p. 651-782 [trad. espanhola: *Dos modos de fe* (Madri 1996)].

rada permanente e nossa pátria final. O Credo latino formulou o ato de fé com a preposição *credere in* (acreditar como entrega), e não apenas *credere Deum* (aceitar Deus como objeto ou fato), e tampouco somente como crédito outorgado a uma testemunha (*credere Deo*)[184]. Neste sentido o Credo afirmou *uma fé de Jesus* e *em Jesus* como crente. Evidentemente não no sentido posterior do termo (aceitar por crédito outorgado à autoridade, que por si mesmo não é evidente), mas no sentido veterotestamentário de confiança, obediência e entrega a Deus. Jesus consuma essa atitude de fé própria dos profetas, dos sábios, dos orantes e dos pobres de YHWH. Jesus personifica a fé de Israel; é a "glória de Israel". Ele é a síntese do povo como "filho de Deus". Por isso Mateus aplicará a Jesus o que o AT disse de todo o povo, quando relata a volta a Nazaré: "Do Egito chamei meu filho" (Mt 2,15)[185].

O judaísmo de Jesus foi um fator polêmico na história posterior. A ruptura entre a Sinagoga e a Igreja levou à contraposição. Para alguns Jesus era a realização plena da história salvífica, a consumação do povo, a expressão do que Deus queria para o mundo. Estes se converteram e se tornaram cristãos. Os que não foram capazes de reconhecer os sinais de suas credenciais como Messias, o rejeitaram como blasfemo, traidor e destruidor do próprio povo, culpável antecipado por tanta morte e extermínio como em seguida ocorreu com ele mesmo. Aqui deve ser situada a história do antissemitismo. Os cristãos menosprezaram a judeidade de Jesus ao afirmar prioritariamente seu caráter "cristão"; os judeus lhe negaram sua judeidade por considerar que Jesus a havia pervertido. Somente no século XX conseguimos ultrapassar a contraposição. Os judeus, ao voltarem para a própria terra e lar palestinenses, quiseram recuperar para a mãe-pátria sua história e todo os seus filhos (*Heimholung*). Entre eles existem três figuras: Jesus, Paulo e Maria. Grandes historiadores e pensadores judeus, como M. Buber, J. Klausner, P. Winter, Schalom Ben-Chorin, D. Flusser, G. Vermes e outros, voltaram a

---

184. Cf. DE LUBAC, H. *La fe cristiana* – Ensayo sobre la estructura del símbolo de los apóstoles (Madri 1970).

185. Cf. VON BALTHASAR, H.U. "Fides Christi". In: *Ensayos teológicos* – II: *Sponsa Verbi* (Madri 1964), p. 57-96. • GUILLET, J. *La foi de Jésus-Christ* (Paris 1979). Evidentemente, se referimos a fé ao especificamente neotestamentário, então Jesus não é sujeito de fé, mas objeto de nossa fé. Neste sentido, Ele está antes e fora da fé: "Cristo mesmo não 'crê'. Referida à sua existência esta palavra carece de sentido. Cristo não está onde se crê, mas onde reside aquele a quem se orienta a fé. Ou, dito com mais exatidão: Cristo torna possível a fé" (GUARDINI, R. *La realidad humana del Señor* (Madri 1960), p. 146. • VON BALTHASAR, H.U. *TD* 3, p. 162.

refletir sobre Jesus a partir de sua realidade histórica e em sua significação para o judaísmo. A *Shoah* e Auschwitz nos obrigaram a perguntar-nos pelo sentido do messianismo, o lugar do povo judeu no plano divino de salvação para além de Jesus, a perduração da aliança ou sua revogação e, portanto, se devemos falar de nova e segunda aliança à luz da qual a outra seria apenas a primeira ou inclusive em velha aliança[186]. Judeus e cristãos reconhecem em Jesus o "grande irmão" comum (M. Buber), *modelo de fé* e *fundamento para acreditar* em Deus. A diferença essencial é que nós cristãos o consideramos, além disso, *objeto de nossa fé*. Cremos como Ele crê e com seu apoio cremos em Deus; mas, sobretudo, cremos nele.

IV - Figura particular de sua judeidade

Qual é a imagem histórica de Jesus? Existem duas linhas interpretativas. Uma o compreende dentro do judaísmo como profeta escatológico e outra, em contrapartida, o situa no âmbito helenista como sábio, filósofo com orientação ilustrada ou revolucionária. Sua definição em termos de profeta que anuncia (expectação e esperança) uma intervenção de Deus na história humana, para destruir a iniquidade, fazer justiça aos justos e restaurar Israel (escatologia-anúncio do Reino de Deus), sempre foi reconhecida. No final do século XIX fez-se dessa expectação escatológica a única chave de leitura para a compreensão de Jesus, acrescentando que Ele esperava o fim do mundo que não chegou, e isso revela o engano fundamental sofrido na própria pele. Frente a essa *escatologia radical e consequente* (J. Weiss, A. Schweitzer), Dodd propôs uma compreensão da mensagem de Jesus como *escatologia realizada* com sua própria vinda; Jeremias e outros como *escatologia em ato*, realizando-se com Jesus, com dimensão de presente e de futuro. Que Jesus colocou a história diante de uma nova oferta de Deus como graça e julgamento últimos, ligada à sua mensagem, é algo essencial ao evangelho. Jesus se situa assim na linha do profetismo

---

186. SÖDING, T. "Das Jüdische im Christentum-Verlust oder Gewinn der christlicher Identität". In: *Trierer Theologische Zeitschrift* 1 (2000), p. 54-76. • LOHFINK, N. *La alianza nunca derogada –* Reflexiones exegéticas para el diálogo entre judíos y cristianos (Barcelona 1992). • VANHOYE, A. "Salut universel par le Christ et validité de l'Ancienne Alliance". In: *NRT* 116 (1994), p. 815-835. • MAIN, E. "Ancienne et Nouvelle Alliance dans le dessein de Dieu". In: *NRT* 118 (1996), p. 34-58. O ponto de partida destes autores é a afirmação de João Paulo II em Maguncia (17 de novembro de 1980): a antiga aliança "nunca revogada por Deus".

e da apocalíptica, com traços sapienciais. Em uma palavra: uma figura plenamente compreensível dentro do judaísmo.

Nos últimos decênios tentou-se substituir esta imagem de um Jesus judeu, determinado pela lei e pela história de Israel, por um Jesus não judeu, galileu de Nazaré, cidade próxima de Séforis, helenizada e culta. Proveniente, portanto, de uma zona distante do centro do judaísmo ortodoxo, determinada pelas invasões e migrações, aberta às influências helenísticas, mais preocupada pelo universal humano do que pelo particular judeu. Esta leitura levou sucessivamente a compreender Jesus como alguém próximo do homem helenista e pagão. E, como consequência, marginal ao centro do judaísmo e de suas preocupações sacrais e religiosas. A partir daqui se redefiniu sua figura propondo-o como um reformador, um guia revolucionário, um filósofo cético, um pregador itinerante[187]. Esta substituição de judaísmo por helenismo e de escatologia por ilustração, supõe um uso distinto das fontes. Os que propõem essa leitura outorgam primazia ao *Evangelho de Tomé* e aos supostos extratos primitivos da hipotética fonte Q, nos quais Jesus apareceria como mestre de sabedoria. Para a maioria dos autores europeus, e não poucos americanos, esta redefinição da figura histórica de Cristo carece de fundamento nas fontes que possuímos.

V – A peculiar "grandeza" de sua humanidade

Deveríamos agora comparar Jesus com outras figuras de especial significação humana e com outras figuras religiosas. Ele tem sido um dos homens que fixaram a medida da humanidade e já não podemos mais estabelecer uma antropologia que não se enfrente com a possibilidade divina que Ele

---

187. Estão nesta linha: HORSLEY, R. *Jesus and the Spiral of Violence* (Nova York 1987). • DOWNING, F.G. *Jesus and the Threat of Freedom* (Londres 1987). • DOWNING, F.G. *The Christ and the Cynics* (Sheffield 1988). • BORG, M.J. *Jesus* – A New Vision (São Francisco 1987). • MACK, B. *A Myth of Innocence* (Filadélfia 1988). • CROSSAN, J.D. *Jesús*: vida de un campesino judío (Barcelona 1994). • CROSSAN, J.D. *Jesús* – Una biografía revolucionaria (Madri 1996). Estes o situam dentro do judaísmo: NEUSNER, J. *Judaism and the Beginning of Christianity* (Filadélfia 1984). • SANDERS, E.P. *Jesus and Judaism* (Filadélfia 1985). • SANDERS, E.P. *La figura histórica de Jesús* (Estella 2000). • CHARLESWORTH, J.H. *Jesus within Judaism* (Nova York 1988). Cf. um panorama e avaliação crítica destas obras em: BEN WITHERINGTON III. *The Jesus Quest* – The Third Search for the Jew of Nazaret (Downer Grove 1995). • MEIER, J.P. "Fuentes: los agrapha y los evangelios apócrifos". In: *Un judío marginal* – Nueva vision del Jesús histórico, I, p. 131-182. • DAVIES, W.D. "Jesus from the Jewish point of view". In: HORBURY, W. & STURDY, J. (eds.). *The Cambridge History of Judaism*, III (Cambridge 1999), p. 618-677.

abriu para os homens. Entretanto, *Cristo não se apresentou a si mesmo como herói, nem como gênio, nem como fundador de religião*. Herói e heroísmo são palavras próprias do universo grego, que quase nunca foram utilizadas para identificar Cristo ou os cristãos. Não foi a fortaleza, o poder, a riqueza, a capacidade transformadora da realidade social, econômica ou política que Cristo propôs, mas a revelação de Deus e a comunhão com Ele, das quais deriva o sentido, a esperança e aquelas purificações da vida humana que denominamos salvação. Tampouco foi caracterizado em sua origem como um gênio pela intuição, pela profundidade de sua inteligência ou pela força inventiva de sua imaginação. No século XIX Renan empregou as categorias de herói e gênio para designar Cristo e Nietzsche lançou contra Ele uma diatribe tão lúcida quanto envenenada[188]. Cristo tampouco é comparável aos ascetas ou aos místicos; não é um "supermístico" no sentido de Bergson[189].

Cristo quebra todos os esquemas; não é comparável a nenhuma figura humana. Entretanto, se pudesse escolher três categorias com cuja ajuda pudesse ser compreendido, teria que escolher a de *profeta, carismático, Filho de Deus* em sentido transcendente. Jesus se situa na linha dos profetas do AT: tinha uma mensagem de Deus para os homens, procedia de Deus, anunciava o Reino, se sabia enviado por Ele e responsável por Ele. Sua voz irrompeu com tamanha força que não pôde deixar de ser ouvida, e os homens tiveram que confrontar-se com ela, que era percebida como convite e provocação, graça e julgamento. Mas Jesus é mais do que um profeta; por isso foi necessário ir além dessa categoria, que somava a do arauto da boa-nova de Deus e o cumprimento da promessa messiânica. Jesus era "mais"; era "maior que". A categoria necessária era, pois, a de Filho de Deus, que mesmo transcendendo aquelas, mantinha também continuidade com as figuras e experiência do AT.

Pascal distinguiu três ordens de grandeza humana: a riqueza e o poder (reis), a ciência e a verdade (sábios), a caridade e a santidade (crentes). Alexandre Magno, Arquimedes, Jesus Cristo. São três ordens próprias e incomparáveis. Jesus está na ordem da santidade[190]. É uma soma surpreendente de

---

188. Cf. NIETZSCHE, F. *El anticristo 29* (Madri 1985), p. 57-58. Ele se refere à *Vie de Jésus* (1863). Cf. as notas 63 e 39 do tradutor A. Sánchez Pascual.

189. Cf. GOUHIER, H. *Bergson et le Christ des évangiles* (Paris 1961). • VERGOTE, A. "Jésus de Nazareth sous le regard de la psychologie religieuse". In: DONDEYNE, A. et al. *Jésus Christ-Fils de Dieu* (Bruxelas 1981), p. 115-146.

190. Cf. p. 793.

sabedoria e de inocência, de transparência em relação a Deus e comunhão com Deus de obediência a Deus e de presença de Deus. Pascal, Nietzsche e Dostoiévski utilizaram algumas palavras-limite para designar Jesus: "Ingênuo", "inocente", "idiota"[191]. As três são verdadeiras, lidas a partir dele. Jesus é aquele que não sabe do pecado, por não tê-lo cometido, e sofre sob seu poder; aquele que deixa a realidade estar, ao homem existir e Deus ser Deus; aquele que vem de mais além de si mesmo, e esse mais além se transcende sem empenhar-se em ser si mesmo; aquele que em seu despojamento inocente padece a injustiça; aquele que não acusa e acolhe; aquele que, ao amar-nos e perdoar-nos, nos revela nossa injustiça e nossa culpa. Cristo foi tão dócil e transparente que por Ele passaram íntegras a luz e a vida de Deus ao mundo. Ele é o mínimo no qual se encerra o máximo; pode ser des-feito e dis-pensável por qualquer um e, no entanto, já é inesquecível para todos.

C – A pessoa

I – A pergunta fundamental: Quem é Jesus?

O NT foi escrito para testemunhar que Jesus é o Messias, o Filho de Deus (Mc 4,41; 8,27-33; 14,61 e par.: Jo 1,49; 11,27), e para convidar os homens a corresponder com a fé e a conversão (Mc 1,14-15)[192]. Podemos perguntar o que Jesus fez, como se comportou, de onde vinha, o que estava pretendendo. Todas estas perguntas, no entanto, permanecem na superfície, por mais fundamentais que sejam as respostas. O homem, além de algo, de coisas, de possessões, de relações e ações, é *alguém*, ou seja, além de um *o que* (natureza) é um *quem* (pessoa)[193]. Com isso abriu-se a fenda mais profunda que configura a realidade: a diferença entre as coisas e as pessoas. No entanto, mesmo assim ainda não chegamos ao fundo da questão. A existência é comum às coisas e às pessoas, mas não as unifica. Todos os seres humanos são pessoas, mas nem por isso a humanidade apaga as diferenças.

---

191. "Jesus Cristo disse coisas grandes de maneira tão simples que parece não ter pensado nelas; no entanto, o fez tão nitidamente que se vê que Ele as pensou. Esta clareza unida a esta ingenuidade (*naïvité*) é admirável" (p. 197). Cf. NIETZSCHE, F. *El anticristo*, p. 29.
192. Cf. SCHLIER, H. "Wer ist Jesus?" In: *Der Geist und die Kirche* (Friburgo 1980), p. 20-32.
193. Cf. SPAEMANN, R. *Personas* – Ensayo sobre la diferencia entre "algo" e "alguien" (Madri 2000). • MARÍAS, J. "Persona y yo". In: *Antropología filosófica* (Madri 1973), p. 39-46. • MARÍAS, J. *Persona* (Madri 1996).

Sendo, todos e todas, pessoas, e cada uma delas é um abismo de identidade, de solidão e de personalidade. Cada ser humano existe a partir de algumas situações, vivendo algumas relações, cumprindo determinadas missões, sendo especificamente esta pessoa e não outra.

A pergunta sobre *quem é o homem Jesus* deve ser respondida não no vazio do conceito, mas no desenvolvimento da história. O NT descreve suas fases, seus estratos e suas dimensões até concluir com a afirmação fundamental a partir da qual integra todas as demais: *Cristo é o Filho de Deus, que se fez carne e que nascendo de Maria se fez homem.* A resposta foi se concentrando nestes dois termos: Filho-homem. A partir daqui emerge então a pergunta pela possibilidade de coexistência entre o humano e o divino. A presença de Deus no homem Jesus suplantaria sua real humanidade ou a potencializaria maximamente? Ela se trataria de uma presença dinamizadora, como a do *ruah* nos profetas do AT, ou de uma forma nova de presença pessoal de Deus? Como diferenciar a presença específica do Pai e do Espírito no homem Jesus?

Esta é a resposta da fé: o homem Jesus, concebido pela ação do Espírito das entranhas de Maria, descendente de Davi, *segundo a carne*, viveu em uma relação filial com Deus expressa no termo *'Abba* e constituído Filho de Deus em poder *segundo* o Espírito na ressurreição (Rm 1,3-4), é "seu Filho" (Rm 1,3), o Verbo, que estava com Ele na criação do mundo, é Deus como Ele (Jo 1,1-3). Esse homem é o Unigênito do Pai, cheio de graça e de verdade, de cuja plenitude todos temos recebido graça sobre graça (Jo 1,14.16). Esse homem é visto em relação e em equiparação dinâmicas (conhecimento, amor, julgamento) com o Pai e o Espírito. Este fato provoca a pergunta por *sua identidade como sujeito em relação* aos outros dois sujeitos: Pai e Espírito; e a questão consequente sobre a *pessoa*, decisiva na Trindade e na cristologia[194].

---

194. Cf., além dos dicionários: *HWPh* VII, p. 269-338. • *TRE* 26, p. 220-231. • VOGEL, C.J. "The Concept of personality in Greek and Christian Thought". In: RYAN, J.K. (ed.). *Studies in Philosophy* (Washington 1963), p. 20-60. • ÁLVAREZ TURIENZO, S. "El cristianismo y la formación del concepto de persona". In: *Homenaje a X. Zubiri*, I (Madri 1971), p. 42-77. • RATZINGER, J. "Sobre el concepto de persona en cristología". In: *Palabra en la Iglesia* (Salamanca 1976), p. 165-180. • MILANO, A. *Persona in teologia* (Nápoles 1985). • GRESHAKE, G. *Der dreieinige Gott* (Friburgo 1977), p. 74-216. • GRESHAKE, G. "Person". In: *LTK*³ 8, p. 46-50. • GRILLMEIER, A. "Die christologische Entdeckung des Humanum". In: *Fragmente zur Christologie*, p. 17-32. • VON BALTHASAR, H.U. "La lucha por el concepto teológico de persona". In: *TD* 3, p. 195-205.

II – A constituição metafísica (Ser)

1 Os termos novos: *ousía, phýsis, hypóstasis, prósôpon = esentia, natura, persona*

A história salvífica coloca em cena quatro "protagonistas" (quatro papéis ou quatro executores) do plano divino para os homens: Deus identificado como Pai, o Filho enviado, o Espírito e o próprio Jesus[195]. A pergunta sobre quem é Jesus é unida e inseparável da pergunta sobre quem é o Deus e Pai de Nosso Senhor Jesus Cristo que, pelo Espírito, no-lo deu encarnado e, pelo Espírito, continua interpretando-o na Igreja? Os termos *hypóstasis* em grego e *persona* em latim tentam estabelecer, na doutrina de Deus, a consistência e a propriedade de cada um dos protagonistas referidos no NT (Pai, Filho, Espírito), e na cristologia tentam estabelecer a relação existente (correlação e coexistência) entre o humano e o divino em Jesus Cristo. *O esclarecimento da realidade trinitária de Deus está unido ao esclarecimento da condição humano-divina de Jesus Cristo.* A categoria de pessoa surgiu na experiência religiosa de Israel, ao mesmo tempo que no esforço teológico da Igreja de pensar a realidade de Deus em si mesmo como Pai, Filho e Espírito, e de pensar a união do divino e do humano em Cristo. Em sua forma última e mais notável, a categoria de pessoa é um dos frutos do cristianismo. O mundo grego a precedeu na intuição da diferença entre cosmos e homem, na afirmação do λόγος, na condição de sujeito, na liberdade e na imortalidade do homem.

A realidade pode ser compreendida como φύσις (natureza) ou κτίσις (criação). Dizer *phýsis* é dizer força emergente, potência original, matéria que se desenvolve, que se desdobra e frutifica em mil formas de realização. Dizer *ktísis* é nomear uma amorosa liberdade que gera e um mundo gerado para a liberdade, para o amor e para a ação responsável[196]. O relato da vocação de Abraão (Gn 12) como início da história de Israel, com o relato da criação como sua intra-história, inaugura um capítulo da história humana no qual as coisas são quando são ditas e nomeadas por alguém. Nessa história o homem recebe a incumbência de estar no comando da realidade (terra, animais), ao mesmo tempo que chamado por Deus por seu nome próprio,

---

195. Cf. ANDRESEN, C. "Zur Entstehung und Geschichte des trinitarischen Personbegriffs". In: *Zeitschrift für die Neutestamentliche Wissenschaf* 52 (1961), p. 1-38.
196. Cf. MARÍAS, J. "Dios como amor". In: *La perspectiva cristiana* (Madri 1999), p. 95-99.

colocado diante de um caminho novo, encarregado de uma missão e aguardado no fim. O homem soube que é pessoa, alguém único, inconfundível com o mundo e irredutível a número, quando uma vez ouviu uma voz que o separou da massa, para incumbi-lo de uma missão, religá-lo a uma responsabilidade e obrigá-lo a uma resposta. *Esta experiência bíblica é a matriz experiencial do conceito de pessoa humana, que encontrará sua articulação teórica nas discussões trinitárias e cristológicas, ao diferenciar sujeito de substância, pessoa de coisa, homem de mundo, função de identidade.* Para articular essa experiência e ordenar essa realidade teológica e cristológica foram utilizadas categorias do estoicismo e do neoplatonismo tais como *phýsis, ousía, hypóstasis, prósôpon*.

Quando a *ousía*, como matéria primordial, passa a existir e emerge numa coisa concreta que simultaneamente se diferencia da aparência, então temos a *hypóstasis*. Não são duas coisas realmente distintas, mas só conceitualmente diferenciáveis. A *hypóstasis* designa no neoplatonismo o Nous e a Alma como realidades, cuja essência é proceder do Uno[197]. O termo *hipóstasis* se encontra no NT como sinônimo da realidade de Deus, que brilha em Cristo, e como conteúdo da realidade esperada para o futuro, que a fé nos oferece antecipadamente (Hb 1,3; 3,14; 11,1)[198]. Quando se trata de buscar um conceito que designe a diferença existente entre Pai, Filho e Espírito, Orígenes utilizará o termo *hypóstasis*[199]. A diferenciação conceitual entre a única *ousía* (essência) e as três *hypóstasis* (pessoas) será realizada, seguindo Mario Victorio e Epifânio, pelos grandes Capadócios. Como características das três pessoas eles usam paternidade, filiação, santificação, ou outras categorias: não engendrado, engendrado, procedência ou envio. Aqui já aparece esse matiz determinante de todo o futuro: a *ousía* está na ordem do "o que", a *hypóstasis* na ordem do "quem".

---

[197]. Cf. PLOTINO. *Enéadas*, III, 5,3,1. • HÜNERMANN, P. "Hypostase, hypostatische Union". In: *LTK*³, 5, p. 371-377.

[198]. "O correspondente normal de ὑπόστασις é *sub-stantia*; no plano filosófico: a essência de um ser, o que se oculta sob as aparências. Mas esta acepção não é atestada na Bíblia além de Hb 1,3: "o Filho é o troquel ou a efígie da substância do Pai" (SPICQ, C. In: *LTNT* XV (Friburgo 1991), p. 633. Cf. HOLLÄNDER, W.H. "ὑπόστασις". In: *DENT* II, p. 1.901-1.902 ("Em Hb 1,3 ὑπόστασις aparece com o significado mais ou menos filosófico de *realidade* ou *ser*: Jesus Cristo como o Filho é 'a fiel estampa do *ser* [imortal e transcendente]' de Deus").

[199]. Cf. ORÍGENES. *Contra Celso* VIII, p. 12 (BAC 271, p. 529-530).

A clarificação do problema trinitário no século IV (relação da única essência com as três pessoas em Deus) tem seu equivalente na clarificação do problema cristológico no século V (relação entre a única pessoa de Cristo e suas duas naturezas, a divina e a humana). A escola alexandrina e São Cirilo colocam o acento na unidade real de Cristo como único sujeito. Empregam o termo μία φύσις para salvaguardar sua unidade histórica concreta de realizador da salvação, já que, só enquanto Deus, Cristo podia levá-la a bom termo. A união das duas naturezas é "com base na *hypóstasis*", é união pessoal[200]. A escola de Antioquia, com Nestório como seu expoente radicalizado, sublinha de tal forma as duas naturezas que o sujeito resultante parece ser apenas a conjugação do Filho de Deus com o Filho de Maria. Para ele a união não é *kalt' hypóstasin*, mas uma *kénôsis tês eudokías, sunápheia*; a unidade é só de πρόσωπον = face, aspecto, papel. Este termo, que originariamente significava a máscara que usavam os atores no teatro, passou em seguida a significar o papel, a função, o ofício, o "quem" de alguém. A unidade de Cristo é compreendida como a conjugação de dois princípios de ação que convergem em um único *prósôpon*. Se a postura de São Cirilo ameaçava tornar-se um monofisismo, a de Nestório pendia para um dualismo que colocava em risco a verdade pessoal do único sujeito de que fala o NT. O Concílio de Éfeso afirmou a unidade de pessoa em Cristo e o Concílio de Calcedônia a verdade, a perfeição e a permanência das duas naturezas, tornando praticamente idênticos os dois termos discutidos até agora: *hypóstasis* e *prósôpon*; e completando a definição com a fórmula emprestada de *Tomus ad Flavianum* de São Leão: "Salva igitur proprietate utriusque naturae et in unam coeunte personam" (DS 293).

2 Conceito de pessoa e de união hipostática no Oriente e no Ocidente

O processo de clarificação continua no Oriente por obra de Leôncio de Bizâncio e Leôncio de Jerusalém, mas principalmente através de Máximo o Confessor, que estabelece a distinção entre o ser real e o "ser-para-si" no qual as naturezas possuem sua existência. As formulações dos "leôncios" sobre a natureza humana de Cristo como ἀν-ὑπο-στάστος (é "sem", não tem pessoa própria) e ἐν-ὑποστάσια (a natureza humana está encravada "na" pes-

---

[200]. DS 251 (Carta 2ª de São Cirilo, Concílio de Éfeso).

soa divina) foram fontes esclarecedoras, mas ao mesmo tempo de eternos mal-entendidos porque pareciam sugerir uma despersonalização da humanidade de Jesus.

No Ocidente, Boécio define a pessoa com três conceitos fundamentais: substância-individualidade-racionalidade. "Persona est rationalis naturae individua substantia"[201]. Ricardo de São Víctor abre um horizonte novo ao defini-la com categorias novas: existência-relação-comunicação. "Persona est spiritualis naturae incomunicabilis existentia"[202]. Santo Tomás de Aquino reassume a definição de Boécio afirmando que é "omnium naturarum dignissima [...] modus existendi quem importat persona est dignissimus ut scilicet per se existens"[203]. E a completa com a noção de subsistência: em Cristo há um sujeito de execução e de atribuição (*persona*) e uma única existência (*esse*). A pessoa divina é o princípio de unificação em Cristo. A união da natureza humana com a divina não é acidental, mas pessoal. Por isso "não lhe advém àquela uma nova existência pessoal, mas uma nova afinidade ou relação da existência pessoal presente (do Verbo) na natureza humana; de modo que a pessoa do Filho de Deus subsiste não apenas segundo a natureza divina, mas também segundo a natureza humana[204]. A pessoa do Filho confere subsistência à sua natureza humana criada. Duns Escoto acrescenta uma nova perspectiva para pensar na pessoa: sua capacidade de última solidão[205]. Com o nominalismo e Suárez se abre um caminho novo, onde a pessoa não é um algo, mas uma negação de dependência, mero hábito ou modo próprio de Jesus, entre a natureza humana e a divina[206].

---

201. BOECIO. *Contra Eutychen et Nestorium*, III (PL 64, p. 1.343).

202. RICARDO DE SAN VÍCTOR. *De Trinitate*, 4,22.

203. SANTO TOMÁS. *De potentia*, q.9 a.2 e 3. Cf. *Sth*. III q.1 a.12 ad 2.

204. *Sth*. III q.17 a.2. Cf. DIEPEN, H.M. *La théologie de l'Emmanuel* – Les lignes maîtresses d'une christologie (Bruges 1960), p. 51-162 (Unidade de ser/unidade de existência). • TORRELL, J.P. "Le thomisme dans le débat christologique contemporain". In: *Saint Thomas au XXème siècle* (Toulouse 1993; Paris 1995), p. 379-409.

205. Cf. JUAN DUNS ESCOTO. *Opus Ox*. d.1 q.1 n.17: "persona ultima solitudo". "Escoto distingue dois planos: o existencial e o racional. Pelo segundo a pessoa é abertura aos outros e relação com Deus. Pelo primeiro é solidão radical e *última*, porque atrás da pessoa não há nada nem ninguém. *Solitudo*, porque, vivendo na solidão e no ensimesmamento, tem que responder por si e por tudo quanto se realiza por ela" (RIVERA DE VENTOSA, E. "Doble plano metafísico de la persona en la filosofía de Duns Escoto" (*Naturaleza y Gracia* 17/3 (1970), p. 285-287).

206. Cf. em Santo Tomás as substâncias racionais "quae habent dominium sui actus, et non solum aguntur, sicut alia, *sed per se agunt*" (*Sth*. I q.29 a.1). Cf. WALGRAVE, J.H. *Cosmos, personne et société* (Paris 1968), p. 119ss.

Ao longo do século XX repetiu-se em perspectiva psicológica as divergências metafísicas próprias que caracterizaram Alexandria e Antioquia no século V. Galtier, Masure, Seiller, Karl Adam, Deodato de Basly, Glorieux, orientando-se pela linha antioquena, reafirmaram a humanidade de Jesus, redescobrindo no "Cristo nosso irmão" um homem como nós que compartilhou de nosso destino perante a Deus. Em contrapartida, os autores que se orientam pela cristologia de São Cirilo: Parente, Diepen, Garrigou-Lagrangre, Xiberta... partem da visão joânica do Verbo encarnado, do "Emanuel", para compreender a partir dele a realidade concreta do homem Jesus e organizar consequentemente a cristologia[207].

Na segunda metade do século surgiram novas tentativas de interpretação da união hipostática, partindo de uma reflexão sobre a existência espiritual do homem, mostrando sua abertura ao Absoluto; sua transcendência para o outro como lugar de sua verdade e realização; a missão como verdade da pessoa; o próximo aos nossos cuidados e em cuja alteridade se funda e realiza nossa autonomia; concluindo que tudo isso tem sua realização máxima em Cristo. *Desta forma Cristo aparece não como um enigma ou a grande exceção do humano, mas como chave para compreendê-lo teoricamente e a força para realizá-lo praticamente.* Aqui devemos situar os esforços feitos a partir da reflexão filosófica de B. Welte, F. Malmberg e K. Rahner, precedidos em seu tempo por M. de la Taille[208]. Junto a eles estão as instituições que, prolongando o pensamento de Barth e da tradição patrística, apresentaram em uma linha Balthasar, Ratzinger, Kasper, Hünermann... e em outra os protestantes Pannenberg, Moltmann, Jüngel.

---

207. As obras-chave dessa reativação das duas linhas cristológicas, a partir da psicologia de Jesus (o eu, a autoconsciência), são: GALTIER, P. *L'unité du Christ* – Être, personne, conscience (Paris 1939). • SEILLER, L. *La psychologie humaine du Christ et l'unicité de personne* (Paris 1951), ambas na linha antioquena. Na linha alexandrina e de Éfeso: PARENTE, P. *L'Io di Cristo* (Bréscia 1951). • LONERGAN, B. *De constitutione Christi ontologica et psycologica* (Roma 1956). • XIBERTA, B. *El yo de Jesucristo* – Un conflicto entre dos cristologías (Barcelona 1954), que oferece um panorama rigoroso e uma equilibrada análise das duas posturas.

208. Cf. WELTE, B. "Homoousios hemin – Gedanken zum Verständnis und zur theologischen Problematik der Kategorien von Chalkedon". In: GRILLMEIER, A. & BACHT, H. (eds.). *Das Konzil von Chalkedon* – Geschichte und Gegenwart, III (Wurzburg 1954), p. 51-80. • MALMBERG, F. *Über den Gottmenschen* (Friburgo 1960). • MALMBERG, F. "Encarnación". In: *CFT* I (1979), p. 405-413. • RAHNER, K. "Problemas actuales de cristología". In: *ET* I, p. 169-222. • RAHNER, K. "Encarnación". In: *SM* 2, p. 549-567. • DE LA TAILLE, P. "Actuación créé par Acte incréé – Lumière de gloire, grâce sanctifiante, union hypostatique". In: *RSR* 18 (1928), p. 253-268. • DE LA TAILLE, P. *Mysterium fidei* (Paris 1931), elucidário XLI, apêndice E, p. 514-516.

3 Conteúdos e sua aplicação a Cristo

A história do Ocidente tem sido um intercâmbio e uma interação de conceitos entre a experiência teológico-religiosa e a sabedoria filosófica. A partir do Deus revelado pelos profetas e por Cristo temos pensado no homem, na história e no ser. Inversamente, a experiência histórica e a reflexão do homem sobre si mesmo impactaram no pensar em Cristo. *A cristologia e a antropologia no Ocidente foram elaboradas em reciprocidade.* Todo grande homem alarga com sua vida a compreensão e a realização humana. Neste sentido a sucessiva autocompreensão do homem se projetou retroativamente sobre Cristo tornando-nos sua realidade mais compreensível. Neste processo, o fenômeno atual da secularização significa uma inversão da antropologia anterior, já que a experiência cristã do homem como imagem de Deus e pessoa é a do chamado e enviado por Deus simultaneamente responsável pelo mundo, colaborador e solidário de destino com Deus.

A partir de um determinado momento a palavra pessoa passou a designar o máximo na ordem da realidade, a condição inefável e indefinível do homem, cujo limite, origem e definição são dados por Deus. Como resultado dessa interação entre filosofia e teologia, a palavra "persona" adquire algumas dimensões objetivas e relaciona algumas ordens de sentido, de onde tem início, se apoia e dentro das quais o humano se realiza. A partir dessas dimensões, com elas e diante delas o indivíduo se torna pessoa. Expô-las analiticamente equivaleria a fazer uma história da filosofia e da cristologia. Elas foram excogitadas e explicitadas para entender "como" Cristo é pessoa; mas são, sobretudo, resultado da comprovação de que Ele "é" pessoa em forma suprema. São as seguintes. A pessoa é:

- Substância racional (Boécio). Razão, essência, individualidade.
- Existência (Ricardo de São Víctor). Comunicação, amor.
- Relação (Santo Agostinho). Consistência como alteridade.
- Autonomia (Kant). Independência, soberania, emancipação e liberdade.
- Autoconsciência (Schleiermacher). Ser em si, poder estar em si e saber de si.
- "Suidade" (Xavier Zubiri).

- **Missão** (Balthasar). O sujeito individual é personalizado pela missão recebida de Deus.
- **Responsabilidade e substituição** (Lévinas). Estou responsável pelo outro; sou para ele e refém dele.

A partir daqui temos que explicar como o homem Cristo é pessoa, e como nele a natureza humana tem o último fundamento de sua existência consistindo a partir da pessoa do Filho e nela, não sendo isto algo negativo, mas a forma suprema de personalidade e de personalização. Para compreender a resposta temos que excluir vários mal-entendidos prévios.

a) *Mal-entendido por exclusão*. Afirma-se que Cristo é pessoa divina por subtração da real humanidade que nos caracteriza a todos como seres humanos. Ele seria a "aparição", a "manifestação", a "epifania" de Deus no mundo, não uma real encarnação e humanização de Deus. Ao pensar que Cristo não é uma pessoa humana, se está dizendo que lhe falta o essencial, o que realmente o constitui homem enquanto tal. Por consequência, é equiparado a um fantasma, a um anjo ou a um mediador pertencente a outro mundo, remetido ao pré-humano, ao animal ou ao natural. Seja como for, Ele não poderia ser reconhecido como homem verdadeiro. Toda a história da Patrística, começando já no NT, é uma luta para rejeitar tais negações da humanidade de Cristo. A união que a fé afirma existir entre a natureza humana e a divina não é da ordem biológica ou física em sentido material, mas da ordem pessoal. O Filho cria uma nova humanidade e a deixa ser à medida que a afirma como sendo sua, no duplo sentido do termo: é verdadeiramente humana e sua verdade deriva da ação personalizadora do Filho.

b) *Mal-entendido por exceção*. Parte-se do fato de que Cristo é a grande exceção, o grande milagre ou enigma do humano, e que, portanto, deve-se pensá-lo com outras categorias à margem de como pensamos a relação de Deus com cada ser humano e a relação do ser humano com Deus. A verdade, no entanto, é justamente o contrário. Ele não é a exceção, mas a regra, e todo o resto deve ser pensado a partir dele. *Cristo não é o único como exceção, mas o único como o primeiro (protótipo, primogênito, paradigma) e o último (fim, consumador, antecipador do fim)*. À sua luz Deus pensou o ser humano, criou o mundo e, portanto, à sua luz temos que pensar a nós mesmos como seres humanos. Cristo é "o homem novo", o "último Adão", o "Espírito vivificante", em contraposição e superação ao homem pecador, ao primeiro Adão, que foi feito apenas alma viva.

4 Interpretação moderna da união hipostática (Rahner, Zubiri, Ratzinger)

Santo Tomás de Aquino em um sentido, Blondel, Rahner e Zubiri em outro, partem da criação ou da comunicação progressiva de Deus com o homem para pensar a comunicação e a constituição personalizadora do homem Jesus pelo Verbo como ponto-final desse processo crescente. Isso pode ser feito com categorias evolutivas ou sem elas, acentuando a abertura ativa de Deus ao homem ou a abertura e a atitude expectante do homem perante Deus com o consequente ordenamento e referência ao absoluto[209]. Em última análise, o espírito humano provavelmente se diferencie de outras formas de consciência, tal como a encontramos no animal, por sua capacidade de conhecer e de responder a Deus[210]. *O lugar e o sujeito onde se dá essa reciprocidade entre o homem – voltado e aberto ao Absoluto – e o Absoluto – voltado e aberto ao homem em diálogo – é Cristo.* Por isso nele se consumaram a criação e o espírito. Deus foi definitivamente Deus e o homem definitivamente homem, porque num único sujeito se deu a autoexpressão máxima de um e de outro. Deus foi homem sem ter deixado de ser Deus, inclusive sendo-o ao máximo; e o homem chegou a ser Deus não sem deixar de ser homem, mas sendo-o ao máximo.

Estas reflexões pressupõem uma purificação do conceito usual de Deus, que no fundo não é religioso e está operando na consciência de muitos cristãos e inclusive teólogos. Existe um pressuposto anticristão que leva inconscientemente a pensar em Deus como limite para o homem, como invejoso do homem, como antagonista do homem. Quem pensa a partir desse pressu-

---

209. "A encarnação do *Logos*, apesar de ser um acontecer histórico, e por isso único, que se dá num mundo também essencialmente histórico, apareceria *ontologicamente* não somete *a posteriori* e moralmente como objetivo inequívoco do movimento total da criação. Todo o restante e o anterior seriam tão somente sua preparação e mundo à sua volta" (RAHNER, K. "Problemas actuales de cristología". In: *ET* I, p. 185. Cf. RAHNER, K. "La cristología dentro de una concepción evolutiva del mundo". In: *ET* V, p. 181-220. "A mensagem cristã [...] é em certa maneira a repetição ontogênica de uma história da revelação filogenética da humanidade" (RAHNER, K. *SzTh* XII, p. 586). Em Jesus Cristo se manifesta de maneira temática e insuperável "a presença anônima de Cristo no mundo e em sua história" (RAHNER, K. *SzTh* VIII, p. 408).

210. RATZINGER, J. *Sobre el concepto de persona en teología*. Op. cit., p. 177.

posto precisa situar o homem na máxima distância e autonomia possíveis em relação a Deus, justamente para ser mais homem. A consequência é que ali onde mais Deus está, menos margem sobra para o homem, e ali onde existe margem total para o homem, menos espaço sobra para Deus. Em consequência, se a fé afirma que a única pessoa em Cristo é o *Logos* e não existe uma personalidade humana, a partir de tal pressuposto se conclui que Cristo é a suprema negação do homem, o sintoma da catástrofe teológica da humanidade. Por tudo isto a resposta à pergunta pela constituição pessoal de Cristo só pode ser dada hoje a partir de uma reflexão fundamental sobre a relação Deus-homem, mostrando que em Cristo se dá a máxima autodoação de Deus, que com ela suscita a máxima realidade, a autonomia e a liberdade da criatura[211]. Já a criação é justamente a afirmação do outro, para que seja ele em si e para si. *Deus nos criou por seu amor para nossa liberdade. Deus pode dar e dar-se totalmente aos outros para que sejam por si mesmos compartilhando assim sua divindade; Deus pode fazer tudo, menos deixar de ser Deus*[212]. A única coisa que o homem não pode esquecer é sua condição de criatura e a única coisa que não pode tentar é erigir-se em princípio absoluto de realidade. Este é o pecado original que leva ao exílio e à morte na dor. Adão é a imagem contrária de Cristo, justamente por se esquecer de sua finitude, pretendendo ser como Deus. Cristo, deixando o exercício em majestade de sua divindade, se faz escravo: o resultado é a redenção dos escravos e uma nova plenitude para si (cf. Fl 2,9).

Em continuidade com esta linha de pensamento temos três propostas modernas para explicar a união hipostática, ou como o homem Jesus é o Verbo encarnado e sua natureza humana consegue sua realidade por extensão da natureza divina personalizada no Filho. É necessário mostrar não apenas que Jesus é realmente homem, mas que sua humanidade é a mais plena, a melhor realizada. Para chegar a esta conclusão parte-se de dois pressupostos: um se refere a Deus e o outro ao homem. O Deus da Bíblia estimula a criatura pela

---

211. "A reflexão cristológica nos obrigou a voltar no tempo da doutrina geral da relação Deus-criatura e fez aparecer a cristologia como o auge naturalmente único, 'específico', desta relação [...]. A unicidade essencial, irredutível e o caráter misterioso da realidade de Cristo não excluem a possibilidade de considerá-la numa perspectiva na qual apareça como cume e conclusão, como termo misterioso, planejado de antemão por Deus, a atuação divina na criação" (RAHNER, K. "Problemas actuales de cristología". In: *ET* I, 183).
212. Após afirmar que o devir é o lugar no qual Deus pode estar e se manifestar, Barth acrescenta: "Das Einzige was Gott nicht kann: er kann nicht aufhören Gott zu sein" (KD IV/2, p. 43).

comunicação de seu próprio ser trinitário. Deus atualiza seu ser na história participando do destino de sua criatura. Deus se entrega a si mesmo primeiro à natureza, depois à humanidade, em seguida a um povo eleito, dentro do qual a um resto, e, finalmente, a uma pessoa. Este movimento de concentração intensiva da presença divina é duplo: de maior doação de si com maior imersão no ser, e no destino do outro. *A condescendência suprema de Deus por doação de si e a afirmação suprema da criatura é a encarnação. Tal abaixamento de Deus carrega consigo a elevação do homem*[213]. Deus é definitivamente Deus quando tem um homem diante de si que é tão absoluto quanto Ele: esse homem é Jesus. Mas também é possível partir de uma compreensão do homem como *essência aberta, ser para o diálogo, pessoa constituída na autotranscendência*, capaz de orientar-se para o absolutamente outro, e justamente por isso capaz de receber e de expressar a vida trinitária.

Zubiri expõe a realidade pessoal de Jesus dentro dos graus de versão possíveis de Deus sobre sua criatura:

- A *presença fontal* de Deus em todas as coisas, nas quais a pessoa física do Verbo está presente na realidade de Cristo levando-a a ser, como leva a ser a realidade inteira (criação).

- *Realização positiva* e conversiva dessa realidade para Deus, mediante uma amizade que a atrai para si. Esta presença por graça converte o homem em amigo de Deus. A presença trinitária, e com ela a presença do Filho em Jesus, correspondente a esse dom, é mais profunda (inabitação).

- *Intimidade expressiva*, pela qual a presença do Verbo no homem Jesus o converte em manifestação real de seu próprio ser pessoal. "O indivíduo humano chamado Cristo é, na esfera privada, o que nenhum outro homem é: a manifestação mesma do Filho de Deus, da segunda pessoa física da Trindade. Não somente isso, mas em segundo lugar é uma manifestação viva, vivida" (experiência pessoal e expressão como figura reveladora).

- *Realidade filial*. Não se trata de uma presença que vem de fora, mas de um poder de realidade que nascendo de dentro constitui. "A partir do ponto de vista de Deus consiste no fato de que a pessoa física do Verbo é

---

213. "A reconciliação acontecida em Jesus Cristo é o Uno e o Todo daquela saída do Filho de Deus e daquela entrada do Filho do Homem. Versöhnen (= ἀποκαταλλάσσειν = reconciliar) já diz literal e originariamente: intercambiar. A restauração e a renovação da aliança entre Deus e o homem consistem neste intercâmbio: *exinanitio Dei* (redução quase ao nada na encarnação) contra *exaltatio hominis* (elevação do homem)" (BARTH, K. In: *KD* IV/2, p. 21).

imanente a este homem de forma intrínseca, radical e última. É imanente ao humano. Mas, reciprocamente, o que denominamos homem está transido e transfundido pela realidade divina, que lhe é imanente"[214].

A processão trinitária transcendente do Filho se estende e se expressa neste homem, que dessa forma é Filho num sentido único. Esse homem é o Filho de Deus: nele se atualiza e se expressa humanamente a processão trinitária iniciante que, a partir do Pai, engendra o Filho e se consuma no Espírito Santo. *Esta correspondência entre processão trinitária eterna e realização histórica constitui o homem Jesus, que, portanto, não é um homem assumido (um filho adotivo, realidade acrescentada, complementar ou dupla em relação ao Filho), mas é o mesmo Filho eterno sendo homem. E, ao contrário, podemos dizer que este homem é Deus, um da Trindade.* Esta é a razão pela qual podemos propagar dele propriedades divinas e humanas, de forma que o divino afeta ao homem e o humano afeta a Deus (comunicação de propriedades). Assim é afirmada a radicação de tudo o que é referido a Jesus no único sujeito, o Filho encarnado, superando tanto o dualismo quanto a negação do humano ou sua confusão com o divino.

A consistência e subsistência pessoal do Filho fundam a realidade do homem Jesus. Zubiri identifica esta realidade, recebida pelo Filho e constituinte de Jesus, com o termo *suidade*.

> O homem Cristo, o indivíduo concreto Cristo, este jovem carpinteiro que anda pelas ruas de Jerusalém, não possui mais *suidade* do que aquela que lhe confere a geração eterna do Verbo na qual é assumido. Este homem não se pertence. Tem subsistência, mas uma subsistência consecutiva à sua *suidade* de Verbo.

> *E por isso a presença de Deus em Cristo não é uma união, mas uma unidade.* É a unidade intrínseca e radical, teologal e única na qual a criação, entre a processão *ad intra,* que é a geração eterna do Verbo e o homem, que de uma maneira misteriosa está sujeito não somente àquilo que Deus é, mas ao próprio modo de ser Deus, a saber: em sua própria geração eterna. Por isso, neste sentido, a realidade divina de Cristo não anula sua humanidade, mas, ao contrário, a sublima [...]; é o último grau da imersão do homem em Deus e, reciprocamente, de imanência de Deus no homem[215].

---

214. ZUBIRI, X. *El problema teologal...* Op. cit., p. 273-274.
215. Ibid., p. 274, 276. Cf. CASTILLO ROMERO, S.J. *La persona en X. Zubiri* – Personeidad y personalidad (Salamanca 2000).

Ratzinger pensou em semelhante direção a partir de duas perspectivas. A primeira é a evangélica, relativamente à qual o homem chega a si mesmo quando se transcende, se esquece e se perde. Essa perda é seu ganho ou salvação. Outra afirmação de Cristo é a definição de sua pessoa divina ao mesmo tempo que a interpretação de seu destino histórico: "Quem tiver a própria vida assegurada perdê-la-á e quem perder a vida por minha causa vai achá-la" (Mt 10,39). A essência da pessoa é chegar a ser através daquilo que está além de si mesma e através de quem a transcende: a pessoa se cobra a si mesma na outra. A segunda perspectiva a partir da qual Ratzinger reflete é a filosófica que, por sua vez, tem seu antecedente nas reflexões de Welte sobre como a união hipostática é a atualização radical e gratuita do que é o espírito finito em sua estrutura constitutiva. O homem como espírito chega a si mesmo à medida que chega ao Outro, quando se encontra a si mesmo em Deus. Seu ser é reciprocidade e sua verdade a alcança em sua relação com o Absoluto. A fé afirma como fato histórico acontecido em Cristo o que acabamos de afirmar como reflexão teórica. Objetivando esclarecer isso, apesar da possível ambiguidade da formulação, tende a seguinte expressão: "Em Cristo existem duas naturezas e uma pessoa".

> Em Cristo o ser é radicalmente dado no outro. A relatividade ao totalmente Outro sempre é dada como fundamento da existência mesma, como aquilo que a carrega e a sustenta. Porém, esse modo de "ser-totalmente-em-outro", tal como o vemos nele, não elimina o "ser-em-si-mesmo", mas o leva à sua plenitude [...]. Em Cristo, o homem que está totalmente em Deus, a humanidade não é eliminada, mas chega à sua possibilidade suprema, que consiste em transcender-se para o interior do Absoluto e em depositar a própria relatividade na absolutez do amor divino[216].

Ratzinger acrescenta uma perspectiva. Em Cristo não se dá apenas

- o ordenamento ao Absoluto;
- o ordenamento a ser a partir do tu; mas também
- o ordenamento ao nós.

Isto em dois sentidos: primeiro, enquanto Jesus arrasta para si os que estão com Ele, já que sua pessoa é "capital", e não existe sem os membros que formam sua personalidade corporativa; segundo, enquanto essa rela-

---

216. RATZINGER, J. *Sobre el concepto de persona en teología*. Op. cit., p. 177-178.

ção constituinte que, como prolongamento da geração trinitária, constitui o homem Jesus, o abre também ao Espírito e não somente ao Pai. Deus só existe como um "nós", e por isso o homem Jesus, sendo personalizado pelo Filho exclusivamente, no entanto, é referido e expressa o Pai e o Espírito. Vive vindo deles, vive referindo-se a eles e no-los revela. Em sua vida histórica valia o princípio: *Christus per Spiritum ad Patrem*. Uma vez glorificado, vale agora para Ele e para nós o princípio: *Per Christum in Spiritu ad Patrem*. A Trindade preexistente ao homem Jesus na ordem do ser e na ordem do conhecer; por isso ela pode provir dele para nós e Ele ser seu revelador. Somente porque o constitui Ele pode revelá-la e a revela com sua pessoa existindo, não com fatos advindos nem com palavras demonstrativas. Jesus é o ícone pessoal, vivo, da Trindade. E como todo verdadeiro ícone não leva a outra coisa diferente dele, que estaria abaixo dele ou acima dele, mas que transparece o que o faz ser e é, vivendo para além dele. Por isso, o ícone orienta para o ponto central do qual provém a luz transcendente e ao mesmo tempo lhe é imanente.

O princípio do personalismo "eu-tu" é superado na experiência eclesial e na reflexão cristológica pelo princípio "nós". E ao mesmo tempo supera o princípio dialogal na medida em que o "tu" encontra no "eu" sua confirmação externa e busca nele a alteridade que plenifica e a desdobra para o movimento de sentido inverso: o tu não é o complemento do egocentrismo do eu, mas sua degradação, porque me institui, reclamando minha responsabilidade para com ele até à substituição (Lévinas). A morte de Jesus é exigida por seu compromisso absoluto com o "tu" dos homens, dos quais não espera a própria confirmação, mas põe-se no lugar deles e a favor deles. Paulo falou com grande evidência: "Cristo me amou e se entregou por mim" (Gl 2,20). Esta dupla superação do personalismo dialógico, que a teologia deve realizar, implica o transportar-se e o integrar-se a uma ordem superior, não sua negação.

> No cristianismo não existe simplesmente um princípio dialógico no sentido moderno da pura "relação eu-tu". E isto é assim tanto do ponto de vista do homem, que encontra seu lugar próprio na continuidade histórica do povo de Deus, no histórico "nós" mais amplo que o carrega, quanto a partir do ponto de vista de Deus, onde tampouco se dá esse princípio dialógico que por sua vez tampouco é um simples Eu, mas antes o "nós" do Pai, do Filho e do Espírito Santo. Em ambos os lados não existe nem puro

"eu" nem puro "tu", mas por ambas as partes esse eu é acolhido no "nós maior"[217].

O homem Jesus, enquanto Filho de Deus, manifestando a integração suprema das processões trinitárias numa consciência humana e integrando uma consciência humana na realização do próprio mistério de Deus, constitui-se assim em caso-limite da criação. Limite como meta à qual tende. Nas palavras de Barth, a criação está orientada para a aliança, que se realiza historicamente como encarnação e redenção: "A criação fundamento externo da aliança. A aliança fundamento interno da criação"[218]. Assim emerge a unidade interna do plano de Deus, que o pecado do homem não modifica formalmente; só imprime à sua realização algumas características pelas quais essa aliança leva Cristo até à morte. A encarnação, meta originária da criação, se torna encarnação redentora, porque o homem precisa ser reformado como passo prévio antes de ser transformado à imagem do Primogênito (Rm 8,29).

5 Compreensão ontológica e dinâmica diante da compreensão ôntica e estática

Esta visão dinâmica indaga a própria estrutura da realidade humana de Jesus para descobrir a possibilidade, a conveniência e o ordenamento intrínsecos a uma superação, a uma existência no outro e a uma constituição a partir da relação com ele, como o mais absolutamente próprio do espírito humano, enquanto realidade aberta e enquanto pessoa se constituindo em alteridade. Desse jeito *o homem Jesus não é uma anomalia do humano que devemos explicar, mas, ao contrário, a meta e a norma a partir das quais devemos explicar a nossa humanidade como forma proficiente.* A cristologia é antropologia consumada; a antropologia é cristologia deficiente, repete Rahner[219]. Que apenas se tenha dado em um e não em todos os homens, é o sinal manifesto de que não é uma possibilidade que nasce de baixo. O que aconteceu uma vez com Jesus é fruto de uma natureza trabalhada direta e

---

217. Ibid., p. 218.
218. São os títulos de seu parágrafo 41 sobre "Criação e aliança". Cf. *KD* III/1, p. 103-257, 258-376.
219. "A cristologia é, ao mesmo tempo, término e começo da antropologia, e tal antropologia é, na verdade e eternamente, teologia. Porque Deus mesmo se fez homem" ("Problemas actuales de cristología". In: *ET* I, p.)206.

indiretamente por Deus, não trabalhável pelo próprio homem. A natureza humana dispõe de capacidade receptiva obediencial para dar esse salto ao limite e receber esse salto do limite. Mas uma coisa é o que é nosso por realização de possibilidades receptivas de nosso ser, trabalhadas por outro; outra coisa é o que nós podemos fazer por nós mesmos sozinhos. A afirmação do "sobrenatural cristão" se situa entre dois abismos: o extrinsecismo e o imanentismo[220]. Se a encarnação se tivesse dado em todos os homens não teríamos tido distância suficiente para perceber que ser homem não é ser Deus e que a vida humana, como expressão da vida trinitária, é uma possibilidade da Trindade em relação à vida humana, não da vida humana em relação à Trindade. Quando a antifé conseguiu às vezes a clarividência que caracteriza a fé, ela tornou duas afirmações tão luminosas quanto provocadoras: "Se Deus existe, como iria tolerar não sê-lo?" (Nietzsche)[221]. "Se Cristo é consubstancial a Deus, então se dissipou o enigma do homem: o homem é Deus, e cada um de nós o somos. A encarnação é outra maneira de nomear a autodivinização do homem" (Bloch)[222]. O prometeísmo e a mística pagã por contraposição nos ajudam a divisar as profundezas da fé como realidade do homem e como graça divina. Adão e Cristo ofereceram o mesmo fim ao homem: ser como Deus. A diferença consistiu nos meios utilizados para alcançá-lo. Adão, pelo caminho do rapto contra Deus, o conduziu à morte. Cristo, pelo caminho da recepção de Deus (como dom) de Deus (doador de si mesmo), levou à divinização. Deus é Deus e o homem é homem. *Tudo*

---

220. Santo Tomás considera a encarnação como a suprema "promoção" do homem e vê seu fundamento antropológico na condição do homem como imagem de Deus, que o torna capaz de conhecê-lo, amá-lo, recebê-lo e expressá-lo como ele é em si mesmo. Por isso, uma vez que por revelação conhecemos a encarnação, ela nos parece natural. "Humana natura in quantum est rationalis et intellectualis nata est contingere aliqualiter ipsum Verbum per suam operationem cognoscendo scilicet et amando ipsum [...]. Similitudo imaginis attenditur in natura humana secundum quod est capax Dei, scilicet ipsum attingendo propria operatione cognitionis et amoris" (*Sth.* III q.4 a.1 et ad 2; q.1 a.2). Da visão beatífica diz-se que em um modo é *supra naturam*, enquanto com nossas forças não a podemos alcançar, mas, em outro sentido, é *secundum naturam animae rationalis,* enquanto a essência dessa natureza é ser *capax Dei* (*Sth.* III q.9 a.2 ad 3). O homem, pelo que pode fazer, é pouca coisa, finito e mortal; pelo que se pode fazer dele e ele pode receber, é muita coisa, infinito e imortal. Não o é o animal, a árvore ou a pedra; por isso, a proximidade de Deus do homem é maior do que sua proximidade com o mundo material e animal.

221. Cf. WILLERS, U. *Nietzsches antichristliche Christologie* (Insbruck 1988). • WILLERS, U. "F. Nietzsches Auflösung der Christologie". In: HATTRUP, D. & HOPING, H. (dirs.). *Christologie und Mefaphysikkritik* – FS P Hünermann (Münster 1989), p. 89-122.

222. Cf. RUIZ DE LA PEÑA, J.L. "Ernst Bloch un modelo de cristología antiteísta". In: *Com RCI* 1 (1979), p. 66-77.

é possível, menos superar o princípio de identidade cristã: Deus e o homem são um na diferença – Deus e o homem são diferentes na unidade. Não existe caminho para chegar a um Absoluto que englobe a dualidade e negue a diferença. Em sentido cristão, Deus é o Absoluto como essência pessoal, livre e criadora. Nenhum conceito de Absoluto pode identificar-se com o Deus cristão se nega essas três características[223].

Esta perspectiva dinâmica e ontológica da humanidade de Jesus completa a perspectiva estática e metafísica da tradição clássica. Santo Tomás afirma com a tradição patrística que Jesus está constituído pela pessoa do Filho, que não somente habita nele como num templo nem somente o assume como um hábito ou instrumento externo, mas o constitui em sua própria humanidade, outorgando-lhe a *subsistência*. Perante a terminologia patrística (*anhypostasía-enhypostasía*), a interpretação moderna tem a vantagem de explicar a ação não como negação do Filho, mas como personalização plenificadora do dinamismo inerente ao homem – essência aberta ou espírito aberto –, chamado a autotranscender-se, e a pessoa como realidade em alteridade. O Verbo não apenas não nega ao homem a sua personalidade, mas a torna pessoal na forma suprema pensável pela participação na própria vida trinitária do Absoluto. O que se deve fazer é mudar de perspectiva: o mundo não deve ser visto apenas de baixo para cima (matéria, espírito, pessoa, Cristo), mas também de cima para baixo. A medida original do ser a partir da qual podemos e devemos compreender o homem não é a matéria, mas o homem Cristo. O autor, o modelo e o fim são tão essenciais para compreender algo quanto a matéria da qual esse algo é composto.

III – A constituição psicológica de Cristo (consciência)

A realidade humana de Jesus teria a unidade própria de um sujeito pessoal, que é o Filho encarnado, e a complexidade própria de sua constituição divino-humana. Nele está presente e ativa a natureza divina (forma abstrata de designar a concreta realidade trinitária de Deus, personalizada no Filho) ao mesmo tempo que a natureza humana (que sendo individualizada pelo sujeito concreto filho de Maria arrastava consigo em alguma medida a humanidade inteira e o cosmos, dos quais é solidário cada homem). Jesus tinha

---

223. Cf. PANNENBERG, W. *Metaphysik und Gottesgedanke* (Gotinga 1988), p. 24.

a vida intelectiva, afetiva e volitiva correspondente à sua humanidade. Sua alma, criada e finita, tinha a perfeição e os limites próprios de um homem de seu tempo e lugar, mas ao mesmo tempo os dotes necessários para cumprir sua missão[224].

Como é a existência concreta de Jesus na ordem da consciência e da liberdade? Se a união hipostática é um mistério que ultrapassa nossa capacidade de compreensão, a constituição da consciência de Jesus é igualmente um mistério. Mas temos de afirmá-la com todo realismo, mesmo quando não estamos em plenas condições de explicá-la totalmente, já que o contrário seria negar a integridade da humanidade de Jesus, e com isso a verdade da encarnação (Jo 1,14). Entretanto, não vale uma transposição unívoca do critério de nossa humanidade a Cristo. Na única e comum humanidade existem diferenças, fundadas na distinta origem (Cristo é o Mediador de nossa salvação da parte de Deus e o protagonista ativo dessa salvação como representante de toda a humanidade diante de Deus). Essa igualdade na diferença torna abissal o problema de pensar a consciência de Jesus: homem, Messias, Filho. Precisamos pensá-la a partir da nossa consciência e como a nossa, mas não podemos medi-la pela nossa e reduzi-la a ela, mas, ao contrário, medir e pensar o nosso mínimo a partir do máximo de Cristo.

1 Possibilidade de uma psicologia de Jesus

Seria possível penetrar essa consciência e elaborar uma psicologia de Jesus que explicite a articulação que existe no fundo de seu eu entre elementos divinos e humanos, entre conteúdos de filiação eterna e conteúdos de experiência histórica? Ou, enquanto mistério, tudo isso nos ultrapassaria?[225] Esta pergunta, desconhecida na cristologia clássica e surgida no século XX,

---

224. A teologia não impõe "uma antropologia concreta" (monista, dicotômica ou tricotômica) para compreender a humanidade de Jesus. Seja lá o que for o homem, isto o Verbo o assumiu ao encarnar-se: "Se encarnou; i. é, assumiu um homem perfeito, alma e corpo, inteligência e todas as coisas, ou o que é homem, exceto o pecado" (DS 44). A tradição, influenciada pelo platonismo privilegiou a visão dualista (corpo-alma), mas na Bíblia e na Patrística existe também a compreensão ternária (corpo, alma, espírito). Cf. GONZÁLES DE CARDEDAL, O. *La entraña*, p. 827-830.

225. "O que é mais expressivo de toda teologia (= ser de Deus) é a divina configuração humana de Jesus (= humanidade) que, sem dúvida, é inefável para toda palavra, desconhecida para toda inteligência e inclusive para o mais elevado dos anjos superiores" (PSEUDO-DIONÍSIO. *De divinis nominibus*, 9,5 (PG 3,648A).

recebeu respostas diferentes[226]. A teologia oriental e não poucos autores ocidentais consideram um desacato e simultaneamente impossível tentar penetrar na consciência de Cristo, elaborando a correspondente psicologia. Tal intento não equivaleria a examinar minuciosamente a própria consciência de Deus?[227] Por outro lado, será que as tentativas que foram feitas para esclarecê-la não acabam dissolvendo o específico de Jesus nas leis gerais do humano ou reduzindo-o à mera variante das propriedades características de seus contemporâneos? Alguns afirmam que o que se consegue com este intento é uma mera psicologia geral, própria de um galileu do século I, que não nos oferece nada de específico de Jesus. Se sua consciência era determinada pela pessoa divina, então essa consciência nos foge[228].

No NT mal encontramos base para elaborar essa psicologia e descrever essa consciência no sentido moderno. Os evangelhos apresentam uma personalidade coerente e retilínea, consciente de si e entregue à missão, que permanece fiel até o fim. Mas não mostram nenhum interesse pelos aspectos privados, familiares e psicológicos. Os textos não se centram na dimensão individual de sua pessoa, mas em sua função messiânica e em sua significação

---

226. O melhor panorama histórico até 1950 o oferece. Cf. TERNUS, J. "Das Seelenund Bewusstseinsleben Jesu – Problemgeschictlich-systematische Untersuchung". In: GRILLMEIER, A. & BACHT, H. *Das Konzil von Chalkedon*. Op. cit., III, p. 81-237. Além disso, cf. XIBERTA, B. *El yo de Jesucristo...* Op. cit. • GUTWENGER, E. *Bewusstsein und Wissen Christi* (Innsbruck 1960). • LONERGAN, B. *De constitutione Christi ontologica et psychologica* (Roma 1956). • GALOT, J. *La conciencia de Jesús* (Bilbao 1977). • ALFARO, J. "Cristo glorioso revelador del Padre". In: *Cristología y antropología* (Madri 1974), p. 141-182. • RAHNER, K. "Ponderaciones dogmáticas sobre el saber de Cristo y su consciencia de sí mismo". In: *ET* V, p. 221-243. • MOUROUX, J. "La conscience de Jésus et le temps". In: *Le mystère du temps* (Paris 1962), p. 81-170, esp. p. 100-120. • GUARDINI, R. *La realidad humana del Señor*. In: *Obras*, III (Madri 1981), p. 91-232. • VON BALTHASAR, H.U. "La consciencia de Cristo". In: *Puntos centrales de la fe* (Madri 1985), p. 131-144. • VON BALTHASAR, H.U. "Misión en la dimensión de la consciencia/Misión en la dimensión del ser". In: *TD* 3, p. 143-240, esp. p. 164-173.

227. "Descrever a psicologia de Jesus está além de nossas forças. Todas as tentativas feitas neste sentido, inclusive as melhores, testemunham pelo menos uma falta de 'bom gosto espiritual' e seu fracasso é garantido de antemão. Nossa psicologia, com todos os limites e restrições que lhe impõem de antemão as consequências do pecado, está fora de lugar aqui. Em sua hipóstase Cristo era o próprio Deus. Sua pessoa era uma pessoa divina" (KOLOGRIVOV, I. *Le Verbe de la Vie* (Bruges 1951), p. 75.

228. "Não é possível fazer essa análise acerca de Jesus a não ser estabelecendo limites muito modestos. A mera tentativa destrói a verdadeira imagem de Jesus porque no centro de sua personalidade encontramos o mistério da filiação divina, que anula toda psicologia" (GUARDINI, R. *La realidade humana del Señor*. Op. cit., p. 95. • GUARDINI, R. *El Señor*, I (Madri ³1958), p. 15-17. "Não existe uma psicologia de Jesus, dado que nos defrontamos com o mistério de sua personalidade" (Ibid., p. 41).

universal. A tradição sinótica recolheu os traços pessoais em sua dimensão exterior e relacional, mas mal nos deixa perceber sua interioridade e pouco se inclina ao que hoje consideramos essencial para conhecer um ser humano: sua autoconsciência, a percepção reflexa da própria liberdade, o processo de maturação, a consolidação ou quebra de sua identidade. Dois textos afirmam a historicidade de seu ser e de seu saber: "Jesus crescia em idade, sabedoria e graça diante de Deus e diante dos homens" (Lc 2,52; cf. 2,40; 1,80); e sua ignorância: "Mas este dia e esta hora ninguém os conhece, nem os anjos do céu, nem o Filho, ninguém, senão o Pai" (Mc 13,32; Mt 24,36). Outros textos descobrem suas ações e sentimentos, suas reações e paixões, esperanças e rejeições.

2 O problema na história vivida de Jesus

Na primeira parte vimos como no viver e no agir de Jesus havia uma *cristologia implícita,* uma *soteriologia implícita* e inclusive uma *eclesiologia implícita*. Ele não fez nem teologia nem cristologia através de afirmações diretas sobre sua pessoa e missão, pois dificilmente poderiam ser entendidas e integradas pelos ouvintes dentro de sua compreensão do Messias e de Deus. Mas teve algumas formas de agir, de se comportar e de caminhar em direção à meta proposta que foram reveladoras como próprias expressões autoidentificativas, dado que palavra e vida, conceito e existência se interpretam reciprocamente. Assim Jesus foi explicitando sua consciência de portador do Reino, de profeta escatológico, de Filho amado, que, enquanto Servo de YHWH, vive um destino de sofrimento por muitos e que no momento próximo da morte realiza um sinal (Eucaristia) no qual, dentro do rito pascal conhecido, insere um elemento novo: os sinais do pão e do vinho, nos quais interpreta, antecipa, corporifica e universaliza o sentido de seu corpo quebrado na cruz e de seu sangue derramado por terra, como vida oferecida por muitos para o perdão dos pecados. *É nesta história que nos é dada de fato a consciência de Jesus, na medida em que é realizada, ainda que não explicitamente formulada.* Para compreender qual saber geral e qual consciência de si mesmo e de sua missão Jesus tinha não temos outro caminho senão reviver sua própria história interpretada à luz do NT, conhecer a leitura que, sob a ação do Espírito Santo, a Igreja foi fazendo, exercitando nossa própria conaturalidade na fé com Ele.

3 Patrística e Idade Média: as três ciências (de visão, infusa, adquirida)

A Patrística não levantou explicitamente o problema da ciência e da consciência de Jesus. Ela limitou-se em afirmar a integridade e a perfeição de sua humanidade. Somente nos séculos IV-VI os "agnoetas" negaram que Cristo tivesse um conhecimento completo, este atribuído exclusivamente a Deus (Dn 13,42), afirmando que Jesus compartilhava os limites da ignorância de todos os homens. Os que negavam um saber completo a Jesus eram identificados com os nestorianos por suporem que reconheciam um sujeito humano ignorante ao lado do Verbo, que evidentemente é onisciente[229]. Na mesma direção também se afirmou que Jesus não tinha consciência de sua identidade nem de sua missão universal salvífica. São Gregório Nazianzeno responde que seria uma loucura acreditar em alguém como Filho de Deus ou reconhecê-lo como portador da salvação humana se Ele mesmo não tivesse alma humana e não estivesse consciente de sua identidade e função[230]. Perante Bultmann e outros foi necessário em nossos dias repetir que não pode ser Salvador dos homens, como Mediador entre Deus e eles, alguém que não estiver consciente de ter tal missão nem vontade de realizá-la.

A Idade Média levantou o problema, mas não em termos de consciência e sim de "ciência": o que é que Jesus sabia e por quais vias o sabia? Santo Tomás em sua sistematização clássica da ciência de Cristo distingue:

- *A ciência beatífica* ou própria aos bem-aventurados.
- *A ciência infusa* ou própria aos anjos.
- *A ciência adquirida* ou experimental, própria aos homens.

Num primeiro item ele justifica a necessidade de uma ciência em Cristo, além da divina, da qual dispõe enquanto segunda pessoa da Trindade. A resposta é que, se dispõe de uma humanidade íntegra, deve possuí-la porque a essa perfeição pertence a condição racional e não simplesmente sensitiva. O princípio é o seguinte: "Nihil autem naturalium Christo defuit: quia totam humanam naturam suscepit"[231]. Para afirmar a ciências dos "bem-aventurados" e dos anjos Santo Tomás apresenta dois princípios-chave de sua

---

229. Cf. WICKHAM, L.R. "Agnoëten". In: *LTK*³ 1, p. 240-241.
230. Cf. S. GREGORIO NACIANCENO. *Epist. 101 ad Cledonium*. (PG 37,181C (SC 208, p. 51).
231. SANTO TOMÁS. *Sth.* III q.9 a.1.

cristologia: o *princípio da causalidade universal* e o *princípio de perfeição* ou plenitude de Cristo.

a) Se Cristo é quem leva à perfeição os seres criados, dado que é o princípio de criação e de santificação de todos, Ele não pode reduzir essa potência ao ato se não estiver Ele mesmo em ato. O homem é chamado à visão beatífica, é capaz dela por ser imagem de Deus, e a este fim é conduzido pela humanidade de Cristo. "Portanto, convinha que este conhecimento de Deus que consiste na visão beatífica existisse de maneira a mais excelente no homem Jesus, porque a causa sempre deve ser mais potente do que o causado"[232].

b) O princípio de perfeição, que se encontra formulado em Cl 2,3: "Nele estão escondidos todos os tesouros da sabedoria e da ciência", o explica afirmando que tudo o que é em potência é imperfeito até que se transforme em ato. A inteligência humana é em potência para muitas coisas até que, recebendo as espécies inteligíveis que são formas plenificadoras, é reduzida ao ato. "Portanto, convém colocar em Cristo uma ciência infusa na medida em que por meio do Verbo lhe sejam impressas na alma de Cristo, com a qual está pessoalmente unida, espécies inteligíveis para entender todas as coisas, a respeito das quais seu entendimento possível é em potência; da mesma forma que por meio do Verbo lhes foram impressas aos anjos espécies no começo da criação"[233].

À luz desta reflexão ele conclui com algumas formulações que vão se constituir durante séculos a referência normativa para explicar a constituição psicológica de Cristo. Somente a partir da metade do século XX foi superado este esquema extrinsecista.

> Além da ciência divina incriada existem em Cristo, no que se refere à sua alma, a *ciência beatífica*, pela qual conhece o Verbo e as coisas no Verbo; e a *ciência introduzida ou infusa*, através da qual conhece as coisas em sua própria natureza mediante as espécies inteligíveis proporcionadas à mente humana[234].

---

232. Ibid., a.2.
233. Ibid., a.3.
234. Ibid.

E, em uma retração da opinião que havia sustentado nas *Sententias*, atribuiu a Jesus aquela ciência adquirida que todo homem tem como resultado de seu dinamismo ativo.

> A ciência adquirida se põe em Cristo como correspondente à luz do entendimento agente, que é conatural à natureza humana. A ciência infusa, ao contrário, se atribui à alma segundo a luz que lhe é infundida de cima: este é o modo de conhecer correspondente à natureza angélica. A ciência beatífica, pela qual é vista a mesma essência de Deus, é própria e conatural somente a Deus[235].

4 Época moderna: a autoconsciência. O "Eu" de Cristo

A abordagem anterior é alterada pela inversão moderna do objeto ao sujeito, da ciência sobre o outro externo à consciência do eu íntimo, da metafísica à história, do conceito à experiência. Kant, o positivismo histórico e a exegese bíblica convergiram na Igreja Católica e surgiu o modernismo entre 1890 e 1910. Aí se inverteram os termos da abordagem anterior até afirmar que o homem Jesus não havia tido consciência nem de sua messianidade nem de sua filiação divina. O NT seria fruto de uma ruptura entre o evangelho de Jesus, centrado no Reino de Deus, e o dogma da Igreja sobre Cristo, que o compreende a partir da ressurreição, da preexistência e da divindade; ideias que seriam próprias ao helenismo e totalmente alheias à alma de Jesus[236]. Harnack, Loisy e em suas sendas muitos outros, com suas novas perguntas exigiram novas respostas. O tema da ciência teria que voltar a ser pensado a partir da história concreta de Jesus, descobrindo com sua consciência como intraestrutura de sua vida à luz dos textos bíblicos e não a partir dos dogmas conciliares.

Blondel mostrou que, entre o positivismo historicista e o extrinsecismo escolástico, era preciso seguir uma terceira via para poder encontrar os sinais positivos da consciência de messianidade e de filiação que Jesus pudesse ter tido. Para tanto seria necessário mudar a abordagem a partir da qual até então os problemas haviam sido impostados. Era necessário pensar a histori-

---

235. Ibid., a.4.
236. O Decreto *Lamentabili* (03/07/1907) condena as seguintes proposições: "Doctrina de Christo quam tradunt Paulus, Johannes et Concilia Nicaenum, Ephesinum, Chalcedonense, non est ea quam Jesus docuit, sed quam de Jesu concepit conscientia christiana" (DS 3441). "Conciliari nequit sensus naturalis textuum evangelicorum cum eo quod nostri theologi docent de conscientia et scientia infallibili Jesu Christi (DS 3432).

cidade, a consciência diferida, a ação como realizadora do ser e atualizadora da consciência, a dimensão corporativa de Cristo, o papel positivo da ignorância e o descobrimento do novo como condições de uma humanidade real em liberdade e em situação. A isto seria necessário acrescentar uma noção especificamente teológica de "tradição"[237]. Do contrário estaríamos reduzindo Jesus a um simples fato (um judeu ignorante de si mesmo enquanto Messias e Filho: modernistas); ou o relegaríamos a um simples mito (um Deus ao modo grego passeando pela história, sem tocar nela nem ser tocado por ela, que de antemão sabe tudo, que nada o surpreende e nada interrompe sua divina felicidade: mistificadores). A tal excisão ou mitificação conduzem certas interpretações da "visão beatífica" atribuída a Jesus, já que dele se diz que era simultaneamente peregrino distante da pátria e já chegado à meta (*viator et comprehensor*)[238].

A crise modernista e sua repressão silenciam o problema até meados do século, período em que ele reaparece em novas chaves de leitura com a discussão sobre o "Eu" de Jesus Cristo[239]. Quem pronuncia este monossílabo: o homem Jesus perante o Verbo, o Filho encarnado perante o Pai, ou a alma criada de Jesus perante a eterna Trindade? Haveria um eu humano de Jesus paralelo e independente diante do eu divino do Verbo? Como a alma de Jesus chega a reconhecer que está unida ao Verbo e que, portanto, "é" Deus? Aqui são revividas em nível psicológico as diferenças que em nível metafísico caracterizaram as duas escolas: a alexandrina e a antioquena.

• A primeira afirma a unidade do Eu, correspondente à unidade de pessoa, ao mesmo tempo que uma conaturalização, um acompanhamento e uma reverberação da pessoa sobre as propriedades, as operações e as

---

237. BLONDEL, M. *Histoire et dogme* (1903). In: *Les premiers écrits* (Paris 1966), p. 149-228. BLONDEL, M. *Lettres philosophiques* (Paris 1961). • MARLÉ, R. (ed.). *Au coeur de la crise moderniste* – Le dossier inédit d'une controverse (Paris 1960). • VIRGOULAY, R. *Blondel et le modernisme* – La philosophie de l'action et les sciences religieuses 1896-1913 (Paris 1980). • TILLIETTE, X. "Maurice Blondel et la controverse christologique". In: DUBARLE (ed.). *Le modernisme* (Paris 1980), p. 129-160. • COLIN, P. *L'audace et le soupçon* – La crise du modernisme dans le catholicisme français 1893-1914 (Paris 1997).

238. "Christus qui simul fuit viator et comprehensor" (SANTO TOMÁS. *Sth.* III q.7 a.8 ad 3).

239. A resposta do Santo Ofício (05/06/1918) sobre a ciência e a consciência de Cristo tem o mesmo horizonte que os problemas do modernismo, condenado no Decreto *Lamentabili* e pela Encíclica *Pascendi* (DS 3645-3647). O horizonte da pergunta muda nas abordagens posteriores (Rahner, Balthasar, CTI); por isso, a resposta destes autores não está em contradição real com o texto do Santo Ofício.

relações do homem Jesus com o mundo, consigo mesmo e com Deus, acentuando a comunicação de propriedades entre o Verbo e o homem Jesus. A pessoa divina é princípio hegemônico de execução, de atribuição e de unificação da vida consciente. A ciência humana e a ciência divina são distintas, mas se compenetram como o ar e a luz. É a cristologia da unidade[240].

• A escola antioquena sublinha a autonomia psicológica do homem Jesus ao ponto de reclamar um domínio de independência para a psicologia, a religião e a história de Jesus perante o Verbo. Galtier é o maior expoente ortodoxo desta posição, que encontra em P. Deodato de Basly e em L. Seiller seus extremos inaceitáveis. Neles aparece uma desunião de sujeitos, que o homem Jesus enfrenta com a Trindade, e pensa um eu humano de Jesus frente ao eu do Verbo, religados por uma pessoa que é sujeito só de atribuição, não princípio de unidade e de operação. Por isso interpretam a comunicação de línguas como mera conjunção e não em termos de intercâmbio de propriedades[241]. A encíclica *Sempiternus Rex* de Pio XII, motivada pelo centenário de Calcedônia (1951), excluiu a opinião teológica que confere tal autonomia ontológica e psicológica a Jesus como *homo assumptus*, que torna impossível a unidade de pessoa e de consciência[242].

---

240. A união hipostática causa na humanidade de Cristo a realidade que a sós nos faz ser pessoas humanas. Ela é ao mesmo tempo princípio de unificação psicológica ao compenetrar como saberes de um mesmo sujeito a inteligência divina e a humana de Cristo. Cf. GARRIGOU-LAGRANGE, R. "L'unique personnalité du Christ". In: *Ang* 29 (1952), p. 71. Em Jesus existe uma consciência humana, mas não consciência de um 'Eu humano', superposto ou isolado do Eu pessoal do Verbo.

241. P. Glatier (*L'unité du Christ* – Être, personne, conscience (Paris 1939), p. 264) definiu o princípio da separação psicológica em Cristo: "A união hipostática não é por si mesma princípio de unificação na ordem psicológica". Daqui se derivou o dualismo de um "eu" humano e um "eu" divino em Jesus, as contraposições entre Jesus homem e a Trindade com as aberrações de um Jesus sucumbindo a crises de identidade pessoal. O franciscano Deodato de Basly nos anos de 1927-1938 utilizou neste sentido aberrante (o Deus Trino e o *assumptus homo* em luta de amor) a expressão, legítima por outro lado, de "cristologia dramática". Cf. VON BALTHASAR, H.U. *TD* 3, 191, nota 1.

242. "Hi humanae Christi naturae statum et condicionem ita provehunt ut eadem reputari videatur subiectum quoddam sui iuris, quase in ipsius Verbi persona non subsistat. At Chalcedonense Concilium, Ephesino prorsus congruens, lucide asserit utramque Redemptoris naturam 'in unam personam atque subsistentiam', convenire, vetatque duo in Christo poni individua, ita ut aliquis *homo assumptus*, integrae autonomiae compos, penes Verbum collocetur" (DS 3915).

5 Proposta de Rahner

A reviravolta real nesta questão se encontra no artigo de Rahner, publicado em 1961[243], cuja finura de detalhes, profundidade de pensamento e pressupostos filosóficos não é fácil de sintetizar. Estes são seus princípios fundamentais, que mudam os pontos de partida implícitos na abordagem anterior:

1) Noção de "saber". Este tem muitas formas. A consciência humana é um espaço pluridimensional. As coisas podem estar nela de muitas maneiras, e com diversas intensidades. O mais essencial é o menos percebido e o mais dificilmente exprimível. Jesus podia saber de muitas formas, e saber sobre si mesmo em distintos níveis.

2) Saber objetal e saber como determinação, ou constante fundamental do próprio sujeito (*Grundbefindlichkeit*). Este último é prévio e pressuposto à reflexão; ele não é amoldado por ela e precisa de uma história para explicitar-se e chegar a ser consciência explícita. Este saber fundamental está presente em qualquer ato, em qualquer saber e em qualquer querer da existência. A consciência que Jesus tinha de si, de sua relação com Deus e de sua condição hipostática, não era um saber objetal, mas fundante e transcendental.

3) A teologia trabalhou até agora com um ideal grego de saber, identificando perfeição com onisciência e relegando a ignorância a um resto abominável. Entretanto, a ignorância para uma pessoa que vive numa história feita de decisões e riscos é a condição de sua liberdade. Não se presta honra maior a Jesus projetando sobre Ele o ideal grego de perfeição senão compreendendo-o à luz de Fl 2,6-11 e aceitando a κένωσις também na ordem do saber.

4) Não devemos falar de visão beatífica de Jesus, mas de visão imediata. Aquela não é conciliável com o realismo da dor e da angústia com que Jesus vive e chega até o momento final de sua vida. Existem razões teológicas que obrigam a admitir em Cristo uma ciência ou visão imediata, mas que não obrigam a admitir uma ciência ou visão beatífica, tampouco uma ciência infusa.

---

243. Cf. RAHNER, K. "Ponderaciones dogmáticas sobre el saber de Cristo y la conciencia de sí mismo". In: *ET* V, p. 221-243.

5) Existem duas teorias para explicar a presença dessa visão beatífica: uma aditiva ou extrínseca, que soma à consciência humana de Jesus esse saber como sua qualificação para ser revelador e para conhecer Ele mesmo sua missão no mundo, e que prevaleceu até agora; mas é também pensável outra visão beatífica que a explica como um elemento constituinte da própria união hipostática.

6) A visão imediata de Deus é requerida como um momento interno da união hipostática. "Esta, vista a partir de Deus, é a autocomunicação do ser absoluto de Deus, tal e qual subsiste no *Logos*, na natureza humana de Cristo enquanto sustentada por Ele hipostaticamente. É a atualização mais alta que possa ser pensada – a ontologicamente mais alta – de uma realidade criada; o supremo modo ôntico que existe fora de Deus"[244]. Como não existe pessoa sem consciência, a autocomunicação absoluta de Deus carrega consigo realidade e reconhecimento, ser e saber do dom recebido.

7) Essa determinação ôntica da realidade humana de Cristo pelo Verbo é necessariamente, também, uma determinação ontológica. Essa atuação, de natureza não eficiente, mas quase formal, deve inevitavelmente ser consciência de si. "Uma união hipostática puramente ôntica é um pensamento metafisicamente irrealizável. A visão imediata é um momento interno da própria união hipostática"[245].

8) Ser e espírito se correspondem, e por isso a forma máxima de substância corresponde à forma máxima de sujeito, a realidade máxima na ordem do ser à possessão máxima de si na ordem da consciência. Jesus é quem é exatamente por ser a realização humana do Filho tanto na ordem do ser quanto na ordem da consciência.

9) A visão beatífica, portanto, não deve ser pensada como algo que acontece a Jesus a partir de fora, na qual se oferece algo distante de si ou distinto de si, mesmo quando esse algo seja Deus, mas é a autoconsciência que o homem Jesus tem de si na *redditio completa* a si mesmo, descobrindo-se, acolhendo-se e expressando-se como é: o Filho em realização humana.

---

244. Ibid., p. 233.
245. Ibid.

10) Essa realidade fundamental necessita de uma história para expressar-se e chegar a si mesma. A história de Jesus é o trajeto necessário para cobrar em explicitude objetal o que é sua realidade fontal e fundante como Filho. Por isso existe uma história da consciência, da religião e da realização de Jesus, que não vai à conquista de si mesmo como se marchando para o desconhecido e possível, mas para o que desde sempre já é possuído e só apropriado no exercício da liberdade, para o qual a ignorância não obstrui, mas cuida e abriga a liberdade no caminho para si mesma. Existe um desenvolvimento e uma ignorância de Jesus que são testemunhados no evangelho e que são exigidos pela verdade da encarnação, quando a entendemos com o necessário realismo. E o homem é história, tempo e liberdade em risco. O Deus infinito tem capacidade para ser finito e o Deus onisciente tem vontade de compartilhar (sofrer e regozijar) nosso ignorar e nosso tatear.

Estas são as consequências necessárias de uma encarnação levada absolutamente a sério, com sua dimensão quenótica, e de uma compreensão ontológica e não apenas ôntica da união hipostática, integrando ao mesmo tempo o melhor do pensamento moderno, que mostrou a correlação entre ser e espírito (idealismo alemão), entre pessoa e história, intersubjetividade e responsabilidade (Blondel, Mouroux, Balthasar, Lévinas).

6 A Comissão Teológica Internacional

Em 1985 a Comissão Teológica Internacional (CTI) publicou um documento sobre "A consciência que Jesus tinha de si mesmo e de sua missão" em que expõe os conteúdos essenciais daquela à luz da atual exegese bíblica e da interpretação normativa da Igreja[246]. Esse documento começa pela compreensão que todos temos no exercício de nossa vida – nosso viver e fazer revelam quem somos e o que pensamos de nós mesmos – e ao mesmo tempo afirma: "A consciência de Jesus participa da singularidade e da índole misteriosa de sua Pessoa, e por isso se furta a uma consideração puramente racional"[247]. Transcrevemos as quatro proposições e remetemos ao comentário analítico que a própria CTI faz. Estas proposições partem do querig-

---

246. Cf. "La consciencia que Jesús tenía de sí mismo y su misión" (1985). In: *Documentos*, p. 379-392.
247. Ibid., p. 382.

ma apostólico sobre Cristo e continua com os sinóticos, buscando o que a convergência de suas linhas permite adivinhar sobre essa consciência para, finalmente, mostrar como João disse de maneira explícita, com enunciados teológicos, o que os três sinóticos afirmam implicitamente ou pressupõem como fundamento de seu relato histórico.

> A vida de Jesus testemunha a consciência de sua relação filial com o Pai. Seu comportamento e suas palavras, que são as do "servidor" perfeito, implicam uma autoridade que supera a dos antigos profetas e que só corresponde a Deus. Jesus hauria esta autoridade incomparável de sua relação singular com Deus, a quem Ele chamava 'meu Pai'. Ele tinha consciência de ser o Filho de Deus e, neste sentido, de ser Ele mesmo Deus[248].

> Jesus conhecia a finalidade de sua missão: anunciar o Reino de Deus e torná-lo presente em sua pessoa, em seus atos e em suas palavras, para que o mundo fosse reconciliado com Deus e renovado. Ele aceitou livremente a vontade do Pai: dar sua vida para a salvação de todos os homens; se sabia enviado pelo Pai para servir e para dar sua vida em resgate "de muitos" (Mc 14,24)[249].

> Para realizar sua missão salvífica, Jesus quis reunir os homens com vista ao Reino e atraí-los para si. Com vista a este desígnio, Jesus realizou atos concretos, cuja única interpretação será definitivamente constituída nos acontecimentos da Páscoa e Pentecostes. É, portanto, necessário dizer que Jesus quis fundar a Igreja[250].

> A consciência que Cristo tem de ser enviado pelo Pai para a salvação do mundo e para a convocação de todos os homens ao povo de Deus implica, misteriosamente, o amor de todos os homens, de maneira que todos podemos dizer que "o Filho de Deus me amou e se entregou por mim" (Gl 2,20)[251].

7 Conclusões fundamentais

Concluímos com uma síntese do que hoje podemos dizer sobre a consciência de Jesus à luz da exegese, da interpretação eclesial normativa e da reflexão contemporânea.

---

248. Ibid.
249. Ibid., p. 384.
250. Ibid., p. 386.
251. Ibid., p. 389.

1) A consciência de Jesus sobre si mesmo tem como ponto de partida e conteúdo primordial sua condição de Filho em relação a Deus invocado como *'Abba*, Pai; em relação à sua referência salvífica a todos os homens; em relação à sua inserção na história de seu povo (Israel,) da qual procede e para com a qual se sente devedor; e em relação à sua continuidade na comunidade na qual se há de realizar o Reino (Igreja).

2) Esta consciência é originária. "Original e absoluta", diz Rahner. Ele não começou a existir por uma irrupção reveladora, por uma vocação profética ou por uma ruptura existencial. É sem gênese verificável no tempo e sem rupturas de continuidade ao largo de sua história.

3) A consciência que Jesus tem de sua relação com Deus é um momento interno da união hipostática. É constitutiva como o é uma determinação fundante na qual alguém se encontra sendo e projetado; é anterior à formulação conceitual ou apropriação reflexa, e não está dada como um objeto fora do sujeito, mas como um ser em si e um saber em si. Tal fundamentalidade originante torna impossível elevá-la completamente à palavra, e para consegui-lo é essencial o tempo, o fazer, o existir. Consciência de Deus como Pai, autoconsciência de si mesmo como Filho e saber de sua missão redentora se constituem em reciprocidade e em doação inseparáveis.

4) Essa consciência se realiza em Jesus de maneira histórica e progressiva, rumo à sua missão e sempre determinada por essa missão. Por isso Santo Tomás diz que a ciência de Cristo foi perfeita *secundum tempus*, e Balthasar harmoniza o saber de Jesus com a missão: sabia tudo e somente o necessário para realizá-la[252]. Não existe uma pessoa que é Jesus e em seguida uma missão que lhe adviria depois e de fora. Ele pode dizer: "Eu sei quem sou", "Eu sei quem me enviou", "Eu sei para quem vim". A história da consciência de Jesus é a história de sua pessoa realizando sua missão: reais enquanto realidades no tempo, com buscas, tateamentos, progressos.

5) É relativa ao Pai e à sua vontade, e por isso constituída como obediência, que pode levar consigo a ignorância, o sofrimento e a entrada na morte enquanto forma absoluta de fidelidade ao Pai. "Com o termo

---

252. "Scientia in Christo fuit semper perfecta secundum tempus" (SANTO TOMÁS. *Sth*. III q.12 a.2). Cf. VON BALTHASAR, H.U. *TD* 3, p. 164-165.

'obediência' tocamos a disposição mais íntima de Jesus; e ao perfeito obediente poder ser-lhe mais importante e proveitoso não conhecer por antecipação o futuro para que, quando chegue, se entregue nas mãos de Deus com o frescor e o sabor do novo. Vale dizer justamente que para melhor obedecer, Jesus deixou nas mãos do Pai muitas coisas que Ele mesmo *possa* ter sabido, até que maturassem e se convertessem em tema obrigatório"[253].

6) É unificada; por isso não tem sentido contrapor a alma de Jesus ao Verbo, como se fossem separáveis, assim como não contrapomos nosso corpo à nossa pessoa; nem tem sentido contrapor o homem Jesus ao Filho; nem a humanidade criada à Santíssima Trindade, como se a criatura estivesse em afastamento absoluto e em desproteção pecaminosa diante do Santo. Jesus é sempre o Filho, e nenhuma solidariedade com os homens rompe sua união, sua consciência, seu amor e sua intimidade absoluta com o Pai.

7) É uma consciência soteriológica e preexistente, de modo a sentir-se afetada pela situação e pelo pecado dos homens, de cada um deles. Por isso sofre em si mesma e sente as próprias perplexidades, as sombras e as trevas de todos, permanecendo conosco em agonia até o fim dos tempos. Ao ser sua existência solidária com todos e vicária para todos, nossas ignorâncias e inconsciências se convertem para Cristo num espelho em que nós refletimos o nosso mundo e obscurecemos o seu[254]. São Paulo sublinha que Deus enviou seu Filho em carne de pecado para condenar o pecado na carne (Rm 8,3). Sua luz ilumina nossas trevas, mas nossas trevas obscurecem sua luz. Jesus fica afetado (ferido, manchado, limita-

---

253. VON BALTHASAR, H.U. *La consciencia de Cristo*. Op. cit., p. 141.
254. Perante os modernistas, Blondel viu com toda lucidez que ser e consciência em Jesus são inseparáveis: "Negar a consciência divina em Jesus é negar a divindade de Cristo" (MARLÉ, R. (ed.). *Au coeur de la crise moderniste...*, p. 78). O caráter quenótico da encarnação do Verbo na ordem do conhecimento o descreve como uma *estigmatização* de Cristo com nossas ignorâncias, fazendo-se passivo de tudo o que significa ser homem: as sombras, o tateamento, a dificuldade, a dor. "Cristo adquiriu, como ser sensível e paciente, o que nós mesmos adquirimos. Ao mesmo tempo, sua ciência divina enriqueceu analogicamente sua imaginação, a ponto de, por uma simpatia estigmatizante, torná-lo passivo ao universo, consciente de nossas inconsciências, de nossos desfalecimentos" (Ibid., p. 79). A relação do Filho com o Pai se expressa também de maneira quenótica: Jesus recebe do Pai tudo e tão somente o que lhe permitiu cumprir sua missão; ao resto "renuncia", "não o retém" (CTI. "La consciência..." In: *Documentos*, p. 386). Cf. COMISSIÓN PONTIFICALE BIBLIQUE. *Bible et christologie* (Paris 1984), p. 93-95, 45.

do) por tudo o que nos pertence, por todas as consequências de nossa liberdade e pecados; por tudo, menos pelo próprio pecado.

8) É consciência filial (referida ao Pai), mas ao mesmo tempo pneumática ou referida ao Espírito Santo. Este é um elemento essencial tanto para compreender a consciência de Cristo como para explicar sua humanidade e história. Jesus sempre foi o homem movido e comovido pelo Espírito (Lc 1,35; 4,1.14.18; 10,21)[255]. O Espírito está presenta na constituição, na realização e na consumação tanto do ser como da consciência de Jesus, que por ser sempre o Filho implica sempre a Trindade. A consciência de Jesus é constitutivamente soteriológica e trinitária.

9) A consciência de Jesus, consciência do Filho e do homem novo, tem que chegar a ser a consciência do cristão, chamado a sentir com seus sentimentos, ver com seus olhos e participar em sua relação com o Pai e com o Espírito por um lado e em sua relação com o mundo por outro.

10) Uma consciência assim explicada é validável com os dados bíblicos da ignorância e do progresso de Jesus[256], e explica com maior coerência a unidade entre a realidade ôntica e a realização psicológica da pessoa de Jesus, enquanto unidade e não apenas enquanto união do Filho e da natureza humana. Esse saber constituinte que Jesus tem de si como Filho implica uma visão imediata de Deus, que não é necessariamente beatífica, e permite prescindir de uma "ciência infusa", como determinação externa ao próprio ser pessoal de Jesus.

IV - A constituição moral de Cristo (liberdade)

1 Vontade e liberdade na perfeita humanidade

A liberdade de Cristo designa a plena capacidade de atuação de sua vontade humana. Toda reflexão sobre ela tem que partir dos seguintes elemen-

---

255. "A consciência que Jesus tem de sua missão implica a consciência de sua preexistência. Com efeito, a missão temporal não é essencialmente separável da processão eterna; ela é seu prolongamento. A consciência humana de Jesus traduz, por assim dizer, na linguagem de uma vida humana, a relação eterna com o Pai. Esta relação do Filho encarnado com o Pai supõe em primeiro lugar a mediação do Espírito. Este deve ser incluído na consciência de Jesus enquanto Filho" (CTI. "La consciência..." In: *Documentos*, p. 385-386.

256. Assim o reconheceram exegetas como R. Schnackenburg, A. Vögtle, H. Schürmann, F. Mussner, H. Schlier. Cf. *Le Message de Jésus et l'interprétation moderne* – FS K. Rahner (Paris 1969).

tos: a) A realidade e a integridade de sua humanidade, às quais, por essência, pertencem a capacidade para ordenar-se ao fim, a conquistar o bem e a realizar seu destino. b) A realização dessa dimensão do humano a partir do interior da existência encarnada do Filho e, portanto, sob a dinamização por sua pessoa; isto é, na união hipostática. Todos estes não são pontos de partida estabelecidos *a priori*, mas explicação do que foi a realidade histórica de Cristo que, *como Filho, se remeteu ao Pai em obediência e fidelidade absolutas. Fazer sua vontade foi sua essência.* Daqui deriva a espontaneidade com que Jesus age em distância e relação, em aceitação ou rejeição ao que é sua circunstância histórica. O NT nos oferece a imagem única de um Jesus livre enquanto Filho. Ele é livre, toma decisões e age em liberdade frente ao desafio supremo da vida, que é a morte (Mc 3,13; Lc 6,13; Jo 7,1; 10,17; Fl 2,6-8)[257].

A Patrística tratou explicitamente o tema da vontade de Cristo, e como momento segundo o de sua liberdade. O Concílio III de Constantinopla (681) definiu a existência de duas vontades em Cristo e de duas operações naturais, que não se confundem entre si, nem se convertem numa terceira, que não se sobrepõem nem se separam. Essas duas vontades naturais não são contrárias entre si, já que a vontade humana não resiste nem rejeita a influência da vontade divina, mas se submete e se ordena a ela. A vontade da carne é a vontade do Filho encarnado, e este veio ao mundo não para fazer sua vontade, mas a do Pai (Jo 6,38). Assim como a carne foi assumida e na assunção não foi anulada e sim deificada, assim também a vontade humana de Cristo não perdeu seu dinamismo, mas chegou à sua espontaneidade suprema.

> Da mesma forma sua vontade humana foi deificada, não diminuída; mais do que afogada ela foi realmente salva, de acordo com a sentença de Gregório o Teólogo: "Aquele querer, que reconhecemos no Salvador, não é contrário a Deus, mas está plenamente deificado"[258].

Essa vontade e liberdade humanas concorrem para levar a bom termo a redenção. A Sagrada Escritura compreende a liberdade de Jesus como prin-

---

257. Cf. GUTWENGER, E. "Freiheit Christi". In: *LTK*² 4, p. 337-338. • MÜLLER, G.L. "Freiheit Christi". In: *LTK*³ 4, p. 107-108. • PANNENBERG, W. "La libertad de Jesús". In: *Fundamentos de cristología*, p. 433-441. • VON BALTHASAR, H.U. "Libertad infinita/libertad finita". In: *TD* 2, p. 175-310. • VON BALTHASAR, H.U. "La misión como criterio del conocimiento y de la libertad de Jesús". In: *TD* 3, p. 180-189.
258. DS 556-558.

cípio de salvação, porque é a condição da mediação, que não é apenas um ato outorgante e descendente de Deus, mas um ato acolhedor e ativo, ascendente e meritório do homem Jesus (1Tm 2,5). Este se realiza como homem em reflexão e em decisão; e a encarnação chega a ser definitivamente real no crescimento de sua corporeidade e no exercício livre de sua vontade. Mediante essa realização Ele se converte em princípio soteriológico universal. *Cristo não é um autômato de Deus no mundo, mero delegado de uma oferta do Deus distante, mas seu realizador humano em liberdade histórica.*

A questão teórica é como fundar essa liberdade humana na pessoa do Filho. Esta, mediante a ação criadora do Espírito Santo, se suscita uma humanidade para si enquanto a constitui em própria. O ato de criar-unir--assumir é o mesmo ato de constituir, tornar livre e colocar a criatura em sua espontaneidade própria. A pessoa é princípio de unidade entre a natureza humana e a divina, entre a vontade do Filho eterno e a do homem. Não existem em Jesus dois sujeitos volitivos, mesmo quando o dinamismo de seu ato livre esteja determinado por influências provenientes de duas ordens (a natureza divina e a humana), mas um único desejante, assim como não existem dois sujeitos conscientes (dois "eus"), mas um único Cristo, que conhece e se reconhece como Filho-homem. Não devemos compreender a condição humana de Jesus como a superposição de duas ordens autônomas (a do Filho e a do homem Jesus), que num momento segundo se uniram, mas como a realização dual do Filho eterno. Enquanto consciência e liberdade de Filho, sua espontaneidade consiste em aceitar-se, em referir-se e ordenar-se ao Pai. O ordenamento ao Pai em obediência e a entrega pela salvação dos homens constituem a raiz da pessoa do Filho; nele, pessoa e missão se constituem reciprocamente. Por isso a liberdade não é pensável em contraposição ou alternativa à estrutura de sua pessoa, mas como implementação dela e mobilização em sua direção. Para Jesus, ser livre é ser Filho. A liberdade do Pai se exercita como amor aos homens, dando-lhes o Filho; a liberdade do Filho se exercita como realização de seu ser de Filho e de Enviado a serviço dos homens para responder por eles e com eles diante do Pai. Ser filial e missão redentora são o fundamento e a meta de sua liberdade[259].

---

259. O receio contra a origem dada e a rejeição de uma conexão da liberdade finita com um fundamento possibilitador levam a consciência moderna a uma esquizofrenia entre ser e sentido, realidade e liberdade. A liberdade não pode ser entendida no vazio, como autodeterminação absoluta, à margem do fundamento. Ser livre é ser capaz de chegar a ser o que se está destinado e necessitado

2 Liberdade e filiação no NT

O NT tem uma compreensão de liberdade diferente da que se impôs em nossa era moderna. Para aquele, o fundamento da liberdade é a filiação. A liberdade pessoal é algo muito mais profundo do que o simples livre-arbítrio, e não é vista como mera possibilidade de escolher entre coisas insignificantes, mas como capacidade real para referir-se ao Absoluto, realizar a vocação humana fundamental, existir com leveza no mundo e fugir aos poderes do mal. O homem não é soberano absoluto de si mesmo nem da realidade, mas tem capacidade de escolher aquele lugar, aquela relação e aquele serviço que lhe concedam soberania, para chegar à sua verdade e conquistar seu destino. O homem pode escolher o verdadeiro Senhor que o libere ou entregar-se a poderes inferiores a Ele que o escravizam. O homem é realmente livre quando vive como filho do Pai que pode fundar e sustentar em amorosa liberdade, e quando é libertado ou santificado pelo Espírito[260]. Por isso, só o Filho é livre, e os homens são livres se o Filho os liberta (Rm 7,2-5) e os faz partícipes de sua filiação. São Paulo estabeleceu o fundamento teológico da liberdade diferenciando liberdade-escravidão, como resultado de ser ou não ser filhos de Deus e ser guiados pelo Espírito (Gl 4,5-6). São João fundou a liberdade na recepção da Verdade do único que a pode outorgar: o Filho. "Se permanecerdes em minha palavra, sereis na verdade discípulos meus e conhecedores da verdade, e a verdade vos libertará" (Jo 8,31.36).

O homem Jesus viveu sua liberdade a partir da filiação e para o serviço, diante de tudo e de todos que podiam constituir obstáculo para sua missão (personagens, situações, proposições)[261]. *Liberdade desde*, como enraizamento no Pai, ou *filiação*; *liberdade para*, como ordenamento e serviço aos outros, ou *pró-existência*. Estas são as chaves que diferenciam a liberdade de

---

a ser, poder cumprir a vocação própria, orientar-se na direção do Absoluto e chegar a Ele. Cf. RAHNER, K. *Curso fundamental sobre la fe* (Barcelona ⁴1989), p. 121-125.

260. "O NT não conhece outra liberdade a não ser esta comunicada e vivida no Espírito Santo (Gl 5,13.18ss.; cf. Jo 8,31ss.)" (VON BALTHASAR, H.U. In: *TD* 4, p. 220.

261. Em Cristo, seu ser, sua missão e sua liberdade fundam-se na reciprocidade: "A missão não é depositada sobre seu eu como algo externo, como uma 'lei': seu eu é idêntico a ela [...]. Sua missão coincide com sua liberdade filial [...]. O Filho experimenta tanto melhor sua missão e a si mesmo quanto mais vinculado está ao seu fundamento, do qual uma e outra brotam ao mesmo tempo. As expressões 'eu sou' são pronunciadas exclusivamente sobre a base da relação com este fundamento paterno, entrecruzam-se com a expressão *'Abba*, e por isso estão em conexão com a oração de Jesus ao Pai" (Ibid., 3, p. 159-161).

Cristo de outros conceitos de liberdade, como o filosófico (*libertas indifferentiae*) ou o político (*potestas electionis*). A liberdade de Cristo e a liberdade cristã vão além: incluem a procedência do Pai, a equiparação ao Filho, a docilidade ao Espírito e a destinação a serviço dos outros. *Procedência teológica, ordenamento soteriológico e realização comunitária são os três fundamentos da liberdade cristã.*

Nesta linha carece de sentido perguntar se Cristo era livre para obedecer ao Pai, aceitar a cruz ou morrer pelos homens. São perguntas insensatas que procedem de horizontes de compreensão ateológica ou ateia do homem, já que colocam em contradição o que por sua estrutura se dá em continuidade. Não existe pessoa sem liberdade e não existe liberdade sem raiz pessoal. Não existe liberdade de Cristo sem pessoa de Cristo e a espontaneidade constituinte deste é sua filiação. Reivindicar tal liberdade frente ao Pai é renegar a filiação e proclamar a negação de si mesmo. É o mesmo que pretender demonstrar que, se um quadrado não tem capacidade para chegar a ser redondo, esse quadrado não é uma verdadeira figura geométrica.

> Pela totalidade da entrega de Jesus ao Pai na realização de sua missão escatológica está excluída toda ideia de uma liberdade de eleição do homem Jesus diante de seu Pai, como se para Jesus ainda existissem, ao lado de sua missão divina, "outras possibilidades" que pudessem ter sido postergadas só por uma livre-decisão carente de fundamento. Na entrega de Jesus ao Pai e à sua missão não resta margem para "outras possibilidades" para que a vontade de Jesus pudesse escolher por si mesmo frente a Deus. Se, para um espectador distanciado da situação de Jesus, poderiam existir tais possibilidades, para Jesus mesmo essas eram dadas por excluídas. A liberdade de Jesus consistiu precisamente nisto: fazer a vontade do Pai e levar em frente sua missão. Frente à realização concreta da vida de Jesus aparece como uma abstração vazia a aceitação de uma "vontade livre" de Jesus no sentido de uma potência eletiva indiferente, que poderia permitir, partindo de uma última indiferença, uma decisão inclusive frente a Deus, precisamente porque sua liberdade não consistia na independência de Deus, mas na unidade com Deus[262].

---

262. PANNENBERG, W. *Fundamentos de cristología*. Op. cit., p. 434.

3 Liberdade, filiação e missão

Jesus é supremamente livre para ser Ele mesmo e realizar sua missão. A liberdade se define a partir daí e não a partir de uma indiferença que considera qualquer fim conatural ao ser do homem, que não realça o ordenamento da vontade e da inteligência humanas para o bem, que confere a mesma validade ao bem e ao mal, que iguala futilezas e absolutos, o íntimo dinamismo de nosso ser e as ocasionais veleidades suscitadas pela fascinação dos sentidos na fronteira entre natureza e animalidade. *Ali onde o sujeito é plenamente integrado em si, ordenado para o seu fim, capaz de alcançá-lo e ancorado nele, ali existe liberdade plena. É nisto que consiste a liberdade de Jesus.*

4 A impecabilidade de Jesus

Em conexão com a liberdade de Jesus existem três grandes temas que não podemos expor, mas somente situar: a *impecabilidade*, a *santidade* e a *graça* de Jesus. A impecabilidade é o reverso de tudo aquilo que acabamos de dizer sobre a liberdade. A unidade pessoal com Deus, a entrega à sua missão e a identificação com a vontade do Pai excluíam toda possibilidade de pecado e alicerçam a afirmação de uma carência de pecado e, além disso, de uma incapacidade para pecar. Se o pecado é a rejeição de Deus como Deus, o desacordo com Deus a partir da concentração em nosso eu absolutizado, uma vez afirmada a união pessoal do Filho com o Pai a possibilidade fundamental do pecado é totalmente excluída. Isto não significa negar sua verdadeira humanidade, mas afirmá-la em grau máximo. A respeito da relação do homem com o pecado distinguiu-se três possibilidades: 1) Pecar ou não pecar de fato. 2) Poder não pecar. 3) Não poder pecar. A primeira revela o que o homem histórico é: sem a graça de Deus ele não pode subtrair-se ao poder do pecado. A segunda se dá quando Deus concede uma graça especial a um homem, preservando-o do pecado. A terceira revela outra possibilidade do homem, que este realiza quando sua unidade com Deus é absoluta. A capacidade de pecar não pertence à verdadeira liberdade, mas ao contrário: o poder não pecar e o não poder pecar revelam a liberdade perfeita na qual o fundamento do ser e o desdobramento dele coincidem. Esta é a liberdade de Cristo[263].

---

263. "Multo quippe liberius erit arbitrium, quod omnino non poterit servire peccato" (SAN AGUSTÍN. *Ench.* CV, 28 (BAC 30, p. 520). Cf. *Libertas et liberum arbitrium* (IX, p. 30) na edição de J.

Em Cristo, por sua vez, devemos distinguir três coisas: 1) O fato de cometer ou não cometer pecado em sua vida. 2) O fundamento dessa ausência de pecado em relação e semelhança aos outros homens que não pecaram. 3) A relação entre impecabilidade de Cristo e união hipostática. Que Jesus não cometeu pecado é uma afirmação repetida no NT. São Paulo oferece uma explicação soteriológica: aquele que não tinha pecado participou de nossa situação de pecadores para resgatar-nos dela e aquele que era bendito como Filho participou de nossa condição de malditos para fazer-nos partícipes de sua bênção (Gl 3,13; 2Cor 5,21; Rm 8,3). A Carta aos Hebreus realçou a condição humana tentável de Jesus, ao mesmo tempo que sua semelhança conosco ao extremo, menos no pecado. Aí nos encontramos no limiar do humano, que em nós já é enigmático e em Jesus mais ainda: a diferença entre sentir a tentação, sofrendo-a e não consentindo-a[264], e consenti-la. Talvez possamos afirmar que quem é mais livre, mais penetra na realidade e melhor vê os aspectos positivos sob os quais a tentação luciferina sempre se apresenta (a apresentação de um puro mal enquanto mal não tenta, mas suscita rejeição). Por isso poderíamos dizer que é o mais tentável, mesmo quando não exista uma última capacidade de sucumbir à sua fascinação. Por outro lado, essa impecabilidade de fundo de Jesus foi sendo percebida em sua consciência com o tempo e no dia a dia, da mesma forma como foi sendo assumida sua fundamentalidade filial, na qual desde sempre se constituiu (*Grundbefindlichkeit*). Para os redatores do NT o axioma é sempre este: "Cristo não cometeu pecado". "Ninguém pode culpá-lo de pecado" (Jo 8,46; 14,30; 1Pd 2,22; 3,18; 1Jo 3,5).

Rivière (Paris 1947). "Unde quod liberum artibrium diversa eligere possit servato ordine finis, pertinet ad perfectionem libertatis eius: sed quod eligat aliquid divertendo a ordine finis, quod est peccare, hoc pertinet ad defectum libertatis. Unde maior libertas arbitrii est in angelis, qui peccare non possunt, quam in nobis qui peccare possumus" (SANTO TOMÁS. *Sth*. I q.62 a.8 ad 3). "O livre-arbítrio não se refere de igual modo ao bem e ao mal; ao bem se refere *per se et naturaliter*; ao mal, em contrapartida, se refere *per modum defectus et praeter naturam*" (Ibid., III q.34 a.3 ad 1). O poder pecar, como o poder cometer erros, assim como o poder claudicar, são imperfeições: "Nec libertas nec pars libertatis est potestas peccandi" (SAN ANSELMO. "De libertate arbitrii", c.I. In: *Obras*, I (BAC 82, p. 548-551). O capítulo conclui com esta tese: "O poder de pecar que, acrescido à vontade, diminui a liberdade e, eliminando-o, a aumenta; não é a liberdade nem uma parte da liberdade".

264. "A incumbência do Pai é apresentada a Jesus pelo Espírito Santo, e por isso está diretamente só na privacidade de sua missão. Aí se abre para Ele a possibilidade de experimentar a tentação. Dentro desta não desconfia de sua missão nem se coloca numa postura de indiferença na qual pode perguntar-se se quer ou não levá-la a bom termo; a capacidade de pecar não pertence à sua liberdade" (VON BALTHASAR, H.U. In: *TD* 3, p. 187.

Os Credos da antiga Igreja e os concílios de Niceia, de Calcedônia e o anatematismo 10 de São Cirilo repetem unanimemente a mesma afirmação. Os textos citados do NT, em especial 2Cor 5,21, Hb 4,15 e 1Pd 2,22 (e Is 53,9: "Foi na morte igualado aos malfeitores e apesar de não ter cometido maldade, nem haver mentira em sua boca", como retrato antecipado de Jesus), se converteram em fundamento positivo da argumentação teológica[265]. Os Padres se referem à constituição mesma de Jesus como fundamento dessa impecabilidade. Eles afirmam que Cristo assumiu uma natureza livre do pecado; recordam que seu nascimento reflete essa desconexão com a carne de pecado, já que foi concebido sem a cooperação do pai humano e Maria foi santificada no seio de sua mãe; o comparam a outros homens escolhidos por Deus para quem a graça preservou do pecado ou com aqueles que conquistaram pelo próprio esforço a perfeição. O Concílio II de Constantinopla (553) condenou nos "Três capítulos" a opinião de Teodoro de Mopsuéstia, que concebia a santidade de Jesus como resultado de uma superação própria em esforço moral. Em face dessas opiniões a teologia manteve não apenas a "impecância" (carência real de pecado), mas a "impecabilidade" (impossibilidade de pecar) como resultado necessário da união hipostática, da unidade da vontade de Jesus com o Pai, da determinação prévia da natureza humana por estar radicada na pessoa do Filho, ao qual pertence para sempre a adesão ao Pai. As naturezas são os princípios a partir dos quais procedem as operações (*principium quo*), mas o sujeito realizador é a pessoa, que lhes confere o último sentido, discernindo, rejeitando, integrando, negando ou afirmando (*principium quod*). O Filho não podia entrar em contradição com sua essência; e pecar teria significado renegar seu próprio ser e seu fundamento filial[266].

5 A santidade de Jesus

A santidade de Cristo é resultante de sua constituição pessoal como Filho com a correspondente afirmação de sua vontade humana desta relação com Deus, ao mesmo tempo que da permanente ação do Espírito Santificador sobre Ele.

---

265. Cf. DS 44; 301; 261. Outras citações dos Padres em ROUET DE JOURNEL, M.J. *Enchiridion patristicum* (Barcelona 1946), p. 482 (Orígenes), p. 684 (Afrates), p. 1.224 (São João Crisóstomo).
266. Cf. PANNENBERG, W. "La impecabilidad de Jesús". In: Op. cit., p. 441-452.

• Existe uma santidade resultante da ação, expressão da intenção e fruto da existência vivida. Esta santidade é fruto da graça proveniente de Deus e da resposta correspondente do homem.

• Existe outra santidade que é precedente e constituinte, de natureza pessoal.

• Existe finalmente uma santidade que é o resultado de um elemento de princípio e de um elemento final.

A de Cristo corresponde ao segundo modelo, já que é o Filho encarnado, e enquanto tal Deus, ou seja, a santidade em pessoa. O triságio está referido à Trindade e o engloba. Mas a santidade de Cristo corresponde também ao terceiro modelo: Jesus foi sendo santificado em sua humanidade ao longo da vida e enquanto tal credenciado na ressurreição como o Justo e Santo. Sua santidade se situa não apenas no final, mas também na origem. O relato da anunciação declara Santo aquele que vai nascer de Maria, porque é fruto do "poder do Altíssimo" e do "Espírito Santo" (Lc 1,35). Jesus é santo por sua origem divina, mas ao mesmo tempo foi sendo santificado em sua humanidade pelo Espírito (concepção, itinerário de vida, consumação na ressurreição). *Existe consequentemente uma história da santificação do Jesus fiel, que aprende a obediência, que é provado na dor, que faz oblação de seu corpo, que assim é consumado e consumador da salvação do homem.* A Carta aos Hebreus expressa esta santificação sucessiva com os termos τελειοῦν-τελείωσις (2,10; 5,9; 7,28; 10,14; 12,2).

6 A tríplice graça de Cristo (de união, singular, capital)

Santo Tomás explicitou esta qualificação divina do homem Jesus com sua teoria das três graças: graça de união, graça singular e graça capital.

• *A graça de união.* O fato de a natureza humana estar hipostaticamente unida ao Verbo é a suprema forma de agraciamento da criatura pelo Criador e de influência do Santo em sua obra. Esta união afetava acima de tudo a pessoa, mas repercutia também sobre a personalidade de Jesus[267].

---

267. Santo Tomás define a graça de Jesus como "graça do Filho". Esta graça, sendo una, assume várias formas, derivadas da única filiação. Esta é a fonte de toda graça e existe um único Filho, não um natural e outro adotado no tempo. "Gratia autem habitualis in Christo non facit de non-filio

- *A graça singular*. A graça de união afeta a pessoa e a obra, e não significa anulação, invasão ou confusão com a natureza humana. Esta, embora personalizada pelo Verbo, mantém suas potências, dinamismos e impulsos. Todos estes aspectos tinham que ser paulatinamente conformados ao Filho e qualificados para poder cumprir sua missão reveladora, redentora e santificadora dos homens[268].

- *A graça capital*. Jesus é simultaneamente sujeito individual e cabeça da humanidade nova. Ele antecipa, possui e vive a plenitude de todos os que como filhos vivem depois dele. Nesse sentido possui essa graça da forma como, na anatomia antiga, se pensava: a cabeça, com sua potência e preeminência, possuía e distribuía a vida ao resto dos órgãos e membros do corpo. Santo Tomás apresenta sua eclesiologia ao tratar da "graça de Cristo enquanto cabeça da Igreja". Os cristãos participam da mesma graça do Jesus Filho; por isso compartilhamos sua relação com o Pai e sua animação pelo mesmo Espírito. A relação de Cristo com o Deus trinitário deve ser pensada com categorias dinâmicas (realização, participação; aspiração diz São João da Cruz). As pessoas divinas conformam nossa vida, cada qual com sua relação específica, e nós nos integramos nas relações trinitárias. As categorias de vinda e inabitação são insuficientes.

Cristo é assim *origem da graça* (encarnação), *exemplo* de uma vida animada por ela e fiel a ela (existência histórica), *fonte perene* dela para nós (afluxo direto por sua humanidade, operante nos sacramentos e pela efusão permanente do Espírito Santo).

---

filium adoptivum; sed est quidam effectus filiationis in anima Christo" (SANTO TOMÁS. *Sth*. III q.23 a.4 ad 2).

268. Na q.7 Santo Tomás expõe essa graça singular de Cristo definindo-a como "graça habitual", enquanto princípio ontológico no qual se enraízam e do qual derivam as virtudes teologais como princípios dinâmicos e os dons do Espírito Santo como seu aperfeiçoamento ao divino. Ele descreve essa graça como finita, por ser criada, no entanto ilimitada, já que é princípio universal de santificação e glorificação dos homens (q.7 a.11: "gratia confertur animae Christi sicut quidam universali principio gratificationis in humana natura"). O horizonte estático dentro do qual Santo Tomás pensa o impede de aceitar a historicidade radical de Cristo: sua graça não pode crescer nem Ele pode ser realmente ensinado por ninguém (q.12: "a primo instante suae conceptionis fuit verus et plenus comprehensor").

D – A biografia

I – O Filho de Deus no tempo ou a encarnação concreta

A vida pessoal do homem é tempo: desenvolvimento do espírito encarnado a caminho de sua realização. A pessoa é transcendente (pessoalidade), ao mesmo tempo que resultante do tempo vivido (personalidade). A pessoa de Jesus também é fruto do tempo humano. Não podemos reduzi-la ao que suas coordenadas espaciais e temporais dizem dela, mas tampouco podemos compreendê-la sem a inserção num lugar e sem sua dilatação no tempo. A metafísica clássica pensa as coisas a partir do ἀρχή e da estrutura; a Bíblia, em contrapartida, as pensa a partir de seu futuro e a partir da história dentro da qual Deus oferece uma aliança e uma promessa[269]. Neste quadro de sentido devemos inserir e compreender a humanidade de Cristo. *Humanidade concreta significa história, vida e vivência, ser e existência, destino e liberdade*. O homem é o que faz e o que lhe acontece; seu ser e sua circunstância. Seu ser é constituído pela missão divina que Deus lhe oferece, mas também pelo que as provocações externas fazem com ele e dele. Por isso só é possível conhecer a humanidade de Cristo em sua história e a partir de seu final. A dimensão histórica da encarnação corresponde não à abstração e à definição, mas à narração biográfica e à contemplação amorosa. É o que os evangelhos são: relato, ação, confissão, proposição.

À luz do pensamento moderno, que compreendeu a pessoa como ação (Blondel), como diálogo (personalismo), como biografia (Zubiri), como existência (Heidegger), como alteridade e substituição (Lévinas), teríamos agora que compreender a história de Cristo em ato, acompanhando-o em cada um de seus momentos, vendo-o existir. Este é o pressuposto de um verdadeiro conhecimento; conhecimento que os cristãos simples foram tendo ao longo dos séculos: celebraram na liturgia os atos salvíficos máximos de sua vida (*mistérios*), seguiram cada uma de suas pegadas (*passos*) e aderiram às atitudes fundamentais com as quais Ele realizou sua missão (*estado de alma*). Vista a partir da ressurreição, a história de Jesus é a *história de Deus*. O que está em jogo em Jesus não é só a peripécia de um judeu marginal, mas a presença do Absoluto no mundo, Deus mesmo tendo história conosco e

---

[269]. Cf. BRUNNER, E. "*Das Ewige als Zukunft und Gegenwart*" (Munique 1965). • MOLTMANN, J. *Teología de la esperanza* (Salamanca 1969).

tempo para conosco. Aqui se enraíza a fascinação que a vida de Jesus exerceu sobre Hegel e o idealismo alemão. Eles deram forma especulativa ao que até então havia sido um exercício de fé, contemplação e amor por parte dos cristãos, que ao beijar a cruz adoravam o Eterno, mergulhado na dor, e ao Absoluto ferido pela morte. Após a ressurreição souberam que o próprio Deus havia colocado rosas na cruz e que essa árvore de morte se havia convertido em árvore de vida[270].

II – Realização biográfica da pessoa

A vida pessoal de Cristo se realizou biograficamente e essa realização foi constitutiva de seu ser como Filho e como homem. Cada um dos "mistérios" de sua vida são momentos de uma "encarnação biográfica", de uma mobilização para fora de seu ser, e simultaneamente sua modelação pela realidade exterior. Isto tem um caráter fundante de sua pessoa em si mesma e não apenas caráter revelador dela aos outros. A biografia é real para a sua pessoa antes que para os outros; o contrário seria um docetismo biográfico inaceitável. A realidade substantiva de cada um de nós vai se realizando ao longo dos atos que compõem a vida, num processo de projeção da realidade para constituir o eu, e de remissão do eu à realidade. Dessa forma se dá a execução de nosso ser substantivo, num ato de afirmação e de possessão. "A vida é autopossessão e a biografia é justamente a construção do ser substantivo, do qual me estou autopossuindo"[271]. Este ato de autopossessão se realiza passando de um *me* (algo que me vem de fora), a um *mim* que exprime o próprio sujeito em uma de suas dimensões, até o *eu*, no qual o sujeito está total e radicalmente implicado. Dessa forma o homem passa de sua realidade originária à sua configuração histórica. Por isso Zubiri distingue entre pessoalidade e personalidade:

> A pessoalidade de Cristo, a partir do primeiro instante de sua concepção, foi consubstancial a Deus (hipostaticamente consubstancial), mas sua personalidade não foi consubstancial: precisou construir-se ao largo de sua vida (cf. Lc 2,52)[272].

---

270. Cf. GONZÁLEZ DE CARDEDAL, O. *Cuatro poetas desde la otra ladera* – Prolegómenos para una cristología (Madri 1996), p. 551-630 (Categorias: relato, figura, ação).
271. ZUBIRI, X. *El problema teologal...* Op. cit., p. 299.
272. Ibid., p. 303.

A configuração biográfica do ser de Cristo se realiza em três níveis:

1) *Religação subsistente*. "Por estar sujeito à processão geracional do Verbo, sua realização biográfica é justamente religação subsistente. E precisamente por ser religação subsistente pode ter obediência [...]. Deste ponto de vista, a biografia de Cristo foi para Ele, acima de tudo para Ele mesmo, o desdobramento de sua constitutiva e subsistente relação"[273].

2) *Revelação subsistente*. A experiência humana é sempre manifestante por si mesma, com independência de uma vontade de revelação explícita. Manifestante acima de tudo para Jesus, que por ela soube o que é a condição familiar, a fraternidade, a solidão, o fracasso, a remissão aos outros, o abandono dos amigos, a morte. Teríamos que chegar à intimidade de Cristo para saber como foi sua vida, já que nela "se conjugam de uma maneira unitária, como em sua própria personalidade de Verbo encarnado, o que vem de Deus e o que vem da reflexão humana realizada dentro das luzes que procedem de Deus"[274].

3) *Sacralidade subsistente*. Ele é a humanidade do Santo no mundo. Ele é um sinal sagrado, que nos abre para outra realidade mais distante dele, ao mesmo tempo que no-la traz e no-la aproxima. Este é o sacramento. "Cristo quis não somente ser Filho de Deus, mas quis de uma maneira formal e positiva saber o que era necessitar de Deus, saber o que significava pedir-lhe ajuda. Definitivamente, saber humanamente e na própria carne o que é ser humanamente Filho de Deus. *Este foi o sentido da biografia de Cristo*". "Toda a sua biografia foi a experiência teologal de sua própria filiação divina"[275].

III – Etapas de vida, atitudes e mistérios de Cristo

Aqui se abre um campo imenso que a cristologia sistemática relegou à espiritualidade, e hoje deveria recuperar como condição de sua fecundidade religiosa: o estudo das *etapas* e das *atitudes* de Jesus, dos *mistérios* de sua vida e de sua morte. Ser homem é nascer, crescer, amadurecer, entrar na ve-

---

273. Ibid., p. 306-307.
274. Ibid., p. 311.
275. Ibid., p. 312, 483.

lhice, morrer. Não se é homem no vazio, mas no preenchimento de funções somáticas, ciclos biológicos, afirmação do corpo e renúncias fundamentais do espírito em relação ao poder, ao dinheiro e ao sexo, relações afetivas e crescimentos pessoais[276]. Jesus foi homem e não mulher; foi celibatário e não casado; morreu jovem e não ancião; descobriu o fracasso no mundo e o triunfo de Deus. De todas estas realidades a cristologia tem que tomar nota e tentar entendê-las.

As etapas na vida de Jesus são ao mesmo tempo as etapas do homem, os tempos e as etapas de Deus sendo homem. O Verbo se fez criança, jovem, adulto. O foi e o continua sendo para sempre, já que as realidades constituintes não desaparecem nem se esgotam, mas se adentram na entranha de nossa liberdade, que é a única coisa que levamos conosco, numa espécie de tecido de nossa identidade. Em cada uma de nossas etapas de vida existe algo que permanece no tempo fora de nós e algo que passa para o nosso ser[277]. O Verbo se fez criança e para sempre permanece criança; em seguida existe algo em Deus que funda essa possibilidade, e algo existe em nós crianças que se ordena à eternidade e a reclama. Por que penar a vida humana apenas a partir da hipotética madureza intelectual conseguida lá pela metade da vida ou a partir da potência biológica própria da juventude? Toda a vida pertence à pessoa e Cristo quis compartilhar as etapas-idades de nossa vida para redimi-las e plenificá-las[278]. Não foi ingenuidade o que os espirituais e filósofos pensaram sobre "o Menino Jesus", sobre o "Deus menino", o Deus que brinca como criança[279], e sobre o homem como uma

---

276. "A existência de Jesus em e para sua missão é uma existência incondicionada em *pobreza, castidade e obediência,* no sentido de que as três modalidades de existência garantem a liberdade para se dedicar somente à missão" (VON BALTHASAR, H.U. *TD* 3, p. 172.

277. Cf. GUARDINI, R. *Las etapas de la vida* (Madri 1997).

278. "Santificou todas as idades pela semelhança que temos com Ele. Pois, de fato, veio salvar todos os homens por si mesmo. Todos os homens, digo, que por Ele nascem para Deus: recém-nascidos, crianças, adolescentes, jovens, homens maduros. Esta é a razão pela qual passou por todas as idades da vida" (SAN IRENEO. *Adv, haer.* II, 22,4 (SC 294, 220). Cf. ibid., III, 16,4 (SC 211, 305).

279. "O *homo ludens* (o homem que brinca) não é inteligível se previamente e com todo respeito não falamos do *Deus ludens* (Deus que brinca)" (RAHNER, K. *Der spielende Mensch* (Einsiedeln 1960)). A Patrística explicitou este motivo do Deus que brinca e se diverte prazerosamente com os homens partindo de uma citação de Platão (O homem é um joguete de Deus) e de Pr 8,30-31, onde fala a Sabedoria ("Com Ele estava, enquanto ordenava o mundo, e entusiasmando-me, dia após dia, brincando todo o tempo em sua presença, divertindo-me em seu orbe terrestre, eram minhas delícias estar com os filhos dos homens").

eterna criança, mas penetração no mais profundo do ser pessoal, tanto de Deus quanto do homem[280].

A escola francesa de espiritualidade falou da "adesão" (*adhe rence*) aos estados do Verbo encarnado[281]. Com isso afirmava que em cada acontecimento da vida de Jesus havia uma "virtude" divina. Desta forma, em cada ato de Jesus acontecia a realização de si, a manifestação de Deus em nós e a redenção dos homens. Estes fatos são "mistérios", e como tais não pertencem a um passado, mas a um eterno presente. "Devemos tratar as coisas e os mistérios de Jesus não como realidades esgotadas e extintas, mas como vivas e presentes, e inclusive eternas, das quais temos que recolher um fruto presente e eterno"[282]. Seus estados e atitudes nos vão revelando a intenção e a pessoa de Jesus. Não são somente suas virtudes, pensadas a partir da *Ética* de Aristóteles, que devemos esclarecer, mas perceber o pulsar de sua pessoa divina transformada em expressão humana e o lançamento de sua liberdade humana em direção ao Pai. Isto porque Cristo é a abreviatura conjunta do mundo e de Deus, em quem aparece o mundo novo[283]. Precisamos de um tratado de cristologia em que se analisem a oração, a obediência, a penitência, a solidão de Jesus em relação ao Pai... ao mesmo tempo que evidencie seus comportamentos em relação aos homens: amizade, fidelidade, compromisso, modéstia, esperança, confiança...[284]

A liturgia, ao longo dos séculos, e a escola de Maria Laach de maneira mais sistemática no século XX, partiram da distinção na vida de Jesus entre *fatos* e *mistérios*. Os fatos, que se esgotam em seu acontecer, são a maneira quantitativa, verificável pela observação de seus aspectos espaçotemporais (facticidade) e inteligível pela interpretação (sentido). Os mistérios, em contrapartida, são esses mesmos fatos enquanto neles se dá uma manifestação de Deus por Jesus

---

280. Cf. VON BALTHASAR, H.U. *El Todo en el fragmento* – Aspectos de teología de la historia (Madri 2008). • NOYE, I. "Enfance de Jésus". In: *DSp* IV/1, p. 652-682.

281. OLIER, J.J. *Introduction à la vie chrétienne*, c.III.

282. DE BÉRULLE, P. *Oeuvres*. Ed. Migne, p. 165, 921.

283. "Assim como Deus fez no homem uma abreviatura do mundo e de si mesmo, assim quis fazer no Homem-Deus, de uma maneira muito mais excelente, um composto divino do ser criado e do incriado ou, salvação, o apoio e o fim do mundo" (DE BÉRULLE, P. "Discours sur l'état et les grandeurs de Jésus", XI. In: *Oeuvres complètes*, VII (Paris 1996), p. 427. Cf. *Discursos y elevaciones* (Clássicos de espiritualidad 22, BAC; Madri 2003).

284. Cf. DE LA POTTERIE, I. *La prière de Jésus* – Le Messie, le Serviteur de Dieu, le Fils du Père (Paris 1990). • CRUMP, D. *Jesus the Intercessor* – Prayer and Christology in Luke-Acts (Grand Rapids 1999).

ou de Jesus mesmo à medida que são fonte de graça para nós, que emanam de sua liberdade pessoal e que refluem sobre a pessoa configurando-a, perdurando na eternidade do homem Jesus glorificado. A revelação de Deus e a salvação do homem não são conceitos dissociáveis da realidade histórica de Jesus, mas formam a intra-história de seu destino. A liturgia não é só narração de fatos passados, nem instrução moral partindo deles para o presente, mas atualização daqueles fatos que realizaram o "mistério" ou o desígnio salvífico de Deus. Por isso os recordamos e os atualizamos como mistérios.

Santo Tomás dedica a metade das questões de sua cristologia à reflexão teológica sobre os *mysteria vitae Christi* (concepção, nascimento, circuncisão, apresentação no templo, batismo, tentações, transfiguração, última ceia, paixão, morte, ressurreição e envio do Espírito). Os espirituais, de São Boaventura a Ludolfo de Saxônia, redigiram *Vidas de Jesus* para ajudar os leitores a passar do dado ao mistério, da superfície humana à revelação divina, da própria história à história de Deus e, em seguida, voltar da sua à nossa. Por isso essas *Vidas* começavam com uma oração, continuavam com a contemplação e aplicação à própria vida e terminavam com outra oração.

A liturgia atualiza a vida de Jesus, não no decurso temporal (χρόνος), mas no conteúdo salvífico atuante em seus momentos álgidos (καιροί), enquanto instantes escolhidos por Deus como ponto e lugar de sua autocomunicação. A liturgia é assim a forma de tornar presente a vida de Jesus pela força do Espírito, a atualização de nossa salvação. *O cristianismo não é só religião de natureza ou de moral, mas principalmente de história e de mistério. A liturgia é o lugar real de encontro com Cristo enquanto Salvador e Vivente.* Em seus mistérios, como fontes de vida, os homens sempre o encontraram e ainda o encontram vivo. A memória de sua paixão e ressurreição foi o princípio da existência cristã e simultaneamente fermento crítico e libertador frente ao esquecimento ou repressão da história, e para sua celebração nasceram os relatos bíblicos. A Bíblia é o relato de tais acontecimentos salvíficos que só são entendidos à luz da liturgia que, por sua vez, os celebra como potência santificadora em nosso "hoje". Só pela liturgia e transida por ela, é a Bíblia muito mais que narração de uma cultura objetivamente tão distante e desgastada como todas as demais culturas de seu entorno[285].

---

285. Cf. LACROIX, J. *Histoire et mystère* (Paris 1962). • MARMION, C. *Jesucristo en sus misterios* (Barcelona 1948). • SIEBEN, H.J. & LÖSER, W. "Mystères de la vie du Christ". In: *DSp* X, p. 1.874-1.886. • GOZIER, A. "Mysterienlehre. In: DSpX, p. 1.886-1889. • GRILLMEIER, A.

IV - Jesus ressuscitado, protótipo do futuro: último Adão e nova humanidade

A biografia de Jesus teve um início público significativo (pregação do Reino), um momento histórico culminante (a morte por crucificação) e uma transmutação escatológica (ressurreição), que seus discípulos compreenderam como credenciamento de seu passado por Deus, constituição de um presente novo (Igreja e Espírito) e início da humanidade futura. *Se a encarnação é o ato pelo qual o Senhor se fez servo, a ressurreição é o ato pelo qual o servo é constituído Senhor.* A vida de Jesus culmina com uma consumação inovadora para Ele e para a humanidade: fecha um passado e abre um futuro. Vários nomes designaram esse estatuto e funções novas do Ressuscitado: Messias, *Kyrios*, novo Adão, Imagem de Deus, Primogênito da nova criação. Em dois lugares São Paulo designa o Jesus ressuscitado como *novo Adão, último Adão* (Rm 5,12-21 e 1Cor 15)[286]. Na Carta aos Romanos ele estabelece a comparação entre Adão e Cristo, para mostrar que aquele que arrastou a humanidade ao pecado era tipo daquele que viria. De maneira análoga Cristo a arrasta para uma graça maior. Cristo é compreendido por relação a Adão: ambos condicionam o destino de todos os homens; um para a morte, outro para vida. Pela obediência de Jesus muitos serão justificados, e onde abundou o pecado superabundará a graça. "Assim como o pecado reinou pela morte, também a graça reina pela justiça para a vida eterna, por Jesus Cristo nosso Senhor" (Rm 5,21). Em 1Cor 15, Cristo aparece como um novo pai do gênero humano. Nele se decidiu e se antecipou o futuro da humanidade, já que é primícia dos que dormem e ressuscitam para a vida. Cristo, tanto em sua morte quanto em sua ressurreição, é o representante vicário da humanidade. Sua glorificação subsequente à morte será também a de todos os humanos. A ressurreição é a sorte dos mortais: ressurreição da carne, do corpo físico para ser espírito vivificante. Cristo é o homem celeste e foi constituído espírito vivificador. "Assim como trouxemos a imagem do terreno [Adão], traremos também a imagem do celestial [Cristo]" (1Cor 15,49).

Nas cartas deuteropaulinas Cristo é identificado com o homem novo, a cujo conhecimento e conformação com sua imagem são chamados os cris-

---

"Panorámica histórica de los misterios de Jesús en general". In: *MS* III/2, p. 21-39. • GONZÁLEZ DE CARDEDAL, O. *Cristología y liturgia* (Barcelona 1985), p. 5-50. • GONZÁLEZ DE CARDEDAL, O. *Fundamentos de cristología* (Madri 2001).

286. Cf. TAYLOR, V. *The Names of Jesus* (Londres 1962), p. 153-155. • SCHNACKENBURG, R. "Cristo como ultimo Adán en Pablo". In: *MS* III/1, p. 537-360. • BARTH, K. "Der Königliche Mensch". In: *KD* IV/2, § 64, p. 173-292.

tãos (Cl 3,10). Cristo é imagem de Deus (2Cor 4,4). Contemplar sua imagem e pelo Espírito transformar-nos nela é a vocação do cristão: "Todos nós, de face descoberta, refletimos a glória do Senhor como um espelho, e somos transforados nesta mesma imagem, sempre mais gloriosa pela ação do Senhor, que é Espírito" (2Cor 3,18). Cristo é, por conseguinte, causa da salvação, a Primícia e o Protótipo, o Criador e o Precursor da nova humanidade e simultaneamente Cabeça do corpo da Igreja (ἀρχηγός, αἴτιος, πρόδρομος, ἀπαρχή, πρωτότοκος, κεφαλή)[287].

Cristo, Adão escatológico, em sua nova condição resta religado à história, é solidário com os homens, continua atuando de maneira especial na Igreja e a partir dela no cosmos. *Essa é a função do Kyrios: presença interiorizada no mundo como princípio de vida nova e de esperança absoluta. Mas ao mesmo tempo é uma presença intercessora perante Deus.* Assim como a revelação – como toda palavra – não está trancada até que o destinatário a ouça e obedeça, assim também a redenção não está consumada até que cada homem tenha sido arrancado do poder do pecado e transladado pelo Pai ao Reino do Filho de seu amor. A Carta aos Hebreus desenvolveu a ideia de um sacerdócio celeste e eterno de Cristo, que intercede por nós perante o Pai, fazendo de sua história e liberdade passadas uma oferenda e uma intercessão perenes. "Cristo, porque vive para sempre, tem um sacerdócio que não passa. É por isso que pode salvar definitivamente os que por Ele se aproximam de Deus. Ele vive para sempre para interceder em seu favor"[288]. Por isso permanece em agonizante luta até que todos participemos de sua vitória. Glorificado, já não morre mais, mas não está plenamente glorificado enquanto um membro de seu corpo ainda peregrine e ainda esteja submetido à insegurança da história. O Messias está por vir definitivamente.

V – A perduração eterna da humanidade de Cristo

O que seria de Cristo, uma vez consumada, a redenção humana? Sua humanidade ainda teria sentido e cumpriria alguma função? Já expusemos como, perante Marcelo de Ancira e Fotino[289] (e aos que sustentam

---

287. Cf. At 3,15; 5,31; 1Cor 15,20; Hb 6,20; Cl 1,18.
288. Hb 7,24-25; 8,3-4; 9,24; 1Jo 2,1.
289. Cf. XIBERTA, B. *Enchiridion de Verbo Incarnato* (Madri 1957), p. 10-103.

ainda hoje uma compreensão puramente funcionalista de Cristo), a Igreja incorporou ao Credo a afirmação da permanência eterna da humanidade de Jesus, com expressões emprestadas de Isaías e Daniel, onde falam da perenidade do reinado do Messias davídico, e que Lucas aplica a Jesus[290]. Pela primeira vez encontramos afirmada a permanência eterna de Cristo nos Credos do chamado Concílio da Dedicação em Antioquia (341), dirigidos contra Marcelo de Ancira. A fórmula é dupla: διαμένοντα Βασιλέα καὶ θεὸν εἰς τοὺςαἰῶνας-καὶ μένοντα εἰς τοὺς αἰῶνας. Os Credos posteriores de São Cirilo (348) e o de Constantinopla-Calcedônia já têm a forma que perdurou até hoje: "A humanidade, assumida na encarnação, glorificada na ressurreição e convertida em princípio universal de salvação, perdura para sempre. Isto significa: 'E seu Reino não terá fim'"[291]. Esta afirmação é essencial

• para *a compreensão de Cristo*: sua humanidade não é mero instrumento funcional usado por Deus para outra coisa e posteriormente suprimida;

• para *a compreensão de Deus*: Deus já é para sempre encarnado e só existe referido a essa humanidade do Filho, que permanece integrada na realização do mistério trinitário;

• para *a compreensão do homem*: este permanece afirmado e eternizado no Filho de forma que permanece superado o medo de que sejamos joguete temporário de Deus, de que não nos leve absolutamente a sério e ao final nos percamos como fumaça levada pelo vento;

• para *a compreensão do ser*: se as coisas, religadas ao homem com seu centro, estão destinadas a consumar-se no amor, é que sua origem é o amor e, portanto, a realidade é amorosa em sua entranha, sendo inteligível e realizável somente a partir da correspondente atitude amorosa.

A validez e a permanência eternas de Cristo, como Deus-homem, são o sinal da validez e da permanência eternas do homem, porque "para sempre, enquanto for Deus, Deus já será homem"[292].

---

290. Lc 1,32-33; cf. Is 9,6; Dn 7,14.
291. Cf. KELLY, J.N.D. *Primitivos Credos cristianos* (Salamanca 1980), p. 315-319, 402. • DS 41; 150; 151 (condenações dos seguidores de Marcelo e Fotino).
292. DE BÉRULLE, P. *Discours sur l'état et les grandeurs de Jésus*, IX, p. 364.

VI – O Cristo glorioso, lugar pessoal de nosso encontro com Deus

A humanidade de Cristo é assim o lugar pessoal, definitivo e eterno do encontro entre Deus e os homens. Lugar de revelação e de divinização. A partir do final aparece o que era a lógica da história salvífica. A autorrevelação e a autodoação de Deus acontecem na pessoa de Cristo e se traduzem em suas ações e palavras. Seu destino e consciência, sua vontade e liberdade nos dizem quem é Deus, mostrando-o para nós: Deus é seu Pai e nosso Pai. Cristo é sua Figura e sua Palavra. Por isso pode dizer: "Quem me vê, vê o Pai" (Jo 14,9). *A revelação de Deus à humanidade ocorre mediante a realização de Deus em humanidade.* Quando o Verbo cria uma natureza humana e ao mesmo tempo a assume e a personaliza, aparece no mundo o meio ontológico e pessoal onde se dá o encontro definitivo do homem com Deus e de Deus com o homem. Nesta dupla direção se deve entender o belo título de E. Schillebeeckx: *Cristo sacramento do encontro com Deus* (San Sebastián 1961). O homem Jesus, Filho consubstancial ao Pai, já é "o lugar" definitivo de conhecimento, de visão e de fruição beatíficas de Deus. Eternamente encontramos Deus no homem Jesus, ao mesmo tempo que nele encontramos nosso ser humano afirmado e radicado definitivamente em Deus. "Na eternidade só se pode contemplar a Deus Pai através do Filho e o contemplamos *in-mediatamente*, precisamente desse modo, pois a imediatez da visão de Deus não nega a eterna mediação de Cristo-homem"[293].

Conclusão – A humanidade de Deus e a divindade do homem

Da forma de existência encarnada do Filho de Deus no mundo derivam consequências sobre a relação do homem com Deus e sobre a forma de compreender a divindade do homem Jesus.

1) *A medida de nossa humanidade já é a humanidade de Deus.* Não existe uma antropologia prévia a partir da qual possamos "definir" o Cristo homem, mesmo que a partir da comum experiência possamos reconhecer nele uma expressão autêntica do humano. Nesse sentido a novidade de

---

293. RAHNER, K. "Eterna significación de la humanidad de Jesús para nuestra relación con Dios". In: *ET* II, 56. Cf. MOUROUX, J. *Le mystère du temps* (Paris 1962). • RUIZ DE LA PEÑA, J.L. *La otra dimensión* – Escatología cristiana (Santander 1976), p. 243-245.

Cristo é tamanha que Barth pôde afirmar: "Cristologia não é antropologia"[294]. Uma vez que Deus se encarnou e existiu como homem, nos mostrou a última vocação para a qual o ser humano foi criado: para expressar a Deus e para que Deus se expresse nele. A cristologia é assim medida e meta da antropologia. Mas, ao inverso, com a mesma razão Rahner pôde dizer: "A cristologia é para toda a eternidade antropologia"[295]. A partir da história concreta de Jesus aparece-nos a originária e eterna relação entre Deus e o homem: este poderá pensar a si mesmo e decidir existir sem Deus, mas Deus nunca existiu sem pensar no homem e já existe eternamente homem[296]. Cristo define o que é e como é a divindade, o que é e a que está destinada a ser a humanidade[297].

2) *A divindade de Cristo pode ser reconhecida em sua humanidade e pensada a partir dela.* Cristo homem é o símbolo pessoal de Deus: sinal que remete a Ele e realidade que o manifesta. Sua estrutura e existência podem mostrar sua radicação em Deus e nos dá-lo a conhecer, transparentando-o encarnado. Houve muitas formas legítimas de explicar a divindade de Jesus e sua humanidade, derivadas das convicções predominantes em cada época cultural. Estas são as principais:

• A humanidade de Jesus é divina porque está constituída pela subsistência própria do Verbo que a personaliza (*cristologia metafísica da teologia tradicional*).

• Cristo tem uma consciência, uma relação e uma adesão absolutas para com Deus. O saber de Deus nele é seu ser (*cristologia em código de consciência* ["Bewusstseinschristologie"] *de Schleiermacher*).

---

294. BARTH, K. *Mensh und Mitmensch* – Die Grundform der Mitmenschlichkeit (Gotinga 1962), p. 3.

295. RAHNER, K. "Problemas actuales de la cristología". In: *ET* I, p. 169-222.

296. "É verdade que existe um querer-ser-sem Deus por parte do homem, mas à luz da doutrina da reconciliação não existe um querer-ser-sem homem por parte de Deus" (BARTH, K. *KD* IV/1, p. 133). E. Jüngel (*Gottes Sein ist im Werden* (Tubinga 1967), p. 122, nota 158) comenta: "Por isso poderemos e deveremos dizer que, graças a Deus, não existe um 'ser-em-si-e-para-si de Deus' sem o homem".

297. "O que se deve entender por divindade aprendemos de Jesus Cristo. É Ele quem define os conceitos, e não são os conceitos que o definem. Se partimos precisamente do fato de que Ele é verdadeiro Deus, teremos de nos ater estritamente a Ele na hora de pensar o que entendemos por 'verdadeira divindade'" (BARTH, K. In: *KD* IV/1, p. 141).

- Cristo é aquele no qual os homens reconheceram expressas a palavra e a imagem do absoluto, a quem tendem e naquele único em quem se saciam os dinamismos intelectivos, volitivos e memorativos últimos do espírito (*cristologia transcendental [Cristo como salvador absoluto] de Rahner*).

- Cristo é o homem que realizou o ser ideal humano de moralidade, santidade e impecabilidade de uma forma única e inacessível aos demais mortais e somente possível ao próprio Deus (*cristologia da impecabilidade de Cristo, no protestantismo liberal*).

- Cristo suscitou tamanha esperança, liberdade e capacidade de transcendência de nossos limites e forças para lutar contra os poderes do mal, unicamente possíveis a quem é mais do que simplesmente homem (*cristologia da esperança escatológica de Moltmann e da práxis da teologia da libertação*).

Com todas estas fórmulas, tão diversas entre si (num salto ao limite da ação ao ser, da história ao Absoluto, do reconhecimento dos fatos à adesão na fé ao Mistério), tende-se assintoticamente ao reconhecimento de algo descoberto pelo homem em Jesus e absolutamente significativo para todo homem que dele se aproxima, assemelha, torna equivalente e chega a invocá-lo: "Meu Senhor e meu Deus" (Jo 20,28). Estas afirmações se reivindicam entre si na medida em que ser, consciência, moralidade, história e escatologia se implicam.

CAPÍTULO IX
A MISSÃO: O MEDIADOR DA SALVAÇÃO

Bibliografia

ALFARO, J. "Las funciones salvíficas de Cristo como revelador, señor y sacerdote". In: *MS* III/1, p. 671-756. • BALTHASAR, H.U. VON. "TD 4". In: *La Acción* (Madri 1995). • BIELER, M. *Befreiung der Freiheit* – Zur Theologie der stellvertretenden Sühne (Friburgo 1996). • BIRMELÉ, A. *Le salut en Jésus-Christ dans les dialogues oecuméniques* (Paris 1986). • BRUNNER, E. *Der Mittler* (Zurique 1927). • CHRISTEN, E. (ed.). *Erlöst durch Jesus Christus* – Soteriologie im Kontext (Friburgo 2000). • FAVRAUX, P. *Une philosophie du Médiateur*: M. Blondel (Paris 1987). • GALOT, J. *La Rédemption mystère d'alliance* (Bruges 1965). • GONZÁLEZ DE CARDEDAL, O. "Cristo redentor del hombre – Esbozo de una soteriología crítica". In: *XVIII Semana de Estudios Trinitarios* (Salamanca 1986), p. 85-168. • GONZÁLEZ DE CARDEDAL, O. "La soteriología contemporánea". In: *Salm* 3 (1989), p. 267-317. • GRESHAKE, G. *Erlöst in einer unerlöster Welt?* (Mainz 1987). • HENGEL, M. "Der stellvertretende Tod Jesu, Ein Beitrag zur Enstehung des urchristlichen Kerygmas". In: *IKZ* 9 (1980), p. 1-25, 135-147. • KASPER, W. "Jesucristo, mediador entre Dios y el hombre". In: *Jesús el Cristo* (Salamanca [10]1999), p. 281-335. • KRENSKI, T.R. *Passio caritatis* – Trinitarische Passiologie im Werk H.U. von Balthasar (Einsiedeln 1990). • LEUBA, J.L. (ed.). *Le salut chrétien* – Unité et diversité des conceptions à travers l'histoire (Paris 1995). • MENKE, K.H. *Stellvertretung. Schlüsselbegriff christlichen Lebens und theologische Grundkategorie* (Einsiedeln/Freiburg 1991). • MÜLLER, G.L. "Neue Ansätze zum Verständnis der Erlösung". In: *MThZ* 43 (1992), p. 51-73. • NIEWIADOMSKI, J.P. & PALAVER, W. (orgs.). *Dramatische Erlösunglehre* – Ein Symposium (Innsbruck/Viena 1992). • PANNENBERG, W. "La reconciliación del mundo por Jesucristo". In: *TS* II, p. 427-500. • RAHNER, K. "Der eine Mittler und die Vielfalt der Vermittlungen". In: *SzT* VIII, p. 218-238. • RAHNER, K. "Das christliche Verständnis der Erlösung". In: *SzT* XIV, p. 236-250. • RAHNER, K. "Versöhnung und Stellvertretung". In: *SzT* XV, p. 251-264. • SCHNACKENBURG, R. "Jesus der Erlöser. Neutestamentliche Linien und Perspektiven". In: *MThZ* 43 (1992), p. 39-50. • SCHWAGER, R. *Der wunderbare Tausch* – Zur Geschichte und Deutung der Erlösunglehre (Munique 1986). • SCHWAGER, R. *Jesus im Heilsdrama* – Entwurf einer biblischen Erlösungslehre (Innsbruck/Viena 1990). • STUDER, B. "Soteriologie in der Schrift und Patristik". In: *HDG* III/2a (Friburgo 1978). • TAYLOR, V. *The Atonement in the NT Teaching* (Londres 1963). • TAYLOR, V. *Forgiveness and Reconciliation* (Londres 1960). • TAYLOR, V. *Jesus and his sacrifice* (Londres 1965). • VIDAL TALENS, J. *El mediador y la mediación* – La cristología de W. Kasper en su génesis y estructura (valência 1988). • VITORIA, F.J. *¿Todavía la salvación cristiana?* – Los diseños soteriológicos de cuatro cristologías actuales (Vitória 1986). • WERBICK, J. "Erlösung". In: *Den Glauben verantworten: eine Fundamentaltheologie* (Friburgo 2000), p. 427-630. • WILLEMS, B.A. *Soteriología desde la Reforma hasta el presente* (Madri 1975).

INTRODUÇÃO
A PESSOA DE CRISTO (CRISTOLOGIA) E SUA OBRA (SOTERIOLOGIA)

As questões fundamentais da cristologia são estas três: a história, a pessoa e a obra de Cristo. À pergunta "Quem é Cristo?" se responde expondo sua forma de viver e de morrer, a identidade de sua pessoa e a função exercida em seu tempo, juntamente com a significação que tanto sua existência quanto sua mensagem e pessoa continuaram tendo até hoje para a humanidade. Sabemos quem é uma pessoa conhecendo o que "deu de si" e a repercussão que teve sobre a história posterior (*Wirkungsgeschichte*). Existem homens cuja influência se estende tão somente ao entorno imediato de sua presença física; outros, em contrapartida, estendem sua influência muito mais além de seu ambiente de origem, de sua pátria e de seu tempo; outros, finalmente, determinam toda a história humana, porque a curam ou a transformam conferindo-lhe novas possibilidades. Este aporte transformador pode ser de diversas índoles: interpretativo, curador, criativo, salvífico. Qual foi o aporte específico de Cristo? Não é de ordem política nem científica, mas teológica, com a consequente transformação moral, social e cultural (*revelação, redenção, santificação*). A consciência cristã se expressou desde o início com duas palavras: Cristo é o *Salvador* da vida humana porque é o *Mediador* entre Deus e os homens.

Em Cristo, pessoa e obra, ser e função, *Christus in se et Christus pro nobis*, cristologia e soteriologia, são diferenciáveis, mas não separáveis. Estes dois polos, cada qual com seu próprio peso, constituem as duas vertentes do único Jesus Cristo. Sua pessoa, enquanto Filho eterno de Deus e homem nascido de Maria, é o fundamento metafísico de sua capacidade salvadora. Sua ação é o sinal eficaz que nos permite reconhecê-lo como reconstrutor da vida humana e que devemos acolhê-lo como Filho de Deus encarnado. Nenhum dos polos (pessoa-função) existe sem o outro. Não existe um Filho eterno de Deus que não seja Redentor dos homens no tempo; não existe um Jesus (sujeito individual) que não seja Cristo (portador da salvação prometida e esperada no AT); não existe uma salvação definitiva da vida humana que não venha de Deus e que não se identifique em última instância com Deus mesmo. A correlação entre cristologia e soteriologia nos permite chegar a conhecer uma a partir da outra, mas não deduzir mecanicamente uma da outra[298]. Existe um "excesso" de realidade e de sentido na pessoa de Cristo sobre aquilo que Ele significa como Salvador para nós, porque Cristo existe antes de sê-lo, e seu ser não se esgota em sê-lo. *Por isso não se pode afirmar que Cristo é Deus porque é nosso Salvador; nem entender sua obra em sentido puramente funcional como produto, ideia, remédio ou promessa à margem de sua pessoa*[299]. Ele é nossa salvação na medida em que no encontro com Ele participamos de sua relação com Deus. Dessa forma o homem participa da vida e do futuro de Deus.

I – A salvação e os mediadores da salvação

1 A palavra e o conceito de salvação

A salvação é a questão humana primordial. Esta palavra, como todas as que afetam o ser e o sentido últimos da vida humana, não é definível. Ela diz integridade, plenitude, futuro, afirmação da própria existência, dignidade, presente saudável, futuro reconciliador. Em castelhano só existem termos negativos para designá-la; carecemos de termos positivos como é o caso do alemão *Heil*, que designa totalidade, inteireza, perfeição; ao passo que *Erlösung* designa a libertação de uma realidade negativa: redenção, resgate, salvação de um perigo. Os franceses falam em *salut* e *rédemption*. Σωτηρία em grego significa simultaneamente saúde física,

---

[298]. "A divindade de Jesus Cristo é sempre o *pressuposto* de sua significação salvífica para nós e, ao contrário, a significação salvífica da divindade de Jesus fundamenta *o interesse* que temos ao formular a pergunta acerca da divindade" (PANNENBERG, W. "Jesús como Dios y Salvador". In: *Fundamentos de cristología* (Salamanca 1974), p. 49-50.

[299]. A partir de Schleiermacher até Tillich e Bultmann outorgou-se primazia à pergunta pela "função" frente à pergunta pelo ser e pela pessoa, invertendo a lógica da tradição anterior, que colocava em primeiro plano a questão ontológica da pessoa. Cf. BULTMANN, R. "Das christologische Bekenntnis des ökumenischen Rates". In: *Glauben und Verstehen* (Tubinga 1952), p. 246-261.

bem-estar social, sanidade psicológica e salvação religiosa[300]. A experiência humana fundamental nos leva a distinguir no homem inclinações primordiais:

- A superar as *negatividades* que sofremos.
- A realizar as *aspirações profundas* de perfeição, plenitude e felicidade que sentimos.
- A saciar o *anseio do absolutamente saudável e santo,* que não é o prolongamento do que somos, mas algo totalmente Outro, no encontro com o qual somos transformados. "Sede de Deus" diz a Bíblia; "presença de Deus" dizem os místicos; "anseio do totalmente Outro" dizem os filósofos (Horkheimer)[301].

Quando conseguimos esse tão simples, mas tão radical, dizemos ter alcançado a salvação. Isto supõe "outro mundo", uma transformação de nossa realidade atual, a passagem para outra forma de vida. O homem sabe que tudo isso não o consegue alcançar por si mesmo, que tudo isso não pode ser consumado por seu esforço. Autossalvação é uma contradição. E o paradoxo da existência é que não conseguimos fazer nunca o bastante (*satisfação*) para completar, purificar e consumar nosso ser, e que só alargados por outro, extensão e purificação que são dor e morte, chegamos a ser o que radicalmente ou em germe somos (*satispaixão*). Salvação imediata só podemos ter em fragmento, início e, portanto, em esperança; em forma de promessa dada por quem pode superar nossas negatividades, possibilitar-nos alcançar nossas aspirações profundas e abrir-nos para uma transformação final. Assim definida, a salvação evidentemente só é possível a partir de Deus e com Deus. Salvação significa então Deus mesmo doado ao homem. "Ó Deus, Tu és meu Deus, meu Bem!" "Deus de minha salvação", repetem os Salmos[302].

---

300. Cf. BÜRKLE, H.; KIENZKER, K.; GNILKA, J. & KNAPP, M. "Heil". In: *LTK*³ 4, 1.258-1264. • WISSMAN, H; GNILKA, J.; WAGNER, H. & BITTER, G. "Erlösung". In: *LTK*³ 3, p. 799-814. • FOERSTER, W. & FOHRER, G. "σωτηρία". In: *TWNT* VII, p. 966-1.024. • SCHELKE, K.H. *DENT* II, p. 1.655-1.664. • SPAEMANN, R. In: *HWPh* III, p. 691-707.

301. Sl 63,2; 143,6. Cf. HORKHEIMER, M. "La añoranza de lo totalmente otro". In: MARCUSE, H.; POPPER, K. & HORKHEIMER, M. *A la búsqueda del sentido* (Salamanca 1976), p. 65-124.

302. Sl 16,1-2; 63,2; 27,1; 35,23. "Salus nulla est nisi in societate Deu [...]. Societas cum Deo habenda est, alia spes vitae aeternae nulla est" (SAN AGUSTÍN. *In 1 Ioh.* 1,5 (SC 75, p. 122)).

2 Salvação metafísica, histórica, escatológica

A salvação é de ordem tripla.

a) *O homem necessita ser afiançado e honrado em si mesmo.* Sua existência tem que ser reconhecida como valiosa, e por isso não pode ser negada, execrada ou aniquilada, mas requer ser conquistada e mantida em seu essencial valor ontológico e dignidade pessoal (*salvação metafísica*). Salvação metafísica quer dizer salvação no ser, como desdobramento em direção à sua plenificação e transcendência em direção à consumação almejada. Portanto, é totalmente contrário ao que certos platonismos, dualismos, gnosticismos e maniqueísmos reivindicam: a negação da matéria, do corpo ou do mundo. A soteriologia cristã tem por sustentáculo as colunas da criação e da encarnação. Ambas anunciam a comunicação que Deus faz de si suscitando por companheiro o homem e unindo-se a ele em aliança eterna. Uma linguagem que fale de *redenção "do" mundo, "do" corpo, "do" tempo,* como sua negação atual ou sua destruição final não é cristã. O cristianismo não é negação da criação como se ela fosse fruto do *éon* ou de um deus malvado, mas sua afirmação fundamental e sua recuperação quando foi afetada pelo pecado com sua imersão final na plenitude de Deus. A figura deste mundo passa (1Cor 7,31), e este corpo material será um *sôma peneumatikón* (1Cor 15,44); no entanto, essa transfiguração não é sua negação, mas a incorporação na glória de Deus, que se antecipa como anseio e cintilo. A transfiguração de Cristo é o sinal desta transfiguração universal, cuja expressão última é a ressurreição da carne e a participação de todas as criaturas na glória dos filhos de Deus (Rm 8,20-21).

b) *O homem necessita superar aqueles elementos negativos* com os quais se depara ou provocou, que o afetam como indivíduo ou afetam a humanidade e o todo cosmos (o mal, o sofrimento, a culpa, o pecado, a morte, a solidão, a miséria, o sem-sentido...). Ele precisa, portanto, de uma libertação de tudo aquilo que lhe sobreveio ou que ele cometeu na ordem da agressão física, da culpa moral, do pecado religioso (*salvação histórica*).

c) *O homem precisa viver com um futuro aberto, não ameaçador,* no qual seu ser presente e sua biografia, sua liberdade e toda a companhia que constituiu ao longo da vida sejam afirmados e reconhecidos. Seu ser não pode estar à mercê do azar ou da violência, mas requer ser acolhido por um Poder restaurador e santificador, que o abrigue de qualquer ameaça. E o necessita para seu espírito e corpo, alma e carne[303]. O homem é maior do que ele mesmo pelo desejo que o inabita: anseia um Absoluto de graça e de amor, que o afirmem generosa e absolutamente (*salvação escatológica*).

Tudo isto que lhe é necessário; no entanto, lhe é impossível alcançar por si mesmo. E, à medida que vai alcançando parte dele, torna-se impossível assegurar sua permanência[304].

3 Pré-compreensão antropológica da salvação

Existem perguntas decisivas para o homem que só podem receber resposta de um ser sagrado, pessoal e absoluto; isto é, de Deus. São elas:

- O que existe da vida enquanto realidade? Por que existem coisas em vez de nada? Que sentido tem tudo e, no meio de tudo, cada ser, cada sujeito, cada folhinha de planta ou cada lágrima humana?

- Que lugar ocupam os outros em minha vida e qual é minha responsabilidade para com eles, já que só sou a partir deles e eles só chegam a si contando comigo, com minha ação e com minha resposta? Como sou para o mundo e como o mundo é para mim, nesta constituição do "nós"?

- Por que existo e quem constitui o meu ser, que, por ser finito, é contingente, e, por ser pecador, não é saudável?

- Tenho alguma missão de alguém no mundo? De quem recebo a responsabilidade, diante de quem devo resposta e a quem posso oferecer a gesta de minha vida neste mundo?

- Qual é o futuro deste meu ser, que anseia viver, ser transformado em uma vida nova, enquanto se sente ameaçado de morte e incapaz de superá-la?

Dito de maneira simples: Por que ser? Quem sou e por que existo? Tenho alguma missão e com ela dignidade neste mundo? O que será de mim e

---

303. "O amor redentor de Deus não se dirige tão somente à 'alma', mas a toda a realidade humana. Entretanto, o homem redimido, novo, repousa sobre a humanidade divina de Jesus. Esta teve início na Anunciação e foi consumada na Ascensão. Cristo só é o Homem-Deus perfeito depois de ter penetrado pela ressurreição na vida íntima de Deus" (GUARDINI, R. *El Señor,* II (Madri ³1958), p. 226.

304. Cf. GONZÁLEZ DE CARDEDAL, O. *La entraña,* 1-4. • WELTE, B. *Heilsverständnis* (Friburgo 1966). • HEMMERLE, K. "Der Begriff des Heils". In: *Ausgewählte Schriften,* I (Friburgo 1996), p. 322-348.

dos seres que amei? A experiência ou a pergunta pelo sentido, pela verdade, pela finalidade, pela culpa, pela dor, pelo pecado, pela morte... a paixão de absoluto e a incapacidade de consegui-lo, a inclinação ao próximo e a incapacidade de alcançar-nos nele e que ele se alcance em nós sozinhos, o excesso absoluto do homem por suas necessidades desproporcionadas às suas capacidades (fins infinitos-meios finitos; anseio de eternidade-aferramento ao tempo), a beleza, a verdade e a bondade de cuja consecução não pode desistir, e que sozinho ninguém pode conquistar, a necessidade de inocência e a incessante culpa...: estas e tantas outras são as questões existenciais às quais o homem não pode renunciar, caso queira manter-se de pé perante sua verdade e dignidade de homem. Ser homem perante estas perguntas é buscá-las, mantê-las, tentar aclará-las e solucioná-las.

Este é um pano de fundo de experiência humana universal e a pré-compreensão antropológica que torna legítimas as propostas e pensáveis as respostas da soteriologia cristã. Cristo não falou, tampouco o evangelho fala hoje, a um homem surdo às questões transcendentais. Todo homem, por ser imagem de Deus, é indestrutível por qualquer pecado, sempre emerge como um possível ouvinte da Palavra e um ser esperançoso, embora às vezes anônimo, da salvação. Todo homem precisa ser amado inteiramente e sentir agora os sinais de um amor incondicional e duradouro[305]. Por isso, no fundo, sabe que só no acesso a Deus e na acolhida de Deus encontra salvação.

Isto é o que afirma o cristianismo ao reconhecer Cristo *como Salvador* do mundo à medida que torna presente a palavra, o amor e o perdão de Deus aos homens. Isto significa que Deus como Absoluto se mediou a si mesmo com graça na história, assumindo uma humanidade na qual se nos manifestou e se nos doou. Nessa humanidade concreta de Jesus os homens

---

[305]. A pergunta pela salvação não nasce apenas em situações negativas, em fracassos, ou por um espírito pessimista perante a realidade, mas aparece justamente em seus momentos limítrofes. O ser humano pergunta por sua origem e fundamentação, por seu futuro e plenitude possível ou impossível. "O cristianismo se dirige primariamente ao ser inteiro do homem, e não à sua queda no pecado, e menos ainda às falhas de sua vida. O cristianismo não é a argamassa que remenda as fissuras da vida [...]. [Ele] dirá ao homem atual que sua vida é o que é precisamente porque o ser do homem é deiforme; e o é não em seus fracassos, mas primária e principalmente em suas próprias conquistas. O ponto de coincidência entre o homem atual e o cristianismo não é a indigência da vida, mas sua plenitude" (ZUBIRI, X. *El problema teologal del hombre*: cristianismo (Madri 1997), p. 18-19). Cf. SPLETT, J. "Erlösung wovon? – Aus der Sicht philosophischer Anthropologie". In: *MThZ* 43 (1992), p. 316. • PEPERZAK, A.T. *Der heutige Mensch und die Heilsfrage* (Friburgo 1972).

ouviram, acolheram e responderam à oferta de Deus. Ele, enquanto Filho de Deus humanado, em unidade de pessoa é o ato do dom divino e o ato da aceitação humana. A fé do NT, e a partir dela o cristianismo, são a "religião do Mediador"[306] da salvação.

4 Cristo Salvador

Os dois títulos: Salvador e Mediador, juntamente com outros como paráclito, sumo sacerdote, cordeiro, expiação... designam a função soteriológica de Cristo. Este realizou obras que curaram, perdoaram, animaram, enriqueceram, iluminaram e ressuscitaram os homens, mas a si mesmo Ele não se aplicou o título de *Salvador*.

a) Nos *sinóticos* o encontramos duas vezes na mesma fase de sua vida, como se quisesse indicar de antemão ao leitor qual é a missão desse sujeito cujo nascimento se descreve. Os anjos dizem aos pastores: "Nasceu-vos hoje um salvador, que é o Cristo Senhor, na cidade de Davi" (Lc 2,11). A ideia já está presente na interpretação do nome dado ao menino: "Darás à luz um filho, e lhe porás o nome de Jesus. É Ele que salvará o povo de seus pecados" (Mt 1,21).

b) Em *São João* os samaritanos dizem de Jesus: "Este é verdadeiramente o Salvador do mundo" (4,42).

c) Somente duas vezes o encontramos nas *cartas paulinas*. Uma com sentido escatológico em Fl 3,20: "Esperamos um salvador, Jesus Cristo"; e outra referido à Igreja: "Cristo é cabeça da Igreja e salvador de seu corpo" (Ef 5,23). E nos *Atos dos Apóstolos*: "Deus o elevou pela mão direita, como guia e salvador, a fim de conceder a Israel a conversão e o perdão dos pecados" (5,31). "Da linhagem de Davi, segundo a promessa, Deus suscitou para Israel um salvador, Jesus" (13,23). Isto revela que na Igreja primitiva dos anos 30-60 o título é raro, ainda que nos LXX seja utilizado para designar a Deus. Lucas (1,47) e Judas (vers. 25) o usam referindo-se a Deus.

---

306. "A figura religiosa do Mediador recebeu sua cunhagem mais perfeita no Filho de Deus feito homem, a ponto de converter a fé do povo de Deus do NT simplesmente na religião do Mediador" (SEMMELROTH, O. "Mediador, mediación". In: *SM* 4, p. 546).

d) Como contraste, o termo aparece com frequência nas *cartas pastorais e católicas*, que o aplicam sete vezes a Deus (1Tm 1,1; 2,3; 10; 2Tm 1,3; 2,10; 3,4; Jd 25) e dez vezes a Jesus (2Tm 1,10; Tt 1,4; 2,13; 3,6; 2Pd 1,1; 1,11; 2,20; 3,2.18; 1Jo 4,14). Estes escritos nascem no contexto das religiões helenísticas, onde a palavra *sôtér* é aplicada às divindades ligadas aos cultos dos mistérios e às divindades curandeiras (p. ex., Asclépio), bem como a César nos atos de divinização dos imperadores. Com certas variantes a palavra é aplicada a Júlio César, Augusto, Cláudio, Vespasiano, Tito, Trajano, Adriano. Isso acontece nas zonas helenizadas do Império; isto é, na região oriental. A expressão de Jo 4,42 e 1Jo 4,14 a encontramos com muita frequência em inscrições dedicadas a Adriano. Isto não significa que a aplicação deste título a Jesus derive do entorno religioso helenístico. O fato que os evangelhos e as cartas paulinas apliquem o termo "salvador-salvação" a Jesus e, sobretudo, que o AT o use para descrever a ação redentora de YHWH no futuro em relação ao seu povo, explica também que a partir de um dado momento percebeu-se realizada em Jesus o que se esperava da ação messiânica de YHWH.

Seu sentido primeiro foi escatológico (ação de Jesus em um futuro), mas depois significou a ação redentora que Cristo já havia realizado, sobretudo com sua morte. Nas cartas de Inácio, Policarpo e os gnósticos cristãos, o título *sôtér* se tornou popular e perdurou como um dos mais importantes na vida cristã. O uso cristão transcende o que implicavam as acepções helenísticas (beneficência, paz, proteção e defesa recebida do imperador) e o significado do AT (libertação escatológica do povo de Deus em relação aos seus inimigos, vinculada ao fim do mundo e à ressurreição dos mortos)[307]. A *sôtêría* é um fato acontecido em Cristo que implica a libertação dos poderes do mal, o perdão do pecado, a redenção da pena e a renovação pelo Espírito Santo. Seu conteúdo positivo é a reconciliação com Deus, a participação na filiação de Jesus, a graça, o perdão, a reconciliação realizada por Deus. Jesus *como Salvador* adiciona um novo sentido ao termo grego εὐεργέτης (benefactor)[308] e ao hebraico *mashiah* (redentor, libertador).

---

307. Cf. BROX, N. "Soteria und Salus – Heilsvorstellungen in der alten Kirche". In: *Evangelische Theologie* 33 (1973), p. 253-279. • SAUTER, G. "Heilsvorstellungen und Heilserwartungen". Ibid., p. 227-243.

308. Lc 22,25 (termo aplicado no mundo grego aos deuses, heróis e reis). Cf. PAX, E. *Epiphaneia – Ein religionsgeschichtlicher Beitrag zur biblischen Theologie* (Munique 1955). • CERFAUX, L. & TONDRIAU, J. *Le culte des souverains dans la civilisation gréco-romaine* (Tournai 1965).

5 Mediação e mediadores

A ideia de mediação é um elemento essencial de toda experiência religiosa verdadeira. Deus é santo e inacessível; quem se aproxima dele é tomado de sobressalto e se descobre pecador. O profeta só traz a purificação dos lábios e por um anjo pode ouvir sua voz e ver sua glória (Is 6,5-7). Não existe imediatez entre o finito e o Infinito, entre o pecador e o Santo. O reconhecimento e o encontro com Deus implicam um sobressalto e uma ruptura. Kierkegaard afirmava que a relação imediata com Deus é paganismo e que só quando acontece uma ruptura dessa imediatez, devolvendo-nos a consciência da alteridade e da santidade divinas, podemos falar de uma verdadeira relação com Deus[309]. *A Bíblia é essencialmente o relato das medidas e das mediações que Deus assumiu para revelar-se, escolhendo um povo e constituindo-o em seu sinal para todas as nações.*

O termo μεσίτης (mediador) significa originariamente aquele que está no meio ou caminha entre duas pessoas, que tem influência para conseguir benefícios ou capacidade para reconciliar dois opostos, o árbitro de um litígio, o intermediário em transações comerciais, o pacificador, o que assina um tratado de paz entre duas partes inimigas, a testemunha em sentido jurídico do termo, o garante de uma aliança[310]. Fílon é o primeiro a conceder uma acepção religiosa ao termo, aplicando-o aos anjos e a Moisés, que apresentou orações e súplicas pedindo perdão pelos pecados do povo. O início da ideia se encontra na intercessão de Abraão por Sodoma (Gn 18,16-33) e de Moisés pelo povo, após este ter elevado o bezerro de ouro (Ex 32,1-35). Clássico é o texto de Jó: "Se houvesse um *árbitro* que julgasse e fizesse justiça entre os dois" (LXX 9,33). O AT nos apresenta mediadores da palavra, da bênção, da ação e da salvação de Deus[311]. Mediadores que atuam nos momentos em que se institui a aliança entre Deus e seu povo, que a mantêm viva (serviço levítico), ou que a rejeitam quando foi rompida (o Servo de YHWH). Os patriarcas, os guias carismáticos, os reis, os profetas, os sacerdotes e anjos são mediadores da iniciação salvífica de YHWH. O AT afir-

---

309. Cf. KIERKEGAARD, S. *Migajas filosóficas o un poco de filosofía* (Madri 1997).

310. Cf. SPICQ, C. "μεσίτης". In: *LTNT*, p. 987-990. • SÄNGER, D. In: *DENT* II, p. 232-236. • TAYLOR, V. *The Names of Jesus*. Op. cit., p. 110-113. • RATZINGER, J."Mittler". In: *LTK*² 7, p. 499-502. • BACKHAUS, K. & MENKE, K.H. "Mittler". In: *LTk*³ 7, p. 342-346.

311. Cf. SCHARBERT, J. *Heilsmittler im alten Testament und im Orient* (Friburgo 1964). N. Füglister organiza os "fundamentos da cristologia veterotestamentária" ao redor dos mediadores salvíficos (real, sacerdotal, profético e celeste). Cf. *MS* III/I, p. 123-244.

mou a existência de tais mediadores na criação, na história, na revelação e na ação escatológica de YHWH. Neste sentido o AT não pensou apenas em figuras historicamente verificáveis como Moisés ou os anjos, mas em hipóstases, cuja relação com Deus é difícil de precisar (identidade com Ele? Personalização dele? Pessoa ao lado dele?): o Espírito, a Palavra e a Sabedoria. No final do AT afirma-se uma mediação ascendente nova: a intercessão dos mártires que imploram a clemência de Deus (= expiar) pelos pecados de seu povo[312]. Após expor como os guias carismáticos e os reis são os mediadores da ação de Deus e os profetas os mediadores de sua Palavra, Westermann descobre *as duas figuras constituintes de Israel: a fundadora (Moisés) e a consumadora (o Servo). Ambos, sendo mediadores da ação e da paixão de Deus por seu povo, antecipam a figura de Jesus.*

> Ambos são mediadores, incomparáveis com nenhum outro. Em ambos a função mediadora abarca mais do que a palavra: Moisés é o guia e simultaneamente o mediador da ação de Deus; no Servo de YHWH se dá o sofrimento no lugar da ação. Ambos são mediadores sem poder e devem suportar seu mistério. No Servo isto ocorre de outra forma: seu sofrimento no lugar e a serviço pelos pecados do povo, e não acaba com a morte; sua obra se estende para além de Israel; Deus o constituiu luz dos povos (Is 49,6) [...]. Na figura mediadora do Servo chega ao seu fim a mediação ativa, e em seu lugar o sofrimento pelos outros recebe um sentido positivo. Ao mesmo tempo a tarefa do mediador se estende a todos os povos para além de Israel. Nestes dois traços: que o sofrimento recebe agora a possibilidade positiva da substituição e que o mediador entre Deus e Israel se converte agora em luz dos povos, a figura mediadora do Servo transcende o AT. E não se pode desconhecer a coincidência dos traços fundamentais do Servo com o relato dos evangelhos sobre o valor substitutivo da paixão, da morte e da ressurreição de Jesus[313].

6 O Mediador da aliança nova e eterna

O título de mediador aplicado a Jesus no NT tem pouca ênfase. O encontramos apenas quatro vezes. Uma designando Jesus como mediador da salvação universal do único Deus, na ordem da redenção dos pecados: "Por-

---

312. 2Mc 7,37. Aqui a LXX utiliza o termo ἵλεως, da mesma raiz que ἱλάσκεσθαι (Lc 18,13; Hb 2,17), ἱλασμος (1Jo 2,2; 4,10); reconciliação, expiação pelo pecado. "Para um judeu, a morte expiatória de um mártir não é precisamente um tema desconhecido; ele já aparece no Segundo Livro dos Macabeus" (FLUSSER, D. *El cristianismo, una religión judía* (Barcelona 1995), p. 60).
313. WESTERMANNN, C. *Theologie des AT in Grundzügen* (Gotinga 1985), p. 71.

que há um só Deus e um só mediador entre Deus e a humanidade: Cristo Jesus, que se entregou em resgate por todos" (1Tm 2,5-6). Outro contexto em que o termo mediador aparece é a teologia da aliança, do sacerdócio e do sacrifício de Cristo em Hb 8,6; 9,15; 12,24: "Ele é o mediador de uma aliança melhor". "Mediador de uma aliança nova"[314].

Na Patrística o título era evitado, já que situava Cristo nas imediações das especulações neoplatônicas sobre o demiurgo como hipóstase intermediária entre Deus e o cosmos. Seu uso por Ario levantou a suspeita de subordinacionismo e fez com que os Padres o evitassem. Segue uma história complexa na qual praticamente são sinônimas mediação e reconciliação, tal como as usa Ireneu unindo a ideia de recapitulação, enquanto reconstrução da comunhão com Deus, e reparação por Jesus Cristo do homem destruído pelo pecado do primeiro Adão[315]. Cristo reúne e reassume o comando da criação, desfeita pelo pecado, mediando-a na caminhada rumo ao Pai. Reconciliação, reparação e recapitulação norteiam a nova orientação. Esta já não vê a Deus como sujeito primeiro da ação salvífica e sim a liberdade, a humanidade e a responsabilidade de Cristo homem. O Mediador a partir deste instante é o homem Jesus: sua mediação é vista sobretudo em função do pecado e é situada na morte de cruz.

São Cipriano, Santo Agostinho[316] e Santo Anselmo começam, e em seguida São Boaventura e Santo Tomás consagram[317] esta compressão ascendente da mediação de Cristo, centrada sobretudo na reparação dos efeitos do pecado. Não é Deus quem reconcilia o mundo e o homem consigo, mas o homem Jesus quem os reconcilia com Deus; e imitando seu

---

314. Segundo Hebreus, a salvação chegou a ser real na nova e "mais perfeita aliança" (7,22; 8,6), no evento Cristo, e consiste no acesso a Deus, na comunhão com Deus, na participação no mundo celestial, na participação em Cristo e na filiação divina (2,10ss.; 3,6.14; 6,4ss.; 7,19; 9,8.11ss.14; 12,10). HEGERMANN, H. "διαθήκε". In: *DENT* I, p. 909-910.

315. Cf. SAN IRENEO. *Adv. haer.* V, 14,1-13; 16,3. 17,1. Cf. SESBOÜÉ, B. *Tout récapitulé dans le Christ* – Christologie et sotériologie d'Irénée (Paris 2000).

316. "In hac ira cum essent homines per originale peccatum, tanto gravius et perniciosius, quanto maiora vel plura insuper addiderant, *necessarius erat mediator, hoc est reconciliator,* qui hanc iram sacrificii singularis, cuius umbrae omnia sacrificia Legis et prophetarum, oblatione placaret. [...] Quod ergo per mediatorem reconciliamus Deo, et accipimus Spiritum ut ex inimicis efficiamur filii (Rm 8,14): haec est gratia Dei per Jesum Christum Dominum nostrum" (SAN AGUSTÍN. *Ench.* 10,33 (BAC 30, p. 4.392).

317. "Deus cui secundum hominem [Christus] se obtulit." Cf. SAN ANSELMO. *Cur Deus homo*, II, p. 18 (BAC 82, p. 882). • SAN BUENAVENTURA. *Sent.* III, 19,2,2. • SANTO TOMÁS. *Sth.* III q.26 a.1-2.

exemplo os homens tentam reconciliar-se com Deus, aplacando-o e tornando-o benévolo. A progressiva degradação da ideia chegará ao extremo de significar a tentativa de conquistar e granjear para si o próprio Deus, pagando-lhe um preço de sangue. O Pai é ressarcido em sua honra com o sangue do Filho inocente, e assim os culpados recebem o indulto. Que trágico mal-entendido!

A Reforma inverte a abordagem ao ver a redenção mais como justiça outorgada por Deus em Cristo, ainda que considere este último vítima por nossos pecados, sobre quem Deus descarrega sua ira e sofre o castigo em nosso nome. A cruz é entendida como julgamento e condenação do pecado do mundo e Cristo como portador desse mundo pecador. Socino e os socinianos rejeitam a afirmação de uma morte penal de Cristo e todo sentido expiatório. Reaparece a ideia de Abelardo: a paixão de Cristo só tem a ver com o amor de Deus e nada com o pecado do homem[318]. A teologia liberal fica apenas com o aspecto exemplar de Cristo, sua fidelidade profissional (*Beruf*) e o caráter inclusivo de sua existência. A teologia dialética recupera com Barth e Brunner a ideia de mediação unida à substituição e à solidariedade de Cristo com os homens[319]. No catolicismo tenta-se superar a teoria anselmiana da satisfação e a luterana do sofrimento vindicativo e penal de Cristo. Em nossos dias temos recuperado a visão descendente da salvação, que é a primordial no NT, como dom do Pai, reconciliação, perdão e amor, gratuitamente oferecidos por Deus aos homens; ela não exclui, mas suscita e inclui a mediação ascendente de Jesus, como forma agradecida de resposta a um Deus que com o dom recria o receptor[320].

7 Da mediação descendente à mediação ascendente

A mediação de Cristo abarca as seguintes ordens:

• A *ordem metafísica*: Cristo está no "meio" do ser como seu princípio (ἀρχή) e modelo (εἰκών).

---

318. Cf. RITSCHL, A. *Die christliche Lehre von der Rechtfertigung und Versöhnung*, I-III (Bonn 1882-1883; Hildesheim 1978).

319. Cf. WENZ, G. *Geschichte der Versöhnungslehre in der evangelischen Theologie der Neuzeit*, I-II (Munique 1984-1986).

320. Cf. SESBOÜÉ, R. *Jesucristo el único mediador*, I (Salamanca 1990), p. 99-126.

- A *ordem pessoal*: Cristo é a pessoa do Filho que assumiu uma natureza humana e por isso é meio real no qual homem e Deus convergem.

- A *ordem ontológica*: pela consciência de Jesus a comunicação de Deus passa aos homens e nela se unem oração, esperança, consciência e entrega dos homens a Deus.

- A *ordem histórica*: a ação e a paixão de Cristo são por nós e estão conosco. Ele não é um "meio" no sentido de objeto, nem um intermediário objetivamente alheio às pessoas mediadas, mas sua pessoa e seu destino são comunicantes[321]. Deus teve destino humano em seu Filho encarnado e os homens tiveram destino divino em Jesus, nosso irmão.

Precisamos ter presentes estas dimensões da mediação de Cristo: *metafísica* (ordem do ser-criação); *ôntica* (ordem da pessoa-união hipostática); *ontológica* (ordem da consciência, dado que Jesus se sabe transmissor da vida de Deus ao homem e solidário com o destino do homem perante Deus); *histórica* (a ação-paixão em sua vida mortal e intercessão celeste). A categoria de mediação interveio na história do dogma cristológico de maneira explícita apenas em dois momentos. São Leão Magno, em sua *Tomus ad Flavianum*, a utiliza em sentido ôntico. Por suas duas naturezas Cristo é ao mesmo tempo Deus e homem; por isso, superando o abismo entre criador e criatura, Ele faz uma espécie de ponte intermediária através da qual os aproxima e os reconcilia[322]. Os concílios de Florença e de Trento utilizam esta categoria unindo-a à de mérito. Ninguém é libertado do pecado herdado de Adão e da condenação eterna "[...] nisi per meritum mediatoris Dei et hominum Jesu Christi Domini nostri"[323].

---

321. "Cristo é o 'meio' (*Mitte*) entre Deus e o mundo, mas este meio é 'mediador' (*Mittler*); i. é, não é uma esfera, não é um ser intermediário, mas pessoa que em livre-obediência amorosa abarca ambas as esferas e as une. A outra ponta do mundo é pessoa, a ela tudo converge, e quem se adentra a ser com Cristo, esse se incorpora ao grande movimento histórico, mediante o qual o cosmos caminha em direção ao seu sentido" (RATZINGER, J. "Mittler". Art. cit., p. 501). Cf. MOIOLI, G. *Cristologia* – Proposta sistematica (Milão 1989), p. 105-252. • TORRANCE, T.F. *The Mediation of Christ* (Edimburgo 1992).

322. "Salva igitur propietate utriusque naturae et in unam coeunte personam, suscepta est a maiestate humilitas, a virtute infirmitas, ab aeternitate mortalitas, et ad resovendum conditionis nostrae debitum natura inviolabilis naturae est unita passibili; ut, quod nostris remediis congruebat, unus atque idem 'mediator Dei et hominum, homo Christus Jesus' (1Tm 2,5) et mori posset ex uno et mori non ex altero" (c.3; DS 293).

323. DE FLORENÇA, C. *Decretum pro Jacobitis* (DS 1.347). • DE TRENTO, C. *Decreto sobre el pecado original* (DS 1513).

II - A salvação de Deus outorgada em Cristo

Tanto a pessoa quanto a obra de Cristo aparecem no NT dentro de um horizonte teocêntrico: Cristo é o Messias prometido por Deus ao seu povo; é o Filho amado, que cumpre a vontade do Pai, que em relação ao qual vive em obediência permanente e entrega final. Sua identidade é seu comportamento enquanto Filho; sua relação histórica é obediência e sua consumação pessoal ocorre quando completa em sua morte (Jo 19,20) a obra que o Pai lhe confiou (Jo 17,4). Perder a vida a serviço da missão confiada é ganhá-la; cumprir a vontade daquele que o enviou, entregando-se em solidariedade e oferenda intercessora por seus irmãos (sacrifícios), é simultaneamente a própria perfeição (Hb 1,1-10). São João, num sentido, e a Carta aos Hebreus, em outro, mostraram esta religação da pessoa de Jesus com a missão, e também evidenciaram como, no serviço aos homens, Ele consuma simultaneamente sua postura de Filho e sua missão salvífica. "Embora fosse Filho de Deus, aprendeu a obediência por meio dos sofrimentos. Tendo chegado à perfeição, tornou-se causa de salvação eterna para todos os que lhe obedecem" (Hb 5,8-9).

1 *A Deo per Christum in Spiritu/Per Christum in Spiritu ad Patrem*

Todo discurso sobre a salvação deve começar falando de Deus. De Cristo se fala num segundo momento. Tanto nos livros de caráter mais histórico, os evangelhos e Atos dos Apóstolos, como nas cartas mais orientadas teologicamente, a estrutura da salvação é sempre a mesma. Provém *a Deo per Christum in Spiritu* e a vivemos volvendo-nos *Per Christum in Spiritu ad Patrem*. A primeira fórmula indica o movimento de oferenda e doação por parte de Deus, ao passo que a segunda indica o movimento de resposta e realização por parte do homem. A estrutura da salvação é essencialmente trinitária. A iniciativa está no Pai, a realização histórica no Filho, a personalização subjetiva e a universalização é obra do Espírito Santo[324]. A mediação da salvação deve ser entendida em duplo sentido: *a*) É mediação realizada por Cristo

---

324. Cf. THÜSING, W. *Gott und Christus in der paulinischen Soteriologie* – I: Per Christum in Deum – Das Verhältnis der Christozentrik zur Theozentrik (Munique 1986). • SCHULTE, R. "La acción salvífica del Padre en Cristo". In: *MS* III/1, p. 67-109. • HAMMAN, A. "El acontecimiento Cristo como obra del Hijo". In: *MS* III/1, p. 110-122. • MÜHLEN, A. "El acontecimiento Cristo como obra del Espíritu Santo". In: *MS* III/2, p. 529-562.

a partir do Pai para os homens. *b*) É mediação realizada pelo Espírito da obra histórica do Filho para todos os homens, aos quais reúne e reconduz ao Pai. A cristologia não é inteligível sem esta referência explícita à teologia e à pneumatologia (projeto do Pai-ação universalizadora do Espírito-retorno da humanidade ao Pai).

2 Do Cristo mediador na história à mediação metafísica e revolucionária (Ilustração/Hegel/Marx)

O desmembramento de sua raiz trinitária, por um lado, e a concentração no homem Jesus, por outro, foram a causa da depauperação interna da salvação cristã, levando finalmente à sua redução e secularização. Estas são as fases pelas quais se chegou a uma compreensão degradada:

- primeira: o Salvador era Deus mesmo agindo em Cristo;
- segunda: o era o Filho enviado por Deus;
- terceira: o era o homem Jesus por sua peculiar capacidade e exemplaridade;
- quarta: finalmente afirmou-se que todo homem pode e deve ser autor; isto é, mediador de sua própria salvação.

Os que rejeitaram a ideia bíblica de criação, como supremo obstáculo à autocriação do homem, à sua independência e à sua liberdade, rejeitaram com a mesma força a ideia cristológica de mediação. Hegel mantém a ideia de mediação, mas a transfere da exterioridade para a interioridade. O ser é enquanto processo de sua constituição na história. Em Hegel a mediação metafísica, que afeta tanto o ente quanto o cosmos, o homem quanto a Deus, substitui o Mediador do cristianismo. Existem os que afirmam que Hegel pressupõe essa mediação histórica e pessoal de Cristo e a partir dela compreende o ser e o próprio Deus. Suas Sextas-feiras Santas, Sábados Santos e Pentecostes especulativos ou da razão pressuporiam os fatos históricos da paixão, da sepultura e do envio do Espírito por Jesus[325]. Feuerbach e Marx, indo além de Hegel, rejeitam a ideia de criação e de mediação, abrindo assim caminho para uma orientação explícita do que em Hegel talvez pudesse ser lido como uma transposição metafísica, que pressupõe o Mediador histórico do cristianismo. *O pensamento filosófico e a revolução social, no apagar das*

---

325. Cf. NIEL, N. *De la médiation dans la philosophie de Hegel* (Paris 1945).

luzes do século XIX, reclamam ser os "mediadores" através dos quais o homem e a sociedade chegam à sua plenitude.

Marx rejeita com a mesma radicalidade tanto a ideia de mediação quanto a de criação, por considerá-las inconciliáveis com a absoluta liberdade que o homem reclama para si mesmo. Se o homem depende do ser de outro, então não é livre. O ateísmo se define justamente pelo que Santo Agostinho denominou *experimentum medietatis*: a tentativa que o homem faz, rompendo com Deus, de converter-se em meio e mediador de si mesmo[326]. O cristianismo afirma a criação como mediação metafísica (passagem do não ser ao ser) e a redenção como mediação histórica (transferência do âmbito do pecado e da resultante perda de liberdade para o âmbito da graça libertadora). A acusação do ateísmo ao cristianismo é que ele não levaria a sério o homem como absoluto e contaria com outra realidade para ser ele mesmo. "A religião é precisamente o reconhecimento do homem por um desvio. Por um *mediador* [...]", diz Marx[327]. A resposta é que o crente leva absolutamente a sério o homem, mas não o identifica com o Absoluto. Pois ser crente é: confessar que Deus é Deus, que Ele é nosso criador, e que o homem enquanto criatura de suas mãos participa de seu caráter absoluto; mas não se enlouquece a ponto de confundir o Criador com a criatura. *Deus facit, homo fit* = Deus faz, e o homem, ao contrário, é feito, repetia Santo Irineu[328].

Só pode ser mediador histórico de nossa última plenitude quem é mediador metafísico de nossa existência. Por isso, à medida que Deus e o *Logos* estão presentes em nossa origem, devem estar presentes em nossa salvação. E em duplo sentido: enquanto consumação do ser e enquanto recriação da pessoa ferida e desorientada pelo pecado. A salvação como dom de Deus abarca a iniciativa do Pai, a obra histórica do Filho e a ação perene do Espírito Santo na história. Vale aqui também o princípio da relação entre Trindade imanente e Trindade econômica. Deus salva porque é Deus, e à maneira como é Deus: enquanto Pai, Filho e Espírito. Uma das causas da esterilidade do cristianismo na era moderna é sua fuga a algumas fases pré-cristãs e no

---

326. Cf. REHM, W. *Experimentum medietatis* (Munique 1947). • BRINKER VON DER HEIDE, C. & LARGIER, N. (eds.). *Homo medietas* – Der Mensch als Mitte: FS A. Haas (Berna 1998).
327. MARX, K. "Zur Judenfrage". In: *Marx-Hengels* – I: Studienausgabe (Frankfurt 1966), p. 37-38.
328. Cf. ORBE, A. *Espiritualid de san Ireneo* (Roma 1989), p. 91-124.

fundo pós-cristãs (deísmo, teísmo) que pensaram a relação de Deus com o homem e do homem com Deus prescindindo de sua constituição trinitária. Deus foi reduzido a Causa, Princípio, Fim. Cristo foi reduzido a profeta, e o Espírito reescrito com letra minúscula e compreendido simplesmente de forma despersonalizada como influência divina nos homens. *Este esquecimento trinitário com a consequente degradação da teologia também arrastou consigo uma desnaturalização da soteriologia.*

3 O plano divino de salvação: Ef 1,3-14

Ef 1,3-14 expressa admiravelmente a constituição trinitária da salvação, que *se inicia* com a bênção, a eleição e a predestinação que o Pai faz dos homens como filhos em Jesus Cristo (iniciativa constituinte [1,3-7]); *se realiza* historicamente como redenção e perdão dos pecados, segundo a plenitude de sua graça com a qual nele nos agraciou (desdobramento histórico [1,7-9]); *se consuma* abrindo-nos para o futuro pela ação do Espírito da promessa, que é o penhor de nossa herança futura (1,10-14). O homem está enraizado no amor de Deus que o escolhe antes do tempo, é afiançado na entrega do Filho e é selado pelo Espírito como garantia de uma redenção definitiva. Esse amor de Deus se faz história solidária com o homem na cruz de Cristo. Cristo encabeça assim a nova humanidade, e nele, como filhos no Filho, temos acesso ao Pai comum. Sua herança é nossa herança, garantida pelo Espírito que Ele nos deu; Ele abre o tempo a um horizonte de Futuro absoluto, que começa com a ressurreição da carne (Rm 8,11).

> Bendito seja o *Deus e Pai* de Nosso Senhor Jesus Cristo,
> que nos céus nos abençoou em Cristo,
> com toda a bênção espiritual,
> porque nele nos escolheu antes da criação do mundo [...]
> para o louvor da glória de sua graça
> concedida em seu *Filho* muito amado,
> no qual temos a redenção por seu sangue,
> o perdão dos pecados
> conforme as riquezas de sua graça [...]
> nele também vós, após terdes abraçado a fé,
> fostes marcados com o selo do *Espírito Santo* prometido,
> que é a garantia de nossa esperança,

para a redenção do povo que Deus adquiriu,
em louvor de sua glória (Ef 1,3-14)[329].

A existência cristã tem seu princípio na bênção cuja origem é o Pai. A ação (iluminativa, perfectiva, redentora) que Cristo realiza no tempo se fundamenta em sua condição de Filho (mediação descendente) e em sua condição de Irmão nosso (mediação ascendente). Sua existência histórica

- revela nossa condição originária (abençoados nele);
- mostra nossa designação essencial (filiação nele);
- reconstrói nossa existência rompida pelo pecado (perdão, redenção);
- oferece uma sabedoria e uma inteligência novas (graça superabundante);
- desvela que Cristo é onticamente nossa cabeça e por isso pode "recapitular-encabeçar" a história (*anakephalaíôsis*);
- integra nosso ser ao seu e com isso nosso futuro ao seu (herança);
- nos lega o Santo Espírito que, qual selo de propriedade, identifica o batizado e lhe dá garantia de receber a promessa feita por Deus ao povo eleito;
- oferece uma mensagem particular de salvação (εὐαγγέλιον τῆς σωτηρίας), que, entretanto, tem capacidade de ser palavra de verdade universal (λόγος τῆς ἀληθείας).

4 Conteúdo e realização trinitária da salvação

O que Efésios afirma em um texto hínico-litúrgico aparece com a mesma clarividência tanto nos evangelhos quanto nas cartas e nos Atos dos Apóstolos. É Deus que estava com Cristo revelando-se e doando-se aos homens, curando suas feridas e mostrando-lhes o caminho para a vida. Cristo, nos sinóticos, não se propõe a si mesmo como conteúdo da mensagem ou como dono da ação divina: Ele é o Mediador do Reino do Pai para os homens[330].

---

329. Cf. SCHLIER, H. *La Carta a los Efesios* (Salamanca 1991), p. 49-96. • GNILKA, J. *Der Epheserbrief* (Friburgo 1982), p. 55-87. • LAMARCHE, P. *Christ vivant* – Essai sur la christologie du NT (Paris 1966), p. 77-82. A este hino devemos acrescentar Cl 1,13-20 para compreender o fundamento de nossa redenção em Cristo, sua extensão e sua profundidade.

330. Cf. SOBRINO, J. "Jesucristo el mediador absoluto del reino de Dios". In: *Mysterium liberationis*, I (Madri 1990), p. 575-600.

Por isso não exige adoração de sua pessoa. Deus age por Ele e Ele remete a Deus; Ele, por sua vez, age por ação do Espírito em obediência ao Pai. São João explicita esta interioridade da ação do Pai no agir do Filho: "Meu Pai continua trabalhando até agora e eu também trabalho" (Jo 5,17; cf. Lc 13,32). A realidade "Reino" é comum a Cristo e à Igreja, que os realiza e diferencia.

> Jesus de Nazaré, homem de quem Deus deu testemunho diante de vós com milagres, prodígios e sinais, que *Deus fez por meio dele* em vosso meio (At 2,22).

Cristo está sempre referido a Deus: em seu ser e em sua ação. É forjado pelo poder de Deus e pelo Espírito Santo no seio de Maria (Lc 1,35); é "ungido por Deus com o Espírito Santo e com poder" (At 10,38). A história de Jesus é a história de "Deus conosco", de seu perdão e reconciliação oferecidos aos homens (Mt 1,23; 2Cor 5,18-19; Rm 1,16-19). Cristo não detém os homens, mas os acolhe como procedentes do Pai e a Ele os devolve, após curar suas dores e enfermidades (sinóticos), revelando-lhes assim sua glória (João).

A história de Jesus, tendo Deus por origem, conteúdo e meta de sua missão, é a matriz a partir da qual devemos iniciar toda a reflexão teórica sobre a salvação dos homens. A mediação histórica de Jesus manifesta seu último fundamento quando descobrimos que o que Ele nos oferece não é anterior, exterior ou alheio à sua própria pessoa, mas inerente a si mesmo. O Pai, a quem remete, é "seu" Pai, e não existe à margem do Filho, mas *no* Filho. Por isso a salvação, sem deixar de ser considerada dom de Deus ao homem, é situada na ação de Jesus e compreendida finalmente como resultado do encontro do homem com Cristo, em que Deus se nos dá. A salvação é a pessoa de Cristo na medida em que nela se nos dão o Pai e o Espírito, sendo-nos acessíveis em sua humanidade idêntica à nossa. São João sintetiza maximamente ao afirmar que crer nele é ser salvo, pois é realizar o anseio supremo do homem: ter acesso à vida própria de Deus. Rejeitar essa vida é permanecer reduzido à pequenez humana, insuficiente para satisfazer o anseio de infinitude que nos habita (condenação)[331].

---

331. Cf. Jo 3,17-21; 3,36; 5,24. "Para o judaísmo, e numerosos textos do NT, o juízo final deve vir no fim da história. Para João, ao contrário, o julgamento se dá quando o homem se encontra na presença de Jesus (e especialmente de sua cruz, 16,11) e recusa a revelação (3,19-21) [...]. A revelação desmascara quem faz o mal. Esta, atualizada (*mise au jour*), constitui por si mesma o julgamento ou a condenação daquele que rejeita Deus" (TOB, Jn 3,18.20).

Ninguém acentua tanto o caráter teocêntrico da salvação como São Paulo. Quase todos os textos que falam da história e da ação redentoras de Cristo têm Deus por sujeito último. Deus enviou seu Filho; estava reconciliando o mundo na morte de seu Filho; não reservou seu Filho para si mesmo, mas o entregou por nós todos (Rm 8,32; cf. Gn 22,16; LXX Is 53,6). "Enviando o seu Filho na condição da nossa carne de pecado, condenou o pecado na carne" (Rm 8,3). O envio, a revelação, a morte e a ressurreição de Cristo "entregue por nossos pecados e ressuscitado para nossa justificação" (Rm 4,25) estão referidos ao Pai; e por isso toda a gesta da salvação provém dele e é orientada para Ele.

Cristo é o lugar pessoal, o realizador pessoal e o sinal pessoal do projeto salvífico do Pai. Nele nos são acessíveis a sabedoria, a reconciliação e a santificação que não nos foram capazes de oferecer nem a Torá judaica, nem a sabedoria grega, nem a cidadania romana, nem os cultos orientais. Cristo realiza tudo isso sendo-nos em pessoa sabedoria, justiça, santificação, redenção[332]. É o dom de Deus, que deixa de lado toda glória inútil ou vanglória. A glória do homem é a salvação de Deus. Por isso "todo aquele que se gloria, glorie-se no Senhor" (1Cor 1,31). O evangelho não é uma doutrina legal, intelectual ou moral, mas δύναμις, "poder de realidade" porque nele se revela a justiça de Deus justificadora do homem (Rm 1,16). A debilidade de Cristo é fortaleza, e seu "poder é sabedoria de Deus" (1Cor 1,18.24). O que constitui a Cristo como mediador da salvação é sua relação com Deus. O que Ele faz o faz por Deus, com Deus como inerente ao seu fazer e à sua pessoa. Existência cristã é existência em Cristo, com Cristo e por Cristo; e por Ele em Deus[333]:

---

332. Cf. 1Cor 1,30. "Alguns cristãos de Corinto teriam incorrido na tentação de situar a religião cristã no mesmo nível que o judaísmo, que a filosofia grega e outras filosofias combinadas com movimentos religiosos, como o orfismo e os cultos mistéricos. São Paulo protesta com veemência. O cristianismo é essencialmente aceitação da justiça de Cristo. Se existe nele algum elemento de sabedoria, é 'sabedoria' de Deus que se nos dá pelo Espírito e que tem por objeto Cristo e os bens futuros que receberemos nele" (CERFAUX, L. *Jesucristo en San Pablo* (Bilbao 1963), p. 443). "Cristo é nossa sabedoria (em antítese com o helenismo), assim como é nossa justiça (em antítese com o judaísmo)" (Ibid., p. 249-250). "Saibam nossos acusadores que aquele que nós pensamos e cremos ser Deus e Filho de Deus desde o princípio *é o Logos em pessoa, a Sabedoria em pessoa e a Verdade em pessoa*" (ORÍGENES. *Contra Celso*, III, 51 (BAC 271, p. 202-203).
333. As fórmulas "Cristo em nós", "nós em Cristo", "no Senhor", descrevem a pertença, a integração, a permanência, a incorporação e a participação do cristão na vida e no destino de Cristo. Cf. BOUTTIER, M. *La condition chrétienne selon S. Paul* (Genebra 1964). • BOUTTIER, M. *En Christ* (Paris 1962). • GUTHRIE, D. *New Testament Theology* (Leicester 1978), p. 648-653. •

> Por Ele é que estais em Cristo Jesus, que veio a ser para vós sabedoria da parte de Deus, justiça, santificação e redenção (1Cor 1,30).
>
> Deus amou tanto o mundo que entregou o seu Filho Unigênito para que todo aquele que nele crer não morra, mas tenha a vida eterna. Porque Deus não enviou seu Filho ao mundo para condenar o mundo, mas para que o mundo seja salvo por Ele (Jo 3,16-17).
>
> Quem não ama não conheceu a Deus, porque Deus é amor. Foi assim que se manifestou o amor de Deus para conosco: Deus enviou ao mundo seu Filho Unigênito, para que tenhamos a vida por meio dele. Nisto consiste o amor: não fomos nós que amamos a Deus, mas foi Ele quem nos amou e enviou seu Filho como expiação (= poder de vida para destruir o poder mortífero) de nossos pecados (1Jo 4,8-10).
>
> Mas, quando chegou a plenitude dos tempos, Deus enviou seu Filho, nascido de uma mulher e sob a lei, para resgatar os que estavam sob a lei, a fim de que recebêssemos a adoção de filhos. Porque sois filhos, Deus enviou a nossos corações o Espírito de seu Filho que clama: *Abba*, Pai. De maneira que já não és escravo, mas filho e, se filho, também herdeiro por Deus (Gl 4,4-7).
>
> Tudo isso vem de Deus, que nos reconciliou consigo por Cristo e nos confiou o ministério da reconciliação. Pois era Deus que em Cristo reconciliava o mundo consigo, já não levando em conta os pecados das pessoas e pondo em nossos lábios a mensagem da reconciliação (2Cor 5,18-19).

Estes textos que têm o amor, a eleição e a ação de Deus como centro, são o cânon da soteriologia cristã. Suas afirmações são comuns aos evangelhos, aos Atos dos Apóstolos, a Paulo e a João. Outra é a questão relativa às teorias e símbolos com os quais se explicitam estas afirmações à luz e em prol das sucessivas culturas. Primeiramente, portanto, trata-se da compreensão descendente da salvação, resultante da iniciativa de Deus, que se concretiza no envio histórico de Cristo e se explicita em suas ações como expressão de seu amor e misericórdia entranhável do Pai. A salvação tem na própria pessoa do Cristo ressuscitado sua forma paradigmática, nos é interiorizada pelo Es-

---

SCHLIER, H. *Grundzüge paulinischer Theologie* (Friburgo 1978), p. 173-177. • GNILKA, J. *Pablo de Tarso, apóstol y testigo* (Barcelona 1998), p. 246-251.

pírito Santo e chega a ser palavra de verdade para os homens pelo anúncio do evangelho. *Na origem está o amor do Pai enviando-nos o seu Unigênito; em sua realização histórica está a pró-existência de Cristo; em nossa história está o dom do Espírito Santo, como potência de vida nova e antecipação do futuro.* O pecado do homem e a morte violenta de Cristo na cruz são dois momentos historicamente segundos, e não podem ser os determinantes da compreensão nem de Cristo nem do cristianismo. Toda compreensão da salvação que, por um lado, não coloque no centro esse amor de Deus e, por outro, a vida do homem como objetivo supremo do projeto salvífico realizado em Cristo, não é cristã.

5 A salvação em relação ao poder do pecado

Deus, enviando seu Filho ao mundo, com Ele se envia a si mesmo. A encarnação realiza a última comunicação possível de Deus com sua criatura, criando a forma suprema de acesso da criatura ao Criador. Essa encarnação torna-se redentora porque o projeto de Deus encontra o homem prostrado sob o poder do pecado, poder que deve ser compreendido a partir da lógica da aliança e não à luz da ética de Aristóteles ou de Kant. Pecado é ruptura da aliança entre Deus e o homem[334]. O pecado tem relação "com Deus", com o Deus da aliança. Trata-se, em última análise, de infidelidade, de desamor, de ofensa, de injustiça[335]. Para descrevê-lo, o AT recorre a toda simbólica da vida, do amor e do sexo, da honorabilidade e da honra, da justiça e da obediência, da fidelidade e da infidelidade (Oseias, Ezequiel). O pecado acontece entre um Deus e um homem religados por uma história como aliança de amor que se inicia na criação[336]. Contudo, o pacto não é entre iguais. Por isso sua ruptura por parte do homem é conside-

---

334. Cf. RICOEUR, P. "La simbólica del mal – Los símbolos primarios: mancha, pecado, culpabilidad". In: *Finitud y culpabilidad* (Madri 1969), p. 235-446.

335. Ibid., p. 299-304. O pecado, em sentido estritamente teológico e não apenas como falta, consiste na ruptura, na negação e na desobediência a Deus, criador e iniciador de uma aliança com o homem. Trata-se do uso da liberdade contra a origem e o fundamento, com a consequente exigência por parte do homem de ser seu próprio fundamento, origem e fim de si mesmo. Pecado é querer que Deus não exista, negar o poder que nos funda e exigir esse fundamento para si mesmo. *Isto se faz por afirmações explícitas e com a própria forma de viver.* O Vaticano II expôs o sentido teológico do pecado (GS 13) e de forma correspondente explicitou cinco aspectos da ação salvífica de Cristo por nós (GS 22).

336. Cf. RUIZ DE LA PEÑA, J.L. *Creación, gracia, salvación* (Santander 1993).

rada ofensa, injustiça, roubo da criatura contra seu Criador, traição contra o Amigo, adultério contra o Esposo. Todos os acordes positivos da aliança soam dissonantes no pecado, e ressoam harmoniosos na obra de Cristo. A obra de Cristo é vista no NT em duas grandes perspectivas: uma oferente do *Dom de Deus* para a vida do homem; outra destruidora, relativa ao *pecado do homem*. A ação de Cristo é vista em correlação com as formas em que pode ser pensada a vida que Deus oferece ao homem, e às formas que o pecado assume em relação ao homem.

I – Dom de Deus

É proposto com quatro grandes categorias, e delas resultam quatro soteriologias fundamentais: Esse dom é:

1) *Justiça*. É o termo de Paulo, que responde ao pecado e o supera.

2) *Vida*. É o termo de João, que responde à morte, vencendo-a.

3) *Reino de Deus*. É a expressão dos sinóticos, que responde ao reino do mal e o desaloja do mundo.

4) *Espírito Santo*. É a perspectiva de Lucas e Paulo, quando tentam expressar a novidade da existência cristã.

II – Pecado do homem

1) Ele pode ser descrito em diversos níveis e consequentemente é definido de maneira distinta:

a) Nível pessoal ou ruptura da relação com outra pessoa (desamor, esquecimento, traição, infidelidade).

b) Nível moral: violar um dever (falta, ofensa).

c) Nível jurídico: relação de justiça, lei (sanção).

d) Nível objetivo: repercussão na ordem do ser (ruptura, culpa, desordem).

e) Nível subjetivo: repercussão sobre quem o comete (defecção, mancha, imperfeição).

f) Nível cósmico: efeito sobre os outros e sobre o mundo (inimizade, ruptura de harmonia).

2) A ação reconstrutiva dessa desordem por Cristo será categorizada em função da situação negativa prévia como:

a) Aliança nova, novo esponsal.

b) Perdão, purificação, reconciliação.

c) Satisfação, justificação.

d) Recriação.

e) Vitória, expiação, sacrifício.

f) Redenção, resgate.

g) Pacificação, recapitulação[337].

O Filho se insere na situação "pecadora" do homem, se faz solidário de seu destino, padece sob os efeitos desse distanciamento de Deus e a partir daí se junta ao Pai, reconstituindo em favor dos pecadores, em nome deles e ao seu serviço tudo aquilo que o pecado havia desfeito. Visto a partir desta perspectiva, *Cristo é salvador enquanto destruidor (perdão-anulação) do pecado, vencedor da morte pela ressurreição, iluminador da existência e introdutor de uma vida nova por participação na vida do próprio Deus mediante a recepção de seu Espírito.*

6 A dupla função de Cristo: a partir de Deus perante os homens e a partir dos homens perante Deus

A salvação, que até aqui foi apresentada como oferta e ação de Deus em favor da humanidade, é proposta agora também como obra do Cristo homem. Para que os homens possam acolher e viver a vida do Pai que Ele comunica, Cristo tem que reconstruir a situação de pecado a partir do interior da situação humana. São João e São Paulo unem os dois protagonistas: "Deus nos entregou seu Filho / o Filho se entregou por nós". "Deus estava reconciliando o mundo na cruz / o Filho se entregou à morte por todos". E, entre ambos, como protagonistas autônomos, estão o mundo e os homens. Por isso *na paixão e na morte de Cristo se deve diferenciar claramente três aspectos: violência dos homens (traem a Jesus e o entregam a Pilatos para que o condene); amor de Deus (que entrega seu Filho para a vida do mundo);*

---

[337]. A obra de Cristo restaura a ação destruidora do "pecado"; por isso as categorias com que a compreendemos dizem positivamente o que as do pecado dizem negativamente. Cf. PRAT, F. *La théologie de Saint Paul* (Paris 1949) II, p. 214-277.

liberdade de Cristo (que se autoentrega em solidariedade representativa e substitutiva pelos pecadores).

Nos últimos séculos houve uma perversão de linguagem na soteriologia cristã. Invertendo seu sentido originário, esqueceu-se a condição divina de Deus e pensou-se na redenção com categorias inumanas e antidivinas. Diante de tal degradação, que atribui a morte de Cristo a um Deus violento e masoquista, vale recordar que o NT, os concílios ecumênicos e a verdadeira teologia veem a morte sempre nesse tríplice plano: histórico, cristológico e teológico. A razão histórica da morte de Cristo é a decisão de alguns homens. Deus lhes conserva a liberdade e os sustenta, mesmo quando a exercem condenando à morte seu próprio Filho; não os castiga, mas converte aquele a quem eles rejeitaram como injusto e pecador em princípio de justiça e de santidade para eles. No meio das duas razões está a cristológica: Cristo se sabe servidor dos homens, e transforma tanto sua vida quanto sua morte num serviço e sacrifício por todos (Mc 10,45). O projeto de Deus está condicionado e modelado pela reação dos homens. Deus não envia seu Filho à morte, Ele não a quer, tampouco a exige: tal horror jamais passou por nenhuma mente religiosa. Exigir a morte de um inocente, como forma de compensar a dos culpáveis, seria duplicar o crime. Deus é Deus de vida e de santidade, não de morte e de vingança. Devemos distinguir com toda clareza essas três ordens: humana (violência dos que matam Jesus), teológica (projeto de Deus compartilhando a condição humana incondicionalmente), cristológica (liberdade e obediência de Cristo solidário e pró-existente por seus irmãos até a morte)[338].

Precisamos recuperar o sentido verdadeiro dos símbolos bíblicos. A *ira* ou *cólera de Deus* é uma maneira de designar o amor ofendido, o sofrimento pelo amigo perdido. Perdido no duplo sentido: quando um homem peca, objetivamente se afasta, rompe com Deus e se perde a si mesmo. Deus fica sem seu amigo. Pelo pecado o homem ofende, fere e igualmente se degrada a si mesmo. Deus é inalcançável pelo homem em seu ser, mas sofre como pessoa em seu coração de amigo. Cólera e ira designam por sua vez a lógica imanente ao mal, que desencadeia seus efeitos independentemente da vontade de Deus e do homem[339]. A morte de Cristo não é resultado da cólera

---

338. Cf. GONZÁLEZ DE CARDEDAL, O. *La entraña*, p. 523-618.
339. Cf. RICOEUR, P. "La simbólica del mal". Art. cit., p. 316-325. A propósito de Ez 5,13, a TEB comenta: "Aqui, como em 8,3; 16,38.42; 23,25, o termo *ciúme* exprime o amor exasperado de Deus,

de Deus[340]. A seriedade do pecado do homem é infinita por recair sobre o Deus infinito. Seu peso e poder são mortíferos. Uma vez desencadeado pelas pessoas ele se incrusta nas estruturas e nas instituições. O "poder do mal" e do "maligno" foge à nossa penetração racional e à nossa dominação física e moral. A linguagem usada pela Bíblia é simbólica, tanto para designar a potência destruidora do pecado quanto a potência reconstrutora de Cristo. *O que negativamente o pecado desfaz, positivamente Cristo o refaz.*

Para descrever a origem e os efeitos do pecado, ao mesmo tempo que a forma de Cristo leva a bom termo a redenção e seus efeitos em nós, todas as experiências humanas fundamentais são utilizadas (jurídicas, sacras, familiares, sociais, psicológicas, míticas). Um símbolo não é uma alegoria ou uma comparação onde existe uma correspondência simétrica entre os termos literários do símbolo e a realidade significada. É preciso descobrir a *intentio dicendi*, a *visé*, *das Ziel* da afirmação. Não ter sabido fazer isto arrastou consigo uma degradação da linguagem bíblica, chegando a materializações horríveis. Se a isto se acrescenta o desconhecimento do pano de fundo veterotestamentário e helenístico em que surgiram essas experiências e linguagens, juntamente com a transposição a uma conceitualização escolástica, positivista ou idealística, então compreenderemos a degradação da soteriologia bíblica e sua rejeição por parte de muitos setores[341].

A salvação pode ser compreendida como dom de Deus aos homens em Cristo (mediação descendente: Deus ator em Cristo) ou como ação de Cristo em favor dos homens diante de Deus (mediação ascendente: Cristo ator e os homens recebendo-realizando nele e por Ele sua própria salvação). Cristo é o lugar-comum destes dois movimentos: como Filho é intermediário do dom divino na história; e, uma vez feito partícipe de nossa natureza e destino de humanidade sob o pecado, se faz responsável por nossa situação e se reenvia como Filho-Irmão em súplica e oferenda ao Pai por todos. Sua ação incide em um sentido sobre Deus, assumindo e apresentando-lhe os irmãos "refiliados" com Ele, e por isso gratos aos seus olhos assim como Ele mesmo lhe é grato; em outro sentido a ação de Cris-

---

suscitado pela infidelidade do povo escolhido. Não é o ciúme conjugal no sentido próprio do termo; é a violência do amor que vinga o desprezo acabrunhante".

340. Cf. SESBOÜÉ, B. *Jesucristo el único mediador*. Op. cit., I, p. 41-58.
341. Cf. ibid., p. 70-78 (os mecanismos da "desconversão" do vocabulário).

to incide sobre o poder do pecado e da morte para destruí-los; incide sobre os homens para reconciliá-los com Deus, devolvendo a luz e a liberdade aos que estão nas trevas e, porque vivem sem Deus, estão com medo e sem esperança no mundo (Ef 2,12; Hb 2,14-15).

B. Sesboüé organizou a soteriologia com o esquema da dupla mediação de Cristo exposto acima. À *mediação descendente*, na qual Deus é o ofertante da salvação ao homem, atribuiu as afirmações abaixo do NT. Nelas Cristo aparece como:

- iluminador, e a salvação como revelação e ilustração;
- vencedor do pecado e da morte, e a salvação como preço e vitória sobre eles;
- libertador das situações nas quais o pecado age como senhor;
- divinizador, e a salvação aparece como integração na vida de Deus;
- justificação, e a salvação como reconstrução do homem pecador[342].

À *mediação ascendente*, na qual está em primeiro plano a liberdade, a ação e a paixão do homem Cristo, corresponderiam as seguintes categorias:

- sacrifício;
- expiação/propiciação;
- satisfação;
- substituição, solidariedade;
- reconciliação[343].

7 A inversão da perspectiva soteriológica na consciência moderna

Ao longo dos dois milênios de cristianismo houve uma oscilação do foco: este passou de Deus para Cristo e de Cristo para o homem. Este dado afetou toda a teologia e, de maneira especial, a cristologia e a soteriologia. O NT é a expressão de uma boa e bela notícia, dado que afirma que o amor, a misericórdia e o perdão de Deus chegam ao mundo; que em Cristo Deus

---

342. Cf. ibid., p. 135-276.

343. Cf. ibid., p. 277-406. A Carta aos Hebreus conjuga esta dupla "situação de Cristo", vendo-o a partir de Deus como Filho oferecido aos homens (1,5-14) e a partir dos homens retornado como pontífice misericordioso agindo em favor de seus irmãos diante de Deus (2,5-18). Cf. VANHOYE, A. "Le Christ auprès de Dieu". In: *Situation du Christ* – Épître aux Hébreux 1 et 2 (Paris 1969), p. 119-227. • "Le Christ auprès des hommes". In: Ibid., p. 255-388.

se oferece ao homem como reconciliador; que sua graça é superior ao nosso pecado; que estamos salvos nele e que sua justiça justificadora é superior à nossa injustiça. É o que significa "a graça de Nosso Senhor Jesus Cristo". Tal mensagem foi tão boa e bela (εὐαγγέλιον) justamente pelo fato de afirmar que Deus não permanece transcendente, mas se faz presente na história; que nos precede com o dom e o perdão e que, a partir daí, nascem a responsabilidade e a exigência. *O Dom e o Bem se reduplicam em Perdão. O cristianismo não é um profetismo purificado, nem uma Torá reduplicada, nem uma ética interiorizada, mas o resultado do dom de Deus em seu Filho que redime nossos pecados, santifica nossa vida pelo Espírito Santo e promete uma vida eterna com a ressurreição da carne.*

Frente a esta orientação teológica e teocêntrica do evangelho do Reino, em seguida prevalecerá a exigência de nossa ação moral. Se esquece o Reino de Deus e se acentua a virtude, prevalecendo a consciência do pecado e a justiça exigida por Deus. A pessoa e obra de Cristo aparecem subordinadas ao pecado do homem e à santificação que o pecador deve a Deus. Com isso se esquece ou se inverte o sentido da copiosa experiência primordial do cristianismo. O mais importante e essencial no NT é a glória que Deus oferece aos homens; agora se acentuará a glória que devemos render-lhe; a justificação com que Deus nos justifica se inverte agora em justiça que lhe devemos oferecer; a reconciliação que Deus gratuitamente nos ofereceu se transmuta em reconciliação que, com nossos méritos e sacrifícios, precisamos obter de Deus. Se antes o sujeito da glória, da justiça, da sabedoria, da redenção e da pacificação oferecidas ao homem era Deus, agora é o homem que deve oferecê-las a Deus, como se Deus necessitasse delas. *Isto supôs a inversão da imagem de Deus: do Deus Bem e Amor superabundantes, que se oferece ao homem seu amigo, ao Deus Dono e Senhor, à imagem dos déspotas deste mundo, que exige compensação pelas ofensas, honra pela desonra e servidão eterna*[344].

---

344. No final da Idade Média, com o nominalismo e o Renascimento, uma visão moralista e antropocêntrica se impõe. O individualismo e a *devotio moderna* descuidam dos aspectos teocêntricos e sacramentais da salvação como história e dom de Deus. *A liturgia e a mística são esquecidas; a moral e o direito prevalecem: o homem deve salvar a si mesmo.* A experiência inovadora de Lutero é dupla: a) Pessoal-antropológica: o homem nem pode chegar a ser bom, nem viver sem pecado, nem salvar a si mesmo. b) O NT não fala da justiça que Deus nos exige, mas daquela que Ele nos dá. E é este o sentido que outras expressões encerram: "o justo vive pela fé" (= da fé que Deus lhe dá); potência de Deus (= com a qual nos faz fortes); sabedoria de Deus (= pela qual nos torna sábios); salvação de Deus (= pela qual nos salva); glória de Deus (= participação no peso e no esplendor de seu ser que Ele nos dá). Cf. Prólogo da edição de suas *Obras completas* (1545) em latim. In: EGIDO, T.

Esta inversão na compreensão de Deus carregou consigo uma inversão da compreensão da obra de Cristo e a atitude do homem diante dele. *O homem começou a sentir a salvação como obrigação perante Deus ou conquista contra Deus, ao invés de senti-la como graça e gratuidade de Deus.* Primeiro compreendeu a Cristo como seu aliado em tal promessa, substituindo-o em sua impotência autorredentora, mas em seguida se propôs levar a cabo por si mesmo a própria redenção. Finalmente, exasperado, declarou que esse Deus é um *Moloch*, limite e ofensa diante de sua dignidade. E decidiu que Deus não existe, e, caso existisse, teria que "matá-lo", a fim de que o homem viva em liberdade e respire feliz neste mundo (Feuerbach/Nietzsche).

8 Originalidade e singeleza da experiência cristã de salvação

Diante deste processo de perversão da linguagem religiosa, com a consequente rejeição da soteriologia cristã por parte de muitos homens e mulheres, somos obrigados a fazer uma releitura que permita descobrir sua verdade pensável, agradável e vivível. Entretanto, não podemos reagir indo ao extremo oposto e eliminar os aspectos que foram tornados absolutos (ideia de pecado, justiça, sacrifício, perdão...); devemos situá-los no devido lugar e dentro de suas devidas proporções. Para tanto urge voltar a pensar a relação Deus-Cristo-homem da forma como é apresentada no NT. O ser de Deus, a história de Cristo e a condição existencial do homem estão historicamente unidos; portanto, impensáveis separadamente. Já não existe Deus sem Cristo; Cristo é Salvador como pessoa em sua história. Salvação é o que Ele foi, fez e deu de si em nome de Deus: sua atividade, seu destino, sua mensagem, seu exemplo, seu Espírito e sua comunidade. Todos esses elementos vão unidos e inseparáveis. A salvação não pode ilhar-se nem da história de Cristo, nem da experiência da Igreja nascente, nem da ação interior do Espírito em cada fiel.

Cristo parte de Deus da forma como é conhecido no AT (Criador, Senhor, Libertador) e do homem da forma como este se encontra na histó-

---

Obras de Lutero (Salamanca 1977), p. 370-371. A reação antiprotestante, por um lado, e a secularização incipiente, por outro, voltaram a acentuar a visão antropocêntrica, ascética e psicológica do cristianismo, com o esquecimento de seu conteúdo teológico como graça, glória e encarnação de Deus. Cf. GONZÁLEZ DE CARDEDAL, O. *La gloria del hombre* (Madri 1985).

ria (criatura, pecador, necessitado de redenção). Cristo se apresenta como anunciador do poder de Deus que veio ao mundo como vencedor; como reconstrutor de vidas marginalizadas e desfeitas; como integrador dos rejeitados por este mundo em sua companhia e na companhia de Deus; perdoando os pecados e integrando os pecadores à sua amizade. Cristo não faz uma teoria sobre o mal, sobre a enfermidade, sobre a possessão ou sobre o pecado, mas uma terapia. Ele é assim símbolo do Deus defensor e libertador do homem dominado por inúmeros poderes malignos. Sua vida foi totalmente serviço a esta dupla missão. Sua morte foi assumida como oferenda e identificação com todos os moribundos, mortos e mortais a fim de que todos vivam. Os milagres de Jesus foram sinais prolépticos da vida em santidade e plenitude a que todo homem está destinado, da superação do pecado e da vitória sobre o poder da morte levada a cabo em sua ressurreição. Cristo não elimina a morte como fato, tampouco nos livra dela, mas a revela como passagem de vida, nos dá o poder de vivê-la como Ele a viveu, e a esperança de que, compartilhando seu destino no mundo, Deus haja conosco como agiu com Jesus. O cristão passa pela finitude, pela dor e pela morte como Cristo passou, num passar-transpassar-sofrer (= páscoa), que é o caminho para se chegar à plenitude destinada. Contra o que os homens haviam sacralizado como únicos valores ou rejeitando como pura desgraça, Cristo se identificou com as realidades negativas não para sacralizá-las, mas para transmutá-las[345].

O Ressuscitado foi percebido em dupla perspectiva: a) Como o homem que tinha sido fiel a Deus até o fim e a quem Deus constituiu messias e Senhor. b) Como o Filho que Deus nos devolvia em sinal de seu perdão e de sua paz, e simultaneamente como primícia da vitória definitiva dos homens sobre a morte e o pecado. Por isso Jesus foi confessado Messias (= aquele que traz a salvação) e *Kyrios* (aquele que a deixa sentir vivificador a quem o confessa). *Essa novidade do poder de sua ressurreição e a fecundidade de sua morte são oferecidas aos homens pelo Espírito. A salvação consiste em conformar-se a elas (Fl 3,8-11). Todas as teorias posteriores*

---

345. Cristo viveu "o destino do servo de YHWH, do profeta sofredor. É possível que Deus se identifique com o que os homens rejeitaram? Este havia sido o núcleo da mensagem e da práxis de Jesus" (SCHILLEBEECKX, E. *En torno al problema de Jesús* – Claves de una cristología (Madri 1983), p. 107).

partem desta afirmação e experiência primordiais e não têm outro sentido senão explicitá-la[346].

III - Teorias soteriológicas: fundamento e formas

Toda reflexão sobre o "como" (modo) da salvação de Deus em Cristo pressupõe a afirmação sobre o *"o que"* (fato). O NT o formula assim: Deus concedeu aos homens a graça em um homem, Jesus Cristo, que se converteu para todos em princípio de vida, após Adão ter-se tornado princípio de morte (Rm 5,12-21; 2Cor 5,14-21). Nele temos a redenção dos pecados e o princípio dessa vida nova por participação à sua filiação, integrando-nos a Ele como cabeça e sendo animados por seu Espírito, que nos constitui criaturas novas, reconciliando-nos com Deus e fazendo a paz com os outros homens dentro de seu corpo que é a Igreja (Rm 51; Ef 2,11-21). *A salvação é, portanto, a passagem, operada pela obediência de Jesus Cristo, de uma situação em que todos estávamos sob o poder do pecado para outra em que estamos sob o Espírito e sob o poder da graça* (Rm 8,17.26-35).

1 A correlação entre Adão e Cristo

À universalidade do pecado de Adão corresponde a universalidade da graça de Cristo. À desobediência daquele corresponde a obediência deste. Mas não são equivalentes. Há um excedente da ação redentora da graça em relação à ação destruidora do pecado:

> Mas a transgressão não se compara com o dom. Se pela transgressão de um só morreram todos, com mais razão derramou-se sobre todos, com abundância, a graça de Deus e o dom gratuito que consiste na graça de um só homem, Jesus Cristo. Nem se compara a obra de um só pecador com o dom. Pois pelo pecado de um só chegou o julgamento para a condenação, mas o dom trouxe a justificação de muitas transgressões. Se, pois, pela transgressão de um só reinou a morte por obra de um, muito mais reinarão na vida aqueles que recebem a abundância da graça e o dom da justiça por obra de um só, Jesus Cristo. Por conseguinte, assim como pela transgressão de um só a condenação se estendeu a todos, também pela justiça de um só todos recebem a justificação da vida. *Da mes-*

---

346. Cf. KORPESKI, V. *The Knowledge of Christ My Lord* – The High Christology of Philippians 3,7-11 (Kampen 1996), p. 287-342.

ma forma que pela desobediência de um só homem todos se fizeram pecadores, também pela obediência de um só todos se tornarão justos (Rm 5,15-19).

Adão e Cristo são duas figuras inauguradoras e representativas do destino de toda a humanidade. "Todos somos Adão-Todos somos Cristo"[347]. Eles, com o exercício da própria liberdade criam uma situação de pecado e uma situação de graça, anteriores ao exercício da liberdade dos outros homens. Eles nos antecipam e nos implicam, de forma que nascemos não em um universo vazio, mas dentro de uma atmosfera que nos determina: em um caso o pecado, em outro a graça. Essa situação criada por Adão é uma determinação de nossa liberdade e à qual podemos consentir ou resistir. Neste sentido o pecado de Adão na origem não é um pecado pessoal nosso. Nós não pecamos, mas ficamos afetados por esse vazio de graça e inclinação ao pecado que todos os que nos precederam introduziram. Com nossos pecados pessoais vivemos e atualizamos os efeitos dos seus[348].

2 A categoria "solidariedade-representação vicária-substituição" (*Stellvertretung*) e a inclusão da humanidade em Cristo

A graça de Cristo não é dada nem imposta ao homem à margem de sua liberdade, que por sua vez deve exercê-la em referência à graça ou contra ela. Ao virmos depois de Adão e de Cristo, estamos em solidariedade com

---

347. Cf. 1Cor 15,21-22.45-49; Rm 5,12-21. "Propter primum hominem primi captivi; porpter secundum hominem secundi redempti. Nam et ipsa redemptio clamat captivitatem nostram. Unde enim redempti si non captivi? [...] Expertus ergo malum Adam: omnis autem homo Adam, sicut his qui crediderunt omnis homo Christus, quia membra sunt Christi" (SAN AGUSTÍN. *In Ps. 70* II, 1 (BAC 246, p. 850)). Entre Adão e Cristo existe correspondência estrutural (continuidade, semelhança) e antitética (superação, sobreposição). Adão é compreendido a partir de Jesus Cristo, mas Jesus Cristo leva a bom termo uma obra de redenção cujo significado só se entende à luz da desobediência de Adão. Cf. BARTH, K. *Christus und Adam* (Zurique 1952). • KASPER, W. "Cristología y antropología". In: *Teología e Iglesia* (Barcelona 1989), p. 279-282. • LADARIA, L. *Teología del pecado original y de la gracia* (Madri 2-32007).

348. "Adão é o ser humano primordial, o progenitor da raça humana, que pretendeu conquistar a igualdade com Deus (Fl 2,6-11; Gn 3,5) estabelecendo por si mesmo as medidas do bem e do mal [...]. Adão é, portanto, cada um, o ser humano típico, cuja história é constantemente reativada na medida em que todos se apropriam dela (Rm 5,12). Adão é a soma total da humanidade, religada através do mundo e ao longo das eras pelos laços de solidariedade racial, participando de uma natureza comum e de uma pecaminosidade corporativa. Os seres humanos estão envoltos no pecado de Adão de três formas, que poderíamos denominar: *inclusão, imitação e implicação*" (CAIRD, G.B. *New Testament Theology* (Oxford 1995), p. 97.

eles. Eles nos precederam e, de alguma forma, nos "incluíram" nos efeitos de suas ações. Eles, em nossos confrontos, exercem uma "antecipação-representação-solidariedade-substituição" inclusiva (*inclusive Stellvertretung*)[349]. Não nos substituem, nem decidem por nós, nem aprisionam nosso destino, mas fixam a direção da história, e necessariamente já somos sua luz ou sua sombra. Esta afirmação do NT provocou rejeição principalmente em certos setores ao longo da história, de Pelágio a Kant, de Kant a Heidegger. Eles repetem que ninguém pode viver ou morrer por outro, suplantá-lo ou substituí-lo; que as dívidas econômicas podem ser pagas por outro, mas não as dívidas ou ofensas morais; que ninguém é substituível por ninguém, e menos ainda perante Deus; que cada qual vive sua vida, morre sua morte e ninguém rouba de outro o seu morrer.

A mentalidade primitiva via uma solidariedade física, moral e jurídica entre a cabeça da tribo e todo o resto. As ações dos pais repercutiam sobre os filhos, e os pecados daqueles eram pagos por estes (ideia de "personalidade corporativa"[350], levada ao extremo). Ezequiel, em contrapartida, reagiu drasticamente contra essa imputação fisicista ou legalista da culpa dos pais pesando sobre os filhos. Jó e os evangelhos vão na mesma linha[351]. A ideia cristã de redenção em Cristo se situa entre estes dois extremos: *o coletivismo fisicista* da mentalidade primitiva, na qual a liberdade do indivíduo como fato absoluto não existe, e *o individualismo moderno,* no qual o homem é

---

349. A ideia já está em 2Cor 5,14, referida à morte de Jesus por todos, e no pano de fundo de Rm 5,17ss. (Jesus é o novo Adão, que representa todos os homens e lhes concede participação em sua graça). A fórmula "representação vicária ou substituição inclusiva" aparece no século XIX e é utilizada tanto por autores protestantes (F. Schleiermacher) como católicos (A. Günther). Para Pannenberg, *a representação vicária é a ideia-chave para entender todo o destino de Jesus: da encarnação à morte.* "Aqui (Rm 8,3; 2Cor 5,21; Gl 3,13) não se explica apenas a morte expiatória e vicária de Jesus Cristo como objeto de toda sua missão recebida de Deus, mas que, ao menos implicitamente, a manifestação do Filho preexistente, nos condicionamentos terrenos da existência humana marcada pelo pecado, adquire o sentido de se colocar no lugar do pecador para sofrer seu destino. Assim, *a própria encarnação se converte em ato de representação vicária*" (TS II, p. 453).

350. "A expressão 'personalidade corporativa' não aparece em nenhum lugar na Bíblia. No entanto, esta criação moderna da exegese contemporânea não faz outra coisa senão concentrar numa fórmula breve e concisa o ensinamento do AT sobre a união do indivíduo com a comunidade" (DE FRAINE, J. *Adam et son lignage* – Étude sur la notion de "personalité corporative" dans la Bible (Bruxelas 1959), p. 17. A expressão foi criada pelo sábio britânico H. Wheeler Robinson (1872-1945). Cf. WHEELER ROBINSON, H. "The Hebrew Conception of Corporate Personality". Apud "Zeitschrfit für die alttestamentliche Wissenschaft". In: *ZAW* 66 (1936), p. 49-61. • ROGERSON, J.W. "The Hebrew Conception of Personality: A Reexamination". In: *Journal of Theological Studies,* n.s. 21 (1970), p. 1ss.

351. Cf. Jo 9,2-3; Ez 18,19-20 reagindo contra Ex 20,5; Lv 26,39.

uma mônada, absoluta perante os outros e contraposta aos demais. Entretanto, Deus criou os homens "membros", "solidários", "responsáveis", "carregados" e "encarregados" uns dos outros.

Frente ao individualismo da Ilustração burguesa e sua preocupação pelos direitos humanos, que foram a grande conquista dos movimentos ilustrados e sociais, a filosofia mais recente do século XX redescobriu como fundamento de possibilidade para a realização do *eu* a relação com o *tu*, com o *nós*, com *todos*, com deveres e responsabilidades correspondentes. O personalismo de Buber num sentido e, por outro, a afirmação da "representação-solidariedade-substituição" como essencial à existência humana por Balthasar, a ideia de Lévinas do eu como refém do outro com o qual estou ocupado e a respeito do qual não sou um sujeito que "conjuga" no nominativo, mas sou conjugado no acusativo[352], tornaram possível compreender o pressuposto antropológico implícito da afirmação bíblica: "Cristo morreu por todos". Desta forma a morte de Cristo por nós, que pareceria insensatez antropológica (depois do existencialismo ter repetido que se morre só, e que ninguém pode tirar do outro o seu morrer[353]), resulta ser a seta inovadora indicando uma compreensão mais profunda do homem. A filosofia demorou

---

[352]. Cf. LÉVINAS, E. *De otro modo o más allá de la esencia* (Salamanca 1987), p. 182-187. "É a partir de si mesmo e da substituição que o ser se fará sentido" (Ibid., p. 189). Cf. LÉVINAS, E. *Ética e infinito* (Madri 1995). • LÉVINAS, E. *Humanismo del otro hombre* (Madri 1993). • LÉVINAS, E. "Mourir pour...". In: *Entre nous* – Essais sur le penser-à-l'autre (Paris 1991), p. 204-214. • LÉVINAS, E. "Un Dieu-Homme". In: Ibid., p. 64-71. Nestes dois capítulos se contrapõe a dupla concepção do eu: como totalidade fechada sobre si, em independência e liberdade, ou o eu como solicitude e responsabilidade para com o outro. Na conclusão sobre a ideia cristã de Deus-homem, escreve: "O fato de expor-se à carga que impõe o sofrimento e a falta dos outros diz o si mesmo do Eu (*Moi*). O Eu (*Moi*) é aquele que, antes de qualquer decisão, é escolhido para carregar a responsabilidade do mundo" (Ibid., p. 71).

[353]. *"Ninguém pode tomar do outro o seu morrer.* Convém, sim, que alguém 'vá para a morte por outro', mas isto quer dizer sempre: sacrificar-se pelo outro numa coisa determinada. Tal 'morrer por' nunca pode significar que se tenha absolutamente tomado do outro sua morte. O morrer é algo que cada um tem que tomar em seu caso concreto sobre si mesmo. A morte é, na medida em que 'é', em cada caso, essencialmente a minha" (HEIDEGGER, M. *El ser y el tiempo*, § 47 (México 1991), p. 262. Esta afirmação filosófica e a teologia se situam em níveis distintos e, por isso, não se excluem: cada homem exercita (ação e paixão) seu morrer, e somente ele pode realizá-lo. O cristianismo afirma que nessa exercitação ele não se encontra em solidão absoluta: alguém nos precedeu vitorioso nesse morrer quebrando o poder da morte como última palavra da realidade. E Aquele que nos precedeu morrendo nos acompanha no morrer. O Criador se confrontou com o poder da morte, padeceu-a conosco: a partir dele, com Ele e por Ele a morte já não é mais soberana do homem. Se Cristo morreu, e em solidão conosco, nós podemos morrer com Ele, em solidão, mas não sós. O resultado de nossa morte é o mesmo que o da morte de Cristo: a companhia definitiva, indestrutível com o Deus da vida plena e eterna. Deus nunca deixa o homem só, e muito menos na morte.

séculos para descobrir essa inovação antropológica do cristianismo e acolhê-la[354], ao passo que a cultura burguesa ainda não a assimilou ou continua rejeitando-a.

A definição bíblica do homem é dada no livro do Gênesis em tríplice dimensão: a) Em relação a Deus, o homem é imagem (1,28; 5,1). b) Em relação ao próximo, é seu guardião (4,9). c) Em relação ao mundo, é seu responsável (1,27-30). *Deus, próximo e cosmos são o domínio da realização e da salvação do homem. O homem não é sem eles, não pode viver sem eles e não se salva à margem deles.* As figuras de Moisés, de Abraão e do Servo de YHWH em um sentido, e de Jesus Cristo em outro, nos revelam que a identidade do homem está ordenada e constituída pelo outro. As formas de intercessão, suplência, antecipação e responsabilidade perante Deus explicitam esta religação, que é o termo médio entre a identificação físico-biológica e a absoluta independência de destino. *Em Cristo se nos revela o que constitui o homem: ser a partir do Outro, com os outros, para os outros. O que Ele fez em vida e morte não é exceção ao que é a vida humana, mas a norma de nossa essência: sermos possibilitados pelos outros, termos que existir para os outros. Cristo é o caso máximo, e por isso normativo, da religação de destino querida por Deus entre todos os humanos.* Ele é o sinal de que a salvação é graça e dom do próximo, sobretudo do próximo absoluto que é Deus. A solidariedade física entre todos os homens, a solidariedade moral formando parte de uma única história, e a solidariedade com Cristo por termos sido criados por Ele, são o tríplice fundamento de sua ação salvífica por todos[355]. O que Ele faz é ὑπέρ, περί, ἀντὶ πάντων = em favor de, em nome de, a serviço de todos nós. Deus nos vê formando *um* com seu único Filho. Sua morte é nossa morte, sua ressurreição é nossa ressurreição, seu Espírito é nosso Espírito. Tudo isso que a teologia clássica denomina *redenção objetiva*, enquanto fato cumprido e possibilidade definitiva *ante nos e extra nos*, tem que ser acolhido e realizado

---

354. Cf. RATZINGER, J. "Substitución-representación". In: *CFT* II, p. 726-735. • VON BALTHASAR, H.U. *TD 4* – La acción (Madri 1995). • MENKE, K.H. *Stellvertretung* – Schlüsselbegrif christlichen Lebens und Grundkategorie (Einsiedeln 1991). • BIELER, M. *Befreiung der Freiheit* – Zur Theologie der stellvertretenden Sühne (Friburgo 1996). • JANOWSKI, B. *Stellvertretung* (Stuttgart 1997).

355. "Não se pode compreender nem a profundidade nem a extensão da redenção se não se leva em conta o fato de que nosso Salvador é o Criador do universo. Por ter criado o universo, é capaz de se colocar à frente dele e transformá-lo. Por ter criado todos os espíritos celestes e todas as realidades invisíveis, é capaz de eliminar de nós toda dominação daninha" (LAMARCHE, P. *Christ vivant...* Op. cit., p. 72).

pelo homem. A salvação não existe sem o homem implicado. Ela só chega a ser realidade plena *in nobis et cum nobis*. Aqui tudo fica pendente do homem: *se quiser* (redenção subjetiva). Deus vai ao limite pelo homem, mas não passa por cima de sua liberdade, criada no amor e respeitada no amor.

O amor de Cristo nos constrange, considerando que, se um só morreu por todos, logo todos morreram. Ele morreu por todos, para que os que vivem já não vivam para si, mas para aquele que por eles morreu e ressuscitou (2Cor 5,14-15).

A inclusão de toda a humanidade em Cristo (criação, encarnação, redenção) é o pressuposto de todas as afirmações do NT sobre a nossa salvação[356]. Esta inclusão é o fundamento de nosso ser (como participação de sua existência), de nossa liberdade (liberdade só existe onde há filiação), de nossa redenção (a escravidão não é superável pelo esforço próprio, mas pela reintegração à sua condição de Filho, à possessão do Espírito e à aceitação pelo Pai).

3 A existência salvadora de Cristo em todas as fases de sua vida

A soteriologia tem que ser simples em um sentido (salvação é o que é a pessoa de Cristo por parte de Deus para nós), mas ao mesmo tempo refletir a complexidade de sua história. "A teologia da redenção tem que ser tão pluridimensional quanto a própria redenção necessariamente o é, enquanto ato supremo do homem-Deus"[357]. A redenção pode ser pensada à luz de cinco grandes horizontes:

- *O projeto* de participação de Deus na vida do homem, que culmina com o envio de seu Filho na encarnação.

---

356. A tradição teológica repetiu fórmulas como as seguintes: "Eodem Verbo Pater dicit se et creaturam" (SANTO TOMÁS. *Quaes. de potentia*, 3,25,13). "Universitatis nostrae caro est factus" (SAN HILARIO DE POITIERS. *Tractatus super psalmos*, 54,9). "Ipse autem, universitatis nostrae in se continens ex carnis assumptione naturam" (*De Trinitate*, 11, p. 16 (BAC 481, p. 605). Cf. LADARIA, L.F. *La cristología de Hilario de Poitiers* (Roma 1989), p. 87-103 (a assunção de toda a humanidade). "Christus Jesus Dominus noster, sicut nullus homo est, fuit vel erit, cuius natura in illo adsumpta non fuerit, ita nullus est, fuit vel erit homo, pro quo passus non fuerit" (CARISÍACO, C. *DS* 624). "Ipse enim Filius Dei incarnatione sua cum omni homine quodammodo se univit" (*GS* 22). Cf. CONGAR, Y. "Sur l'inclusion de l'humanité dans le Christ" (*RSPT* 25 (1936), p. 489-495).
• DE LUBAC, H. *Catholicisme* (Paris 1983), p. 14-17. • VON BALTHASAR, H.U. "Inclusión en Cristo". In: *TD* 3, p. 213-239. • "Soteriología dramática". In: Ibid., 3, p. 293-396. • "Verbum Caro humanamente universal". In: *Teológica*. Op. cit., 2, p. 290-295. • "Verbum Caro y cosmicamente". In: ibid., p. 295-300.
357. RAHNER, K. *Diccionario teológico* (Barcelona 1966), p. 685.

- *O pecado do homem* com todas as suas consequências em relação a si mesmo e a Deus.
- *A ação salvífica de Cristo* em função do plano de Deus e das consequências que o pecado do homem carregou consigo.
- *O resultado dessa ação de Cristo* para o homem, como realidade objetiva (dom do Espírito) e tarefa subjetiva (resposta moral).
- *A ação de caráter universal dessa salvação de Cristo realizada pelo Espírito Santo* mediante a Igreja para a vida do mundo.

Toda a existência de Cristo é salvífica, e simultaneamente cada uma de suas ações, à medida que são exercitações de sua liberdade. Nela existem alguns momentos culminantes, a saber:

- *A encarnação* como autocomunicação suprema e irrevogável de Deus na história. Se, ao encarnar-se, Deus passa a fazer parte do mundo, então o mundo já está salvo, santificado e saudável em sua raiz. Se Deus é homem, o homem em princípio já não está mais submetido ao poder do mal, mas integrado ao reino de amor do seu Filho (Cl 1,13).
- *A ação pública* enquanto revelação do ser de Jesus (batismo, transfiguração...), da misericórdia de Deus (milagres) e da liberdade oferecida por Jesus (última ceia).
- *A paixão e morte* como supremo gesto de obediência ao Pai, de solidariedade e de entrega intercessora pelos homens (1Cor 5,7; Ef 5,2; Hb).
- *A ressurreição e o envio do Espírito* como vitória sobre os poderes que tiranizam este mundo (pecado, lei, morte, violência, insensatez, injustiça) e a abertura a uma esperança nova, com promessa de ressurreição da carne (Gl 4,3-7; Rm 6,6ss.; 8,19-23.38).

Cristo é o único que pode sentir, medir e sofrer o que o pecado significa em termos de negação, de injustiça e de ofensa a Deus, bem como suas consequências destruidoras do homem. Se o pecado é compreendido como *ofensa*, então Cristo oferece a honra violada; se é compreendido como *dívida*, Cristo paga a conta em nome dos devedores; se é *usurpação*, Cristo devolve o que foi subtraído a Deus. Aqui se situam as posteriores teorias da satisfação, da reparação, da compensação, da expiação. Na medida em que o pecado é o determinante na relação do homem com Deus, ele afeta seu ser, convertendo-se assim em um poder que passa a assenhorear-se dele; poder que, afastando-o de Deus, encaminha o homem ao distanciamento absoluto que é a morte. O pecado tem que ser eliminado enquanto ofensa a Deus e destruído enquanto poder que nega o ser humano.

O NT tem toda uma série de metáforas para significar essa reconciliação do homem com Deus (sacrifício), para designar a vitória de Cristo sobre esse pecado e para expressar a condição do homem redimido (paz, transferência para o Reino do Filho...). Cristo "quita" o pecado do mundo, arcando com suas consequências, padecendo-o, destruindo sua malícia como negação de Deus. E o faz não por mera declaração verbal, mas deixando-se transpassar por ele, sofrendo suas consequências e resgatando dele suas vítimas (morte na cruz, descida aos infernos)[358]. Com a doação do Espírito, Cristo nos transmite sua consciência, sua santidade de Filho e sua liberdade no mundo, e simultaneamente suscita uma comunidade na qual essa comum filiação em relação ao Pai faz surgir uma forma de fraternidade até então desconhecida[359].

4 Três soteriologias (escatológica, estaurológica [cruz], pneumatológica) e os três "ofícios" de Cristo (profeta, sacerdote, rei)

A vida de Cristo é una e coerente em todas as suas fases, mas nenhuma delas é separável nem compreensível sem as outras. Referindo-se aos três momentos fundamentais (vida pública, morte, ressurreição) foi possível falar de uma *soteriologia escatológica* (centrada nas ideias e dons anunciados por Jesus na pregação do Reino); de uma *soteriologia estaurológica* (centrada na cruz como expressão do juízo de Deus contra o pecado do mundo e simultaneamente como sinal de seu amor e perdão); de uma *soteriologia pneumatológica* (centrada no dom do Espírito e na vida nova que o batismo, a Eucaristia e os carismas permitem pregustar já neste mundo).

Isto carregou consigo uma tipificação da ação soteriológica de Cristo de acordo com as três funções principais que Ele realizou. A partir de Calvino se generalizou a afirmação de um tríplice ministério de Cristo

---

358. Cf. 1Pd 2,21-25; 3,18-22. Cf. tb. SCHELKE, K.H. "Fórmulas cristológicas y teología de la pasión en 1Pedro". In: *Cartas de Pedro / Carta de Judas* (Madri 1974), p. 154-158. • CERVANTES GABARRÓN, J. *La pasión de Cristo en la primera carta de Pedro* (Estella 1991).

359. Cf. RUIZ DE LA PEÑA, J. "Contenidos fundamentales de la salvación cristiana". In: *Sal Terrae* 3 (1981), p. 197-209.

(*tria munera*) como *Profeta* (Mestre), *Sacerdote* (Liturgo), *Rei* (Pastor, Senhor)[360]. Esta divisão se concentra em três aspectos-chave da obra de Cristo: revelação, redenção, presença em sua Igreja. É uma divisão um tanto quanto artificial; escolhe arbitrariamente três entre os cinquenta títulos que o NT dá a Cristo e não faz justiça à complexidade de sua existência, cuja relevância se estende a toda a sua vida e não apenas a um de seus aspectos, por exemplo, a pregação. Seu sacerdócio é de natureza especial e abarca tanto sua ação pró-existente durante sua vida terrestre quanto sua entrega em oferenda por muitos, colocando o poder vivificador de seu sangue no lugar onde agiam os poderes do mal e, finalmente, sua perene intercessão no céu hoje. O terceiro título é designado de maneira diversa pelos autores. Os termos pastor-rei-senhor não deixam de ser uma metáfora para expressar a ação de guia, defesa, proteção e vida nova que Cristo oferece. Jesus é Salvador do mundo, porque é:

- revelador do Pai e outorgador ativo de seu amor e misericórdia;
- reconstrutor do homem e destruidor de seu pecado e morte;
- doador do Espírito como princípio de uma existência nova.

5 Diferentes categorias soteriológicas na história da Igreja

Ao longo da história foi se acentuando de maneira diversa as distintas dimensões tanto da ação de Cristo como de seu efeito salvífico para a humanidade[361]. Houve quatro formas fundamentais de compreender a repercussão da ação de Cristo sobre o homem:

---

360. Cf. ALFARO, J. "Las funciones salvíficas de Cristo como revelador, señor y sacerdote". In: *MS* III/1, p. 671-720.

361. Cf. GRILLMEIER, A. "Temas soteriológicos en la teología patrística: Cristo iluminador y luz de los hombres; Cristo vencedor; La redención como 'conquista'; Cristo fuente de inmortalidad y divinización". In: *MS* III/2, p. 387-395. • VON BALTHASAR, H.U. "La soteriología a través de la historia". In: *TD* 4, p. 209-292. • AULEN, G. *Christus Victor Mortis* – La notion chrétienne de rédemption (Paris 1949). • TURNER, H. *Jésus le Sauveur* – Essai sur la doctrine patristique de la rédemption (Paris 1965). • GRESHAKE, G. "Der Wandel der Erlösungsvorstellungen in der Theologiesgeschichte". In: *Gottes Heil-Glück des Menschen* (Friburgo 1983), p. 50-79. • WIEDERKEHR, D. *Fe y redención* – Conceptos de soteriología (Madri 1979). • SCHWAGER, R. *Der wunderbare Tausch* – Zur Geschichte und Deutung der Erlösunglehre (Munique 1986). • PRÖPPER, T. *Erlösungsglaube und Freiheitsgeschichte* (Munique 1988). • WERBICK, J. *Soteriología* (Barcelona 1992).

1) Durante *o primeiro milênio* a atenção centrou-se na ideia de encarnação. Como resultado dessa presença física de Deus na humanidade, o mundo ficava objetivamente divinizado a partir do fato de que Cristo fazia parte dele[362]. A salvação era compreendida, portanto, como *divinização*, não em sentido físico, mágico ou mecânico, mas pessoal, como participação da comunhão eterna do Filho com o Pai. Prevaleceu a visão descendente e as três palavras-chave foram: *agápe, ensarkósis, théiôsis*.

2) Na *Idade Média* prevaleceu a concepção de Santo Agostinho e Santo Tomás sobre Cristo mediador em sua humanidade. A graça criada, libertando o homem do pecado, o transforma e o torna capaz de acolher o amor de Deus e corresponder a ele. Essa graça é participação na graça própria de Cristo como cabeça. Na origem de nossa salvação está o amor de Deus, que tem um duplo efeito: renovação do ser criado e perdão dos pecados.

3) Iniciada por Santo Anselmo e levada às suas últimas consequências por *Lutero*, existe uma terceira visão soteriológica: a salvação deriva, sobretudo, da morte de Cristo na cruz, onde suporta o castigo que merecem nossos pecados, como se fossem seus. Em virtude de seu esponsal com os homens existe um intercâmbio ou translado de nossos pecados a Ele e de sua justiça em nosso benefício. Lutero vê a salvação acima de tudo como a justificação do pecador, por imputação ao homem da justiça de Cristo, com o perdão dos pecados e a conformação mística com Ele. O homem percebe assim o evangelho como a boa notícia de que seus pecados foram pagos e que não lhe são imputados; sua injustiça foi substituída pela justiça de Cristo. Para Lutero o fundamental é o perdão dos pecados porque "onde há perdão dos pecados, existe vida em bem-aventurança"[363].

4) *A era moderna* reagiu com exasperação contra a focalização do cristão no pecado, na cruz e no perdão. Como rejeição das ideias anteriores, Cristo foi visto quase que exclusivamente como mestre de doutrina, guia moral,

---

362. Cf. PANNENBERG, W. "Formes fontamentales d'une compréhension chrétienne du salut". In: LEUBA, J. (ed.). *Le salut chrétien...*, p. 11-26.
363. "Ubi remissio peccatorum est, ibi est et vita et iustitia" (LUTERO, M. "Der Kleine Katechismus". In: *Die Bekenntnisschriften der Ev-Lutherischen Kirche* (Gotinga 1963) 520, p. 29-30.

exemplo de vida, transmissor de sua consciência divina (*Gottesbewusstsein*), símbolo do Absoluto feito história, iniciador de utopia e gerador de liberdades. Ele seria salvador na medida em que, com sua confiança plena em Deus e sua mensagem de não violência, desvelou aos homens suas possibilidades desconhecidas e um destino de liberdade. A salvação de Cristo é então identificada com a confiança que nos inspira, com seu exemplo de fidelidade a Deus e de serviço ao próximo, com a liberdade que Cristo aponta e oferece.

Esta diferente acentuação de Cristo como *o Encarnado, o Mediador crucificado, o Mestre redentor, o Libertador*, e da salvação como *deificação e gratificação, justificação pelo perdão dos pecados, iluminação e libertação*, corresponde à distinta percepção não apenas da pessoa de Cristo, mas também das necessidades ou possibilidades humanas sentidas em cada época como mais prementes. São perspectivas de um mistério que se nos foge (o Filho encarnado entregue por nós) e de nossa vida humana que nos transborda: suas necessidades e possibilidades com seus limites e pecados. O ser de Cristo e o nosso próprio ser são mais profundos e amplos do que nossa capacidade interpretativa[364].

Toda teoria soteriológica deve fundar-se e mediar-se nas afirmações do NT. Nenhuma é exclusivamente suficiente em si para explicitar a complexidade de dados e a riqueza dos símbolos que encontramos nele. São Paulo usava uma linguagem sacrificial e relativa ao templo, como lugar da presença de Deus e da expiação do pecado, mostrando que em Cristo, pelo deslocamento do poder do pecado mediante o poder da vida divina significada por seu sangue, conseguimos em grau máximo aquilo a que todo culto, sacrifício e oferenda dos homens tendem: a amizade com Deus e o perdão de nossos

---

364. O homem conhece seu ser a partir da liberdade e do amor que lhe são oferecidos; conhece seus pecados a partir do amor e do perdão que recebe: "Seria possível dizer que aquilo sobre o qual tomamos consciência imediatamente ainda não é o pecado [...]. Parece-me que a realização de *meu pecado não aflora em minha consciência, mas à medida que eu acordo para o amor infinito do qual sou objeto*" (MARCEL, G. *Journal métaphysique*, 3). "Tomamos consciência de nosso pecado quando percebemos algo da santidade e do amor divinos" (DE LUBAC, H. *Le mystère du surnaturel* (Paris 1965), p. 256). A redenção é um mistério de amor reconhecido à medida que o amor é correspondido. Cf. DE MONTCHEUIL, Y. *Leçons sur le Christ* (Paris 1949), p. 122-134. A salvação é uma participação no oceano do ser de Deus, que é um oceano de liberdade e, em última instância, de amor. Ela nos ultrapassa não apenas no ser e na liberdade de Deus, mas em nossa própria liberdade. É ela que nos constitui; no entanto, não podemos nem alicerçá-la, nem compreendê-la, nem consumá-la. O filósofo J. Lequier escreve: "Compreendendo que é incompreensível, é tudo o que podeis compreender sobre a liberdade" (*Oeuvres complètes* (Paris 1952), p. 410).

pecados, o abrigo de nossa finitude e a paz definitiva. Em Cristo temos o que a Lei, o templo e os sacrifícios não conseguiram realizar:

> Mas agora, sem a Lei, manifestou-se a justiça de Deus, atestada pela Lei e pelos Profetas. E a justiça de Deus pela fé em Jesus Cristo para todos os que creem. E sem distinção, pois todos pecaram e todos estão privados da glória de Deus, e são gratuitamente justificados pela graça, em virtude da redenção realizada por Jesus Cristo, a quem Deus destinou como ἱλαστήριον [= lugar, objeto, meio, sacrifício de] expiação mediante a fé em seu sangue (Rm 3,21-25)[365].

Enquanto a linguagem sacrificial era eloquente para os judeus, porque mostrava em Jesus a consumação de todo o anterior, para os gregos o era menos. Para eles o apóstolo emprega outra linguagem. Em 1Coríntios fala de Cristo como sabedoria e santificação de Deus com termos que eram significativos para os que buscavam escapar da ignorância pelo saber e ao destino pelos ritos de santificação, que as religiões dos mistérios prometiam. *Devemos analisar a intenção profunda de todos estes universos simbólicos expressivos da experiência cristã fundamental, distinguindo-os dos sistemas conceituais que a traduzem para outras culturas. Um símbolo é mais rico e fecundo, mais universal no tempo e no espaço do que um conceito.* As transposições ou traduções para outras culturas às vezes tornam os originais mais eloquentes, em outras vezes, ao contrário, as tornam desagradáveis. Assim, por exemplo, não podemos traduzir a frase "Cristo morreu por nossos pecados" afirmando que Deus o castigou como se fosse um pecador, que Deus descarregou sua ira sobre Jesus, e que, em consequência, padeceu os tormentos do inferno. Os textos nos quais se fala da identificação de Cristo com o pecado e

---

[365]. O termo grego ἱλαστήριον é de difícil interpretação. "Na versão grega do AT a palavra designa o *propiciatório*, objeto cultual do templo de Jerusalém, lugar da aspersão na festa anual da expiação; no decurso dessa cerimônia, os pecados de Israel eram perdoados (Lv 16). Paulo vê nesse rito uma figura do sacrifício de Cristo. *Por seu sangue* (i. é, por sua oferenda sacrificial), Cristo nos comunica o perdão de Deus *por meio da fé*, única que nos permite participar do benefício deste perdão e desta salvação. Outros veem nessa palavra um substantivo abstrato (*meio de expiação*) sem referência ao propiciatório do templo" (TEB, Rm 3,25). "A tradição de *hilastérioh* por propiciação é equívoca, já que sugere a ideia de aplacar um Deus irado e, ainda que isto estivesse de acordo com o uso pagão, está longe do sentido bíblico. Nesta passagem *é Deus quem coloca os meios mediante os quais a culpabilidade do pecado é removida pelo envio de Cristo. Portanto, o envio de Cristo é o método divino do perdão*" (DODD, C.H. *The Epistle to the Romans* (Londres 1968), p. 79. Cf. SCHLIER, H. *Der Römerbrief* (Friburgo 1977), p. 102-120. • WILCKENS, U. *La Carta a los Romanos*, I (Salamanca 1989), p. 226-251. • "Sobre la comprensión de la idea de expiación". In: Ibid., p. 286-299.

com a maldição, cujas consequências Ele compartilhava com os homens, são uma metonímia. Estes textos significam que Ele, sendo santo, compartilhou o destino da humanidade pecadora, a fim de fazê-la partícipe de sua própria santidade.

> Aquele que não conheceu o pecado, Deus o fez pecado por nós, para que nele fôssemos justiça de Deus (2Cor 5,21).

> Cristo resgatou-nos da maldição da Lei, fazendo-se maldição por nós, pois está escrito: "Maldito todo aquele que é suspenso no madeiro". Assim, a bênção de Abraão se estendeu aos pagãos em Cristo Jesus, para que pela fé recebêssemos a promessa do Espírito Santo (Gl 3,13-14).

A ignorância relativa aos textos bíblicos pode levar à perversão e à heresia pura, como acontecia na anterior tradução litúrgica oficial de Rm 8,32, apoiada na Vulgata: "Deus não perdoou ao seu próprio Filho". E isto se recitava no dia do perdão universal, na Sexta-feira Santa. A reação imediata dos ouvintes é: se Deus não perdoou o inocente, como nos perdoaria os pecados? O sentido do texto, no entanto, é exatamente o contrário. Com referência a Gn 22 e tendo Abraão como exemplo, ele significa: Deus *não se reservou* para si o próprio Filho, mas, ao contrário, o entregou por nós todos. Se Deus nos deu o seu Melhor, como não nos daria coisas menores? *O Dom total do Filho no limite extremo da morte é sinal e garantia do Dom total de Si aos homens e de seu Perdão universal.*

6 Categorias colocadas hoje sob suspeita: substituição, satisfação, expiação, sacrifício

As palavras têm um contexto de nascimento e uma história que lhes dão credibilidade ou descrédito, tornando-as agradáveis ou abomináveis. As gerações posteriores as ouvem, com toda a glória, injustiça ou sangue que receberam na história imediata, sendo às vezes incapazes de perceber seu sentido originário. Uma vez maculadas ou degradadas elas devem ser purificadas e dignificadas. Mas existem algumas tão primordiais e essenciais que não devem ser esquecidas. Alguém perguntou a Buber a razão de não guardar silêncio sobre a palavra "Deus", visto que em seu nome sangue foi vertido e crimes hediondos foram consumados. Em um texto admirável ele mostrou que não podemos prescindir das palavras sagradas e primordiais, e a primeira dentre elas é Deus. Quando esta palavra é degradada ou manchada, urge retirá-la do lodo como se eleva uma pérola perdida. Tirando-a do barro, urge lavá-la, a fim de que recupere seu brilho e assim possamos admirar seu valor e ver o mundo através de sua luz[366]. Algo semelhante acontece com as categorias substituição, satisfação, expiação, sacrifício, usadas para explicar o que Cristo fez por nós, como o realizou e como foi sua atuação perante Deus em nosso favor. O que não se pode fazer é partir de uma noção pagã, ou de um uso que as perverte e degrada, para depois descartá-las como inconciliáveis com o cristianismo.

a) Substituição

As preposições ὑπέρ, περί, ἀντί do NT e a palavra alemã *Stellvertretung* implicam antecipação, representação, solidariedade e substituição de uma pessoa por outra. A Ilustração estabelece o critério supremo: "Cada um delibera sobre si; é dono de si; é responsável por si e morre simplesmente por si mesmo". Nesta perspectiva, falar que Cristo nos substituiu perante Deus seria um erro histórico e uma infâmia antropológica[367]. Entretanto, Cristo não nos poupou do morrer ao ter morrido por nós; nem nos exime da responsabilidade e da culpabilidade pessoal perante Deus. Neste sentido, ninguém substitui ninguém.

O que o NT e em sua esteira a teologia afirmam é que Cristo colocou-se em nosso lugar, cumpriu nosso destino, dedicou-se intensamente ao nosso serviço, entregou sua vida em oferenda intercessora por nossos pecados e, com o amor supremo realizado na morte e credenciado na ressurreição, venceu o poder do pecado e da morte. Ele nos oferece sua palavra, exemplo e graça mediante seu evangelho, seus discípulos e seu Espírito Santo. Essa liberdade e amor precedentes, sentidos não apenas como palavra ou exemplo exteriores, mas como potência de vida interior, nos tornam livres e nos outorgam nova potência de vida, criando-nos a necessidade de corresponder ao seu amor e vencer o pecado, a exemplo dele e com sua força.

---

366. Cf. BUBER, M. "Preludio: informe sobre dos conversaciones". In: *Eclipse de Dios* (México 1993), p. 27-34. • RAHNER, K. "Meditación sobre la palabra de Dios". In: *Curso fundamental sobre la fe* (Barcelona ⁴1989), p. 66-73.

367. KANT, I. *La religión dentro de los límites de la mera razón* (Madri 1969), p. 75-79, 85-86, 118-120.

Isto é antropologicamente evidente: *a liberdade se esgota em solidão e desolação quando não tem o apoio do outro e a companhia de seu amor.* O amor de Cristo nos torna livres e nos redime. Isto Ele não o fez apenas por sua solidariedade com nosso destino enquanto homem. A palavra solidariedade é sagrada, mas é insuficiente para descrever a ação de Cristo[368]. Um náufrago a mais entre os mortais não nos redime do naufrágio. Entretanto, Cristo não é um mortal a mais, com todos os limites dos demais mortais. Cristo é o Filho de Deus, e como tal mergulha no mundo do pecado, padece suas consequências e, enquanto negação e desamor a Deus, os destrói a partir de dentro com seu amor e sua afirmação absoluta de Deus e do próximo. Deus corresponde a Ele como sujeito, corpo e pessoa em sua história, com a afirmação absoluta na ressurreição. A ressurreição da carne, antecipada nele, é sinal de nossa redenção que já desponta. A palavra "substituição", portanto, leva absolutamente a sério o pecado como realidade negativa e negadora, que por sua vez não é apenas de ordem jurídica ou moral (contra todos os moralismos e ilustrações fáceis); e leva absolutamente a sério a corporeidade e a morte num homem que anseia ser transformado em seu inteiro ser de carne e osso e não apenas em seu "espírito"; e leva a sério a ressurreição corporal contra todos os gnosticismos, *New Age*, magias antigas e modernas[369].

b) Expiação

Se o termo substituição parece uma ofensa contra o homem, o termo expiação é sentido como uma ofensa contra Deus. Isto significaria pensar que Deus exige o sangue de um inocente pelos pecados dos culpáveis! E, além disso, afirmar que devemos oferecer-lhe sangue seria uma blasfêmia contra o Deus vivo do NT. Pensar que devemos oferecê-lo como redenção (resgate, compra) seria pura mitologia, porque supõe que se teria que pagar esse preço a algum outro poder com direitos adquiridos sobre o homem e superior a Deus (diabo, demônios, anjos, poderes cósmicos). Estas são rea-

---

368. Cf. SCHÖKEL, L.A. "La rédention oeuvre de solidarité". In: *NRT* 93 (1971), p. 449-472. É suficiente o termo "solidariedade" para expressar o que Cristo fez por nós ou é necessário o termo "substituição"? O primeiro termo parece curto, ao passo que o segundo parece excessivo. Kasper afirmou que a fecundidade da soteriologia dependerá nos próximos decênios da conjugação coerente de ambos os aspectos. Nesse ponto está a diferença entre Rahner e Balthasar. Cf. VON BALTHASAR, H.U. "Excursus sobre la soteriología de Rahner". In: *¿Nos conoce Jesús? / ¿Lo conocemos?* (Barcelona 1986), p. 43-60.

369. Cf. DARTIGUES, A. *La Révélation du sens au salut* (Paris 1985), p. 193-263.

ções compreensíveis, que geralmente emergem quando se interpreta mal os sinais como coisas e as intenções como objetos.

A rejeição deriva de um desconhecimento do sentido originário do sangue e de sua função no ritual da aliança. O sangue é sinal da vida que Deus nos dá para recuperar a relação com Ele, quando pela culpa nos afastamos ou nos alienamos dele. Pecar é romper a relação com Deus e, por isso, ficar desunido da fonte da vida necessária a toda existência espiritual; é entrar no âmbito da morte e de seus colaboradores. "Porque a vida de um ser vivo está no sangue, e eu vos mandei pôr o sangue sobre o altar para expiar por vossas vidas, pois é o sangue que faz a expiação pela vida" (Lv 17,11). Com o sinal do sangue se renova a aliança, e em seu poder criativo nos incorporamos à própria vida de Deus. Hegel e Zubiri perceberam o sentido originário bem como a perene validade deste símbolo frente às críticas fáceis da Ilustração:

> O homem em sua realidade mais interna (o quer que pensemos) está intrinsecamente submetido ao poder do pecado e, por conseguinte, intrínseca e formalmente necessitado de uma salvação e de uma redenção.
> A morte de Cristo foi uma oblação com um tríplice caráter: ato de adoração de Deus, de impetração de perdão, começando por aqueles que o crucificaram (Lc 23,34), e, por fim, de expiação dos pecados da humanidade. *Expiar significa concretamente que junto ao poder do pecado foi introduzido um novo poder: o poder de Deus*[370].

Dizer que Cristo expia nossos pecados significa que Ele nos dá sua vida de Filho enquanto potência destruidora do pecado, recriadora de nossa relação com Deus e geradora de uma existência filial participante da sua. Assim Cristo nos reconcilia com nosso ser e nos dá acesso a Deus (Rm 5,1-11; 8,1-11). Nesta perspectiva, essa oferta de seu "sangue" é a expressão suprema do amor de Deus que dá suporte ao homem para que não sucumba ao poder do mal e às consequências negativas de sua própria liberdade. Esse amor de Deus manifestado em Cristo Jesus nada nem ninguém nos pode roubá-lo (Rm 8,31-39).

---

370. ZUBIRI, X. *El problema teologal...*, p. 324-327.

c) Satisfação

O termo remete à ordem jurídica: cumprir um dever, pagar uma dívida, fazer algo como condição para conseguir outra coisa, obter uma permissão ou um perdão. A imagem do Deus soberano e feudal volta a aparecer e a contradizer a imagem do Deus Pai dos evangelhos, nos quais as três parábolas, da Ovelha, da Dracma e do Filho Perdido foram escritas para mostrar o amor, a espera e o perdão incondicionais do Pai refletidos em Jesus[371]. Será que Deus exigiria satisfação prévia para anular nossas dívidas e perdoar nossos pecados?

Novamente devemos passar aqui da expressão literária à intenção do símbolo e do universo antropológico dos mergulhados no pecado ao que Deus revela de inusitado no comportamento de Cristo. O ponto de partida é a afirmação de que Deus é Criador e o homem criatura. Esse Deus se revela como Amor absoluto, realizando assim seu ser e sua justiça. Quando o faz, Ele desperta no homem uma maior perspicácia da realidade e simultaneamente o integra mais intensamente à sua própria construção. Nesta perspectiva se estabelece a seguinte tese: *a satisfação não é uma exigência da justiça que Deus reclama do homem como condição prévia para seu perdão, mas uma exigência da dignidade e do amor do homem, ulteriores à experiência de amor e perdão recebidos de Deus*. Montcheuil o expressa de maneira transparente:

> A satisfação não é algo que precede o perdão e o condicionaria, mas algo que vem depois. Não é uma exigência do amor de Deus, mas, ao contrário, uma necessidade do amor em nós. O amor, com efeito, é a vontade de uma entrega total de si, de toda a vida, ao ser amado. Quando o amor de Deus entra em uma vida, ele não apenas carrega consigo a vontade de ser para Deus a partir desse momento, mas comporta de certa maneira a vontade de reassumir todo o passado para entregá-lo a Deus e, portanto, de repará-lo; é, em suma, uma vontade de "satisfação". Entretanto, seria possível chegar a realizá-lo? Não estaria o passado definitivamente lacrado e fora de nosso alcance? Não, e exatamente porque podemos fazer desse passado, que transcorreu afastado de Deus, uma razão para amá-lo mais: podemos fazer dele um trampolim para um lançamento mais intenso. Não seria um fato de experiência que a lembrança de nossas culpas passadas pode se converter, inclusive, em um alimento do amor? A satisfação ou a reparação é uma necessidade que nasce

---

371. Cf. BARTOLOMÉ, J.J. *La alegría del Padre* – Estudio exegético de Lucas 15 (Estella 2000).

espontaneamente do amor penitente. Porque é uma expressão de amor, Deus não pode desejar que não o experimentamos, já que de sua parte perdoar-nos não é outra coisa senão recolocar-nos no caminho do amor. Mas esta satisfação, tanto em sua germinação quanto em sua floração, a bebemos em Cristo, em seu ato redentor do qual tudo procede [...]. Passar pura e simplesmente uma borracha em nosso passado, dizendo que em seu amor gratuito Deus o perdoou inteiramente, seria mostrar que não compreendemos as exigências do amor, e continuamos afastados[372].

Urge penetrar na lógica do amor de pessoa para pessoa, na qual se concentram passado e futuro. Quem se sente amado e perdoado em Cristo, vê crescer nele a necessidade profunda de refazer todo o passado à luz do amor recebido, de colocar-se em sintonia com Ele, de destruir com lágrimas de amor esse passado que ainda permanece conaturalizado em sua intimidade. O purgatório é uma necessidade para quem se sabe acolhido pelo amor de Deus com o qual ainda não está conaturalizado; em tal situação verte lágrimas de dor e de amor. Existem certas afirmações da soteriologia que só se entendem a partir de experiências espirituais profundas de purificação, de cura e de comunhão no amor. Neste particular os poetas, os apaixonados e os místicos somaram mais conhecimentos do que os teólogos. A lógica do Cristo morto por nós está mais próxima destes conhecimentos do que a dos matemáticos e juristas[373].

d) Sacrifício

Esta palavra suscita em muitas pessoas a mesma rejeição que as anteriores. Afirmar que Deus precisa de sacrifícios ou que Deus exigiu o sacrifício de seu Filho seria ignorar sua condição divina, aplicar-lhe uma compreensão antropomorfa e pensar que Ele tem fome material ou sentimentos de crueldade. A ideia de sacrifício carregaria consigo inconscientemente a ideia de vingança, linchamento, descarregamento das tensões de uma sociedade que busca um culpado, que lança sobre Ele suas próprias culpas e, uma vez descarregadas, pode continuar vivendo. É por isso que afirmar a compreensão

---

372. DE MONTCHEUIL, Y. *Leçons sur le Christ* (Paris 1949), p. 133-134.

373. Esta redondilha de Lope de Vega expressa perfeitamente o que é essa necessidade de refazer o passado, atraindo-o para o presente, para torná-lo digno da pessoa amada: Dá-me licença, Senhor, / para que desfeito o pranto / possa em vosso rosto santo / chorar lágrimas de amor.

sacrificial da vida e morte de Cristo seria continuar mantendo vivas velhas categorias ilógicas, alimentar a violência inconsciente da sociedade e degenerar em ato de violência o que em Cristo foi um ato de amor; já que Ele rompeu com a cadeia anterior não reagindo com violência, mas com a lógica da inocência, única capaz de desarmar os violentos. Cristo não matou, não se suicidou, tampouco elogiou a violência; Ele a suportou e a transmutou em um ato de amor e perdão.

Também confluíram para a rejeição da categoria de sacrifício as ideias do protestantismo sobre a religião e o sacerdócio, que identificaram o verdadeiro culto com o profetismo, ao passo que se equiparava o sacerdócio com o legalismo, com a magia e com a submissão ao poder político. O protestantismo liberal, de Ritschl, Duhm, Harnack e Bultmann a Heiler e Moltmann, continua mantendo essa contraposição entre culto e ética, liberdade e lei, NT e AT, sacerdócio e profetismo. A isto se acrescente que parte de uma compreensão do sacrifício é emprestada das religiões pré-cristãs ou paracristãs. Cada categoria é devedora e colaboradora do sistema total no qual funciona. No AT e no NT o sacrifício pressupõe e remete às categorias de criação, aliança, homem imagem de Deus, Deus Santo da forma como se revela nos patriarcas e nos profetas, povo sacerdotal. Esse Deus não necessita de suas criaturas: não é um ídolo que à noite se alimenta das carnes preparadas por seus servidores. É o Deus vivo, o Santo, o Soberano de toda a criação e de toda a história; nada necessita do homem; é o homem que necessita dele. Os Salmos e os profetas expressaram à saciedade o caráter simbólico e espiritual dos sacrifícios. Na mesma linha, no cristianismo sempre se interpretou a liturgia como a λογική θυσία, como a oferenda racional do homem, única digna do Deus vivo (Rm 12,1; Os 6,6; 1Pd 2,2).

Esse Deus criou o homem como seu amigo. A criação começa uma história de amor em intercâmbio de dons. O sacrifício é o diálogo do amor realizado mediante sinais de intercâmbio de dons[374]. Em suas múltiplas formas (sacrifícios de aliança, de comunhão, de consumação...) o sacrifício realiza com atos interpostos o que o homem gostaria de ser para Deus: um ser agradecido, um amigo, um comensal, um fiel servidor. O homem oferece a Deus os dons que dele recebeu. "De tuis donis ac datis", diz a liturgia romana. E,

---

374. Cf. NAWAR, A. *Opfer als Dialog der Liebe* – Sondierung zum Opferbegriff Odo Casels (Frankfurt 1999).

em dando algo, se dá a si mesmo. O sacrifício é o homem, que se torna sagrado quando se entrega a Deus, único Santo e santificador[375]. Por isso o essencial do sacrifício é a pessoa que em liberdade se entrega e se coloca diante de Deus. A Carta aos Hebreus coloca na boca de Jesus Cristo a expressão: "Eis que venho fazer a vossa vontade" (Hb 10,1-10)[376]. *O NT tem uma noção nova de sacrifício assim como a noção de sacerdócio, que lhe é correlata. Cristo é o sacerdote novo, de um gênero novo, em uma aliança nova*[377].

Jesus Cristo realiza assim, com o sacerdócio e com os sacrifícios, a mesma coisa que faz com todo o AT: o afirma e o nega à medida que o refere inteiramente à sua própria pessoa, e assim o consuma e o relativiza. Tudo perdura, mas agora a partir de sua luz e ao seu serviço. Sua existência pessoal como oferenda e súplica já é o supremo sacrifício agradável a Deus. Nele Cristo assume toda a criação e toda a humanidade. Não é verdade que nas religiões helenísticas os ex-votos e sacrifícios dos templos tiveram o sentido de "comprar" ou "tornar-se cúmplices dos deuses". O grande filólogo A. Festugière demonstrou com um minucioso estudo epigráfico que no mundo helenístico as oferendas eram vividas como intercâmbios de amor entre o homem e os deuses, e não como moedas de compra e venda de seu poder ou favor[378]. As degradações reais não invalidam a beleza dos gestos primordiais, assim como as enfermidades não representam a verdade do homem. Tampouco é verdade que Deus não queira nossas oferendas: um amor que não se expressa em sinais, gestos de gratuidade e indícios de carinho se apaga, reduzindo-se a um contrato moral ou jurídico. A relação entre o homem e Deus é de natureza pessoal, amorosa, com aquela ingenuidade de quem presenteia e elogia, incita e tudo espera do ser amado, até "compará-lo" com tais gestos de amor. Tampouco é verdade que a noção pagã de sacrifício seja a que inspira os redatores do NT e

---

375. Cf. SAN AGUSTÍN. *Civ. Dei* X, p. 5-6 (BAC 171, p. 606-612). • LAFONT, G. "Le sacrifice de la Cité de Dieu (*De Civ. Dei* X, 1-8)". In: *RSR* 53 (1965), p. 177-219. • MADEC, G. "Le sacrifice des chrétiens". In: *La patrie et la voie* – Le Christ dans la vie et la pensée de S. Augustin (Paris 1989), p. 98-113.

376. Cf. NEUSCH, M. "Une conception chrétienne du sacrifice – Le modèle de S. Augustin". In: NEUSCH, M. (ed.). *Le sacrifice dans les religions* (Paris 1994), p. 116-139. • GISEL, P. "Du sacrifice". In: *Foi et Vie* 4 (1984), p. 1-46.

377. Cf. VANHOYE, A. "Jesucristo, sacerdote nuevo". In: *Sacerdotes antiguos, sacerdote nuevo según el NT* (Salamanca 1992), p. 75-226.

378. Cf. FESTUGIÈRE, A. "'ΑΝΘ' ΩΝ" – La formule 'en échange de quoi', dans la prière grecque hellénistique". In: *RSPT* 60 (1976), p. 389-418.

a teologia cristã, como o repetiu à saciedade Girard, se esquecendo que no NT Cristo jamais é identificado com o bode expiatório, que no AT era enviado ao "anátema" ou à perdição, por ser considerado receptáculo dos pecados do povo, ao passo que Cristo sempre foi compreendido como o Filho, o Justo, o Santo, aquele que oferecia sua inocência suplicante em favor de seus irmãos[379].

A superação de tais desconfianças e rejeições passou pelo reconhecimento da degradação e dos excessos da prática religiosa juntamente com o desmascaramento do caráter anticristão das noções que certos teólogos colheram fora do cristianismo e sem a necessária metamorfose as projetaram sobre Cristo. Seu resultado é a negação das realidades fundamentais da fé e o despojamento da experiência cristã de seus vínculos e raízes profundas. A ignorância e um certo sentimento de complexo pessoal é, em não poucos casos, a origem de tais rejeições. Simultaneamente devemos reconhecer também que em muita retórica, oratória, práxis de piedade popular e até mesmo em alguns catecismos e textos episcopais dos séculos XVIII ao XX existem afirmações, imagens, práticas e sensibilidades que de cristãs pouco têm. Hoje temos a grande responsabilidade de purificar esse vocabulário e recuperar as experiências cristãs originárias, tal como nos são transmitidas pela Bíblia, pela liturgia, pelos Padres, pelos teólogos e santos, e simultaneamente velar pela práxis soteriológica a fim de que seja teologicamente transparente e antropologicamente significativa. A teologia deve estar atenta para que em cada geração e dentro de cada cultura suas palavras, sinais e ações soem e sejam realmente "evangelho", alegre notícia e potência da salvação para seus ouvintes.

e) Conclusão

1) Urge recuperar o sentido autêntico do vocabulário tradicional cristão e, ao corrigir ideias degradadas ou despoluir palavras degradadas, não se elimine com elas realidades sagradas.

---

379. Seus livros mais significativos: *El misterio de nuestro mundo* – Claves para una interpretación antropológica (Salamanca 1982); *El chivo expiatorio* (Barcelona 1990). Temos nos referido a esta teoria e oferecido bibliografia em *La entraña*, 613 e em "Jesucristo redentor del hombre – Esbozo de una soteriología crítica". In: *Salm* 20 (1986), p. 313-396. Esse autor, com o passar do tempo, foi matizando suas posições.

2) Certos termos mudaram tanto seu sentido originário que quase resultam impronunciáveis. Quando tais práticas obscurecem, o bom-senso recomenda traduções compatíveis com seus equivalentes reais.

3) Urge igualmente purificar continuamente a linguagem para que ela se traduza num quadro em que apareçam com toda clareza a mensagem do Deus da vida, a grandeza do homem, o amor-doação de Cristo, a profundidade do pecado visto a partir do perdão de Cristo, bem como a bela tarefa que a comunidade redimida tem no mundo.

4) Se Santo Anselmo dizia que devemos dar-nos conta de quão pesado é o pecado[380], a apresentação da salvação também deve nos levar a dar-nos conta de quão grande é o poder do amor de Deus, a liberdade e a dignidade do homem.

Talvez a categoria soteriológica mais objetiva e próxima da consciência atual seja a de "reconciliação". Quando o esquecimento, a traição, a ofensa ou o pecado distancia duas pessoas, a amizade só é possível mediante a reconstrução e a reconciliação prévias. O pecado afastou o homem de Deus. Separado dele, o homem viu-se aprisionado ao poder da morte. Deus tomou a iniciativa, ofereceu-lhe novamente sua amizade, destruiu o poder que o aprisionava e lhe ofereceu em seu Filho, solidário do destino humano, o supremo sinal de amor e perdão, e com o dom de seu Espírito tornou-se princípio de uma vida e de uma liberdade novas[381].

7 Mistério, dogma, teorias

Cada geração pode e deve traduzir para a sua experiência histórica mais profunda a proposta de salvação de Deus que temos em Cristo, explicitando *como* e *por que* Cristo pode ser mediador da salvação para cada ser humano, e o que essa salvação significa para a compreensão e realização da existência humana. *A encarnação, a união hipostática e a salvação são três aspectos de um mesmo mistério.* No entanto, embora tenhamos definições conciliares so-

---

380. Cf. *Cur Deus homo* I, 21 (BAC 82, p. 810).

381. Escolhem esta categoria por sua fidelidade ao NT e significativa hoje: STUHLMACHER, P. & CLAS, H. *Das Evangelium von der Versöhnung in Christus* (Stuttgart 1979). • STUHLMACHER, P. *Versöhnung, Gesetz und Gerechtigkeit* (Gotinga 1981). • SESBOÜÉ, B. "La reconciliación nuevo nombre de la salvación". In: *Jesucristo, el único mediador*, I (Salamanca 1990), p. 412-420. • ENGELHARDT, P. "Reconciliación y redención". In: *Fe Cristiana y sociedad moderna*, 23 (Madri 1987), p. 153-194.

bre as duas primeiras, não temos nenhuma definição explícita sobre a salvação. E isto é compreensível porque o essencial é, em um sentido, englobante e evidente, ao passo que, em outro sentido, é impossível definir: vive-se! Isto ocorre com a salvação que temos de Deus por mediação de Cristo e no Espírito. A linguagem teológica procede por aproximações ao mistério. Santo Tomás de Aquino, após analisar as formas em que a paixão de Cristo causou nossa redenção e de colocar em cena as categorias que recebe a tradição anterior (mérito, satisfação, sacrifício, redenção, eficiência), as reassume totalmente e simultaneamente as situa dentro de seus limites simbólicos, e com isso, no fundo, as relativiza[382]. O mistério nos cega e nos emudece, ao passo que sua luminosidade e plenitude nos dão olhos novos e nos fazem proferir uma linguagem inusitada e mais eloquente. Os que mais falaram da inefabilidade de Deus são os que mais enriqueceram a linguagem: desde Platão e Plotino até Pseudo-Dionísio e São João da Cruz.

8 Axiomas clássicos da soteriologia

Já na Patrística foram sendo formuladas algumas convicções profundas que se fizeram presentes até hoje como critérios básicos para compreender a obra de Cristo enquanto salvadora do homem.

a) *Princípio de intercâmbio*: Deus se fez homem para que o homem chegasse a ser Deus. "Factus est quod sumus nos uti perficeret esse quod est ipse." O encontramos em mil variantes. Uma das primeiras em Santo Irineu: "Seguimos o único mestre verídico e fiel, o Verbo de Deus, Jesus Cristo Nosso Senhor, que por seu imenso amor se fez o que nós somos para que chegássemos a ser o que Ele é"[383].

b) *Princípio de razão equivalente*: Se em última instância a salvação consiste em participar da própria vida de Deus e na afirmação absoluta do ho-

---

[382]. SANTO TOMÁS. *Sth.* III q.48 a.6 ad 3. Cf. CATAO, B. *Salut et rédemption chez S. Thomas d'Aquin* – L'acte sauveur du Christ (Paris 1965). • TORREL, J.P. "La passion dans son efficience de salut". In: *Le Christ en ses mystères* – La vie et l'oeuvre de Jésus selon Saint Thomas d'Aquin, II (Paris 1999), p. 381-448.

[383]. SAN IRENEO. *Adv. haer.* V, pref. Cf. VON BALTHASAR, H.U. "El modelo de los Padres: 'Admirabile commercium' – Delimitación del tema". In: *TD* 4, p. 221-231.

mem por Deus, a salvação só pode ser realizada por aquele que compartilha com a vida, com a autoridade e com a missão de Deus. Do princípio cristão que afirma que "Em Cristo temos salvação", chegou-se ao reconhecimento e à afirmação de sua divindade, e com a mesma lógica à definição da divindade do Espírito Santo. Só pode redimir quem tem a potestade e a mesma natureza de Deus (O Filho [Niceia]) e só pode santificar quem é santo (Espírito senhor e vivificador [Constantinopla])[384].

c) *Princípio de redenção por assunção*, explicitado em dimensão positiva e, sobretudo, negativa. "Τὸ γὰρ ἀπρόσληπτον ἀθεράπευτον ὅ δὲ ἥνωται τῷ θεῷ τοῦτο καὶ σῷσεται" = "Porque o que não foi assumido não foi salvo; mas o que se une a Deus, isso permanece salvo"[385]. Daqui se deduziu a necessidade de Cristo ter assumido uma humanidade completa, já que aquilo que não fosse integrado à sua própria pessoa de Filho permaneceria sob o poder do pecado e sem redenção. Positivamente significa que tudo aquilo que foi assumido permanece unido, dinamizado e feito partícipe da santidade do Filho. Sua natureza humana assim divinizada, sem perder sua consistência, mas antes obtendo-a ao máximo, se converte em princípio de graça para todos os outros homens[386].

d) *Princípio de permanência e incrementação*. "ὅ μὲν εἶχεν οὐκ ἀπώχεσεν, ὅ δὲ οὐκ εἶχε προσλαμβάνων = Não perdeu o que tinha, ao passo que assumia para si o que não tinha"[387]. Aplicado ao *Logos* em sua *quenose*, este princípio tenta salvaguardar a imutabilidade divina, já que se o Filho em sua forma de escravo perdesse a condição divina, então já não disporia da capacidade

---

384. É a ideia que guia a obra de B. Studer: *Dios salvador en los Padres de la Iglesia* – Trinidad-Cristología-Soteriología (Salamanca 1993).
385. "Quod enim assumptum non est, sanari nequit; quod autem Deo unitum est, hoc quoque salvatur" (NACIANCENO, G. *Epist.* 101, 7,32). Cf. GRILLMEIER, A. "Quod non assumptum-non sanatum". In: *LTK*[2] 8, p. 954-956. • STUDER. B. Op. cit., p. 287-288. • STUDER. B. *Orígenes, Dial. con Heráclitus* 7 (SC 67, p. 71).
386. "Quemadmodum enim sanctissima atque inmaculata animata caro eius caro deificata non est perempta, sed in proprio et ratione permansit, ita et humana eius voluntas deificata non est perempta, salvata est autem magis" (DS 556). "Ipse [Christus] est homo perfectus, qui Adae filiis similitudinem divinam inde a primo peccato deformatam, restituit. Cum in eo natura humana, assumpta non perempta sit, eo ipso etiam in nobis ad sublimem dignitatem evecta est. Ipse enim, Filius Dei, incarnation sua cum omni homine quodammodo se univit" (GS 22).
387. HIPÓLITO DE ROMA. *Hom. in Pscha*, I. Ed. P. Nautin (SC 27, 165, p. 17-18).

de salvar os homens. A ressurreição daquele que se fez obediente até a cruz tem seu último fundamento nessa condição divina: não é "divinizado" um homem qualquer, mas é glorificado em sua humanidade aquele que desde sempre era o Filho (Rm 1,3; Fl 2,6). A encarnação é um incremento de realidade para o próprio Deus, mesmo quando isto acontece pela *quenose* e pela *estáurosis* [cruz]; entretanto, é também um incremento de realidade para o homem, que consiste em poder ser conatural a Deus, sem que entre ambos se produza uma "mistura" nem uma superposição. Por isso, na encarnação de Deus já está presente em germe a salvação.

e) *Princípio de entrega irrevogável de Deus ao homem. "Quod semel assumpsit nunquam dimisit"*[388]. A salvação merece crédito absoluto em Cristo se Deus mesmo não apenas visita a terra do homem e compartilha com ele seu tempo, mas também se faz solidário de sua existência e lhe concede participar de sua eternidade. Então o homem pode confiar em sua dignidade absoluta, assumir sua carne como pátria da verdade e não apenas como âmbito da decadência e do pecado. A permanência da carne de Cristo como forma conatural de sua realização eterna e a ressurreição de nossa carne são dois pilares da compreensão antropológica cristã. "O Verbo, segundo os gnósticos, abandona na ascensão tudo o que assumiu para a atividade salvífica: o pneumático (feminino) para devolvê-lo à Sophia e o psíquico para restituí-lo ao Demiurgo. O *Logos* em sua livre-pessoa volta ao seio do Pai"[389]. Perante esta negação pelos gnósticos da permanência eterna da humanidade de Cristo, no Credo a Igreja afirma: "Seu reino não terá fim"[390]. A perduração eterna de sua humanidade é a garantia da perduração eterna da nossa. A salvação começa no tempo, mas se consuma na eternidade.

---

388. "Entre os axiomas soteriológicos do século IV e os posteriores axiomas classicamente consensuais existe muitas vezes um implícito: "Quod semel assumpsit (Verbum), nunquam dimisit" (ORBE, A. "Al margen del mistério: los axiomas cristológicos". In: *En torno a la encarnación* (Santiago de Compostela (1985), p. 205-219).

389. Ibid., p. 212.

390. DS 41-45; 48; 60; 150.

IV - Universalização e personalização da salvação

1 A universalidade do pecado e a redenção de Cristo

O texto de 1Tm 2,5-6, que nos servirá de guia nesta seção, afirma simultaneamente:

- A unicidade de Deus.
- A unicidade da mediação do homem Jesus entre Deus e os homens.
- A universalidade da vontade salvífica de Deus.
- A entrega de Jesus como resgate por todos os homens, levando assim à sua realização no tempo previsto o plano salvífico de Deus.
- Jesus realizou esse plano divino dando sua vida em representação vicária e realizando perante Deus o que os homens deviam realizar para recuperar a própria alma do poder do mal, para oferecer a Deus aquela satisfação proporcional à ofensa, que por sua vez é determinada pela grandeza e pela dignidade da pessoa ofendida.
- Assim a vida de Jesus é compreendida como entrega serviçal e sacrificial na medida em que fez tudo pelos homens e se fez solidário do destino dos pecadores, que por si mesmos não podem livrar-se do poder do pecado, do qual permanecem cativos[391].

Esse é o pano de fundo a partir do qual a redenção de Cristo adquire todo o seu sentido. Ela é descrita com termos simbólicos, já que o poder do pecado, a realidade da salvação e a novidade de vida resultantes transcendem qualquer linguagem explicativo-quantitativa, e devem ser interpretadas à luz das experiências humanas nas quais se perde ou se ganha inteiramente a vida. Perde-se em um naufrágio, prisão, exílio, inimizade o que é necessário para ser "salvo", "redimido", "resgatado"; ganha-se o encontro com a pessoa amada, a comunidade a que se pertence, a situação de paz, a reconciliação com a pessoa ofendida ou inimizada, agradando-a com obras que lhe devolvam de forma amorosa o mal que lhe havíamos causado[392].

---

391. "Porque há um só Deus e um só mediador entre Deus e a humanidade, um homem: Cristo Jesus, que se entregou em resgate por todos" (1Tm 2,5-6). Cf. Tt 2,13-14.

392. O termo grego Ἀπολυτρωσις, ao qual corresponde o latino *redemptio*, significa a ação de libertar um escravo ou um prisioneiro mediante o pagamento de um resgate. A esta palavra devemos unir as vizinhas ῥύομαι, redenção que se espera de Deus e que Cristo realizou como salvação ou preservação frente ao poder do maligno, das trevas (Mt 6,13; Rm 7,24; Cl 1,13); ἐλευθεροῦσθαι (Rm 8,21-23), em que aparece o paralelismo libertação/redenção, sendo esta última algo que ainda

A expressão mais dramática dessa ação libertadora a encontramos no episódio evangélico da cura de um homem possuído por um espírito impuro. Jesus, designado "Filho do altíssimo", o arranca do poder que o aprisiona, que o desfigura e que o despe, privando-o do próprio juízo. Marcos, mostrando a inversão da realidade que Jesus realiza, assim sintetiza o sentido do relato: "Chegando até Jesus, viram o endemoninhado *sentado, vestido e em pleno juízo*, ele que antes estava possuído por uma grande legião" (5,15). A companhia de Jesus reconstrói o juízo e a beleza da figura dessa pessoa. Essa é a redenção: a *misericórdia* que Jesus tem para com o homem (5,19), transformando sua existência degradada e escravizada pelo mal, oferecendo-lhe sua *companhia*, recuperando sua *dignidade* e incluindo-o em sua *missão* (5,20).

A vida de Jesus está a serviço da superação do mal, dos pecados de todos os homens e simultaneamente a serviço da recuperação da amizade, da santidade, da proximidade e do acesso a Deus. Ele é assim o solidário universal e o pró-existente universal que se coloca no lugar de todos os homens como pecador acusado para assumir suas responsabilidades e superá-las. Duas palavras gregas (λύτρον-ἀντίλυτρον = preço pago pelo resgate) definem a vida de Jesus como entrega para que os homens recuperam a dignidade e a liberdade. Mas nunca se diz a quem ou como se paga esse preço. É uma maneira simbólica de afirmar o caráter efetivo da existência pessoal de Jesus doada, a fim de arrancar-nos do poder do pecado e outorgar-nos a vida de Deus. "O Filho do Homem não veio para ser servido, mas para servir e dar sua vida para a redenção de muitos (δοῦναι τὴν ψυχὴν αὐτοῦ λύτρον ἀντὶ πολλῶν)" (Mc 10,45). A expressão ἀντὶ πολλῶν indica uma grande multidão e equivale à universalidade; por isso 1Tm 2,6 emprega πάντες = todos, ao invés de πολλοί. Esta fórmula nos remete aos relatos da instituição da Eucaristia, onde afirma-se: "Isto é o meu sangue da Aliança, derramado por (ὑπέρ) muitos" (Mc 14,24). Mateus explicita: "sangue derramado por (περί) muitos para o perdão dos pecados" (26,28). Assim convergem as três preposições soteriológicas: ὑπέρ, περί, ἀντί = por, em favor de, no lugar de, a serviço de. Jesus havia concentrado sua ação e missão no povo de Israel como primeiro

---

aguardamos; ἐξαγοράζω (Gl 3,13;4,5), em que Cristo nos resgata da maldição da lei para receber a filiação. "Foi para a liberdade (ἐλευθερία ἠλευθέρωσεν) que Cristo nos libertou. Ficai, portanto, firmes e não vos curves de novo ao jugo da escravidão" (Gl 5,1). Cf. ST. LYONNET. *De peccato et redemptione* – II: De vocabulario Redemptionis (Roma 1960; Regensburgo 1972).

destinatário, mas chegando ao final entrega sua existência universalizando sua morte e oferecendo-a em favor da vida de todos os homens[393].

A universalidade da salvação oferecida por Cristo corresponde à universalidade do pecado e à universalidade do juízo de Deus. A salvação de Cristo é oferecida por Deus como resposta à situação de culpa e ignorância, de esquecimento e perdição da humanidade. Tanto para Cristo como para Paulo os homens estão sob o poder do mal e suas múltiplas diversificações (pecado, potestades, demônios, enfermidades resultantes, satã). Cristo precisa despojar o forte que mantém os filhos de Deus subjugados ao seu serviço (Lc 11,20-21) e os recompensa com a morte (Rm 6,17-23). "Deus encerrou a todos na desobediência para usar com todos de misericórdia" (Rm 11,32). "O mundo inteiro está sob o poder do maligno" (1Jo 5,19)[394]. Deus não é indiferente ao pecado do homem. Primeiro, porque o pecado é uma destruição da ordem de sua criação; segundo, porque é a ruptura da aliança que Ele instaurou com o homem como seu amigo; terceiro, porque despoja o homem da suprema dignidade, que é ser reflexo, receptáculo e transmissor da glória de Deus ao mundo. *Deus julga o mundo na medida em que nega essa violência e injustiça, em que lembra ao homem sua vocação e, ao recordar-lhe as consequências de suas ações, lhe oferece o perdão.*

2 Características da mediação salvadora de Cristo

A mediação salvífica de Cristo em favor dos homens tem as seguintes dimensões:

a) *Dimensão protológica.* Cristo está no começo das coisas e é seu princípio e realidade. Qualquer afirmação histórica e particular sobre Cristo se funda nessa presença originária e universal. Ele é o *Arché*, o princípio, e tem a primazia. "Tudo foi criado por Ele e para Ele. Ele é antes de tudo, e tudo subsiste nele. Ele é a cabeça do corpo, que é a Igreja; Ele é o *princípio*,

---

393. Cf. SPICQ, C. "λύτρον-ἀντιλύτρον". In: *LTNT*, p. 944-950. • PROCKSCH, O. & BÜCHSEL, F. "λύτρον". In: *TWNT* IV, p. 329-359, esp. p. 341-359; X/2, p. 1.165-1.166 (bibliografia). • KERTELGE, L. In: *DENT* II, p. 95-101. • JEREMIAS, J. "Rescate por muchos (Mc 10,45)". In: *Abba, El mensaje central del NT* (Salamanca 1993), p. 138-152. • STUHLMACHER, P. "Existenzstellvertretung für die vielen: Mk 10,45 (Mt 20,28)". In: *Versöhnung, Gesetz und Gerechtigkeit* (Gotinga 1981), p. 27-42.

394. Cf. CAIRD, G.B. *New Testament Theology.* Op. cit., p. 74-117 (A necessidade de salvação).

o primogênito dos mortos, para que tenha primazia sobre todas as coisas" (Cl 1,17-18). Primado universal de Cristo na ordem da criação e da ressurreição. A primazia no ser é também primazia no entender e no plenificar. Ele funda nossa existência, nossa inteligibilidade e nossa consumação. Se somos nele, só nos entenderemos plenamente a partir dele e só nos plenificaremos com Ele.

b) *Dimensão histórica*. A ação de Cristo tem seu centro na encarnação, na direção da qual se orienta todo o AT e da qual vive a Igreja. Quando digo encarnação digo também morte, pois o homem é real não na pontualidade do instante, mas na sucessão do tempo, que se orienta para o morrer, em que a liberdade tem seu desafio e possibilidade supremos. Cristo encarnado, morto e ressuscitado, é a mediação visível e sensível de Deus. Na carne Deus conquista sua credibilidade final para o homem. Assim, Cristo é o *lugar* de Deus para o homem.

c) *Dimensão recapituladora*. Cristo não aparece no mundo como um desconhecido ou inesperado, mas ao final de uma história de preparação divina e de esperança humana. Preparação na humanidade – o chamado "tempo eixo" dos cinco séculos que o precederam – e preparação em Israel. Paulo considera o tempo de Jesus o tempo da plenitude (Gl 4,4). Cristo é assim o *centro* da história, o *Verbum abreviatum* em relação ao que o Pai falou no AT e o *Verbum anticipatum* em relação ao que o Espírito Santo vai inspirar na Igreja.

d) *Dimensão escatológica*. A esperança de Israel se orientava na direção da ressurreição dos mortos, a ponto de Paulo dizer que por acreditá-la realizada em Cristo se fez cristão, e que por isso a fidelidade a Israel o levara a converter-se a Cristo (At 23,6; 24,15.21). Jesus é o primeiro ressuscitado dentre os mortos (At 4,2), *a primícia e a causa*. É o último homem, enquanto finalizador do desígnio de Deus e antecipador do destino futuro do homem (1Cor 15,45).

e) *Dimensão única*. Uma vez que o Filho apareceu na história os precursores perdem vigência. Ele é o Mediador de uma aliança nova, com vigência eterna. Sua mediação nos dá acesso a Deus e nos reconcilia com Ele depois de realizar o perdão dos pecados (Lc 22,20; 1Cor 11,25; 2Cor 3,6; Rm 8,1-4; Hb 7,22; 8,8; 9,15; 12,24; 13,20). O sinal dessa aliança nova é seu sangue, expressão do poder de vida que nele o Pai nos dá e da liberdade com que Ele se oferece por nós, realizando assim *a essência do sacrifício: autodevolução agradecida do homem a Deus em amor e liberdade, correspondendo ao ser oferecido pelo existir recebido* (Hb 10,5-10). Por ser mediação do Filho, em união consumada do amor de Deus e da liberdade do homem, Ele se torna a única mediação necessária e suficiente. Por isso, a seguinte afirmação é uma evidência objetiva e não uma declaração jurídico-arbitrária: "Em nenhum outro há salvação, pois nenhum outro nome foi dado sob o céu pelo qual nós, homens e mulheres, possamos ser salvos" (At 4,12)[395].

f) *Dimensão universal*. A mediação do Filho se estende até onde a vontade do Pai chega. "Deus quer que todos os homens se salvem e cheguem ao conhecimento da verdade." Por isso Cristo "se entregou a si mesmo em resgate por todos" (1Tm 2,4.6). Os textos da instituição da Eucaristia sublinham essa universalidade da entrega de Jesus. Somente uma aberração espiritual ou um elitismo anticristão pôde levar a negar a vontade salvífica universal de Deus ou a dizer que Cristo não morreu por todos[396].

g) *Dimensão pessoal*. Em duplo sentido. Primeiramente referida a Cristo. Ele exerce a função intermediária em favor dos homens porque "é" intermediário ontológico em sua condição pessoal de Deus e homem. Pessoal também, porque Cristo se dirige não à massa humana de maneira anônima, mas a cada homem. Jesus diz a Pedro: "Eu rezei *por ti* para que tua fé não desfaleça" (Lc 22,32). Paulo afirma: "Ele me amou e se entregou *por mim*" (Gl 2,20). De Santo Agostinho a Santo Inácio e Pascal ressoa a afirmação: "Cristo derramou certas gotas de sangue *por mim*...". "Eu pensei *em ti* em minha agonia." Em sua quarta proposição sobre a consciência de Cristo a

---

395. "O ser de Jesus como unidade da vida de Deus e da existência humana, e sua obra, são simultaneamente a afirmação historicamente real e escatologicamente vitoriosa da autocomunicação de Deus ao mundo, não obstante sua pecaminosidade" (RAHNER, K. *Diccionario teológico*. Op. cit., p. 611).

396. Cf. DS 624. A última proposição de Jansênio, condenada (1653) por Inocêncio X, afirma: "É semipelagiano quem afirma que Cristo morreu ou derramou seu sangue absolutamente por todos os homens" (DS 2005).

CTI [Comissão Teológica Internacional] reafirmou esta referência pessoal de Cristo a cada homem. Cristo morreu em favor de cada irmão (Rm 14,15; 1Cor 8,11; 2Cor 5,14). Deus é o Absoluto para cada homem e cada homem é um absoluto para Deus. *A morte de Cristo é o sinal do valor e do apreço absolutos de cada pessoa para seu Criador.*

João, Paulo e as Cartas Pastorais acentuam a universalidade e o caráter vicário da morte de Cristo como sinal do amor de Deus para com os homens. "Porque, quando ainda éramos fracos, Cristo morreu no momento oportuno pelos ímpios [...]. Mas Deus prova seu amor para conosco pelo fato de Cristo ter morrido por nós, quando éramos ainda pecadores" (Rm 5,6.8). O principal no NT não é nem Israel, nem suas autoridades, nem as pequenas coisas do entorno, mas o dom de Deus e a entrega de Cristo por todos a fim de resgatá-los do poder do mal, da ignorância e da escravidão. Estas realidades não são apenas fatos exteriores, visíveis e tangíveis, mas descobrimentos que redimem, iluminam e santificam o homem. *O pecado de Adão se descobre a partir de Cristo, as nossas culpas a partir do perdão que Deus nos oferece, e nossas responsabilidades omitidas a partir da luz nova do Espírito.* O mundo sob o pecado é justamente aquele que se declara justo, que reclama estar isento de pecado. E aqui está o supremo pecado (Jo 9,39-41; 15,22). Neste sentido o descobrimento do pecado é fruto da redenção[397]. As trevas são descobertas e identificadas a partir da luz, e não o inverso. E a partir disso já se pode perceber que somente a Luz suprema pode desmascarar as trevas e libertar o mundo de seu poder tenebroso. Jesus é a salvação porque torna Deus presente enquanto Luz e Vida. A ausência de Deus é o mal. "O mal é a ausência de Deus" (S. Weil).

> Nós vimos e testemunhamos que o Pai enviou seu Filho como salvador do mundo (1Jo 4,14).

> Ele é verdadeiramente o salvador do mundo (Jo 4,42).

---

[397]. "Enquanto se permanece submetido ao seu domínio, o pecado aparece como qualquer coisa menos como pecado; se ele se mostra com seu próprio rosto, é porque foi desmascarado e, desta forma, suas fundações começam a vacilar. A revelação do pecado no NT é a consequência da revelação da graça salvadora. *É a universalidade desta que confirmou a Igreja na convicção da universalidade daquele*" (RUIZ DE LA PEÑA, J.L. *El don de Dios* – Antropología teológica especial (Santander 1991), p. 196-197). Cf. LADARIA, L. *Antropología teológica* (Madri/Roma 1983), p. 243. Sobre o pecado original e o dogma da redenção, cf. GÖRRES, A.; SCHÖNBORN, C. & SPAEMANN, R. *Zur kirchlichen Erbsündelehre* (Einsiedeln 1991). • HENRICI, P. "Die Philosophen und die Erbsünde". In: *Com IKZ* 4 (1991), núm. monográfico.

3 O Espírito e o apóstolo, atualizadores da salvação em Cristo

O caráter definitivo da salvação de Cristo supõe que ela não se esgota no tempo e no lugar de sua aparição histórica, mas deve munir-se das condições internas necessárias para chegar a ser contemporânea de todos os homens e tão acessível em todos os tempos quanto o fora para os apóstolos. Quais são as estruturas, as pessoas e as ações que garantem que a salvação de Cristo não seja nem esquecida nem corrompida, mas permaneça viva, autêntica e acessível a todos? Ao afirmar que Cristo é único, por ser o Filho de Deus encarnado enviado pelo Pai para a superação de nossos pecados e outorgar-nos a filiação, estamos afirmando seu caráter incomparável a nenhum outro mediador anterior ou posterior. A obra de Cristo teve lugar uma única vez (ἅπαξ) e uma vez por todas (ἐφάπαξ) (1Pd 3,18; Hb 7,27; 9,12; 9,28). A unicidade e a irrepetibilidade da obra de Cristo significam que nenhuma estrutura ou instituição mediadora, anterior ou posterior, é comparável a ela, ou pode lhe fazer sombra, ser repetida ou substituída. Cristo é Único. A missão da Igreja é anunciar seu evangelho e recordar sua vida, celebrar sacramentalmente sua morte e ressurreição, aproximando-se dele como salvação para todos. Esta unicidade constituiu, desde o princípio, motivo de fascinação e ao mesmo tempo de escândalo para filósofos, poetas e inclusive pessoas religiosas[398]. A unicidade de Cristo é de integração e de recapitulação; está em continuidade consumadora da sabedoria e da esperança do mundo, da aliança e da promessa feita a Israel; em continuidade inaugural e antecipatória da Igreja. Cristo se situa entre os profetas, seus precursores, e os apóstolos, prolongadores de sua missão. Por isso é também designado *"o" Profeta prometido por Moisés* (Jn 1,21.25; 6.14; 7,40; At 3,22; 7,37; cf. Dt 18,15.18). Mas *é o Filho, e isto constitui a novidade de sua pessoa e funda a unicidade de sua obra redentora*. A Carta aos Hebreus é o testemunho reflexo dessa continuidade e dessa novidade de Cristo em relação às mediações salvíficas do AT.

Cristo antecipa a Igreja na constituição do grupo dos Doze e dos discípulos. *Na Igreja se nos revela e continua o mistério da salvação que se consuma*

---

398. Um exemplo é o poema de Hölderlin, "Der Einzige = El único". In: *Werke, Briefe, Dokumente* (Munique 1977), p. 174-176: "Um pudor me impede comparar-te com os homens mundanos. E, no entanto, sei que o Pai que te engendrou é o mesmo".

em Cristo[399]. *A mediação da Igreja não é alternativa, mas subordinada à mediação de Cristo; é fundada e determinada por ela.* Cristo deixa ao mundo uma continuidade pessoal, mais do que uma continuidade doutrinal ou exemplar. Sua mensagem e sua forma de vida foram eficazes enquanto reexercitadas por aqueles que foram fiéis a Ele. Cristo confia sua Igreja ao Espírito e ao apóstolo, com seu evangelho como dom e o mundo como destino. *O Espírito atualiza e universaliza a salvação* ao realizar a missão de:

a) Estar para sempre com os discípulos como Advogado, Defensor, Espírito da verdade, perante o mundo como esfera da mentira, que enquanto tal rejeita a Cristo (Jo 14,15-17).

b) Manter viva a lembrança de Jesus, trazer à memória dos discípulos o que disse, e desta forma ensinar-lhes tudo. É o verdadeiro mestre interior, como Cristo foi o verdadeiro mestre exterior nos dias de sua vida terrestre (Jo 14,25-26).

c) Testemunhar Cristo no coração dos fiéis para que em espírito e em verdade possamos aderir a Ele. "Quando vier o Advogado que eu enviarei da parte do Pai, Ele dará testemunho de mim" (Jo 15,26).

d) Tornar completa a verdade de Jesus, espalhando-a no tempo, já que nem os apóstolos em seu devido tempo nem geração alguma conseguem desentranhar, assimilar e realizar toda a verdade de Jesus. A verdade vai se realizando no tempo e, desta forma, vai sendo completada. O impulso inovador na ação missionária, a transposição artística dos divinos mistérios, a experiência mística, a chamada "evolução do dogma", sua crescente inteligência na teologia e na vida cristãs, são aspectos diferenciados desta conclusão da única verdade de Cristo que o Espírito realiza. "Quando vier o Espírito da verdade, Ele vos guiará em toda a verdade" (Jo 16,13).

---

399. "Quod salutis divinum mysterium nobis revelatur et *continuator* in Ecclesia" (LG 52). "Esta exortação se dirige principalmente aos que foram elevados à ordem sagrada com a intenção de que *se continue* a missão de Cristo" (UR 7).

e) Expandir a ação missionária da Igreja a novos campos mediante os sinais de sua presença nos mundos não evangelizados e estimular os apóstolos a criarem fórmulas novas que deem credibilidade ao evangelho (At 10,47-48).

f) Dotar o corpo eclesial de Cristo com os dons próprios do Messias e do povo missionário (Is 61,1-3), tornando assim possível realizar suas complexas funções mediante os carismas, diferentes entre si, mas outorgados pelo mesmo Espírito a homens e mulheres que devem anunciar o evangelho e implantar a Igreja em situações e culturas diversas (1Cor 12–14).

g) Comunicar-nos a graça da filiação, própria de Cristo, de forma que possamos rezar com a confiança própria do Filho, ter acesso ao Pai, sentir-nos livres no mundo (Gl 4,6-7) e já antegozar o futuro como participação em sua herança (Rm 8,14-17).

h) Outorgar-nos o conhecimento necessário para a salvação e a santificação. O cristão tem a "unção", com a correspondente inclinação instintiva para o que é conforme a Cristo, de modo que o magistério interior do Espírito é prévio e posterior a todos os mestres humanos. "Vós, porém, tendes a unção que vem do Santo e sabeis todas as coisas [...]. A unção vos ensina tudo e é verídica" (1Jo 2,20.27).

O Espírito é assim o continuador, o universalizador, o interiorizador, o intérprete e o testemunha credenciado de Jesus, tanto no domínio público da Igreja quanto no coração de cada discípulo. A *auctoritas* do apóstolo, recebida pela imposição das mãos e pelo dom do Espírito, ao mesmo tempo que pela *gnosis* e pela *experiência* do fiel, são igualmente essenciais na Igreja. Sua convivência não é fácil, e da tensão constitutiva derivam as dificuldades que nela emergem, mas também sua fecundidade e diversidade criativas.

A diferença que separa o catolicismo do protestantismo é a afirmação que aquele faz uma transmissão da própria autoridade de Cristo aos apóstolos e destes a seus sucessores, os bispos, mediante a qual podem anunciar, celebrar, perdoar e prometer normativamente até o fim dos séculos o que Cristo anunciou, ofereceu e prometeu aos homens. A Igreja Católica entendeu o envio dos apóstolos por Cristo como um dever e uma autorização para anunciar em seu nome o evangelho, outorgar o perdão dos pecados e representá-lo no mundo. Nos bispos os apóstolos encontram o seu prolongamento natural, divinamente previsto, desejado e confirmado[400]. Dentro da diferença existe uma semelhança entre a missão de Jesus pelo Pai e a missão dos apóstolos por Jesus:

> Aquele a quem o Pai santificou e enviou ao mundo (Jo 10,36).

> Como o Pai me enviou, assim eu vos envio. Dizendo isto soprou e lhe disse: "Recebei o Espírito Santo; a quem perdoardes os pecados serão perdoados; a quem os retiverdes serão retidos" (Jo 20,23-25).

> E quem vos ouve, a mim ouve, e quem vos rejeita, a mim rejeita. E aquele que a mim rejeita, rejeita aquele que me enviou (Lc 10,16). (Cf. envio final dos onze em Mt 28,16-20; Mc 16,14-16.)

Existem três possibilidades de interpretar a transmissão do que Cristo foi e fez: a) Por recuperação e relato positivista (métodos da ciência positiva: Harnack, Jeremias). b) Por interpretação do querigma, mediante a transposição do sentido vivido por Jesus, de forma que se converta em determinação de nossa própria existência (hermenêutica e existencialismo: Heidegger, Bultmann). c) Pela transmissão institucional, pela celebração sacramental e pela declaração apostólica dentro da comunidade de fiéis (compreensão católica). Não é suficiente, entretanto, a ciência positiva, que só sabe de fatos e objetos passados; nem a interpretação existencial, que só nos elucida e nos aproxima do sentido possível. É necessário o testemunho exterior que remete à autoridade dos apóstolos e de Cristo; e o testemunho interior do Espírito que cura o coração do homem e lhe confere olhos novos para ver e nova potência para agir. *O Espírito Santo e a fé são as mediações interiores; o Evangelho, o sacramento e o apóstolo são as mediações exteriores da salvação de Cristo.*

---

400. "Jesus Cristo, pastor eterno, edificou a santa Igreja enviando seus apóstolos, da mesma forma que Ele foi enviado pelo Pai (cf. Jn 20,21), e quis que os sucessores daqueles, os bispos, fossem os pastores em sua Igreja até a consumação dos séculos" (LG 18). "Os bispos sucederam por instituição divina os apóstolos, como pastores da Igreja, de modo que quem os escuta, escuta a Cristo, e quem os deprecia, deprecia a Cristo e a quem o enviou (cf. Lc 10,16). Na pessoa dos bispos, portanto, a quem assistem os presbíteros, o Senhor Jesus Cristo, pontífice supremo, está presente no meio dos fiéis" (LG 20,21).

Só existe um mediador constituinte e uma variedade de mediações constituídas[401]. A glória de Deus já não brilha mais se afirmando sozinha, negando a presença ou a colaboração de suas criaturas como causas segundas. A mediação de Cristo enriquece quando Ele, que uniu sua pessoa divina, "ut vivum organum salutis", à natureza humana, continua assumindo os homens, incorporando-os a Ele pelo batismo e constituindo-os em instrumentos que tornam presente, interpretam e testemunham sua única mediação[402]. A Igreja é assim a continuação real requerida por Cristo e animada por seu Espírito onde o apóstolo anuncia o evangelho e celebra os sacramentos. Nela todos formam o corpo de Cristo e são testemunhas credenciadas de seu mistério. Desde sua origem o protestantismo se inclinou na direção de um monofisismo, debilitando ou negando a colaboração das causas segundas na obra da salvação humana. Isto se concretiza na compreensão da humanidade de Cristo, vista como lugar onde Deus por si só leva a cabo a nossa salvação. E, em analogia, descarta a participação de Maria, da Igreja e dos sacramentos na ação salvífica[403].

Tudo no cristianismo é *imediatez mediada* (K. Rahner). Cristo, como realidade criacional não dissolúvel, abre para o encontro direto com Deus; a instituição eclesial abre para a comunhão direta com a pessoa de Cristo; os sinais do pão, do vinho e do óleo transmitem a graça salvadora de Cristo nos sacramentos. A lei da encarnação se prolonga na Igreja, no ministério apostólico e nos sacramentos. A Igreja nos dá assim o evangelho, o Espírito, o corpo, o perdão, a promessa e a esperança de Cristo. Frente a todo gnosti-

---

401. Cf. RAHNER, K. "Der eine Mittler und die Vielfalt der Vermittlungen". In: *SzTh* VIII, p. 218-238.

402. LG 8. A teologia clássica compreendeu a humanidade de Cristo como "órgão" (*intrumentum coniunctum*) de sua divindade. Mesmo quando o exemplo se presta a uma compreensão exterior e instrumental de sua natureza humana, Ele expressa a integração desta no ato redentor. Analogicamente, Cristo integra os homens à sua pessoa para que participem de sua vida, e os incorpora à sua missão para que a compartilhem como colaboradores. Por isso, a redenção não é apenas divina, mas "crística", sem deixar de ser pura graça – dom do céu –, mas também fruto do próprio homem – colheita da terra. Assim se cumpre a intuição do profeta convertida em antífona da liturgia do Advento: "Céus, destilai orvalho lá do alto; nuvens, fazei chover a justiça! Abra-se a terra e desabroche a salvação" (Is 45,8). Cf. SAN JUAN DAMASCENO. *De fide orth.* 59; 63 (PG 94, p. 1.060, 1.080). • SANTO TOMÁS. *Sth.* I-II q.112 a.1 ad 1. • TSCHIPKE, T. *Die Menscheit Christi als Heilsorgan der Gottheit* (Friburgo 1940).

403. Cf. CONGAR, Y. *Le Christ, Marie et l'Église* (Paris 1955). • CONGAR, Y. "Regards et réflexions sur la christologie de Luther". In: *Chrétiens en dialogue* (Paris 1964), p. 453-490. • CONGAR, Y. "Nouveaux regards sur la christologie de Luther". In: *Martin Luther* – Sa foi, sa réforme (Paris 1983), p. 105-134. • SESBOÜÉ, B. *Por una teología ecuménica* (Salamanca 1999).

cismo, com olhares de intelectualidade e grandeza, a Igreja sempre afirmou a carne de Cristo, o realismo da encarnação e a necessidade dos meios externos para a salvação. *A revelação de Deus foi concreta em Cristo e a salvação de Cristo é concreta na Igreja*[404]. Diante dos idealismos e individualismos, das pretensões cátaras ou revolucionárias, que reclamam uma era do Espírito, e com ela a liberdade absoluta do homem frente à mediação cristológica e à instituição eclesial[405], vale lembrar que *o Espírito não tem autonomia frente a Cristo, e que não há Cristo sem Igreja*. Para reconhecer na comunidade e na instituição eclesial o corpo de Cristo, também é necessária a fé. Esta é dada por Deus a quem tem um coração limpo e esperançoso, que não mede o mundo por sua própria extensão nem faz de suas glórias ou pecados o cânon de toda a realidade.

4 Salvação cristã e salvação secular

A proposta cristã de salvação encontra dificuldades: primeiro por seu *caráter particular*, que nos remete a um homem de um tempo e cultura; segundo por seu *caráter transcendente*. A salvação vem dos judeus, mas a salvação não é judaica. Os sinais originários do cristianismo não retêm quem os contempla, mas os abrem e os remetem a uma realidade divina e universal. A judeidade de Jesus não é um limite, mas um trampolim para o seu messianismo e para a sua filiação divina. Não cremos em Jesus por ser um judeu, um profeta com especial capacidade reformadora, revolucionária ou utópica, um mestre moral ou místico. A universalidade de Jesus se enraíza nesses elementos históricos, mas não tem seu último fundamento neles. *A unicidade, a supremacia e o caráter escatológico de Jesus são discerníveis em seu agir, em seu ensinar e em seu viver, mas se fundam em sua condição de Filho encarnado, que não isolável e tampouco confundível com sua condição judaica*. Cristo é salvador enquanto é uno e o mesmo: Deus e homem verdadeiro,

---

404. Santo Agostinho coloca em analogia a humildade de Deus, fazendo-se homem em Jesus, com a humildade do Verbo encarnado, fazendo da Igreja sacramento de sua presença salvadora. A rejeição de uma leva consigo a rejeição de outro. *Conf.* VIII, p. 2-4 (BAC 11, p. 314): a Mário Vitorino, que acreditava perfeitamente possível ser cristão sem adesão visível à Igreja, "pareceu que era fazer-se réu de um grande crime envergonhar-se dos 'sacramentos de humildade' de teu Verbo". Por isso diz a Simpliciano: "Vamos à Igreja: quero fazer-me cristão".

405. Cf. DE LUBAC, H. *La posteridad espiritual de Joaquín de Fiori* – I: De Joaquín de Fiori a Schelling; II: De Saint-Simon a nuestros días (Madri 1990).

judeu particular e Verbo universal[406]. Os homens chegaram através dele à sua possibilidade suprema: ser declarados e constituídos pessoalmente por Deus. Ser em Deus e ser com Deus é a vocação humana; por isso Jesus é o último homem, o homem universal, o Salvador do mundo[407].

Se o chamado à comunhão com Deus é a vocação unificadora do homem, e esta deve ser necessariamente de caráter pessoal, evidentemente a *autossalvação* é impossível (cf. GS 22). A salvação do homem vem de Deus e é Deus, mas nem por isso é *heterossalvação* ou implica *heteronomia*, pois nada existe de mais íntimo, próprio e fundante do homem do que Deus[408]. Deus constituiu-se homem permanecendo Deus. Este não é raptável nem apropriável pelo homem. Além disso, sua meta e salvação são necessariamente fruto da graça. Se o homem não pode alcançar sozinho a meta positiva de sua existência, tampouco pode superar e autorredimir-se das negatividades que padece. Digo negatividades no sentido de derradeiras carências: mal radical, ignorância sobre a origem, solidão última, culpa, escravidão dos poderes que o cerceiam, íntima alienação, inimizade com o próximo, pecado. As questões últimas o homem não pode explicá-las totalmente, resolvê-las completamente, ou eliminá-las de vez. O homem vive ao mesmo tempo na proximidade e na distância, no penúltimo e no último; sua vida é um eterno mover-se na ordem das coisas tangíveis e transcendentais. Esta ordem não é outra coisa senão a condição de possibilidade para que as coisas sejam, existam com sentido e para que possamos nos estabelecer no meio delas na verdade e na esperança. Os homens são eternos buscadores de sentido, jus-

---

406. Cf. KASPER, W.; BLÁZQUEZ, R.; ANDREU, A.; ROVIRA BELLOSO, J.M. & TORRES QUEIRUGA, A. "Jesucristo único y universal". In: VARGAS-MACHUCA, A. (ed.). *Jesucristo en la historia y en la fe* (Madri/Salamanca 1978), p. 266-324. Cf. MOULE, C.D.F. "The 'ultimacy' of Christ". In: *The Origin of Christology* (Londres 1977), p. 142-174. • PETIT, J.C. & BRETON, J.C. (eds.). *Jésus: Christ universel?* – Interprétations anciennes et appropriations contemporaines de la figure de Jésus (Québec 1990), esp. p. 47-54 (LANGEVIN, G. "Singularité et universalité de Jésus-Christ"), p. 57-58 (MÉNARD, C. "Jésus-Christ est-il l'unique Sauveur?").

407. Cf. 1Cor 15,45; Ap 1,17; 2,8; 22,13. • TAYLOR, V. *The Names of Jesus* (Londres 1962), p. 156-158. F. Nietzsche propõe Zaratustra como figura alternativa a Cristo e quer superar o homem, e inclusive o super-homem, oferecendo o "último homem". Cf. *Así habló Zaratustra*, prol. 5: "Mirad, yo os muestro el último hombre": "'¡Danos ese último hombre, Zaratustra – gritaban –, haz de nosotros esos últimos hombres!' ¡El superhombre te lo regalamos!" III parte: "De las tablas viejas y nuevas", p. 27.

408. Cf. SECKLER, M. "Salut par Dieu ou salut en Dieu? – La conception chrétienne du salut entre théo-sotérique et auto-sotérique". In: LEUBA, J.L. (ed.). "Dieu est le salut de l'homme". In: Ibid., p. 197-305.

tiça, felicidade, verdade, orientação, amor. Não conseguem viver sem eles, e muitas vezes se dispõem a morrer por eles. Os mitos, os humanismos, as ideologias, as religiões apontam para essa terra prometida, domínio da liberdade, da comunhão e da paz perpétua. Essa realidade última, *éschaton*, utopia que não está em lugar algum e determina todo lugar, é a salvação e, portanto, está religada ao caráter último e definitivo, ao valor absoluto, enfim, à transcendência divina. A história é uma sequência de fragmentos de sentido, de vislumbres de absoluto, de ofertas de salvação, algumas anti-humanas, outras divinas.

O homem tem múltiplas necessidades na ordem da própria dignidade e na ordem da própria transcendência. Ambas as ordens lhe são essenciais enquanto pessoa. As necessidades podem ser físicas, morais, sociais, intelectuais, espirituais, religiosas... As físicas, por sua vez, são da ordem econômica, política, social, jurídica. Cada uma delas exige respostas correspondentes em conteúdos e métodos próprios. Da mesma forma que Deus não é uma causa a mais que concorre na existência do homem junto às causas físicas, assim a salvação que o cristianismo propõe não se situa em concorrência com as respostas políticas, técnicas, intelectuais e sociais, que devem ser buscadas em cada campo próprio e oferecidas com métodos específicos. Em meio a tudo isso o homem dispõe de capacidade e necessidade de Absoluto. É constituído como imagem de Deus, conforme à Imagem perfeita que é o Filho, e alentado-atraído pelo Espírito. Esta abertura e ordenação divinas se realizam e fazem história em meio ao ser e ao agir concretos. Coextensivas a eles, no entanto, não são dedutíveis dessas situações, ações ou necessidades.

A salvação que o cristianismo oferece deriva da oferta e revelação de Deus, ao mesmo tempo que corresponde a essas necessidades e anseios humanos, que não são um elemento procedente de seu ser embora constituam sua trama e sua teia. Por essa razão o cristianismo não entra em colisão direta com aqueles sistemas políticos, econômicos e culturais que têm como missão desenvolver as possibilidades humanas, prover as carências imediatas, tornando possível ao homem ser mais livre e viver com mais esperança neste mundo. Mas esse mundo manufaturável e dominável, esse tempo admirável e fugaz não são tudo o que o homem necessita e do que ele é capaz. A salvação cristã tem uma *função nutrícia* e uma *função crítica* em relação a outros aportes a serviço e salvação do homem. *Nutrícia* porque alimenta o homem e o abre a um horizonte de absoluto, que o resgata de sua clausura na finitude e na morte, para que no meio delas realize sua vocação de imagem de Deus e chegue a ser semelhante a Ele e, esperando, almeje a vida eterna. *Função crítica* na medida em que exerce uma reserva escatológica ao medir todo o absoluto humano à luz do único Deus vivo e verdadeiro e ao manter aberto o horizonte do tempo a uma vida eterna[409].

O Credo afirma que Cristo "virá julgar os vivos e os mortos"[410]. Esse julgamento, unido à ressurreição geral, realizado em verdade e justiça absolutas, outorga dignidade infinita a todo agir: nada do humano se perde, tudo é sagrado e aparecerá diante de seus olhos. Ele fará justiça a quem o recebeu na história, às vítimas e aos mortos. Por isso a salvação não é idêntica nem se reduz ao poder, ao saber e ao ter, possíveis neste mundo. A salvação tem início com um viver apropriado: sabendo-se filho de Deus e responsável por seu próximo, identificando-se com Cristo e deixando-se guiar por seu Espírito. Isto já é uma antecipação da vida eterna: "O salário do pecado é a morte, mas o dom de Deus é a vida eterna em Cristo Jesus Nosso Senhor" (Rm 6,23).

A salvação cristã se desdobra em três tempos: a) É um *factum-dom* realizado no passado para sempre por Deus em Cristo. b) É um *faciendum-tarefa* que os homens devem realizar no presente. c) É um *sperandum* resultante da *promessa* que Deus cumprirá quando as criaturas, libertas de sua servidão à corrupção, participam na liberdade da glória dos filhos de Deus (Rm 8,18-23)[411]. Então apareceriam a verdade e a mentira, a justiça dos justos e a injustiça dos injustos. O juízo a que Cristo nos remete não é um recurso para intimidar os homens, mas uma afirmação de sua liberdade para dignificá-los e fazer justiça aos que não a receberam neste mundo[412].

---

409. Cf. GONZÁLEZ DE CARDEDAL, O. *La entraña*, p. 780-806.

410. DS 10; 125; 150.

411. "Estes textos: Rm 5,12; 6,22; Cl 3,1-4; Tt 2,11-13; Hb 10,12 expressam a convicção de que *a salvação é um tríplice ato de Deus: um fato já realizado, uma experiência que continua no presente e uma consumação que ainda está por vir*. Mas nenhum dos autores do NT jamais tenta propor uma discussão sistemática do ato redentor [...]. Cada um dos termos poderia ser usado indiscriminadamente para se referir a uma das dimensões. Nossa lógica moderna preferiria manter um dos termos para cada parte da tríade; p. ex., justificação designaria o fato realizado; santificação, a experiência perdurante; e glorificação, a meta" (CAIRD, G.B. "The three tenses of salvation". In: *New Testament Theology*, p. 118-119).

412. J.B. Metz sublinhou o valor da razão anamnética, a potência libertadora da *memoria passionais et resurrectionis Christi*, a desabsolutização deste mundo com seus poderes a partir do Cristo

5 A unicidade salvífica de Cristo e o pluralismo soteriológico

O cristianismo se encontra hoje com alternativas soteriológicas de diversas ordens: sistemas políticos e econômicos, projetos culturais e religiões de salvação. A filosofia e a ciência reconhecem que só a religião e a teologia podem responder às perguntas últimas. Sem Deus, pessoal e historicamente compreendido, a ética não encontra fundamento último para alguns imperativos absolutos que a vida pode exigir; a metafísica não encontra respostas tranquilizadoras à pergunta pela razão da existência do ser e não do nada, à razão de eu poder existir podendo não ter existido; e à pergunta pela razão relativa ao sentido final de tudo o que existe. Ser, pessoa, história, eis os três capítulos supremos que devem ser investigados com a razão, mas que só são definitivamente pensáveis e viváveis na fé; isto é, a partir da abertura em oração e a partir do acolhimento da fé em Deus, Princípio e Fim sagrados. Os homens verdadeiros reconheceram que algo funda e dignifica a vida na medida em que é superior à própria perenidade biológica. Os filósofos afirmaram que "a impiedade suprema é preferir a perenidade ao pudor e, por querer salvar essa vida, perder as causas pelas quais se vive"[413]. Os salmistas já perceberam que a comunhão com Deus é superior ao que era à época considerado o bem supremo do homem: vida longa (extensão), possessão e felicidade imediatas (intensidade). "Teu *hesed* (= graça, fidelidade, amor, *Huld*) vale mais que vida" (Sl 63,4). A distinção entre a verdade da vida e a simples sobrevivência entre a mera existência do homem e a graça de Deus já é um descobrimento constitutivo da humanidade irrenunciável. Isto supõe que a vida pode ser bem-sucedida ou malograda, ser "salva" ou "perdida", e que esta conquista última é fruto da "graça" de Deus, pois o homem nada pode oferecer em resgate de sua vida perdida, tampouco pode escapar da morte ou conquistar a benevolência de Deus (Mc 8,36-37; Sl 49,8-9).

Diante da crise da ciência positiva, por um lado, e da metafísica, por outro, aparecem as religiões como única resposta ao problema da salvação definitiva. Deixadas de lado as falsificações do religioso (panteísmo, magia, teurgia, *New Age*, teosofias, pseudodeformações psicológicas com pretensão

---

crucificado, que é o Cristo juiz. Cf. *La fe en la historia y la sociedad* (Madri 1979), esp. p. 129-145 (Redención y emancipación), p. 192-245 (Recuerdo-Narración-Solidaridad).

413. "Summum crede nefas animam preferri pudori et propter vitam vivendi perdere causas" (JUVENAL. *Sat.* 8,83-84).

salvífica...), permanecem as religiões em sentido verdadeiro. Prescindindo das religiões próprias aos povos indevidamente denominados "primitivos" e das religiões nacionais, a atenção se concentra nas religiões proféticas e sapienciais. As primeiras são geralmente identificadas com o monoteísmo (judaísmo, cristianismo, islã); as segundas com as grandes religiões do Oriente (hinduísmo, budismo...). Estas têm a pretensão de ser caminhos de salvação tão válidos quanto o oferecido pelo cristianismo. O Concílio Vaticano II analisou o valor dessas religiões não cristãs e sua significação salvífica[414].

Outras vozes posteriores (muito diferentes entre si e que devem ser analisadas em cada caso) reivindicam o reconhecimento de uma pluralidade de vias de salvação com a mesma dignidade objetiva, adaptadas a cada povo e determinadas por cada cultura. Cristo seria um mediador da salvação junto a outros, o máximo sem dúvida, mas em igual ordem qualitativa; Ele representando a região mediterrânea, ao passo que os outros representariam suas correspondentes áreas culturais e religiosas. É a tese da *teoria pluralista das religiões*, que sucede ao *cristoexclusivismo* (Cristo é toda e a única salvação: fora dele só há trevas e pecados) e a teoria do *cristoinclusivismo* (Cristo é o eixo, o princípio do qual tudo procede, ao qual tudo tende e no qual tudo encontra sua plenitude). A teoria pluralista radical nega esse caráter de mediação originária e consumadora a Cristo. Em uma vontade de colaboração entre todas as religiões propõe que o centro de atenção e interesse para todos seja somente a realidade de Deus, a transcendência do homem ou a libertação histórica[415].

---

414. Cf. NA 2 (budismo e hinduísmo); 3 (islã); 4 (a religião judaica).

415. O autor mais representativo desta postura é J. Hick e a obra programática é HICK, J. & KNITTER, P.F. (eds.). *The Myth of Christian Uniqueness*: Toward a Pluralistic Theology of Religions (Nova York 1987). Cf. PANIKKAR, R. *The Unknown Christ of Hinduism* (Nova York 1981). • DUPUIS, J. *Hacia una teología cristiana del pluralismo religioso* (Santander 2000), com bibliografia completa. • HAIGHT, R. *Jesus symbol of God* (Nova York 1999). • SCHMIDT-LEUKEL, P. "Was will die pluralistische Religionstheologie?" In: *MThZ* 49 (1998), p. 307-334. Cf. tb. a réplica em SCHULZ, M. "Anfrage an die pluralistische Religionstheologie: Einer ist Gott, nur Einer auch Mittler". In: *MThZ* 51 (2000), p. 125-150. Uma análise desta postura está em JUAN PABLO II. *Redemptoris Missio* (Roma 1990), p. 35-36. • RATZINGER, J. "Situación actual de la fe y de la teología". In: *Ecclesia*, p. 2.828-2.829 (fev./1997). • MENKE, K.H. *Die Einzigkeit Jesu Christi im Horizont der Seinsfrage* (Friburgo 1995). • BÜRKLE, H. "Nulla salus extra Christum – Zu christologischen Reduktion pluraler Christologien". In: *Forum katholischer Theologie* 3 (1997), p. 161-175. • BÜRKLE, H. *Der Mensch auf der Suche nach Gott- die Frage der Religionen* (Paderborn 1996). • SCHWAGER, R. (ed.). *Christus allein?* – Der Streit um die pluralische Religionstheologie (Friburgo 1996). • CTI. "El cristianismo y las religiones" (1996). In: *Documentos*, p. 557-604. • LADARIA, L.F. "El cristianismo y las religiones – Un reciente documento de la Comisión Teológica

A doutrina última da Igreja sobre a unicidade, a universalidade e o caráter escatológico da salvação de Deus em Jesus Cristo a encontramos em CDF, *Dominus Iesus* (06/08/2000) (cf. *Documentos*, 612-639; as Notificações sobre as obras de J. Depuis (p. 667-672); R. Haight (p. 757-766) e J. Sobrino (p. 768-783)).

Urge distinguir o que são programas de convivência e colaboração do que são propostas de fé. No diálogo cada religião deve partir e manter uma identificação clara com seus princípios históricos e honesta com sua confissão de fé fundante. Contudo, a oferta cristã se apresenta como resultado de uma revelação positiva de Deus, que culmina na encarnação de seu Filho. Ele é o Dom supremo, o *Caminho* pelo qual Deus vem aos homens, no qual encontram sua *Verdade* (revelação) e no qual lhes é dada a *Vida* (salvação). Por isso é o único Mediador entre Deus e os homens. O fundamento último são a constituição crística dos homens, *creati in Christo*, e a encarnação. Todo o anterior, paralelo ou posterior a Ele, pode ser antecipação, reflexo ou explicitação dele, mas não pode reivindicar autonomia absoluta frente a Ele ou ser uma alternativa a Ele. "Eu sou o Caminho, a Verdade e a Vida; ninguém vem ao Pai senão por mim" (Jo 14,6). Cristo é fundamento, forma e futuro de todo criado, que por essa razão encontra nele sua origem, seu sentido e sua meta. Descobri-lo é descobrir a si mesmo porque seu *logos* e *nomos* são nossa lógica e nossa autonomia. Este cristocentrismo não nega outras buscas e presenças de salvação, mas elas precisam ser referidas a Cristo como sua origem e critério. O ser de todo homem tem seu fundamento objetivo em Cristo; por isso não consegue alcançar sua plenitude (salvação) se rechaça positiva ou malevolamente essa autorrevelação de Deus e do homem nele. Não existe uma ação do *Logos* não encarnado que não encaminhe internamente para o *Logos* encarnado, nem uma ação autônoma do Espírito Santo sem relação com o Filho. Esta é a perspectiva objetiva da ordem e das mediações da salvação; a relação que de fato cada homem tem com Deus e,

---

Internacional". In: *Seminarium* 38 (1988), p. 861-883. • RÉDACTION DE LA REVUE THOMISTE. "'Tout récapituler dans le Christ' – À propos de l'ouvrage de J. Dupuis". In: *RThom* 4 (1998), p. 591-630. • D'COSTA, G. (ed.). *Christian Uniqueness revisited*: The Myth of a Pluralistic Theology of Religions (Nova York 1990). Para a história desta questão, cf. BERHARDT, R. *La pretensión de absolutez del cristianismo* – Desde la Ilustración a la teología pluralista de la religión (Bilbao 2000). • DAMBORIENA, P. *La salvación en las religiones no cristianas* (Madri 1973). • SULLIVAN, F.A. *¿Hay salvación fuera de la Iglesia?* – Historia de la respuesta católica (Londres 1992; Bilbao 1999). Apud *Journal of Theological Studies* (1993), p. 791-797, com recensão de G. D'Costa.

por conseguinte, seu caminho de salvação, acrescenta elementos novos que só Deus e Ele conhecem e a cuja responsabilidade última o homem deve entregar-se.

Existe uma presença universal, pré-encarnada, de Cristo no mundo e uma ação do Espírito Santo prévia à vinda do Filho. Elas fundam a real grandeza de muitas expressões e instituições religiosas. Mas, uma vez que o Filho se encarnou e o Espírito foi derramado, elas não podem em princípio ser reconhecidas como suficientes e autônomas frente a Cristo. Isto equivaleria a negar o caráter escatológico de Cristo e sua encarnação, que são o ponto de partida da missão cristã, da formação do NT e do desenvolvimento do dogma[416]. Alguns dos pioneiros desse pluralismo soteriológico previamente haviam reduzido a "mito" ou a "metáfora" a encarnação, a Trindade, e "a revelação que é Deus presente ao espírito-que-fala-esta presença"[417]. O problema em questão aqui é o significado soteriológico dessas religiões como sistemas de totalidade e sua validez com a chegada de Cristo. O problema da salvação individual de cada pessoa é outro, e está resolvido no NT: "Em Deus não há acepção de pessoas. Ao contrário, quem o teme e pratica a justiça, em qualquer nação, é aceito por Ele" (At 10,34-35); e reafirmado no Vaticano II: "Tendo Cristo morrido por todos e sendo uma só a vocação última do homem – isto é, divina – devemos admitir que o Espírito Santo oferece a todos a possibilidade de se associarem, de modo conhecido por Deus, a este mistério pascal" (GS 22). Estas são as verdades que em todas as hipóteses devem ser afirmadas:

- A vontade salvífica universal de Deus e os meios eficazes que Ele oferece a cada um para alcançá-la.
- A mediação universal de Cristo.

---

416. Existe uma presença universal do *Logos* e uma ação universal do Espírito nas consciências. Junto a elas está a herança do pecado, a presença do mal, a imperfeição da natureza humana. As religiões não são equiparáveis ao que no plano salvífico significa o AT. Já não se pode mais aceitar uma ação do *Logos* à margem do *Logos* encarnado na humanidade judaica (Jn 1,14) nem uma ação do Espírito desconectada ou oposta ao Espírito da Verdade; i. é, de Cristo (Jo 14,17; 15,26). "A especificidade e irrepetibilidade da revelação divina em Jesus Cristo funda-se no fato que somente em sua pessoa se dá a autocomunicação do Deus trino" (CTI. "El cristianismo y las religiones", n. 88. In: *Documentos*, p. 591.

417. Cf. HICK, J. (ed.). *The Myth of God Incarnate* (Londres 1977). • HICK, J. *The metaphor of God Incarnate* – Christology in a Pluralistic Age (Londres 1993). • HICK, J. "Cristo en el contexto de las religiones del mundo". In: *La religión en los albores del siglo XXI* (Bilbao/Deusto 1994), p. 153-171. Cf. O primeiro volume de DUMERY, H. *Critique et religion* (Paris 1957), p. 144.

- A referência necessária de qualquer outra mediação ao que é o Filho, em quem fomos criados e por quem fomos redimidos.

- Os valores (*praeparatio evangelica*) e os limites destas religiões, razão pela qual devem ser sanadas, elevadas e aperfeiçoadas pelo evangelho (LG 17; AG 9).

6 Pedagogia da proposta missionária de Cristo

O anúncio do evangelho que a Igreja faz responde ao mandato e à graça recebidos de Cristo (Mt 28,19; Mc 16,15; 1Cor 9,16; Gl 2,16; Ef 3,8). Uma Igreja sem missão seria infiel ao seu Senhor e perderia a consciência do dom recebido. A Igreja é chamada a ser enviada; é convocada para a missão. A missão nasce da obediência a Cristo, do amor a nossos irmãos e da fidelidade à própria identidade, devendo ser exercida conforme Jesus Cristo viveu, padeceu e morreu. *Não dar continuidade ao anúncio de Cristo seria traição a Deus e aos homens, ao ocultar a estes a possibilidade suprema que existe no mundo: conhecer a Deus como Ele se conhece a si mesmo, participar de sua própria vida, compartilhar o destino de Cristo através de quem o Absoluto chega à história e esta chega ao Absoluto, antecipar no Espírito a comunhão definitiva com Deus ou a vida do mundo futuro.* Não é que sem missão os outros não se salvem; sem missão é a própria Igreja que não se salva (1Cor 9,16).

A missão da Igreja deve conformar-se ao modelo de Jesus, pregador do evangelho do Reino, com suas quatro atitudes fundamentais: conviver, ensinar, fazer, padecer.

1) Conviver compartilhando o destino daqueles a quem se dirige.

2) Propor o evangelho em sua tríplice vertente: anúncio (palavra), celebração (sacramentos), realização (obras).

3) Realizar os sinais que mostram sua potência transformadora e que lhe dão credibilidade, unindo ao anúncio do Reino os milagres como eco de sua eficácia libertadora e como credibilidade de sua missão divina.

4) Assumir esse destino em serviço e sacrifício (Mc 10,45), em atitude solidária com os mais pobres e necessitados da misericórdia de Deus, colocando a vida em favor deles até as últimas consequências, se for o caso até a morte, como Ele o fez.

Os cantos do Servo de YHWH oferecem o retrato antecipado do que uma missão salvífica de caráter universal no mundo sob o pecado exige, e também o retrato de uma Igreja missionária, com amor e sem violência, com a paixão do profeta e paciência do mártir.

> Oferecendo sua vida em sacrifício pelo pecado
> verá uma descendência que prolongará seus dias,
> e o desejo de YHWH prosperará em suas mãos.
> Depois de profundos sofrimentos, ele verá a luz, ficará satisfeito;
> por seu conhecimento, o justo, meu servo, justificará a muitos
> e tomará sobre si as suas iniquidades.
> Por isso lhe darei a sua parte nas multidões,
> [...] visto que se derramou a si mesmo até a morte,
> e se deixou contar entre os pecadores,
> visto que carregou o pecado das multidões
> e intercedeu pelos transgressores (Is 53,10-12).

A história salvífica avança do profetismo à encarnação, indo da particularidade de Israel à universalidade dos povos. O que Deus disse ao Servo, Lucas o oferece a Cristo e Paulo o aplica a si mesmo: "Eu te destinei para seres luz das nações, para que minha salvação atue até os confins da terra" (Is 49,6; Lc 2,30-32; At 13,47).

CONCLUSÃO
CRISTOFANIA, CRISTOTERAPIA, CRISTOLOGIA

O nome que prevaleceu para identificar Jesus de Nazaré é o de *Mashiah* = Χριστός = Cristo. O tratado que explica sua história, sua mensagem e sua pessoa é a cristologia[1]. Messias no AT designa o eleito e ungido por YHWH. Desta forma Ele é habilitado pelo Espírito, é legitimado com a autoridade de Deus e é constituído responsável pela salvação do povo. Nele se concentravam a promessa de Deus e a esperança dos homens. Após desilusões sucessivas e esperanças frustradas projetadas sobre reis, profetas e sacerdotes, o termo passa a remeter a uma figura do futuro (*escatológica*, com tonalidades que fazem pensar no fim do mundo; *apocalíptica*), que realizará de forma plena e definitiva esse desígnio salvífico de Deus para o mundo. Jesus de Nazaré foi identificado então, e até hoje continua sendo identificado, com essa figura. *Jesus é o Messias e o Messias é Jesus*. A reflexão sobre Ele

---

1. Kasper distingue o *ponto de partida* da cristologia sistemática (profissão de fé da comunidade eclesial), o *conteúdo central* (cruz e ressurreição de Jesus) e o *problema fundamental* (relação entre a cristologia ascendente, centrada na cruz e ressurreição, com a descendente, centrada na ideia de encarnação). Sobre o ponto de partida, Kasper afirma: "Cristologia não é outra coisa senão a exegese da profissão de fé 'Jesus é o Cristo'". E à luz da compreensão de Jesus como Filho de Deus, afirma: "A confissão de fé na filiação divina de Jesus acaba sendo o distintivamente cristão [...]. Com a confissão de fé em Jesus como o Filho de Deus está de pé e cai a fé cristã" (KASPER, W. *Jesús el Cristo* (Salamanca ¹⁰1999), p. 44, 199. A confissão de fé parte dos fatos acontecidos com Jesus; neste sentido, a história e o seu conhecimento são essenciais para o cristianismo. Na investigação ou reconstrução histórica da vida de Jesus, colocando a fé entre parênteses, foram distinguidas três fases com três "buscas" por um Jesus histórico anterior e para além da fé: 1) A *Leben-Jesu-Forschung* do século XIX; 2) A iniciada por Käsemann em reação a Bultmann; 3) A inspirada numa nova leitura das fontes canônicas e no valor superior outorgado às fontes apócrifas; própria do "Jesus Seminar" dos Estados Unidos. Cf. THEISSEN, G. & MERZ, A. *El Jesús histórico* – Manual (Salamanca 1999).
• MEIER, J.P. "The present state of the 'Third Quest' for the Historical Jesus: Loss and Gain". In: *Bib* 4 (1999) p. 459-487. • PUIG I TÀRRECH, A. "La recherche du Jésus historique". In: *Bib* 2 (2000) p. 179-201.

teve início a partir da releitura do AT, cujos textos foram repensados à luz dos fatos vividos, e que formam a infraestrutura da cristologia do NT[2]. Nele se concentram a esperança do povo judeu e as esperanças da salvação (messianismos) que a humanidade, em forma diversa (a sabedoria, a ação, a arte, a utopia, a política...), foi cultivando. Jesus realiza uma esperança anterior a Ele e abre para outra esperança ulterior, nascida de sua vida e da vida nova que Ele tornou possível. "Cristo ia herdar um mundo já feito e, no entanto, ia refazê-lo por completo" (C. Péguy).

O AT é a preparação positiva que a revelação, a aliança e a promessa de Deus criam, suscitando a esperança humana como fundamento antropológico, para sua inserção definitiva na história, de forma que ao fazer-se presente foi percebida como uma plenitude já necessária, após ter sido gratuitamente oferecida. Por isso o AT é o caminho necessário tanto para descobrir a pedagogia divina quanto para conhecer a condição humana, ambas direcionadas para Cristo. Cada cultura tem sua própria pré-história, suas esperanças e limites a partir dos quais precisa reconhecer e acolher a Cristo. No entanto, mais dia menos dia precisa medir-se, alargar-se e deixar-se julgar à luz da história de Israel que, embora sendo uma história particular, é sinal antecipador da aliança com toda a humanidade. Nenhuma história nacional, grupal ou continental é salvificamente equiparável à história teológico-salvífica narrada no AT. A salvação não é judaica, mas de Deus, muito embora nos chegue por mediação dos judeus (Jo 4,22).

O AT prepara para Cristo assim como prepara uma totalidade para outra totalidade de sentido convergente (C. Westermann), como profecia de futuro, como promessa até o seu cumprimento e como tipo ao seu antítipo (L. Goppelt), como esboços messiânicos até o Messias em pessoa (H. Cazelles), como revelação-aliança-promessa que se realizarão em plenitude em Cristo (P. Grelot), como uma presença real do *Logos*, que se revelará idêntico a Cristo no NT (A. Tyrrell Hanson). Em uma palavra, como profecia e *Sacramentum futuri*, interpretados segundo os quatro sentidos: literal, alegórico ou teológico, moral e anagógico (Padres da Igreja, Daniélou, de Lubac). Por isso o AT não é uma pré-história ocasional, mas a intra-história constituinte do cristianismo, cuja confissão de fé é a união de um sujeito histórico (Jesus)

---

2. Cf. KARRER, M. *Der Gesalbte* – Die Grundlagen des Christustitels (Gotinga 1990). • DODD, C.H. *According to the Scriptures* – The substructure of New Testament Theology (Londres 1952).

com um predicado soteriológico (Messias): "Jesus é o Cristo". Entretanto, se quem é Jesus no-lo ensina o NT, o que é o Messias é o AT que no-lo ensina.

> Jesus Cristo, a quem olham os dois testamentos, o Antigo como [o objeto de] sua espera, o Novo como seu modelo, ambos como seu centro[3].

> O AT diz *o que* é Cristo (= Messias, salvação e Salvador); e o NT diz *quem é*, e isto da forma que é manifesto: só conhece a Jesus aquele que o reconhece como Cristo, e só sabe o que é Cristo quem sabe que Ele é Jesus[4].

Jesus foi um judeu e deve ser compreendido dentro da história de seu povo, que Ele não nega, mas transforma e consuma. Neste sentido é descendente de Davi segundo a carne e é o herdeiro das promessas. Mas sua história inova a anterior. Sua vida pública, morte e ressurreição revelam sua novidade. À luz delas Ele aparece não apenas como um bom crente judeu (*fé* no sentido de confiabilidade, *Zuverlässigkeit, faithfulness, reliability*), para acabar sendo reconhecido como alguém em quem se deve crer[5]. Jesus ressuscitado aparece assim como sujeito de fé, como fundamento de nossa fé para crer em Deus de uma maneira nova, e como objeto de fé. A primeira perspectiva nos une ao judaísmo; a terceira nos separa. Cristo é fruto, mas simultaneamente uma transformação do judaísmo[6]. Os títulos, que lhe são dados simultaneamente, mostram essa continuidade e novidade[7]. Três per-

---

3. PASCAL, B. In: P 740.
4. VISCHER, W. *Das Christuszeugnis des AT*, I (Munique 1934), p. 7. Cf. as orientações e bibliografia mais recente em BEAUDE, P.M. *L'accomplissement des Écritures* (Paris 1980). • MILER, J. *Les citations d'accomplissement dans l'Évangile de Matthieu* (Roma 1999). • PENNA, R. "Appunti sul come e perchè il NT si rapporta all'Antico". In: *Bib* 1 (2000), p. 94-104. • BEAUCHAMP, P. "Lecture cristique de l'AT". In: *Bib* 1 (2000), p. 105-115. • CHILDS, B.S. *Teología bíblica del Antiguo y del Nuovo Testamento* (Salamanca 2011).
5. Para uma história da investigação sobre os textos neotestamentários que falam de πίστις Χριστοῦ (Gl 2,16.20; 3,10.22; Fl 3,9; Rm 3,22; Ap 2,13; 14,12), ao mesmo tempo que uma terceira via entre a fé de Cristo (genitivo subjetivo) e a fé em Cristo (genitivo objetivo), que engloba os dois, cf. VAHOYE, A. "Πίστις Χριστοῦ: fede in Cristo o affidabilità di Cristo". In: *Bib* 1 (1999), p. 1-21.
6. Cf. RICHES, J. *Jesus and the Transformations of Judaism* (Londres 1980). • RICHES, J. "El judío Jesús: su interacción con el judaísmo de sus días". In: *Conc* 269 (1997), p. 75-86, em diálogo com M. Hengel, G. vermes, E.P. Sanders.
7. Cf. CHARLESWORTH, J.H. *The Messiah* – Developments in Earliest Judaism and Christianity (Mineápolis 1987). • HENGEL, M. "Jesus the Messiah of Israel". In: *Studies in Early Christology* (Edimburgo 1995), p. 1-72. • MUSSNER, F. *Jesus vom Nazareth im Umfeld Israels und der Kirche* (Tubinga 1999).

manecem como os que definem a sua identidade e por isso são considerados definitivos: *Messias* (que expressa sua relação com Israel), *Kyrios* (que expressa sua relação com a Igreja e o mundo), *Filho* (que expressa sua relação com o Pai e com o Espírito). O Credo e a expressão popular os uniram na fórmula: "Jesus Cristo seu Filho nosso Senhor", já presente nos prescritos das cartas de São Paulo (Rm 1,4.7; 1Cor 1,9). O ser de Cristo deve ser entendido a partir de sua realidade e a partir de suas relações. A história e a pessoa, o ser e a função para os outros nos dirão quem é Cristo. Antes de uma cristologia transcendental faz-se necessária uma cristologia positiva, e esta deve ser elaborada compreendendo Jesus em sua relação com:

- *Israel*, do qual provém;
- *homens e mulheres, situações* e *instituições* no meio dos quais vive;
- *Deus*, seu Pai, a quem se remete, e o Espírito, que o acompanha em vida e por Ele é enviado após a ressurreição;
- a *Igreja*, sua herdeira, na qual Ele sobrevive e se manifesta.

Nesta perspectiva é necessário superar o fácil esquema de uma cristologia a partir do alto [descendente] e outra a partir de baixo [ascendente]. Israel é a origem histórica de Cristo; a Igreja é o contexto de sua revelação e sua presença permanente[8]; a Trindade é o princípio constituinte, que funda seu ser e no qual situa seu agir. O *a partir de baixo* e o *a partir de cima* reivindicam um *a partir de dentro* (fé e Igreja), onde aquele passado judaico, transcendido na ressurreição, perdure salvífico e os conceitos teóricos (Trindade) apareçam como a realidade vivida da Origem absoluta (Pai), que se nos dá em seu Filho encarnado (Cristo), e que é universalizado e interiorizado em cada pessoa pelo Espírito. O positivismo do Jesus histórico e o conceitualismo de uma Trindade abstrata, que se pretendem a teologia verdadeira, precisam encontrar seu *humus* nutrício no âmbito concreto da Igreja, comunidade de fé que, ao celebrar, viver e pregar, nos permite participar da realidade cristológica, e a partir deste encontro pessoal com ela, conhecê-la. A cristologia dos primeiros discípulos começou com o *a partir de dentro*; isto é, partindo da

---

8. Frente à tese de Käsemann, para quem a diferença em relação ao judaísmo anterior e a Igreja posterior era o critério máximo para reconhecer quem e como foi Jesus (primazia da ruptura e originalidade), hoje nos inclinamos a acentuar a coerência de Jesus com o que o precede (Israel) e a convergência com o que o segue (Igreja). Cf. THEISSEN, G. & WINTER, D. *Die Kriterienfrage in der Jesusforschung* – Vom Differenzkriterium zum Plausibilitätskriterium (Gotinga 1997).

experiência da ressurreição e Pentecostes (Jesus vivo no meio deles-efusão do Espírito). A partir dela recordaram, recuperaram e repensaram primeiro a história de Jesus, em seguida a relação entre Jesus, o Pai e o Espírito. Assim deve começar, fundamentar-se e construir-se a cristologia de cada geração. A contraposição recente entre uma cristologia ascendente (de baixo para cima, o Jesus histórico) e uma descendente (de cima para baixo, a Trindade), embora metodologicamente legítima é objetivamente estéril e desorientada[9].

Primeiro é necessário discernir, acolher e deixar-se iluminar pela revelação de Deus em Cristo (cristofania), em seguida deixar-se purificar, transformar e deificar por Ele (cristoterapia). Só depois dessa dinâmica é possível dispor da capacidade necessária para descobrir o sentido, conhecer o fundamento e expor a verdade de Cristo (cristologia).

I – Cristofania: Cristo, o Caminho

Cristofania (φαίνειν, φαίνεσθαι = dar luz, iluminar, manifestar-se, fazer-se visível, aparecer). Jesus de Nazaré é um fato de uma história particular. Viveu numa relação filial e em obediência a Deus, a quem invocou como *'Abba*; viveu numa relação de solidariedade fraterna com os homens, colocando sua vida à nossa disposição (ὑπὲρ ἡμῶν) e incorporando-nos ao seu destino de morte e ressurreição. Em sua vida identificou a Deus como Pai e o envolveu em nossa existência. Em suas parábolas e ações no-lo manifestou não como uma realidade externa ou paralela à sua pessoa, mas como aquele no qual Ele é, por quem age e com quem é solidário: "Quem me viu, viu o Pai" (Jo 14,9; cf. 12,45)[10]. Cristo, por sua vez, compartilhou o destino dos

---

9. J. Guillet (*Connaissance du Christ et genèse de la foi* (Toulouse 1968)), depois de afirmar que estes três tempos diferentes do mistério de Cristo nos oferecem perspectivas complementares, acrescenta: "Nós contemplamos o mistério do Verbo encarnado: 1) Tal como Ele se revelou aos discípulos *depois da ressurreição de Jesus* e como Ele subsiste hoje para nós. 2) Tal como existia *antes da existência humana de Jesus*. 3) Tal como se realizou *no tempo da existência humana de Jesus*" (p. 10). Cf. BISER, E. *Das Christologie von innen* (Düsseldorf 1999). Querendo superar a abordagem puramente positivista de Harnack e a visão descendente a partir do mistério trinitário de Barth, D. Bonhoeffer, em seu curso de cristologia em Berlim (1933), parte de sua presença viva na Igreja ("O Cristo presente / dele para mim"), recupera a história daquele lugar e tempo palestinenses ("O Cristo histórico" = *Der geschichtliche Christus*), para concluir com a preexistência e encarnação do Filho ("O Cristo eterno"). Cf. BONHOEFFER, D. *¿Quién es y quién fue Jesucristo?* – Su historia y su misterio (Barcelona 1971).

10. "Toda a vida de Jesus, sua palavra e sua ação são o lugar da manifestação perfeita do Pai, já que está unido a Ele por uma comunhão [conosco] indizível (5,17-30). *Por outro lado, não se diz aqui que Deus é doravante substituído pelo homem Jesus*" (TEB, Jo 14,9). No cristianismo nenhum homem

mortais ao extremo, vivendo o humano em seus extremos de humilhação e de sofrimento ao mesmo tempo que de potência e de glorificação. Sua exaltação na cruz (morte) e na glória (ressurreição) foram dois atos de um mesmo destino. Deus o credenciou como Messias constituindo-o Senhor e Filho (At 2,36; Rm 1,4). Nele revelou-se o que nossa humanidade necessita, o que pode fazer e o que pode receber. Por isso São João apresenta Cristo desta forma: "Eis o homem" (19,5). Cristo é revelação de Deus e revelação do homem, sendo-o em unidade de natureza e destino. Ele transfere o destino de Deus ao homem numa ἀντιστροφή (= correspondência), num *mirabile commercium* (admirável intercâmbio) de destino entre o Criador e sua criatura. Nisto consistem a revelação de Deus e a salvação do homem. Cristo é a Luz que ilumina (φαίνει) as trevas (Jo 1,5; 1Jo 2,8; Lc 1,79; Tt 2,11; 3,4). Grande é o mistério da fé, que é Jesus Cristo (Cl 1,27; 2,2), o qual se manifestou na carne (ὃς ἐφανερώθη ἐν σαρκί [1Tm 3,16])[11].

Cristo é a revelação de Deus ao homem e a revelação do homem a si mesmo, porque nele pôde contemplar o Exemplar de que é imagem:

> Quando o Verbo se fez homem, assemelhando-se ao homem e assemelhando o homem a si, o homem tornou-se de infinito preço para o Pai por sua semelhança com o Filho (*ut per eam quae est ad Filium similitudinem pretiosus fiat homo Patri*). Em tempos passados dizia-se que o homem havia sido feito à imagem de Deus, mas não se mostrava como ou a razão pela qual o Verbo, à imagem do qual o homem havia sido feito, ainda era invisível. Em contrapartida, quando o Verbo se fez carne, confirmou ambas as coisas: mostrou *a imagem* verdadeira, fazendo-se Ele mesmo o que sua imagem era, e restabeleceu de forma estável *a semelhança*, mostrando-se ao homem inteiramente semelhante ao Pai invisível, através do qual de agora em diante era o Verbo visível (*consimilem faciens hominem invisibili Patri per visibile Verbum*)[12].

Cristo não apenas revelou o homem ao próprio homem, mas mostrou ao homem como, por ser correspondente ao Filho, era de valor infinito para

---

sucede a Deus, como querem Feuerbach e Bloch. Este o propõe como tese em seu livro *El ateísmo en el cristianismo* – La religión del éxodo y del Reino (Madri 1983). Cf. RUIZ DE LA PEÑA, J.L. "Ernst Bloch: un modelo de cristología antiteísta". In: *Com RCI* 4 (1979), p. 66-77.

11. Cf. LAU, A.Y. *Manifest in Flexh* – The Epiphany Christology of the Pastoral Epistles (Tubinga 1996).

12. SAN IRENEO. *Adv. haer.* V, 16,2 (SC 153, p. 216).

o Pai. Pela encarnação o Filho se incorpora ao destino de seus irmãos e os incorpora à sua condição e destino de Filho. Sua filiação e herança já são as do Unigênito, ou seja, coerdeiros com Ele de sua glória e da vida eterna (Rm 8,17; Gl 4,7; Ap 21,7; Tt 3,6-7; 1Pd 3,22, vulgata).

Cristo foi conhecido como o homem que, deixando-se levar até a possibilidade extrema do humano (ser humanidade de Deus), outorgou a Deus sua possibilidade extrema (ser divindade do homem). Nele se juntam os extremos: o ser infinito e o ser finito em unidade de pessoa e destino. Ele cifrou em seu ser, diferenciável mas indivisível, a verdade de Deus e a nossa; somos diferentes na origem, mas estamos unidos no meio e fim: a única vida divina compartilhada. É por isso que, doravante, podemos conhecer a Deus e conhecer o homem fazendo a própria experiência de Cristo, revivendo sua forma histórica de vida, tendo sua mesma alma ou sentimentos, deixando-nos guiar por seu Espírito. Sua experiência de Deus acontece em dupla direção. Sendo homem, sabe a partir de seus recônditos de Filho quem é e como é Deus; no entanto, para saber quem é Deus, dado que somente Deus conhece a Deus como Deus, Jesus tinha que ser conatural (ὁμοούσιος) ao Pai. Do contrário, a revelação não teria sido nem exaustiva nem definitiva: Cristo não seria "o último homem", a "humanidade nova", o "Futuro absoluto" antecipado, e nós não estaríamos seguros de que Deus havia dado o seu irreversível "sim" aos homens. No entanto, Cristo é o "Amém" de Deus ao homem (2Cor 1,20; Ap 3,14; cf. Is 65,16), justamente pelo fato de Ele ser realmente Deus homem.

> Jesus se revela à nossa experiência de homens como o homem que faz em plenitude a experiência de Deus.
> No entanto, esta experiência só é autêntica com a condição de que seja feita por Deus mesmo. Só Deus pode ter de Deus uma experiência dessa plenitude, dessa certeza, dessa proximidade.
> É necessário, portanto, que essa experiência humana de Deus seja uma experiência feita por Deus; é necessário que, em Jesus Cristo, Deus tenha feito, enquanto homem, a experiência de Deus[13].

Essa revelação que Cristo faz de si mesmo, e com ela a de Deus e a do homem, tem lugar não apenas como palavra isolada nem apenas como história pontual; ela vai se realizando no lento e longo caminho da vida,

---

13. GUILLET, J. *Connaissance du Christ...* Op. cit., p. 53.

em cujo andar acontece o experimentar (*Fahrt-Erfahrung*). Trilhando nosso caminho de homens, Cristo soube o que é ser homem, e nossas ilusões e esperanças. Conversando conosco, nos revelou o desígnio de Deus e abriu nossas inteligências para entender as Escrituras (Lc 24,45); partindo o pão conosco Ele se nos manifestou, e nós o reconhecemos. De tal conhecimento no amor nasceu a necessidade do anúncio aos irmãos (missão). Aí começa a história da Igreja na qual continua o encontro, o caminhar com Cristo, o ouvir sua palavra, o recordar sua paixão, o celebrar sua Eucaristia e nela o reconhecimento e o consentimento. *A audição de sua palavra, o seguimento de sua forma de vida, a adesão à sua doutrina, a convivência com seus irmãos e a celebração de seus sacramentos são os lugares de sua manifestação a nós (cristofania).*

A história de revelação exterior de Jesus a seus contemporâneos se prologa na história de manifestação interior a cada homem. O encontro e o seguimento, a audição e o amor, a entrega da vida e a participação na sua, forjam um destino comum. A experiência de Cristo, como determinação pessoal de nossa existência, é o ponto culminante do encontro. A γνῶσις (= conhecimento [Fl 3,8]) e o ἀγαπή (= amor [2Cor 5,14; Ef 3,19; 1Tm 1,14; 2Tm 1,13]) de Cristo carregam consigo aquela conaturalização com Ele, que vai dos sentimentos às paixões. O cristão tem então o mesmo νοῦς (Rm 11,34), ou o mesmo pensar de Cristo, e os mesmos sentimentos (φρόνησις) que Ele teve (Fl 2,5; Ef 1,8). Cristo sabe assim do homem e o homem sabe assim de Cristo. "Quem me ama será amado pelo meu Pai, e *eu também o amarei e me revelarei a ele*" (Jo 14,21). "Olha que estou chegando e batendo à porta; se alguém ouvir a minha voz e abrir a porta, entrarei em sua casa e cearemos juntos" (Ap 3,10). O relato de Emaús (caminho, colóquio, comensalidade, ceia eucarística) é a parábola perfeita do encontro com Cristo, que revelando a si mesmo desvela o mistério de Deus e ilumina o enigma do homem.

"*Eu sou o caminho [...]* ninguém vem ao Pai senão por mim" (Jo 14,6): caminho pelo qual Deus veio aos homens e caminho pelo qual os homens voltam para Deus, já que o caminho de descida e de subida, o de ida e volta, é o mesmo. "Imagem de Deus", diria Paulo (2Cor 4,4). Rosto no qual reverbera a glória do Invisível, ao qual nos assemelhamos e no qual nos transformamos, diria ele em 2Cor 3,18 e em Cl 1,15. "Faces de Deus", traduz Frei Luís de León[14]; "Centro da figura da revelação", dirá em nossos dias Balthasar[15].

II – Cristofania: Cristo, a Vida

Cristoterapia (θεραπία = serviço, cuidado, cura, solicitude). A revelação de Deus em Cristo aconteceu a partir de dentro, na carne e no percurso da vida humana (drama). O anúncio do Reino por Jesus foi acompanhado de curas, com superação de doenças e eliminação de enfermidades, restauração de pessoas desonradas, afirmação de mulheres, crianças e estrangeiros, perdão de pecadores, reanimação de mortos. Junto à imagem do profeta que fala em nome de Deus estava o carismático que, com poder de divino, curava enfermos e realizava milagres. Seu íntimo misericordioso se comoveu diante da fome, da miséria e da dor dos homens[16].

Jesus foi um sanador da vida humana que à época se debilitava ou adoecia. E o fazia da forma que a cura física, a reabilitação psicológica e o restabelecimento pessoal fossem pensáveis. Ele apareceu no meio dos homens como médico que cura os enfermos, como quem carrega nossas enfermidades, como aquele que perdoa os pecados do pecador. "Não são os que têm saúde que precisam de médico e sim os enfermos. Não vim chamar os justos, mas os pecadores" (Mc 2,17). "Percorria toda a Galileia ensinando nas sinagogas, pregando o evangelho do Reino e curando o povo de toda enfermidade e doença" (Mt 4,23; 9,35; cf. 10,1; Lc 9,1; Mt 4,24; Lc 6,17-18). À luz do final (Ressurreição, Pentecostes, Igreja...), a morte na cruz foi interpretada como um carregar-suportar-perdoar nossos pecados: "Ao anoitecer, trouxeram-lhe muitos endemoninhados. Ele expulsou os espíritos com a palavra e curou todos os que sofriam de algum mal, para que se cumprisse o que tinha sido dito pelo profeta Isaías: 'Ele levou nossas enfermidades e carregou nossas doenças'" (Mt 8,16-17; cf. Is 53,4). "Ele carregou nossos pecados em seu corpo sobre o madeiro para que, mortos para o pecado, vivêssemos para a justiça. Por suas feridas fostes curados" (1Pd 2,24; cf. Is 53,5).

---

14. Cf. *De los nombres de Cristo*, libro I, 2 (1583. Ed. C. Cuevas (Madri 1984), p. 191-206.
15. "Cristo, centro de la figura de la revelación". In: *Gloria* 1, p. 413-468. Cf. DE LA POTTERIE, I. "Cristo como figura de la revelación según san Juan". In: *La verdad de Jesús* – Estudios de cristología joanea (Madri 1999), p. 299-320.
16. Cf. GONZÁLEZ DE CARDEDAL, O. "Las entrañas de Cristo Jesús". In: *La entraña*, p. 59-74.

A potência de "sanador-curador-médico", própria de Jesus, se estendia naqueles idos e continua se estendendo hoje desde a cura das dores físicas às doenças morais ou pecados, já que tudo afeta o mesmo sujeito, angustiando-o e anulando-o. A ação de Jesus foi vista em unidade integradora como manifestação da cura (*Heilung*), da salvação (*Heil*), da benignidade (χρηστότης) e da filantropia (φιλανθρωπία) salvadoras de nosso Deus (Ef 2,7; Tt 3,4). É a partir desta inserção em toda a realidade pessoal que devemos entender o título de Σωτήρ = Salvador, dado a Cristo, e a σωτηρία = salvação, que Ele oferece (Lc 2,11; Jo 4,42; Tt 2,11; 3,4). Que Jesus fosse glorificado na ressurreição não podia fazer esquecer sua misericórdia com os pobres e enfermos. O valentiniano Ptolomeu leva esta convicção ao extremo de não querer chamar Jesus de Κύριος = Senhor, mas apenas de Σωτήρ = Sanador-Salvador[17]. Entretanto, a cura suprema é a da morte, e a plenitude suprema acontece quando participamos da vida e da potência de Deus, que acontece como início e causa da ressurreição universal. Eusébio une, quase identificando-os, ambos os títulos: "Jesus é Salvador e Médico"[18]. "Nenhuma imagem se gravou tão profundamente na tradição cristã primitiva como a de Jesus o grande médico prodigioso"[19]. Orígenes, o primeiro grande teólogo do cristianismo, não obstante sua orientação platônica, foi quem com mais frequência e amplitude descreveu Jesus como médico[20]. Santo Agostinho considera sinônimos os nomes: Jesus-Médico-Σωτήρ-Salvador[21].

A função de médico exercida por Jesus foi e continua sendo "curar" e "des-curar". *Curar* significa sarar o homem, e em dimensão tríplice: so-

---

17. Cf. *Adv. haer.* I, 1,3 (SC 264, p. 34).

18. *Demonstr.* I, p. 10, 17-19. Continua sendo central a monografia de A. von Harnack. "Das Evangelium vom Heiland und von der Heilung". In: *Die Mission und Ausbreitung des Christentums* (Leipzig 1924), p. 129-147.

19. OEPKE, A. "ἰάομαι". In: *TWNT* III, p. 204. Cf. SAUSER, E. "Christus Medicus-Christus als Arzt und seine nachfolger im frühen Christentum". In: *TThZ* 101 (1992, p. 102-103).

20. Cf. VON HARNACK, A. "Das Evangelium vom Heiland und von der Heilung". Art. cit., p. 137, nota 6. Cf. FERNÁNDEZ, S. *Cristo médico según Orígenes* – La actividad médica como metáfora de la acción divina (Roma 1999).

21. "Quos infirmos, eosdem impios nuncupavit. Leve aliquid videtur infirmitas; sed aliquando talis est, ut impietas nominetur. Nisi tamen infirmitas esset, *medicum necessarium non haberet: qui est hebraice Iesus, graece* Σωτήρ, *nostra autem locutione Salvator*" (*De Trinitate* XIII, 10,14 (BAC 39, p. 615). "Pro nobis tibi victor et victima, et ideo victor quia victima; pro nobis tibi sacerdos et sacrificium, et ideo sacerdos quia sacrificium, faciens tibi nos de servis filios de te nascendo nobis serviendo [...]. Multi enim et magni sunt idem languores, multi et magni; *sed amplior est medicina tua*" (*Conf.* X, p. 43, 69 (BAC 11, p. 454).

mática (enfermidade), psíquica (angústia), pneumática (culpa, pecado). A inter-relação entre as três dimensões do homem corpo-alma-espírito torna muito difícil saber onde começam as dores, as doenças e as degradações. Cristo acolheu o homem como unidade pessoal. Assumindo-o em gratidão transparente curou enfermidades, acolheu totalmente as pessoas arrancando-as da própria angústia, marginalização social e pecado perante Deus. Ao admiti-las como amigas, aproximou-as de Deus e com seu poder perdoou os pecados, realizando nelas o amor de Deus. E desta forma "des-curava" os homens. "Cura", em latim, significa cuidado, preocupação, angústia. *Des-curar* é des-carregar, des-preocupar, des-cuidar (Heidegger traduziu angústia por *Sorge*)[22]. Quando o homem se desfaz da carga que pesa sobre os próprios ombros, não precisando mais velar angustiadamente perante seu nada ontológico e seu futuro indominável e incerto, ele se liberta de sua história anterior tecida por imperfeições e pecados. A partir de então se sente redimido e liberto para viver sem angústia e sem necessidade de "cuidado"; é livre. "Deixando meu cuidado entre os lírios esquecido", diz São João da Cruz[23]. Assim Jesus curou e continua curando, como revelação e doação amorosa do Absoluto à pessoa e não como remédio de farmácia para um órgão específico ou dor concreta.

O medo e a angústia, derivados da finitude e do pecado, constituem o problema fundamental da existência humana, a ponto de estarmos tentados a compreender-nos como "seres para a morte" (Heidegger). No entanto, a esperança é um existencial tão radical e originário quanto a angústia (Laín Entralgo). O que ou quem seria capaz de arrancar-nos desta angústia para que frutifique a esperança? Só o encontro com uma vontade simultaneamente poderosa e amorosa, que nos "queira" incondicionalmente, a ponto de fazer-nos existir e libertar-nos do mal-estar em que nos encontramos, pode curar e salvar o homem e o homem todo. E já que o medo e o pecado são universais, universal é a necessidade de redenção. Cristo revelou e realizou tal vontade; por isso foi capaz de curar, restaurar e santificar. Drewermann analisou dois fatos: que o medo é determinante de toda exis-

---

22. Cf. HEIDEGGER, M. "Die Sorge als Sein des Dasein". In: *Sein und Zeit* (Tubinga 1927-1993). J. Gaos traduz o título deste sexto capítulo ("La cura, ser del 'ser ahí'") em *El ser y el tiempo* (México 1991), p. 200.
23. *Noche oscura*, VIII, p. 4-5.

tência e que a fé verdadeira é ao mesmo tempo potência de salvação (*Heil*) e de cura (*Heilung*)[24].

Cristo curou e continua curando ao longo da história a quem depositou fé nele. Cura significa saúde física e recuperação espiritual, descobrimento de sentido e de verdade, de liberdade e de vida: neste sentido a Modernidade e as ideologias do progresso se referiram a Cristo como Mestre, filósofo, moralista, herói, revolucionário. Mas também significa justificação e esperança, perdão e fortaleza oferecidas a partir da pobreza que não humilha, em solidariedade e morte; por isso a pintura do século XX – Rouault, Nolde, Chagall...[25] – e a Pós-modernidade se reencontraram a si mesmas no Cristo rejeitado, o *clown*, o da *quenose* paulina e o Cristo médico dos sinóticos. Cristo curou em seu tempo e continua curando hoje por seu Santo Espírito, que sempre foi invocado na Igreja como "perdão dos pecados", "saúde dos enfermos", "pai dos pobres", "fortaleza dos fracos"[26]. Frente a uma cultura que reprime os abismos da existência (o medo, a culpa, o pecado, a morte, o futuro...), Cristo assume a realidade, a cura e salva pelo poder de Deus, entregando-se a cada ser humano para que se redima a si mesmo. Santo Anselmo coloca na boca de Deus, entregando-se em Cristo, esta fórmula: "Toma-me e redime-te"[27].

A fé em Cristo ao longo dos séculos foi fonte de cura, geradora de liberdade e suscitadora de serviço ao próximo. Os que foram perdoados por Cristo e curados por seu Espírito[28] se converteram em curadores de seus próximos pela diaconia da saúde, da caridade, do ensinamento, da política, da contemplação... A Igreja suscita simultaneamente fascinação e escândalo, ou ressentimento como em Nietzsche, porque nela reluzem a grandeza e a santidade de Deus, ao mesmo tempo que encontram acolhida e deixam suas marcas em qualquer tipo de pobreza, degradação e marginalidade. Nela enfermos, loucos, pobres e estrangeiros encontraram

---

24. Cf. DREWERMANN, E. *Wort des Heils-Wort der Heilung* – Von der befreienden Kraft des Glaubens, I-III (Düsseldorf 1988-1989).

25. Cf. ROMBOLD, G. & SCHWEBEL, H. (eds.). *Christus in der Kunst des 20. Jahrhunderts* (Friburgo 1983). • GONZÁLES DE CARDEDAL, O. *El rostro de Cristo* (Valladolid 2011).

26. Cf. CONGAR, Y. *El Espíritu Santo* (Barcelona 1983).

27. "Deus Pater dicit: accipe Unigenitum meum et da pro te; et ipse Filius: tolle me et redime te" (SAN ANSELMO. *Cur Deus homo*, II, p. 20 (BAC 82, p. 886)).

28. Cf. VERGOTE, A. "L'Esprit, puissance de salut et de santé spirituelle". In: *Explorations de l'espace théologique* (Lovaina 1990), p. 199-212.

protagonismo e casa própria. Nela as medidas não são dadas nem pelo poder nem pela sabedoria, mas por aquilo que se é perante a Deus: diante dele todos somos filhos. A Cristo interessou-lhes sobretudo os marginalizados, os caídos por terra, os enfermos. A Parábola do Bom Samaritano é o melhor retrato de Cristo: ele veio de Deus, parou, ergueu o homem caído e ferido, ofereceu-lhe o cuidado e devolveu-lhe a capacidade e a alegria de prosseguir o seu caminho.

Cristo passou sua vida e morte conosco; elas foram uma aposta de Deus, colocando-se em nosso lugar. Ele colocou o poder de sua vida onde estava o poder de nossa morte (violência, injustiça, enfermidade, numa palavra: o pecado). Dizer vida e pessoa no horizonte do AT é dizer corpo e sangue. Cristo colocou seu corpo partido e seu sangue derramado como potência de vida para desfazer, anular e apagar (= "expiar") o poder e as consequências do pecado. Quando o anjo disse a Isaías que seu pecado estava "expiado", após aproximar de sua língua a brasa do altar, disse que estava "apagado" porque Deus, com seu poder abrasador e recriador de sua própria vida, o destruiu[29]. Esse é o sentido dos textos do NT ao afirmar que, com seu sangue, Cristo nos redimiu e purificou: seu corpo e sangue nos dão sua vida que é eterna. O cristianismo é de um otimismo realista: o pecado existe e torna o homem doente. Mas nem o pecado nem a enfermidade, que levam à morte, são a última palavra. As primeiras duas palavras são Deus e vida. Homem e pecado são palavras segundas; por isso, penúltimas.

A convicção simples e originária da Igreja nascente é que Cristo existiu em nosso favor, que nele Deus realizou o destino dos homens, sendo "Emanuel" = Deus conosco (Mt 1,23; cf. Is 7,14; 8,5-10). A essa presença e benevolência de Deus, assumindo o homem, arrancando-o de sua situação de negatividade e abrindo-o para seus desejos mais profundos, ao mesmo tempo que, agraciando-o com sua própria vida divina, denominou-se *salvação*. Como qualquer palavra que afeta o inteiro ser, a situação e o destino da vida humana, ela é indefinível. A descrevemos em três direções fundamentais como:

---

29. "Uma vez que esta brasa tocou teus lábios, desapareceu tua iniquidade e teu pecado foi expiado" (Is 6,7). Outros autores traduzem: apagar, perdoar, em vez de expiar. O verbo tem um sentido técnico: a absolvição do pecado (Ex 29,36-37; Is 22,14; Jr 18,23). É a mesma raiz da palavra hebraica *kippour*. Cf. Lv 16 (O dia da grande expiação ou perdão) e Rm 3,23-26 (ἱλαστήριον).

1) Superação das negatividades sofridas.

2) Conquista de realidades desejadas.

3) Abertura para algo ansiado, vislumbrado e conhecido plenamente apenas depois de possuído: Deus mesmo.

A salvação não é a "solução" mecânica, mágica, artificial, que resolve a partir de fora o enigma de existir, mas um princípio de cura, iluminação e transformação pessoal que torna possível ao homem tomar o destino em suas próprias mãos, refazê-lo se estiver desfeito e consumá-lo em Deus. A salvação sempre foi entendida a partir de duas perspectivas: superação do pecado e dom de Deus. A partir disso denominou-se a obra de Cristo como realizadora da salvação. Outras compreenderam a salvação à luz dos três níveis antropológicos antes descritos; a saber:

1) Redenção, libertação, resgate do mal, morte, mundo... (Pecado).

2) Ilustração, iluminação, abertura à luz, sentido, verdade... (Plenitude do homem).

3) Deificação e, por isso, santificação, vivificação... (Deus).

A salvação designa um dom de Deus e uma experiência fundamental do homem, que afetam seu ser inteiro, implicam toda a determinação negacionista do pecado, ao mesmo tempo que toda a ação divinizadora que Deus pode realizar nele, como ser polimorfo e poliverso. Eis a razão pela qual a salvação pode ser dita de várias maneiras (πωλλαχῶς λέγεσαι). A experiência fundamental de salvação, que é simples (Deus nos amou e nos perdoou entregando-se incondicionalmente em seu Filho e no Espírito, de forma que correspondendo ao seu amor somos novamente curados, sendo superiores aos poderes do mal e podendo olhar confiantemente para o Futuro), deve ser distinguida dos distintos modelos ou formas de explicá-la. Schillebeeckx enumerou catorze categorias para abarcar todas as maneiras que encontramos no NT de nomear a graça ou a salvação de Cristo[30]. U. Dahlferth ordena todas essas categorias em quatro modelos:

---

30. "Conteúdo concreto desta graça fundamental: a) Salvação e redenção. b) Libertação da escravidão e servidão. c) Redenção como libertação por compra e resgate. d) Reconciliação após a desavença. e) Redenção como satisfação: paz. f) Redenção como expiação pelos pecados por um sacrifício. g) Redenção como perdão dos pecados. h) Justificação e santificação. i) Salvação de Jesus como assistência jurídica. j) Redimidos para uma vida de comunhão. k) Libertados para o amor fraterno. l) Libertados para a liberdade. m) Renovação do homem e do mundo. n) Ple-

- *Modelo político* de luta, com imagens como cárcere, resgate, vitória, libertação, aniquilação...
- *Modelo cúltico*, com imagens como sacrifício, sofrimento, entrega, substituição, expiação, renovação da vida, aceitação...
- *Modelo jurídico*, com imagens como aliança, direitos e deveres, ruptura da lei, reconstrução, culpa, castigo, satisfação, perdão, restituição, compensação, justificação...
- *Modelo pessoal*, com imagens como comunidade, amizade, liberdade, responsabilidade, desengano, ofensa, ruptura de confiança, engano, perdão, amor..."[31].

Cada uma destas categorias designa a experiência salvífica fundamental sob uma perspectiva: a situação do homem sob o pecado, a ação histórica de Cristo, a relação nova em que nos encontramos em relação a Deus, sua iniciativa salvífica, o papel do Espírito Santo, a responsabilidade que dela surge, a implicação da comunidade... Sob esse fundo tão complexo são dados a Cristo múltiplos nomes que descrevem o que Ele significa para a humanidade (redenção ou salvação objetiva); o que podemos e devemos fazer para realizar como nossa essa vida nova (redenção ou salvação subjetiva); a forma de existência resultante (existência redimida). Cristo é visto: a) Como aquele que realiza essa gesta histórica, implicando o próprio Deus a favor do homem e justificando-o; b) Como aquele que explicita esse dom pela palavra; c) Como aquele que realiza em si mesmo essa vida nova, sendo protótipo da nova comunidade. Cristo aparece assim como:

    a) *Sacramentum*: Deus mesmo dando-se mediante sinais como amor e perdão (ordem ontológica).

    b) *Verbum*: Revelação de verdade e ilustração de realidade (ordem intelectual).

    c) *Exemplum*: Paradigma, exemplar dessa vida nova (ordem moral)[32].

---

nitude de vida. o) Vitória sobre as potências demoníacas" (SCHILLEBEECKX, E. *Cristo y los cristianos* – Gracia y liberación (Madri 1982), p. 466-499.

31. DAHLFERTH, U. *Der auferweckte Gekreuzigte* – Zur Grammatik der Christologie (Tubinga 1994), p. 260.

32. Estas três ordens são essenciais e inseparáveis; quando se separa e se absolutiza uma delas tem-se uma visão parcial da salvação cristã: pneumática, metafísica ou mistérica, quando se absolutiza o *Sacramentum*; intelectualista, racional, doutrinal, quando se absolutiza Cristo como *Verbum*; moralista e prática, quando se absolutiza Cristo como *Exemplum*. Cf. SAN AGUSTÍN. *De Trinitate*, IV, p. 3, 5-6 (BAC 39, p. 283-288). • STUDER, B. "Sacramentum et Exemplum chez Saint Augustin". In: *Dominus Salvator* – Studien zur Christologie und Exegese der Kirchenväter (Roma 1992), p. 141-212.

A salvação é de Deus e é Deus mesmo doando-se a cada ser humano em Cristo e pelo Espírito. É realidade divina em relação humana. É para cada ser humano, para todos os seres humanos[33]. Por isso ela tem alguns conteúdos universalmente válidos, mas ao mesmo tempo um momento único e um conteúdo específico para cada ser humano. O que a redenção do pecado e a deificação supõem para cada um de nós o que são o perdão e o amor como reconstrução de uma história passada e abertura para uma história nova de aliança com Deus, isso só é conhecido individualmente, por cada pessoa. A salvação sempre é concreta e, em última análise, só é compreensível e exprimível a partir da história particular. Deus não cria nem salva *as* pessoas, mas *cada* pessoa. Cada pessoa é uma criação diversificada em Cristo com uma redenção-deificação própria.

A redenção é para o mundo, na carne, dentro do tempo[34]. Deus se revela na carne, limite aparentemente mais distante de si mesmo (*revelatio Dei non sub contraria sed sub extrema specie*). A carne é a forma de entrega de Deus ao mundo em seu Filho (encarnação [Jo 1,14]), e o lugar da existência entregue de Cristo a cada homem é a Eucaristia: o dom consumado[35]. O corpo de Cristo é assim o novo templo, pois nele tem lugar a revelação de Deus e a experiência do encontro do homem com Deus. "Ele falava do templo de seu corpo"[36]. No entanto, como o homem não se esgota em sua temporalidade, mas tem vocação de eternidade, a redenção inclui esta vida

---

33. "Esta irredutibilidade de cada um é a que motiva a extraordinária atenção de Cristo para cada ser humano [...]. Que esta singularidade irredutível de cada um seja gerada no Princípio mesmo de toda geração (o Verbo eterno) e, além disso, que venha a Ele e se aproprie dele no processo sem fim da Vida absoluta; eis aí, sem dúvida, uma das intuições mais extraordinárias do cristianismo" (HENRY, M. *Encarnación* – Una filosofia de la carne (Paris 2000), p. 354-355.

34. A afirmação da carne, como lugar divino da salvação humana, diferencia o cristianismo de muitas religiões, da filosofia grega, dos idealismos em um sentido e dos materialismos em outro. "A incompatibilidade radical do conceito grego de *Logos* com a ideia de sua eventual *encarnação* alcança seu paroxismo a partir do momento em que esta revisa a significação que terá no cristianismo, que é a de *conferir a salvação*. Esta, na realidade, é a tese que poderíamos chamar de 'crucial' do *dogma cristão e o princípio de toda a sua 'economia'*" (Ibid., p. 13).

35. "Como pão veio a palavra / como fragmento de crocante pão / foi dada, / como pão se alimenta o corpo / de matéria celeste. / Vinho, compartilhamos sua íntima essência / na cena final do sacrifício. / E nos fizemos hálito, não mais que sopro de voz. // Palavra, corpo, espírito. // *O dom havia sido consumado*" (VALENTE, J.A. *Fragmentos de un libro futuro* (Barcelona 2000), p. 72).

36. Cf. LEHMANN, K. (ed.). *Jesus Ort der Ehrfahrung Gottes* – F.S.B. Welte (Friburgo 1976). • RAHNER, J. *"Er aber sprach vom Tempel seines Leibes"* – Jesus von Nazareth als Ort der Offenbarung Gottes im vierten Evangelium (Bodenheim 1998).

e a futura. É uma degradação da soteriologia cristã transferir a salvação apenas para o outro mundo, e situá-la no indivíduo e em sua alma, ou reduzi-la exclusivamente a este mundo. A salvação abarca o homem inteiro como pessoa, que é espírito e corpo, indivíduo e comunidade, interioridade e exterioridade, radicação no mundo e ordenação para a eternidade. O dom de Deus em Cristo e seu Espírito devem repercutir e conformar a partir do hoje todos esses aspectos da existência humana. Não é uma nova criação enquanto negação desta, mas recriação do projeto, vocação e vida recebida de Deus ao criar-nos à sua imagem para que cheguemos a ser semelhantes a Ele. Novo ser e novo viver em meio a um mundo que ainda está sob o maligno e precisa passar pela morte para chegar à sua imagem definitiva. A salvação implica, portanto, passagem pela morte e ressurreição da carne.

Cristo é a Vida (Jo 14,6). Conhecê-lo é ter a vida eterna (3,36; 4,14; 5.24-26; 10,28; 11,25; 17,3; Rm 6,23; 1Jo 2,25; 5,11-12). Ser cristão é compartilhar a vida de Cristo, ficar associado com Ele ao Pai e ao Espírito, e por isso existir com liberdade e esperança no mundo. Ele é a esperança da glória: a do corpo, a da alma e a do espírito (Cl 1,27).

III – Cristofania: Cristo, a Verdade

Cristologia (λόγος = palavra, sentido, conversação, razão, estrutura). A Lógica do NT avança das palavras à ação e a partir de ambas ao λόγος, até chegar à Palavra[37]. Jesus não anuncia realidades sem fazê-las acompanhar de uma palavra que torne transparente seu sentido; nem profere discursos que não sejam credenciados por sinais correspondentes. "Gestas" e "discursos", "sinais" e "palavras" constituem o tecido interno do Evangelho de São João, como outra maneira de explicar o que é a conexão entre pregação do Reino e realização de milagres nos sinóticos. Cristo relata parábolas, profere sentenças, fala palavras de vida. "Tu tens palavras de vida eterna", teria proclamado Pedro diante de Jesus (Jo 6,68). São João chega ao extremo afirmando que Jesus é a Palavra, a Vida eterna, a que Ele vive em sua comunhão com o Pai e com o Espírito (Jo 14,12-26). Quem acredita

---

37. Cf. CULLMANN, O. *Cristología del NT* (Salamanca 1998), p. 325-350.

nele participa dessa vida, que por ser própria de Deus não está sob o poder da morte; é eterna.

Os evangelhos passam do Jesus que fala palavras com autoridade e por encargo de Deus ao Jesus que reclama ter palavras próprias com autoridade própria até chegar ao Jesus que é Palavra de Deus, definindo-o como "a Palavra" (*Logos*). Palavra e Verdade são sinônimas no Evangelho de João. O *Logos* encarnado é aquele que em sua carne e biografia leva a bom termo o desvelamento-revelação (ἀλήθεια = verdade) de Deus. É o Filho que esteve no seio do Pai, dele procede e nele se nos dá a conhecer. Doravante *Logos* e Filho serão intercambiáveis: "A Deus ninguém jamais viu, o Unigênito que está no seio do Pai, esse foi quem no-lo deu a conhecer" (Jo 1,18)[38].

O próprio Jesus, colocando-se no caminho dos homens, compartilhou o drama de nossa história; o *Logos* eterno compartilhou o *logos* da existência humana. Deus falou como homem[39], pois Deus tem capacidade de ser homem (*Deus capax hominis*) e a realizou historicamente em Jesus[40].

---

38. A relação entre Filho Unigênito e *Logos* não foi instaurada primeiramente pelo pensamento grego, mas pelo próprio prólogo de João (1,1.18). O título *Logos* é a maneira de expressar o que Jesus é, assim como o título Filho é a maneira de mostrar sua última profundeza e identidade. A patrística grega prolonga a reflexão de São João para instaurar a conexão com o horizonte grego, sem desligar o *Logos* do Filho nem o Filho de Jesus em sua historicidade e em sua *veritas hebraica*, embora os acentos recaiam em sua universalidade, eternidade e preexistência. Cf. MOINGT, J. "La cristología de la Iglesia primitiva – El precio de una mediación cultural". In: *Conc* 269 (1997), p. 87-96.

39. Cf. VON BALTHASAR, H.U. "Dios habla como hombre". In: *Ensayos teológicos* – I: Verbum Caro (Madri 1964), p. 95-126.

40. Cf. GESCHÉ, A. "Dieu est-il 'capax hominis'?" In: *RTL* 24 (1993), p. 3-37. Que Deus seja *capax hominis* significa dizer que desde sempre Deus é *amor originário, bem difusivo, comunicação constituinte* em sua própria vida trinitária. Como prolongamento dessa divina autodoação interpessoal Ele se comunica a suas criaturas. Que o homem seja imagem de Deus (trinitário) e, enquanto tal, *capax Dei* significa que está ordenado e conformado a Ele de forma que seu ser é constitutivamente *capacidade, anseio e indigência de Deus*. Indigência natural pensada para preparar a doação sobrenatural de Deus no tempo, à qual está ordenada a criação originária. A encarnação é, assim, a realização suprema do ser de Deus como amor em autoação até o limite do pensável e a realização definitiva da criatura como capacidade e anseio daquele de quem é imagem (Gn 1,26; 5,1; 9,6; Sb 2,23). A encarnação é, portanto, a meta do desígnio divino. O centro e o sentido da história estão ali onde o Filho, imagem perfeita e visível do Pai invisível (2Cor 4,4; Cl 1,15), por ser "o resplendor de sua glória e impressão de sua essência (ἀπαύγασμα τῆς δόξης καὶ χαρακτὴρ τῆς ὑποστάσεως αὐτοῦ [Hb 1,3a])", é homem na fraqueza da carne e *Kyrios* no poder e sua glória (1Cor 2,8). Esta autocomunicação é a chave de intelecção de Deus como Amor (1Jo 4,7-8.16) e do homem como criatura amorosa. Estas são as bases de um cristocentrismo que inclui, por um lado, o Pai e o Espírito, e, por outro, a natureza e a humanidade. O *cristocentrismo* que inclui Deus e o homem é o primeiro princípio de realidade, e justamente por isso o primeiro princípio de inteligibilidade de todo o real. Cristo é princípio (ἀρχή [Cl 1,18]) que

Desta forma mostrou que o homem, por ser sua imagem, é *capax Dei* (capacidade de conhecer, receber e expressar a Deus)[41], e que a humanidade do homem pode ser a humanidade de Deus[42], e que a lógica divina pode expressar-se em lógica humana[43]. Este é o fundamento último da cristologia, como reflexão do homem sobre Jesus, Filho de Deus encarnado, por isso mesmo Deus-homem. Desta forma a encarnação é o último pressuposto para descobrir a lógica da cristologia. O fato de Deus ter assumido a nossa natureza para expressar-se nela funda a possibilidade e a confiança para que nossa razão limitada possa expressar o próprio Deus, compreendo-o não como presa capturada, mas como sentido fundante, luz iluminadora, horizonte dilatador. Cristo nos deixa o Espírito Paráclito para conformar-nos e adequar-nos a Ele, para lembrar-nos dele e amá-lo, realizando e completando sua verdade na história (Jo 16,13). Salvação e verdade são inseparáveis: a salvação se encontra na verdade e a verdade leva à liberdade e à salvação (Jo 8,32).

Cristo é assim a Verdade (Jo 14,6)[44] a partir de dentro da razão do homem. Uma Verdade que abre a história ao Eterno, após ter feito partícipe do Eterno nossa condição itinerante, sofredora e destinada à morte. *Cristo não é uma verdade anunciada como proposição, mas uma Pessoa que nos foi entregue como vida. A cristologia tem sentido e é possível como resultado da cristofania e da cristoterapia prévias.* A afirmação essencial do NT é que Cristo se incorporou à nossa natureza e destino para que possamos nos in-

---

dá início ao mundo e simultaneamente é o fruto que dá ao mundo (Is 4,2; Jr 23,5; Zc 3,8; 6,12 [*semah* = descendência, rebento germe, pimpolho]). "Cristo é chamado Fruto porque é o fruto do mundo; i. é, porque é o fruto para cuja produção se ordenou e fabricou todo o mundo" (FRAY LUIS DE LEÓN. "Pimpollo". In: *De los nombres de Cristo*. Op. cit., p. 183.

41. "Ea est invenienda in anima hominis, id est rationali, sive intellectuali, imago Creatoris, quae immortaliter immortalitati eius est ínsita." "Eo quipe ipso imago eius est, quo eius capax est, eiusque particeps esse potest; quod tam magnum bonum, nisi per hoc quod imago eius est, non potest" (SAN AGUSTÍN. *De Trinitate* XIV, p. 4, 6 (BAC 39, p. 652); XIV, p. 8, 11 (ibid., p. 663).

42. Cf. BARTH, K. "La humanidad de Dios". In: *Ensayos teológicos* (Barcelona 1978), p. 9-34.

43. A cristologia como *Teológica*, após integrar a *Teofania* e a *Teodramática*, tem duas tarefas específicas: uma, refletir "sobre como a verdade infinita de Deus e de seu *Logos* pode ser apta a expressar-se no estreito recipiente da lógica humana, não apenas de maneira vaga e aproximativamente, mas de forma adequada"; e outra, descobrir e interpretar como todo homem "situado diante do fenômeno Cristo pode e deve aprender a 'ver' de novo: experimentar no inclassificável, totalmente outro de Cristo, e iluminar-se do sublime, do glorioso de Deus, de cuja realidade possui em sua estrutura humana uma pré-compreensão" (VON BALTHASAR, H.U. *Teológica*, I, p. 22-23.

44. Cf. DE LA POTTERIE, I. *La Vérité dans S. Jean*, I-II (Madri 1977). • VON BALTHASAR, H.U. *Teológica* – 2: La Verdad de Dios (1997); 3: El Espíritu de la verdad (Madri 1998).

corporar a ele. Ele não nos substituiu, mas nos precede, representa e incorpora. Desta forma Cristo torna possível nossa liberdade como capacidade de realização da nossa missão. A glória do homem é poder chegar ao que sua possibilidade e necessidade supremas são: plenitude de Deus, plenitude que é Deus. Cristo é a Verdade como Caminho a caminho, e nos caminhos da vida. E assim Ele mostra ser Realidade e Razão primeiras, as que dão origem e são eterno princípio tanto de existência quanto de inteligibilidade[45]. Ele e o Primogênito[46], o "adiantado" e aquele que antecipa todos os outros[47]; o Pioneiro da salvação (Hb 2,10), "em quem temos posto os olhos, por ser o autor e consumador da fé" (Hb 12,2; cf. At 3,15; 5,31). A partir de seu íntimo, entregue como suporte de nossa existência e sentido de nossa inteligência, descobrimos a lógica da cristologia[48].

IV - Final

O conteúdo tanto da fé quanto da cristologia é Jesus Cristo: fato, figura, drama, ideia, pessoa, mistério. Esta complexidade do objeto deve encontrar sua correspondência no sujeito que se encontra com Ele e que pretende conhecer uma resposta equivalentemente complexa. Jesus Cristo não é apenas um fato que se esgota em sua particularidade; nem uma

---

45. Cristo tem razão, porque é o *Logos* "em quem estava a Vida, e a Vida era a Luz dos homens" (Jo 1,4). Ele não o é por uma ação secundária e adveniente, mas como luz de seu ser ("Todas as coisas foram feitas por Ele e sem Ele nada se fez do que foi feito" [Jo 1,3]). Por isso, ao se encontrarem com Ele, os homens, longe de se sentirem limitados por reinar sobre eles acorrentando-os no sentido de Lamartine ("Règne à jamais, ô Christ, sur la raison humaine / et de l'homme à son Dieu sois la divine chaîne"), é a Luz da vida que desencadeia neles a finitude, alargando-a até sua divina origem e colando-a à sua divina meta. "Jesus Cristo é o objeto de tudo e o centro para o qual tudo tende. Quem o conhece, conhece a razão de todas as coisas" (PASCAL, B. In: *P.* 556).

46. Este é o fundamento ontológico da mediação e universalidade salvíficas de Cristo (consuma e salva quem cria e funda): sua tríplice primazia. "O Verbo de Deus, ao fazer-se carne, [...] tem a primazia sobre todos no céu: como *primogênito do pensamento do Pai*, o verbo perfeito dirige todas as coisas em pessoa e legisla na terra; como *primogênito da Virgem*, é justo, homem santo, piedoso, bom, agradável a Deus, perfeito em tudo, livra do inferno todos os que o seguem; como *primogênito dentre os mortos*, é origem e sinal da vida de Deus" (SAN IRENEO. *Demostración de la predicación apostólica*, 39. Ed. de Romero Pose (Madri 1992), p. 141-142. Sobre esta tríplice primogenitura do *Logos* encarnado (do pensamento do Pai, da Virgem, dos mortos), cf. ORBE, A. *Introducción a la teología de los siglos II y III* (Salamanca/Roma 1987), p. 874-880.

47. Assim traduz Cl 1,16-17. Cf. FRAY LUIS DE LEÓN. *De los nombres de Cristo*. Op. cit., p. 183: "Por Ele tudo foi criado; e Ele é o Adiantado dentre todos, e nele todas as coisas têm seu ser".

48. DE UNAMUNO, M. *El Cristo de Velázquez* I, p. 3, 18. Cf. I, p. 20, 1-4: "[...] nuestras mentes / se han hecho como en fragua en tus entrañas / e el Universo por tus ojos vemos".

ideia abstrata; nem um programa moral; nem um mito universal. Ele é, antes de tudo, uma pessoa, a pessoa do Filho encarnado, em quem nos são dados o Pai e o Espírito. É o *Logos* existindo em humanidade. Pelo fato de ser o *Logos*, para conhecê-lo o homem precisa exercer o seu λόγος (inteligência); pelo fato da encarnação ter acontecido num determinado tempo e num lugar específico, o homem deve exercer a memória rememorativa e analítica; por ser pessoa com liberdade e coração, o homem deve exercer sua liberdade e coração, dos quais emanaram a fé e o amor perante seu Mistério.

As categorias-chave da cristologia, essenciais para compreender a doutrina, a pessoa e a obra de Jesus de Nazaré são: criação, encarnação e redenção. Jesus existe no horizonte do Deus criador e do Deus da aliança da forma como o AT o mostra. A criação coloca o ser finito como expressão de um amor e de uma liberdade infinita que participa suscitando liberdade, amor e capacidade criadora. "A encarnação de Cristo implica, paralelamente ao abaixamento de Deus, o desvendamento do humano essencial"[49]. A encarnação divina revela o ser e a vocação humana. A redenção mostra Deus como próximo absoluto do homem, solidário de seu limite, de seu pecado e de sua morte, não apenas para conhecer essas realidades a partir de fora, mas para compartilhá-las e superá-las a partir de dentro. A vida concreta de Jesus revela a "filantropia de Deus nosso salvador" (Tt 3,4). Desta forma Jesus se apresenta ao homem como aquele que recebeu a pena absoluta de Deus, e como aquele que por consequência é o próximo absoluto de Deus. A partir de agora aparece o valor infinito de cada homem e a responsabilidade ilimitada que temos para com Ele. O homem enquanto cristão é compreendido e definido como aquele que responde a Deus e se corresponde com Cristo (ambas as coisas em sentido metafísico e pessoal, e não apenas moral); aquele que coloca sua vida em favor do próximo como Cristo colocou a sua em prol de todos; aquele que transpõe este mundo para que o mundo tenha vida e para que ela seja eterna.

"Na criação Deus mostra seu espírito; na redenção seu coração." "Só o forte pode ser débil"[50]. Esse coração e essa debilidade de Deus na vida, na

---

49. ÁLVAREZ, M. "Cristo como exigencia de verdad". In: *Pensamiento del ser* (Salamanca 2004), p. 513.

50. SCHELLING, F.W.J. *Philosophie der Offenbarung 1841-1842* (Frankfurt 1977), p. 256-257.

paixão e na cruz foram a grande e inesgotável fortaleza do cristianismo na história. Nessa conaturalidade de inteligência e coração entre Cristo e o crente, entre sujeito pensante e pessoa pensada, a cristologia como ciência rigorosa e simultaneamente saber de salvação se torna possível[51].

---

51. Cf. GONZÁLEZ DE CARDEDAL, O. "Razón y corazón en cristología – Última lección en Gredos". Apud "Homenaje a J.M. Rovira Belloso". In: Revista Catalana de Teología 25 (Barcelona 2000), núm. monográfico.

APÊNDICES

APÊNDICE I
LEGADO DO SÉCULO XX E TAREFAS DO SÉCULO XXI

O século XX foi o de maior criatividade teológica depois do século XII e do século XVI, em sentido espiritual e reformador. Em cristologia assistimos a uma eclosão de propostas novas, que substituíram o modelo sistemático que, com leves retoques, permanecia vigente até que nos anos de 1274 Santo Tomás concluísse a III Parte de sua *Suma teológica* com as 59 Questões dedicadas a esta matéria. As cristologias que floresceram no século XX resultaram da convergência dos grandes processos espirituais que ocorreram na sociedade humana, com suas mutações e revoluções (humanismo, Reforma, Ilustração, historicismo, hermenêutica, movimentos sociais...), que influenciaram tanto a vida quanto o pensamento da Igreja. Os fatores imediatos da mudança foram, no entanto, os grandes movimentos internos que ela viveu com o redescobrimento de suas fontes bíblicas, litúrgicas e patrísticas (*Resourcement*), juntamente com o diálogo ecumênico, com a abertura missionária e com a atenção libertadora para com os novos mundos.

I - Do século XIX ao século XX

1 Datas, pessoas e instituições decisivas

O ponto inicial das novas cristologias é justamente a metade do século XX. Existem três acontecimentos que se consideram sinais do final de uma época e começo de outra nova. O canto do cisne de uma era esgotada foi a *Sacrae theologiae summa* (1950), em cinco volumes, publicados pelos Padres Jesuítas das Faculdades de Teologia na Espanha[1]. Em sua ordem esta obra é a expressão mais completa e rigorosa do método escolástico. O clamor de

---
1. PADRES SJ IN HISPANIA, PROFESSORES. *Sacrae theologiae summa*, I-IV (Madri 1950).

uma nova época incipiente foi o artigo de K. Rahner, no volume dedicado em 1951 ao centenário do Concílio de Calcedônia: *Chalkedon – Ende oder Anfang?*, publicado em 1954, e que depois reassumiu no primeiro volume de seus *Escritos de teologia* um título novo: *Probleme der Christologie von heute* (1959-1960)[2]. No mundo protestante também existem vários sinais desta virada. Este, por exemplo, que foi decisivo: R. Bultmann profere na "Tagung der alten Marburger" (1953) sua conferência "Das Promem des historischen Jesu", que é revolucionária perante o ceticismo histórico da *Formgeschichte* e da linha de seus discípulos[3].

A renovação criativa que aconteceu no século XX se inicia como reação calada mas pujante diante do resultado do Concílio Vaticano I, concluído como um bloco, com a afirmação da infalibilidade pontifícia, perturbadora na unilateralidade do afirmado pela ausência do marco eclesiológico total, dentro do qual o papa recebera seu justo lugar próprio e não emergira como um soberano político, ofuscando os bispos e os fiéis na Igreja.

Eis aqui três expoentes dessa renovação: J.M. Lagrange (1855-1938) funda em 1890 a *L'École Biblique* de Jerusalém e em 1892 a *Revue Biblique* com as quais tem início um retorno da Igreja Católica a uma leitura da Bíblia interpretada a partir de seu contexto e gêneros literários, desvelando a partir deles sua intencionalidade e verdade próprias. Em 1893, M. Blondel publica sua tese *L'Action*, onde coloca em destaque os dinamismos que Deus incrustou em nosso ser como condição para que possamos ouvir sua palavra na história e respondê-la. O terceiro marco é Teresa de Lisieux (1873-1897) que, com seu destino pessoal e sua missão teológica, nos libertava de uma imagem moralista, jansenista e positivista de Deus para abrir-nos filialmente ao Deus pai, como o Deus real justamente nas provações da fé e da dor. A esta carmelita se seguiram outras duas santas irmãs igualmente fertilizadoras da teologia: Isabel da Trindade (1880-1906), que nos redescobre o Deus trinitário mais que os deísmos e das filosofias, junto com Benedita da Cruz (Edith Stein, 1891-1945), filha do judaísmo e da moderna filosofia, que se abre à fé cristã. Bíblia, filosofia e mística estão histórica e teologicamente

---

2. RAHNER, K. "Chalkedon – Ende oder Anfang". In: GRILLMEIER, A. & BACHT, H. *Das Konzil von Chalkedon: Geschichte und Gegenwart* – III: Chalkedon heute (Wurzburgo 1954), p. 3-49. • RAHNER, K. "Problemas actuales de la cristología". In: *ET* I, p. 169-222.

3. *ZThK* 51 (1954), p. 125-153.

na origem da renovação eclesial no interior da qual tem sido possível a nova cristologia.

2 Quando começa o século XXI?

Quando se conclui o século XIX e começa o século XX? Quando termina a erupção criativa do século XX e passa a ter início o século XXI enquanto novo horizonte de sentido no mundo e como novo horizonte de pensamento teológico na Igreja? Estamos entre dois tempos: os grandes criadores do século anterior já não estão mais na ativa e não despontaram ainda as grandes luzes que devem nos guiar na nova situação. O que fazer entre um contexto de "não mais" em relação a um passado conhecido e de um "ainda não" em relação a um futuro desconhecido? Este fato funda a maneira concreta de nossa responsabilidade: ser memória fiel de toda a história da cristologia acolhendo as grandes conquistas definitivas e simultaneamente discernindo os excessos, os esquecimentos ou as absolutizações. Tempo de memória e de semeadura, com a atitude com que os agricultores vivem os meses de outono, os mais belos do ano por sua luz difusa, serena e reconfortante. Inútil querer acelerar violentamente os processos de maturação espiritual e clarificação teológica! É quando isto acontece que surgem os *arcaísmos*, que repetem velhas ideias superadas; os *adanismos*, que desconhecendo a história anterior querem reiniciá-la do zero; os *integrismos*, que a partir do redescobrimento de uma ideia ou perspectiva do mistério acreditam possuir a compreensão do todo.

A novidade e a originalidade não são programáveis: são resultantes da paixão pela verdade eterna e pela história de cada dia; ela só advém no final de um longo trabalho. Na Igreja a novidade procede de um procedimento interno e outro externo. Nada cresce em atitude de isolamento em relação ao tecido humano circunstante. Esta máxima também vale para a cristologia. Os grandes teólogos do século XX não foram aerólitos no céu espiritual da Europa, mas fruto de toda uma situação humana: guerras mundiais, Igreja em diáspora, filosofias capazes de expressar à altura do tempo o eterno enigma metafísico da realidade, a existência histórica do homem, as criações literárias e artísticas que dão forma e sentido à memória e ao desejo insaciável dos homens apaixonados pelo único Absoluto gratuito e suficiente.

Será que atualmente não estaríamos entrando numa espécie de vazio criativo tanto na ordem literária e artística quanto filosófica e teológica? Depois de Picasso, será que sabemos o que é a arte moderna? De que filosofia podemos aprender hoje a viver e a morrer após Husserl, Heidegger, Wittgenstein, Bergson, Unamuno, Ortega y Gasset, Zubiri, Marcel, Lévinas, Ricoeur? O século XXI terá de aprender dos novos luminares do ser e da existência humana e colaborar com essa busca em permanente diálogo de pergunta e resposta. A outra procedência da novidade na Igreja é a própria vitalidade interior resultante da ação do Espírito Santo e da resposta criativa dos crentes. As duas missões trinitárias são igualmente constitutivas do cristianismo. *Cristo, o Filho encarnado, morto e ressuscitado uma vez por todas, é a coordenada ou princípio de exterioridade, unicidade, fidelidade e permanência*, para a qual sempre se deve olhar, da qual sempre se deve partir, e que nunca pode ser esquecida. Mas Cristo é o Filho, o próprio Dom de Deus e, por isso, um infinito de palavra inesgotável e de revelação permanente, que não pode ser descoberto de uma vez por todas. Ele nos legou o *Espírito Santo, que é a coordenada ou princípio de universalidade, novidade, interioridade e personalização da revelação e da redenção*. Ele é a memória viva da origem, a garantia da interpretação fiel de sua palavra, a defesa da verdade perante os tribunais do mundo e, sobretudo, aquele que vai tornando a verdade de Cristo completa à medida que a traduz e a atualiza interiormente, a personaliza e a universaliza em cada momento da história. No cristianismo o Espírito Santo é a coordenada de atualização e de novidade, a fim de que cada geração e cada pessoa possam ser contemporâneas a Cristo e, sendo partícipes de sua filiação, possam chegar à própria plenitude. O Filho e o Espírito (cristologia e pneumatologia) são inseparáveis na Trindade e na história da comunicação de Deus com o mundo e com a Igreja.

3 A possível ou impossível programação do futuro

A ação do Espírito Santo nas almas e a resposta dos crentes aos seus chamados é imprevisível e não programável. Mas são previsíveis e programáveis nossa memória diária de Cristo e a atenção dócil ao Espírito Santo, acima de tudo para não apagá-lo, e, em seguida, para acolher suas inspirações que nos chegam pelos canais da Igreja e por outros: apostolado, carismas comunitários, dons pessoais, experiências históricas e provocações externas. Por isso temos que perguntar-nos pelas novas experiências, movimentos e testemunhos que surgiram recentemente na Igreja e em que medida aportam novas respostas cristológicas. A teologia tem diante dessas inovações uma tarefa tríplice: a) conhecimento rigoroso; b) discernimento crítico de suas possíveis tergiversações do evangelho e da Igreja; c) aceitação humilde e alegre das descobertas do inesgotável mistério de Cristo. Não podemos fazer o elogio incendiado ao que foram, por exemplo, a ação de Guardini no movimento litúrgico; ou ao que foi a colaboração de Chenu e Congar com os movimentos da Ação Católica; ou aos escritos de De Lubac nas revistas da resistência nazista e simultaneamente negar toda validez a movimentos evangelizadores que, determinados pelas situações sociais e políticas, surgiram ao longo do pós-concílio na Igreja. Da mesma forma também não podemos por princípio negar essa validez a formas novas de espiritualidade popular que por caminhos novos descobrem a Cristo.

II – A cristologia do século XX e sua recepção

Nossa primeira tarefa antes de tentar construir de novo é fazer o itinerário da colheita do século anterior, valorizando as conquistas definitivas, evidenciando os esquecimentos, mostrando os caminhos sem saída que foram tomados e desmascarando as ilusões sofridas.

1 Superações da situação anterior

A cristologia do século XX superou a neoescolástica que predominou por séculos, estruturada fundamentalmente sobre a III Parte de Santo Tomás na linha metafísica e desenvolvida, sobretudo no século XVI, numa perspectiva que privilegiava a concentração soteriológica, estaurológica [da cruz] e hamartiológica [do pecado] de Lutero. A teologia se concentrou nos *benefitia Christi* e no *usus crucis et resurrectionis* como o formulava Melanchton[4]. A neoescolástica católica respondeu endurecendo os aspectos filosóficos e, por sua vez, não discernindo o estreitamento que a Reforma protestante estava fazendo de temas que são realmente bíblicos. Frente à legítima recuperação que os místicos e Lutero faziam da experiência no cristianismo e da preo-

---

4. "Hoc est Christum cognoscere benefitia eius cognoscere, non quod isti docent eius naturas, modos incarnationis contueri": Introdução aos *Loci Communes* (1521).

cupação pela certeza na ordem da salvação, antecipando o que em seguida Descartes reclamaria na ordem do conhecimento, os teólogos católicos não fizeram a reformulação da cristologia. Eles responderam aos novos problemas a partir do horizonte anterior, enquanto que o que estava em jogo era um novo horizonte. Em contrapartida, os grandes criadores da cristologia no século XX eram profundos conhecedores da cristologia clássica, patrística e escolástica. Eles pensaram a partir dela, mas vendo para além dela. Seria uma perda mortal se os novos esboços cristológicos do século XXI desconhecessem essa tradição e desprezassem reformulações que hoje são longínquas, mas que contêm respostas temporais a perguntas permanentes.

2 Conquistas definitivas

Antes dos conteúdos materiais novos precisamos sublinhar os que poderíamos chamar de inovações metodológicas no mesmo ponto de partida.

a) Acima de tudo *a história* como determinante da *existência* tanto de Cristo quanto dos cristãos. A historicidade nos torna conscientes dos limites, dos condicionamentos e das parcialidades de todo conhecimento, inclusive em cristologia. Por isso, referindo-se a Cristo ao invés de sua "natureza humana" prefere-se falar de sua "judeidade", já que não existe humanidade em abstrato e sim sujeitos concretos, situados no tempo e no espaço. Obviamente, seria inútil tentar construir um sistema cristológico a-histórico, com desejo de totalidade e fechado, já que Deus é sempre maior que o homem e incompreensível para o homem. "Agora vemos em espelho e de modo confuso" (1Cor 13,12). Conhecemos em imagem e em fragmento; não conhecemos a Deus como Ele nos conhece; daí por que o amor que nos remete a Ele seja a atitude suprema do homem perante Deus, e não nossa pretensão dominadora dele pelo conhecimento. Inspirando-nos numa frase do grande exegeta C.K. Barret ousamos afirmar: "Historia christologiae genetrix"[5].

b) *Bíblia* como fonte e alma da teologia. Da degradação anterior, ao ser convertida em um arsenal de provas para justificar teses teológicas, pas-

---

5. BARRET, C.K. In: BREYTENBACH, C. & FREY, J. (eds.). *Aufgabe und Durchführung einer Theologie des Neuen Testaments* (Tubinga 2007), p. 205-223.

samos a uma recuperação dela como história e biografia de Deus com os homens e simultaneamente dos homens com Deus. Dos comportamentos divinos aprendemos a reconhecer seu ser e a partir dele esclarecemos seus atributos, mas não exclusivamente com a lógica de Platão, Aristóteles ou Kant referidas ao Princípio primeiro. Entretanto, temos que reconhecer o abismo existente hoje entre leitura piedosa e leitura crítica, e a carência atual de uma interpretação bíblica objetiva com ambas as exigências, para além de alegorismos, concordismos ou ceticismos. A *lectio divina* e a exegese crítica, sendo distintas, não podem, no entanto, sobreviver em comportamentos estanques.

c) Redescobrir a *diversidade das fontes* bíblicas, patrísticas, conciliares e teológicas. Na situação anterior houve uma redução dos textos cristológicos da Bíblia a praticamente duas ordens: por um lado, os textos referidos diretamente à encarnação, à medida que orientam para a teoria das duas naturezas em unidade de pessoa (*De Verbo incarnato*) e, por outro, os textos relativos à interpretação da morte de cruz em perspectiva sacrificial (*De redemptione*). São João e São Paulo são seus máximos expoentes, mas não os únicos referentes da revelação de Deus em Jesus Cristo sedimentada em todo o NT. É surpreendente pensar que num contexto totalmente diferente Bultmann tenha levado a cabo esta mesma concentração nos dois autores. A pessoa, a missão e a ação de Cristo estão referidas também a Deus como Pai, à criação, a Israel, à história do mundo e à Igreja. Existem formas de compreendê-lo na mesma perspectiva com que o AT fala de Deus, dinamicamente, e formas de designá-lo na perspectiva metafísica, que posteriormente prevalecerá em ambientes gregos da Igreja. Por exemplo: a recuperação dos nomes e títulos cristológicos que Frei Luís de Leão manifestou por primeiro em sua obra magna *De los nombres de Cristo* (1583); seguido pelo jesuíta José de Acosta em sua obra *Sobre el Cristo revelado* (Roma 1990); e finalmente as novas bases exegéticas propostas por O. Culmann em sua obra *Cristologia do Novo Testamento* (1958).

Essa riqueza e pluralismo bíblicos redescobertos têm seu equivalente na diversidade e riqueza dos concílios. Niceia e Calcedônia são decisivos quando da fixação das fórmulas dogmáticas que expressam a tradição apostólica sobre Cristo. Mas não são os únicos, e tampouco esgotam essa tradição. Num terceiro tempo descobriu-se a riqueza da história da teologia falando em diversas línguas do mesmo Cristo: a Igreja grega e a latina, a ortodoxa oriental e a romana ocidental, a monástica e a universitária, a dos teólogos sistemáticos e a dos místicos, a cristologia manifestada em fórmulas filosóficas e a configurada pela pintura, pela escultura e pela arquitetura. Todas são palavras verdadeiras sobre Cristo e não apenas as que outorgam à filosofia o privilégio interpretativo. Cristo inspirou e de Cristo falaram não apenas teólogos e filósofos, mas também místicos e poetas, pintores e músicos. Será que em cristologia valem mais Schleiermacher do que Bach, Melchor Cano do que São João da Cruz? O testemunho apostólico comum e a mesma confissão eclesial de fé em Cristo engendram uma pluralidade de testemunhos neotestamentários, definições conciliares, interpretações teológicas e vivências espirituais.

d) *Novo acesso à Bíblia* como único livro da dupla aliança. Por isso, hoje, com E. Zenger, fala-se em Primeiro Testamento (AT) e em Segundo Testamento (NT), não sem a rejeição desta terminologia por aqueles exegetas que, remetendo à Carta aos Hebreus, consideram que devemos falar em "Antigo" e "Novo" testamentos, já que estão em jogo a novidade, a superioridade e a presença definitiva de Cristo, e com elas a consumação do anterior. Aqui aparecem questões novas: Cristo no AT e releitura do AT a partir de Cristo. E consequentemente a correlação entre esses dois povos, Israel e a Igreja, com as duas perguntas essenciais: uma, a significação perene e ainda pendente do messianismo de Jesus, e outra, o lugar e a missão do povo judeu após a identificação cristã de Jesus como Messias. Permaneceria em vigor a primeira aliança para o povo judeu ou esta seria revogada? A Bíblia é o livro que tem Jesus como chave de sua unidade, com seu testemunho único, mas irredutível a fórmula. A unidade da Bíblia é dada pela pessoa de Cristo presente na Igreja por seu evangelho, sacramentos, Espírito Santo, apostolado e comunidade, mas não temos uma fórmula conceitual única que expresse definitivamente essa unidade; só através da multiplicidade de livros, de títulos, de ações e de promessas podemos reconhecê-lo em sua divina e humana complexidade salvífica.

e) As questões do *cânon e do centro do NT*. O redescobrimento que a exegese, a história e a filologia fizeram da variedade de gêneros literários, autores e contextos do NT suscitaram a questão da pluralidade coerente ou incoerente, integrável ou não integrável de todas as dimensões, ideias e palavras sobre Cristo. Um autor tão sereno como F. Hahn enumerou no final de sua *Teologia do NT*[6] o que ele denomina tensões, divergências ou contradições entre os diferentes livros a respeito de quatro questões: o conhecimento de Deus, a lei, a relação entre as obras e a fé e as afirmações escatológicas. Käsemann introduziu a ideia de um cânon necessário dentro do cânon; isto é, de uma ideia ou categoria (para ele a justificação paulina), a partir da qual todo o resto deveria ser interpretado. Para o protestantismo, que não reconhece a autoridade apostólica permanente e normativa na interpretação da Bíblia, esta é uma questão de vida ou morte. Quem é que estabelece esse cânon dentro do cânon? Rejeitada esta ideia, no entanto, é necessário reconhecer que a Escritura tem um centro de unidade, que nem tudo tem o mesmo peso revelador e salvífico, que a pessoa de Cristo nas três dimensões constituintes de sua história (pregação do Reino, morte e ressurreição) é a coluna vertebral a partir da qual todo o resto é inteligível e revela a coerência do plano salvífico de um Deus Emanuel que quer ser a luz, a vida e o futuro absoluto do homem. Esta ideia do centro da Bíblia é a que o Concílio Vaticano II, ao falar da necessária "hierarquia de verdades", estabelece como chave de leitura de toda a teologia[7].

f) Outra das recuperações fundamentais da cristologia na segunda metade do século XX é a *primazia da dimensão imediata, humana e soteriológica* de Cristo, que não nos trouxe uma definição de Deus, mas seu amor entranhável e solidário, redentor e divinizador. Ele não veio resolver questões técnicas, econômicas, filosóficas ou morais dos homens, mas espelhar-nos com seus comportamentos como é o Pai para nós, descobrir a miséria do homem afastado dele e a misericórdia acolhedora do qual sempre espera, porque sempre é seu Pai. Jesus é Jesus acima de tudo "porque salvará seu povo de seus pecados" (Mt 1,21). Cristo é o Ungido de Deus, o messias para guiar o novo povo de Deus no novo e definitivo êxodo e introduzir no

---

6. HAHN, F. *Theologie des Neuen Testaments* – II: Die Einheit des NT (Tubinga 2002), p. 803-804 ("Die Einzelthemen in ihrer Convergenz und Divergenz").
7. UR 11.

mundo a possibilidade de começar a viver agora a vida mesma de Deus, que denominamos eterna.

A maioria das afirmações neotestamentárias sobre Cristo se situam no nível soteriológico. Quem é Cristo da parte de Deus para nós? A afirmação paulina talvez seja a mais significativa desta concentração soteriológica: "Jesus Cristo, vindo da parte de Deus, veio a ser para vós sabedoria, justiça, santificação e redenção" (1Cor 1,30). Dentro do NT já aparecem as perguntas pela origem última de Cristo (de Deus, e não apenas Maria; do seio do Eterno, e não apenas da aldeia de Nazaré), pela condição de Jesus antes de sua existência conosco em pobreza (que sendo rico se fez pobre por nosso amor), pela relação especial e única que teve com Deus (*Abba*, o Filho, aquele que estava em *morphé Theou* e assumiu a *morphé doulou*, que é esplendor de sua glória e imagem de sua substância, o visível do Invisível). Estas afirmações deixam margem às perguntas que em seguida são denominadas "metafísicas". Elas são necessárias e inevitáveis, mas não podem relegar a um plano secundário ou ao silêncio o conteúdo central do evangelho e da oferta do NT: a salvação de Deus para os homens no mediador universal, o homem Jesus. Esta salvação divina é mediada por um de nós; é simultaneamente a expressão do amor de Deus e de sua humilde generosidade, já que não nos humilha com seu perdão ou amor, mas nos torna capazes de nossa própria redenção como resultado de sua condescendência encarnada. Cristo, por ser quem é, quer ser iluminação, redenção, santificação e divinização, respondendo não apenas à razão que busca a verdade, mas à vida inteira que busca sentido, reconciliação, liberdade e libertação e esperança de vida no meio da morte. *Cristo antes que uma pergunta metafísica é uma proposta soteriológica.* Esta conquista da cristologia do século XX é irrenunciável, mesmo quando tampouco podemos manter-nos em cristologias tais como as funcionais, a narrativa e a doxológica, necessárias, mas por si só insuficientes para dar razão completa da fé em Cristo.

g) Necessária *união entre cristologia fundamental e cristologia dogmática*. Não é possível uma demonstração de Cristo feita a partir de fora, que nos leve a crer nele para em seguida elaborar uma reflexão sistemática sobre Cristo apoiada naquelas provas. São necessários alguns conhecimentos prévios sobre sua existência histórica, as fontes que falam dele, a continuidade de sua figura na história posterior, embora todos estes dados não passem de prolegômenos para uma cristologia dogmática, já que os verdadeiros fundamentos só são apreendidos a partir do conhecimento dos conteúdos. A fé é um ato novo e inovador, primeiro de realidade e, em seguida, de conhecimento. A pessoa de Cristo suscita naquele que a Ele se abre uma nova capacidade de ver e ouvir, de esperar e obedecer. A revelação atualiza no homem sua capacidade ingênita de responder ao chamado de Deus implícito em sua condição de imagem (*capax Dei*: Santo Agostinho; *o homem ouvinte da palavra*: K. Rahner; *die Ansprechbarkeit des Menschen von Gott* = *o homem ser apelável por Deus*: T. Pröpper). Essa resposta, fruto do dom de Deus e da liberdade aberta do homem, engendra evidência, assim como a engendram a obra de arte, a beleza de uma paisagem, o amor gratuito, o sorriso da mãe para seu filho, a pessoa verdadeira. Cristo tem uma evidência interior antes que exterior, pois engendra uma confiança que entrelaça as raízes da memória e do desejo, da intelecção e da esperança do homem. "As portas do mistério se abrem a partir de dentro" (E. Jüngel). Neste sentido, uma cristologia dogmática é realmente fundadora, ao passo que a cristologia fundamental só prepara o terreno antropológico e reúne os materiais históricos para tornar possível pensar com objetividade naquela. A inclinação de muitos teólogos de hoje, no entanto, é conferir uma dimensão fundante, por ser antropologicamente significativa, a todos os temas teológicos. Nessa elipse com dois focos, que são a teologia e a filosofia, nenhuma pode colocar a outra diante de um absoluto, que reduza a autonomia própria. É o homem pensante que vê a necessidade e percebe a convergência entre o foco antropológico que cada filosofia imprime e o foco teológico que se remete à sua origem e à sua experiência própria. Rahner e Balthasar, em certa continuidade com Barth, mostraram a coextensividade e a interação entre ambas as cristologias. Profundidade e fundamento, conteúdo e prova são os dois lados de uma mesma realidade.

3 Limites das novas cristologias

Estes limites são de natureza muito deferente. Não é possível analisá-los todos, tampouco sublinhá-los exaustivamente, já que são o inevitável resultado do entusiasmo por novos descobrimentos ou fruto de um esquecimento anterior. Neste sentido, melhor seria falar em deslumbramentos, fascinações, miragens ou reduções que aglutinam todas as dimensões da pessoa de Cristo em um único aspecto.

a) *Deslumbramentos*, por exemplo, diante da interpretação existencial de Bultmann, da cristologia de Rahner, das leituras fenomenológicas ou hermenêuticas, das teologias da libertação. Cada deslumbramento supôs uma nova porta de acesso ao coração do mistério, valiosa e necessária, mas, sozinha, insuficiente. Sua absolutização é sua perversão. Nenhum ramo no tronco da cristologia, por mais belas que suas flores possam ser e por mais nutritivos que possam ser seus frutos, não esgota toda a seiva que procede de sua raiz, que é Cristo.

b) *Fascinação* perante os novos aportes relativos ao conhecimento do homem Jesus, à recuperação do ambiente judeu, social, político e econômico em que sua existência se desenvolveu, à possível conexão com outros líderes religiosos ou movimentos sociais e políticos da forma como o investigaram Malina, Theissen, Stegemann, Sander e os integraram Küng, Schillebeeckx, o próprio Ratzinger e outros tantos. Menção especial merece a obra admirável de J. Meier: *Jesus, um judeu marginal*. Para além da tríplice busca de Jesus, ele se concentra nas afirmações básicas que, mediante uma investigação crítica – no sentido moderno do termo – podem ser afirmadas de Jesus, podendo ser aceitas por quem não compartilha a fé da Igreja. Num prólogo, metodologicamente transparente, este autor delimita seu tema distinguindo o Jesus que existiu, o Jesus no qual a Igreja crê e o Jesus que pode ser recuperado como existente a partir do nível atual da investigação científica. É um trabalho "de mínimos". Ele não integra o que foi a repercussão de Jesus vigente até hoje, nem o próprio fato da fé dos primeiros discípulos ou seu valor objetivo. Tampouco se pergunta pela "centralidade" de então. Trata-se do Jesus daqueles idos; mas o cristianismo surgiu e se manteve a partir da relação de Jesus com nosso tempo, com cada tempo, com a eternidade mesma de Deus. Não se dá razão completa de Jesus sem o cristianismo, tampouco do cristianismo sem Jesus. Uma cristologia deve levar em conta livros como o de Meier, como apoio mínimo comum, mas os livros não são base suficiente para uma cristologia. A oferta da Igreja, sempre e hoje, é o Cristo vivo e vivificador por sua Palavra, Eucaristia, Espírito e comunidade.

A partir da experiência salvífica do encontro pessoal com Cristo descobre-se a continuidade com a figura de Jesus em sua vida mortal tal como no-la descrevem as diversas fontes históricas e, de maneira suprema, e no fundo única, os evangelhos.

Nada menos que um homem tão radical como J. Welhausen afirmou já em 1905 que o "Jesus histórico" enquanto produto do trabalho científico não pode ser o fundamento da fé. E acrescenta: "Jesus é o Messias cristão como o Crucificado, o Ressuscitado e o que há de vir, não como o mestre de religião. O evangelho apostólico, que prega a fé em Cristo é o autêntico, e não o evangelho de Jesus que prescreve à Igreja sua moral [...]. E a suposta sentença de Harnack: 'Não o Filho, mas somente o Pai pertence ao evangelho' é radicalmente falsa, se com isso se afirma um fato e não um postulado que se deve expressar"[8].

As fontes específicas da cristologia, juntamente com a história e a fenomenologia das religiões que também se interessam legitimamente por Cristo, são a revelação e a fé, e estas não se fundam apenas na história positiva. A fé é uma inovação de realidade a partir da inteligência e da liberdade, a partir da fundamentação racional e da predileção volitiva. O que dá inicialmente conteúdo e em seguida fundamento à fé é a totalidade do "fato Jesus", do seguido e confessado como Cristo a partir da experiência da ressurreição até hoje por uma comunidade crente na vida e na morte.

Uma cristologia não pode fixar-se nos mínimos necessários, mas deve ater-se e contemplar os máximos possíveis. A história é essencial à fé e é geradora de teologia (*cristologia histórica*); mas esta história particular deve adquirir credibilidade por sua significação universal (*cristologia filosófica*) e por sua transcendência absoluta (*cristologia dogmática*). Seria um erro repetir a neoescolástica de antanho, que oferecia demonstrações apologéticas a partir de um tipo de filosofia, e tentar fundar a cristologia de hoje num positivismo histórico, que muitas vezes não é consciente dos pressupostos hodiernos que relativizam suas afirmações; positivismo histórico cujas hipóteses contam com apenas alguns anos de vigência. Aqui precisaríamos lem-

---

8. WELHAUSEN, J. *Einleitung in die drei ersten Evangelien* (Berlim 1911), p. 147-153, § 17. Seu grande discípulo O. Eissfeldt comenta: "Com esta eliminação do dogma do Jesus histórico, Welhausem fez um serviço ao cristianismo e à Igreja, cuja grandeza o futuro nos permitirá reconhecer" (EISSFELDT, O. *Kleine Schriften*, I (Tubinga 1962), p. 67).

brar de Bultmann e louvar sua vontade constante, e até o fim, de fazer uma exegese estritamente teológica, bem como sua clara consciência de que a fé em Cristo só é possível em Igreja. Seus limites viriam por outros caminhos; entretanto, ele e outros tinham razão perante alguns, como J. Jeremias, que queriam reportar-se às *ipsissima verba Jesu* como único fundamento seguro da fé sem a necessidade da comunidade que atesta, transmite e redige. Aqui aparece a questão da Igreja e o escândalo de sua particularidade e autoridade. Nunca houve evangelho sem Igreja e nunca haverá cristologia sem Igreja. Para esta, conhecer (história) e aderir (fé) são realidades distintas, embora inseparáveis, assim como olhos e ouvidos são dois acessos à única realidade. Quando ouço, vejo, quando vejo, ouço, dizia Mahler.

c) *Esquecimentos e reduções*. Quanto à fonte bíblica, houve decênios, na segunda metade do século XX, nos quais Jesus foi interpretado exclusivamente a partir dos sinóticos, sem integrar o Filho e Senhor de São Paulo, tampouco o *Logos* encarnado e emissor do Paráclito de São João. Preferiu-se a Carta aos Hebreus e sua intepretação de Cristo como o Filho que consuma o profetismo e o sacerdócio veterotestamentário (1,1-4) enquanto realizou o sacrifício perfeito: sua pessoa em liberdade, obediência e amor, com uma oblação eterna que até hoje santifica todos nós. Assim, foi esquecido seu papel perene como nosso advogado e intercessor perante o Pai e sua condição de *arché* e *archegos*, pioneiro, cabeça e guia da Igreja peregrina no tempo. Tentou-se identificar Jesus a partir da "figura", do "retrato" ou do "modelo" existentes em seu contexto social: profeta escatológico, sábio, escriba com nova interpretação da lei, *zadik, hasid, carismático, revolucionário, supermístico, cínico itinerante*. A maioria dessas figuras e títulos foram utilizadas nos primórdios da Igreja, embora algumas figuras foram sendo descartadas e outros títulos integrados aos três finais atribuídos a Jesus: Messias (continuidade com o AT), Filho (continuidade com Deus), Senhor (continuidade com a Igreja e o mundo).

A Igreja nunca fez para si uma "imagem" teórica de Jesus, tampouco impôs um rosto concreto; simplesmente o narrou, o nomeou e o invocou, delimitando sua realidade em face das deformações, mas não definiu seu sentido filosófico. Ele deve ser reconhecido nos quatro evangelhos e demais livros do NT, nas definições dos concílios, nas liturgias das Igrejas e na vida de seus seguidores mais fiéis: os santos. Todos estes aspectos remetem ao Cristo pessoal, vivo e vivificante que a fé, o evangelho e os sacramentos revelam aos que nele creem, o celebram e o seguem. Não há fé possível sem Igreja, sem liturgia e sem práxis evangélica. Não há cristologia possível sem fé, sem racionalidade histórica, sem liturgia e sem filosofia. O particular da história passada, o universal humano permanente, o divino revelado e dado para a vida do mundo constituem o triângulo hermenêutico da cristologia. Cada um dos lados é necessário e nenhum deles é suficiente.

III – A cristologia no século XXI

O futuro absoluto é de Deus, é Deus mesmo, e diante dele nos devemos portar como Moisés diante da sarça ardente, Elias no Horeb e Cristo no Getsêmani: em atenção e espera, em escuta e obediência. O futuro humano é dos gênios e dos trabalhadores empedernidos: aqueles Deus mesmo no-los envia; estes nós mesmos devemos configurá-los. A história, no entanto, é tão insuspeitável que, não obstante tudo possa ser programado, muitas decisões são tomadas no instante. A vida humana, bem como a da Igreja, é o resultado da convergência entre as lentas preparações e os instantes decisivos, que os espíritos despertos percebem. Nesta perspectiva, perguntar pelas novas searas da cristologia equivaleria a perguntar:

- Pelos novos *textos, fases, autores, ideias, títulos dados a Cristo no NT*, cuja profundidade e significação ainda não descobrimos. Durante os últimos séculos a cristologia girou em torno aos 20% das afirmações do NT e descartou muitas do AT; textos que agora seriam especialmente luminares. Ela menosprezou afirmações que estavam em gêneros literários não conceituais – isto é, narrativos, exortativos, legais, líricos e proféticos – que são a maioria e não redutíveis aos primeiros.

- Pelas *necessidades e esperanças configuradoras da humanidade atual* em busca de sentido e de esperança ou em desilusão e desesperança. Devemos identificar, portanto, o destinatário privilegiado não em sentido geográfico, local ou quantitativo, próprio da pastoral, mas os destinatários expoentes e expositores desta nova fase da humanidade com os recursos que seu pensamento filosófico, literário ou artístico pode oferecer-nos para uma melhor inteligência de Cristo, uma melhor linguagem sobre Ele e um melhor testemunho dele.

• Pelos *tesouros de sentido, compreensão e amor ocultos nas tradições litúrgicas, espirituais e missionárias* que até agora não valorizamos porque não estavam em linha racional especulativa do Ocidente, na qual separamos dogma e piedade, pensamento e oração, liturgia e práxis. Até agora estudamos a figura de Cristo em sua particularidade judaica, como *fato* concreto; assumimos seu seguimento como imitação e *caminho*; analisamos a significação universal de sua doutrina como de sua vida, vendo nela uma *ideia*, a *philosophia Christi* como síntese das grandes determinações do ser e do homem em radicação aberta com o absoluto e em sua inserção na história, como tempo e transcendência, como ação e paixão, como morte e vontade de eternidade; isto é, o assimilamos como verdade – verdade do homem em alguns casos e verdade de Deus em outros. Entretanto, o essencial e decisivo do cristianismo é que ele propõe Cristo como *vida*. Ele se acreditou como tal perante os homens que o professaram, o amaram, o imitaram. Cristo sobreviveu porque nos iluminou na vida e nos deu suporte na morte. Esta dimensão de "vida" deve ser estudada e proposta com toda a sua racionalidade e realismo.

Quem reconheceu melhor a Cristo: o *De principiis*, de Orígenes; a *Summa theologica*, de Santo Tomás de Aquino; a *Dogmatica*, de Barth; a *Trilogia*, de Balthasar; o *Curso básico da fé*, de Rahner ou outros tipos de livros como as *Confissões*, de Santo Agostinho; a *Imitação de Cristo*, de Tomás de Kempis; a *Vita Christi*, de Ludolfo de Saxônia o Cartuxo; os *Exercícios*, de Santo Inácio de Loyola; *As moradas*, de Santa Teresa; *O Senhor*, de Guardini?[9] Cristo é caminho (particular), é verdade (universal), é vida (pessoal) que se oferece ao homem como participação na vida de Deus, por ser seu Filho encarnado. Esta terceira dimensão é uma seara decisiva para o futuro. Quando se reivindica a necessidade de uma mística para resistir hoje como cristãos num mundo fechado em sua mundanidade, cego ou surdo perante a transcendência, estamos vendo pessoas se voltando para fontes de vida que

---

9. Ludolfo de Saxônia, um dos autores que mais tiveram influência sobre santos como Santo Inácio e Santa Teresa, foi editado até o século XIX. Ultimamente surgiu a primeira tradução moderna completa em castelhano: *La Vida de Cristo*. Ed. E. del Río (Madri/Roma 2010).

dão sustentação e misericórdia, uma certa paz e felicidade mesmo em meio à dor e à obscuridade da história (fascinação pelo budismo, certas formas de religiosidade e ecologia). Para nós, cristãos, isto significa descobrir em Cristo a própria vida.

Enumeramos agora apenas alguns aspectos dessa nova cristologia.

1) Depois de tantos esboços e projetos, uns geniais outros arcaicos, precisamos estar conscientes dos fundamentos sobre os quais se elabora cada projeto cristológico, sobre seu valor e seus limites. Sua novidade dependerá: a) dos textos bíblicos que emerjam como ponto de partida e que se mantenham como fundamentos permanentes; portanto, "textos-guia" à luz dos quais os demais possam ser interpretados; b) dos fatos ou mistérios da vida de Jesus que coloquem em primeiro plano: a pregação credenciadora e a ação realizadora do Reino; a paixão e a morte; a ressurreição que carrega consigo o dom do Espírito e o surgimento da Igreja. A estas três visões cristológicas correspondem três soteriologias: escatológica, estaurológica, pneumatológica. c) A relação de Cristo com o tempo e os títulos correspondentes dados pelo NT para designar essas soteriologias: a preexistência, os dias de sua vida mortal e morte, sua presença e ação atuais na Igreja, sua vinda consumadora do tempo.

2) A razão nunca é pura e atemporal; sempre está situada no tempo e no espaço, sendo determinada assim pela *forma mentis,* a *Denkform,* pelas evidências ou vigências inconscientes de cada época. A cristologia se elaborará com a ajuda de sistemas filosóficos, que por sua vez nunca podem ser usados como moldes, mas como maneira fundamental de olhar que o teólogo compartilha. O teólogo reforma esse molde que recebe de fora conformando-o à sua medida, tal como o fizeram Santo Agostinho com o neoplatonismo e Santo Tomás com o aristotelismo. No momento atual não existe na Europa um horizonte filosófico determinante nem inovador. É necessário reunir as orientações válidas da filosofia transcendental com a herança de Descartes, Pascal, Kant, Hegel, Fichte e Schelling que chegam até Rahner, da fenomenologia, da filosofia hermenêutica, da consciência crítica e política, do pensamento dialógico e do personalismo. Ao pensar a partir de cada um desses horizontes como "pauta" de nossa cristologia, privilegiaremos umas

ou outras páginas do evangelho e uma ou outra atualização da vida pessoal: a razão, a memória, o amor, o desejo; a individualidade ou a proximidade; a vida pessoal do cristão ou a ação histórica e social da Igreja; sua ação no mundo ou sua orientação escatológica.

3) Notas que devem caracterizar a cristologia futura, redescobertas à luz do legado normativo e em igual medida do reconhecimento dos limites da cristologia do século XX.

a) *Pessoal e relacional*, para além de uma divisão entre funcionalidade e ontologia. Cristo é um sujeito único que não tem ações sem pessoa, e esta se constitui e se expressa nas relações. Sua existência é pró-existência, sua pessoa é o que é como missão e relação com o Pai, com seus contemporâneos, com todos os homens, com cada um dos crentes. Os melhores exegetas rejeitam hoje a divisão entre cristologia fundamental e cristologia metafísica.

b) *Teológica* e meramente filosófica ou positivista no sentido de conformar-se com uma síntese do que os exegetas dizem sobre contextos, estrutura, importância social, textualidade bíblica. O teólogo sistemático pensa a totalidade crística em seu *Vorgeschichte* (pré-histórica: Israel e as outras preparações divinas como a filosofia grega e a sabedoria oriental), sua *Wirklichkeitsgeschichte* (história de Jesus) e sua *Wirkungsgeschichte* (Igreja e posterior presença na consciência humana): a partir da informação que recebe da inteligência geral e a partir da luz específica que a fé engendra.

c) *Eclesial*, não liberal nem clerical. Liberalismo, no sentido teológico que a palavra tem desde Newman, é a teoria que nega uma nova revelação e ação particulares de Deus na história, remetendo tudo à única ação criadora de Deus com a natureza de uma vez por todas. Com isso nega a dimensão positiva, institucional, dogmática e sacramental da verdade; isto é, sua relação com a Igreja. Entretanto, dizer eclesial não é dizer clerical ou uma Igreja na qual só contam os ministros ordenados com seus peculiares estilos de vida e pensamento, mas uma Igreja formada por todos: ordenados e leigos, homens e mulheres, todos chamados a criar teologia. Sem Cristo não teria surgido a Igreja, mas sem a Igreja não teria perdurado Cristo na consciência crente da humanidade.

d) *Espiritual*, não pietista nem "dogmatista". Cristo não é só personagem do passado que se admira, exemplo moral que se segue e imita, mestre de doutrina à qual se consente, mas Alguém pessoal a quem se conhece na fé e no amor, com a qual alguém se confronta e identifica a ponto de poder dizer com o apóstolo que já não vive da vida gerenciada por si mesmo, mas da vida recebida de Cristo. Houve cristologias, biblicamente fundamentadas, que eram ao mesmo tempo teoricamente rigorosas e espiritualmente substanciosas, por exemplo: Santo Agostinho e Berulle, Bonhoeffer e Balthasar. E isto é muito mais do que ser ortodoxas, por mera preservação formal do definido, dos dogmas como reguladores da linguagem e da ação. Os dogmas devem ser, ao mesmo tempo que guias da verdade, fonte de vida. Sua origem é a ação conjunta da comunidade, dos apóstolos e do Espírito Santo, que o Credo define como "Senhor e vivificante"[10].

e) *Metafísica*. A cristologia precisa acreditar em Cristo como realidade na ordem do ser ao mesmo tempo que na ordem de sua aparição, da verdade ao mesmo tempo que na ordem da facticidade, da salvação ao mesmo tempo que na ordem do sentido. É por isso que uma cristologia fenomenológica e hermenêutica é necessária. Urge fazer um inventário dos fatos e dos textos, dos fenômenos e dos acontecimentos; mas igualmente estabelecer uma correlação entre a ordem do ser e a do devir, entre o particular semita e o universal humano, entre Deus e corpo. A encarnação não deve ser pensada imaginativamente como um ato pontual do Eterno inserindo-se no tempo, mas como uma nova determinação definitiva de Deus e da carne do homem. É necessário desvelar as condições de possibilidade da revelação, da redenção e da deificação tanto por parte de Deus quanto do homem. Daí a necessidade de abordar os problemas da relação de Cristo com a criação, do tempo específico pessoal de Cristo enquanto Filho encarnado, da natureza da encarnação e da ressurreição, da morte e da vida presentes em Cristo e, depois dele, operantes em nós por seu Espírito. A metafísica é a maneira pela qual o homem se afirma, se apreende e se percebe sendo. Sem ela a metafísica não compreende a Cristo. O fim de uma metafísica é o começo de outra metafísica. O próprio Heidegger afirmou: *"Das Ende der Metaphysik ist*

---

10. DS 15.

nicht das Ende des Denkens = O final da metafísica não é o final do pensar". E, com Horkheimer, devemos reconhecer que a rejeição da teoria é o início do cinismo. Uma exegese sem hermenêutica é muda, e uma história sem filosofia é cega. A ação visual ("Sehakt") do filólogo e a ação mental ("Denkakt") não podem separar-se.

4) Novas exigências por razão da localização da Igreja, do cristianismo e do próprio homem em mundos novos, derivados das mutações advindas no último meio século.

a) *Mundo ideológico*. As construções cristológicas foram elaboradas até o final do século XX dentro do horizonte grego, do horizonte cristão e da chamada Modernidade, que eram, no Ocidente, a Ilustração, a teoria do progresso, as grandes utopias, os messianismos e profetismos, a racionalidade e a técnica. Hoje muitos rejeitam internamente esse mundo por considerar que ele não responde às necessidades essenciais do homem. É o que, sem sabermos exatamente o que dizemos, chamamos de Pós-modernidade. Kant e Marx foram sucedidos por Nietzsche e Heidegger; os grandes sistemas foram sucedidos pela fragmentação e pelo instante; a finitude e a obsessão pela felicidade imediata, a paz individual, a rejeição dos absolutos e a divinização da finitude. À paixão prometeica vigente desde o Gênesis e os gregos, pretendendo ser Deus, seguiu-se a presunção irônica: *"Will aber heute noch ein vernünftiger Mensch Gott werden?* = existe hoje ainda homem razoável que queira ser Deus?"[11].

b) *Mundo eclesial*. No pós-concílio surgiram novas expressões da eclesialidade para articular os ideais de perfeição contemplativa e de práxis histórica. Dessas novas articulações eclesiais e inserções na sociedade surgiram novas formas de teologia e, com esta, de cristologia, assim como surgiram as correspondentes criações teológicas do evangelismo no século XIII, da reforma no século XVI e dos movimentos apostólicos depois da Segunda Guerra Mundial no século XX.

c) *Mundo geográfico*. A teologia permaneceu circunscrita ao universo do Ocidente e foi elaborada por aportes culturais que a cultura deste uni-

---

11. KÜNG, H. *Christ Sein* (Munique 1974), p. 433 e 65, que remete a SCHIERSE, F.J. *Niemand will mehr Gott werden* – Gedanken zu Weihnachten einmal anders, in Publikun (24/12/1970). Cf. *Ser cristiano* (Madri 1977), p. 562.

verso espiritual lhe ofereceu. Hoje cada mundo particular, cada cultura, cada continente (Ásia, África, outras partes do mundo) reivindicam ser instância de sentido a partir da qual é legítimo pensar e fazer teologia. Todas as geografias são pontos de partida legítimos e necessários, mas, do ponto de partida ao ponto de chegada existe um longo caminho a percorrer. A teologia ocidental precisou de séculos de maturação, e algo equivalente será necessário para as teologias que emergirem de outros contextos geográficos. Nem os homens nem as culturas se deixam batizar com atropelos, violências ou meras acomodações.

d) *Mundo cultural-filosófico*. Até agora a cristologia pensou com a ajuda das criações que a razão ocidental lhe ofereceu. Esta razão racionalista, com a metafísica correspondente, parece ter chegado ao fim. Ela desiste de sua própria viabilidade e, sobretudo, desiste do fundamento, daquilo que sob a palavra "Deus" Nietzsche afirma estar morto, e que são: o ser, o fundamento, a verdade, o universal humano, a razão comum e comunicável. O livro de G. Vattimo, *Adeus à verdade*[12] é o sinal desta nova postura da Europa em face da realidade. A cristologia se vê remetida a elaborar os próprios fundamentos a partir de si mesma e a partir da pré-compreensão da realidade que as categorias de criação, revelação, encarnação, salvação e santificação implicam. Coletivamente, não existe um homem e uma cultura que a partir de sua lógica interna procedam do evangelho. Este precisa gestar esse homem novo porque com a fé em Deus caíram inclusive as grandes criações humanísticas que surgiram na Modernidade para substituir a fé cristã. A cristologia se vê instada assim a ser criadora de uma nova humanidade a partir de suas fontes próprias e, além disso, a criar uma metafísica a partir das categorias implícitas na encarnação de Deus, na constituição humana da divindade e na proposta de divinização feita ao homem.

e) *Mundo religioso*. Desde sua origem a fé cristã descartou os possíveis dialogantes para a sua elaboração e colaboradores para a sua expansão: a política e as religiões, preferindo a filosofia. É a tríplice divisão da teologia de Varrón e de Santo Agostinho: mística (dos poetas), política (dos governantes) e física (dos filósofos). O santo escolheu a terceira por ser a única que levantava a pergunta pela verdade, já que no cristianismo a

---

12. Barcelona 2010.

salvação não pode ser separada da verdade. Ao longo dos séculos este fez da filosofia (lógica, metafísica, psicologia...) seu coadjutor privilegiado. Hoje a pergunta num sentido e o desafio em outro são: Não seriam as grandes religiões as melhores colaboradoras da cristologia? Elas não deveriam ser consideradas hoje como uma *praeparatio evangelica*, da mesma forma que os Padres consideraram os profetas bíblicos e os poetas gregos? De novo estamos diante da pergunta por sua significação objetiva como compreensão da realidade, antes da pergunta por seu valor salvífico, como tais instituições paralelas ou complementares a Cristo. Urge instituir uma cristologia fundamental antes de mergulhar numa defesa ou numa crítica da teologia pluralista das religiões.

f) *Mundo sexual*. Hoje estamos diante da revolução mais importante da humanidade dos últimos trinta séculos: a afirmação, a reivindicação e o protagonismo da mulher como expressão igualmente valiosa do divino e do humano. Afirmações estas que nada têm a ver com uma ideologia de gênero, que em vão serve para a promoção da mulher. Nos próximos decênios será um passo definitivo para a criação teológica. Assim como em cada pessoa começa de alguma forma o mundo e em cada cristão o cristianismo, assim também de agora em diante em cada mulher que se dispõe a fazer teologia eclesial emergirá uma nova expressão do mistério de Cristo. A Igreja deve oferecer-lhes preparação e dar-lhes a palavra e a caneta. Elas devem assumi-las, aportando seu trabalho e serviço, assumindo as exigências e a responsabilidade comum com os homens.

5) Primazias ou novas exigências que a cristologia futura deve considerar.

a) *Caminhar para o centro*. É preciso coragem para adentrar no coração da cristologia tal como o propuseram o querigma apostólico e a tradição conciliar. Portanto, entrar em temas-chave: cristologia e Trindade; cristologia e criação; sentido e possibilidade da encarnação; inovação de realidade realizada pela ressurreição; coerência lógica entre mensagem do reino como vitória sobre os poderes negativos e morte de Jesus como assunção solidária da violência humana, sem respondê-la com a mesma medida; enfrentamento do mal supremo, que é o morrer, vencendo-o e enfrentamento da realidade da vida nova derivada dessa participação no próprio destino de Cristo. Os teólogos e teólogas sempre precisam voltar da dispersão à unidade, dos arrabaldes ao centro da cidade. Santa Teresa encenou esta relação do homem com Deus com a metáfora do castelo, sempre a caminho, desde as pontes levadiças que unem com o exterior e as primeiras moradas até chegar ao cômodo central do palácio onde habita o rei. A teologia é feita a partir da audácia que a fé oferece como luz da inteligência e fortaleza da vontade; ela nasce da passividade criativa do ser humano que deixa Deus falar. Döhme compara o teólogo a um gato que se entretém girando ao redor da panela quente para não deixar-se queimar sem nunca chegar a degustá-la. As discussões conceituais são necessárias, mas não podem perder-se em rodeios diante do mistério; diante deste é preciso atirar-se nele como num fogo abrasador e, transcendendo a razão, deixar-se iluminar por ele.

> Deixem-me dizer-lhes disputadores escolásticos: andais ao redor do círculo e não entrais nele, como uma gata que teme o fogo andando ao redor da panela quente. Assim temeis e vos envergonhais do fogo de Deus. O (crente, teólogo) deve entrar no círculo e lançar para longe de si as vestes da razão; assim alcança graça humana e conhecimento divino. Não o consegue aprender senão o ser nascido (*geboren weden*: ser engendrado, dado à luz, renascido)[13].

É preciso conhecer profundamente o homem Jesus e descobrir nele o Deus divino; é preciso passar de sua judeidade evidente à Trindade imanente e a partir desta voltar àquele para saber se o cristianismo é algo mais que profetismo radicalizado ou judaísmo universalizado.

b) Necessidade de *uma cristologia orgânica e dogmática*. Os aportes bíblicos à cristologia nos últimos decênios foram ricos. A coleção *Jésus et Jésus-Christ* em seus cem volumes evidenciou um mapa com as imensas e diferentes leituras cristológicas que na ordem da razão, do testemunho e da experiência foram acontecendo ao longo dos séculos. A tarefa atual consiste em articular organicamente essa complexidade, não para reduzi-la à uniformidade, mas para mostrá-la como desdobramento autêntico da plenitude de Cristo e como fontes de nossa perfeição cristã. Ou seja, uma teologia que parta das reais fontes da fé e não apenas das informações históricas e exegé-

---

13. BÖHME, J. *Von der Menschwerdung Jesu Christi*, I, p. 4, 19 (Friburgo 1978).

ticas, e que leve absolutamente a sério o que supõe a decisão de Deus pelo mundo e pelo homem em Cristo. Esta decisão divina, esse "sim" amoroso, solidário e redentor de Deus em Cristo é o primeiro decreto ou "dogma" divino, e a ele responde a fé. Somente quando há essa decisão, essa aposta e essa entrega existe verdade, pois a verdade não está na apreensão, mas no julgamento. A Igreja participa dessa dimensão encarnada, arriscada e concreta da verdade. É nesse universo que o teólogo deve tomar pé e mergulhar. Sem esse fundamento não há cristologia.

c) *Uma cristologia sistemática*. Hegel tem razão ao afirmar que a verdade está no todo, enquanto Balthasar matiza dizendo que cristãmente Deus (o Todo) está no Fragmento (Cristo). Só podemos saber de Cristo e crer em Cristo quando vemos como se articulam nele a verdade de Deus, a do mundo, a do homem e a da história; sobretudo quando descobrimos que nesse fragmento da terra e da história, que é Cristo, estão contidos e traduzidos o todo de Deus e o todo do homem. Só somos coerentes e consequentes quando descobrimos como se somam a dimensão profética, sapiencial, terapêutica, messiânica, filial e carismática em sua personalidade humana concreta; quando descobrimos a coerência entre o relato de sua história pré-pascal e a confissão de fé no ressuscitado; quando adivinhamos como encaixam um no outro os cinquenta títulos que o NT dá a Jesus e em seguida passamos a pensar essa humanidade como a humanidade do Filho, em quem atua e com quem coexiste o Pai, de quem deriva e quem nos envia o Espírito Santo. Precisamos responder a perguntas clássicas que o século XX não dispensou: constituição pessoal de Cristo em nível ôntico e ontológico, sua consciência psicológica, sua liberdade e sua vida moral. E, finalmente, responder à pergunta de como essa humanidade e essa história de Jesus são a própria humanidade e história de Deus[14], e como nesse ser e viver de Jesus todos os

---

14. Santo Tomás considera que a humanidade e as ações de Jesus, por ser o Filho, são a humanidade, a história e as ações de Deus. "In unione Dei ad creaturam non trahitur divinitas ad humanam naturam, sed potius humana natura a Deo assumitur; non quidem ut convertatur in Deum sed ut Deo adhaereat et sint quodammo *anima et corpus, sic assumpta, anima et corpus ipsius Dei, sicut partes corporis assumptae ab anima sunt quodammo ipsius animae membra* [...]. Possumus enim dicere quod Deus Dei Verbum est conceptus et natus et sepultus [...]. Et similiter dicere possumus, quod Deus nascitur de Virgine propter humanam naturam et homo ille est aeternus, propter divinam" ("De rationibus fidei", VI (Qualiter debet intelligi quod Deus factus est homo). In: *Opuscula theologica* – II: De re dogmatica et morali (Turim/Roma 1954). Algo similar é o que afirmam teólogos como: W. Pannenber, quando este descreve a "encarnação do Filho de Deus como autorreali-

humanos estamos implicados, antecipados e não excluídos, representados e não substituídos. E aceitar o difícil tema das "mediações" de Cristo na história posterior e de nossa contemporaneidade com Ele; portanto, precisamos falar da Igreja. O valor definitivo de uma cristologia se mede pela forma com que ela instaura a relação entre cristologia e trindade, entre cristologia e Igreja, entre salvação escatológica e salvação intra-históricas.

d) *Uma cristologia mistagógica*. Aquela que nos apresente um Cristo pensável, amável e, portanto, crível; que nos revele que o amor de Cristo transcende todo conhecimento e com a qual se possa viver e morrer. A cristologia neste mundo nunca poderá ser uma sinfonia absoluta, mas pode ser uma música real de Deus, reveladora e redentora do homem, ainda que incompleta, ludicamente consciente de que é apenas antecipação e vislumbre de sua plenitude na eternidade de Deus. Frente a Duquoc devemos afirmar que se isto não fosse assim não estaríamos redimidos[15].

e) *Uma cristologia humilde e filial*. Designo assim aquela que conhece a fundo, herda com alegria e prolonga com humildade os inesquecíveis aportes do século XX, não obstante os limites de cada uma: K. Barth (a divindade e a humanidade de Deus consistem em Cristo e nos revelam a ambos); R. Bultmann (a paixão por extrair do NT um sentido para uma existência na autenticidade e na fé); W. Pannenberg (a história universal com a ressurreição no centro como prova em prolepse da divindade de Jesus e de nossa salvação); J. Moltmann (a divina mutabilidade e a divina passividade na morte de Cristo, reveladoras do Deus paciente e crítico de toda desumanidade); E. Jüngel (a cruz de Cristo e o mistério trinitário); K. Rahner (cristologia trans-

---

zação de Deus no mundo" (*Systematische theologie*, II [Gotinga 1991], p. 433); quando J. Moltmann afirma que a história da paixão e morte de Jesus é história de Deus (*Der gekreuzigte Gott* [Munique 1972; Gütersloh 2020], p. 188); ou quando I.U. Dahlferth fala da "autorrealização divina sob a condição inclusive da morte" para transformar o nosso destino, introduzindo-o na mesma comunhão da vida divina (*Der auferwerkte Gekreuzigte* – Zur Grammatik der Christologie [Tubinga 1994], p. 304). • U. Kühn (*Christologie*. Op. cit., p. 311-315) propôs reinterpretar a afirmação de Calcedônia sobre as duas naturezas com esta noção da dupla história convergente em Jesus: "A história de Deus (é = implica, compreende, assume, realiza-se) como história da humanidade de Jesus"; "A história do homem Jesus (é = implica, compreende, assume, realiza-se) como história de Deus". Esta tese requer como fundamento uma compreensão real, e não apenas simbólica da encarnação e da preexistência, como propõe este autor; sem ela careceria de fundamento.
15. DUQUOC, C. *El único Cristo* – La sinfonía diferida (Santander 2005).

cendental e cristologia existencial); H. Urs von Balthasar (a figura, o drama e o *logos* como lugares de revelação e entrega de Deus ao homem, que é mais do que razão); W. Kasper (o amor no centro do ser e de Deus se nos revelam e se nos oferecem no homem Jesus); J. Ratzinger (união entre contemplação bíblica, reflexão dogmática e iluminação espiritual); G. Gutiérrez (Cristo com os despossuídos e crucificados da terra); B. Sesboüé (releitura da compreensão patrística e conciliar por um lado e leitura soteriológica em sintonia contemporânea por outro). Quem não fizer destes autores alimento para sua inteligência e luz para o próprio coração, que não tente empreender uma nova cristologia!

f) *Uma cristologia católica*. Designo como tal a que é radical por ir às raízes, mas não se afoga em falsas alternativas (cristologia ascendente ou descendente; de Marcos ou de João; profética ou sapiencial; grega ou latina; metafísica ou histórica; da preexistência ou da pró-existência...), mas que comporta o sentido da legitimidade e, ao mesmo tempo, da limitação de cada proposta cristológica, da necessária proximidade ao sentido da fé na Igreja, da comunhão com os sucessores dos apóstolos e, sobretudo, vive em diligente e amorosa proximidade com o Mistério que nos funda, agracia e espera.

g) *Uma cristologia contemporânea*. Em dois sentidos: um, lembrando que todos os clássicos são nossos contemporâneos; outro, que não podemos nos contentar com uma repetição nem prolongar as cristologias que foram evidências do século XX, mas que já não o são, e às vezes são inclusive substituídas por outras, em outros registros. Então os ventos impulsionavam a apologética da imanência, a metafísica da inquietação, a espera do Eterno, o anseio pela verdade, a nostalgia do Infinito, a afirmação e a confiança do homem individual ou coletivo em si mesmo: seriam esses os ventos que sopram hoje sobre os humanos? Quando hoje se fala em razão sem esperança e de esperança sem razão, ambas estão ameaçadas de morte. O entusiasmo pela virada antropológica, como necessário ponto de partida, e a confiança quase ilimitada nas possibilidades do homem já não são mais evidentes. Prevalecem as injustiças, a pobreza não superada pela política nem pela economia ou pelas ideologias, a ineficácia dos ideais de paz mundial e de progresso generalizado, a desconfiança do homem em si mesmo e no próximo, as guerras, a culpa, o pecado e o mal dominantes, morte que não cessa exigindo uma palavra para ser algo mais do que um ultraje ofensivo à autonomia do homem. Por isso não podemos absolutizar o otimismo antropológico próprio das cristologias transcendentais, de certas cristologias políticas e da libertação. Juntamente com a busca de Deus a partir do homem é preciso acolher a busca histórica do homem por Deus em revelação e encarnação, quando aquele não apenas não o buscava, mas fugia dele (Is 65,2; Rm 10,20-21). Esta depressão antropológica e fuga de Deus caracterizam também a nossa situação; e a partir dela e para ela temos que elaborar a cristologia.

Reflexão final

A cristologia vindoura dependerá de muitos fatores: mas seu destino será decidido em primeiro lugar por aqueles homens e por aquelas mulheres que no coração das massas e diante de Deus se entregam silenciosa e incondicionalmente a acolher com sua pessoa, a pensar com sua inteligência e a transmitir com sua vida o mistério de Cristo enquanto vão acolhendo e pensando, discernindo e integrando os pensamentos e as esperanças dos homens.

APÊNDICE II
BIBLIOGRAFIA MÍNIMA: DECÊNIO 2001-2012

Nos volumes *Fundamentos da cristologia*, I-II (BAC, Madri 2005-2006) recolhi os aportes fundamentais anteriores a essas datas. Aqui acrescentamos uma lista mínima de obras, surgidas posteriormente, e algumas essenciais esquecidas na bibliografia oferecida por eles, que permitem orientar-se no campo quase oceânico da reflexão cristológica.

À luz das grandes conquistas do século XX devemos reconhecer que não houve grandes ideias de fundo que tenham enriquecido as impostações cristológicas. Consolidou-se definitivamente a necessidade de integrar as perspectivas bíblica, patrística e ecumênica, ao mesmo tempo que se decantaram as perspectivas especulativas mantidas em alta durante a segunda metade do século anterior, embora sejam as próprias de uma cristologia transcendental e existencial em linha com Rahner e Balthasar, ou da teologia política e da libertação em linha com G. Gutiérrez ou Metz, ou em linha com uma concentração missionária, espiritual e carismática.

Os pontos em que mais se incidiu durante estes anos são os seguintes:

1) A relação entre fé e história (para dizê-lo com uma fórmula desgastada e ambígua: "o Jesus histórico").

2) A presença viva de Cristo configurando as pessoas, criando novas potências e experiências de vida (que levou à recepção de títulos como: o Cristo de São Francisco, o de São João da Cruz, o de Newman...).

3) O conhecimento, o encontro e o diálogo com as culturas e religiões de mundos distantes da Europa, sobretudo Ásia, nas quais a salvação do homem é vista a partir de outras perspectivas e nas quais, portanto, a

esperança que se projeta sobre Cristo e a leitura que se faz tanto de sua pessoa quanto de suas ações e mensagem são diferentes (valor salvífico das grandes religiões enquanto instituições, diálogo inter-religioso, teologias asiáticas, africanas, ameríndias, negras...).

4) As tentativas de síntese de todas as perspectivas adquiridas a partir da metade do século XX, articulando-as em manuais escolares, que proliferaram de maneira excessiva e que nem sempre respondem à complexidade objetiva da matéria e ao rigor intelectual exigido tanto pela própria consciência eclesial quanto pela cultura ambiental, cedendo ao erro de que a piedade se conforma com qualquer coisa.

5) A partir do ponto de vista histórico e experiencial estão as questões da relação entre o monoteísmo persistente e a cristologia nascente; a origem temporal e local da devoção, da adoração e da confissão explícita da divindade de Jesus na controvérsia entre L.W. Hurtado, J.D.G. Dunn, R. Bauckmann. Alguns aspectos da cristologia sistemática como a significação da liberdade de Jesus, que da mesma forma que qualquer liberdade humana é intersubjetiva e relacional (G. Essen, T. Pröpper, J. Wohlmuth) e, em perspectiva soteriológica, a consideração dos mistérios de sua vida como lugar concreto da revelação de Deus e da salvação do homem; e, obviamente, a questão do valor salvífico das grandes religiões enquanto instituições.

6) Uma questão que recebeu seu peso trágico no século XX como resultado da tentativa de extermínio do povo judeu, com Auschwitz como símbolo, é a significação perene do messianismo do judeu Jesus, os supostos acentos antijudaicos de alguns textos do NT, a perenidade do povo judeu, a fidelidade de Deus ao povo da primeira aliança, superada por Cristo, porém nunca revogada. Fazer de Auschwitz o ponto central da história e um equivalente real do Messias, no entanto, é pura gnose ou ideologia.

7) Se no século XIX e inícios do século XX tentou-se levar a termo uma "desjudaização" de Jesus, separando-o de seu povo, de sua cultura e religião, agora não podemos repetir o fenômeno inverso: fixar e fixar-nos na judeidade de Jesus a ponto de esquecer que Ele é o Verbo encarnado, o Messias, o cabeça da nova humanidade, a antecipação do futuro de todo ser humano. E tudo isso no mesmo sujeito pessoal, que é o Filho de Deus e o filho de uma mulher, que o enraíza na história de um povo

particular, ao mesmo tempo que na história universal. Jesus, o Filho, nos é dado por Deus a todos; a todos nos pertence e não é propriedade particular de ninguém, sendo verdade inquestionável que sua mãe é judia (Mt 1,18; Lc 1,15; Jn 2,1; Gl 4,4) e que a salvação vem dele, que é judeu (Jo 4,22). Este fato é constituinte e inesquecível, mas o próprio Jesus relativizou o caráter absoluto dessa procedência familiar e estabeleceu outra categoria de relação com Ele: "Quem fizer a vontade de Deus é meu irmão, minha irmã e minha mãe" (Mc 4,35; Mt 12,50). "Minha mãe e meus irmãos são estes: os que ouvem a Palavra de Deus e a põem em prática" (Lc 8,21).

As bibliotecas e os meios informáticos colocam agora, ao alcance de todas as pessoas, todos os instrumentos bibliográficos necessários; por outro lado, a produção é tanta e tão variada que é quase impossível resenhar até mesmo o essencial. Por isso, abaixo oferecemos apenas alguns títulos através dos quais é possível aceder à informação e propostas fundamentais – é sempre muito difícil avaliar; com sua ajuda é possível aceder a outras obras mais especializadas e completas.

1 Fé e história; Jesus em seu contexto histórico

DANZ, C. (ed.). *Zwischen historischen Jesus und dogmatischen Christus* – Zum Stand der Christologie im 21. Jahrhundert (Tubinga 2010).

DORÉ, J. (ed.). *De Jésus à Jésus-Christ* – I: Le Jésus de l'histoire; Actes du Colloque de Strasbourg, 18-19 novembre 2010 (Paris 2010).

HOLMÉN, T. & PORTER, S.E. (eds.). *Handbook for the Study of the Historical Jesus* – I: How to Study the Historical Jesus; II: The Study of Jesus; III: The Historical Jesus; IV: The Individual Studies (Leiden/Boston 2011).

HORSLEY, R.A. *Jesus in Context*: Power, People and Performance (Mineápolis 2008).

KEENER, C.S. *The historical Jesus of the Gospels* (Grand Rapids/Cambridge 2009).

MEIER, J.P. *Un judío marginal* – Nueva visión del Jesús histórico: las raíces del problema y de la persona (Estella 1998); II/1: Juan y Jesús – El reino de Dios (Estella 1999); II/2: Los milagros (Estella 2000); III: Compañeros y competidores (Estella 2003); IV: Ley y amor (Estella 2010).

MUSSNER, F. *Jesus von Nazareth im Umfeld Israels und der Urkirche* – Gesammelte Aufsätze (Tubinga 1999).

SCHRÖTER, J. & BRUCKER, R. *Der historische Jesus* – Tendenzen und Perspektiven der gegenwärtigen Forschung (Berlim/Nova York 2002).

STEGEMANN, W. *Jesus und seine Zeit* (Stuttgart 2010).

THEOBALD, T. (ed.). *Le cas Jésus Christ* – Exégètes, historiens et théologiens en confrontation (Paris 2002).

2 O nascimento do cristianismo

BAUCKHAM, R. *Jesus and the God of Israel* (Grand Rapids 2008).

_____. *Dios crucificado* – Monoteismo y cristología en el Nuevo Testamento (Barcelona 2003).

DUNN, J.D.G. *¿Dieron culto a Jesús los primeros cristianos?* (Estella 2011).

GUIJARRO, S. "El relato premarcano de la pasión y el cristianismo naciente". In: *Salmanticensis* 5 (2003), p. 345-388.

HENGEL, M. & SCHWEMER, A.M. *Jesus und das Judentum*, I-II (Tubinga 2010).

HURTADO, L.W. *How on Earth did Jesus become a God?* – Historical questions about Earliest Devotion to Jesus (Gran Rapids, 2005).

MARGUERAT, D.; NORELLI, E. & POFFET, J.M. *Jésus de Nazareth* – Nouvelles aproches d'une enigme (Genebra 1998).

OLMO, G. DEL. *Origen y persistencia del judaísmo* (Estella 2010).

THEISSEN, G. *Erleben und Verhalten der ersten Christen* (Gütersloh 2007) [Ed. francesa: *Psychologie des premiers chrétiens* – Héritages et ruptures (Genebra 2011)].

_____. *La religión de los primeros discípulos* – Una teoría del cristianismo primitivo (Salamanca 2002).

3 A figura de Jesus: mensagem, pessoa, destino

BERGER, K. *Jesús* (Santander 2010).

BROWN, R.E. *La muerte del Mesías* – Desde Getsemaní hasta el sepulcro, I-II (Estella 2005-2006).

EBNER, M. *Jesus von Nazaret in seiner Zeit* – Sozialgeschichtliche Zugänge (Stuttgart 2003).

GUIJARRO, S. *Jesús y sus primeros discípulos* (Estella 2007).

HURTADO, L. *Señor Jesucristo* – La devoción a Jesús en el cristianismo primitivo (Salamanca 2008).

LOHFINK, G. *Jesus von Nazareth* – Was er wollte: Wer er war (Friburgo 2012).

LUDOLFO DE SAJONIA EL CARTUJANO. *La vida de Cristo*, I-II. Intr., trad. e notas de E. del Río (Madri 2010).

MARTÍNEZ FRESNEDA, F. *Jesús, hijo y hermano* (Múrcia 2011).

_____. *Jesús de Nazaret* (Múrcia 2005).

NEUSNER, J. *A Rabbi talks with Jesus* (Londres/Ithaca 2000) [Ed. espanhola: *Un rabino habla con Jesús* (Madri 2009)].

PUIG, A. *Jesús* – Una biografía (Barcelona 2004).

RATZINGER-BENEDICTO XVI, J. *Jesús de Nazaret* – I: Desde el bautismo a la transfiguración (Madri 2007); II: Desde la entrada en Jerusalén hasta la resurrección (Madri 2011).

RINGLEBEN, J. *Jesus* – Ein Versuch zu begreifen (Tubinga 2008).

ROLOF, J. *Jesus* (Munique 2000).

SÖDING, T. *Die Verkündigung Jesu* – Ereignis und Erinnerung (Friburgo 2011).

_____. *Der Gottessohn aus Nazareth* – Das Menschsein Jesu im Neuen Testament (Friburgo 2006).

SCHÜRMANN, H. *El destino de Jesús*: su vida y su muerte (Salamanca 2003).

4 Cristologias bíblicas

CHILDS, B.S. *Teología bíblica del Antiguo y del Nuevo Testamento* (Salamanca 2011).

HAHN, F. *Theologie des Neuen Testaments* – I: Die Vielfalt des NT – Theologiegeschichte des Urchristentums (Tubinga 2002); II: Die Einheit des NT – Thematische Darstellung (Tubinga 2002).

HENGEL, M. *Studien zur Christologie* – Kleine Schriften, IV (Tubinga 2006).

LONGENECKER, R.N. (ed.). *Contours of Christology in the New Testament* (Cambridge 2005).

MATERA, F.J. *New Testament Theology* – Exploring Diversity and Unity (Louisville/Londres 2007).

SCHENKER, A. *Knecht und Lamm Gottes (Jesaja 53)* (Stuttgart 2001).

SWINBURNE, R. *The Resurrection of God Incarnate* (Oxford 2003).

WILCKENS, U. *Theologie des Neuen Testaments*, I-VI (Neukirchen 2002-2009).

5 Cristologia patrística

BADY, G. & BLANCHARD, Y.M. (eds.). *De commencement en commencement* – Le renouveau patristique dans la théologie contemporaine (Paris 2007) 213-228.

BEYSCHLAG, K. *Grundriss der Dogmengeschichte* – I: Gott und Welt (Darmstadt 1982); II/1: Gott und Mensch – Das christologische Dogma (Darmstadt 1991); II/2: Die abendländische Epoche (Darmstadt 2000).

FEDOU, M. *La voie du Christ* – Genèse de la christologie dans le contexte religieux de l'Antiquité du IIe siècle au début du IVe siècle (Paris 2006).

GAVRILYUK, P. *El sufrimiento del Dios impasible* – La dialéctica del pensamiento patrístico (Salamanca 2012).

HERNÁNDEZ, G. *Cristo y el Espíritu según el "In Johannis Evangelium" de San Cirilo de Alejandría* (Salamanca 2009-2012).

HOLZER, V. "Les traités contemporains de christologie et ses sources patristiques". In: BADY, G. & BLANCHARD, Y.M. (eds.). *De commencement en commencement*. Op. cit., p. 229-245.

PRIETO FERNÁNDEZ, F.J. *Las figuras cambiantes de Jesús en la literatura cristiana antigua* (Salamanca 2009).

SESBOÜÉ, B. "Le renouveau patristique et dogmatique au XXe siècle". In: BADY, G. & SESBOÜÉ, B. *Jésus-Christ dans la tradition de l'Église* – Pour une actualisation de la christologie de Chalcédoine (Paris ²2000).

WILLIAMS, R.D. *Arrio* – Herejía y tradición (Salamanca 2010).

6 Cristo na história da humanidade

DORÉ, J.: fundou e dirigiu a coleção "Jésus et Jésus Christ", que consta de cem volumes e abarca todos os campos da história de Jesus, da espiritualidade cristológica e da reflexão sistemática. Primeiro volume: LOCHMANN, J.M. *Christ ou Prométhée* (Paris 1977). Último volume: SEVRIN, J.M. *Le Jésus du quatrième Évangile* (Paris 2011).

DORÉ, J. (ed.). *De Jésus a Jésus-Christ* – II: Christ dans l'histoire – Actes du Colloque de Paris, 24-25 mars 2011 (Paris 2011).

HALL, S.G. (ed.). *Jesus Christ today* – Studies of Christology in various Contexts (Berlim/Nova York 2009).

JAFFÉ, D. *Jésus sous la plume des historiens juifs du XXe siècle* (Paris 2009).

LÓPEZ, R. *Indian Christology of the Way* (Innsbruck 2011).

MEYENDORF, J. *Le Christ dans la théologie byzantine* (Paris 2010).

TORRELL, J.P. *Encyklopédie* – Jésus le Christ chez Saint Tomas d'Aquin. Texto da III Parte traduzido e acompanhado de "Données historiques et Doctrinales" e de 50 textos escolhidos por J.P. Torrell (Paris 2008).

7 Soteriologia e relação de Cristo com outras religiões salvíficas

BANCEL, S.B. "Unicidad de Cristo y singularidad del cristianismo ante el desafío del pluralismo religioso según Claude Geffré". In: *Estudios Eclesiásticos* 81 (2006), p. 97-143.

BÜRKLE, H. "Jesus Christus Zentrum und Telos der Religionen und Kulturen". In: *Studia Missionalia* 58 (2009), p. 1-18.

COLLINS, G.O. (ed.). *The Redemption* – An Interdisciplinary Symposium on Christ Redeemer (Oxford 2004).

DHAVAMONY, M. *Jesus Christ in the Underständing of World Religions* (Roma 2004).

GEFFRÉ, C. *De Babel à Pentecôte* – Essais de théologie interreligieuse (Paris 2006).

HAMMER, O. (ed.). *Alternative Christs* (Cambridge 2009).

LADARIA, L. *Jesucristo salvación de todos* (Madri 2007).

LÜNING, P. *Der Mensch im Angesicht des Gekreugigten* – Untersuchungen zum Kreuzesverständnis von E. Przywara, K. Rahner, J. Sobrino, H. Urs von Balthasar (Münster 2007).

SATTLER, D. *Erlösung?* – Lehrbuch der Soteriologie (Friburgo 2011).

SERRETI, M. (ed.). *The Uniqueness and Universality of Jesus Christ in Dialogue with the Religions* (Cambridge 2004).

SOSCH, K. VON, "Christologie im Kontext der Religionsgeschichte". In: *Münchener Theologische Zeitschrift* 60 (2009), p. 42-50.

URIBARRI, U. *La singular humanidad de Jesucristo* – El tema mayor de la cristología contemporánea (Madri 2008).

WATT, J.G. (ed.). *Salvation in the New Testament*: Perspectives in Soteriology (Leiden/Boston 2005).

WINLING, R. *La Bonne Nouvelle du salut en Jésus-Christ* – Sotériologie du Nouveau Testament (Paris 2007).

8 Manuais

AMATO, A. *Gesù il Signore* – Saggio di cristología (Bolonha ⁵1988) [Ed. espanhola: *Jesús el Señor* (Madri ²2009))].

BATTAGLIA, V. *Cristologia e contemplatione* – 1: Orientamenti generali (Bolonha 1997); 2: Il Signore Gesù Sponso della Chiesa (Bolonha 2001); 3: Sentimenti e belleza del Signore Gesù (Bolonha 2011).

_____. *Gesù Cristo luce del mundo* (Roma 2007).

DORÉ, J.; LAURET, B. & SCHMITT, J. *Christologie* (Paris 2003).

GRONCHI, M. *Trattato di Gesù Cristo Figlio di Dio Salvatore* (Bréscia 2008).

HERCSIK, D. *Il Signore Gesù* – Saggio di cristologia e soteriologia (Roma 2010).

HOPING, H. *Einführung in die Christologie* (Darmstadt 2010).

KASPER, W. *Jesus der Christus, en Gesammelte Schriften*, 3 (Friburgo 2007).

KÜHN, U. *Christologie* (Gotinga 2003).

MARTÍNEZ DÍEZ, F. *Creer en Jesucristo, vivir en cristiano* – Cristología y seguimiento (Estella 2005).

PESCH, O.H. *Katholische Dogmatik aus ökumenischer Erfahrung* – I: Die Geschichte der Menschen mit Gott; I/1: Wort Gottes und Theologie – Christologie; I/2: Theologische Anthropologie, Theologische Schöpfungslehre, Gottes- und Trinitätslehre (Ostfildern 2008-2010).

RUHSTORFER, K. *Christologie* – Gegenwärtig glauben denken: Systematische Theologie, I (Paderborn 2008).

SCHEFFCZYK, L. & ZIEGENAUS, A. *Jesus Christus die Fülle der Zeit* – Christologie und Erlösungslehre (Aachen 2000).

SCHÖNBORN, C. *Gott sandte seinen Sohn* – Christologie (Paderborn 2002).

SELVATICO, P. & STRAHM, D. *Jesus Christus* – Christologie (Zurique 2010).

SIMONIS, W. *Jesus Christus wahrer Mensch und unser Herr* – Christologie (Düsseldorf 2004).

WENZ, G. *Studium Systematische Theologie* – 5: Christus Jesus und die Anfänge der Christologie (Gotinga 2011); 6: *Geist* – Zum pneumatologischen Prozess altkirc hlicher Lehrentwicklung (Gotinga 2011).

9 Monografias

ALLEN, R.M. *The Christ's Faith* – A Dogmatik Account (Londres/Nova York 2009).

AMATO, A. *Gesù, identità del cristianesimo* – Cognoscenza ed esperienza (Cidade do Vaticano 2008).

BATHRELLOS, D. *The byzantinische Christ* – Person, Nature and Will in the Christology of Saint Maximus the Confessor (Oxford 2004).

BATLOGG, A. *Die Mysterien des Lebens Jesu bei Karl Rahner* – Zugang zum Christusglauben (Innsbruck/Viena 2001).

CARLO, F. DE, "Dio mio, Dio mio, perché mi hai abbandonato?" (Mr 15,34) – I salmi nel raconto della pasione di Gesù secondo Marco (Roma 2009).

CORDOVILLA, A. *Gramática de la encarnación* – La creación en Cristo en la teología de K. Rahner y de H.U. von Balthasar (Madri/Comillas 2004).

CUNNINGHAM, P.H. et al. (eds.). *Christ Jesus and the Jewish People today* – Explorations of Theological Interrelationship (Cambridge/Roma 2011).

DAVIES, O. & TURNER, D. (eds.). *Silence and the Word* – Negative Theology and Incarnation (Cambridge 2002), p. 185-200: "Apophasis and the Shoa: where was Jesus-Christ at Auschwitz".

ESSEN, G. *Die Freiheit Jesu* – Der neuchalkedonische Enhypostasiebegriff im Horizont neuzeitlicher Subjekt- und Personphilosophie (Regensburgo 2001).

FENSKE, W. *Wie Jesus zum "Arier" wurde* – Auswirkungen der Entjudaisierung Christi im 19. und zu Beginn des 20. Jahrhunderts (Darmstadt 2005).

GESCHÉ, A. *Jesucristo* – Dios para pensar, VI (Salamanca 2002).

GRANADOS GARCÍA, J. *Teología de los misterios de la vida de Jesús* – Ensayo de cristología soteriológica (Salamanca 2009).

JANOWSKI, J.C. (ed.). *Stellvertretung* – Theologische, philosophische und kulturelle Aspekte, I (Neukirchen Vluyn 2006).

JUSTO DOMÍNGUEZ, E.J. *La libertad liberadora de Jesús* – Estudio cristológico y soteriológico a partir del paradigma de análisis de la libertad (Salamanca 2012).

MARGELIDON, P. *La christologie de l'Assumptus homo et les christologies du Verbe Incarné au XXe siècle* (Paris 2010-2011).

MENKE, K.H. *Jesus ist Gott der Sohn* – Denkformen und Brennpunkte der Christologie (Regensburgo 2008).

McDONOUGH, S.M. *Christ as Creator* – Origins of a New Testament Doctrine (Oxford 2009).

MOINGT, M. *Dieu qui vient à l'homme*, I-III (Paris 2002-2007).

MOLNAR, P.D. *Incarnation and Resurrection* – Toward a contemporary Understanding (Grand Rapids 2007).

PITSTICK, A.L. *Light in Darkness* – Hans Urs von Balthasar and the catholic Doctrine of Christ's Descens into the Hell (Cambridge 2007).

PRÖPPER, T. *Theologische Anthropologie*, I-II (Friburgo 2011).

SCHWEITZER, D. *Contemporary Christologies* – A Fortress Introduction (Mineápolis 2010).

SOULETIE, J.L. *Les grands chantiers de la christologie* (Paris 2005).

STOCK, A. *Poetische Dogmatik* – Christologie – 1: Namen; 2: Schrift und Gesicht; 3: Leib und Leben; 4: Figuren (Paderborn 1996-1998).

VANHOOZER, K.J. (ed.). *Postmodern Theology* (Cambridge 2003), p. 235-251 [Christ and Salvation].

VIVES PÉREZ, P.L. *La singularidad de Cristo* – Perspectivas convergentes en la cristología católica contemporánea (Roma 2004).

VOUGA, F. & FAVRE, J.F. *Pâques ou rien* – La Résurrection au coeur du Nouveau Testament (Genebra 2010).

10 A dimensão cristológica da teologia

CORDOVILLA, A.; SÁNCHEZ CARO, J.M. & CURA, S. (dirs.). *Dios y el hombre en Cristo* – Homenaje a Olegario González de Cardedal (Salamanca 2006).

SCHALER, C.; SCHULZ, M. & VODERHOLZER, R. (eds.). *Mittler und Befreier: Die christologische Dimension del Theologie* – FS Gerhard Ludwig Müller (Friburgo 2008).

ÍNDICE ONOMÁSTICO

Abramovsky, L. 227
Adam, A. 227
Adam, K. 33, 401, 507
Adnes, P. 380
Adorno, T.W. 206
Afrates 540
Agatão 338
Agostinho de Hipona 26, 54, 66, 73, 103, 163, 164, 202, 214, 237, 264, 302, 310, 312, 318, 319, 325, 350, 365, 379, 382, 447, 449, 451, 469, 538, 559, 567, 572, 588, 596, 606, 616, 623, 642, 647, 667, 672-675, 677
Aland, B. 260
Alberigo, G. 32, 280, 316, 331, 342
Alcuíno de York 345
Aletti, J.N. 36
Alexandre III 359
Alexandre de Alexandria 280
Alexandre de Hales 360-361
Alexandre Magno 491, 500
Alfaro, J. 404, 520, 555, 595
Althaus, P. 35
Álvarez, M. 341, 382, 452, 653
Álvarez, T. 374
Álvarez Turienzo, S. 502
Amato, A. 33

Ambrósio de Milão 237, 302, 318, 355
Andresen, C. 227, 299, 379, 503
Andreu, A. 624
Anfilóquio de Icônio 303
Anselmo de Canterbury 26, 184, 234, 237, 238, 351-358, 364-365, 380, 539, 567, 596, 608, 644
Apeles 261
Apolinário de Laodiceia 281, 292-294, 299, 306, 311, 334, 446, 469
Arcediano de Alcor 369
Arens, H. 322
Argenendt, A. 348
Arias Reyero, M. 33
Aristóteles 290, 305, 360, 364, 369, 450, 478, 547, 578, 663
Arnold, F.X. 330
Aron, R. 496
Arquimedes 500
Ario 241, 278-283, 285-286, 290, 443, 446, 465, 567
Atanásio de Alexandria 58, 292, 294-295, 301, 303, 365, 469
Auer, J. 33, 309, 375, 476
Aulen, V. 357, 595
Aune, D.E. 137
Aznar, E. 65

Bacht, H. 316, 330, 476, 507, 520, 658
Backes, I. 364
Backhaus, K. 565
Baier, W. 375
Baillie, D.M. 35
Balthasar, H.U. 26, 31, 39, 41, 42, 54, 64-65, 120, 157, 159, 161, 171, 192, 213-215, 219, 223, 237, 241, 286, 343, 350, 357, 361, 368, 391, 399, 400, 405, 413, 436, 449, 453, 456-459, 465, 475, 497, 502, 507, 509, 520, 525, 526, 529, 531, 534, 536, 539, 546-547, 555, 590-592, 595, 601, 609, 641, 650, 651, 667, 672, 675, 680, 682, 684
Balz, H. 37
Bammel, E. 461
Báñez, D. 380
Barbel, J. 248
Barret, C.K. 433, 440, 459, 662
Barth, K. 26, 35, 38, 53, 58, 70, 119, 120, 191, 192, 214, 219, 227, 228, 237, 350, 361, 391, 399, 402, 492, 507, 511, 512, 516, 549, 553, 568, 588, 637, 651, 667, 672, 681
Bartolomé, J.J. 603
Basílides 261
Basílio de Cesareia 237, 246, 297-298, 302, 343
Basílio de Selêucia 317
Basly, D. 507
Bastin, M. 123
Bataillon, L.J. 364
Bataillon, M. 369
Bauer, W. 495
Baur, F.C. 58
Beato de Liébana 345
Beauchamp, P. 635

Beaude, P.M. 635
Beaumont, C. 388
Beck, H.G. 339
Becker, J. 81, 84, 90
Beda o Venerável 349
Beer, T. 47, 371
Beierwaltes, W. 350
Beinert, W. 34, 38
Bellini, E. 32
Benoît, P. 123, 170, 179, 218, 444, 461
Benzerath, M. 184
Berardino, A. 319, 338
Bergson, H. 397, 500, 660
Berhardt, R. 629
Bernardo de Claraval 358, 359, 364, 369, 375, 486
Bertrand, D. 277, 314
Bérulle, P. 26, 374, 379, 448, 547, 551
Betz, H.D. 240
Betz, O. 149
Beumer, J. 234
Beyschlag, K. 227
Bieler, L. 65, 227, 555
Bieler, M. 591
Billot, L. 380, 445
Billuart, C.-R. 380
Birmelé, A. 555
Bitter, G. 559
Biser, E. 637
Blanchard, Y.M. 488
Blank, J. 127
Blázquez, R. 81, 87, 159, 199, 624
Blinzler, J. 149
Bloch, E. 91, 206, 401, 402, 517, 638

Blocher, H. 35

Blondel, M. 26, 73, 164, 239, 393, 397, 448, 451, 452, 510, 524, 529, 532, 543, 555

Boaventura 234, 237, 360, 361, 375, 379, 458, 548, 567

Boécio 334, 335, 349, 506, 508

Boff, L. 402, 403

Böhm, T. 227

Bonhoeffer, D. 21, 35, 54, 119, 120, 399, 637, 675

Bonnard, P. 114, 440

Bordoni, M. 33, 476

Borg, M.J. 499

Borne, E. 377

Bornkamm, G. 81, 124, 396, 398

Boso 354

Bossuet, J.B. 379

Bouësse, H. 377

Bouillard, H. 468

Boularand, E. 227, 280, 285, 286, 465

Boulgakov, S.E. 35, 393, 404, 452

Boulnois Nantes, M.O. 312

Bourgine, M.B. 370

Bousquet, F. 392

Bousset, W. 58, 137, 379, 430

Bouttier, M. 576

Bouyer, L. 33, 273, 357, 367, 368, 379, 380, 393

Bovon, F. 134

Bowmann, F.B. 377

Brandmüller, W. 228

Brandon, S.G. 119

Braun, F.M. 419

Braun, R. 269

Bremond, H. 375, 473

Breton, J.C. 624

Breuning, W. 435

Breytenbach, C. 411, 662

Briancesco, E. 357

Brinker von der Heide, C. 572

Brito, E. 216, 391

Broer, I. 109, 181

Brown, R.E. 123, 129, 149, 180, 406, 411, 433, 436, 461, 462, 475, 483

Brox, N. 564

Brunn, E. 246

Brunner, E. 26, 543, 555, 568

Buber, M. 65, 496-498, 590, 599

Büchsel, F. 614

Bueno, E. 31, 476

Bultmann, R. 26, 88, 108, 113, 129, 143, 144, 156, 157, 180, 352, 394, 398, 430, 473, 522, 558, 605, 621, 633, 658, 663, 668, 681

Bürkle, H. 559, 628

Bussche, H. 418

Caba, J. 171

Caird, G.B. 588, 614, 626

Calvino, J. 372, 594

Camelot, T. 227, 313, 316

Campenhausen, H. 179

Cánovas, J. 320

Cantalamessa, R. 490

Caragounis, C.C. 88, 98

Carpócrates 258

Carrière, J.M. 227

Casel, O. 401

Castilla de Cortázar, B. 366

Castillo Romero, S.J. 513
Castro, S. 374
Catarina de Siena 237
Catao, B. 365, 609
Cavadini, J.C. 345
Cayetano, T. 358, 379
Cazelles, H. 118, 634
Celestino I 309, 310, 312-313
Celso 257, 273, 342, 378, 494
Cerfaux, L. 411, 564, 576
Cerinto 258
Cervantes Gabarrón, J. 594
Chadwick, H. 311
Chagall, M. 644
Chantraine, G. 369
Chardin, T. 368, 375, 442
Chardon, L. 380
Charlesworth, J.H. 126, 128, 129, 139, 230, 499, 635
Chené, G. 332
Chenu, M.-D. 661
Chevalier, M.A. 208, 212, 213
Childs, B.S. 81, 635
Christ, F. 440
Christen, E. 555
Cipriano de Cartago 567
Cirilo de Alexandria 58, 281, 294, 299, 303, 310, 311, 312, 313, 315-317, 320, 321, 325, 329, 330, 332, 350, 365, 505, 507, 540, 551
Cirilo de Jerusalém 299, 302
Ciro de Constantinopla 336
Clas, H. 608
Clemens, R.E. 137
Clemente de Alexandria 289

Clemente de Roma 249-250
Cognet, L. 375, 380
Colin, P. 525
Colish, M.L. 350
Colpe, C. 118
Condren, C. 379
Congar, Y. 41, 54, 55, 127, 232, 234, 330, 372, 592, 622, 644, 661
Constantino 278, 279, 282, 283, 290
Constantino V 343
Conzelmann, H. 108, 124, 128, 129
Coppens, J. 117, 118, 133, 167
Corbin, M. 352, 357
Cordovilla, A. 368
Cornelis, H. 271
Cottin, J. 360
Cottret, B. 377
Cousin, H. 100
Craddock, B.F. 435
Crossan, J.D. 495, 499
Crouzel, H. 273, 276, 278
Crump, D. 547
Cuervo, M. 380
Cuevas, C. 423, 641
Cullmann, O. 55, 118, 119, 135, 141, 229, 236, 264, 411, 417, 422, 423, 424, 429, 439, 461, 462, 463, 464, 479, 649
Cura, S. 246

Dabezies, A. 377
Dahl, N.A. 475
Dahlferth, I.U. 411, 646
Dahm, A. 369
Dahnis, E. 171

Dalton, W.J. 219
Dâmaso 290, 302
Damboriena, P. 629
Daniélou, J. 219, 246, 247, 248, 634
Dartigues, A. 204, 271, 601
Dauer, A. 141
Dautzenberg, G. 431, 482
Davies, W.D. 499
D'Costa, G. 629
Deichgräber, R. 438
Deismann, A. 137
Delling, G. 123
Dembowsky, H. 41
Denzinger, H. 32, 37
Deodato de Basly 325
Descamps, A. 479
Descartes, R. 383, 384, 662, 673
Dettloff, W. 360, 361, 367
Dibelius, M. 126, 425, 430
Diepen, H.M. 227, 506
Dinsen, F. 286
Diodoro de Tarso 299, 302, 303
Dionísio de Alexandria 297
Dionísio de Roma 297
Dióscoro de Alexandria 316, 317
Dockery, D.S. 82
Dodd, C.H. 79, 81, 85, 87, 88, 96, 118, 124, 127, 166, 433, 480, 498, 598, 634
Donato 302
Dondeyne, A. 414, 459, 500
Doré, J. 34
Dörrie, H. 227
Dostoiévski, F. 65, 501
Downing, F.G. 499

Draguet, R. 235
Drewermann, E. 643, 644
Dreyfus, F. 121, 288, 461
Drumm, J. 241
Dubarle, D. 397, 525
Duhm, B. 605
Dumeige, G. 108, 342
Dumery, H. 630
Dunn, J.D.G. 113, 429, 685
Dupont, J. 96, 97, 100, 473, 475
Dupuis, J. 41, 628
Duquoc, C. 33, 109, 141, 681
Durand, G.M. de 311
Durrwell, F.X. 64, 171, 184, 208, 212, 214, 215

Ebeling, G. 35, 398, 411
Ebion 257
Eckert, J. 375
Eckhart 300, 350, 367
Egger, P. 153
Egido, T. 371, 584
Ehrlich, E.L. 42
Eissfeldt, O. 669
Eissler, R. 119
Elipando de Toledo 345
Elliger, W. 198
Emery, G. 64
Engelhardt, P. 608
Epalza, M. 345
Epifânio de Salamina 504
Erasmo de Rotterdam 369, 371, 389
Escallada, A. 362
Escoto Eriúgena, J. 300, 350, 364, 368, 380

Espezel, A. 33
Etério de Osma 345
Eunômio 291, 297, 298
Eusébio de Cesareia 45, 258, 290, 642
Eusébio de Dorileia 309
Eustáquio de Antioquia 291
Eutiques 316, 317, 320, 329, 333, 334
Evans, D.E. 189
Evdokimov, P. 64
Évieux, P. 244

Fairbairn, A.M. 393
Favraux, P. 555
Fedou, M. 277
Feiner, J. 33
Félix de Urgell 345
Fénelon 379
Féret, H.M. 473
Fernández, S. 642
Festugière, A. 32, 606
Feuerbach, L. 207, 208, 385, 394, 571, 585, 638
Feuillet, A. 440
Fichte, J.G. 390, 673
Fiedler, P. 123
Fílon de Alexandria 280, 420, 431, 565
Filoxeno de Mabugo 331
Fisichella, R. 41
Fitzmyer, J.A. 113, 114, 126, 128, 154, 178, 179, 180, 195, 201, 218, 483, 485, 489, 495
Flaviano de Constantinopla 316
Flávio Josefo 138
Florovsky, J.G. 88
Flusser, D. 84, 494, 497, 566

Fócio 349
Foerster, W. 109, 559
Fohrer, G. 559
Fontaine, J. 349
Forte, B. 33, 377
Fotino 291, 299, 464, 550, 551
Foucauld, C. 415
Fourastié, J. 145
Fraijo, M. 112
Fraine, J. 589
Francisco de Assis 359-360, 375
Francisco de Sales 379
Francisco de Vitória 358
Frank, I. 432
Franz, A. 218
Freud, S. 208
Frey, J. 662
Freyer, T. 456
Friedrich, G. 123
Fries, H. 37
Fromm, E. 157
Fuchs, E. 398
Fuentes, M. 368
Füglister, N. 565
Fulgêncio de Ruspe 349
Fuller, R.H. 88, 241, 411
Furness, J.M. 491

Gabriel Biel 367
Gadamer, H.G. 26
Galot, J. 41, 169, 326, 476, 520, 555
Galtier, P. 325, 380, 445, 476, 507, 526
Gaos, J. 643
Garay Isasi, J. 375

García Mateo, R. 374
García Villoslada, R. 369
García-Jalón, S. 311
Garrigou-Lagrange, R. 507, 526
Garrigues, J.M. 339
Gavrilyuk, P. 160
Geenen, C.G. 364
Geerlings, W. 319
George, A. 100
Gerber, U. 377
Gerken, A. 458
Gerlitz, P.F. 42
Gerson, J. 367
Gertler, T. 404
Gertrudes de Hefta 375
Gervais, M. 41
Gesché, A. 108, 164, 171, 174, 184, 186, 203, 650
Gese, H. 134
Gess, W.F. 393
Gesteira, M. 108
Ghiberti, G. 171
Gibellini, R. 377
Gieschen, A. 248
Gilbert de la Porrée 359
Gilg, A. 227
Giovanni, M. 400
Girard, R. 161, 607
Gire, P. 377
Gironés Guillén, G. 33
Gisel, P. 372, 606
Glorieux, P. 507
Gnilka, J. 41, 81, 85, 109, 114, 142, 411, 438, 475, 473, 484, 487, 490, 559, 574, 577

Godofredo 358
Goedt, M. 374
Goethe, J.W. 399
Gogarten, F. 26, 35
Goldkuhle, P. 219
Gonet, J.B. 380
González, A. 66, 403
González, A.L. 368
González de Cardedal, O. 41, 42, 49, 71, 108, 109, 116, 136, 139, 150, 155, 160, 161, 162, 185, 234, 318, 319, 327, 377, 397, 429, 435, 459, 483, 519, 544, 549, 555, 561, 581, 585, 626, 641, 644, 654
González Echegaray, J. 475, 493, 495
González Faus, J.I. 34, 264
González Gil, M. 34
González Montes, A. 329, 370
Goppelt, L. 81, 134, 634
Gore, C. 393
Gorodetzky, M.N. 393
Görres, A. 617
Gössmann, E. 361
Gotti, V.L. 380
Gouhier, H. 383, 500
Gourges, M. 123, 218
Gozier, A. 548
Granado, G. 32
Grass, H. 377
Greer, R.A. 311
Gregório de Nissa 45, 237, 246, 297-299, 302, 375
Gregório Magno 335, 349
Gregório Nazianzeno 244, 246, 297-299, 302, 347, 469, 471, 522, 534, 610
Gregório o Taumaturgo 303

Gregório o Teólogo 338
Grelot, P. 97, 178, 183, 466, 634
Gremedhin, E. 312
Greshake, G. 67, 357, 476, 502, 555, 595
Grillmeier, A. 41, 170, 219, 223, 227, 228, 241, 244, 247, 250, 252, 255, 258, 260, 264, 269, 273, 274, 276, 280, 282, 292, 236, 303, 305, 308, 310, 316-320, 329-332, 346, 465, 469, 470, 471, 474, 476, 502, 520, 548, 595, 610, 658
Grimm, W. 119
Gründer, K. 38
Gründmann, W. 495
Grützmacher, R.H. 377
Guardini, R. 343, 401, 476, 497, 520, 546, 561, 661, 672
Gubler, M.L. 167
Guevara, H. 119
Guillén Preckler, F. 375
Guillermo de São Teodorico 300
Guillet, J. 42, 94, 108, 123, 125, 133, 135, 145, 152, 159, 184, 414, 415, 497, 637, 639
Guitton, J. 377
Günther, A. 395, 589
Günther, E. 377
Guthrie, D. 576
Gutiérrez, G. 402, 403, 682, 684
Gutwenger, E. 476, 520, 534

Haas, A. 219, 572
Haase, W. 149
Hahn, F. 422, 437, 665
Haight, R. 41, 628
Halleux, A. 227, 287, 289, 317, 321, 329

Hamerton-Kelly, R.G. 435
Hamman, A. 570
Hannah, D.D. 248
Harl, M. 277
Harnack, A. 26, 59, 241, 254, 260, 292, 327, 373, 394, 395, 399, 423, 433, 465, 495, 524, 605, 621, 637, 642
Harnisch, W. 87
Hase, K. 114, 430
Hattrup, D. 517
Haubst, R. 358, 369, 412
Häufe, G. 88
Hausherr, I. 375
Hegel, G.F.W. 25, 64, 169, 214-216, 350, 382, 390-394, 401, 402, 450, 454, 456, 467, 544, 571, 602, 673, 680
Hegermann, H. 567
Heidegger, M. 26, 46, 64, 66, 543, 589-590, 621, 643, 660, 675
Heiler, F. 605
Heilmann, A. 32
Helmer, S. 331
Helse, M. 446
Hemmerle, K. 561
Hengel, M. 113, 118, 119, 135, 153, 240, 246, 411, 415, 435, 439, 440, 479, 495, 555, 572
Henne, P. 249
Henrici, P. 617
Henry, M. 377, 383, 648
Henry, P. 280, 393
Hermas 246, 249
Hick, J. 70, 471, 628, 630
Hilário de Poitiers 318, 490
Hilberath, B.J. 476
Hilhorst, A. 249

Hipólito de Roma 257, 610
Hoffmann, F. 407
Hoffmann, P. 124
Hofius, O. 438
Hölderlin, H. 397, 450, 618
Holländer, W.H. 504
Honnefelder, L. 367
Honório 337, 338
Hooker, M.D. 86
Hoping, H. 517
Hopkins, G.M. 397
Horbury, W. 499
Horkheimer, M. 206, 559
Horn, S.O. 316
Horsley, R. 499
Houssiau, A. 270, 311-312
Hubaut, M. 127, 461
Hugo de São Victor 300, 358
Hugon, E. 445
Hünermann, P. 32, 34, 41, 489, 504, 507, 517
Hunt, A. 214, 216
Hunter, A.M. 88
Husserl, E. 660

Ibas de Edesa 258, 316, 332
Iersel, B.M.F. 429
Inácio de Antioquia 246, 249-251, 445, 464, 471, 490, 564
Inácio de Loyola 26, 237, 373, 400, 616, 672
Inocêncio X 616
Irineu de Lyon 26, 50, 210, 247, 253-259, 263-268, 270, 272, 546, 567, 572, 609, 638, 652

Isabel da Trindade 237
Isidoro de Sevilha 349

Jacobi, F.H. 65
Janowsky, B. 591
Jansênio 616
Jedin, H. 339
Jeremias, J. 81, 83, 84, 87, 88, 92, 95, 100, 101, 112, 113, 114, 130, 131, 132, 133, 135, 398, 498, 614, 621
Jerônimo 290, 318, 375
Joannou, P. 32
Johnson, E.A. 407
Jossua, J.P. 184
João Crisóstomo 58, 280, 303, 540
João da Cruz 237, 300, 373-375, 417, 542, 609, 643, 664, 684
João Damasceno 345, 346, 349, 364, 622
João de Antioquia 311, 313, 315, 317
João de Santo Tomás 380
João Duns Escoto 366, 368, 506
João Paulo II 628
Juliano de Éclano 302, 378
Juliano de Halicarnasso 304
Juliano o Apóstata 303
Júlio I, papa 303
Jung, C.G. 271
Jüngel, E. 64, 97, 391, 402, 457, 471, 507, 553, 667, 681
Justiniano II 331, 332
Justino 244, 252-254, 257, 259, 379
Juvenal 627

Kähler, M. 140, 394
Kannengiesser, C. 291, 294, 295, 299

Kant, I. 25, 64, 65, 91, 206, 385, 386, 391, 394, 399, 451, 465, 472, 508, 524, 578, 589, 600, 663, 673, 676

Karrer, M. 81, 411, 634

Käsemann, E. 185, 398, 633, 636, 665

Kasper, W. 43, 49, 56, 62, 84, 90, 107, 120, 169, 172, 219, 326, 339, 378, 390, 404, 405, 406, 436, 456, 465, 507, 555, 588, 601, 624, 633, 682

Kattenbusch, F. 136

Kehl, M. 218, 219, 459

Kelly, J.N.D. 244, 246, 278, 303, 308, 310, 347, 551

Kern, W. 41, 475

Kertelge, K. 123, 614

Kesel, J. 139

Kessler, H. 171, 181, 182, 204

Kienzker, K. 559

Kierkegaard, S. 391, 392, 454, 565

Kittel, G. 114, 495

Klappert, B. 441

Klausner, J. 157, 475, 494, 497

Klijn, A.F.J. 247

Knapp, M. 559

Knitter, P.F. 70, 628

Koch, E. 219

Koch, G. 171

Kockerols, J. 64

Kologrivov, I. 520

Kolvenbach, H. 374

Korpeski, V. 587

Kotter, B. 346

Kraege, J.D. 56

Kramer, W. 437

Kranemann, B. 407

Kraus, H.J. 429

Kremer, J. 171, 219

Kremer, K. 400

Krenski, T.R. 555

Kreuzer, G. 338

Kümmel, W.G. 81, 88, 128, 149, 377, 411

Küng, H. 41, 56, 329, 377, 405, 465, 668, 674

Kurt, E. 97

Kuschel, K.J. 435

Labbé, Y. 468

Labriolle, P. 378

Lachenschmid, R. 332, 337

Lacroix, J. 548

Ladaria, L.F. 210, 318, 405, 416, 490, 588, 592, 617, 628

Ladrière, J. 186, 189

Laflamme, R. 41

Lafont, G. 606

Lage, F. 219

Lagrange, J.M. 26, 78, 394, 396, 658

Laín Entralgo, P. 643

Lallemant, L. 379

Lamarche, P. 152, 492, 574, 591

Lamartine, A. 652

Lambrecht, J. 219

Lampe, G.W.H. 337

Landgraf, A.M. 348

Langevin, G. 624

Lapide, P. 149

Larchet, J.C. 339

Largier, N. 572

Lascasino de Lilibeo 316

Latour, J.L. 377, 380

Latourelle, R. 41, 98, 412
Lau, A.Y. 638
Lauber, H.C. 218
Laufen, R. 435
Lauret, B. 167, 209
Lebon, J. 331
Leclercq, J. 348, 351, 357, 368
Légasse, S. 101, 149
Lehmann, K. 177, 648
Leibniz, G.W. 386
Leão III, papa 316, 345
Leão Magno 55, 270, 311, 316, 319, 325, 350, 569
Léon-Dufour, X. 86, 98, 101, 102, 123, 127, 130, 141, 171, 461
Léonard, A. 271, 391
Leonardi, C. 32
Leôncio de Bizâncio 333, 334, 346, 505
Leôncio de Jerusalém 334, 505
Leone, L. 311
Lepicier, A. 445
Lequier, J. 597
Lera, J.M. 303
Lescot, R. 374
Lessing, G.E. 67, 385, 388
Léthel, F.M. 227, 339
Leuba, J.L. 555, 596, 558
Lévinas, E. 26, 65, 456, 509, 515, 529, 543, 590, 660
Libera, A. 300, 368
Liébaert, J. 227, 230, 241, 250, 252, 255, 260, 264, 269, 273, 275, 277, 294, 303, 308
Lienhard, M. 371
Lieske, A. 277

Lietzmann, H. 149, 293, 303
Lindemann, A. 144, 260
Linneman, E. 87
Lips, H.V. 435
Lista, A. 156
Llull, R. 366, 368
Lohaus, G. 348
Lohfink, N. 218, 498
Löhrer, M. 33
Lohse, E. 411
Lois, J. 459
Loisy, A. 394, 395, 524
Lonergan, B. 445, 507, 520
Longenecker, R.N. 247, 248
Lope de Vega 604
López Oreja, J. 446
Löser, W. 435, 475, 548
Lubac, H. 54, 70, 137, 232, 236, 264, 273, 497, 592, 597, 623, 634
Luciano de Antioquia 280
Luciano de Samósata 378
Lüdemann, G. 181
Ludolfo de Saxônia 367, 374, 548, 672
Lugo 380
Luis de León, Fray 423, 641, 651, 652
Lutero, M. 26, 47, 184, 223, 237, 238, 260, 327, 369, 372, 379, 402, 480, 584, 596, 661
Luz, U. 82
Lyonnet, St. 613

Maas, W. 219
Machado, A. 156
Mack, B. 499
Macquarrie, J. 42, 229, 348, 377

Madec, G. 318, 606
Main, E. 498
Maldamé, J.M. 442
Maldonado, J. 380
Mâle, E. 344, 360
Malevez, L. 42
Malina, L. 668
Malmberg, F. 412, 507
Manemann, J. 403
Manoir, H. 311
Manson, T.W. 82, 85, 111, 118
Maomé 258, 301
Marcel, G. 205, 597, 660
Marcelo de Ancira 291, 299, 464, 550, 551
Marchel, W. 114
Marcião 259-261, 272
Marcos, J.R. 218
Marcuse, H. 206, 559
Maréchal, J. 451
Margarida Maria de Alacoque 375
Marguerat, D. 475
Marías, J.A. 205, 501, 503
Mario Victorino 318, 504, 623
Marlé, R. 397, 525, 532
Marmion, C. 401, 548
Marquardt, F.W. 494
Marrou, H.I. 290, 317, 331
Marshall, H.V. 118
Martelet, G. 380
Martínez Fresneda, F. 361
Martinho I 337
Martorell, J. 320
Marx, K. 25, 91, 208, 394, 571-572, 676

Marxen, W. 108, 180
Masure, E. 507
Mateo Seco, F. 34
Matera, F.J. 81
Matheron, A. 385
Matthiae, K. 475
Maurer, W. 372
Maurice, E. 401, 453
Mauser, U. 122, 433
Máximo o Confessor 300, 337-339, 345, 350, 505
Mayo, V. 205
McIntyre, J. 230
Mechtilde de Hackeborn 375
Mechtilde de Magdeburgo 375
Mees, M. 249
Meier, J.P. 81, 82, 89, 475, 499, 633, 668
Meinhardt, H. 369
Meissner, B. 42
Melanchton, F. 327, 372, 661
Melchor Cano 664
Melécio de Antioquia 299
Melécio de Licópolis 279
Melitão de Sardes 255-256, 259, 469
Melzer-Keller, H. 407
Memnon de Éfeso 313
Ménard, C. 624
Menke, K.H. 555, 565, 591, 628
Menozzi, D. 377
Mercenier, F. 309
Merklein, H. 82, 92, 93, 431, 435, 437, 440, 482
Merlau-Ponty, M. 139
Mersch, E. 41, 44, 51, 63, 232, 401

Merz, A. 81, 102, 119, 475, 495, 633
Metz, J.B. 206, 403, 626
Meunier, B. 312
Meyendorff, J. 331, 332, 337, 346
Michaelis, W. 248
Miguel Cerulário 349
Milano, A. 476, 502
Milcíades 259
Miler, J. 635
Moeller, C. 331
Möhler, J.A. 26, 237
Moingt, J. 41, 246, 269, 329, 650
Moioli, G. 34, 569
Molina Palma, M.A. 288
Molinos, M. 379
Mollat, D. 379
Moloney, F.J. 493
Moltmann, J. 64, 124, 157, 158, 159, 169, 185, 214, 215, 391, 401, 507, 543, 554, 605, 681
Montcheuil, Y. 381, 597, 603
Mooney, C.F. 442
Mostert, W. 348
Moule, C.D.F. 129, 171, 411, 425, 624
Mouroux, J. 444, 520, 529, 552
Mousson, J. 414, 423
Mühlen, K.H. 42, 348, 372, 570
Müller, G.L. 41, 435, 475, 485, 534, 555
Müller, U.B. 412
Muncunill, J. 445
Muñoz Iglesias, S. 484
Muñoz León, D. 440
Muras, G.G. 377
Murphy, X. 337

Mussner, F. 98, 124, 171, 398, 432-434, 475, 533, 635

Nautin, P. 610
Nawar, A. 605
Nestório 305, 308-317, 329, 505
Neufeld, K.H. 141, 236, 475
Neusch, M. 606
Neusner, J. 499
Newman, J.H. 26, 237
Nguyen van Khanh, N. 360
Nicolas, J.N. 329
Nicolas, M.J. 320, 365
Nicolau Cabasilas 375
Nicolau de Cusa 350, 366, 368, 375
Niel, N. 571
Niemann, F.-J. 348
Nietzsche, F. 25, 208, 500, 517, 585, 624, 644, 676, 677
Niewiadomski, J.P. 555
Nissiotis, N. 329
Noeto 245
Nolde, E. 644
Norelli, E. 475
Norris, R.A. 303
Noye, I. 547
Nützel, J.M. 218

Oberlinner, L. 123, 181, 192
Ocariz, F. 34
Ochagavía, J. 267
Ockam, G. 366, 367
O'Collins, G. 171, 179
Oepke, A. 481, 642
Ohlig, K.H. 181

Olier, J.J. 547
Ols, D. 377
Opitz, H.G. 282
Orbe, A. 83, 210, 211, 227, 247, 256, 263, 264, 268, 273, 490, 572, 611, 652
Orígenes 26, 54, 96, 169, 237, 257, 273-278, 280, 286, 288, 289, 296, 297, 300, 302, 305, 342, 345, 375, 379, 413, 444, 469, 493, 494, 504, 540, 576, 610, 642, 672
Orlandis, J. 228
Ortega y Gasset, J. 55, 660
Ortigues, E. 68
Ortiz de Urbina, I. 228, 286, 406
Ósio de Córdoba 282
Otto, S. 228

Padovese, L. 378
Palaver, W. 555
Panikkar, R. 628
Pannenberg, W. 43, 47, 58, 83, 185, 189, 199, 327, 328, 391, 401, 404, 412, 423, 435, 459, 490, 507, 518, 534, 537, 540, 555, 558, 589, 596, 691
Parente, P. 445, 476, 507
Pascal, B. 26, 164, 382, 383, 451, 500, 616, 635, 652, 673
Paulino de Antioquia 301
Paulino de Aquileia 345
Paulo VI 180
Paulo de Samósata 244, 258, 286, 292, 309
Paulsen, H. 411
Paus, A. 218
Pawlikowski, J.T. 461
Pax, E. 564
Pedro Abelardo 357, 568

Pedro de Alexandria 280
Pedro de Sebaste 299
Pedro Lombardo 358, 359, 449
Pedro o Matadouro 331
Péguy, C. 397, 634
Pelágio 302, 310, 589
Pelikan, J. 237, 348
Pellegrino, M. 319
Penna, R. 411, 635
Peperzak, A.T. 562
Perarnau, J. 345
Pérez Gutiérrez, F. 394
Perrin, N. 82, 56
Perrone, L. 334
Perrot, C. 48, 56, 82, 149, 178, 219, 417, 483, 487
Pesch, C. 445
Pesch, R. 123, 127, 128, 132, 134, 135, 157, 181, 196
Person, R.E. 286
Petávio, D. 268, 379, 446
Peterson, E. 279
Petit, J.C. 624
Pfanmüller, G. 377
Pié-Ninot, S. 41, 476
Pikaza, X. 219, 246
Pinto d'Oliveira, C.J. 364
Pio IX 395
Pio X 395
Pio XI 395
Pio XII 395, 526
Plagnieux, J. 348
Plank, P. 219
Platão 165, 230, 254, 262, 273, 305, 360, 386, 546, 609, 663

Platzeck, E.W. 369

Plínio o Jovem 463

Plotino 262, 280, 286, 305, 504, 609

Poffet, J.M. 475

Pokorny, P. 411

Polany, M. 139

Policarpo de Esmirna 564

Pons, G. 385

Popkes, W. 159

Popper, K. 206, 559

Porfírio 280, 318, 378

Potterie, I. 141, 547, 641, 651

Pottmeyer, H.J. 41, 475

Práxeas 245

Prestige, G.L. 246

Procksch, O. 614

Proclo 309, 332

Pröpper, T. 378, 595

Pseudo-Atanásio 471

Pseudo-Dionísio 300, 336, 345, 350, 360, 519

Ptolomeu 642

Puig i Tàrrech, A. 633

Quesada García, F. 218

Rad, G. 129

Radl, W. 219

Rahner, H. 450

Rahner, J. 648

Rahner, K. 26, 42, 49, 54, 58, 65, 67, 70, 103, 159, 169-170, 184, 198, 205, 219, 237, 242, 271, 326, 361, 368, 389, 400, 412, 435, 448-454, 457, 476, 507, 510-516, 520, 525, 527, 531, 533, 536, 546, 552, 553, 554, 592, 600, 601, 616, 622, 648, 658, 667, 668, 672, 673, 681, 684

Ramírez, S. 380

Ramos-Lisson, D. 228, 349

Ramsey, A.M. 339

Ratzinger, J. 42, 51, 65, 136, 219, 232, 339, 341, 405, 407, 459, 476, 502, 507, 510-516, 565, 569, 591, 628, 668, 682

Rebic, A. 218

Recaredo 289

Refoulé, F. 167, 209

Rehm, W. 572

Reinbold, W. 142

Reinhardt, K. 42

Remus, H. 101

Remy, G. 215, 319

Renan, E. 394, 500

Rendtorff, T. 185

Renwart, L. 329

Repges, W. 296

Rey, B. 329

Reyes Mate, M. 206

Ricardo de São Víctor 214, 300, 506, 508

Richard, L. 381

Riches, J. 635

Richstätter, C. 375

Richter, J.P. 397

Richter, K. 407

Ricken, F. 282

Ricoeur, P. 26, 139, 578, 581, 660

Riedlinger, H. 476

Riesenfeld, H. 119, 411

Riestra, J.A. 345

Rigaux, B. 171, 173, 175
Riou, A. 339
Ristow, H. 475
Ritschl, A. 327, 568, 605
Ritter, A.M. 236, 278, 280, 299, 332
Rius-Camps, J. 273
Rivera de Ventosa, E. 506
Rivera Recio, J.F. 345
Rivière, J. 538-539
Roberto de Melún 358
Robertson, R.G. 329
Robinson, T. 232
Rodríguez Carmona, A. 187
Rogerson, J.W. 589
Roloff, J. 140
Rombold, G. 644
Romero Pose, E. 210, 264, 652
Rondeau, M.J. 264
Roques, R. 352, 357
Roscelino 353
Rosmini, A. 395
Rouault, G. 644
Rouet de Journel, M.J. 540
Rousseau, J.-J. 388, 389
Rovira Belloso, J.M. 246, 624
Rozemond, K. 346
Rubio, J.E. 369
Rudnick, U. 350
Ruello, F. 362
Rufino 296
Ruh, K. 348, 368
Ruiz Bueno, D. 322
Ruiz de la Peña, J.L. 67, 219, 517, 552, 578, 594, 617, 638

Ruiz Salvador, F. 374
Rumpf, L. 216, 391
Ruysbroeck, J. 367, 375
Ryan, J.K. 502

Sabélio 245, 298
Sabourin, L. 423
Sagi-Bunic, T. 321
Sagrado Corazón, E. 31
Saint-Exupéry, A. 145
Sánchez Caro, J.M. 219, 288
Sánchez Pascual, A. 441
Sánchez Salor, E. 378
Sander, J.E. 668
Sanders, E.P. 81, 475, 499, 635
Sänger, D. 565
Santaner, M.A. 360
Saraiba, J. 490
Sauser, E. 642
Sauter, G. 564
Schalom Ben-Chorin 494, 497
Scharbert, J. 565
Scheffczyk, L. 56, 171, 211, 358, 376, 405
Schelbert, G. 114
Schelke, K.H. 559, 594
Schelling, F.W.J. 390, 623, 653, 673
Schenke, L. 140
Schenker, A. 92
Schillebeeckx, E. 92, 180, 196, 405, 406, 471, 552, 586, 646, 647, 688
Schilson, A. 41, 326, 378
Schimanovsky, G. 435
Schleiermacher, F. 237, 327, 393, 394, 400, 448, 465, 508, 558, 589, 664

Schlier, H. 111, 141, 171, 175, 194, 203, 218, 232, 439, 481, 501, 533, 574, 577, 598
Schlink, E. 412
Schlosser, J. 92, 97, 114
Schmid, A. 184
Schmid, J. 124
Schmidt, A. 218
Schmidt, K.L. 82
Schmidt-Leukel, P. 628
Schmithals, W. 473
Schmitt, A. 218
Schmitt, J. 167
Schnackenburg, R. 82, 433, 438, 462, 533, 549, 555
Schneider, G. 435, 438
Schökel, L.A. 601
Scholem, G. 393
Schönborn, C. 327, 342, 617
Schönmetzer, A. 37
Schoonenberg, P. 326
Schopenhauer, A. 208
Schrenk, G. 114
Schroer, H. 42
Schubert, K. 179, 180
Schulte, R. 570
Schulz, M. 628
Schürmann, H. 65, 92, 114, 120, 123, 130, 132, 135, 145, 159, 398, 483, 484, 533
Schüssler-Fiorenza, E. 407
Schütz, C. 348
Schwager, R. 556, 595, 628
Schwaiger, G. 338
Schwebel, H. 644

Schweitzer, A. 88, 396, 471, 498
Schweizer, E. 97
Schwyzer, R. 280
Scipione, I. 310
Seckler, M. 41, 475, 624
Segalla, G. 411
Seiller, L. 325, 507, 526
Sejourné, P. 352
Sellers, R.V. 305, 316
Semmelroth, O. 563
Sergio de Constantinopla 336, 337, 338
Sesboüé, B. 219, 228, 230, 234, 271, 280, 283, 287, 321, 327, 328, 330, 334, 336, 347, 357, 373, 378, 381, 404, 417, 419, 420, 421, 445, 459, 465, 466, 567, 568, 582, 583, 608, 622, 682
Sevenster, G. 42
Severiano de Gabala 45
Severo de Antioquia 332
Sherwin-White, A.N. 464
Sherwood, P. 337
Sieben, H.J. 548
Siegele-Wenschkewitz, S. 495
Silanes, N. 246
Silvestre, papa 283
Simonetti, M. 247, 249, 273, 303, 305, 316
Simpliciano 623
Simpson, O. 360
Siniscalco, P. 269
Smulders, P. 228
Sobrino, J. 402, 403, 574, 629
Socino 568
Sócrates 169, 253, 254, 389
Söding, T. 455, 493, 498

Sofrônio de Jerusalém 337
Solano, J. 228, 380
Somme, L.T. 62
Spaemann, R. 501, 559
Sparn, W. 348, 378
Spicq, C. 429, 504, 565, 614
Spinoza, B. 385, 394, 472
Splett, J. 562
Staniloaë, D. 35
Stead, G.C. 286, 294
Stegemann, H. 668
Stietencron, H. 411
Stockmeier, P. 378
Strahm, D. 407
Strauss, D.F. 180, 394
Strecker, G. 96
Strobel, A. 149, 407
Studer, B. 218, 244, 247, 252, 256, 264, 269, 281, 292, 296, 298, 311, 317, 318-320, 327, 346, 556, 610, 647
Stuhlmacher, P. 65, 81, 118, 119, 135, 148, 475, 608, 614
Sturdy, J. 499
Suárez, F. 380; 506
Sullivan, F.A. 303, 629
Surgy, E. 186
Surin 379
Suso, E. 368, 369, 375

Taciano 259
Tácito 138
Taille, M. 507
Tanner, N.P. 300, 313
Tareev, M. 393
Tauler, J. 367, 369

Taylor, V. 118, 126, 127, 128, 422, 423, 424, 426, 430, 476, 549, 556, 565, 624
Teilhard de Chardin 368, 375
Temporini, H. 149
Teodoreto de Ciro 58, 303, 315, 316, 321
Teodoro de Faran 338
Teodoro de Mopsuéstia 26, 58, 258, 280, 303, 304, 305-310, 332, 540
Teodósio II 312, 316
Teódoto 244
Teresa de Jesus 26, 237, 373, 374, 672, 679
Teresa de Lisieux 237, 658
Ternus, J. 476, 520
Tertuliano 96, 108, 172, 257, 258, 262, 263, 268-272, 276, 277, 288, 318, 350, 355, 446
Theissen, G. 81, 100, 102, 119, 475, 495, 633, 636, 668
Theobald, M. 412, 444
Thomas, J. 374
Thomas, R. 358
Thomasius, G. 393
Thomassin d'Eynac 379
Thüsing, W. 42, 49, 81, 242, 419, 435, 570
Tifânio 380
Tillich, P. 324, 558
Tilliette, G. 407
Tilliette, X. 41, 215, 378, 383, 385, 389, 392, 397, 525
Toledo, F. 380
Tomás de Aquino 25, 26, 54, 58, 61, 66, 155, 234, 237, 274, 300, 335, 350, 351, 358-361, 365-368, 379-380, 400, 412, 413, 442, 447, 450, 470, 479,

506, 510, 517, 518, 522, 531, 541, 542, 548, 567, 592, 596, 609, 622, 657, 661, 672, 673, 680
Tomás de Kempis 367, 672
Tondriau, J. 564
Torralba, F. 392
Torrance, T.F. 569
Torrel, J.P. 61, 348, 651, 362, 506, 609
Torres Queiruga, A. 624
Trembelas, P.N. 35
Trevijano, R. 118, 240, 350, 438
Trilling, W. 92
Trinidad, F. 381
Trisoglio, F. 32
Troeltsch, E. 26, 381
Tschipke, T. 622
Turner, H. 595
Tyrrell Hanson, A. 634

Ubertino de Casale 367-368
Ulrich, L. 199
Unamuno, M. 148, 205, 208, 397, 652, 660

Valente, J.A. 648
Valentim 261
Valverde, J.M. 205
Vandenbroucke, F. 368
Vander Gucht, R. 377
Vanhoye, A. 141, 420, 498, 583, 606
Vargas-Machuca, A. 624
Vattimo, G. 677
Vázquez, G. 380
Velasco, A. 45
Vergote, A. 387, 500, 644

Verlaine, P. 397
Vermes, G. 475, 494, 497, 635
Verweyen, H. 181, 196
Vicente de Paulo 379
Vidal Talens, J. 556
Virgílio 332
Virgoulay, R. 525
Vischer, W. 635
Vitoria, F.J. 556
Vogel, C.J. 502
Vogelweide, W. 375
Vogt, H.J. 339
Vögtle, A. 533
Vorgrimmler, H. 337
Vries, W. 333

Wagner, H. 559
Walgrave, J.H. 506
Wander, B. 245
Wanke, J. 201
Weber, E.H. 362
Weil, S. 617
Weingart, R.E. 358
Weiser, A. 247
Weismayer, J. 375
Weiss, J. 88, 430, 498
Welhausen, J. 669
Welte, B. 141, 288, 507, 514, 561
Wengst, K. 236
Wenz, G. 228, 568
Werbick, J. 476, 556, 595
Werner, M. 88, 248
Westermann, C. 433, 566, 634
Weston, F. 393

Wheeler Robinson, H. 589
Wickham, L.R. 314, 316, 318, 330, 522
Widmer, G.T. 229
Wiederkehr, W. 35, 595
Wilckens, U. 135, 171, 185, 598
Wilde, O. 397
Willems, B.A. 556
Willers, U. 517
Williams, N. 205
Williams, R. 42, 228, 348
Williams, S.K. 42
Winter, D. 636
Winter, P. 149, 494, 497
Wissman, H. 559
Witherington III, B. 475, 499
Wittgenstein, L. 660

Wolff, H.W. 119
Wolinski, J. 228, 280, 327, 328, 342, 357, 373
Wright, J.R. 329

Xiberta, B.M. 258, 345, 395, 446, 470, 474, 476, 507, 520, 550

Yannopoulus, P.A. 331

Zahn, T. 292
Zenão 331, 332
Zenger, E. 172, 664
Zubiri, X. 56, 67, 134, 415, 442, 448, 449, 453, 476, 493, 502, 508, 510-516, 543-544, 562, 602, 660
Zucal, S. 378

Leia também!

Conecte-se conosco:

- facebook.com/editoravozes
- @editoravozes
- @editora_vozes
- youtube.com/editoravozes
- +55 24 99267-9864

www.vozes.com.br

Conheça nossas lojas:
www.livrariavozes.com.br

Belo Horizonte – Brasília – Campinas – Cuiabá – Curitiba
Fortaleza – Juiz de Fora – Petrópolis – Recife – São Paulo

EDITORA VOZES LTDA.
Rua Frei Luís, 100 – Centro – Cep 25689-900 – Petrópolis, RJ
Tel.: (24) 2233-9000 – E-mail: vendas@vozes.com.br